Reprint Publishing

FÜR MENSCHEN, DIE AUF ORIGINALE STEHEN.

www.reprintpublishing.com

ST. GALLEN'S

ALTTEUTSCHE

SPRACHSCHÄTZE.

DENKMAHLE

DES

MITTELALTERS.

GESAMMELT UND HERAUSGEGEBEN

VON

Heinrich Hattemer,

IN BIEL.

DRITTER BAND.

ST. GALLEN.

VERLAG VON SCHEITLIN UND ZOLLIKOFER.

1844.

EINLEITUNG.

Dass die übertragung und erläuterung der schallsänge David's, der sittenlehren Gregor's und des Job unserm Notker angehören, dafür haben wir ein bestimmtes zeugniss bei Ekkehard, das wir b. 2, s. 4 und 5 abgedruckt haben. ob man auch die übrigen stücke, welche wir in diesem bande mittheilen werden, ihm zutheilen dürfe, darüber haben verschiedene ansichten geherrscht. allem streit ist aber nun, durch einen brief Notkers an den bischof Hugo II. von Sitten, den Grimm aus einer brüsseler handschrift in den göttinger gelehrten anzeigen 1835, s. 911 ff., mitgetheilt hat, ein ende gemacht. wir lassen denselben hier folgen.

«Domino sancto Sedunensi episcopo H. Notkerus cœnobita sancti Galli salutem. Valde lætatus sum, quando per relatum nuntii sospitatem vestram audivi. commonitus autem super meis responsionibus, quid possum dicere nisi dictis facta compensare? Volui et volo, sed conclusi sumus in manu domini, et nos et opera nostra, et propter (l. præter) quod annuit nihil facere possumus. Est enim quæ nos trahit necessitas non voluntas, et injunctis instare nequimus, ex eo minus nota (l. vota) exsequimur. Artibus autem illis, quibus me onustare vultis, ego renuntiavi, neque fas mihi est aliter quam sicut instrumentis frui. Sunt enim ecclesiastici libri et præcipue quidem in scolis legendi, quos impossibile est sine illis prælibatis ad intellectum integrum duci. Ad quos dum accessum habere nostros vellem scolasticos ausus sum facere *rem pæne inusitatam*, ut latine scripta in nostram conatus sim vertere, et syllogistice aut figurate aut suasorie dicta per Aristotelem vel Ciceronem vel alium artigraphum elucidare. Quod dum agerem in duobus libris Boetii, qui est de *consolatione philosophiæ* et in aliquantis et (l. de) *sancta trinitate* rogatus (sum?) et metrice quædam scripta in hanc eandem linguam traducere, Catonem scilicet et Bucolica, Virgilii, et Andriam Terentii, mox et prosam et artes tentare me voluerunt et transtuli *nuptias philologiæ et cathegorias Aristotelis, et pergermenias (περὶ ἑρμενείας), et principia arithmethicæ*. Hinc reversus ad divina *totum psalterium* et interpretando et secundum Augustinum exponendo *consummavi*, Job quoque *incepi*, licet *vix tertiam partem exegerim*. Nec solum hæc, sed et novam *Rhetoricam* et *computum novum* et alia quædam opuscula *latine conscripsi*. Horum nescio an aliquod dignum sit venire in manus vestras. Sed si vultis ea, sumptibus enim indigent, mittite plures pergamenas et scribentibus præmia, et accipietis eorum exempla. Quæ dum fuerint ad vos perlata me præsentem æstimate. Scio tamen quia primo abhorrebitis quasi ab insuetis. Sed paulatim forte incipient se commendare vobis, et prævalebitis ad legendum et ad dinoscendum, quam cito capiuntur per patriam linguam quæ aut vix aut non integre capienda forent in lingua non propria. Oportet autem scire, quia *verba theutonica sine accentu scribenda non sunt* præter articulos, ipsi soli sine accentu pronuntiantur *acuto aut circumflexo*. Ego autem quando dominus voluerit veniam. Stare autem diutius vobiscum non potero ob causas plurimas, quas dicere in præsenti non opus est. Libros vestros, id est Philippica et commentum in Topica Ciceronis petiit a me abbas de Augia, pignore dato quod majoris pretii est. Pluris namque est Rhetorica Ciceronis et Victorini nobile commentum, quæ pro eis retineo, et eos non nisi vestris repetere non (diess zweite «non» überflüssig) valet. Alioquin sui erunt vestri, et nullum dampnum erit vobis. Dominus meus episcopus in æternum valeat.»

«Als Notker diesen brief schrieb, hatte er demnach bereits elf bücher verdeutscht, von höchst verschiedener art, an die sich heute nicht leicht ein und derselbe übersetzer geben würde: 1. *Boethius de consolatione*; 2. *Boethius de trinitate*, nur theilweise; 3. *Cato's disticha de moribus*; 4. *Virgil's Bucolica*; 5. *Andria des Terenz*; 6. *Marcianus Capella*; 7. *Aristoteles Categorien*; 8. *Aristoteles de interpretatione*; 9. eine *Arithmetik*, vermuthlich die des Boethius; 10. *Psalter*; 11. *Hiob*. Von dem letztern war erst ein drittel vollendet. Der bischof von Sitten, an den das schreiben gerichtet ist, hiess Hugo II.; die *Gallia christiana* 3, 1004 setzt ihn in die jahre 1002 bis 1014, d. h. er kommt noch in einer urkunde von 1014 vor, kann aber länger gelebt haben. Ich möchte den brief, wenn sich über Hugos todesjahr nicht genaueres ermitteln lässt, etwa in die jahre 1015 bis 1020 bringen, der thätige magister hätte dann zeit gehabt, *Gregors Moralia*, des *Aristoteles Organum*, vielleicht noch anderes, hinzuzufügen, und den *Hiob* zu beendigen. An dem tage, wo er ihn ausgeführt hatte, starb er (1022). Von allen eilf werken sind leider nur drei erhalten, 1, 6 und 10, ausserdem noch das eben genannte, nicht mit den Categorien und der Interpretation zu verwechselnde aristotelische *Organum*, das wir nun schwerlich einem andern übersetzer beilegen dürfen. Von den *Psalter* und *Hiob* sollte man die meisten handschriften erwarten, wie sie sich bekanntlich die königin Gisela, des salischen Conrad's gemahlin, abschreiben liess (exemplaria fecit. S. Nachwort zu b. 2, s. 535). Am begierigsten wäre ich nach *Hiob, den Bukoliken* und der *Andria*, die uns ein eigener unstern gerade versagt.

Dass er bei 3, 4 und 5 der bitte nicht nachgegeben habe, lässt der zusammenhang kaum zu. Notkers lateinisch geschriebene, aber mit deutschen stellen untermischte *Rhetorik* hat sich erhalten und verdient neben dem teutschen *Boethius*, *Marcianus* und *Aristoteles* eine baldige ausgabe durch Wackernagel. Die abhandlung *de Syllogismis* gehört wohl zu der *Rhetorik*. Den verlust des *Computus novus* haben wir am wenigsten zu bedauern. Notkers äusserungen über seine accente und über seine vermittlung classischer handschriften zwischen dem bischof von Sitten und dem abt von Aue (Reichenau) wird man nicht ungern lesen.»

Wir bemerken noch, dass wir glauben, der schrift unsres Notker auf der spur zu sein, und dass gerade des *Boethius tröstungen der philosophie*, welche wir zunächt mittheilen, eine eigenhändige arbeit desselben sind. Wir werden uns am schlusse der notkerischen werke bestimmter hierüber aussprechen.

DES BOETHIUS

TROESTUNGEN DER PHILOSOPHIE.

Handschrift 825. — Jahrhundert X oder XI.

EINLEITUNG.

Pius Kolb meldet in seinem verzeichnisse der handschriften, b. 2, s. 332: «Idem libri Boetii de consolatione philosophiæ. Sunt in antiquam Theodiscam paraphrastice translati. Præcedit prologus latinus anonymi cuiusdam, aut certe ipsius versoris, qui dein ex integro Teutonice redditur, et in quo de interitu Romani imperii et morte Boetii agitur. Non habetur in editione Basiliensi de anno 1546. Tituli, in quos libri eleganter distinguuntur minio scripti accuratum opus reddunt. Cæterum integer codex optimo charactere exaratus est sæculo 10mo aut 11mo in 4 memb. Versorem fuisse monachum S. Galli, non est quod ambigam, cum in lib. II sub titulo, *quam rana sit gloria terrena*, pauca de cella S. Galli scribat. Si Notkerus Labeo versor fuit, codex iste eius æuo scriptus est». über den urheber des werkes, der nach dem, was wir in der einleitung zum dritten bande mitgetheilt haben, nicht mehr zweifelhaft sein kann, spricht Kolb auch noch s. 382 des ersten bandes.

Von unsrer handschrift spricht auch schon Gerbert (Iter Alemannicum, s. 107, 2te ausgabe, 1773); ferner Hagen (Denkmale des Mittelalters, heft 1, s. 7 und 16).

Unsre handschrift enthält drei stücke: die tröstungen der philosophie, einen theil des aristotelischen organon's, den wir mit handschrift 818 besprechen und mittheilen werden, und zwei blätter glossen in geheimschrift. Einzelne stücke hat Stalder mitgetheilt (Gräter's Idunna und Hermode, 1816, n. 3), ferner Hagen (an erwähntem orte), Graff (Sprachschatz, s. XXXVI), W. Wackernagel (Altdeutsches Lesebuch, b. 1, s. 138) und andere. dass Graff im jahr 1837 zwei ausgaben der tröstungen veranstaltet hat, ist bekannt. derselbe hat aber das latein von der übersetzung getrennt und dadurch den karakteristischen ton der notkerischen werke zerstört. ferner hat derselbe nicht das latein der handschrift genommen, sondern es andern ausgaben des Boethius enthoben, wodurch es geschieht, dass dasselbe öfters nicht zu der übersetzung stimmt, denn bekanntlich haben sich die benediktiner diese schrift des Boethius auf eigne weise zugeschnitten, ein umstand, der unsern lateinischen text auch den lateinischen philologen interessant machen dürfte. endlich sind die tonzeichen Graff's über die massen nachlässig, u. s. w., so dass wir seine ausgabe zu unserm zwecke nicht gebrauchen konnten, sondern eine neue abschrift nehmen mussten.

Die seitenzahl haben wir nach der seitenzahl der handschrift gegeben, worin das vorgebundene blatt mit den bemerkungen des Kolb und Arx über die handschrift mitgezählt ist. die änderung, die Graff hier vorgenommen, ist sehr überflüssig und erschwert das nachschlagen in der handschrift. bei stellen, die nach der graffischen ausgabe angeführt sind, müssen daher unsre leser dessen seitenzahl der handschrift jedesmahl um zwei erhöhen.

Die zahlen, welche sich in den eckigen klammern in unsrem texte finden, sind eben die seitenzahlen der handschrift.

[S. 4.] # PROLOGUS[1].

Oportet nos memores esse . quæ de romano imperio paulus apostolus prædixerat quondam. Multis enim per pseudo apostolos territis . quasi instaret dies domini . ille arrexit corda eorum his dictis. Quoniam nisi discessio primum uenerit . s. romani imperii . et reueletur filius iniquitatis . i. antichristus. Quis enim nesciat romanos olim rerum dominos fuisse . et fines eorum cum mundi finibus terminari? Postquam autem barbaræ nationes . alâni . sarmatæ . daci . uuandali . gothi . germani . et aliæ multo plures . quæ eis subditæ . uel cum eis fœderatæ erant . rupta fide et fœdere . rem publicam inuaserant . et nulla eis uis romana resistere poterat . inde iam paulatim uergere tanta gloria . et ad hanc defectionem quam nunc cernimus . tendere cœperat. Namque contigit sub tempore zenonis . qui ab augusto transactis iam quingentis et viginti tribus annis . quadragesimus nonus imperator extiterat . ipso in constantinopolitana sede posito . odoagrum turcilingorum et rugorum regem . qui et herulos et scyros secum habuit . romanos et italiam sibi subiugasse. Theodericum[2]) uero regem mergothorum et ostrogothorum . pannoniam et macedoniam occupasse. Deinde ab imperatore theodoricus[3]) constantinopolim propter uirtutis famam accitus . et magnis honoribus quasi socius regni apud eum diu habitus . et familiaritati atque intimis consiliis admissus . præcibus egit . ut annueret ei . si contra odoagrum dimicaret et uinceret . ipse pro eo italiam regeret. Et sic eum a se disceden-

---

[1]) Die lateinische vorrede findet sich auch noch auf dem ersten blatte der handschrift 844, jedoch ohne wichtige lesarten.
[2]) Teodoricum. hsch. 844.
[3]) Teodoricus. hsch. 844.

tem . magnis zeno ditauit muneribus . commendans ei senatum et populum romanum . Ingressus ergo italiam . odoagrum intra triennium ad deditionem coegit . atque occidit . deinde potitus est totius italiæ . Romanorum autem iura consulto imperatoris primum disponens . dehinc uero succedente anastasio imperatore . et iustino maiore . rem pro sua libidine administrare incipiens . contradicentes occidit . Inter quos symmachus patricius . et gener eius boetius gladio perierunt . Sanctissimum quoque papam iohannem . usque ad necem carcere afflixit . Ipse autem sequenti anno regni sui trigisimo . ira dei percussus est . succedente in regnum adelrico nepote eius . ilinc romana respublica iam nulla esse cæperat . [s. 5.] quæ gothorum regibus tunc oppressa est . usque ad narsetem patricium . qui sub iustino minore propulsatis gothorum regibus . langobardorum manibus italiam tradidit . et simili eam fecit peste laborare . Horum autem iugum . post ducentos et quinque annos . ex quo intrauerunt italiam . Karolus francorum rex abstulit . et auctoritate leonis papæ . qui eum ad defensionem apostolicæ sedis inuitauit . ipse imperator ordinatus est . Post ipsum uero et filius eius . imperatoris nomen ad saxonum reges translatum est . Ergo romanorum regnum defecit . ut paulus prophetauit .

ITEM PROLOGUS TEUTONICE.

Sc̄s paulus kehiez tien. die in‿sînên zîten uuândon des suonetagen. táz er er nechâme. êr romanum imperium zegienge. únde antichristus richesòn begóndi. Uuér zuiuelòt romanos íu uuésen állero richo hërren. únde iro geuuált kân ze‿énde dero uuérlte? Sò dò mánige liute énnónt tuonouuo gesézene. hára úbere begóndôu uáren. únde in‿állên disên richen keuuáltigo uuíder romanis sizzen. tò iu stúonden iro ding slifen. únde ze‿dèro tilegúngo râmen. tia uuir nû sehên. Tánnân geskáh pi des chéiseres zîten zenonis. táz zuêne chúninga nórdenân chómene. éinêr imo den stuol ze‿romo úndergieng. únde álla italiam. ánderêr náhor imo greciam begréif. únde diu lánt. tiu dánnân únz ze‿tuonouuo sint. Éuér hiez in únsera uuîs ótacher. tîser hiez thioterih. Tò uuárd táz ten chéiser lústa. dáz er dioterichen uriuntlicho ze‿hóue ládeta. tára ze‿dero márun constantinopoli. únde in dâr mit kuollichên éron lángo hábeta. únz er in dés biten stúont. táz er imo óndi. mit ótachere zeuéhtenne. únde úbe er in úberuuúnde. romam ióh italiam¹) mit sínemo dánche zehábenne. Táz úrlub káb imo zeno. sîn lánt. ióh sîne liute. ze‿sînên triuuòn beuélehendo. Sò dioterih mit témo uuòrte ze‿italia chám. únde er ótaccheren mit nòte guán. únde in sâr dára náh erslúog. únde er fúre in des lándes uu'elt. tò netéta er zeérest nieht úber dáz. sò dèmo chéisere lieb uuás. Sò áber náh imo ándere chéisera uuúrten. [s. 6.] tò begónda er tuon. ál dáz in lústa. únde dìen râten án den lib. tìe imo dés neuuáren genólgig. Fóne diu slúog er boetium.

---

¹) Wenn Graff «romā» und «italiā» liest, so hat er das abkürzungszeichen der handschrift für das tonzeichen der länge angesehen.

únde sînen suêr symmachum. únde dáz óuh uuîrsera uuás. iohannem den bábes. Sàr des ánderen iáres. nuárt thíoterih ferlóren. sîn néuo alderih zúhta daz ríche ze_sih. Romanum imperium hábeta io dánnan hína ferlóren sîna libertatem. A'ber dóh gothi uuúrten dánnân uertríben fóne narsete patricio. sub iustino minore. Só chámen áber nórdenan langobardi. únde uuielten italiæ. mêr dánne ducentis annis. Náh langobardis franci. tîe uuir nû héizên chárlinga. náh ín saxones. Só íst nû zegángen romanvm imperivm. náh tîen uuórten scī pauli apostoli.

INCIPIT LIBER PRIMUS BOETII.

CONQVESTIO BOETII . DE INSTABILITATE FORTVNÆ.

Qui peregi quondam carmina florente studio . heu flebilis cogor inire mestos modos. I'h tir ér téta frólichív sáng . ih máchon nû nóte chára-sáng[1].

Ecce laceræ camenæ dictant mihi scribenda. Síh no . léidege musæ . lêrent mih scriben. Táz mir uuíget . táz uuiget in. Tie mih ér lêrton iocunda carmina . tie lêrent mih nû flebilia.

Et rigant ora elegi . i. miseri . ueris . i. non fictis fletibus. Unde fúllent sie miniv óugen . mit érnestlichèn dránen.

Has saltim comites nullus terror potuit peruincere . ne prosequerentur nostrum iter. Tise geuértun nemáhta nioman eruuénden . sie nefúorin sáment mir. Quasi diceret. Úbe ih ánderro sáchon beróubót pin . minero chúnnón nemáhta mih nioman beróubón.

Gloria felicis olim uiridisque iuuentæ . solantur nunc mea fata . mesti senis. E'r uuáren sie gùollichi minero iúgende . nû tróstent sie mîh álten . minero misseskihte.

Uenit enim inopina senectus properata malis. Tés ist óuh túrft . nuánda mir ist úngeuuándo . fóne árbéiten zûo geslungen . spûotig álti.

Et dolor iussit inesse suam ætatem . s. ideo suam . quia citius cogit senescere. Unde léid hábet mih álten getán.

Funduntur uertice intempestiui cani. Fóne dien díngen gráuuén ih ze‿únzite. [7.]

---

[1]) Handschrift 877. Jahrh. IX. S. 303, rsch.
dei sanch dei iuuuenni mit pluontemo flizzi teta
Carmina qui quondam studio florente perege.

Et laxa cutis . tremit effeto corpore . Únde sláchiu hût . rídot an chráſtelôsemo lîchamen . Táz chît . mîne lîde rîdont únderslâchero hîute .

Felix mors hominum . quæ nec se inserit dulcibus annis . et sepe uocata uenit mestis . Táz ist sâlig tôd . tér in lústsamên zîten nechúmet . únde in léitsamên geuuúnstêr netúelet .

Eheu . quam surda aure auertitur miseros . A´h zesére . uuîo úbelo èr die uuênegen gehôret .

Et sæua . claudere negat flentes oculos . Únde uuîo úngerno ér chéligo betûot íro uuéinonten óugen .

Dum male fida fortuna faueret leuibus bonis . Únz mír sâlda fólgetôn . inállemo mînemo gûote . mir únstâtemo . álso iz nû skînet .

Pene merserat tristis hora caput meum . Tô hábeta mih tiu léida stúnda nâh kenómen . íh méino diu iúngesta .

Nunc quia mutauit nubila fallacem uultvm . protrahit impia uita ingratas moras . Uuánda si mír áber nû gesuichen hábet . nû lénget mina urist . mîn árbéitsâmo lîb .

Quid totiens iactastis . me felicem amici? Uuáz hiezent ir îo mih sâligen fríunt mîne? Uuár ist iz nû?

Qui cecidit . non erat ille stabili gradu . Tér dôh îo uiel . fásto nestûont . úbe er fásto stûonde . sô neuile er . Argumentum a repugnantibus . Repugnant enim stare et cadere .

DE INGRESSV PHILOSOPHIÆ . ET EIVS HABITV.

Hæc dum mecum tacitus reputarem ipse . Únz ih tíz suîgendo in-mînemo mûote áhtota .

Et signarem lacrimabilem querimoniam . officio stili . Únde ih sús ámerlîcha chlága scréib mit temo grîfele .

Uisa est mulier astitisse mihi supra uerticem . Uuár sáh ih . éin vuîb stân óbe mir .

Reuerendi admodum uultus . Eruuirdegero táte hárto .

Ardentibus oculis . Mit érnestlichén óugôn .

Et perspicacibus . ultra communem valentiam hominvm . Únde dúrnohtor séhentên . tánne ioman ménniskôn séhen múge . Íoh profunda dei gesihet philosophia .

Colore viuido . Mit iúnchlichero uáreuuo . Si neáltêt nîeht .

Atque inexhausti vigoris . Únde mícheles mágenes únde úngebróstenes quia pertingit a fine usque ad finem fortiter .

Quamuis ita plena esset æui . Tóh si sô ált uuâre . [8.]

Ut nullo modo crederetur nostræ ætatis . Táz sih nîoman íro negelóubti . uuésen ébenált . Uuánda si uuás îo .

Staturæ discretionis ambiguæ. Iníro genuáhste zuíueligero mícheli. Íh nemáhta uuizen . uuío michel si uuâre.

Nam nunc quidem cohibebat sese ad communem mensuram hominum. Uuánda éina uuíla . kezúhta si síh hára zu únsermo méze . uuánda si uuílon humana áhtôt.

Nunc uero uidebatur pulsare cælum . cacumine summi uerticis. A´ndera uuíla tûohta si mir den hímel rûoren . mit óbenahtigemo hóubete . uuánda si astronomíam nuéiz.

Quæ cum altius extulisset caput . etiam ipsum cælum penetrabat. Sô si daz hóubet hô ûf erbúreta . sô úberslûog iz ten hímel . táz tûot si diuina scrutando.

Et frustrabatur intuitum respicientium. U´nde sô tróug si déro sîa ána uuârtentôn óugen.

DE AMICTV EIVS.

Vestes erant perfectæ tenuissimis filis . subtili artificio . indissolubili materia. I´ro uuât uuás chléine . únde uuáhe . únde festes kezívges. Tiu uuât ist tiure . tár diu driu ána sint. I´ro uuát . táz sint artes liberales. Táz si chléine ist . táz máchônt argumenta . táz si uuáhe ist . táz máchônt figuræ dianœos únde lexeos. Táz sie uéste sint . táz máchôt tiu uuárbeit. Sô uuárên sumptis uuáriu inlatio fólget . sô nemág tára uuidere níoman nícht ketûon . Fóne díu ist ío in uuârhéite fésti.

Quas ipsa texuerat manibus suis . uti post cognoui eadem prodente. Tia uuât si iro sélbiu uuórhta . sô ih áfter dés fóne iro uernám. Uuánnân máhtin die artes chómen . âne uone dei sapientia?

Quarum speciem obduxerat . quædam neglectæ uetustatis caligo . ueluti solet fumosas imagines. I´ro bilde uuâren fóre álti uersáleuuet . sámo so rúcchegiu gemâle. Uel sic. A´ltiu súmhéit habeta uertúnchelet iro uuáhi. Uuánda sô die artes níoman neúobet . sô uuirt iro geágezôt.

Harum in extremo margine . legebatur intextvm π grecum. Zeniderost án dero uuâte . stûont kescriben taz chríecheska p. Táz pezéichenet practicam uitam . táz chit actiuam.

In superiore uero legebatur ϑ . Zéoberôst stûont theta. Tiu bezéichenet theoreticam uitam . dáz chit contemplatiuam. [9.]

Atque inter utrasque literas uidebantur insigniti quidam gradus in modum scalarum. U´nde únderzuisken púohstaben . stûonden sámo so léiter-sprózen gezéichenet . álde stégon stúofa.

Quibus esset ascensus . ab inferiori ad superius elementum. A´fter dien man stigen máhti . fóne demo níderen púohstabe zu demo óberen. Uuánda sancti únde sapientes . fárent fóne actiua vita . ad contemplatiuam .

Eandem tamen uestem . sciderant quorundam uiolentorum manus . Tia sélbûn uuát hábeton ferbróchen súmeliche nôt=nunftara .

Et abstulerant particulas quas quisque poterat . Unde uuâren sie ánauuért mit íro stúcchen . die iogelicher besuérben mahta . Uuánda epicurei únde stoici . únde achademici strîten . únde téiltòn sih in-mísseliche sectas .

Et gestabat quidem dextra libellos . sinistra uero sceptrum . An dero zéseuuûn trùog si bûoh . târ liberales artes ána uuâren . ân dero uuinsterûn sceptrum . uuánda si chúningen ist . Sí chád . per me reges regnant . et trhonus meus in columna nubis .

DE EXPVLSIONE BLANDIENTIVM MVSARVM.

Quæ ubi uidit poeticas musas . assistentes nostro thoro . Sô si gesáh fóre mínemo bétte stân . tie méter uuúrchun .

Et dictantes meis uerba fletibus . Unde mir trâne récchende . mit íro uuórten .

Commota paulisper . Sàr dés éin lúzzel zórneg uuórteniu .

Ac toruis inflammata luminibus . Ióh trôlicho séhendiu .

Inquit . Frâgeta si .

Quis permisit has skenicas . i . theatrales meretriculas accedere ad hunc ægrum? Uuér liez hâra in ze_disemo siechen . tise geuénetenu hûorra ze_theatro? In fornicibus theatri . uuúrten meretrices prostratæ . dánnan ist fornicatio gehéizen . Also die den man mit íro lenociniis árgerotôn . sô tâten óuh tise mit íro ámerên uuórten . Fóne díu héizet er sie meretrices . Alde skenicas meretriculas . héizet er skenicas musas . álso comediæ uuâren . únde tragædiæ . die óuh mánne scádotôn . uuánda comediæ ráhtòn imo risum . tragædiæ luctvm .   [10.]

Quæ non modo nullis remediis fouerent . dolores eius . uerum insuper alerent dulcibus uenenis . Tie imo sin sèr nieht éin nehéillent . nûbe ioh méront . mit sùozemo éitere íro uuórto .

Hæ sunt enim quæ necant infructuosis spinis affectuum . uberem segetem fructibus rationis . Tiz sint tie den uuûocher únde dén ézisg tero rationis ertémfent . mit tien dórnen uuillónnes . Táz chît mit íro uuille chôsonne . ergézzent sie mán sînero rationis .

Hominumque mentes assuefaciunt morbo . non liberant . Unde ménniskôn múot stózent sie in-dia súht . sie nelôsent sie nieht .

At si quem profanum detraherent blanditiæ uestræ . uti uulgo solitum uobis . Aber in fûortint ir mir éinen uréden . mit iuuermo zárte . sò ir diccho tùont.

Minus moleste ferendum putarem. Táz neuuáge mir sò nieht.

Nihil quippe lederentur in eo operæ nostræ. A'n démo neinfùore mir nieht minero árbéito.

Hunc uero innutritum eleaticis studiis . atque achademicis . s. non patior mihi subtrahi. A'ber dísen chriechiskero méisterskéfte . únde achademiskero dúrhlèrten.

Sed abite potius sirenes . usque in exitium dulces. Rûment sirenes . lústsame únz án dia uerlórnisseda. Sirenes sint mére-tier . fóne déro sánge intsláfent tie uérigen . et patiuntur naufragium.

Et relinquite eum curandum sanandumque meis musis. U'nde lázent mih imo sîn mùot néren . únde héilen mít minén carminibus.

His ille chorus increpitus . deiecit humi mestior uultum. Tô snifta nider dáz sús erstóuta gezuáhte.

Confessusque rubore uerecundiam . tristis limen excessit. U'nde uóre schámon irrótende . geliez iz sih.

At ego cuius acies caligarat . mersa lacrimis . nec dinoscere possim . quæ nam esset hæc mulier tam imperiosæ auctoritatis . obstipui. A'ber ih erchám mih tódés . uuér dáz uuîb uuáre sò geuuáltigo uárentiu . ih nemáhta sia bechénnen . uuánda mir daz óuga timbereta . fóllez tráno.

Uisuque in terram defixo. U'nde ih fúre mih nider séhende. [11.]

Quid deinceps esset actura . explorare tacitus cœpi. Pegónda ih suigendo chiesen . uuáz si dára náh tûon uuólti.

Tum illa propius accedens . consedit in extrema parte lectuli mei. Tô hítemon náhòr gánde . gesáz si zeénderòst mines péttes.

Et intuens meum uultum grauem luctv. U'nde ána séhende mîn análútte . tráglichez fóne vuûoste.

Atque deiectum in humum merore. U'nde fóne trúregi nider gehángtez.

His uersibus conquesta est . de perturbatione nostræ mentis. Chlágeta si sih mit tísen uérsen . mines únmûotes.

CONQVESTIO PHILOSOPHIÆ SVPER ÆGRO.

Heu quam hebet mens . mersa præcipiti profundo. A'h uuio hárto sih misse hábet mánnes mùot . kábes kestúrtez in dia grúoba.

Et relicta propria luce . i. naturali sapientia . tendit ire in externas tenebras . i. in insipientiam . quæ contra eius naturam est. U'nde uuio gnóto iz tánne ilet . ûzer demo liehte . in dia uinstri. Uuio iz sih kelóubet sines tróstes . únde héftet sih inúndròst. Uuánne tûot iz sò?

Quotiens noxia cura . aucta terrenis flatibus . crescit in inmensum. Sô sîne sórgun éreron fóne fránspuote . zeúnmézig uuérdent. Uuánda úbe er ér rîche uuás . sô imo dés káhes kebrístet . sô uuíget iz ímo.

Hic quondam liber . assuetus aperto cælo ire in ætherios meatus . cernebat lumina rosei solis . uisebat sydera gelidæ lunæ. Tîser uuás keunón dénchen án die himel=férte . únz er in=geréchen uuás . únde chôs er in=héiteri . dero súnnùn uérte . únde des mânen.

Et uictor habebat compræhensam numeris . quæcumque stella exercet uagos cursus . flexa per uarios orbes. U'nde uuíssa er óuh tie uérte bezálo . tîe dehéin planeta tuot . feruuállotiu in ánderro planetarum uérte. Ér uuíssa uuóla . die mânòt=zála . ióh tia iár=zála iro iogelíchero nérte. Uuánda ér uuíssa . dáz saturnus úmbe gât ten hímel triginta annis . ionis duodecim . mars duobus . sol in uno anno . mercurius únde uenus infra annum . luna triginta diebus. U'nde dáz tero íogelih uuíderfért temo ándermo [12.]. Sô luna tuot soli . tánne tâge uinstri uuírdet . únde sô uuír martem sáhen uuíderfáren demo mânen . dò er drînahtig uuás . únde úber mitten gân . náls nîeht úndenân . núbe óbenân. Fóne diu chît er . flexa per uarios orbes.

Quin etiam solitus rimari causas . unde sonora flamina sollicitent æquora ponti. Er unólta ióh uuizen . uuáz tia uuínda recche . tîe den mére vuuolent. Uirgilius uuánda dáz sie eolus úz lieze. Sîe lâzet ter úz . qui producit uentos de thesauris suis.

Quis spiritus uoluat stabilem orbem . s. ideo stabilem . quia uoluitur et non cadit. Uuér dén únerdrózenen hímel úmbe tríbe? Uuér âne spiritus dei?

Uel cur sydus in hesperias casurum undas . surgat ab rutilo ortv. A'lde uuîo uuéstert insédel gândiu zéichan . áber chómên ad ortum. Tér hímel án démo siu stânt . tér tríbet siu úmbe.

Quid temperet placidas horas ueris. Uuáz ten lénzen getûe sô línden.

Ut ornet terram floribus roseis. Táz ér dia érda gezíere mit plùomôn. Táz tuot tiu hára eruuíndenta súnna . fóne demo hiemali circulo.

Quis dedit ut fertilis autumnus grauidis . i. maturis uuis influat . i. habundet pleno anno? U'nde uuér dáz kébe . dáz ter hérbest chóme geládenêr . mit rífen béren . in=rátsâmemo iâre?

Atque . s. solitus erat . reddere uarias causas latentis naturæ. U'nde chónda er geántuuúrten mániges tinges tóugenes . uuáz táz únde dáz méine.

Nunc iacet effeto lumine mentis. Táz uuíssa er ál . nù ist er uuízzelôs.

nù ist er âne uuórten des muótes túgede.

Et pressus colla grauibus catenis. Únde úmbe den háls kechétennotèr. táz chít mit úndròste behâftèr.

Et gerens decliuum uultvm pondere. Unde mit téro búrdi níder genéigtèr.

Cogitur heu cernere stolidam terram. Sihet er úndánches zeérdo. ténchet er léuues án dia tóubùn érda. tiu ménnisken tóube máchòt.

EXPERIMENTVM MEDICATRICIS. AN LÆTALIS MORBVS SIT ÆGRI.

Sed tempus est inquit medicinæ quam querelæ. Nù ist áber dóh mér zit. láchennis tánne chlágo.

Tum uero intenta totis luminibus in me. inquit. Unde mih tára uáb cnòto ána sébentiu. frágeta si. [13.]

Tune es ille qui quondam nutritus nostro lacte. nostris educatis alimentis. euaseras in robur uirilis animi? Ne uuúrte dù mit mínemo spúnge gesóuget. únde mit mínero frúondo gezógen. únz tù gestige zegómenes sinne? nebíst tv̄ dér na?

Atqui. Zeuuáre.

Contuleramus talia arma. I'h káb tír óuh sóliu gesáreuue.

Quæ te tuerentur inuicta firmitate. Tiu díh skirmdín. mit úngesuichenero uésti. únder dìen. dù gehálten uuárist.

Nisi prior abiecisses. Úbe dù siu gérno hína neuuúrfìst.

Agnoscisne me? Pechénnest tu mih?

Quid taces? Ziu suígest tu?

Siluisti pudore an stupore? Uuéder fóre scámòn. álde fóre erchómeni?

Mallem pudore. s. quia pudorem facit reuerentia. stuporem conscientia. Mir uuáre liebera fóre scámon. táz chit fóre gezógeni. únde fóre chiuski. únde fóre midínne. únde fóre érháfti.

Sed ut uideo. stupor oppressit te. i. conscientia torquet te. Mih túnchet áber. fórhta tûot tir uuè. tv̄ uuéist tíh scúldigen.

Cumque me uidisset non modo tacitum sed elinguem prorsus et mutum. Só si mih tò gesáh. níeht éin suígenten. núbe sámo stúmmen. únde zúngelósen.

Admouit leniter manum pectori meo. Só légeta si íro hánt mammendo an mína brúst.

Et nihil inquit pericli est. Nieht fréisòn chád si.

Læthargum patitur. Úngehúht hábet er geuángen.

Communem morbum inclusarum mentium. Keméine súht tero áuuízzòntòn.

Oblitus est sui paulisper. Ér habet sin éin lúzzel ergézen.

Recordabitur facile. si quidem ante cognouerit nos. Ér behúget síh uuóla sín. échert er mih ér bechénne.

Quod ut possit. Uʹnde daz er mih pechénnen múge.

Tergamus paulisper lumina eius. caligantia nube mortalium rerum. Sô uuiskên siniu óugen. petimbertiu mit témo nébele tero stirbigôn dingo.

Hæc dixit. Sús chád si.

Et contracta ueste in rugam. siccauit oculos meos. undantes fletibus. Uʹnde mit kelésotemo túoche iro uuâte. uuista si miniv vuúoffenten óugen.

DE ILLVMINATIONE EIVS.

Tunc discussa nocte. liquerunt me tenebræ. Sâr hína uertríbenero náht. pegáb mih tiu uinstri. [14.]

Et prior uigor. rediit luminibus. Uʹnde chám mir óugôn lieht. sólih ih fóre hábeta.

Ut. Aʹlso iz tánne uéret.

Cum glomerantur sydera præcipiti choro. Sô die stérnen bedécchet sint. fóne uuólchen máchigemo uuinde.

Et polus stetit nimbosis imbribus. Uʹnde der hímel ála gáro ist zedicchên régenen.

Sol latet. Uʹnde súnna neskinet.

Ac nox funditur desuper in terram. nondum uenientibus astris cælo. Uʹnde iz náhtét. êr an himele stérnen skinen.

Si boreas emissus ab treicio antro. i. a uallibus traciæ. hanc uerberet. Aʹlso iz tánne uéret. úbe dára náh tiu bisa fone tratia uuântiu. dia náht zefúoret.

Et reserat clausum diem. Vʹnde dén dág máchot héiteren. dér uóre finsterêr uuás.

Emicat phœbus. Uʹnde dánne súnna skînet.

Et uibratus subito lumine. ferit radiis mirantes oculos. Uʹnde si gáes skînende. skiuzet tien liuten sih uuúnderóuten únder diu óugen.

Haud aliter dissolutis nebulis. hausi cælum. Aʹlso zestóbenemo nébele. sáh ih ten himel.

Et recepi mentem. ad cognoscendam faciem medicantis. Vʹnde uuárd ih sinnig. sía zebechénnenne. táz si láchanarra uuás.

Itaque ubi deduxi oculos in eam. Sô ih sia diu óugen ána uerlîez.

Intuitumque defixi. Uʹnde ih sia gnôto chôs.

Respexi nutricem meam philosophiam. Pechnâta ih sia uuésen mina ámmùn.

Cuius laribus obuersatus fueram ab adolescentia. In déro séldôn ih fóne chinde uuóneta.

Et quid inquam otú magistra omnium uirtutum. delapsa supero cardine. uenisti in has solitudines nostri exilii? Uʹnde uuáz chád ih. uuóltôst tú állero túgedo méistra fóne himele hára in diz éinôte minero ihseli?

An ut tu quoque mecum rea. agiteris falsis criminationibus? Iʹnno . daz óuh tû gescúldigotiv . fóne lúkkèn léidúngòn . kemúot uuérdèst . únde in_nòt pràht uuérdèst?

An inquit illa desererem te alumne? Sólti ih mih tánne chád si tîn gelóuben . mîn héime gezógeno?

Nec partirer tecum communicato labore sarcinam . quam sustulisti . inuidia mei nominis? Únde nesólti ih nieht ében téila uuérden dínero árbeito . tie dù lídest úmbe mînen nid? [15.]

Atqui . Triuuo .

Philosophiæ non erat fas relinquere incomitatvm iter innocentis . Philosophiæ negezàm nio . táz si den únsúndigen lieze fáren âne sih .

Meam scilicet criminationem uererer? Sólti ih chíst tu mîna léidunga fúrhten?

Et perhorrescerem quasi aliquid noui? Únde mih téro erchómen? sámo so ételiches níuues tinges?

NON MELIORA SPERANDA NOVIS QVAM PRISCIS TEMPORIBVS .

Censes enim nunc primum . lacessitam esse periculis sapientiam . apud improbos mores? Uuánest tu nû èrest sapientiam in_nòt kestózena fóne dien úbelèn?

Nonne certauimus sepe apud ueteres quoque ante ætatem nostri platonis . magnum certamen cum temeritate stultitiæ? Neuáht ih ófto iòh pi_dien áltèn . fóre platonis zîten . stárchen uuíg . uuíder dero góucho nánde?

Eodemque superstite . præceptor eius socrates . promeruit uictoriam iniustæ mortis . me astante? Únde imo lébendemo . úber si . genóta sîn méister socrates ten dót . mir zûo séhentero?

Cuius hereditatem cum deinde molirentur raptum ire . epicureum uulgus . ac stoicum . ceterique quisque pro sua parte . Únde dánne sîn érbe iltîn zócchòn epicurei atque stoici . únde óuh ándere . iògelîh gágen sînemo téile .

Meque traherent uelut in partem prædæ . reclamantem et renitentem . Únde si mih . álso dàr man róub téilet tânsotìn . uuidere zíbenta . únde dáz uuíderònta .

Disciderunt uestem . quam texueram meis manibus . Zebrâchen sie mîna uuát . tîa ih sélbiu uuórhta .

Abreptisque ab ea panniculis . Únde blézzen tar ába gezúhtèn .

Credentes me sibi totam cessisse abierunt . Sih uuánende mih álla háben . fúoren sîn mit tíu .

In quibus quoniam uidebantur quædam uestigia nostri habitus . Uuánda dóh an díen zócchâren . ételih kelíhnisse uuás mînero getâte .

Rata imprudentia . meos esse familiares . Únfrúoti uuánentiu sie nuésen mîne gesuásen .

Peruertit nonnullos eorum . Petróug si iro súmelicho . [16.]

Errore profanæ multitudinis. Mit témo irreglichen uuâne. dér so uuirbet mit téro uerulûchenun mánegi. Sie gelóubtôn téro mánegi. táz sie uuîse uuârin.

Quod si nec fugam anaxagoræ nouisti. Úbe du nîo negeiscotôst. uuîo anaxagoras stoicus philosophus indrán. s. ut non pateretur tormenta. únde ér fóne diu lángo uuás in exilio.

Nec socratis uenenum. Nóh uuio socrates kenótet uuárd trínchen cicutam. uuánda ér iouem únde apollinem hiez mortuos. Únde er chád tén éid uuésen tiureren. dén man suúore bi demo lébenden húnde. dánne bi demo tôtên ioue.

Nec zenonis tormenta. Nóh uuéliu uuîze zeno philosophus léid. tér imo sélbemo dia zúngùn âba béiz. uuánda ér die méldén neuuólta. die ér uuíssa coniuratos.

Quoniam sunt peregrina. Úbe dù iz fóne diu neuuéist. uuánda iz in urómedemo lánde geskáh. ih méino in gretia.

At scire potuisti canios. Tù máhtóst áber uuizen canio gelîche. tér be-gaio imperatore uuás.

At senecas. Únde senecæ gelîche. dér uóne nerouis gebóte erslágen uuárd.

At soranos. Únde óuh sorano.

Quorum memoria nec uetusta nec incelebris est. Téro geuuáht nóh nieht ált neist. nóh únmâre.

Quos nihil aliud detraxit in mortem. Tie nieht ánderes ze-demo tôde ne-bráhta.

Nisi quod uidebantur instituti nostris moribus. A͞ne dáz sie uuâren gerárte náh minemo site.

Dissimillimi studiis improborum. U͞ngeliche démo flîze dero scádelôn.

ADVERSA NON TIMENDA.

Itaque nihil est. quod ammireris. si agitamur. in hoc salo uitæ. circumflantibus procellis. Tih nedárf nehéin uuúnder sin. úbe uuir in dísemo mére geuuérfôt uuérdén. fóne in állen sint zûo stôzentên uuinden. Táz chit. úbe uuir in dísemo uréisigen libe árbéite lidén. fóne mánigên persecutoribus. [17.]

Quibus hoc maxime propositum est. displicere pessimis. Uuánda uuir uuéllén dien úbelên misselichên. únde dáz ist úns fástôst in múote.

Quorum quidem exercitus tametsi numerosus est. tamen spernendus est. Tére hére nîo sô michel neist. iz ne-si zeuerchfesenne.

Quoniam nullo duce regitur. Uuánda iz fóne nehéinemo uuisen geléitet neuuirt.

Sed raptatur tantum errore. temere ac passim limphante. Núbe échert fóne uuûotigero irrighéite. rátelôslicho dára únde dára gefûoret uuirt.

Qui si quando struens aciem . contra nos ualentior incubuerit . U'be óuh táz sina skára ríhtet uuider úns . únde iz únsih mágenigòr ána uéret .

Nostra quidem dux contrahit copias suas in arcem . Só zíhet únseriu hérzogen uirtus . iro hére in iro uésti .

Illi uero occupantur circa diripiendas inutiles farcinulas . Tára náh uuérdent sie únmúozig . zócchóndo iro gebústere . A'lso die táten . die mauricium slúogen . Só in sélben únde álla dia legionem uirtus fidei ze_hímele gezúhta . tò téiltòn sie den róub . Uuáz máhta imo dò únuuérdera sin . tánne dáz sie zócchoton ? Fóne div chid si hára nàh .

At nos irridemus desuper . rapientes uilissima quæque rerum . Uuir éigen áber óbenán die zócchónten só bòsa sácha . zehúe .

Securi totius furiosi tumultus . Sichure uuórtene álles uuùotiges stúrmes .

Eoque uallo muniti . U'nde mit téro fésti beuuárote .

Quo non fas sit aspirare grassanti stultitiæ . Tára nehéin uuég zúo nesi . tero uuinnentún góuhhéite .

QVID FACIAT CONSTANTIAM .

Quisquis serenus composito æuo subegit pedibus fatum . i . prosperam fortunam et rectus tuens . i . recte intuitus est utramque fortunam . So nuéler in sínemo áltere stillèr . únde gezógenér . sálda in uersíhte hábeta . únde er áfter réhte béidiu uersáh . ih méino sálda . ióh únsálda . [18.]

Potuit tenere inuictum uultum . Tér máhta háben uéste gehába . A'lso socrates nehéinêst sin ánalútte neuuéhselóta . uuánda er to in éinemo uuás ane láhter . únde áne trúregi .

Illum non mouebit rabies ponti et minæ . exagitantis funditus uersum estum . Tén sólên nebrútet níeht tiu úngebárda . únde die tróuuún des méres . nuúollentes . únde fóne bódeme úf chérentes sina zéssa . Táz sint tumultus secularium .

Nec mouebit eum ueseuus . quotiens ruptis caminis uagus torquet . i . dispersit . fumificos ignes . Nóh in ne brútet tér brénnento bérg ueseuus . tér in campania íst . só er uerbróchenèn múntlóchen uuíto zeuuirfet siniu ríuchenten fiur . Táz sint furores principum .

Aut uia ardentis fulminis . soliti ferire celsas turres . Nóh in nebrútet ter scúz tero fiurentùn dónerstrálo . tíu hohiu turre diccho niderslát . Táz ist tero chúningo geuuált . ter ófto die richen insézzet .

Quid tantum mirantur miseri . i . insipientes . sæuos tyrannos . furentes sine uiribus . Uuáz ist tien múodingen . dáz sie die geuualtigen fúrhtent ? chráftelóse . dóh sie uuinnèn .

Nec speres aliquid . nec extimescas . exarmaueris iram impotentis . i. ualde potentis. Fólge mínes rátes. Nieht nebenuuáne dih ze guuúnnenne . nieht nefúrhte zeuerliesenne mit tíu infůorest tu demo geuuáltigen sîn zórn.

At quisquis trepidus pauet uel optat . eo quod non sit stabilis . suique iuris . abiecit clipeum . i. robur dominicæ protectionis. Tér áber sô tůon neuuile . únde er fúrhtet zeuerliesenne . álde gérót zeguuúnnenne . uuánda dér únstáte ist . únde úngeuuáltíg sîn sélbes . pedíu hábet er hina geuuórfen den skilt . dáz chît tes můotes fésti . únde gótes zůuersíhte.

Et motus loco . nectit catenam . qua ualeat trahi. Únde ába stéte gedrúngenér . sô iz in uuîge féret temo sigelósen . smídót imo sélbemo chétenna . mit téro man in bínde.

VVLNVS NON ESSE TEGENDVM.

[19.] Sentisne inquit hæc . s. carmina . atque illabuntur animo tuo? Uerstâst tu dih tisses feht chád sî . álde gât iz tîh feht in? Táz ih tir liudôn . bechúmet tih táz feht?

Ananos liras . i. expers liræ . quid fles? Léidego . únde lírun spíles ergázto .{uuáz ríuzest tu?

Quid manas lacrimas? Zíu uliezent tir trâne?

Exomologese . i. confitere . mecripse . ien . i. neabscondas unum . Iih uuáz tir sî . éin neuerhíl du.

Si exspectas opera medicantis detegas uulnus. U'be du genésen uuéllést . únde árzates hélfa uuéllést . sô óuge dia uuúndun.

EGER QVO MORBO LABORET . APERIRE CONATVR.

Tum ego. Tô ántuuúrta ih iro.

Collecto animo in uires . i. collectis uiribus in animo. Mit éteuuáz chréftigoren můote.

Anne adhuc eget ammonitione? Sól is nóh túrft zîn . zeságenne?

Nec per se satis eminet asperitas fortunæ seuientis in nos? Neskînet tiu misseskíht uuóla ná . tiu mír ána liget?

Nihilne mouet te . ipsa facies loci? Nebechúmet tih nieht sélbiv des chárchâres éigeslíchi?

Heccine est illa bibliotheca. I'st tánne diz nú díu bůohchámera.

Quam ipsa delegeras tibi certam sedem in nostris laribus? Tár du gérno inne sáze zemínemo bús?

In qua mecum sepe residens . disserebas de scientia diuinarum humanarumque rerum. Únde sáment mir sízzendo . trábtotóst állen dén uuîstůom . tér an gót kât únde án die líute.

Talis habitus . talis uultus erat . cum rimarer tecum secreta naturæ? Uuás ih in dien uátòn . tô ih tir hálf crúnden tia tóugeni dero naturæ . i. phisicas questiones?

Cum describeres mihi radio . i. uirga uias syderum . i. planetarum . Tô du mir bildotôst an̄ dero áscûn . mit tinero zéigorûoto . die uérte dero síben uuállôntôn stérnôn . Philosophi hábetòn éin brét fóre in . dáz sie hiezen mensam . súmeliche hiezen iz abacum . dáz uuás pezétet mit clésinemo puluere . chléino gemálnemo . únde gnóto geuéutemo . [20.] únde sázen sie mit iro rûota in̄ hénde . mit téro sie iro iúngerôn an̄ déro sélbûn ascûn pildotôn die uérte dero stérnôn . únde álle die figuras . tie man lirnen sól in geometrica. Abacus ist éin descriptio . dáz chit éin bilde án éinemo bréte . álde an éinero pagina . só uuir iz nú sébèn in disén ziten . tár misseliches pildes caracteres ûf keléget uuérdent . álso dár man uuúrf záueles spilôt . Mit tien caracteribus nuérdent spûotigo eruáren állero numerorum dinisiones . únde multiplicationes . so uuéder man iro bedárf . in musica . álde in arithmetica. Tiu disciplina héizet mathematica.

Cum formares mores nostros . et rationem totius uitæ . adexemplar cælestis . i. angelici ordinis. Tô dû mine site . únde álla dia uuisûn mines libes . scáffotôst náh témo bilde dero éngelo . Uuánda dár úmbe chám christus dei sapientia hára in̄ uuérlt . táz er ménnisken lérti . in terris angelicam uitam ducere. Tár

fûre lértôn philosophi æthicam . i. morum disciplinam.

Hæccine præmia referimus . obsequentes tibi? Hábo ib nú súslichen lôn . tir lósendo?

AMBITIONEM EXCVSAT.

Atqui . tu sanxisti . i. statuisti hanc sententiam ore platonis. Triuuo . dù fúnde dia réda . únde lértôst sia mit platonis múnde.

Respublicas beatas fore . si uel regerent eas studiosi sapientiæ . uel si contigisset rectores earum studere sapientiæ. A'lliu riche . únde álle ándere geuuálta dánne uuésen sálige . úbe iro ulágin uuîse . álde die sih pegóndin héften zeuuîstûome . Salomon uuás uuîse . áber darius háfta sih ze danihele demo uuîsen . únde pharao ze ioseph.

Tu monuisti ore eiusdem uiri . hanc causam capessendæ rei publicæ . necessariam esse sapientibus. Tû lértôst únsih óuh mit sinemo múnde . állên uuisên núzze uuésen . in dien uuórten geuuált zeguuúnnenne.

Ne gubernacula urbium relicta improbis et flagitiosis ciuibus . inferrent bonis pestem . i. scandala . ac perniciem . i. mortem. Nio er dien úbelên ze hánden uerlázenêr . scáden únde uerlórnisseda tûen dien gúotên. [21.]

Hanc igitur securitatem secutus. Tés fólgendo . uuánda iz fóne dír chám.

Optaui transferre in actum publicæ amministrationis . quod a te didici inter secreta otia. Unólta ih skéinen án demo ámbahte . táz tu mih kesuáso lêrtôst.

Tu et deus qui te inseruit mentibus sapientum . conscii . s. estis. Tû er iíhest mih . únde gót . tér dih in getéta dien uuîsên.

Nullum studium contulisse me ad magistratum . nisi commune omnium bonorum. Mih nehéine dúrfte áhtôn án demo ámbáhte . ih méino án demo consulatu . áne geméine dúrfte.

Inde graues et inexorabiles discordiæ cum impiis. Tánnan errúnnen mir stárche fientskéfte fóne dien úbelên . die nioman uerzéren nemáhta.

Et quid habet libertas conscientiæ. Únde álso io tûot tiu báldi dero síchurhéite.

Spreta semper offensio potentium . pro tuendo iure. Neuuág mir nieht úmbe réhtes minna . dero geuuáltigôn bólgenscáft.

OPERA PIETATIS SVÆ COMMEMORAT.

Quotiens excæpi . i. prohibui ego conigastum . facientem impetum . in fortunas cuiusque imbecilli? Uuîo ófto neuuéreta ih conigaste demo gotho . dánne er ána uártota uuéichero mánno gûot?

Quotiens deieci triguillam præpositum domus regiæ . ab incepta iniuria . prorsus iam perpetrata. Uuîo diccho nestiez ih ten fálenzcráuen triguillen . ába sinemo únrehte . dés ér begúnnen hábeta . únde iôh fólletân hábeta?

Quotiens protexi miseros . quos semper uexabat impunita auaritia barbarorum . i. gothorum infinitis calumniis? Uuîo ófto neuuás ih fóre mít minero námehâfti uuênegên . die dero héidenon uréchi in geniuz árbeita . mít únzálaháftên léidtâten?

Numquam detraxit me ab iure ad iniuriam. Mih negechêrta nio nehéin man ába demo réhte án‿daz únrêht.

Prouincialium fortunas pessumdari . tum priuatis rapinis . tum publicis uectigalibus . non aliter indolui . quam qui patiebantur. Nieht éin dero búrgliuto . núbe óuh sô ih sáh tero lántliuto gûot feróset uuérden . úmbe frônozins . álde óuh sús fóne iomannes nôt númfte . dáz uuág mir ében hárto dien . die iz liten. [22.]

Cum tempore acerbæ famis . grauis atque inexplicabilis coemptio campaniam prouintiam profligatura inopia . indicta a præfecto prætorii . uideretur . s. quando horrea regis aperiebantur. Tô in hándegên húnger-iâren strénge chórn-chóuf in campania . únde úbelêr zegeuuérenne . únde día sélbûn gebúrda er ármen súlendêr . fóne demo chúninge gebánnen uuárt.

Suscepi certamen aduersus præfectum prætorii . ratione communis utilitatis. Tô hinder stûont ih tar úmbe zestrítenne . uuider demo flégare des prætorii . dés ámbáht iz uuás . úmbe geméine nóttúrste.

Rege cognoscente contendi. Temo chúninge . tês chórn iz uuás uuizentemo . stréit íh.

Et euici . ne exigeretur coemptio. Ûnde bráhta ih iz tára zû . dáz sie níoman nenóti des chóufes.

Paulinum consularem uirum . cuius opes iam spe atque ambitione deuorassent palatini canes . traxi ab ipsis faucibus hiantium. Paulinum éinen gerislichen man ze‿consule . tés kûot tie hóuegíra . sô uilo iz ze‿íro nuáne únde ze‿íro gíredo gestûont . iu uerslúnden hábetòn . tén zôh ih in gínenten ûzer dero chélûn.

Ne albinum consularem uirum corriperet pæna præiudicatæ accusationis . opposui me odiis cepriani delatoris. Nío albinum éinen sámo hêren mán âne ding . táz er neuerskielte dáz er uerléidôt uuás . tár úmbe sázta ih mih gágen sines léidares házze cipriani.

Uideor ne exaceruasse . i. multiplicasse in me satis magnas discordias? Nedúnchet tir mih háben gerécchet mir sélbemo gnúog mánege uientskéfte?

Sed tutior debui esse apud cæteros . i. apud senatum. Nú sólta ih áber dero ánderro hálb . só uilo sín sichureŕa.

Quo mihi amore iustitiæ . nihil reseruaui apud aulicos . quo magis tutior essem. Só uilo ih min úmbe réhtes mínna . uuírs kebórget hábeta . uuider die hóueliute.

QVOD A NON PROBATIS PERSONIS MINIME DEBERET ACCVSARI.

Quibus autem differentibus perculsi sumus? Fóne uuélichen léidaren bin ih tóh nú in ángest práht? [23.]

Quorum basilius . olim depulsus regio ministerio . compulsus est in delationem nostri nominis . necessitate alieni æris. Tér nú lángo uerstôzeno basilius ába des chúninges ámbaht tiêneste . dér uuárt ánabráht . dáz er mih léidota . mit téro nôte des scázzes . tés er scúldig uuás. Tér lôsta sih mit tíu. Tér scáz tén íoman ándermo gélten sólta . tér híez ze romo æs alienum.

Cum uero decreuisset regia censura . opilionem atque gaudentium ire in exilium . non innumeras multiplicesque fraudes. Tô óuh ter chúning opilionem únde gaudentium híez taz lánt rúmen úmbe mánige . únde mánigfalte íro úndríuua.

Cum que illi nolentes parere . tuerentur sese defensione sacrarum ædium. Ûnde síe ze‿chílechûn flíhende . daz kebót uuéren neuuóltín.

Compertumque id foret regi. Unde demo chúninge dáz zeuuizenne uuúrte.

Edixit. uti insigniti notas frontibus pellerentur. ni recederent rauenna urbe. infra præscriptum diem. Kebót er. sie nerúmdin rauenna. êr demo tágedinge. dáz er in légeta. dáz man sie únder óugòn zeichendi. únde só gezéichende. uertríbe.

Quid uidetur posse astrui. huic seueritati? atqui. eo die deferentibus eisdem. suscepta est delatio nostri nominis. Uuáz uuânest tu nù déro sárfi des chúninges. fóne in dien ér só grám uuás. múgen zegelóubo geságet uuérden. Unde dóh tés sélben táges kelóubta ér in. dáz sie fóne mír sâgetòn.

Quid igitur? Uuáz nú fróuua? Nostræ ne artes ita meruerunt? Hábent táz kedienót míne chúste? die ih skéinda?

An illos fecit iustos accusatores præmissa damnatio? Tiu érera iro úbertéileda. máchota díu siæ êhafte léidara?

Ita ne nihil fortunam puduit? I'st tiu fortuna só skámelos?

Si minus. s. puduit accusatæ innocentiæ. at accusantium uilitas. Ube si mínero únsculde sih neméid. ziu nedúohta iro scámelih. dero léidaro uersiht?   [24.]

At cuius criminis arguimur? Uuáz sint tóh nù míne sculde?

REMOTIO CRIMINVM.

Summam quæris? Uuile du daz knótesta uuízen?

Senatum dicimur saluum esse uoluisse. Taz rûmiska hértùom mih kérno geséhen geháltenez. zíhet man mih.

Modum desideras? Uuile du uuízen uuío?

Delatorem impedisse criminamur. ne deferret documenta. quibus faceret senatum reum maiestatis. Mán zíhet mih ten méldare dés keirren. dáz er demo chúninge die brieue nebráhti. mit tien er daz hêrote gehóubet sculdigoti. Hóubet=sculde sint. dáz man án den geuuált rátet. Taz rûmiska hérote uuólta sih chlágon. mit príeuen ze_démo chéisere. dér dioteriche ze_sînen triuuòn daz lánt peuálh. únde die líute. dáz er in iro libertatem benómen hábeti. dúrh táz áhtota der chúning sélben boetium únde ándere senatores reos maiestatis.

Quid igitur magistra censes? Uuáz túnchet tír is méistra?

Inficiabimur crim'. ne simus tibi pudori. Sól ih is lóugenen. nio ih scúldo eruárner. dir ze_úneròn nesín?

At uolui senatum saluum esse. Cuísso uuólta ih só.

Nec unquam desistam uelle. Ióh tó uuólta. ióh nù uuile. únde iomer.

Fatebimur. Dés íiho ih.

Sed cessauit opera . i. non est a me data opera impediendi delatoris. I'h neirta dóh ten méldare nieht. I'h tâte uuóla úbe ih in irti . dóh neirta ih in is nieht. Énes iiho ih . tisses neiiho ih.

An optasse salutem illius ordinis . i. senatorii . nefas uocabo? Sól ih táz súre únreht hában . táz ih kérno siho gehaltene . die déro ordinis sint?

Ille quidem . s. ordo effecerat decretis suis de me . i. consulem me constituendo . uti hoc nefas esset. Er hábet mih kescúldet . mit sinero benéimedo . dáz chît consulatum mir benéimendo . dáz mir dáz únmùoza uuâre . úbe ih sie gérno ne sáhe gehaltene.

Sed sibi semper mentiens . in prudentia . non potest inmutare merita rerum . i. operum. A'ber diu iro sélbero zeuuêuuôn liegentiu ûnfrûoti . nebestúrzet niomer mit lúginen dia uuárhéit . únde die urêhte dero uuércho. Si nemág mih niomêr fóne únscúldigemo bringen zedemo scúldigen.

Nec arbitror mihi fas esse . socratico decreto . i. iúditío . uel oculuisse ueritatem . uel concessisse mendatium. Nóh ih neuuâno mir mûoza sî áfter socratis zálo . hélen dia uuárhéit . álde iéhen dero lúgino. [25.]

Uerum id quoquomodo sit . tuo sapientiumque iuditio estimandum relinquo. A'ber dáz ál . so uuio iz sî . únde uuio scúldig ih tár ána sî . dáz lázo ih in-dinero úrteildo stân . únde dero uuîson.

Cuius rei seriem atque ueritatem . mandaui stilo memoriæque . ne latere quidem queat posteros. I'h hábo óuh tia uuárhéit téro sélbûn táte áfter órdeno gescríben . dáz iz únsere áfter-chómen ióh keéiscoen.

ITEM.

Nam quid attinet de compositis falso literis dicere . quibus arguor sperasse romanam libertatem? Uuáz hábo ih nû fóne dien lúge brieuen zeságenne . mit tien sie mih zihent uuéllen uuidere guuúnuen úmbe den chéiser dia rûmiskûn sélbuualtigi? Tiu rûmiska sélbuualtigi uuás târ ána . dáz nioman úber dáz nieht nesólta tùon . só dáz hêrtuom sih keéinoti. Tiu éinunga hiez senatus consultum. Uuánda in dioterih tia genómen hábeta . únde in dáz uuág . pedíu uuâren sie in únhúldi.

Quarum fraus aperta patuisset. Téro brieuo úndriuua châme uuóla uúre . mán geéiscoti uuóla . uuér sie scribe.

Si licuisset nobis uti confessione ipsorum delatorvm. U'be ih chómen mûosî zeiro ána-ságûn die mih is zihent.

Quod in omnibus negotiis maximas uires habet. Táz in állên dingen stárchesta ist . ih méino úbe man zegágenuuerti chómen múoz.

Nam quæ reliqua libertas potest sperari? Síd uuír nóh zegágen uuerti dingen nemúozen . uuélero libertatis múgen uuir dánne dár fúrder gedingen?

Atque utinam esset ulla . Uuólti gót hábetin uuir dehéina . Nù neist tés nieht .

Respondissem uerbo canii . Músi ih zegágen uuérti chómen déro . die mih zíhent táz ih tar úmbe uuúrbe . dien uuólti ih ántuuúrten mit témo ántuuúrte canii.

Qui cum a gaio cæsare filio germanici diceretur conscius fuisse contra se factæ coniurationis . si inquit ego scissem . tu nescisses. Tò in gaius zéh . dáz er dia éinunga uuíssi . diu uuíder imo getán uuás . úbe ih sia uuissi chád er . sò uuáre si dih ferhólen.   [26.]

kespúen mág tés sie ílent . tés ist mih uuúnder.

Nam uelle deteriora . fortasse fuerit nostri defectus . i. interitus. A'rgêr uuíllo . dér ist ódeuuáno únsêr uerlórnisseda.

Posse contra innocentiam quæ sceleratus quisque conceperit . inspectante deo . simile est monstri. Táz áber góte zú séhentemo . úbel man án deme gúoten geskéinen mág sinen árgen uuillen . táz ist égesen gelîh. Táz uuir árguuillig pirn . táz ist úns skádo. Táz iz óuh kót lázet tien gúotên skádo sìn táz ist uuúnder.

Unde haud iniuria quesiuit quidam familiarium tuorum . siquidem deus est inquit . únde mala? bona uero unde si non est? Fóne diu urágeta mit réhte éiner dínero gesuáson . uuánnan chád er chúmet taz úbel . úbe gót ist? únde úbe er neist . uuánnan daz kúot?

CVR DEVS MALIS CONSENTIAT.

Qua in re . non ita hebetauit meror sensus nostros. An állero déro nóte . nehábet mir léid tóh nieht sò genómen minen sin . nóh sò uuíderstózen.

Ut querar impios moliri scelerata contra uirtutem. Táz mir chlágelih túnche . dáz sih ílent úbele uertúon án dien chústigên.

Sed effecisse quæ sperauerunt uehementer admiror. Núbe dáz in dés

MALA SIBI REDDITA PRO BONIS.

Sed fas fuerit nefarios homines . qui petunt sanguinem omnium hominum bonorum . totiusque senatus . nos quoque perditum ire uoluisse . quos uiderant propugnare bonis senatuique. Nù sî óuh mùoza dien árgên . die álle gúote . únde állez taz hértúom gérno uerliesen . óuh mih kérno uerliesén . uuánda ih in ío bî stúont.

Sed num idem de patribus merebamur? Hábo ih óuh tés sélben daz hèrtùom gescúldet?

Meministi ut opinor . quoniam ipsa semper præsens me dirigebas . dicturum quid . uel facturum. I'h uuáno dù gehúgest uuóla . dáz tú mih sélba lèrtóst . ál dáz mir zetùonne uuás únde zespréchenne. Uuîo máhta ih tó missetùon?

Meministi inquam. Tû gehúgest uuóla . [27.]

Cum rex uerone auidus communis exitii . delatum crimen maiestatis in albinum . transferre moliretur ad cunctum ordinem senatus. Tó der chúning ze‿berno éines mánnes hóubet scúlde . an állez taz hérote chéren uuólta . níomannes neuuéllende bórgen .

Quanta securitate mei periculi . defenderim innocentiam uniuersi senatus. Mit uuélero uertrósted·o . únde mit unélén úndûron mínero uréison . ih fersprâche tie únscúlde álles tes hérotes .

Scis me et hæc uera proferre . et in nulla unquam mei laude iactasse. Tû uuéist táz ih uuár ságo únde ih nio úmbe lób mih nerùomda .

Minuit enim quodammodo secretum . i. meritum se probantis . i. laudantis conscientiæ . quotiens ostentando factum . quis recipit præcium famæ. I'h uuéiz uuóla . dáz feruuándes hérzen uréhte . dánne suinent . só iz sîne tát rùomendo . lób tar úmbe enfáhet .

Sed uides . quis euentus exceperit nostram innocentiam . Nú sihest tu uuóla . uuîo mír engángen ist . mîn únskádeli .

Pro præmiis ueræ uirtutis . subimus pœnas falsi sceleris . Fúre triuuón dáng . engilto ih únscúlde . únde lúkkes únliumendes . táz ih sî reus maiestatis .

Et cuius umquam facinoris manifesta confessio . ita iudices habuit in seueritate concordes . ut non aliquos summitteret . i. ad misericordiam inclinaret . uel ipse error humani ingenii . uel conditio fortunæ cunctis incerta? Únde uuér gesáh nóh só geéinóte ding mán zeúngnádon . úber dén . dér ióh scúldo eruáren uuás . iro ételichen neuuánti . dáz scúlde den iudicem lîebto trîegent . álde er óuh neuuéiz uuáz imo sélbemo geskihet?

Si diceremur uoluisse inflammare sacras ædes . si iugulare impio gladio sacerdotes . si struxisse necem omnibus bonis. Uuáre ih pezigen dáz ih uuólti chílicha brénnen . únde fáfen sláhen . únde állén gûotén uuéllen des lîbes fáren .

Presentem tamen confessum . conuictumue sententia punisset. Nóh tánne uuáre réht . só iz zegágen uuérti cháme . únde ih scúldo geiáhe . únde úber ságet uuúrte . táz tánne úber mih réht úrteilda gienge. [28.]

Nunc procul moti . s. ab urbe . quingentis fere passuum milibus. Nú uóne romo ze‿paueio náh úber fînfstûnt cénzeg milon in íbséli gefûortêr.

Atque indefensi. Únde mih nioman ze ántséido neliez.

Ob studium propensius in senatum. morti proscriptioneque damnamur. Úmbe míchela minna. dia ih temo senatui skéinda. pin ih ze͜tóde uerscálten. únde ze͜geurónedo mines kùotes. Tér hiez ze͜romo proscriptus. tér dir uuás porro. i. longe scriptus. a bonis suis. Só iz in͜uróno gebrieuet uuárd. só uuás iz ímo nérro.

O neminem merito posse conuinci. de simili crimine. A'h ze͜sére. dáz man mit réhte nehéinen mêr úber ͜ uuúnden nemág solichero scúlde.

Cuius reatus dignitatem. uiderunt etiam ipsi qui detulere. Sélben die méldara. bechnáton iz uuésen hêrliche scúlde.

PVRGAT SE SVSPITIONE SACRILEGII.

Quam uti fuscarent admixtione alicuius sceleris. mentiti sunt polluisse me conscientiam sacrilegio. i. nicromantia. ob ambitum dignitatis. Tia zegehónenne mit ándermo únliumende. zigen sie mih úmbe des ámbahtes minna. daz múot pesmizen háben mit kálstre.

Atqui et tu insita nobis. pellebas de sede animi nostri omnem cupidinem mortalium rerum. et non erat fas locum esse sacrilegio sub tuis oculis. Triuuo béidiu sint nuár. ióh táz tû mir inne uuésentiu benómen hábest álla uuérlt͜kireda. ióh mir únmûoza fóne diu uuás. dáz ih méin zuo mir líeze. dir ána sehentero.

Instillabas enim auribus meis cottidie. et cogitationibus meis. phitagoricum illud epi. ov. theon. Tû lêrtóst mih tágelichen. táz phitagoras phylosophus spráh. de non sacris. álde de non diis. Sint sie non sacri. só sint sie sacrilegi. sint sie non dii. só sint sie demones.

Nec conueniebat captare me præsidia. uilissimorum spirituum. quem tu in hanc excellentiam componebas. ut consimilem deo faceres. Uuío sólti ih tero ueruuórfenón tieuelo fóllest fórderón. [29.] sid tu mih erháuen hábest ze͜gótes kelíhnisse? Ter ménnisko ist keskáffen ad imaginem et similitudinem dei. Ér ist imo similis náls æqualis. táz chit kelih. náls kemáze. Uuánda der angelus malus sih imo ében mézon uuólta. pediu ist er feruuórfen. Fóne diu ist únmûoza. táz ter ménnisko gót ferlâze. só die tûont. die nicromantiam ûobent. álde dehéina præstigia. táz chit zóuuer. únde er inmundos spiritus ládoe ze͜sínero hélfo.

Preterea penetral. i. secretum. uel cubile. quod pro uxore accipiendum est. Únde ánc dáz min uuirten filia symmachi.

Innocens domus . i. familia. Únde mîn únsúndig hîiske.

Coetus honestissimorum amicorum. Únde álle mîne hárto chíusken friunt.

Socer etiam sanctus. Únde mîn góte-dehto suêr symmachus.

Et æque ipso actu reuerendus. Únde sámo éruuirdig in sînero táte. Úuánda ér skéinet án dîen táten . uuér ér ist.

Defendunt nos ab omni suspitione huius criminis. Tîe geántséidônt mîh uuóla dirro ínzihte.

DOLET IN SE MAGISTRAM INFAMARI.

Sed o nefas. A'ber áh ze-hárme.

Illi uero capiunt de te fidem tanti criminis. Tîh ánauuânont sie sólchero scúlde.

Atque hoc ipso uidebimur affines fuisse maleficio . quod imbuti sumus tuis disciplinis . instituti tuis moribus. Ióh an démo dinge túncho ih in zóuuerlîh . dáz ih án-chunde bin dînero listo . únde gezógen náh tînên siten.

Ita non est satis nihil mihi profuisse tuam reuerentiam . nisi ultro tu potius lacereris mea offensione. Ze-déro uuis nedúnchet in nîeht cnûoge . dáz ih tés nîeht knîezen nemág . dáz tû éruuirdig píst . tû ne uuérdêst fúre mih án mír indêret . uuanda si mih sculdigunt[1]).

DE INIQVA OPINIONE ERGA MISEROS.

At nero accedit hic etiam cumulus nostris malis. Táz húfot sih óuh úber daz ánder léid.

Quod existimatio plurimorum non spectat merita rerum sed euentum fortunæ. Táz mánigero uuân sih nîeht nechêret . án die urêhte dero uuércho . núbe an dia geskíht dero trúgesáldôn.

Et ea tantum iudicat esse prouisa . quæ felicitas commendauerit. Únde uuânet échert tár geuuárehêite . dár sáligheít fólgèt. Tár bî uuéllen sie diu ding chiesen . álso tres amici iob uuóltôn.

Quo fit ut existimatio bona prima omnium deserat infelices. Tánnan geskíhet . táz kúot ánauuânunga éresta déro sih kelóube . dîen misselungen ist.

Qui nunc rumores populi quam dissonæ multiplicesque sententiæ . piget reminisci. Úuánda uuélih limment nû únder dîen líuten uóne mír si . uuío misseliche . únde uuío mánigfalte zála . uuér mág táz keruóbôn?

Hoc tantum dixerim ultimam sarcinam esse aduersæ fortunæ. Íh

---

[1]) Von «uuanda» an scheinen die worte von anderer hand.

uuile échert táz héizen . daz knô-
testa léid án̂ dero misseskihte .

Quod dum affigitur miseris . ali-
quod crimen creduntur meruisse
quæ perferunt. Sô man feht scúlde
ánasuuizet . die innót kestózen sint .
dáz man sie sâr áhtôt fréhtige . dés
sie lident .

DE INIVSTA RERVM VICISSITVDINE .

Et ego quidem pulsus omnibus bo-
nis . exutus dignitatibus . existima-
tione fœdatus . ob beneficium sup-
plicium tuli . Uuáz ist nû dés mêr?
ába minemo gûote uerstôzenêr . ám-
bahtes indânotêr . mit únliumende
besmízenêr . lido ih léidtâte . úmbe
uuólatâte .

Uidere autem uideor nefarias of-
ficinas sceleratorum . fluctuantes
gaudio lætitiaque. Mir dúnchet . ih
nû séhe fólle uuémon . uuéndi únde
uréuui . állero fertânero sélda .

Perditissimum quemque inminen-
tem nouis fraudibus delationum.
Únde iogelichen dero uerlórnôn fá-
rênten . uuîo er mit niuuen lúginen
chomendo . éteuuen méldee .

Iacere bonos prostratos . terrore
nostri discriminis . Kúote negetúr-
rên ûf erbúrren iro hóubet . erbrútte
fóne mînen fréison .

Flagitiosum quemque incitari qui-
dem impunitate ad audendum faci-
nus . premiis uero ad efficiendum .

Únde iogelichen úbelen . úbeles
sih erbálden fóne únengéltedo .
únde dés fólle frúmigen dúrh lôn .

Insontes autem . non modo pri-
uatos securitate . [31.] uerum etiam
ipsa defensione . Únsúndige állero
sichurhéite betéilte . unde ióh állero
ántséido .

Itaque libet exclamare . Nû uuíle
ih mih is ze góte irrûofen .

SOLOS HOMINVM ACTVS A DEO SPERNI DECLAMAT .

O conditor stelliferi orbis . Tû sképfo des hímeles .

Qui nixus perpetuo solio . uersas
cælum rapido turbine . Tû io ze
stéte sizzentêr . dén sélben hímel
uuérbest . mit snéllero uuándo .

Et cogis sydera pati legem . Únde
die stérnen héizest húoten iro éo .

Ut luna nunc lucida pleno cornu .
obuia totis flammis fratris . condat
minores stellas . nunc pallida obscuro
cornu propior phœbo perdat lumina .
Sô gnôto . dáz ter mâno uuílon fóllêr
gáendo gágen dero súnnûn . túnchele die ánderen stérnen . Uuîlon
áber hórnahtêr . suínendo gánge
nâhôr dero súnnûn .

Et hesperus qui agit algentes or-
tus tempore primæ noctis . iterum
mutet solitas habenas . pallens luci-
fer ortu phœbi . Únde óuh ter ábent=
stérno . tér uuîlon in áne=gáenda náht

ûfkât. únde in ábent chûoli skínet.
ábér uuéhseloe. sína uárt. ûf kândo
uuíder tág. únde tágo-stérno uuérde.

Tu stringis lucem breuiore mora
frigore frondifluæ brumæ. Tû ge-
tûost ze uuintere. sô daz lóub riset.
chúrzeren dág. tánne diu náht sî.

Cum uenerit feruida æstas. diui-
dis, tu agiles horas nocti. A'ber
dâra gágene. sô héiz uuirt ze sû-
mere. kíbest tu mínnera stúndôn
dero náht. tánne demo táge.

Tua uis uarium temperat annum.
Tû getémperôst taz iâr. tû getûost
iz misselih. mit tînero chréfte.

Ut frondes quas aufert spiritus bo-
reæ. mitis zephyrus. reuehat. Sô
dáz taz lóub. táz tiu bîsa genimet.
ter uuéstene uuint kerécche.

Et semina quæ arcturus uidit.
urat syrius altas segetes. U'nde dáz
chórn. dáz man ze hérbeste sáhet.
sô arcturus mit tero súnnun ûfkât.
ze súmere rifee. sô áber syrius mit
tero súnnun ûf kât. Arcturus ist éin
stérno in signo bootis. ánderér ist
syrius in lingua maioris canis.

Nihil solutum antiqua lege. lin-
quit opus propriæ stationis. Ne-
héin díng neist éolos. nóh ába sî-
nero stéte gerúcchet. [32.]

Omnia rector gubernans certo
fine. respuis solos actus hominum.
cohibere merito modo. A'lliu díng
kót in geduánge hábende. neuuíle
du ménniskôn tâte. tuíngen ze iro
réhte. Uuár uuáre dánne liberum
arbitrium. úbe ér sie tuúnge?

Nam cur uersat lubrica fortuna
tantas uices? Noxia poena debita
sceleri. premit insontes. Uuîo ist
táz sô? dáz fortuna tríbet sô únreh-
ten uuéhsal? Dér scádo dér dien
scúldigên sólta. dér líget ána dien
únsculdigên.

At peruersi mores resident cælso
solio. Fertâne liute. sízzent frám-
baro.

Et nocentes calcant iniusta uice.
sancta colla. U'nde scádele tréttent
únder fûozo. dero héiligon hálsa.
mit únrehtemo uuéhsale.

Uirtus clara. condita obscuris te-
nebris. latet. Túged. tiû io zórft
uuás. líget ferbórgen in dero uin-
stri. Tie óffeno túgedig sint. tie
bérgent sih.

Iustusque tulit crimen iniqui. Ter
réhto éidôt. tes únrehten scúlde.

Nil nocent ipsis periuria. nil nocet
fraus. compta mendaci colore. i.
ypocrisi ornata. Méineida netáront
in. nóh úndriuua. mit lichesungo
bedâhte.

Sed cum libuit uiribus uti. gaudent
subdere summos reges. i. perfectos
quosdam. qui mores suos regunt.
Sô sie dánne uuéllen chóròn. uuáz
sie getûen múgin. sô náhent sie ân
die máhtigôsten chúninga. sô die
sint. tie níoman réhtes cruuênden
nemág. tie béitent sie sih náh in
gebréchen.

Quos metuunt innumeri populi.
Tie mánige liute fúrhtent. s. prop-
ter insta iudicia.

O quiquis nectis fœdera rerum. respice iam miseras terras. Uuóla grêhto . dû dero dingo állero éinunga máchôst . erhúge dero uuênegôn . die in erdo sint.

Non uilis pars tanti operis homines quatimur salo fortunæ. Uuír dir michel téil bírn dines frámbaren uuérches . uuír ringên in dísemo mére dero fortunæ . dáz chít tero uuíle uuéndigí.

Rector comprime rabidos fluctus. Stille rihtare . die záligen uuélla.

Et firma stabiles terras . i. homines fœdere . quo regis inmensum cælum . i. angelos . uel sydera. Unde mit ál sólemo fríde . dû diu himelisken ding réchenost . sô récheno diu irdisken . ketûo sámo státen frido in erdo . sô in bimele . [33.]

QVID SIT VERVM EXILIVM . ET VBI SIT VERA PATRIA .

Hæc ubi delatraui continuato dolore . illa uultu placido . nihilque mota meis questibus . inquit. Sô ih sús kescreiota in âtehâftemo sére. dô spráh si mit hóltlichemo ánalûtte . únde únzórnegiu minero chlágo.

Cum uidissem te mestum et lacrimantem . ilico cognoui miserum exulemque . i. a ratione remotum. Sô ih tih érest sáh trûregen . únde uuûofenten . sô uuíssa ih tih sâr uuênegen . únde élelenden.

Sed nesciebam quam longinquum esset id exilium . nisi tua prodidisset oratio. Ih neuuíssi áber . uuio férro táz élelende uuáre . úbe mir iz tín zála neóugti.

Sed tu quidem non pulsus es quam procul a patria . sed aberrasti. Tôh nebist tu nieht héimænan uérro uertríben . núbe irrondo ueruuállôt.

At si mauis te existimari pulsum. ipse te potius expulisti. Uuíle du óub chéden uertribenen . táz táte ío dû dir sélbo. Tû bábest tíh sélbo uertríben.

Nam id quidem de te nunquam cuiquam fas fuisset. I'h nemâhti nioman ánderro getûon.

Si enim reminiscare . cuius patriæ oriundus sis . non regitur imperio multitudinis . uti quondam atheniensium. Uuíle du uuízen . uuánnan du búrtig sist . tár ne uuáltesot nehéin mánegi nieht . sô iz iu fûor ze athenis . tô in lacedemones iro uienda gesézzet hábetôn triginta dominos. Lís orosium . ér ságet tir iz. Sed éis kirios éstin . éis basileus. Núbe éin hèrro ist tár . únde éin chúning.

Qui lætetur frequentia ciuium . non depulsione. Tér sine búrgliute gèrnor sámenôt . tánne uertríbe.

Cuius agi frenis . i. subici disciplinis . atque obtemperare iustitiæ . summa libertas est. Tér démo dienót. únde úndertan ist. tér ist fóllun uri.

An ignoras illam antiquissimam legem tuæ ciuitatis. qua sancitum est. ei non esse ius exulare. quisquis maluerit fundare sedem in ea? Neuuéist tu uuîo iz fúnden ist. án dero búrg éo. dánnân du búrtig pist? So uuér dár inne uuélle zimberón. táz tér neuuérde zeûz=tríppen getán.

Nam qui continetur uallo eius ac munimine. Tér dár inne sizzet pe zúnder. únde beuéstenôter. [34.]

Nullus metus est. ne mereatur exul esse. Tér nefúrhtet tia ihseli nieht.

At quisquis desierit uelle inhabitare in ea pariter desierit etiam mereri. So uuén áber nieht nelústet tár inne zebúenne. dér neilet iz óuh nieht keuréhton.

AD SVPERIORA RESPONDETVR.

Itaque non tam mouet me facies huius loci. quam tua. Nú nemisselichet mir nieht sô hárto disses charchâres ánasiht. sô mir din ánasiune tûot.

Nec requiro potius parietes bibliothecæ. comptos ebore ac uitro. quam sedem tuæ mentis. Nób ih neuórderôn die gezîrten uuénde dinero búochamero. mit hélfent=peine. únde mit cláse. sô gérno ih táz ánasîdele fórderôn dines mûotes.

In qua non libros. sed id quod præcium facit libris. quondam collocaui sententias librorum meorum. Tár ih inne íu betéta. dáz án dien búocben stát. dero búocho tiuri náls sélben diu búoh.

Et tu quidem uera dixisti. de tuis meritis in commune bonum. sed pauca pro multitudine gestorum tibi. Uuáz tu in_fróno gúotes ketán éigist. tés hábest tu lúzzel geságe uuider diu iz uuár ist.

De honestate uel falsitate obiectorum tibi. cunctis nota memorasti. Tú ságetost fóne chiuskero táte. déro sie díh zíhent álde fóne dien lúginen. dáz in állên chúnt ist.

De sceleribus fraudibusque delatorum. recte tu quidem putasti. strictim attingendum. Táz fóne léidarro frátaten. únde úndríuuon. lúzzel dir si ze ságenne. dár dúnchet tir réhto.

Quod ea melius uberiusque celebrentur ore uulgi. omnia recognoscentis. Uuánda diu ding der liut állêr. démo siu uuóla chúnt sint. páz únde sôlleglichôr chósòt.

Increpuisti etiam uehementer factum iniusti senatus. Temo hértùome hábest tu filo hárdo úberléget. sina únrehtun úrteilda.

De nostra etiam criminatione doluisti. O'uh chlágetóst tu. dáz sie mih scúldigónt.

Lesæ quoque opinionis damna fleuisti. Ióh tia únera dines únliumendes chlágetóst tu. [35.]

Postremus dolor incanduit . aduersus fortunam. Zeiúngest pîege du uuíder dero fortuna.

Conquestusque non pensari æqua meritis . U'nde chlágetôst tu dih . tír únrehto uuésen gelónôt.

In extremo seuientis musæ . i. contra deum murmurantis . posuisti uota . uti pax quæ cælum . terras quoque regeret. A'n dîen zórnlichên uérsen . pâte du zelézest . táz frído in ..érdo . sámo so in himele.

QVID VALDE EGROTANTI PRIMVM CONVENIAT.

Sed quoniam incubuit tibi plurimus tumultus affectuum . et te diuersum distrahunt . dolor . ira . meror. Uuánda dóh nú in dínemo hérzen stúrment mánege úngedulte . únde dih in mánigíu chêrent . sêr . zórn . trûregi.

Uti nunc mentis es . nondum contingunt te ualidiora remedia . i. non dum tempus est . ut ostendam tibi summum bonum. Sô dir nóh ze múote ist . sô netúgen dir stárchiu láchen.

Itaque utemur paulisper lenioribus . i. prius ostendendo . quia fortuna nihil est . Nú fáhên zùo mit linderên.

Ut quæ influentibus perturbationibus induruerunt . intumorem . ad recipiendam uim acrioris medicaminis . tactv blandiore mollescant. Táz tîe hêrte uuórtenen gesuúlste . fóne ánauállonten léiden . mit líndemo uáske . genuilchet uuérdên . zedólenne stárchera láchen.

DATVR SIMILITVDO . OPORTERE ORDINEM IN MEDICINA SERVARE.

Qui tum credidit larga semina negantibus sulcis . cum graue sydus cancri inæstuat radiis phæbi . elusus fide cereris . pergat ad quernas arbores. Tér dô . dô diu súnna in cancro méistún hízza téta . fílo sáta . in únuuilligen ácher . uuánda iz únzit uuás . tér gánge bedíu chórnlôsêr ze hólz . éichelôn . únde déro nére sih.

Lecturus uiolas . numquam cum inhorruit campus stridens sæuis aquilonibus . petas purpureum nemus . i. uiolarium. U'be du óuh plúomôn uuéllêst . sô daz félt kestrûbet sí . fone cháltemo . únde ál rútóntemo nórduuínde . sô negáng ze blúomgárten . dâr rôsâ . únde ríngelen . únde uiolæ uuáhsent . tîe den gárten brûnent.

Nec si libeat frui uuis . uerno queras auida manu . [36.] stringere palmites . autumno potius contulit sua munera bachvs. U'be dih uninehero lánget . túrh táz negedéncbe in lénzen hándelôn die drûoben. Hérbeste gáb kót tîe éra . náls temo lénzen.

Deus signat tempora . aptans probriis officiis. Kót hábet álle zíte gezéichenet . únde gefúoget ze iro ámbahten .

Nec patitur misceri uices . quas ipse coercuit . Nóh ér nelâzet fernuórren uuérden án in dia hérta . die ér sélbo geúnderskéitota .

Sic . A´lso dû nû´ uernómen hábest .

Quod præcipiti uia deserit certum ordinem . non habet lætos exitus . Táz io misse-fádondo sih rihti gelóubet . táz neuólle uéret nio uuóla únz inûz . Pediu sól ih tih státeliĥo láchenón . ze ánderro uuîs nemág iz tihen .

ATTRECTATIO VVLNERIS.

Primum igitur . Nú ságe zeèrest .

Paterisne me attingere te atque temptare statum tuæ mentis . pauculis rogationibus ? Ut intellegam qui modus sit tuæ curationis . Uuîle du mir héngen . frágendo begréifôn . únde besûochen dîn mûot . uuio iz stánde ? Táz ih uuéze . uuio ih tih héilen súle .

Tu uero inquam rogato arbitratu tuo quæ uoles ut responsurum . A´fter dînemo uuîllen fróuua chád ih . fráge dés tu mih uuéllêst ántuuúrten .

Tum illa inquit . Tô chád si .

Putasne hunc mundum agi temerariis et fortuitis casibus ? An credis inesse ei ullum regimen rationis ? U´uânest tu dîse uuérltlichen ge-

skihte uerlâzene uáren . únde stúzzelingun ? A´lde uuânest tu dar ána uuésen dehéina rihti áfter rédo ?

Atqui inquam nullomodo existimauerim . ut tam certa moueantur fortuita temeritate . Triuuo chád ih . táz nechâme niomer in mînen sin . táz sô guíssiu díug . fárèn áfter uuánchelinero únrihti .

Uerum scio deum conditorem . præsidere operi suo . Núbe gót uuéiz ih flégen sines uuérches .

Nec umquam fuerit dies . qui depellat me ab hac sententiæ ueritate . Nóh tér tág neuuirt niomèr . tér mih ába déro zálo genéme .

Ita est inquit . Táz ist sô chád si .   [37.]

Nam id etiam paulo ante cecinisti . Táz sélba súnge du dâr fóre .

Et deplorasti homines tantum exsortes esse diuinæ curæ . U´nde chlágetôst tu . éinen die ménnisken . Kóte in únrûochôn sîn . Táz uuâs tô er chád . omnia certo fine gubernans . solos hominum respuis actus . merito rector cohibere modo .

Nam de cæteris nihil mouebare . quin ratione regerentur . U´mbe diu ánderiu nezórnotôst tu . siu neuuúrtin geléitet áfter rédo .

Pape autem uehementer ammiror . cur locatus in tam salubri sententia ægrotes . U´nde nû íst mih hárto uuúnder . ziu du an sô héilesámero rédo stándo . dóh uuáncho est .

Uerum altius perscrutemur . nescio quid abesse coniecto . Sûochèn

tiefôr . neuuéiz uuáz túnchet mír .
dír gebrésten .

Sed dic mihi . quia non ambigis
mundum a deo regi . quibus etiam
gubernaculis regatur aduertis? Ságe
no . sid tu uuéist . kót tia uuérlt rih-
ten . mit uuiu er sia ríhte uuéist tu?
Mit uuélemo rûodere? Sî uuólta in
lêren dáz prospera únde aduersa
dero uuérlte gubernacula sint.

Uix inquam nosco sententiam tuæ
rogationis . nedum queam ad inqui-
sita respondere . I'h neuernimo
sâr . uués tu frâgèst . Méra sólti ih
tir ántuuúrten.

Nunc inquit fefellit abesse aliquid .
per quod inrepserit morbus pertur-
bationum inanimum tuum . uelut
te biarnobore ualli? Neuuíssa ih
uuóla chád si . dir éteuuâr gemén-
gen . târ mûot súht in sliefen mág .
sámo dúrh skétero getâna spizzûn?
Târ romani hérebergotôn . dâr úmbe
grûoben sie sih . únde uuúrfen dia
érda innenán . uuíder sélben den
grában . U˘fen den grábohúfen .
sáztôn sie sine uuélbe spizze bóuma .
sô sie gedrúngenôst máhtôn . dáz
man dâr dúre skiezen nemáhti. Tér
zûn hiez uallum . sélben die bóuma
hiezen ualli . tiu lúccha únderzuis-
kên bóumen . hiez interuallum .

Sed dic mihi . meministine quis
sit rerum finis? quoue intendat in-
tentio totius naturæ? Nû ságe mir.
Pehúgest tu dih . uuáz állero díngo
énde si . únde uuára alliu natura râ-
mee? [38.] Si uuólta er cháde . ad

bonum . Uuánda gót ist bonum . ér
ist finis . álso er óuh principium ist .

Audieram inquam . sed meror he-
betauit memoriam . I'h uuissa iz
iu chád ih mír ist áber nû fóre léide
ingángen diu gehúht .

Atqui scis unde cuncta processe-
rint . Tríuuo dû uuéist tóh . uuán-
nân álliu díng chámen .

Noui inquam . Táz uuéiz ih .

Deumque esse respondi . U˘nde
chád ih sâr . gót tén uuésen .

Et qui fieri potest ut principio
cognito . quis sit rerum finis igno-
res? U˘nde uuío mâht tu chád si .
uuizen daz ánagenne . dû neuuízist
taz énde?

Uerum hi perturbationes morum .
ea ualentia est . ut possint quidem
hominem mouere loco . conuellere
autem . sibique totum exstirpare non
possint . Mûot = súhte hábint tia
chráft . táz sie ménnisken múgen
álso éinen bóum in stéte stánden
eruuékken . náls áber eruuélzen úz .
nóh úz eruuúrzellôn . Sie mûgen
in irren sines sinnes . sie nemúgen
in imo dóh nîeht kenémen .

Sed hoc quoque uelim respon-
deas . hominemne te esse memini-
sti? Tóh uuólti íh táz tu mír ságe-
tist . Uuéist tu dih ménnisken uué-
sen?

Quidni inquam meminerim? Tiu
nesólti íh táz uuízen?

Quid igitur homo sit poterisne pro-
ferre? Chánst tu mir dánne gesá-
gen . uuáz ménnisko si?

Hoccine interrogas . an esse me
sciam . rationale animal . atque mor-
tale? Frâgêst tu mih tés . úbe ih
mih uuize uuésen . álso aristotiles
chit . rationale animal únde mor-
tale?

Scio . et id me esse confiteor. Táz
uuéiz ih . únde dáz iîho ih mih uué-
sen . A'lso ih in scûolo gelirneta .
sô gehúgo ih is nóh.

Et illa. U"nde si áber.

Nihilne aliud te esse meministi?
Néuuéist tu dánne díh îeht ánderes
sîn?

Nihil. Néin ih. Sî uuólta er
châde . se hominem in deo deum
esse.

Iam scio inquit . aliam uel maxi-
mam causam . morbi tui . quod ipse
sis . nosse desisti. Nû chád si uuéiz
ih . dia gemáchûn stûreda tínero
súhte . únde óuh filo chréftiga. Tû
ne uuéist gubernacula mundi . nóh
finem rerum . uuáz tu sàr sélbo sîst .
tés hábest tu dih kelóubet zeuuî-
zenne.   [39.]

Quare inueni plenissime uel ra-
tionem ægritudinis tuæ . uel aditum
reconciliandæ sospitatis. Fóne diu
hábo ih nu uuóla fernómen . ióh
uuîo du sîeh sîst . ióh uuîo man zûo-
fáhen súle . tih tînero gesúndedo ze-
geréchenônne.

[1]) Nam quoniam tui obliuione con-
funderis. Vvánda du dîn sélbes er-
gézen hábêst . dáz ist éin.

Et exulem te . et exspoliatum pro-
priis bonis . esse doluisti. V'nde dih
chlâgetôst élelendên . v'nde piróu-
bôten dinis kûstes dáz ist taz ánder.

QVAMVIS GRAVITER ÆGROTANTEM . NON DESPERANDVM ESSE.

Quoniam uero quis sit rerum finis
ignoras . nequam homines atque ne-
farios . potentes felicesque arbitra-
ris . quoniam uero quibus guberna-
culis mundus regatur oblitus es .
has fortunarum uices estimas sine
rectore fluitare . magnæ causæ non-
modo ad morbum . uerum quoque
ad interitum. Sîd tû neuuéist . tero
dingo énde . dáz ist táz tritta . únde
dû uuânest fertáne liute máhtige
únde sâlige . dáz ist taz fîerda .
uuánda du óuh ergézen hábest . mit
uuîu gót tia uuérlt rihte . dáz ist taz
fimfta . únde uuânest tia uuéhsela
dero uuîlsáldôn tuárón âne rihtare .
dáz ist taz séhsta . dés ist tir gnûoge .
nieht éin ze_súhte . núbe ze_tôde.

Sed sospitatis auctori grates . quod
te nondum totum destituit natura.
A'ber góte dáng . tér dia gesúndeda
gíbet . táz tih nóh álles tines sinnes .
tíu natura intsézzet nehábet ;

Habemus maximum fomitem tuæ
salutis . ueram sententiam de mundi
gubernatione . quod non credis eam
subditam temeritati casuum . i. teme-

---

[1]) Von da bis zu ende randschrift und von anderer hand.

rariis casibus . sed diuinæ rationi.
I'h hábo gnůog míchelen fúnchen
dînero geníste . án déro dînero uuâ-
rûn rédo . fóne dero uuérlt rihtnís-
sedo . dáz tû sia neuuânêst únder-
tâna únórdenháftên . geskíhten .
núbe gótes uuîsheite.

Nihil igitur pertimescas . iam tibi
illuxerit uitalis calor . ex hac mini-
ma scintilla . Hábe gûoten dróst .
liblîh chécchi chúmet tir fóne dirro
lúzzelûn uernúmiste.

Sed quoniam nondum tempus est
firmioribus remediis . et constat eam
naturam esse mentium . ut quotiens
abiecerint ueras . falsis opinionibus
induantur . ex quibus . s. opinioni-
bus . [40.] orta caligo perturbatio-
num . uerum illum confundit intui-
tum . hanc temptabo paulisper at-
tenuare . lenibus mediocribusque fo-
mentis . U'uánda áber nóh zît neist
stárcheren láchenes . únde óuh mén-
niskôn mûot sò getán ist . táz iz sih
tero uuârhéite gelóubendo . sár héf-
tet án den lúkken uuân . fóne démo
diu tímberi chúmet . tero mûot trû-
bedo . tiu uuárra ána⸗siht irret . sò
chóroên dia trímbi zeêrest úber né-
men . mít lénên únde mézigên ge-
báhedón.

Ut dimotis tenebris fallatium affec-
tionum . ueræ lucis splendorem pos-
sis agnoscere . Sò díu uinstri dero
lúkkôn mûot pehéftedôn ába chóme .
táz tu dánne mûgist taz uuára lieht
keséhen.

ITEM SIMILITVDINE OSTENDITVR . QVA-
TVOR AFFECTIONIBVS CALIGINEM
MENTIS NASCI.

Nubibus atris condita sydera . nul-
lum possunt fundere lumen . Stèr-
nen nemúgen skînen . sò trûobiu
uuólchen dar fóre sint.

Si turbidus auster uoluens mare .
misceat æstum . U'be óuh tér uuint
miskelót tia céssa . únde den mére
getûot uuéllôn.

Mox resoluto caeno . obstat uisi-
bus sordida unda . Sár hóroune
uuórtenemo . uuéret sih tien óugôn
daz trûoba uuázer.

Dudum uitrea . et par serenis die-
bus . Dáz fóre uuás lúter . únde
héiterên dágen gelîh.

Et defluus amnis qui uagatur altis
montibus . U'nde díu niderrínnenta
áha ába demo bérge.

Resistit sepe obice rupe soluti
saxi . Uerstôzet tíccho án dien skór-
rentên skiuerrôn . dero uerbróche-
nôn stéino.

Tu quoque si uis cernere uerum
claro lumine . U'be óuh tû uuéllêst
mit cláten óugôn chiesen dia uuár-
héit.

Recto tramite carpere callem .
U'nde áfter réhtemo uuége uádôn.

Pelle gaudia . pelle timorem . Sô
lâ dîn ménden sîn . lâ dîn fúrhten
sîn.

Et fugato spem . nec adsit dolor .
Kedingi ne hábe . [41.] ríuuûn ne-
hábe . Táz chit . neménde dero

sáldòn fo ána . nefúrhte únsálda hina
fúre .   Negedinge guuúnnen bína
fúre . neríuue dih ferlóren háben io
ána .   Táz sint fier behéfteda des
mùotes . gaudium . spes . timor .
dolor . téro ónh uirgilius keuuánet .
téro zuò ad-præsens tréfent . zuò
ad-futurum . Fóne dien sélbèn chád
cicero . so uuélliu iro demo mán ána
si . dáz tér nemúge réht iudex sin .
Témo fólgèndo . chit si nû .

Mens ubi hæc regnant . nubila est .
et uincta frenis . Táz mùot tés tísiu
unáltent . táz ist trùobe . únde háft .

EXPLICIT LIBER PRIMVS BOETII . DE CONSOLATIONE PHILOSOPHIÆ.

INCIPIT LIBER SECUNDUS BOETII. [42.]

QVÆ SIT CAVSA MORBI.

Post hæc paulisper obticuit . Hára
náh ketágeta si éin luzzel .

Atque ubi collegit meam attentio-
nem . modesta taciturnitate . Únde
sò si an minemo gezógenlichen sui-
genne . gechós mine ána-dáhte . dáz
chit uuío gnóto ih zeiro lóseta .

Sic exorsa est . Fieng si sús ána .

Si penitus cognoui causas et ha-
bitum ægritudinis tuæ . Úbe ih reh-
to bechénnet hábo . uuánnán din
súht chómen si . únde uuíolih si si .
uuáz tir ána si .

Tabescis desiderio prioris fortu-
næ . Só suuindest tu fóre démo nite
dero èrerùn sáldo . Téro lángét tib .

Ea mutata sicuti tu tibi fingis .
peruertit tantum tui animi . Si há-
bet tih sò hárto bestúzzet tines mùo-
tes . keuuéhselotiu sò dù dénchest .

s. dáz si dánne uuâre . úbe si stâte
uuâre .

Intellego multiformes fucos illius
prodigii . I'h pechénno álliv diu trú-
gebilde dés égetieres .

Et blandissimam familiaritatem
cum his quos eludere nititur . Únde
uuío mán mant sámo si síh kesuá-
set ze-dien . die si betriegen uuile .

Eo usque dum confundat intole-
rabili dolore . quos insperata reli-
querit . Únz si díe mit bándegemo
sére . iro mùotes keirret . tien si ún-
geuuándo gesuuíchet .

FORTVNAM ETIAM DVM BLANDITVR . DE-
TESTANDAM ESSE.

Cuius si naturam . mores . meritum-
que reminiscare . nec habuisse te
aliquid in ea pulchrum cognosces .

nec amisisse. Únde úbe du dih pehúgen uuile íro naturæ . únde íro sites . únde uués si dih . únde mánnolichen gescúldet hábet . sô gesíhest tu . dih án íro dô nieht lússames háben . nób sid ferliesen .

Sed ut arbitror . haud multum laborauerim . reuocare tibi hæc in memoriam . Íh neuuáno óuh túrfe bóre uílo ríugen . dih tés zegemánônne .

Solebas enim præsentem quoque . blandientemque . incessere uirilibus uerbis . [43.] Tû uuáre íro óuh tô sítig zeuuázenne . mit kómelichên uuórten . únz si dír gediene uuás . únde dir zártôta .

Et prolatis sententiis . insectabare eam de nostro adito . Únde mit ált chetenên uuórten . iágetôst sia . ùzer ûnserên séldon . Tû gehúgetôst téro sententiæ . Omnium rerum uicissitudo est . Únde déro . Non eodem ordine respondent ultima primis .

Uerum omnis subita mutatio rerum . non sine quodam quasi fluctu contingit animorum . Nû negeskéhent tóh nieht nebéine gáhe stúrza dero dingo . âne ételiche úndulte dero múoto .

Sic factum est . ut tu quoque paulisper descisceres . a tua tranquillitate . Tánnán íst keskéhen . dáz óuh tû éteuuáz kerúcchet sîst . ába dînero ében-múoti .

DE ADHIBENDIS PRIMVM MEDICAMINIBVS .

Sed tempus est . haurire te ac degustare . aliquid molle . atque iocundum . A'ber nû hábest tu zít . uuánda du sô sieh píst . éteuuaz líndes . únde suozes ze trínchenne . únde nû zeêrest zechórônne .

Quod transmissum ad interiora . uiam fecerit ualidioribus haustibus . Táz fóre geslúndenez . unég tûe stárcherên tránchen . i. antidotis .

Adsit igitur suadela rhætoricæ dulcedinis . Nû bélfe is rethorica . mit íro súozûn scúndedo .

Quæ tum tamtum procedit recto calle . Tiu échert tánne réhto uádôt .

Cum non deserit nostra instituta . Sô si úber mîna lêra nestéffet . Táz ist álso si chàde . Mîn sint álle disciplinæ . ih lêrta in rhetorica suadere . quæ bona . quæ iusta . quæ honesta . quæ utilia . quæ necessaria . quæ possibilia sunt . tér úber dáz tûot . suadendo mala . turpia . iniusta . inutilia . non necessaria . impossibilia . tér uuéndet rhetoricam in-árg . táz chit . abutitur arte . Fóne diu íst in rhetorica gescríben . Orator est uir bonus . dicendi peritus . Íst er malus . tóh er óuh si dicendi peritus . sô neist er io nieht orator núbe seductor . [44.] A'lso dér uuás . tér dir chád suadendo . nequaquam moriemini . sed eritis sicut dii . Rhetorica gemág micheliu díng . Si bechèret tie ménnisken ába mendatio ad ueritatem . Sî gibet mestis consolationem . únde incredulis fidem . únde únsinnigê getûot si sinnige . Uuánda dáz sô ist . pediu ist si philosophiæ sô gehénde . pediú uuile si disen siechen mán . mit iro túgede genérien .

Et cum hac succinat musica . nostri laris uernacula . nunc leuiores . nunc grauiores modos . Unde mit rhetorica . si ále-gáro musica . mín gehûsa . únde singe sâr nâh tero prosa . uuílon suárera sáng . sô heroicum metrum ist . uuílon daz liehtera . sô iambicum ist . únde ánderíu metra .

DESCRIPTIO FORTVNÆ .

Quid est igitur o homo quod te deiecit in mestitiam et luctum? Iâ lieb man . uuáz hábet tih práht ze dirro uáto? in disa trûregi . únde in disen uuûost ?

Uidisti aliquid credo . nouum et inusitatum . Tír ist pegágenet neuuéiz uuáz niuues . únde sélt-sánes .

Tu putas fortunam erga te esse mutatam . Tû uuânest sih tiu fortuna hábe uuíder dih keuuéhselôt .

Erras . Târ ána irrost tu .

Hi semper eius mores sunt . ista natura . Tíz sint iro síte . sûs ist si getán .

Seruabit circa te propriam potius constantiam . in ipsa sui mutabilitate . Sî hábet tír mêr geóuget iro stâtigi . án sélbemo iro uuéhsale . Táz héizet argumentum a nota . táz chit ántfrístungo des námen . Uuáz ist ánderes fortuna . áne mutabilitas prosperitatis . únde aduersitatis?

Talis erat cum blandiebatur . Sólih uuás si . dô si dír gemáchesta uuás . tô si dih zárta .

Cum tibi alluderet inlecebris falsæ felicitatis . Tô si dír zuo spíleta . mit tien lúcchedón . lúkkero sálighéite .

Deprehendisti ambiguos uultus cæci numinis . Nû bechénnest tû dáz ánalútte . dés sih pérgenten trúgetieueles . [45.] A'lde chid . plindero gútenno . uuánda sia ueteres hábetòn . pro dea . únde sia máletón plinda . Ziu plínda? Uuánda iro gében álso getán ist . sámo si negeséhe . uuémo si gébe . Sî gibét temo uuírseren . únde úberhéuet ten bézeren .

Quæ sese adhuc uelat aliis . tota tibi prorsus innotuit . Tíu sih nóh fóre ánderén pírget . tíu hábet sih tír erbárót .

Si probas . utere moribus . Sî si dír gelóub . trág iro síte .

Ne querarís . U'nde nechlágo dih nieht .

Si perfidiam perhorrescis . sperne atque abice pernetiosa ludentem . U'be du iro úndríuua léidezêst . sô uersíh sia . únde âuuerfo sia . zeúbelero uuis spílonta . U'nz si spíloe ze dír . únz kemíd tíh iro êr si dír gebréste .

Nam quæ nunc tibi est causa tanti meroris . hæc eadem debuisset esse tranquillitatis. Tés tû nu trûreg pist . tés sóltôst tu in gûotemo sîn.

Reliquit enim te. Uuánda díh hábet nû uerlázen.

Quam non relicturam nemo unquam poterit esse securus. Tíu níomer niomanne guis neuuírdet.

An uero tu præciosam estimas abituram . i. recessuram felicitatem ? A´htôst tû tíura múrgfâra sâlda?

Et est tibi cara præsens fortuna . nec manendi fida . et allatura merorem cum discesserit? Uˊnde sól dir diu lieb sîn sâment tír . diu âne triuua mit tir ist . únde diu díh éteuuénne ferlázendo séregôt?

Quod si nec potest retineri ex arbitrio. Ube sia nioman gehában nemág . áfter sînemo uuillen.

Et fugiens facit calamitosos. Uˊnde si sie hina uárendo sérege getûot.

Quid aliud fugax est . quam quoddam iudicium futuræ calamitatis? Uuáz ist si flúhtiga dánne . âne uuórtzéichen, dero chúmftigûn léidegûngo? Sólih uuás æneas didoni. Táz argumentum héizet ab euentu hoc est a fîne . siue ab effectu . uuánda uuír finem âna séhen súlen . ân dero fóre-tâte. A´lso virgilius chád. Inter agendum occursare capro . cornu ferit ille caueto. [46.]

Neque enim suffecerit intueri quælibet . quod situm est ante oculos. Nóh tés éinen ne sól nioman séhen . dáz fóre óugôn ist.

Prudentia metitur exitus rerum. Frûothéit pedénchet állero dingo énde. Sî dénchet io fúre.

Eademque mutabilitas in alterutro. Uˊnde gelíh uuéhsal béidero . kûotes . ióh úbeles.

Nec facit formidandas minas fortunæ . nec exoptandas esse blanditias. Nelâzet sia . s. prudentiam fúrhten chumftiga dróuuûn dero fortunæ . nóh minnôn íro gágenuuérten zárta.

NON INPATIENTER FERENDVM IVGVM . GRATIS SVSCEPTVM.

Postremo cum semel summiseris colla iugo eius . oportet toleres æquo animo . quicquid geritur intra aream fortunæ. Ze demo gnôtesten . úbe du éinést íro dînen háls úndertûost . sô mûost tu ében-mûoto uértrágen . so uuáz tir getân uuirdet in íro hóue . únde so uuáz tir dâr begágenet. Táz héizet argumentum a coniugatis. Tés káb cicero súslih exemplum. Si conpascuus ager est . licet conpascere. Táz chit . ist tiu uuéida geméine . sô mûoz man sia geméinlicho niezen. Témo ist tíz kelíh. Si te subiugabis iugum feras oportet.

Quod si uelis legem manendi . legemque abeundi scribere ei . quam tu sponte legisti dominam tibi . nonne iniurius fueris? Uuíle dû dínero fróuuun día dû dánches kuuúnne . sezzen éa . uuío lángo si mit tir sî.

álde óuh uuénne si rûme . neférest tu iro dánne únzálelicho mite na?

Et inpatientia exacerbes sortem . quam non possis permutare. Únde du mit úngedúlten bréstést taz lôz . táz chît úngedúltigo léidezèst . tia geskiht . tia dû nieht keuuébselon nemúgist. Táz ist rhetorica dissuasio . minime temptare . quæ non possunt fieri.

Si committeres uela uentis . non promoueres quo uoluntas peteret . sed quo impellerent flatus. [47.] Liezist tû dînen ségel demo uuinde ze‑geuuálte . sô nefûorist tu nieht tára dû uuóltîst . núbe dára díh uuint fúorti.

Si crederes semina aruis . pensares inter se . feraces annos et steriles. Úbe dû dero érdo dînen sámen beuúlehist . sô uuâgist tu benôte gúotiu iâr . únde v'beliv. Tés úbelemo iâre práste . dáz er ⸗ sáztist tu mit temo gúoten.

Dedisti te regendum fortunæ . oportet obtemperes moribus dominæ. Tû beuúlehe díh fortunæ . dáz si dîn flâge . nû fólge iro siten . dáz ist réht. Súslicha copiam paradigmatum . dáz chît exemplorum . chúnnen die fúre zihen . die potentes sint in eloquentia. Pediu ist óuh kehéizen rhetorica apud grecos . a copia fandi.

Tu uero retinere conaris impetum uoluentis rotæ. Póitest tu díh ke‑ haben daz suéibônta rád . táz si tríbet?

At stolidissime omnium mortalium . si incipit manere . desistit fors esse. Mánno túmbesto . peginnet si in‑stéte stân . sô neist si uuiluuéndigi. Táz argumentum héizet a contrariis . uuánda aristotiles chît . táz motus quieti contrarius si.

QVANTA FACIAT DVM VIRES OSTENTAT.
Cum hæc uerterit uices . superbia dextra . fertur more exestuantis euripi. Únde sô si dánne diu ding stúrzen gestât . mit iro úbermúotûn zéseuuûn . sô uéret si álso dér uuéllónto uuérbo. Tiu figura héizet parabole . dáz chît comparatio.

Seua proterit dudum tremendos reges. Únde uertrítet si sárfiu . die mittundes ántsazigen chúninga.

Et fallax subleuat humilem uultum uicti. Únde dára gágene héuet si úf lúkkiu . des sigelòsen hóubet.

Non illa audit . aut curat . miseros fletus. Si netûot nehéina nuára . nuénegliches uuûostes.

Et ultro ridet gemitus . quos fecit dura. Únde gérno láchet si dés súftodes . tén si gerécchet. Mit superbia . únde mit crudelitate óuget si sia dignam odio . mit fallatia despectabilem . sô léret rhetorica démo túon . dén uuir io¹) iomanne léiden uuéllén. [48.]

---

¹) Hier geht die zeile durch; daher wohl das doppelte «io».

Sic illa ludit . sic probat uires suas . Táz íst íro spíl . sús chórôt si uuáz si getûon múge.

Et monstrat suis magnum ostentum . si quis uisatur una hora stratus ac felix . Únde daz uuúnder túot si íro uuártâren uóre . uuélêr mittúndes in éinero chúzzero uuîlo . béidiu uuérde . sâlig ióh únsâlig.

QVALIS FORTE POSSET FIERI RATIO
IPSIVS FORTVNÆ.

Vellem autem agitare tecum pauca . uerbis ipsius fortunæ. Ih uuólti nú gérno íro sélbero uuòrto . mít tír uuáz chôsôn.

Tu igitur animaduerte . an ius postulet . Chíus tû . úbe si réht fórderôe.

Quid tu homo agis me ream cottidianis querelis? Uuáz múost tu mih lío tágeliches . mit tînên chlágôn?

Quam iniuriam fecimus tibi? Uuáz hábo ih tir únréhtes ketân?

Quæ tua bona detraximus tibi? Uuáz hábo ih tir infûoret tînes kûotes?

Contende mecum quouis iudice . de possessione opum . et dignitatum . Málo mih fóre so uuélemo fógate du uuéllêst . úmbe dîn gûot . únde úmbe dîn ámbaht.

Et si monstraueris quid horum proprium esse cuiusquam mortalium . ego iam sponte concedam tua fuisse quæ repetis? Únde zéigôst tû mir dehéinen mán . démo dés ieht éigen sî . só íiho ih óuh tír dés . dáz tû éiscôst . Táz argumentum héizet agnem . uuánda dáz állero réht ist . táz ist óuh éines réht . Fóne állên féret iz ze einemo . Tér status . táz chit tér búrgstrît . héizet in rhetorica absolutum . sô dér . dén man mâlôt . tero târe nelóugenet . únde er áber scúlde lóugenet . únde er chît . uuóla só tûon mûosi.

Cum produxit te natura nudum ex utero matris . suscepi te nudum et inopem omnibus rebus . meis opibus foui . Tô dû náchet kebóren uuúrte . dô nám ih tíh nácheten . únde álles tinges únêhtigen . únde fûorota díh mit mínemo gûote . [49.]

Et quod nunc te facit inpatientem nostri . prona fauore . indulgentius educaui . Unde dáz tû nû zúrdel bist . táz íst tánnân . táz ih tir gérno uuillôndo . dih ferzóh.

Circumdedi te affluentia et splendore omnium quæ mei iuris sunt . Alles tés mîh háftêt . in gnúhte . ióh in scôni . dés kenietota ih tih.

Nunc libet mihi retrahere manum . Nú lústet mih mîna hánt zu mir zezíhenne.

Habes gratiam . uelut usus alienis . Nú hábest tu mir is zedánchônne . álso dér frémide gûot niuzet.

Non habes ius querelæ . tamquam prodideris prorsus tua . Tû ne hábest nehéina réhta chlága . sámo so dû daz tin ferlóren éigist.

Quid igitur ingemiscis? Uuáz sûftôst tû dánne.

Nulla tibi a nobis illata est uiolentia . I'h nehábo dir mit nòte nieht kenómen.

Opes . honores . cæteraque talium . mei sunt iuris . O'touála . únde êra . únde dáz sô getána . táz háftèt ál mih.

Dominam famulæ cognoscunt . mecum ueniunt . me abeunte discedunt . Mîne dinuâ sínt sie . mih pechénnent sie . sáment mir chóment sie . sáment mir rûoment sie . Tiu ornatus locutionis . héizet omœoteleuton . táz chit similiter finitum . Cicero ad herennium héizet sia similiter desinentem . uuánda si geslágo chúmet . álso scópf.

Audacter affirmem . I'h ketár dáz páldo chéden.

Si tua forent . quæ amissa conquereris . nullo modo perdidisses . U'be din uuâre dáz tû dih chist ferlóren háben . sô nehábetist tû iz ferlóren . sô neuuâre iz tir alienum . Táz argumentum héizet a repugnantibus . uuánda proprium únde alienum . diu sínt repugnantia . Táz ioman naturaliter hábet . dáz ist sîn . dáz nemág ér ferliesen . dáz er extrinsecus kuuínnet . táz ist alienum . daz mág er ferliesen.

An ego sola prohibeor exercere . meum ius? Nemûoz ih éina dánne nieht mînen geuualt skéinen? [50.]

Táz ist indignatio cum emulatione . álso iuno chát fóne minerua . Pallas ne potuit exurere classem argiuum . atque ipsos submergere ponto?

Licet celo proferre lucidos soles . et eosdem condere tenebrosis noctibus . Ter himel mûoz hértòn gében liuhtige tága . únde uínstere náhte.

Licet anno nunc redimire uultum terræ floribus . et frugibus . nunc confundere nimbis et frigoribus . Taz iár mûoz hértòn . dia érda zíeren mit chrûte . únde mit chórne . uuîlôn óuh keúnnatòn mit ánasláhte . únde mit fróste.

Ius est mari . nunc blandiri strato æquore . nunc inhorrescere procellis ac fluctibus . Ter mére mûoz óuh stille sîn . mit sléhtero ébeni uuîlòn óuh strûben sih fóne uuínde . únde fóne unéllòn.

Nos alligabit ad constantiam . nostris moribus alienam . inexpleta cupiditas hominum? Sól mih uuíder minemo site státa getûon . tero ménniskòn úncruúlta girhéit? Taz ist rhetorica declamatio . dáz chit úberlága . únde sceltúnga . álso óuh tára gágene acclamatio chit lób.

Hæc nostra uis est . hunc continuum ludum ludimus . Tíz ist mîn chráft . tisses spiles spilon ih.

Rotam uersamus uolubili orbe . Mit sinuuélbemo ráde spilon ih . táz trîbo ih.

Infima summis . summa infimis mutare gaudemus . Mih lústet taz

nídera ûf . únde daz óbera nider ze-
gechêrenne .

Ascende si placet . Sizze dar ûf .
úbe díh is lúste .

Sed ea lege . A'ber in dien uuór-
ten .

Ne uti putes . i. ut non putes iniu-
riam descendere . cum poscit ratio
ludicri mei . Táz tír nîeht ne uuége
zeirbéizenne . sô sih mîn spíl sô ge-
zíbe .

An tu ignorabas meos mores ?
Neuuás tír mînes sítes níeht chúnt
na? Táz ist confutatio . dáz chît
skéndeda . sámo so châde . úbe dû
únfrúot pist . ih frúoto díh . [51.]

Nesciebas crœsum regem lidorum
ciro paulo ante formidabilem . mox
deinde miserandum . traditum flam-
mis rogi . misso cælitus imbre de-
fensum? Nenuéist tu dáz crœsus .
tér in lidia chúning uuás . sô er
mittundes ciro fórhtlih uuás . dáz er
sâr dára náh erbármelih uuórtenêr .
únde fóne imo in daz fiur genuórfe-
nêr . fóne ánaslâhte errêtet uuárd?
Uuánda crœsus babiloniis uuider ciro
ze helfo chám . dánnán geskáh . táz
er in dánnán uertréib . únde er in sâr
náh fárendo gefîeng . únde in daz
fiur uuárf . úzer démo in gót lôsta .
Tô ér áber dés cóte nedánchóta .
únde er sih rùomda sîn sélbes sálig-
héite . tô uuárd . táz imo tróumda .
táz er sáhe iouem sih uuázer ána
gîezen . únde dia súnnun dáz ába
uuisken . Tén tróum ántfristóta imo
sô sîn tóhter . dáz in cirus áber sólti

geuáhen . únde án daz chrúze héu-
chen . únde sô in der régen názti .
dáz in diu súnna trúcchendi . álso
iz tára náh fúor .

Num te præterit paulum inpen-
disse pias lacrimas calamitatibus persi
regis a se capti? I'st tih ferhólen .
paulum emilium consulem . kúotli-
cho unéinôn . dáz léid uuénde persi
regis macedonum . dén ér sélbo ge-
fángen hábeta . uuánda ér dáhta .
dáz ímo sámolih keskéhen máhti?
Historici héizent ín persenm . náls
persum . Sie ságent óub uuío dic-
cho er ándere consules fóre úber si-
genôta . únde sô in paulus kefánge-
nen ze romo bráhta . uuío er in cu-
stodia erstárb . únde sin sún úmbe
ármhéit smidón lirneta . únde sih tés
néreta .

Quid aliud deflet et clamor tragœ-
diarum . nisi fortunam indiscreto ictu
uertentem felicia regna? Uuáz chá-
rônt tragœdiæ . âne fortunam ún-
dúrlicho stôrenta . gúollichiu riche .
dáz si nehéines mêr nesihet fánne
ánderes? [52.] Tragœdiæ sint luc-
tuosa carmina . álso díu sint . diu
sophocles scréib apud grecos . de
euersionibus regnorum et urbium .
únde sint uuideruuártig tien co-
mœdiis . án dien uuír io gehórên
lætum únde iocundum exitum. U'ns
ist áber únchúnt . úbe dehéine
latini tragici fúndene uuérdên . sô
uuir gnûoge findên latinos comi-
cos .

Nonne adolescentulus didicisti ia-

cere in limine iouis. duis pithus
         duo dolia
ton men ena kakon ton
articulus quidem unum malum articulus
de eteron elon¹). Nelirnetòst tù na
autem alterum bonum.
chint uuésentèr. dàz pacuhius poeta
scréib. Zuò chúfà ligen fólle. ún-
der iouis túròn. éina gùotes. únde
ándera úbeles? Vuér ist. ér nege-
trinche béidero? ér nechóroe ár-
béite. iòh kemáches? Mit tiu óuget
si. dâz si in nicht fermíden nemáhta
aduersitatis.

Quid si uberius sumpsisti de parte
bonorum? Vuáz chlágetòst tu dih.
úbe du mêr getrúnchen hábest tes
pézeren? Sámo si chàde. úbe ih
tih nicht úber al fermíden nemáhta.
nû nehábo ih tih tòh. pórhárto tróf-
fen.

Quid si a te tota non discessi?
Uuáz úbe ih tih nóh nehábo gáreuuo
uerlàzen?

Quid si hæc ipsa mei mutabilitas.
tibi est iusta causa sperandi meliora?
Vuáz úbe disêr stúrz. tih tùot mit
réhte dingen des pézeren? A'lso
die álle mit réhte dingent tes péze-
ren. qui persecutionem patiuntur
propter iustitiam. uuánda sie dés te
sàligoren sint.

Tamen ne contabescas animo.
Nû nesíst tòh sò mùot súhtíg nicht.
là din mùot préchòn dih sin.

Et locatus intra commune omni-
bus regnum. ne desideres uiuere
proprio iure. Únde nemúoto nicht
éino in geméinemo riche. dínero
rihti zelébenne. Nù ist si chómen
ad communem locum. Táz héizet
communis locus án fogelichemo sta-
tu. táz man niomannen némmendo.
keméine áchuste lúzzet. álso dise
uérsa tûont.   [53.]

LOCVS COMMVNIS.

Si confundat copia pleno cornu tan-
tas opes. quantas pontus incitus fla-
tibus uersat harenas. Uuáz ist tés
mêr? Scútti copia ministra fortunæ
dien ménniskôn úzer íro hórne sámo
uilo râtes. sò mère tiúret crîzes.
fóne uuínde eruuégetèr. Hier ist
suspensio uocis. Fabulæ ságent.
táz achelous amnis tíu in grecia rin-
net. ze fàrre uuórteniu. mit her-
cule fúhte. únde hercules temo fàrre
daz hórn ába slùoge. únde ér iz kábe
gnúbte. díu ministra ist fortunæ.
dáz si íro uróuuûn gùot mit témo
úzkábe.

Aut quot sydera fulgent cælo.
edita stelliferis noctibus. A'lde sámo
mánige stérnen in himele skínent.
téro náht. sò iz kestírnet ist. Sò ist
óuh hier.

Nec retrahat manum. Nóh hánt

---

¹) d. i. δυο πιδους τον μεν ἑνα κακων, τον δε ἑτερον ἑαων (verbess. nach Hom. II. XXIV. 527). — In der handschrift steht «didisti» statt «didicisti».

ze̼iro nezúge. dáz chît. nóh sîa is
irdrúze. Únde óuh hîer.

Haud ideo cesset humanum genus. flere miseras querelas. Túrh
táz netâte níomêr ménnisko lába sînero ármelichûn chlágo. Hîer ist
depositio.

Quamuis accipiat deus libens
uota. prodigus multi auri. et ornet
auidos. claris honoribus. nil iam
parta uidentur. Tóh óuh kót sélbo.
íro dige gérno uernâme. únde in
sines kóldes milte uuâre. únde in
óuh êra uuélientên. déro uilo gàbe.
nóh sô nedûohti in gnûoge. dés sie
hábetin.

Sed sæua rapacitas. uorans quesita. alios pandit hiatus. Núbe diu
michela girhéit. éin uerslindende.
ginêt io sàr gágen ándermo.

Quæ iam frena retentent præcipitem cupidinem certo fine? Uuér
mag tia girhéit inthában. io fúrder
béitenta?

Cum fluens largis muneribus. sitis
potius ardescit habendi. Só láng si
gnúoge hábendo. io dóh mêr háben uuíle?

Numquam diues agit. qui trepidus. gemens. [54.] credit sese
egentem. Tér nenuirt níomêr riche.
tér sórgendo. únde sûftôndo. sih
ármen áhtôt. Hier ist tér status ûz.
uuánda si sih imo sámo so gágenuuértemo. mit rédo errétet hábet.
Pediu sprichet imo nû zû philosophia. fóne iro sélbûn.

EX SVA PERSONA.

His igitur si pro se tecum fortuna
loqueretur. quid profecto contrahisceres non haberes. Úbe fortuna síh
sélbûn sus fersprêchen uuólti. dára
gágene nemáhtist tu nóh erliuten.

Aut si quid est. quo querelam
tuam iure tuearis proferas oportet.
Álde úbe dû dîna chlága geskéinen
máht réhta uuésen. sô tóug. táz tu
sîa fúre zihêst.

Dabimus locum dicendi. Íh tûon
dir státa zespréchenne.

Tum ego inquam. Ista sunt quidem speciosa. oblitaque melle rhetoricæ ac musicæ dulcedinis. Tíz
sínt ál chád ih tô. skôniu gechôse.
únde sámo so gehónogotiu. mit rhetorica. únde mit musica. Uuánda
hier nû ánderêst keuuáht ist rhetoricæ dulcedinis. únde man ér nîeht
pechénnen nemág íro dulcedinem.
ér man sîa sélbûn bechénnet. sô
neist táz hier níeht zeúberhéuenne.
sô uilo man chúrzlicho geságen mág.
uuáz si sî.

QVID SIT RHETORICA.

Rhetorica ist éin dero septem liberalium artium. dáz chît tero síben
bûohlísto. die únmánige gelírnêt
hábent. únde áber mánige genémmen chúnnen. Téro síbeno ist
grammatica díu êrista. díu únsih lê-

ret rectiloquium . dáz chît réhto spréchen . táz iòh chint kelírnên múgen . sò uuir tágoliches hòrên. Tiu ánderíu ist rhetorica . tiu únsih férrór léitet . uuánda si gíbet úns tíu gespráchi . déro man in dinge bedarf . únde in spràcho . únde so uuàr dehéin éinúnga ist geméinero dúrfto . [55.] Tára zù diu chînt nehéin núzze sint . núbe frûote liute. Spráchà únde ding . nemúgen âne strit nieht uuérdent. Uuàr ist sàr sólih stritòd uuórto . só in dinge . únde in spràcho? Pediu neist nionêr gespráches mánnes mèr dúrft . tánne dàr. So uuér dèr ist . dèr den strit mit rédo uerzéren chán . únde er dáz in rhetorica gelírnét hábet . tér ist orator . in dés múnde findet man rhetoricam dulcedinem. I'st er áber úngeléret . únde ist er dóh kespráche . sò mág er ùoben officium oratoris . sélbo nemág er orator sîn . uuánda dáz ex natura ist . taz neist nieht ex arte . Vuér ist tér dia dulcedinem bechénne . ér ne ile dàra gérno . dàr èr sia gehòre? Tò in grecia zuène die gelèrtòsten dés listes . eskines únde demostenes gespráchen éinen dág . tinglicho zestrítenne . nechâmen dára umbe dáz na . sò cicero chît . multa milia ex omni grecia? Ziu súlen uuir dánne sô lústsámes lístes . fúre nomes únánchúnde sîn? Vuizîn dóh . táz tiu sélba scientia . diu rhetorica héizet triplex ist fóne diu uuánda iro materia triplex ist.

DE MATERIA ARTIS RHETORICÆ.

Vuáz ist iro materia . âne der strit? Só der strit errinnet . sò hábet si nuérh. A͡ne strit nehábet si nieht zetûonne . álso óuh medicina dánne otiosa ist . úbe morbi negeskébent . nóh uulnera. Stritet man úmbe réht . únde úmbe únréht . sò man in dinge tùot . tiu sláhta strites . héizet latine fóne iudicio iudicialis. Stritet man úmbe ámbáht sèzzi . álso dáz ist uuér ze chúninge túge . álde ze biscófe . uuánda man sîna uirtutem sól demonstrare . pediu héizet tíu sláhta strites demonstratiua. [56.] Stritet man dàr úmbe . uuáz núzze si zetûonne . álde zelázenne . álso man ze romo stréit . uuéder cartago uuàre diruenda . álde neuuáre . uuánda man dés sól tûon deliberationem . dáz chît éinunga . únde beméineda . pediu héizet tiu sláhta strites deliberatiua. Tára náh súlen uuir nuizen . dáz iogelîh téro drîo sláhtòn hábet zuêne únderskéita. Téro zuéio héizèn uuir den éinen statum legalem . ánderen statum rationalem. Sò man stritet úmbe dia legem . únde sia éiner uuile uernémen ze éinero uuis . ánderèr ze ánderro uuîs . tér status táz chît tér strit héizet mit réhte legalis. Só man áber dàr úmbe stritet . uuío rédolîh táz si . dáz man tùot álde rátet . fóne déro rédo . dáz chît fóne déro ratione . héizet tér strit rationalis. Sò ist aber zeuuizzenne . dáz man ze sínf uuisôn strítet úmbe dia legem . ze sîer uuisôn úmbe dia rationem. Téro uuisôn nesól únsih nícht erdríezen zegehôreune.

QVI SINT STATVS LEGALES.

Ein strit ist úmbe dia legem . dér dir héizet scriptum et uoluntas. Tér ist sús ketán. Lex monachorum chit . post completorium nemo loquatur. Sô náhtes prúnst keskihet . sô scriet tér dien ánderên . tér dés êrest keunára uuírdet. Sô man dén málôt úmbe scriptum legis . sô ántseidôt er sih mit uoluntate scriptoris. Er chit ter scriptor uuólti . dáz man dar ána ónderskéit hábeti. A'nderêr geskíhet fóne contrariis legibus . A'lso die leges contrariæ sint. Omni petenti te tribue. V'nde díu . Ne aliquid cui nihil. Tér drítto geskíhet fóne ambiguis legibus . A'lso dáz ist in romana lege . Meretrix si coronam auream possideat . publicetur. Uuéder sól man urônen . coronam álde meretricem? Ter fierdo héizet latine diffinitio . táz chit cnôtmárchúnga . [57.] álde gnôtmezúnga . uuánda díu lex táz uuórt spríchet . táz in únguishéite . únde in stríte uuésen mág . únz sîn . bezéichennísseda gnôt mézôt uuírdet. A'lso ze romo in stríte uuás . úbe dér besćúlden uuáre erslágen . dén man dár úmbe slúog . táz er náhtes mit sínero stángo gíeng . uuánda romana lex chit . nocte cum telo deprehensus . occidatur. Tô unás definitio zetúonne . unáz telum sî . Telum íst kespróchen fóne démo chríechisken uuórte telon . táz chit longum latine . Ter sínfto héizet latine ratiotinatio . táz chit éines tinges fêstenunga fóne ándermo. A'lso dér stréit . tér den exulem filta . dáz er dáz fóne díu uuóla túon múosi . uuánda romana lex chit . exulem intra fines deprehensum . licet occidere.

QVI SINT STATVS RATIONALES.

Áber déro fíer rationalium statuum . héizet ter êristo coniectura . dáz chit rátiska . uuánda só der inzihtigo lóugenet . sô rátiskôt man dara náh . mit signis . únde mit argumentis. A'lso der chúning salomon téta . afferte inquit gladium . et diuidite uiuentem puerum in duas partes. Ter ánder héizet finis . uuánda sô únguis námo ist tes criminis . sô sól iz uuérden finitum. A'lso dánne geskíhet . sô úzenhálb chilichûn genómen uuérdent sacra uasa . únde dáz in zuíuele ist . uuéder dáz héizen súle fúrtum álde sacrilegium. Iudices nemúgen êr nîeht iuditium túon . êr nomen criminis uuírdet definitum. Ter dritto héizet translatio . dáz chit uuéhsal . únde missesézzeda. Uués uuéhsal? Loci . temporis . personæ . criminis . poenæ. Sie strítent . táz iz neuuúrte . dár iz sólti . nóh tô iz sólti . nóh fóre démo iz sólti. Oúh¹) stritent sie . dáz iz tie sculde nesin . ze‿dien der inzihtigo gebrieuet sî . álso iz ôfto ze‿romo fûor . dáz man sie missebriefta . Sô geskihet óuh táz man sculde hártòr ándòt álde minnera ándòt . [58.] tánne iz réht si . Vuéhsal héizet tér strit . uuánda er fóne uuéhsele uuirdet . A'lso gregorius iohannem zéh constantinopolitanum . dáz er pallium trûoge . dánne ér nesólti . únde in platea . dár er nesólti . V'nde paulus fideles zéh . dáz sie iro geríhte fórderôtin apud infideles . Unde álso uuir ófto chéden . ziu man échert tés scáz néme . dén man sélben hában sólta . álde ziu man dén sláhe . dér minnerûn pœnam hábet keuréhtôt . Qualitas héizet ter fierdo rationalis status . Tér hábet námen dánnán . uuánda er qualitatem facti úrsúochenót . ih méino . úbe si gûot si . álde úbel . réht álde únreht . Vuánda áber qualitas bipertita ist . fóne diu ist si zechlesenne an iro partibus . Uuéliu sint íro partes? Táz ist negotiale . únde iuridiciale . Negotiale ist tér strit . tér úmbe daz keuuónehéite geskihet . álso chóufliute stritent . táz tér chóuf súle uuésen státe . dér ze‿iár‿mércate getán uuirdet . ér si réht . álde únréht . uuánda iz íro geuuónehéite ist . Iuridiciale hábet tánnán námen . dán-

nán óuh iuridici héizent . A'lso die zeromo iuridici hiezen . die daz púrgréht in‿dinge ságetôn . álso héizet tér dánnán uuórteno strit . iuriditialis . Nú siat óuh siniu partes zuéi . absolutum et absumptiuum . Absolutum chit pár . uuánda dar ána nehéin ántséida neist . áne dáz ter bemâlôto chit párlicho . dáz er uuóla dáz tûon mûosi . dáz man imo uuizet . A'lso cicero ságet . táz pacubius poeta . sih ze‿imo chláget i . déro únerôn . dáz imo éin spíloman dár ze‿sinemo hús ketórsta hárèn be‿námen . Tés nehábeta der spíloman nehéina ándera ántséida . áne dáz er in uuóla mûosi sô námòn . sô er hìeze . Assumptiuum ist kespróchen fóne déro assumptione defensionis . [59.] táz chit fóne déro uuárnungo dero fúrolago . Tér status hábet quatuor partes . Éin héizet relatio . dáz chit uuiderechéreda . álso sámson uuidere chérta . sine sculde án philisteos . tò sie in málotôn . ziu er in íro ézeske brándi . A'nder pars héizet remotio . dáz chit ábanémunga . álso daz uuib ába iro sélbùn die sculde némendo . úfen éinen ánderen sie légeta . dò si cháð . serpens decepit me . Tertia pars héizet comparatio . álso dér mit comparatione sih ánt‿séidôta . tér daz hére lôsendo . hina gâb tien hostibus arma . únde impedimenta . dáz chit keuuáfene . únde fûoter . únde dáz chát .

---

¹) óuh? wie sonst immer. wegen des grossen O könnte die spitze nachgesetzt sein.

uuésen bézera . dánne sélbez taz hére zeuerliesenne. Quarta pars héizet concessio . táz chit keíiht . Tér strît téilet sih in deprecationem . únde in‿purgationem . dáz chit in‿ uléha . únde in‿ántséida. Deprecatio ist . táz ter scúldigo chît . peccaui . ignosce . únde er níeht nestrîtet . únde áber die ándere strîtent . die in‿demo dínge sizzent . úbe man imo súle ignoscere . álde ne súle.   Purgatio ist triplex.   Éin purgatio héizet casus . táz chit keskiht. Mit casu ántséidôt sih . tér dir chit . táz ini‿slâzti . ánderes mánnes tôd . álde sin sélbes súht . álde ételih únge‿uuândiu geskîht. A'nderiu purgatio héizet necessitas . táz chit nót. A'lso dáz ist . úbe ér ze‿uuórte hábet . táz er uuúrte captus . álde ui obpressus . álde in uincula missus. Tiu dritta purgatio héizet imprudentia . dáz chit únuuizenthéit. A'lso paulus sih ántséidôta tô er chad. Nesciebam eum esse principem sacerdotum. Tíz sint tiu exempla déro statuum . die in‿dinge uuérdent . táz chit . tie dir uuérdent . in‿iuditiali genere causæ. [60.] Tie áber in‿demonstratiuo genere causæ . únde in deliberatiuo uuérdent . târ man spráchôt . tie hábent tén-sélben námen . nàls áber nîeht sô getâniu exempla. Fóne disén bechénnet man éniu liehto .

QVID SIT STATVS.

Tára nàh ist táz zeuuízenne . táz status únde constitutio . ál éin ist . únde sie dánnân genámôt sint . táz tie strîtenten sih stéllent gágen éin ánderén.   Intentio únde depulsio . diu máchônt ten statum. A'nauáng tes strîtes . héizet intentio . únde depulsio . dáz chit málizze . únde uuéri. A'lso dáz ist dáz ter accusator chit . in‿dinge ze‿sînemo aduersario . fecisti . únde ér ántuuúrtet . non feci. A'lde úbe er chît . non iure fecisti . únde ér antuúrtet . iure feci. Tánne diu depulsio sò getân ist . táz si chit . iure feci . merito lesi . sô sól si sâr dés háben rationem . álso dáz ist . prior enim me lesit. Téro rationis tûot ter accusator infirmationem . dáz chit lúzzeda. Sô dáz ist. Non enim te oportuit uindicare iniuriam tuam. Chit áber der bemâlôto . non feci . non lesi . uuánda déro depulsioni . nehéin ratio ne-fólgèt . uués mág tér rationem gében . tér níehtes ne-íihet . sô sól der accusator mit coniecturis zùo fâhen . dáz er in dés lóugenes úber uuínde. Fóne in zuéin chúmet ter strit . ze‿dien ánderén . die dâr in‿dinge sint . táz óuh sie beginnent strîten . feceritne . álde úbe er iz téta . iurene fecerit. Tes strîtes tûont tie iudices énde . uuánda an íro iuditio stât . uuéder man in háben súle . fure scúldigen . álde fúre únscúldigen . unde fóne íro iuditio uuírdet er dimissus . álde punitus. Êr dáz sô ergánge. [61.] èr uuirt temo oratori zegeóugenne. dia méisterskáft sines kechôses. únde ál dáz fûre zegezíhenne. mit tiu des tinges spûon mág. únde mit tiu gelóublih ketân mág uuérden. tien iudicibus. so muáz er uuile háben zerêhte. álde ze‿únrehte. únde souuén er háben uuile ze‿noxio. álde ze‿innoxio. Unsolih ér fûre gándo uuésen sûle án demo exordio. únde dára náh án dero narratione. únde dára náh án dero confirmatione. únde zeiúngest án dero conclusione. únde án dîen állên uuio zimig. uuio chléine. uuio spílolih. târ dáz keuállet. uuio grémezlih. uuio drôelih. uuio in álla rárta genuérbet. tés sint ciceronis púoh sól. diu er de arte rhetorica gescríben hábet.

DE PRESENTI STATV.

Nû suochên óuh hier án disemo strite. dèr únder boetio. únde únder dero fortuna ist. uuélêz intentio si. únde depulsio. Táz ist intentio. dáz sih sús chlágôt boetius. Itane nihil fortunam puduit? Unde áber Homines quatimur fortunæ salo. Sô ist táz depulsio. dáz si chit. O homo. quæ tua detraximus bona? Nulla tibi a nobis est inlata uiolentia. Sô ist táz ratio depulsionis. Opes. honores. ceteraque talium. mei sunt iuris. Dominam famulæ cognoscunt. Mecum ueniunt. me abeunte discedunt. Tiu ratio ist sô stárh. taz philosophia imo uerságet. táz er dára-gágene. nieht sàr erliuten múge. A′lso si dâr chit. His si pro se tecum fortuna loqueretur. quod perfecto contrahisceres. non haberes. Mit tien uuórten hábet si imo uerságet. infirmationem rationis. Únde nuánda fortuna réht hábet. [62.] únde si sih iro sites nieht kelóuben nemág. pediu uuile si in dés rhetorice irríhten dáz in iro gûotes sô únuuiriges. sàr nieht lángên nesólta. únde in échert tés kûotes lústen sól. táz imo éinêst chómenez. niomèr fúrder inslingen nemág.

SEQV,TVR.

Tum tantum cum audiuntur oblectant. Sús scôniu gechôse. sint tia uuila lústsâm. únz man siu gehóret.

Sed miseris est altior sensus malorum. A′ber beuuifenên ist mêr dáz in ána liget. Sie infindent mêr iro léides.

Itaque cum hæc desierint insonare auribus. insitus meror prægrauat animum. Sô sie díz állero èrest ne hórent. sô uuíget in áber dáz ze‿hérzen geslagena sêr.

Et illa. Ita est inquit. Táz ist álso chád si.

Hæc enim nondum sunt remedia morbi tui. Tiz nesint óuh nieht tiu scúldigen láchen dinero súhte.

Sed fomenta quædam adhuc contumacis doloris . aduersum curationem . Núbe échert súslichiu uáske . dînes úngerno héilénten séres.

Nam admouebo cum tempestiuum fuerit . quæ sese penetrent in profundum . I'h kibo dir sô is zît uuírt . tîn tráng . tiu dîh túrhkânt.

Uerum tamen ne-uelis te existimari miserum . i. ne-existimes te miserum . A'ber inindiu . hábe gùoten dròst . únde neáhto dih nieht uuênegen.

DE PERCEPTIS BONIS.

An oblitus es numerum . modumque tuæ felicitatis . Hábest tû ergézen dinero sáldon . uuiolíh . únde uuîo mánig sie uuáren?

Taceo quod desolatum parente . cura te suscepit summorum uirorum . I'h uuile dés suîgen . dô dû uuéiso uuúrte . dáz tih tie bêrosten in iro flibt nâmen. [63.]

Delectusque in affinitatem principum ciuitatis . prius cœpisti esse carus . quam proximus quod preciosissimum genus est propinquitatis . U'nde gechórnêr ze-déro sippo dero bêròstôn ze-romo . dáz chît ze-éideme gechórnêr . dinemo suére simmacho . uuáre du imo lieb . êr du imo uuúrtist síppe . Dáz tiu fórderòsta síppa ist . úbe der man geîlet . táz er lieb ist.

Quis non prædicauit te felicissimum . cum tanto splendore socerum . tum pudore coniugis . tum quoque oportunitate masculæ prolis? Uuér necháď tíh tô saligen . sóliches suêres . únde sólichero suiger . sô chíuskero chénûn . sô êrsámero eómen chíndo?

Pretereo sumptas in adolescentia dignitates . negatas senibus . I'h neuuile dés nieht chòsòn . dáz tû iûngêr guûnne die hêrscáft . die álte guûnnen nemáhtòn . Tu uuúrte iûngêr consul.

Libet enim præterire communia . delectat uenire ad singularem cumulum felicitatis tuæ . Táz óuh ánderên geseáh . táz uuile ih úberhéuen . ze-dinên ehréftigên súnder-sáldòn . uuile ih chómen . fone dien uuile ih sâgen.

Si quis fructus mortalium rerum . ullum pondus beatitudinis habet . poteritne deleri memoria illius lucis . i. prosperitatis . quantalibet mole ingruentium malorum? V'be ménniskôn diehsemo . ze-dehéinero sálighéite zihet . mág tánne déro skinbârûn éro keâgezòt uuérden fóne dehéinemo geskéhenemo léide.

Cum uidisti duos liberos tuos . pariter domo prouehi . sub-frequentia patrum . sub plebis alacritate . I'h méino . dáz tû sábe zuêne dîne súne . sáment fóne dînemo hús kefúoret uuérden . mit állero dero bêrròn mánegi . únde mit álles tes liutes méndi? [64.] s. dáz sie mit tien érôn in curiam bráhté . péde sáment consulatum infiengen.

Cum eisdem in curia insidentibus

curules . tu orator regiæ laudis . meruisti gloriam ingenii . facundiæque . Tánne in sizzentén in demo sprâhhûs . án demo bèrstûole . tû orator nuésendo . getûomet uuúrte dînes sinnes . únde dînero gespráchi . án des chúninges lóbe? Síto uuás ze-romo . sô chúninga mit sige fóne uuige chámen . dáz man demo állero gespráchesten beuálh taz sigelób . zetûonne in capitolio . fóre állemo demo liute . álso man imo dó téta . Táz er áber chit insidentibus curules . táz chit er fóne diu . uuánda reges sázen in tribunali . dár sie dingotòn . álde dár sie iura plebi scáffotòn . áber magistratus sázen in curulibus . tánne sie búrgréht scûofen demo liute . Curules hiezen . sámo so curules . uuánda íu ér consules in curru ritendo ad curiam . tár úfe sázen .

Cum in circo medius duorum consulum . satiasti exspectationem circumfusæ multitudinis . triumphali largitione . Tô óuh táz keskáh . táz tû únder in zuéin consulibus mittér sizzendo . fólleglicho állero dero mánigi spéndotóst . tie sige-gébà .

DE TROPHEO ET TRIVMPHO.

Téro sige-érôn . uuáren zuô . diu minnera . únde diu méra . Tiu minnera hiez in chrieskún tropheum dáz uuás . sô die hostes uuúrten ze flúhte bechéret . Tánne chám sige-némo .

fóne uuige ritendo . úfen' éinemo blánchen rósse . V´fen démo uuárd erjenfángen fóne demo plebe . áne die patres . die léitôn in ritenten in capitolium . únde uuúrten mactatæ dár oues in sacrificium . Fóne diu hiez táz ópfer ouatium . A´ber diu méra sige-éra . fóne déro er nû ságet . hiez in chriechiskún triumphus . táz uuás sô die hostes . erslágen uuúrten . [65.] Tánne chám der uictor fóne uuige . ritende in curru . die quatuor albi equi zúgen . V´fen déro infiengen . in patres . sáment temo plebe . únde léitôn in ad capitolium . únde ópferotôn dár tauros . únde úmbe geméina fróuui . nám man fróno-scáz . úzer demo erario . únde gébeta állemo demo búrgliute únde dien sige-nemôn . gáb man palmas in hánt . únde lauream coronam an hóubet . únde gúollichôta man dén sígo mit lóbe . álso dár fóre geságet ist . Tér uuás filo hárto geèret . témo daz lób uuárt peuólên zetûonne . álde der scáz zespéndónne . Ter sígo hábet námen fóne dien signis . Sô dien hostibus uuérdent tie signa genómen . táz héizet sígo némen .

DE INDVLGENTIA FORTVNÆ.

Dedisti ut opinor uerba fortunæ . dum te illa demulcet . dum te ut delitias suas fouet . I´h uuâno dû betrúge dia fortunam . dáz si dih sô hértet . únde dih sô uritet . Demul-

cet . chît stréichôt . álso man dûot .
témo man zártôt.   Delitiæ sint frit-
liche sáchâ . die uuír éigen . úmbe
lústsámi . náls úmbe dúrſte . álso
turtures sint . únde psitaci .

Abstulisti munus . quod nulli um-
quam commodauerat priuato. Tû
hábest iro ánaguúnnen . dáz si nóh
nehéinemo insúnder negáb . nebéi-
nemo dínemo gnóz. Tár si chît pri-
uato . dár lázet si échert ten chúning
fóre. Sie héizent álle priuati . die
chúninga nesint .

Visne igitur calculum ponere cum
fortuna? Uuile du nû zálôn mít iro ?

Nunc primum liuenti oculi præ-
strinxit te? Nû ērest prûn séhon-
tiu . zuángta si dih .

Si consideres numerum modum-
que lætorum uel tristium . adhuc non
possis te negare felicem. Ủbe dû
zálôst . únde chóstôst . uuáz tû nóh
éigist péidero . léides ióh liebes . só
neuerságest tu dih nóh nieht sál-
dôn .   [66.]

Quod si idcirco non estimas te
fortunatum . quoniam abierunt quæ
tunc læta uidebantur . non est quod
te putes miserum . quoniam quæ
nunc creduntur mesta . prætereunt .
A'htóst tu dih pediu únsaligen .
uuánda hina ist . táz tih fréuta . tîz
féret óuh hína . dáz tih nû léidegôt .
Pediu nesólt tu dih nuénegen áhtôn.
Táz héizet argumentum a contrariis.

An tu nunc primum subitus ho-

spesque uenisti . in hanc skenam
uitæ ? Pist tû nû só niuuenes chó-
menêr . gást . hára in disses únseres
libes skenam? In skena skéllent hér-
tôn béide . fabulæ lætarum rerum . só
comœdiæ sint . ioh tristium . só tra-
gœdiæ sint . Vuánda óuh úns pegá-
genent hértôn . læta . únde tristia .
pediu ist únsêr lib kelih tero skena .

Ullamne reris inesse constantiam
humanis rebus? Vuánist tu dehéina
státigi uuésen . án dero ménniskôn
dinge ?

Cum hominem ipsum sepe uelox
hora dissoluat . Tánne ióh sélben den
ménnisken éin chúrz uuîla óſto zeer-
lékke?

Nam si et fortuitis rebus . rara
fides est manendi . V'be óuh sélten
in‿étcuues sáldón dehéin státigi ist .

Ultimus tamen dies uitæ . mors
quædam est fortunæ etiam manentis.
Sîn énde ist óûs¹) dóh téro sélbôn
sáldôn énde . niunt fólle giengin sie
imo únz tára .

Quid igitur referre putas . tune
illam moriendo deseras . an te illa
fugiendo? Vuáz áhtóst tû dár ána
geskéidenes . tû sîa lázêst ertér-
bendo . álde si dih láze . fóne dir
flihendo?

OMNIA MVNDANA . ESSE INSTABILIA .

Cum phœbus roseis quadrigis cœ-
perit spargere lucem polo . pallet

---

¹) Es steht so, mit verschlungenem «us».

hebetata stella . præmentibus flammis . albentes uultus. Sô mórgenrôtiu súnna úfen iro réito . sô fabulæ ságent . ritentíu begínnet skínen . [67] sô tímberênt tie stérnen . tien skimòn bedécchentèn iro bléichen análútte.

Cum flatu tepentis zephiri irrubuit nemus . i. rosetum uernis rosis . spiret insanum nebulosus auster . iam spinis abeat decus. Sô ze‿lénzen fóne des uuéstene‿nuindes uuarmi . ròseblúomen uuérdent . áfter demo nélde . úbe danne heiz chúmet tér uuólchenônto súnt‿uuint . sô múozen die blúomen . rísen ába dien dórnen.

Tranquillo sereno . radiat sepe mare inmotis fluctibus . sepe concitat aquilo feruentes procellas . uerso æquore. Éina nulla ist ter mere stille . únde lútterêr . ándera nulla tuárot er trúobêr.

Si mundo constat rara sua forma . si uariat tantas uices. Crede . fortunis hominum caducis . bonis crede fugacibus . constat et positum est æterna lege . ut nihil genitum constet. Ube állero uuérlte únstáte ist iro bilde . únde úbe si sih ébendíccho uuéhselôt. So hábe dih ze múrgfaren sáldon . únde ze‿únstatemo gúote dero ménniscon . so ist táz kuis . únde fásto gesézzet . táz nieht kebórnes . státe nesî.

ITEM . QVOD NON DESTITVTVS SIT OMNI FELICITATE.

Cum ego inquam. Tô antuuúrta ih iro.

Uera commemoras o nutrix omnium uirtutum. Uuâr ist táz tu ságest . méistra állero túgede.

Nec possum inficiari uelocissimum cursum prosperitatis meæ. Nóh íh nemág ferlóugenen mínero spúotigun férte.

Sed hoc est quod coquit uchementius recolentem. Táz ist . táz mir unê tûot . sô ih is kehúgo. Táz prénnet mih.

Nam in omni aduersitate fortunæ infelicissimum genus est infortunii . felicem fuisse. Nehéinero sláhto . únsálda neist sô michel . in állên misseskihten sô diu ist . táz mán sih pehúget . iu êr uuésen sáligen [1].

Inquit. Tô antuuúrta si.

Sed quod tu luis supplicium falsæ opinionis . id rebus iure imputare non possis. Táz tû engéltêst tines lúkken uuânes . táz neuuiz tien dingen nieht. Vuizist táz tû in is nieht keuuizen nemáht. [68.]

Nam si te mouet hoc inane nomen fortuitæ felicitatis . licet mecum reputes . quam pluribus maximisque abundes. Sid tir sô héuig túnchet tér báro námo dero sáldon . sô zálo mit mir . únde chóro mih úberuuinden . dû neéigist nóh knúog máni-

---

[1] Es steht «isáligen», doch mit blässerem (getilgtem) «i» des anlautes.

gero sáldòn. Táz tû sâldâ héizest. tóh sie sò nesîn. tîe sint tir nóh úninfâren.

Igitur si seruatur tibi adhuc diuinitus inlesum. et inuiolatum. id quod possidebas præciosissimum in omni censu. fortunæ tuæ. poterisne iure causari. retinens quæque meliora? Hábet tir nóh kót pehálten gánz. únde úndárohâft. táz tû tiuresta hábetôst. in állemo scázze. mit uuélemo réhte chlágôst tu dih tánne. hábendêr. únde óuh taz pézesta hábendêr. sámo so dû neéigist na?

At qui. uiget incolomis. illud præciosissimum decus generis humani. symmachus socer. Triuuo nóh lêbet kesúnde. állero mánno êra. symmachus tîn suêr.

Et qui uitæ præcio non segnis emeres. Únde dâr ána hábest tu. dáz tû mit temo lîbe gérno chóuftîst.

Uir totus factus ex sapientia. uirtutibusque. Tér állêr ist túged. únde uuîstûom.

Securus suarum. s. iniuriarvm. tuis iniuriis ingemiscit. V'nde sîn sélbes sih fertrôstet hábendêr. chlágôt er échert tîh.

Uiuit uxor ingenio modesta. pudicitia pudore præcellens. Lébet tîn chéna. álles sites kezógeniu. in‿chiuski. únde érhâfti sih fúre némende.

Et ut omnes dotes eius breuiter includam. patri similis. V'nde dáz ih sáment pegrîfe állen iro uuidemen. demo fater gelichiu. Tîe sácha daz uuib sáment iro bringet. zûo demo mán. dáz ist iro uuidemo.

Viuit inquam. Sô lêbet chido ih.

Et exosa huius uitæ. [69.] tibi tantum seruat spiritum. V'nde úrdruziu disses lîbes. pehébet si den átem inne. échert kérno dúrh tih. táz si gesêhe. uuio iz úmbe dih fáre.

Et tabescit tui desiderio. lacrimis ac dolore. quo uno uel ipsa concesserim. minui tuam felicitatem. V'nde nâh tir chélendo. suéndet si sih nuéinóndo. únde cháróndo. án démo éinen dinge. ióh ih iéhen uuîle. dir dero sâldòn méngin.

Quid dicam liberos consulares? Uuáz tárf ih chòson úmbe dîne súne. die consules uuáren? Consulares sint. tîe consules uuáren. álde uuírdig sint zeuuérdenne.

Quorum iam. i. in quibus iam elucet specimen uel paterni uel auiti ingenii. ut in id ætatis pueris. A'n dien tu skînet tiu rátlichi iro fáter. ióh iro ánen geuuizzes. sò uilo iz in‿démo áltere skinen mág.

Cum igitur sit mortalibus præcipua cura. retinendæ uitæ. o te felicem. si tua bona cognoscas. cui suppetunt etiam nunc quæ nemo dubitat cariora esse uita. Sîd tîe ménnisken nieht sô gérno nehábent sô den lib. uuóla gréhto dánne be‿dih sâligen. úbe dû uuéist. uuáz tir tóug. tû nóh hábest. táz tiurera ist. tánne der lib. Tiu suasio ist in‿rhetorica honestissima. únde ualidissima . tiu mit temo comparatiuo uuirdet . tér mêr gemág . tánne superlatiuus.

Quare sicca lacrimas . nondum est ad unum . i. nullo excepto omnis exosa fortuna. Fóne diu nuiske ába die tráne . fórtuna nehábet sie nóh nieht álle in háze. Tinén friunden ist si nóh ántlàzìg . tóh si dír duinge.

Nec tibi nimium ualida tempestas incubuit . quando tenaces herent anchoræ . quæ nec præsentis solamen . nec futuri temporis spem abesse patiantur. Nóh tir ne begágenda nieht zestárh túnest . [70.] sid nóh tie sénchel-chrápfen fásto háftént . tie nú . únde hina fúre dih nelázent . úngetrósten. Sò mézìg nuint ist . sò múgen anchoræ gestáten daz skéf . so chréftìg túnest chúmet . sò nemúgen sie. Anchoræ dáz sint suáriu ísen . chrápfahtiu . in chriechiskún fóne dero hénde genámotiu . uuánda sie sih fásto hábent zùo dien stéinen . únde zùo dero érdo . dàr man daz skéf staten uuile.

RESPONSIO.

At hereant inquam precor. Háftén mùozin sie chád ih.

Illis namque manentibus . utcumque se res habeant enatabimus. I'n ze stéte stántên . so uuîo iz sì . sò genésên uuír.

Sed quantum ornamentis nostris decesserit . uides. Uuáz úns áber únserro érôn enfáren sì . dáz sihest tu.

ITEM PHILOSOPHIA DE HVMANA CONDITIONE.

At illa . promouimvs inquit aliquantvm. Sò ist iz sár éteuuáz nù bézera úmbe dih chád si.

Si te nondum tuæ totius sortis piget. V'be dir iz nieht állez kelicho nemísselichèt . táz tir in lóz keuállen ist . úbe dû dih tóh ze dien uriunden uersist.

Sed non possum ferre delitias tuas . qui tam luctuosus atque anxius . conqueraris abesse aliquid beatitudini tuæ. Mir uuiget áber . dáz tû sò uerzértet pist . dáz tu sò ámerlicho únde sò ángestlicho chlágôst . táz tir íeht kebréste dínero sálighéite.

Quis est enim tam compositæ felicitatis . ut non rixetur ex aliqua parte . cum qualitate status sui? Uuér ist sò uóllûn sálig . ér neringe éteuuár úmbe sîn ding . táz iz sò stát?

Anxia enim res est conditio humanorum. Tiu geskáft tero ménniskôn gùotes . zihet ío ze ángesten.

Et quæ uel nunquam tota proueniat . uel nunquam perpetua subsistat. Unde ist sòlih . táz si níomer ze ganzi nechúmet . álde úbe si chúmet . [71.] ío dóh neuuéret. Ter mán neberéchenôt sih níomer . álles sînes tînges . álde úbe er sih peréchenót . só ist iz únuuérig.

DISTINCTIO HVMANÆ CONDITIONIS.

Huic census exuberat . sed est pudori degener sanguis. Súmelichêr ist riche . únde ist áber únedele.

Hunc nobilitas notum facit . sed inclusus angustia rei familiaris . mallet esse ignotus. Súmelichêr ist chúnt mán fóne geédele . témo iz áber léid ist . túrh sîn árm getrágede.

Ille utroque circumfluus . uitam cælibem deflet . s. si forte suis natalibus dignam inuenire non potest. Súmelichêr hábet téro béidero gnúog . únde chlágót áber . dáz er úngehîet ist.

Ille nuptiis felix . orbvs liberis . nutrit censum alieno heredi. Súmelichêr ist uuóla gehîet . únde áber érbelósér . scázzót er únerbôn.

Alius prole lætatus . filii . filiæue delictis mestus inlacrimat. Súm hábet chint cnúogíu . únde chlágót áber dáz siv frátatig sint.

Idcirco nemo facile concordat . cum conditione suæ fortunæ. Pediu neist nîoman . dér sih hábe geéinót mit sînes libes geskéfte.

Inest enim singulis . quod inexpertus ignoret . et expertus exhorrescat. I'n begágenet állen . dáz in únchúnt ist . ér sie iz pesúochên . únde besúochentên . misselichêt.

Adde quod felicissimi cuiusque sensus delicatissimus est . et nisi cuncta ad nutum suppetant . omnis aduersitatis insolens . minimis quibusque prosternitur. Lége dára zúo . dáz súmelichêr ále-sáligêr . só zúrdel ist . iz neuáre állez só ér uuélle . uuánda er árbéite só úngeuuón ist . táz er sih sár missehébet . ióh lúzzeles tînges.

Adeo perexigua sunt . quæ detrahunt fortunatissimis summam beatitudinis. Só-lúzzeliu ding penément ióh uuóla sáligên . dáz sie nieht fóllún sálig neuuirdet. [72.]

Quam multos esse coniectas . qui arbitrarentur sese proximos cælo . si contingat eis pars minima de reliquiis fortunæ tuæ? Uuîo mánige uuánest tû . neáhtotîn sih kúolliche . úbe sie dóh éinen lúzzelen téil hábetîn dinero sáligheíte?

Hic ipse locus . quem tu exilium uocas . incolentibus patria est. Tisiu sélba stát . tia dû héizest ihseli . diu ist tien lánt-liuten héimote.

Adeo nihil est miserum . nisi cum putes. A'lso guisso . neist nieht uuéneghéit . mán ne áhtoe iz fúre dáz.

Contraque omnis sors beata est . æquanimitate tolerantis. Tára gágene ist sálig souuélih lóz temo mán geuállet . úbe ér iz ébenmúote uertréget.

Quis est ille tam felix . qui cum dederit manus inpatientiæ . non optet mutare statvm suum? Uuér ist tér sih kelàzet in úngedúlte . ér neuuélle uuéhsal túon sínes tinges . so uuio iz stàt?

Quam multis amaritudinibus respersa est dulcedo humanæ felicitatis? Neist nù na díu sàliglicha snozi gemiskelòt mit mánegero bitteri.

Quæ si etiam iocunda esse uideatur fruenti . tamen retineri non possit . quominus abeat cum uelit. Tiu démo nio sò súoze neist tér sia níuzet . táz er sia getuélen múge . sì nerûme . sò si uuile?

Liquet igitur . quam misera sit beatitudo . mortalium rerum. Nù skínet uuóla . uuio uuéneglih sì . dero ménniskòn sàlighéit.

Quæ neque apud æquanimos perpetua perdurat . nec tota delectat anxios. Tiu ióh mit ébenmúotigén nio uuérîg neuuirdet . nóh fermúrndèn . únde ángistèndèn lústsàm neist tóh iro fóllûn sì.

ARGVMENTATVR NON ESSE BEATITVDINEM IN PRÆSENTI FELICITATE.

Quid igitur o mortales extra petitis . intra uos positam felicitatem? Uuáz kànt ir liute ánderes uuàr súochendo . dia sàldà . die ir hábent in in sélbên?

Error uos inscitiaque confundit. Ír neuuizent is nieht . ir hábent missenómen . dáz irret iuuih . [73.]

Ostendam tibi breuiter . cardinem summæ felicitatis. Ih óugo dir . an uuíu die méistûn sàldà sint . uuàr sie ána uuérbent.

Est ne aliquid tibi te ipso præciosus? Íst tir ieht liebera . dánne dú sélbo?

Nihil inquies. Néin chist tu.

Igitur si tui compos fueris . possidebis . quod nec tu umquam uelis amittere . nec fortuna possit auferre. Vuíle dù uuálten din sélbes . sò . dáz tu fortunam in uersihte éigist . sò guúnnest tù . dáz tu niomêr gérno neuerliusist . nóh tir óuh tiu fortuna genémen nemág. Mit tiu uuérdent tir béidiu gebûozet . ióh anxietas . ióh instabilitas . fóne dien ih fóre ságeta.

Atque ut cognoscas non posse constare beatitudinem in his fortuitis rebus . sic collige. Unde dáz tù uuîzist . táz tie sàldà nieht nesint . an disèn zuiueligèn dingen . chíus iz sús.

Si beatitudo est summum bonum . naturæ ratione degentis. V'be sàlighéit ist taz fórderòsta ménniskòn gúot. Suspensio.

Nec est summum bonum . quod eripi ullo modo potest. Nóh táz nieht taz fórderòsta gúot neist . táz man ferliesen mág. Et hic.

Quoniam præcellit id . quod nequeat auferri. Vuánda dáz échert fórderòra ist . táz mánne benómen uuérden nemág. Et hic.

Manifestum est . quin non posset

instabilitas fortunæ adspirare . ad percipiendam beatitudinem. Sô neist nehéin zuîuel . núbe únstâte sâlda . nieht kehélfen nemúgin mânne . sâlighéit zeguúnnenne. Tíz argumentum chît . uuánda an summo bono sâlighéit ist . târ . dés pristet . tâz târ sâlighéit nesî. Táz argumentum héizet a causa . uuánda summum bonum . dáz ist causa beatitudinis.

Ad hæc. Tára zùo ságo ih tir.

Quem caduca ista felicitas uehit . i. extollit . uel scit eam . uel nescit esse mutabilem. Táz nemág nio ze‿léibo uuérden . dén disiu múrfâra sâlda héuet . núbe er sîa uuîze sô múrga uuîla uuérenta . álde neuuize. Táz ist argumentum a contrariis.

Si nescit quænam beata sors esse potest . [74.] ignorantiæ cæcitate? U′be ér iz neuuéiz . uuîo sâliglîh lôz mág imo uuésen geuállen . án dero únuuîzenthéite?

Si scit . metuat necesse est ne amittat quod amitti posse ne dubitat. Vuéiz er iz áber . sô mûoz er nôte fúrhten zeuerlîesenne . dáz er sih uuéiz múgen uerlîesen.

Quare continuus timor . non sinit eum esse felicem. Fóne diu nelâzet in diu átahâfta fórhta nieht sâligen uuésen. Sô getân argumentatio . héizet in rhetorica comprehensio . táz chît keuángeni . uuánda er imo nieht indrínnen nemág . ér negesáhe in . álso er nû chît . ér

uuîze . álde neuuîze fortunam instabilem . ér neist îo sâlig nieht . A′lso dáz ist in euangelio. Baptismum iohannis de cælo erat . an ex hominibus? So uuéder sie châdin de cælo . an ex hominibus . sô uuúrtîn sie geuángen.

Uel si amiserit . an putat neglegendum? A′lde uuânet er . úbe er iz ferlîuset . táz er sih is fertrôsten múge?

Sic quoque perexile bonum est . quod æquo animo feratur amissum . lóh sô skînet úndiure . daz sîn . únde éccherôde . dáz únsih lúzzel riuuet . sô uuir iz ferlîesên. Táz ist állez dissuasoria oratio . mít tiu si inuuéndet . daz er neminnoe caducam felicitatem . uuánda dáz ist inutile . et non necessarium.

Et quoniam tu idem es . cui scio persuasum atque insitum permultis demonstrationibus . nullomodo mortales esse . mentes hominvm. Suspensio. V′nde uuánda dû dér bist . témo dáz chúnt ketân ist . únde in gestúncôt ist . mit mánigfáltero léro . dáz ménniskôn sêlâ erstérben nemúgen.

Cumque clarum sit . fortuitam felicitatem finiri morte corporis. Et hic. U′nde dánne óffen sî . sáment temo lichámen erstérben diu uuérlt‿sâlda.

Dubitari nequit . si hæc afferre potest beatitudinem . quin omne mortalium genus . fine mortis . in miseriam labatur. [75.] Sô neist

nehéin zuíuel . úbe si gibet sálig-
héit . álle ménnisken stérbendo . ze-
uuéneghéite nárên . Táz héizet ar-
gumentum ab antecedentibus . uuán-
da úbe beatitudo fóre irstirbet . sò
fólgêt nóte miseria.

Quod si scimus multos quesisse
fructum beatitudinis . non solum
morte . uerum etiam doloribus . sup-
pliciisque . quonam modo præsens
poterit facere beatos . quæ transacta
non efficit miseros? V'be mánige
dia sáligheit kuúnnen mit temo tòde .
únde mit ánderên uuéuuòn . álso
martyres táten . unío mág tánne div
gágenuuertiu sálige túon . diu hina
uuórteniu . uuénege netûot . Táz
héizet argumentum a repugnantibus .
álso diu sint repugnantia . præsens .
únde transacta . Tiu sint fóne diu
repugnantia . uuánda éinez péitet
hina . ánderez péitet hára.

QVOMODO TRANQVILLITAS TENENDA SIT.

Quisquis uolet cautus ponere peren-
nem sedem . So uuér dúrh kennáre-
héit sîn gesáze uuélle máchôn êuuig.

Stabilisque . nec sterni flatibus so-
nori euri . Nóh ér neuuile nideruer-
stózen uuérden . fóne dien dósôn-
tên uuinden.

Et curat spernere pontum . minan-
tem . fluctibus . V'nde ér intsizzen
neuuile dén drólicho uuéllônten
mére.

Uitet cacumen alti montis . uitet

bibulas harenas . Tér nezimberoe
neunéder . nóh án dero hóhi des
pérges . nóh án demo grieze des
stádes.

Illud urget proteruus auster . totis
uiribus . hæ solutæ . recusant ferre
pendulum pondus . Téret súochet
in der uuint in álemáht . hier neist
úndenán uésti . diu daz zimber múge
trágen.

Fugiens periculosam sortem . se-
dis amenæ . memento certus figere
domum humili saxo . U'be dú flíhen
uuéllêst . fréisiga stát . scóno zimbe-
róndo . sô súoche níderen stéin .
úfen démo zimbere báldo.

Quamuis tonet uentus miscens
æquora ruinis . [76.] Tóh óuh tér
diezendo uuint . uuúlle den mére .
únde uélle den uuált.

Tu felix conditus robore ualli
quieti . duces serenus æuum . ridens
ætheris iras . Tû erléitest sô dînen
lib in ráuuôn . sáliglicho dir lósken-
têr . sámo so in éinero uésti . lá-
chênde des uuéteres úngebárdôn.

INCIPIT DISPVTARE DE REBVS IPSIS.

Sed quoniam descendunt inte iam
fomenta mearum rationum puto
vtendum esse paulo ualidoribus . s.
remediis . Vuánda dih tóh iu íngánt
mine rédà . mit tien ih tih únz nú
fáscóta . sô ist nú zeuáhenne uuáno
ih ze stárcherên rédôn . Sî rédota
únz hára mit ímo suadendo . únde

dissuadendo . secundum artem rhetoricam . A'lso dáz officium oratoris ist . suadere honesta . utilia . necessaria . possibilia . únde dára gágene dissuadere turpia . inutilia . non necessaria . impossibilia. Nû uuîle sî disputare . dáz negát ten oratorem nîeht ána . núbe den phylosophum. Táz héizet disputare . de naturis rerum . uel de deo . uel de moribus tractare. Tóh súlen uuír dáz chiesen . dáz sî hérton begínnet péidiu tûon . ióh disputare . ióh suadere .

Age enim. Uuóla nóh . ságe dés ih frágee.

Si iam non essent caduca . et momentaria dona fortunæ . quod in eis est . s. donis . quod aut umquam uestrum fieri queat . aut perspectum . consideratumque non uilescat? U'be die hâlen . únde die uerlóufenten gébà dero fortunæ neuuárîn . uuáz máhti dánne déro gébôn tomer iuuér uuérden . úbe sî iro iu neóndi . álde uuáz rûohtînt ir déro sélbôn . sô ir sie gnóto gechúrînt? Ter mán nehábet nehéinen geuuált riche zesínne . imo neúnne is tiu fortuna . dér sélbo rihtûom ist smáhe . án sín sélbes natura.

DE PECVNIA.

Diuitiæne uel uestra . uel sui natura . prætiosæ sunt? I'st tér rihtûom tiure . [77.] fóne imo sélbemo . álde fóne iu?

Quid earum potius? Iá uuéder íst tiurera . iro zuéio?

Aurumne . ac uis congesta pecuniæ? Vuánest tu daz kólt tiurera sî . únde diu gesámenóta mánegi des scázzes? tánne die ménnisken?

Atqui hæc effundendo magis quam coaceruando melius nitent. Triuuo sie glîzent sô báz . úbe man sie mêr ûz kíbet . dánne man sie sámenôe.

Siquidem auaritia semper odiosos . facit . largitas claros. Táz skinet tár ána . uuánda fréchi . léidet tie méunisken . milti máchôt sie máre . únde geuuáhtliche.

Quodsi non potest manere apud quemque . quod transfertur in alterum . tunc est pretiosa pecunia . cum translata in alios . usu largiendi desinit possideri. V'be dáz ter mán imo bâben nemág . táz ér ándermo gíbet . sô ist fóne díu zegébenne . uuánda dánne uuírt ter scáz tiure . sô er fóne spéndónne zegát.

At eadem si congeratur apud unum . quanta est ubique gentium . cæteros sui inopes fecerit. Unde sô getán ist iuuér scáz . úbe ín éinêr állen begrifet . so uuáz sîn ín dero uuérlte ist . táz sîn die ándere dárbênt.

Et uox quidem tota pariter replet auditum multorum. Nû ist tiu stimma solíh scáz . táz sî álliu sáment in mánnolîches ôrôn ist.

Uestræ uero diuitiæ . nisi comminutæ . in plures transire non possunt. Áber iuuér ríhtùom neist ánderes uuio nieht keméine . ér neuuérde zetéilòt.

Quod cum factum est . necesse est pauperes faciant . quos relinquunt. Sô er getéilet uuirt . sô sint tie déste ármeren . die in téilent . únde lázent.

O igitur angustas inopesque diuitias . quas nec habere totas pluribus licet . et ad quemlibet non ueniunt . sine paupertate cæterorum. Vuóla gréhto . uuio gnôte . únde uuio árm. dér rihtùom ist . dén mánige hában nemúgen nóh éinemo zùo neslinget . ánderêr neármee.

DE GEMMIS. [78.]

An fulgor gemmarum trahit . i. illicit et delectat oculos? Lústet iuuih tie gímma zeséhenne? I'st iro gliz iuuerên óugón lieb?

Sed si quid est in hoc splendore præcipui . gemmarvm est illa lux . non hominum. I'st in ieht ána tiurero glánzi . diu háftèt in . nàls tien ménniskôn.

Quas quidem mirari homines . uehementer admiror. V'nde mih ist nuúnder . dáz sih íro ioman uuúnderôt.

Quid est enim carens animæ motu . atque compage s. membrorum . quod pulchrum esse iure nideatur. animatæ . rationabilique naturæ?

Vuáz ist libelôses . únde lídelôses . dáz in-sélemo dínge . sô der ménnisko ist . únde rédoháftemo . súle scône dúnchen? I'uo sól scône dúnchen dáz imo gelih ist.

Quæ tametsi conditoris opera . suique distinctione aliquid postremæ pulchritudinis trahunt . collocatæ tamen infra excellentiam uestram . nullomodo merebantur ammirationem uestram. Ube sic óuh fóne gótes uuillen . únde uóne iro sélbero féhi . ieht tero hinderostûn scóni hábent . io dóh fóne iuuerro búrlichi férro geskéidené . sóltôn sie iu únuuúnderlih kedúnchen.

DE MVNDI SPECIE.

An delectat uos pulchritudo agrorum? Túnchet iu dâz félt skône. Quidni. Ziu nesól.

Est enim pulchra portio pulcherrimi operis. I'st éin scône téil dero scónùn uuérlte.

Sic quondam gaudemus . facie sereni maris. Sô ist óuh ter mére minnesám . in-ánasihte . sô er stille ist.

Sic cælum . sydera . lunam . solemque miramur. Sô éigen uuir fúre uuúnder . sélben den hímel . únde álliu gestírne.

Num te aliquid horum attingit? I'nno? trífet tih téro dehéinez ána? kibet iz tír ieht sinero scóni?

Num audes gloriari splendore alicuius talium? Ketárst tu dih ieht rùomen iro scôni?

An uernis floribus ipse distingueris? Máht tû geuéhet uuérden . náh tien blùomôn? [79.]

Aut tua in‿æstiuos fructus intumescit ubertas? A'lde sólt tû ébenbírîg uuérden . dien súmerlichên geuuáhstên?

Quid inanibus gaudiis raperis? Vuáz lâzest tû dih ána . sô úpiga méndi?

Quid externa bona pro tuis amplexaris? Vuáz ist tir liebera ánder gùot . tánne daz tîn?

Numquam faciet fortuna tua esse . quæ natura rerum a te fecit aliena. Tir nemág tiu fortuna dáz nieht kegében . tés tih tiu natura hábet keùzôt.

DE ALIMENTIS.

Terrarum quidem fructus . animantium procul dubio debentur alimentis . Ter érduuv̂ocher sól dien lébendên ze‿fùoro áne zuiuel.

Sed si uelis replere indigentiam naturæ . quod satis est . nihil est quod fortunæ affluentiam petas. Vuíle du áber dés keuágo sîn . dés tiu natura bedárf . sô nefórderôst tû nehéin úrgúse dero fortunæ. Unánda démo ist sámo nuóla . dér gnúoge hábet . sô démo . dér zeuílo hábet.

Paucis enim . minimisque natura contenta est . A'n únmánigên dingen . únde lúzzelên . hábet tiu natura gnúog.

Cuius sacietatem si superfluis urgere uelis . aut iniocundum fiet . quod infuderis . aut noxium . Vuíle du iro ieht úber tùon . sô ist tír iz éin uuéder . sô únuuv́una . álde scádo.

DE INDVMENTIS.

Iam uero pulchrum putas fulgere uestibus? Vuíle dù gân gezíeret mit misselichero uuâte?

Quarum species si grata est intuitu . aut materiæ naturam . aut ingenium mirabor artificis. V'be sî dien óugôn lichêt . sô lóbon ih éin uuéder . sô dîa chléini des vuúrchen . álde dén gezíug tes uuérches.

DE FAMVLIS.

An uero longus ordo famulorum te felicem facit? Máchôt tih tíu mánigí dínero scálcho sáligen?

Qui si fuerint moribus uitiosi . perneciosa domus sarcina ‿ et ipsi domino uehementer inimica. [80.] Tie úbe sie árgchústîg sint . zâla in demo hûf sint únde búrdi . únde únhólde sélbemo demo hêrren.

Sin uero probi . quonam modo numeratur in tuis opibus aliena probitas? Sint sie áber chústig . uuio múgen dánne ánderes mánnes chúste . dîn scáz sîn . únde dîn rihtûom?

ALIENA BONA ESSE QVAE NVMERAVIT.

Ex quibus omnibus liquido monstratur . nihil horum quæ tv computas in tuis bonis . tuum esse bonum. Fóne démo állemo skînet . táz téro nehéin dîn gûot neist . tiu dû fúre dáz fáhtôst.

Quibus si nihil inest appetendæ pulchritudinis . quid est quod uel amissis doleas . uel læteris retentis? V'nde úbe án in nehéin diu scôni neist . téro dû gërôn súlist . uuáz ist tánne . dáz tih súle uerlórnez riuuen . alde gehábetez fréuuen?

Quod si natura pulchra sunt . quid id tua refert? V'be siu án in sélbên natùrlicho gûot sint . uuáz háftêt tih tiu scôni?

Nam hæc quoque a tuis opibus sequestrata per se placuissent. Neuuárin sie dîn nieht . sô uuárin siu dóh scône.

Neque enim idcirco sunt prætiosa . quod in tuas uenere diuitias . Nóh táz netiuret siu nieht . táz siu diu sint.

Sed quoniam prætiosa uidebantur . tuis ea diuitiis annumerare maluisti . Súnder dánnán gestieze dû siu hinder dih . uuánda siu dir tiure dúnchent.

OPIBVS NON FVGARI INDIGENTIAM.

Quid autem tanto strepitu fortunæ . desideratis? Vuáz uuéllent ir dóh nû getûon . mit sô michelemo óstôde íuuerro sáchôn?

Fugare credo indigentiam opibus quæritis . I'r uuéllent iz sô bringen uuáno ih . táz iu niehtes nebréste.

Atqui . hoc uobis in contrarium cedit . Tríuuo . dáz féret ál ánderes.

Pluribus quoque adminiculis opus est . ad tuendam uarietatem prætiosæ suppellectilis . Misselih scáz tiurêr . bedárf óuh micheles keziuges . táz er beuuárôt uuérde . [81.]

Verumque illud est . permultis eos indigere . qui permulta possideant. U'nde ist uuárez piuuúrte . dáz man chit . tér filo hábet . tér bedárf óuh filo.

Contraque minimum . A'ber dáragágene bedúrfen die lúzzel.

Qui metiantur abundantiam suam necessitate naturæ . non superfluitate ambitus . Tie dés sébent . táz sie iro geziug kescáffoên áfter natùrlichero nóte . náls áfter démo únméze dero giredo.

DE PROPRIO ET NATVRALI BONO.

Itane autem nullum est bonum . uobis proprium . atque insitum . ut in externis ac sepositis rebus . bona uestra queratis? Pristet iu dánne án iu sélbên . dáz ir éigen gûot neéigent . nóh natúrlicho ingetán iz . táz ir iz in ánderên sáchòn súochent?

Sic rerum uersa conditionem . ut animal merito rationis diuinum . non aliter sibi uideatur splendere . nisi possessione inanimatæ suppellectilis? Sól nù só bestúrzet sìn . diu geskáft téro dingo . táz ter ménnisko góte gelichêr . án déro uuírde sínero rationis . imo sélbemo nesúle dúnchen scóne . áne fóne únlébendes tínges hábede?

Et alia quidem suis contenta. A´nderíu tíer . sint álliu geuágo iro gúotes.

Uos autem consimiles deo mente . captatis ornamenta excellentis naturæ ab infimis rebus. I´r áber góte geliche iníuuermo sinne ir uuéllent zierdâ súochen íuuerro frámbarùn naturæ . án dien hinderòstên díngen.

Nec intellegitis . quantam iniuriam faciatis conditori uestro. Nóh ir neuuizent níeht . uuío míchela únera ir góte tùont.

Ille uoluit genus humanum præstare terrenis animalibus . uos detruditis dignitatem uestram . infra infima quæque. Ér uuólta ménniskòn sláhta . álles írdiskes tinges hêrostv´n uuésen . [82.] ir tùont áber íuuera hèrscáft hinderorùn dien hinderòstên dìngen.

Nam si omne quod cuiusque bonum est . s. ut deus est iustorum . eo cuius est . constat esse prætiosius . s. ut constat deum esse prætiosiorem omnibus iustis . cum uilissima rerum uestra bona esse iudicatis . s. non deum . eisdem summittitis uosmetipsos uestra existimatione. V´be állero dingoliches kùot tiurera ist . tánne iz sélbez si . únde ir áhtònt iuuêr gùot uuésen daz áfterósta . sò úndertùont ir íuuih témo . dáz chit . sò birnt ir hinderòren démo . áfter íuuerro áhtùngo. Táz héizet argumentvm a maiore. Ube diuitiæ sint prætio maiores . sò sint diuites . prætio minores.

Quod quidem haud inmerito cadit. Táz keskihet iv mit réhte.

Humanæ quippe naturæ . ista conditio est . ut tum tantum cum se cognoscit . excellat cæteris rebus. Tero ménniskòn natura ist sôgetán . táz si échert tánne sò si sih pechénnet . ánderên dingen fórderóra sî.

Eadem tamen redigatur infra bestias . si se nosse desierit. V´nde áber dien tieren hinderòra sî . ùbe si sih nebechénnet.

Nam cæteris animantibus naturæ est . sese ignorare . hominibus uitio uenit. Táz ist fóne diu . uuánda iz án dien tieren natura ist . táz siu sih nebechénnèn . únde iz áber án dien ménniskòn fóne áchústen ist.

DE EXTERIORI CVLTV NEMINEM FIERI PVLCHRVM.

Quam uero late patet hic uester error . qui existimatis aliquid posse ornari . alienis ornamentis. Vuîo férro dóh nû der írredo gât . únde uuîo mánige dóh iuuêr dâr âna betrógen sint . táz ir uuânent . mit fero ûzerûn zíerdo íomannen gezíeret uuérden .

At id fieri nequit . Nû nemág áber dés nîeht sîn .

Nam si luceat quid ex appositis . ipsa quidem quæ apposita sunt laudantur. [83.] Tréget íouuiht íeht scônes âna . sô lóbôt man dáz iz ánatréget .

Illud uero bis tectum atque uelatum . in sua nihilominus fœditate perdurat. Táz áber míte behéilet ist . táz fólle hábet sîna úbelo getâni .

Ego uero nego ullum esse bonum . quod noceat habenti. Ih uuíle chéden . dáz táz kûot nesî . dáz tir tárôt temo hábenten .

Num id mentior? Liugo ih tánne? Minime inquis. Táz ne tûost chíst tu .

At-qui diuitiæ persepe nocuerunt possidentibus. Ter ríhtúom scádôta ófto démo . dér in hábeta .

Cum pessimus quisque . eoque magis auidus alieni . se solum dignissimum putat . qui habeat . quicquid usquam est auri . gemmarumque . Ih méino . sô ételîh úbel-uuiht . únde ánderro gûotes sô nilo fréchera . sîh éinen ábtôt uuírdigen zehábenne állen dên scáz . tér íoner ist .

Tu igitur qui nunc sollicitus pertimescis contum . gladiumque . si uitæ huius callem uacuus uiator intrasses . coram latrone cantares. Fóne diu sâgo ih tír . dû nû sôrgêst táz man dih sláhe . uuállotîst tû bârêr in dísemo líbe . ióh síngen máhtist tu báldo fóre scácharen .

O præclara opum mortalium beatitudo . quam cum adeptus fueris . securus esse desistis. Uuóla uuîo tiure . dia sâldâ dero ôtuuâlôn sint . Sie sint créhto sô tiure . sô dû sie guúnnest . táz tu fúrder sichûre neuuirdest . Táz héizet irrisio yronica .

VETERES PARVO CONTENTOS ESSE .

Felix nimium prior ætas. Tiu êrera uuérlt uuás filo sâlig .

Contenta fidelibus aruis . i. fertilibus. Si uuás iro érdchúste geuâgo .

Nec inerti perdita luxu . i. superfluitate quæ inertes facit. Nóh únmezes ferlórniu . nóh fóne démo eruuórteniu .

Quæ solebat soluere sera ieiunia . facili glande. Tiu dir sitig uuás spâto inbîzen . mit sléhtero fûoro .

Non norat confundere bachica munera liquido melle. Si neuuíssa uuáz púrgerisso uuás . si hábeta úngelírnêt . ten uuîn miskelôn mit séime . [84.]

Nec miscere . i. tinguere lucida uellera serum . tirio ueneno. Nóh tie scônen sîdâ dero scrum fáreuuen mit tiriskemo sóuue . Seres sizzent hína uérro òstert inében india . die stróufent ába iro bóumen éina uuólla . dîa uuir héizén sidâ . dîa spinnet man ze̱gárne . dáz kárn fáreuuet man misselícho . únde máchòt tar=ûz féllóla. Sò man áber púrpurùn máchòn uuile . sò sùochet man dîu animalia iṉdemo mére . diu latine conchilia héizent . tíu ligent petániu iṉzuéin scálòn . Tîe scála blùotent . sò man siu brícbet . mit témo blùote . fáreuuet man dia púrpurùn. Vuánda diu édelesta uuírt ze̱tiro . únde sî óuh tàr zeérest uuárd . pediu chît er tirio .

*Somnos dabat herba salubres. Tîe liute slifen dò héilesamo án demo gráse . sie nehábetòn féderbétte.

Potum quoque dabat lubricus amnis. Taz uuázer gáb in trinchen.

Umbras altissima pinus. Pòuma scátotòn in . sie nehábeton hiuser.

Nondum secabat hospes alta maris. Nóh tò neuuállota nîoman úber mére.

Nec mercibus lectis . uiderat noua maria. Nóh mit kesámenòtemo mérze . nestádeta er ûz an únchúndemo státe.

Tunc tacebant seua classica. Tó neuuúrten lût tiu záligen uuíghòrn . mit tíen man sie nû uuíset ze̱uuíge.

Neque fusus cruor acerbis odiis . tinxerat horrida arua. Nóh táz plùot . táz fòne fíentlichén uuúndòn châme . dáz neblùotegóta dia érda.

Quid enim uellet furor hosticus prior mouere ulla arma? Zíu sólti fientscáft érera uuérden . dáz chît ziu sóltín dehéine dúrh fientscaft ze̱féhtenne . éreren uuérden.

Cum uiderent seua uulnera . nec ulla præmia sanguinis. Tánne sie sáh in uuúndâ . únde nehéinen lòn dero uuúndòn?

Utinam redirent modo nostra tempora in priscos mores. Uuólti gót eruuúndin dise únseren zíte . hina ze̱dîen áltén síten . [85.]

Sed amor habendi ardet feruens . saeuior ignibus æthnæ. Nû neist tés nieht . núbe fréchi ist nû inzúndet . stréde uuálligora . dánne daz fiur in æthna. Æthna brínnit in sicilia . álso uescuus tùot in campania . únde clemax in cilitia.

Heu quis fuit ille . qui primus fodit pondera tecti auri . gemmasque uolentes latere . prætiosa pericula. A'h ze̱sére . uuér uuás io dáz . tér éristo grúob ûzer érdo . góld . únde gimmâ . fréisige tiureda . tíe nóh kérno inne lâgîn . úbe sie mùosîn.

QVID SIT INTER RHETORICAM SVADELAM . ET PHILOSOPHICAM DISPVTATIONEM .

Hier sólt tu chiesen . uuáz keskéidenes . únder rhetorica suadela . mit téro si zeérest ána fieng . únde únder philosophica disputatione . dár si nû ána ist. Tò si in siechen fánt sines mùotes . únde er dés fortunam scúldigóta . sámo so er sîa iṉdinge máloti. dáz si in dára zû bráht hábeti. tô sólta si imo nôte. uuánda si medica ist. mit tiu zeêrest héilen sîn mùot. dáz sì is keántséidoti. dia er is zêh. Táz téta si mit tien defensionibus. dáz ze-iro bézeren uuán nesî. nóh ze-iro nioman bezeren mùoten nesúle. únde si ánderiu uuérden nemúge. âne diu si io uuás. V'nde úbe fortuna beginne uuésen státe. dáz si fortuna nesî. únde uuémo si nóh státe uuúrte. únde er sia lángôst mit imo gehábeti. V'nde sid si uuider in báz hábe geuáren. dánne uuider ándere. ziu er sia máloe. U'nde si imo óuh nóh ze-táte gesuíchen nehábe. únde daz ímo liebesta múge sîn. dáz imo dáz úninfáren si. U'nde ze-demo gnôtesten. dáz si imo des sînes nieht nehábe infûoret. únde si iro gùotes mùosi imo únnen. sô lángo si uuólti. únde si áber iro gùot zu-iro zúcchen mùosi. únde er mêr fóne sînen úngedúlten. dánne fóne iro únréhte sieh sî. U'nde er sih uuárnoe souuélês fogetis er uuélle. [86.] únde si síh témo uuóla dínglicho eruuére. Uuér ne bechénnet tiz kechóse. únde dáz ze-disemo gechóse háftét. ál tréfen ze-oratoris officio? U'nde uuér neuuéiz rhetoricæ facundiæ. díz uuésen éigen spil? Vués sint únmùozig iudices. únde iuris-consulti. âne súsliches strítodes? Tiz genus causæ. héizet forense. In foro skéllent tie sô getânen controuersiæ. A'n disên ist suasio. únde dissuasio. Mit uuíu mág man in-dinge suadere. álde dissuadere. âne mit iusto. únde iniusto? Mit uuív máhti si in nû stillen. âne mit tiu dáz si in dùot pechénnen. dáz er án fórtunam nehéin réht nehábe? Sól man dáz peginnet óugen. uuio réht. únde uuio únréht táz si. dáz éinér den ánderen ána fórderót. sô spùot tero suasionis. únde dero dissuasionis. V'nde uuánda si imo nû hábet úber nómen sîn sêr. mit téro satisfactione. pedíu stépfet si nû ába dero suasione ze-dero disputatione. dáz si imo dár mite fólle héile sîn mùot. Nû fernémên. dáz uuóla. dáz man in sprácho dár man in-dero deliberatione sizzet. úbe dáz únde dáz zetùonne si. álde zelázenne. mit utili. únde mit inutili. suasionem tùon sól. únde dissuasionem. A'lso liuius scríbet. uuio michel strit tés ze-romo uuás. náh tiu galli dia búrg ferbrándôn. uuéder sie romam rúmen sóltin. únde uáren in-veientanam ciuitatem. tiu dô gänz in iro geuuálte uuás. únde dár fúrder sízzen álde nesóltin. Uuér máhti ian démo strite chéden. uuéder iz réht. álde únréht uuáre? Tár uuás ána zechéddenne[1]. uuéder iz núzze uuáre. álde únnúzze. V'nde álliu diu suasio. diu dár ána

---

[1]) Das doppelte «d» der handschrift rührt wohl von der silbentrennung des wortes durch das ende der zeile her. vgl. b. 1, s. 22.

uuás . díu ílta déro éinuuéderez ke-
lóublihtûom . dáz iz utile uuâre ge-
tân . álde uerlâzen. A'ber in de-
monstratiuo genere causæ . só man
dâr úmbe in strîtigemo râte sizzet .
[87.] uuémo dés únde dés zege-
trûenne sî . só ist án dero suasione
honestas . zenémmenne . ih méino
dés . dén man dâra zùo lóbòt . únde
dissuadendo ist sîn turpitudo ze-
némmenne . úbe man in ferchiuset.
A'lso iz úmbe ciceronem fûor . dò
man in úmbe día nòt ze consule
sázta . dáz sîe sih mit niomanne án-
dermo netrûuuetòn catilinæ eruué-
ren . únde sînén gnôzen . âne mit
ímo. Súme lóbetòn in dúrh sînen
uuístûom . súme châden . also salu-
stius ságet in catilinario . consulatum
uiolari . eo quod de equestri ordine
ortus sit . non de senatorio. Sús
ketâne questiones . uuánda síe inter
ciues uuérdent . pediu héizent síe ci-
uiles . táz chît púrgliche . álde ge-
bùrliche. A'n disén ist álso uuír
geságet éigen . suasio únde dissua-
sio. A'n dise tûot sih ter orator .
díe áber ciuiles nesint . díe sint phi-
losophicæ . téro uuirt disputando
geántuuúrtet.

DE PARTIBVS PHILOSOPHIÆ.

Philosophia téilet sih in diuina et
humana. Diuina lêrtôn . díe úns
in bûochen gótes sélbes naturam .
únde dìa ueritatem trinitatis scríben .
díe héizent theologi. Téro uuás io-
hannes euangelista ter fórderòsto.
Humana lêrent únsih physici únde
æthici . táz chît . de naturis et mori-
bus. Ter áltesto physicus uuás phi-
tagoras . apud grecos . tára náh ta-
lès . únde sîne iúngeren . anaxa-
goras . únde anaximander . únde
anaximenes. Tîe béitôn sih erráten .
uuánnán ûz tisiu uuérlt keskáfen sî .
súm chád . ûzer fiure . súm chád
ûzer uuázere . súm chád . ûzer diui-
na mente. Tár mite rátiskotôn sîe
uuánnán dágoliches geskéhe acces-
sus maris . et recessus . uuánnán
uuîlon geskéhe eclipsis solis et lu-
næ . uuánnán vuínteres chúrze tágâ
sîn . únde súmeres lánge . [88.]
uuánnán álle fontes fluminum chó-
mên . uuéder mêra sî sol álde luna .
uuîo michel diu érda sî . uuâr ûfe sî
stánde . uuáz sîa inthábee. Dáz únde
álso getânez . scríben sîd keuuárôr
ambrosius in examcron . únde án-
dere . be dîen iz beda lirneta . dér
iz áber dâra náh scréib in sînemo
bûoche de natura rerum. Æthici
sint tíe únsih lêrent hában réhte site.
Téro uuás éristo apud grecos socra-
tes . tára náh uuâren iz mánige so-
cratici. Téro súmeliche scríben dán-
nan bûoh . álso panethius téta apud
grecos et filius eius . únde cicero
téta apud latinos . án sînemo bûoche
de officiis . án démo er iîhet táz ér
eruóllòn uuélle . dáz panethius léib-
ta. Tîe ságetôn . uuíolih tir uuésen
súle . societas humanæ uitæ . tia uuir

héizên mânehéit. Tés pedêh óuh cato metrice zescribenne . án sinemo libello . dáz tir ána uáhet . Si deus est animus . nobis ut carmina dicunt . A'ber terentius comicus tér nelêrta nieht tie mores . uuíolih sie uuésen súlin . núbe ér ánterôta . uuío corrupti sie sín án dien ménniskôn . Pediu chád er . Descripsi mores hominum iuuenumque . senumque . Táz chít . ih ánterôta dero ménniskôn site . Tára náh neuerliez óuh ambrosius nieht . ér nescribe de officiis . dáz chít . uuáz mánnoliches ámbáht si zetûonne . uuáz in ána gánge zetûonne . Tár mág man ána lirnên . integritatem uitæ . diu den mán perfectum . únde sanctum getûot . Tára zùo triffet tisiu disputatio . dáz diuitiæ den mán nemúgen sáligen getûon . únde sie bediu sín contemnendæ.

DIGNITATES ET POTENTIAS NON ESSE NATVRALIA BONA .

Quid autem disseram de dignitatibus et potentia? Vuáz mág ih ráchôn fóne hêrskéfte . únde fóne geuuálte?

Qua nos exæquatis cælo . inscii ueræ dignitatis . ac potestatis . Fóne déro ir iuuih uuánent ében hóhe himele . uuánda ir nieht nebechénnent tero uuárûn hêrskefte . únde dero uuárvn máhtigi? Unélicha beatitudinem múgen sie in gében? [89.]

Quæ si inciderint in improbissimum quemque . quæ incendia eructuantibus flammis æthnæ . quod diluuivm dederit tantas strages? Vuáz netûont sie . sô sie úbelemo uuihte ze hánden chóment? Vuélih fiur ùzer æthna fárentez . álde uuélib sinfluot . tûot sólichen suid . táz chit sólicha suéndi dero liuto?

Certe uti arbitror te meminisse . consulare imperium . quod fuerat principium libertatis . uestri ueteres cupiuerunt abolere . qui prius abstulerant regivm nomen de ciuitate . ob eandem superbiam . Iá uuóltôn iuuere fórderen . álso dù uuáno ih kehúgest . uuío dù láse . úmbe dia úbermûoti dero consulum . tíligôn iro ámbaht . táz sélba ámbaht tóh fóre uuás . ánagénne dero libertatis . Táz uuóltôn sie tûon . álso sie óuh iu ér chúninges keuuált . tero búrg ába genámen . Liuius ságet . uuío tarquinius superbus . tér ze romo uuás septimus rex a romulo . fertriben uuárd fóne bruto . únde collatino . únde tricipitino . únde fóne ánderên coniuratis ciuibus . úmbe sina úbermûoti . fóne déro er námen hábeta . únde uuío sie sih éinotôn . fúre die reges consules zehábenne . die iárliches keuuéhselôt uuúrtin . nío sie lángo geuuáltig uuésendo . ze úbermûote ne uuúrten . Sô óuh tie be déro uuílo begóndôn tyrannidem nóben . dô uuóltôn sie óuh ten geuuált ferzéren . únde niuuiv ámbáht sképfen . diu man des iáres .

mêr dánne éinêst uuéhseloti . dáz tie die dar ána uuárin . in_déro friste ze_nehéinero insolentia gefáhen nemáhtin. V'be potentia dúrh sih kûot uuáre . sô neléideti si ín sô nieht. Libertas ist zuískiu . éiniu ist . tíu den mán dés frien dûot . táz er níomannes scálh neist . ánderív ist . sóne déro si nú chósót . tiu ín ióh chúningliches keuuáltes inbindet . únde ér áne geméine éa . nehéinen geduuing nehábet.

At si quando deferantur probis . quod perrarum est . quod in eis aliud placet . quam probitas utentivm? [90.] Chóment sie óuh ze_hánden gûotên . dáz filo sélten ist . uuáz mág án in dánne lichên . áne dero geuuáltigôn gûoti?

Ita fit . ut non accedat honor uirtutibus ex dignitate . sed dignitatibus ex uirtute. Sô máht tû chiesen . dáz tiu gûoti nieht kezíeret neuuírt . mit temo ámbahte . núbe daz ámbaht uuirt kezíeret . mit tero gûoti.

Quæ uero est ista uestra expetibilis . ac præclara potentia? Uuáz ist nú der geuuált náh témo ir sô gnôto gân súlent . únde dér iu sô máre ist?

Nonne consideratis o terrena animalia . qui quibus præsidere uideamini? Ne uuizent ir érd=tier . uuio smáhe ir birnt . únde die . déro ir uuánent uuálten?

Num si uideres inter muros . unum aliquem præ ceteris sibi uindicantem . ius ac potentiam . quanto uo-

uereris cachinno? I'nno? úbe dû únder mùosen . éina sáhîst sih ána zócchôn geuuált . únde máhtigi . ze_uuélemo hûhe neuuáre dír dáz?

Quid uero si corpus spectes . imbecillius homine reperire queas? Uuártêst tû den lichámen ána . uuáz findest tu dánne únmáhtigôren . dánne ménnisken sint?

Quos sepe quoque necat . uel morsus muscularum . uel introitus reptantium in secreta quæque. Tie ófto erstérbet . ióh táz sie fliegá bizent . ióh táz éteuuáz in sie uersliufet.

Quo uero quisquam possit exercere aliquid ius in quempiam . nisi in solum corpus . et quod infra corpore? Uuár ána mág íoman skéinen sinen geuuált . áne án demo licháamen . únde dáz temo licháamen hinderôra ist?

Fortunam loquor . I'h méino sine sáchá .

Num quicquam imperabis libero animo? Máht tu iht ûz erdréuuen geuuáltigemo muóte?

Num mentem coherentem sibi firma ratione amouebis a statu propriæ quietis? Uuánest tu dehéin múot keuéstenôtez . mit rédo ába stéte eruuékkêst . únde iz pringêst ûzer sinero stilli?

Cum liberum quendam uirum . i. anaxagoram philosophum . tyrannus putaret se adacturum suppliciis . ut proderet conscios aduersum se factæ coniurationis . momordit linguam atque abscidit . et in os tyranni seuientis abiecit. Neuuêist tv na? [91.] Dô éinen geuuáltigen mán sines mùotes . ter tyrannus uuánda genôten mit chéli . dáz er imo méldeti . die día éinunga uuissîn diu uuíder imo getán uuás . táz ér béiz imo sélbemo ába dia zúngûn . únde sia spêh temo tyranno . únder diu óugen?

Ita cruciatus . quos putabat tyrannus esse materiam crudelitatis . uir sapiens fecit esse uirtutis. Ze͜déro uuís uuáfenda sih ter uuíso mit tíu ze͜uuéri . mit tíu der tyrannus uuólta skéinen sîna grimmi.

Quid autem est . quod quisque possit facere in͜alium . quod non possit ipse sustinere ab alio? U′be nû der ménnisko máhtig ist . uuáz mág er nû ándermo getûon . ér nemúge dáz sélba liden?

Busiridem accepimus solitum necare hospites . ab hercule hospite fuisse mactatum. Uuír geéiscotôn busiridem ío slán sîne géste . únde ópferôn sînên gótén . pe͜déro uuílo téta imo daz sélba sîn gást hercules.

Plures pœnorum captos bello . coniecerat regulvs in uincula . sed mox ipse præbuit manus catenis victorum. Mánige afros téta regulus in͜háft . únde in͜bánt . tie er in͜uuîge gefîeng . dára náh uuárd óuh ér geuángen . únde sámo fásto gebúnden Lis orosium.

Putasne igitur ullam eius hominis potentiam . qui non possit efficere . ne quid ipse in alio potest . id alter in se ualeat? Uuánest tû dén hábén dehéina máht . tér dáz ketûon ne mág . imo nemúge begágenen . dáz sélba . dáz er ándermo tûot.

Ad hæc . si ipsis dignitatibus . ac potestatibus inesset aliquid naturalis ac proprii boni . numquam pessimis prouenirent. V′nde nóh tára zûo . uuáre íeht natúrlíches kûotes . an hêrskéfte . únde an geuuálte . sô nebecháman sie nío dien zágôstên.

Ne enim solent aduersa sibi sociari. Vuánda uuideruuartigív nebéitent nieht zesámine.

Natura respuit . ut contraria quæque iungantur. Natura nebénget nieht táz siu sih máreuuén.

Ita cum non sit dubium . pessimos plerumque fungi dignitatibus . illud etiam liquet . natura sui non esse bona . quæ se patiantur pessimis herere. [92.] A′lso skinet . síd tie zágôsten ze͜ámbáhten chóment . táz tie sácha gúot nesínt . tie dien uuirsistên múgen háftén.

Quod quidem dignius potest existimari de cunctis muneribus fortunæ quæ uberiora perueniunt ad improbissimum quemque. Táz man báldo spréchen mág fóne állemo démo . dáz tiu fortuna gíbet . tés tien uuirsistên méist zûo slínget. A contrariis ist tísiu argumentatio genómen.

De quibus illud etiam considerandum puto . quod nemo dubitat esse fortem . cui conspexerit inesse fortitudinem. Et cuicumque uelocitas adest . manifestum est esse uelocem . Sic musica musicos . medicina medicos . rhetorica rhetores facit . Fóne dien díngen íst óuh táz zechiesenne . dáz man dén uuéiz stárchen . án démo man bechénnet tia stárchi . únde dén snéllen . an démo man bechénnet tia snélli . únde musica tûot musicos . medicina medicos . rhetorica rhetores.

Agit cuiusque rei natura . quod proprium est . A'llero dingoliches natura . uuúrchet táz iro gesláht ist zeuuúrchenne . Tiu argumenta sint a causa . uuánda qualitates . só fortitudo ist . únde uelocitas . die sint causæ . dáz chît máchunga . únde uuúrcheda dero qualium . só fortes . únde ueloces sint .

Nec miscetur effectibus contrariarum rerum . Nóh si nemiskelót sih nieht tien uuíderuuartigén uuúrchedón . só ignauia ist fortitudini . únde tarditas uelocitati .

Et ultro depellit quæ aduersa sunt . Únde gérno uuéret si sih tien . diu iro uuidere sint .

Atqui nec opes queunt restinguere . inexpletam auaritiam . Triuuo . ze déro uuis . só fortitudo mánne benímet ignauiam . só nemúgen nieht opes mánne benémen sina michelûn fréchi .

Nec potestas fecerit sui compotem . quem uitiosæ libidines retinent astrictum insolubilibus catenis . Nóh keuuált netûot tén sîn sélbes keuuáltigen . tén sîne scádoháften ge-lúste bindent . mit stárchén chéten-nón .

Et dignitas collata improbis . [93.] nonmodo non efficit dignos . sed prodit potius . et ostent t indignos . U'nde uuírde . die uuír héizén hèr-scáft . úbelén ze hánden bráhte . ne-máchònt sie nieht uuirdige . núbe sie méldent sie mér uuésen únuuír-dige . únde dáz óugent sie .

Cur ita prouenit ? Zíu féret táz sô ? táz sic gehéizent . ziu negemú-gen sie dáz ?

Gaudetis enim compellare falsis nominibus res aliter sese habentes . Táz ist fóne diu . uuánda ir uuéllent tiu ding ál ánderes némmen . dánne síu getân sîn .

Quæ facile redarguuntur effectu ipsarum rerum . Tíe missenémmedà uuérdent sâr geóffenót . án déro tâte . déro dingo . déro námen sie sint .

Itaque nec illæ diuitiæ . nec illa potentia . nec hæc dignitas . iure potest appellari . Fóne díu nemág iro nehéin mit réhte só héizen . só man siu héizet . nóh táz ir héizent . rih-tûom . nóh táz ír héizent keuuált . nóh táz ír héizent uuirde .

Postremo idem licet concludere de tota fortuna . in qua nihil expetendum . nihil inesse natiuæ bonitatis manifestum est . Ze demo gnótesten . uuile íh táz sélba féstenón . fóne állero uuérlt=sáldo . án déro niehtes neist . zegéronne . únde óffeno natúrliches kûotes nieht néist .

Quæ nec se semper adiunget bonis . et non efficit bonos . quibus adiuncta fuerit . Tiu sih nieht ſo ze‿gûotèn neinnòt . nóh tie gûote nemáchòt . ze‿dien si sih innòt.

QVID SIT DISPVTATIO.

Tiz sûs ketâna getrâhtede . ist philosophorum . náls rhetorvm . Sús nesòl man nieht tingòn . nòh spráchòn . nûbe uuissprâchòn . Tíu uuissprâchunga . héizet disputatio . Tér námo ist tánnán chómenèr . daz philosophi nàh an állèn questionibus zuſuelotòn . álso sie dâr ána tâtèn . uuáz summum bonum si . únde súmelih chád sapientia . súmelih uirtus . súmelih uoluptas . únde fòne diu uuárd zeérest kespróchen disputare . diuerse putare . álso uuir áber nû chédèn disputare . quod in dubio est . [94.] cum ratione affirmare . uel negare . Sîd tes slechen mùot zeérest in dien geréchen neuuás . dáz si mit imo máhti disputare . uuánda ſo disputatio subtilis ist . únde acuta fòne diu sólta si in mit rhetorica suadela . diu delectabilior . únde planior ist . léiten ze‿dero disputatione . an déro si nû ſo ána ist.

EXEMPLVM SVPERIORIS SENTENTIÆ.

Nouimus quantas dederit ruinas . qui quondam urbe flammata . patribusque cesis . interempto fratre . ferus maduit matris effuso cruore . V́ns ist uuóla chúnt . uuélèn suid nero tèta . tér roma ferbránda . únde daz hértùom slùog . sînen brùoder slùog . únde sih tára-náh plùotegòta grimmelicho . mit sînero mùoter . férhplùote.

Et pererrans gelidum corpus uisu . non tinxit ora lacrimis . V́nde er nieht netránda . dàr er iro erstórchenèten bóteh‿állen eruuártèta.

Sed censor . i. iudex esse potuit extincti decoris . i. corporis . Núbe chóstâre uuésen máhta . sînero erslágenón mùoter lído . Suetonivs ságet . táz er sînero mùoter diccho uergében uuólti . uuánda si in sînero sito inchónda . Tò imo dés nespùota . únde si dára gágene uuás antidotis præmunita . dò hiez er sia gladio sláhen . Tàr mite uuás in fúre uuizze állero iro lído . pediu gieng er úber sia tòta . únde ergréifòta sia álla . únde dúrh uuártèta sia álla . únde chád tò . dáz súmeliche iro líde uuárìn uuóla gescáffen . súmeliche úbelo .

Hic tamen regebat sceptro populos . quos uidet phœbus . ueniens ab extremo ortv . condens radios sub undas . Tér uuás keuuáltig . úber álle die liute . die diu súnna úberskinet . óstenán chómentíu . únde uuéstert in‿sédel gándin .

Quos præmunt gelidi septentriones . quos uiolentus auster torret sicco æstv recoquens ardentes harenas. Vnde úber álle nórdliute. únde dien der héizo súnt-uuint. hizza tûont. térrendo daz crizlánt.

Num celsa potestas potuit tandem uertere rabiem praui neronis? Máhta dér hóho geuuált neronem ieht uuénden sínero úbeli.

Heu grauem sortem. quotiens iniquus gladius additur seuo ueneno. [95.] A´h táz árbéit-sámo geuállena lôz. sô se suért éitere gespírre uuirt. táz chît. sô úbel uuiht keuuáltig uuirdet.

CONFESSIO BOETII.

Tum ego. scis inquam. minimum. i. nihil nobis dominatam fuisse ambitionem mortalium rerum. Tû uuéist uuóla chád ih tô. mir nio nehéina uuérlt-kíreda ánaligen.

Sed optauimus materiam gerendis rebus quo ne uirtus tacita consenesceret. Núbe mih lústa státo. táz zegetûonne. dár min túged ánaskíne. únde si úngeuuáhtlicho neerálteti.

Atqui. hoc unum est. quod possit allicere præstantes quidem natura mentes. sed nondum perfectione uirtutum perductas ad extremam manum. Triuuo chád si. uuóla uuéiz ih. táz ist taz éina ding. táz tiu búrlichen mûot ferspánen mág. Púrlichiu chído ih. náls nieht práhtiu. mit túrnohti. állero túgedo ze-dero iúngestûn slíhti. Táz ist metonimia. dáz er agentem spríchet. fúre sina actionem. Táz ist tero uuérhmánno sito. sô sie iro uuérh fólle tûont. táz sie siu zeiúngest slíhtent. Tie óuh iro túgede dúrnóhte sint. tie súlen sia slíhten mit iro déumûoti.

Cupido scilicet gloriæ. Táz sie gûollichi lústet. táz ferlúcchet siu ze-dien ámbáhten.

Et fama optimorum meritorum in rempublicam. Únde dér liument michelero uuóla-táto. dáz tie in uróno skínôn.

Quæ quam exilis sit. et uacua totius ponderis. sic considera. Vuio éccheróde díu fama sî. únde uuio únuuáge. dáz chíus tir sús.

QVAM VANA SIT TERRENA GLORIA. QVIA TERRA NIHIL EST. IN COMPARATIONE CÆLI.

Omnem terræ ambitum. constat optinere rationem puncti. ad spatium cæli. sicut accepisti astrologicis demonstrationibus. Tír ist unóla chúnt chád si. álla dia érda sih kezíhen uuider demo hímele. gágen démo méze éines stúpfes. álso du lírnetôst in-astronomia.

Id est. ut nihil prorsus spatii iudicetur habere. [96.] si conferatur ad magnitudinem cælestis globi. I´h méino. dáz si mícheli nieht nehábet. uuider déro mícheli des himeles. Aristotiles léret in cathegoriis . dáz punctvm si ánauáng lineæ . únde úzláz . únde iro partes mit puncto únderskidót uuérdên . únde dóh punctum fóre lúzzeli nehéin déil nesí dero lineæ. Uuáz mág minneren sin . dánne dáz nenuéder nehábet léngi nóh préiti? Sîd iz an linea déro terminus iz ist . nehéinen téil nehábet . so neist iz óuh nehéin téil dés circuli . dés medietas iz ist . Ze᷑déro sélbûn uuís . nehábet óuh tiu érda nehéina mícheli . uuíder demo himele . dés punctum si ist .

Huius igitur tam exiguæ regionis in mundo . quarta fere portio est . ptolomeo probante . sicut didicisti . quæ incolatur a cognitis nobis animantibus. Téro sélbûn érdo álso lúzzelero . uuíder der demo himele . ist échert ter fíerdo téil besézen . fóne úns chúndên ménniskón. Táz si chit nobis cognitis . táz chit si ex persona hominum . úmbe die antipodas . uuánda úns tie únchúnt sint . Uuír uuízen . dáz tia érda daz uuázer úmbe gát . únde der fierdo téil nábór óbenán erbárôt ist . án démo sizzent tie ménnisken. Ter himel lèret únsih . táz iz ter fíerdo téil ist. A'lle die astronomiam chúnnen . die bechénnent táz æquinoctialis zona den himel rêhto in zuéi téilet . únde fóne iro ze᷑dien úzerostên polis io nuéder hálb ében fílo ist . ih méino ze᷑demo septentrionali . únde ze᷑demo australi. Sô ist tiu érda sin uuelbiu únde ist úns únchúnt . úbe si úndenán erbárot sî . óbenán dár si erbárôt ist . tár sizzent tie líute . ab æthiopico oceano . usque ad scythicum oceanum. Tie férróst sizzent ad austrum . die sizzent in æthiopicis insulis . tíen ist tiu súnna óbe hóubete . sô si gát úzer ariete in uerno tempore . únde sô si beginnet kán in libram in autumno. Tie hára báz sizzent in litore æthiopico . tíen ist si óbe hóubete . sô si gát in᷑tauro . únde in᷑uirgine. Tie óuh hára báz sizzent in᷑meroe . tíen ist si óbe hóubete . sô si gát in geminis . [97.] únde in leone. Tie óuh hára báz sizzent . tár siene ist ciuitas ægypti . tíen ist si óbe hóubete . in solstitio . sô si gát in cancrum. Tánnán gát nórdert humana habitatio . únz ze᷑tile insula . díu férróst ist in scithico mari. Tie dár sizzent . tie sizzent únder demo septentrionali polo. Dáz skinet tánnán . uuánda sô súmeliche cosmografi scribent . tár ist átaháfto tág per sex menses . fóne uernali æquinoctio . únz ze᷑autumnali . únde átaháfto náht per alios sex menses . fóne autumnali æquinoctio . únz ze᷑uernali. Táz keskihet fóne díu . uuánda in sint ferbórgeniv únder érdo sex signa omni tempore . pediu ist in náht . sô díu súnna in dien gát . ánderíu sex sint in óbe érdo semper . pediu ist in dág . sô díu súnna in dien gát. Vuánda septentrionalia sex signa . in échert ze᷑óugón sint . tánnán skinet . táz in der polus septentrionalis óbe hóubete ist . únde in dér állero hóhesto ist . Táz mág man uuóla séhen . án déro spera . diu in cella SANCTI GALLI nouiter gemáchot ist . sub PVRCHARDO ABBATE [1]). Si hábet állero gentium gestélle . únde fóne diu . so man sia so stéllet . táz ter polus septentrionalis úf inríhte síhet . sò sint sex signa zodiaci ze‿óugòn . septentrionalia . sex australia sint kebórgen . Tánnân uuízen uuir uuóla . dâr sie beginnent sizzen férròst in‿austro . únz tára târ sie férròst sizzent in septentrione . úbe iz maria . únde paludes neúndernámin . dáz iz uuóla uuésen máhti . quarta pars terræ .

Si subtraxeris cogitatione . huic quartæ parti . quantum præmunt maria paludesque . quantumque distentitur regio uasta . i. deserta siti . i. ariditate . uix relinquetur hominibus angustissima area inhabitandi . Ténchest tu dánne . uuio filo uuázer . unde fénne . únde éinote skértent tés sélben fierden téiles . sò ist tes ánderes échert éin énge hóue‿stát . tero ménniskôn .

In hoc igitur minimo puncti . quodam puncto circumsepti . atque conclusi . cogitatis de peruulganda fama . de proferendo nomine? [98.] Kedénchent ir nù in sò smáles téiles . smálemo téile beslózene únde behálbóte . íuueren liument únde íuueren námen zebréitenne?

Aut quid habeat amplum magnificumque artata gloria . tam angustis . et exiguis limitibus? A'lde uuáz mág tiu gùollichi geuuáltiges . únde máhtiges háben . diu mit sò gnótèn márchòn beduúngen ist? A'lde dénche dés tára zùo .

Quod hoc ipsum septum breuis habitaculi . plures nationes incolunt . distantes lingua . moribus . ratione totius uitæ . Dáz in‿démo sélben smálen ána‿sidele . mánige diete bùent . úngeliche éin‿ánderèn . in‿spràcho . únde in‿siten . únde in‿álles iro libes sképfedo .

Ad quas nonmodo queat peruenire fama singulorum hominum . sed ne urbium quidem . tum difficultate itinerum . tum diuersitate loquendi . tum insolentia commertii . Ze‿dien nóh súmelichero búrgo liument chómen nemág . mêr áber súmelichero ménniskòn . súm fóne inblándeni dero férto . súm fóne únchúndero sprácho . súm fóne úngeuuónehéite chóufes . únde állero uuándelúngo .

Ætate denique martii tullii . sicut ipse significat quodam loco . nondum transcenderat fama romanæ rei publicæ caucasum montem . Cicero ságet . táz nóh sâr dò be‿sinên ziten . der rûmisko genuált chúnt uuórten neuuâre . énnònt caucaso monte .

Et erat tunc adulta . partbis etiam . et cæteris id locorum gentibus for-

---

[1]) Arx Geschichten des Kantons St. Gallen, b. 1, s. 265.

midolosa. V́nde uuás tóh tó só geuuáhsen . dáz in iob parthi . únde ándere diete dár in déro slihti entsázen .

Uidesne igitur quam sit angusta . quam compressa gloria . quam dilatare ac propagare laboratis? Nesihest tu nú na . uuío énge . únde uuío gnóte diu gúollichi sî . dia ír bréiten . únde férro geflánzón uuéllent?

An progredietur gloria romani hominis . ubi nequit transire fama romani nominis? Sól dára chómen dehéines rûmiskes mánnes keuuáht . tár sélbero romo nehéin geuuáht . neist? Táz ist argumentum a toto ad partem. [99.]

Quid quod discordant inter se mores . atque instituta diuersarum gentium? Vuáz chist tu dés . táz misselichero liuto site . únde êa missehéllent . éin ánderén? Ne mág iuuih óuh táz írren na?

Vt quod apud alios laude . apud alios supplício dignum iudicetur? Só hárto . dáz éinén lóbesám dunchet . dáz ánderén dáz túnche búoz uuírdig . únde ingéltedo uuírdig?

Quo fit . Tánnán geskíhet io.

Vt si quem delectat prædicatio famæ . huic nullomodo conducat . i. contingat . proferre nomen in plurimos populos . Dáz témo nieht negespúe sinen námen únder mánigén liuten zegebréitenne . dén dero liumenthǻftigi lústet.

Erit igitur quisque contentus per-

uulgata gloria inter suos . Só múoz iománnolih keuágo sîn déro gúollichi . dia er únder dien sinén háben mág.

Et præclara illa inmortalitas fame coartabitur intra terminos unius gentis. V́nde diu bárto héuiga liumendigi . sámo so énuigiu . diu uuírt peduúngen inléndes.

Sed quam multos uiros suis temporibus clarissimos deleuit . inops obliuio scriptorum? Vuío mánegero námen . die in iro zîten máre uuáren . nesint fóre úngebúhte dero scriptorum fertíligót?

Quamquam quod ipsa scripta proficiant . quæ cum suis auctoribus præmit longior . atque obscura uetustas? Tóh ih uuízen nemúge . so uuío ih iz chósoe . unáz sélben die scrifte dára zúo uerfáhen . tie mit scribón mitállo diu álti genimet.

QVOD NVLLA SIT TEMPORIS AD ÆTERNITATEM COMPARATIO.

Vos autem uidemini propagare uobis inmortalitatem . cum cogitatis famam futuri temporis. Ír súlent tánne guuinnen . sámoso úndódigi dúnchet iu . só ir iuuih ketúont iomér geuuáhtliche.

Quod si pertractes ad infinita spatia æternitatis . quid habes quod læteris de diuturnitate nominis tui? Kedénest tu dáz . únde gebíutest tu dáz . íh méino propagatam famam futuri temporis . ze déro uuíti dero êuuighéite . uuár ist tánne díu languuírigi dînes námen . déro dù dih freuuest?

Si enim conferatur mora . unius momenti . decem milibus annis . quamuis minimam . tamen aliquam habet proportionem . quoniam diffinitum est utrumque spatium . V́be éin stúnda gebóten uuirt . ze zên dûsent iâren . só hábet sî án in êtelichen téil . [100.] dóh er lúzzelêr sî . uuánda ío uuéderíu mícheli guis mezôt . únde gnôt mézôt ist .

At hic ipse numerus annorum eiusque quamlibet multiplex . ne comparari quidem potest ad interminabilem diuturnitatem . A'ber zên-dûsent iâro . únde ófto sámo filo . nehábent sâr nehéina uuídermezunga . ze déro lángséimi . díu énde nehábet .

Poterit etenim esse finitis quædam ad inuicem collatio . infiniti uero atque finiti . nulla umquam . Tíu êtelih énde hábent . tíu múgen éteuuio gemézen uuérden zeéinánderên . síu nehábent áber nehéina mâza ze dîen . díu áne énde sint .

Ita fit ut si fama quamlibet prolixi temporis cogitetur cum inexhausta æternitate . non parua esse uideatur . sed plane nulla . Tánnân ist táz . úbe lángêr liument kemézen uuirt gágen éuuighéite . uuider iro nieht lúzzelêr ne sî . súnder nehéinêr .

Vos autem recte facere nescitis .

nisi ad populares auras et inanes rumores . I'r neuuéllent áber nieht réhto fáren . âne úmbe liúto lób . únde úmbe úppigen líument .

Et relicta præstantia conscientiæ . uirtutisque . postulatis præmia de alienis sermunculis . V́nde nehéina uuára tûondo déro stiuri déro geuuizzedo . álde déro túgede . uuéllent ir déro uuórto dáng hában . tíu fóne ánderên châmen . Tér nesihet nieht sínero geuuízedo . dér sih ánazócchôt fóne imo sélbemo . dáz fúnden hában . dáz ánderêr fánt . únde sih tûomet mit tíu . Dér féret mit lótere . náls mit túgede .

Accipe quam festiue aliquis inluserit in leuitate huiusmodi arrogantiæ . Kehóre uuío gámmensámo éinêr des ánderes húhota . dér álso ferrùomet únde álso liehte uuás .

Cum quidam adortus esset contumeliis hominem . qui induerat sibi falsum nomen philosophi . non ad usum ueræ uirtutis . sed ad superbam gloriam . Suspensio uocis . Adiecissetque iam se sciturum anne ille esset philosophus . si quidem leniter patienterque tolerasset inlatas iniurias . Et hic . Ille patientiam paulisper assumpsit . et accepta contumelia . uelut insultans inquit . Iam tandem intellegis me esse philosophvm? Depositio . Só éteuuenne gescáh . táz tén dér sih óuh álso ána zócchôta . úmbe-lóter . náls úmbe uuára túged . táz er philosophus neuuâre . [101.] éin ánderêr mit úbele grûozta . sin chórondo . tér sih táz chád uuóla besûochen . úbe er só uuáre . mit tiu . úbe er uuidermûotis kedúltig uuáre. Tô trûog ér iz étc‑uuaz kedúltigo . únde spráh áber sàr náh . sámo so in ze‑spótte hábendo . án stéte bechénnest tu mih io dóh philosophum.

Tum ille nimium mordaciter . intellexeram inquit si tacuisses. Só er dáz kespráh . tô ántuuúrta er imo . Iá gót chád ér filo gebizeno . sô bechándi . úbe du suigetîst.

QVI CLARI SVNT VIRTVTE MERITO ILLOS FAMAM SPERNERE.

Quid autem est quod attineat ad præcipuos uiros . de his enim sermo est . qui uirtute petunt gloriam . quod inquam est . quod de fama attineat ad hos . post resolutum corpus suprema morte? A'ber uuáz háftêt ze‑dien máristén mánnen . ih méino die . die mit túgede sih uéllen fúre némen . náls mit lóttere . uuáz háftêt ze‑in . uuáz tóug in dehéin liument . náh temo tóde?

Nam si moriuntur toti homines . quod uetant credi nostræ rationes . nulla est omnino gloria . cum is non exstet omnino . cuius ea dicitur esse? Irstírbet ter ménnisko mitállo . in‑sélo . únde in‑lichámen . táz mine rationes ferságent . uuár ist tánne sin gúollichi . sô er selbo neist? Sámo so si cháde . uuár ist táz accidens . sô diu substantia neist? Táz ist argumentum a coniunctis . coniunguntur enim substantia et accidens.

Sin uero mens bene sibi conscia . resoluta terreno carcere . libera petit cælum . nonne spernat omne negotium . terrenum . quæ cælo fruens . gaudet se exemptam terrenis? V'be áber sichuríu sélda . úzer démo chárchare dês lichamen . ferlázeniu ze‑himele . féret . uuáz sól íro dánne daz irdiska ding . sid si in‑himele méndet . táz si fóne érdo erlóset ist? Uuáz sól íro der irdisko liument? Táz ist argumentum a dissimili . Dissimilia sunt . gaudium et carcer . cælum et terra.

NIHIL ESSE FAMAM . QVAMVIS DILATATAM . QAMVIS DIVRNAM. [102.]

Quicumque præcipiti mente petit solam gloriam . et summam credit . cernat late petentes plagas ætheris . artumque terrarum situm. Tér náh tero gúollichi strítigo féhte . únde si imo dúnche dingo héuigòsta . tér séhe ûf án dia uuíti dez himeles . únde níder án dia smáli dero érdo.

Pudebit aucti nominis . non ualentis replere breuem ambitum. Tánne mídet er sih sines liumendigen námen . nóh sàr ze‑énde dero smálun érdo . geréichòntes . diu éin stúpf ist uuíder demo himele.

O quid frustra superbi gestiunt leuare colla mortali iugo? Vuáz léuues íst tien úbermúotén gedáht. ziu béitent sie sih ingeméitùn iro hálsa irlósen. ùzer des tódes ióche?

Licet diffusa fama means per remotos populos. explicet linguas. s. aliarum gentium. Et licet magna domus fvlgeat claris titulis. mors spernit altam gloriam. Tóh ter liument uuállóndo síh kebréite. hína únder férre liute. únde óuh ándere sprácha erfúlle. V'nde dóh in demo hús skínén mánige fánen féhtendo guúnnenne. tie den mán máren dùont. téro gúollichi állero nesihet io der tód nicht.

Inuoluit pariter. humile et celsum caput. Ér nímet ten máhtigen. sámo so den smáhen.

Æquatque summis infima. V'nde ér bringet taz óberósta. inében demo niderósten.

Vbi nunc manent ossa fidelis fabricii? Vuár íst sár nù dáz kráb. dés ketrv̂en fabricii? Vuér uuéiz. uuár iz sí? Tíz íst tér dien bótón ántuuúrta dero samnitvm. dò sie iro gólt púten. únde sih mít tíu lósen uuóltón. Ér chád romanos aurum non habere uelle. sed aurum habentibus imperare.

Quid brutus aut rigidus cato? Vuár íst nú brutus. álde dér éinribtigo cato? Brutus kuuán dia libertatem. populo romano. álso dár fóre stát. Rigidus cato uuás sáment pompeio in defensione libertatis.

uuíder iulio cæsare. V'nde dò iulius sigo genám. únde pompeius flíhentêr. in egypto erslágen uuárd. tò léita cato fóne egypto daz hére. [103] ío cæsare náh fárentemo. állen dén fréisigen uuég. tér dánnán gát ze utica ciuitate. Tár erslúog sih sélben cato. dáz in cæsar negefíenge. dánnán héizet er uticensis.

Signat superstes fama tenues. pauculis literis inane nomen. Tér chúmo ze léibo uuórteno liument. zéichenet iro námen échert. mít únmanigén búohstáben.

Sed quod nouimus decora uocabula. num datur scire consumptos? I'nno. dúrh táz uuír die námen uuízen. múgen uuír dánnán sie sélben iu zegángene uuízen?

Iacetis ergo prorsus ignorabiles. nec fama notos efficit. I'r ligent créhto sô. dáz íuuih nioman neuuéiz. Nóh ter liument negetúot íuuih chúnde. I'uuih nebechénnet nioman. dóh ír nóh sínt liumendig.

Quod si putatis longius uitam trahi. aura mortalis nominis. cum sera dies etiam hoc uobis rapiet. iam uos manet secunda mors. Vuánent ir óuh íuueren. líb kelénget uuérden fóne des námen uuírigi. uuáz tánne? Sò iu der iúngesto tág tero uuérlte. óuh tén genímet. tára náh liget iu ána der éuuigo tód.

ITEM STILVM CONVERTI A DISPVTANDO AD SVADENDVM.

Nû eruuindet si áber fóne fortuitis rebus ze‿sélbero dero fortuna. Àl dáz si fóne dien rebus ságet. die fortuna gelázet. só opes sint. únde dignitates. únde potentiæ. uuio mùrgfâre die sin. únde uuio sie dúrh táz fersihtig sin. dáz ist ál disputatio. Táz sò getâna getráhtede. triffet állez ad compositionem morum. et ad correctionem uitæ. án démo parte philosophiæ. só óub tár fóre geságet ist. táz æthica héizet. Uuiolih áber sélbiv fortuna si. álso si nû ságen uuile. inde óuh tár fóre ságeta. táz ist ciuile. únde triffet ad rhetoricam suadelam. in‿démo genere causæ. dáz demonstratiuum héizet. Tô si sìa dés ferspráh. tés si bemálòt uuás fóne boetio. diu defensio uuás iuditialis. náls demonstratiua. A'lso man dár in‿iuditiali séhen sólta. æquitatis únde iniquitatis. [104.] so sól man áber nû hier in demonstratiuo séhen. laudis únde nituperationis. Tánne diu controuersia gât. án debéine guisse personas. tánne ist si ciuilis. án dia tùot sih rhetorica. dia geséꝫzet si in‿énde. suadendo. únde dissuadendo. Dánne si áber ist de rebus. dánne ist si philosophica. dánne sól man óuh philosophice sìa in‿énde geséꝫzen. Tén únderskéit lêret únsih cicero. ih méino uuio uuir bechénnen sùlin. uuélez ciuiles questiones sin. álde philosophicæ. mit tisên diffinitionibus. Ipothesis est controuersia in dicendo posita. cum certarvm personarvm interpositione. Thesis autem est controuersia in‿dicendo posita. sine certarvm personarvm interpositione. Ipothesis chit subpositum. thesis chit propositum. Sô man dingoe. sô man in‿ráte siꝫze. só man in‿chúre siꝫze. dáz kât io subpositas personas ána. i. certas. Sô man áber getráhtede tùot de moribus. et de institvtione uitæ. álde óuh de occultis rerum naturis. dáz ist de propositis. dáz chit longe ab oculis positis. Táz negât tie personas nìeht ána. die oculis mûgen uuérden subpositæ. Fóne diu uuiz‿ist. ál dáz si nû spréchen uuile in‿laude álde in‿uituperatione fortunæ. uuánda si certa persona ist. et quasi dea. táz si dáz rhetorice tùon sól. Suadendo únde disputando mág man den mán állero dingoliches errîhten. pediu ist philosophia hértòn in‿béidên. pediu chit lucas in‿actibus apostolorum. fóne paulo. disputans et suadens de regno dei. Ér uuás dispvtans. sò ér is álles káb rationem dés er lèrta. únde áber dánne suadens. sò er ságeta. uuio gùot. uuio rêht. uuio sáliglih táz uuáre zetùonne. dáz er lèrta.

QVANTVM MELIOR SIT ADVERSA QVAM
PROSPERA FORTVNA.

Sed ne me putes gerere inexorabile bellum contra fortunam . est aliquando cum fallax . illa nihil . bene mereatur de hominibus. Táz tu dóh neuuânêst táz ih tríben uuélle . sámo so geéinóten uuig sáment fortuna . [105.] si lúkka . si íst ióh uuilôn gùot mánne . ih méino sô si lukke neist.

Tum scilicet . cum se aperit . cum frontem detegit . et profitetur mores. Tánne íst si gùot . sô si sih óuget . sô si iro ánasíune erbárót . únde iro site nielît nehilet.

Nondum forte intellegis quid loquar . Tû neuuéist nóh mág keskéhen . uuáz ih ságen uuile.

Mirum est quod gestio dicere . eoque uix queo uerbis . explicare sententiam . I'z ist uuúnderlih tés mih lángêt zeságenne . pediu nemág ih iz óuh nieht spúotigo geságen.

Et enim plus reor prodesse hominibus aduersam quam prosperam fortunam . I'h áhton gréhto únsálda uuilôn bézerûn uuésen . dien ménniskôn . dánne sálda.

Illa enim cum uidetur blanda . semper mentitur spetiæ felicitatis. Sô diu prospera sih tríutet mit íro mánmentsami . únde si mánne gùot túnchet . sô triuget si in mit téro gelíchi dero sáldôn.

Hæc semper uera est . cum se instabilem mutatione demonstrat. Tiu aduersa ist áber geuuáre . sô si sih uuéhselóndo óuget . uuîo únstâte si ist.

Illa fallit . hæc instruit . Éniu triuget ten mán . disiu uuárnôt in únde lêret in.

Illa ligat mentes fruentium . mendaci specie bonorum . hæc absoluit cognitione fragilis felicitatis. Éniv behéftet téro mùot . tie sia nùzzônt . mit kùotlichi . tisiu enthéftet sie mit téro guissùn bechénnedo . múrgfâres kúotes.

Itaque illam uideas uentosam . fluentem . suique semper ignaram . hanc sobriam . succinctamque . et prudentem exercitatione ipsius aduersitatis. Tû mâht éna séhen sih úberhéuenda . únbeduuúngena . sih nebechénnenta . tísa áber méziga . beduuúngena . únde gefrúotta . fóne déro émezigi dero árbéito.

Postremo felix a uero bono deuios blanditiis trahit . aduersa plerumque ad uera bona reduces unco retrahit. Tánne zelézest ketùot tiu sáliga mit íro mánmentsámi die ménnisken âuuekkôn fóne demo uuâren gùote . tiu inblándena rihtet sie áber ze uuége . únde ze demo uuâren gùote . sámo so mit chrápfen sie uuídere zíhendo . [106.]

An hoc putas estimandum . inter minima . quod hæc aspera . hæc horribilis fortuna . detexit tibi mentes fidelium . amicorum ? A'htôst tu dáz fúre lúzzel . dáz tir diu sárfa . únde diu grísenlicha fortuna dîne

nôt-friunt kezéigót hábet? tie dir
fóne réhtên triuuôn hólt sint?

Hæc tibi secreuit . certos et am-
biguos uultus sodalium . Si hábet
tir geskídót kuíssero unde únguís-
sero friundo vultus . táz chit . uuîo
éne . ióh tise getân sîn .

Discedens . suos abstulit . tuos re-
liquit . Rûmendo nám si ze͜sih . tie
iro . tie dîne liez si dir .

Quanti hoc emisses . integer et
fortunatus ut tibi uidebaris? Uuîo
tiure neuuáre dir dáz . dô du in͜
gréchen uuáre . únde sâlig . sô dir
dûohta?

Desine amissas opes querere .
quod prætiosissimum genus est di-
uitiarum . amicos inuenisti . Fer-
trôste dih ánderes kûotes . ferlór-
nes . dû hábest fúnden dîne friunt .
tie der tiuresto scáz sint .

DE OFFICIO ORATORIS .

Hier máht tu gehôren . uuîo man
sól suádere . Ze͜démo úns léido
ist . únde den uuír fóne dîu skíhên
álso álle die liute tûont . aduersam
fortunam . ze͜démo mág man únsih
lúcchen . úbe man úns sô mánige
túgede beginnet fóne imo ságen .
únde so mánigiu lieb kehéizen . sô
nú philosophia tûot . fóne déro sél-
bùn aduersa fortuna . Si liubet úns
sia ze͜zuéin uuíson . ióh siá lôbon-
do . ióh prosperam skéltendo . Uuér
máhti aduersæ fortunæ gúotes ke-

trùen? Sélbêr dér námo dero ad-
uersitatis . tér léidet sia . Tára gá-
gene trivtet sih áber dér námo pros-
peritatis . tér fóne démo náh kánden
uuínde sô gespróchen ist . táz chit a
porro spirando . Sid áber nù mít
prospera nieht states neist . sò si sia
zihet . nóh nieht kuísses . únde si
die liute zóhet . únde íro mûotes
pehéstet . únde sî fílo gùotlicho
tùondo . sih líchesót táz uuésen . dáz
si neist . únde sò man állero nuillón
ze͜íro uuánet . taz si dánne álles
káhes sih uuéhselóndo . dén mán er-
stúzzet . uuémo sól si dánne gùot
túnchen? U be áber aduersa uirtu-
tis magistra ist . únde si ze͜góte léi-
tet . [107.] únde perfectos máchót .
únde cælo dignos . álso sì sia geló-
bot hábet . nesól úns tánne mit réhte
tiu gùot tunchen na? Uuáz mág
stárcheren sin ad persuadendum .
dánne daz lób ist? Rhetorica chit .
táz ofstium oratoris sì . apposite di-
cere . ad persuadendum . táz chit
spénstigo chòsôn . Neist tiz spén-
stigo gechòsót na? Uuér chán dáz
sô uuóla sô philosophia? Pedíu
súlen uuír íro glóuben . dáz aduersa
fortuna bézera si . dánne prospera .

DE AMORE QVI AMICITIAS FIRMAT . ET
OMNIA LIGAT .

Quod mundus stabili fide uariat con-
cordes uices . Suspensio . Táz tiu
uuérlt kemísselichót mit féstên tri-

uuón die gehéllen hérta quatuor temporum. Súmer únde uuínter. lénzo únde hérbest . sínt fóne diu misselîh . uuánda íro nehéin ándermo gelîh neist . Únde sint tóh kelîh . uuánda íro nehéin daz ánder irret.

Quod pugnantia semina tenent perpetuum fœdus. Et hic. Táz tíu missehéllen quatuor elementa . díu állero corporum sâmo sínt . êuuiga gezúmft hábent. Síu sint uuideruuártîg . únde sint tóh sáment in állên corporibus.

Quod phœbus curru aureo prouehit roseum diem. Et hic. Táz tíu súnna úfen scôneru réito rîtendiu den dág récchet.

Ut phœbe imperet noctibus . quas duxerat hesperus. Et hic. Táz áber sîn suéster luna uuálte déro nâht . tia der ábent=stérno récchet.

Ut auidum mare . s. ad egrediendum . coerceat fluctus certo fine . ne uagis . s. fluctibus liceat tendere latos terminos in terris. Táz óuh ter mére . dér gérno ûzkîenge . eruuénde ze guíssero márcho . sîne únstáten uuéllâ . nóh in . ih méino dien sélbên uuéllôn . nehênge férrôr stádôn ûz . án daz lánt.

Hanc seriem rerum ligat amor . regens terras . ac pelagus . et imperitans cælo. Depositio. Súslicha ordinem dero dingo . féstenót tíu minna . diu dia érda . únde den mére rihtendo . duuínget . únde in himele uuáltesót. Uuélíu ist tíu? Táz ist sélbêr gót? [108.]

Hic si remiserit frena . quicquid nunc amat inuicem . geret bellum continuo. Intlâzet si den zûol . so uuáz nû geminne ist . táz peginnet sâr féhten.

Et machinam quam nunc socia fide incitant pulchris motibus . certent soluere. Únde diz uuérltlicha gerúste . dáz siu nú geméin múoto tûont háben scóno sîna fárt . dáz îlent siu ze bréchen.

Hic continet quoque populos . iunctos sancto fœdere. Tíu sélba minna hábet óuh tie ménnisken zesámine mit héilígero gezúmfte.

Hic nectit et sacrum coniugii . castis amoribus. Sî féstenót óuh ten êohâften gehîleih . mit réinên minnôn.

Hic dictat etiam fidis sodalibus sua iura. Ióh tîen geséllôn . die réhte geminne sint . scáffôt si êa.

O felix genus hominum . si amor quo cælum regitur . regat uestros animos. Uuóla gréhto dû ménniskina sláhta . uuîo sâlig tû bíst . úbe dîn múot rihtet . tíu mínna . diu den himel rihtet.

INCIPIT LIBER TERTIUS.   [109.]

Iam finiuerat illa cantum. Sî lie daz sáug ùz.

Cum me auidum audiendi . stupentemque . arrectis adhuc auribus . carminis mulcedo defixerat. Nóh tô téta mih tára lósèn . díu sùozi dés sánges . sólih niet . únde sólih uuúnder uuás mih_is.

Itaque paulo post inquam . Tára nâh úber éina uuila chád ih .

O summum solamen lassorum animorvm. Súnderig tróst tero trúregòn .

Quantum me refouisti uel pondere sententiarvm . uel etiam iocunditate canendi. Uuîo fílo du mih ketân hábest páz mágenden . mít téro uuâgi dînero rédo . ióh mit téro lústsámi dînes sánges .

Adeo . ut iam non arbitrer me post hæc imparem non esse ictibus fortunæ. Dáz hábest tu sô fílo . dáz ih mih sâr ánauuértes neuuélle uuânen teht intuuîchen . dien slégen dero fortunæ . ih enthábe sie uuóla .

Itaque remedia quæ dicebas paulo esse acriora . nonmodo non perhorresco . sed auidus uehementer efflagito. U'nde díu stréngeren láchen . dînero rédo . neskiho ih nîeht . únde gérno gehóro ih síu . únde éiscôn siv .

Tum illa. Sensi inquit cum tacitus attentusque rapiebas uerba nostra. Uuóla chád si . uuárd ih tés tô genuár . dô dû suîgendo gnóto lósetóst mínero uuórto .

Et eum habitvm tuæ mentis . uel exspectaui . uel quod est uerius . ipsa perfeci. U'nde dés péit ih . únz tîn mùot sólih uuúrte . álde dáz uuárera íst . sólez máchôta ih iz .

Talia quippe sunt quæ restant . ut degustata quidem mordeant . interius autem recepta . dulcescant. Tíu nôh fóre sint . tíu sint sólih . taz siu zéndent . sô du íro chórôst . únde áber inuerslúndeníu . sûoze gedúnchent .

Sed quod tu te dicis auidum audiendi . quanto ardore flagrares . si agnosceres . quo te aggrediamur ducere. A'ber dáz tû chíst kérno gehórtist . aû . uuio érnest tír is uuâre . uuio dû brúnnist . úbe du uuíssist . uuára ih tíh pegúnnen hábo zeléitenne .

Quoniam inquam? Uuára dóh chád ih?

Ad ueram inquit felicitatem. Zedero uuárûu sáligheîte chád si .

Quam tuus animus somniat. Tánnân óuh tír tróumet . in_dînemo mùote .

Sed occupato uisu ad imagines.
ipsam illam intueri non potest. [110.]
A′ber an dáz pilde uuártendo. nemág
iz sîa sélbûn nieht keséhen.
U′nz tû dénchest an dîa uuérlt-sálda.
únz tenchest tu án dáz pilde. dero
uuârûn sáldo. náls an sîa sélbûn.

Tum ego. Fac obsecro. et quæ
illa uera sit. sine cunctatione demonstra.
In gótes êra chád ih. tûo
dáz. únde óuge mir dîa uuârvn âne
tuuála.

Faciam inquit illa. tui causa libenter.
Nû tûon íh táz chád si.
gérno úmbe dîna minna.

Sed quæ causa tibi notior est.
eam prius conabor uerbis designare.
atque informare. I′h uuílo dir ăber
êr fóre gemálên. dîa uuérlt-sálda.
díu dir chúndera ist.

Ut ea perspecta. cum flexeris oculos
in contrariam partem. agnoscere
possis specimen ueræ beatitudinis.
Táz tu dára náh. sô du dîsa dúrhchiesêst.
hína uuártendo. éna déste
báz pechénnêst. únde dû geséhêst.
uuâz tar ána geskéidenes ist.

CVR MORAM FACIAT. RATIONEM REDDITVRA EST.

Qui uolet serere ingenuum agrum.
liberat prius arua radicibus. Tér
gûoten ácher sáhen uuíle. dér errûmet
in êr des únchrûtes.

Falce resecat rubos. et filicem.
ut eat grauis ceres noua fruge. Fárn

únde hiefeltrá nímet er dána mit tero
riute ségenso. dáz imo déste bézera
chórn uuáhse án demo niuriute.

Labor apium mage dulcior est.
si malus sapor prius ora edat. Taz
hónang ist óuh téste sùozera. úbe
der múnt pe-fóre ieht pítteres kechórota.

Gratius astra nitent. ubi nothus
desinit dare imbriferos sonos. U′nde
glátôr skînent tie stérnen dánne. sô
die régen-uuínda gelígent.

Ut lucifer pepulerit tenebras. agit.
i. producit pulchra dies. i. sol. roseos
equos. U′nde sô der tágo-stérno
dîa náht hína uertríbet. sô
óuget tiu súnna iro rôten rós. sô
chúmet si ritendo dar úfe.

Tu quoque tuens falsa bona. incipe
prius retrahere colla iugo. uera
dehinc subierint animum. Sô tûo
óuh tû. lúkke sáldâ zeêrest chiesendo.
[111.] chóro dih téro inthéften.
sô chôment tie uuâren dír in
mûot. ánderes-uuîo nespûot is tír.

OMNES AD BEATITVDINEM TENDERE.
QVAMVIS NON RECTO TRAMITE.

Tum defixo paulolum uisu. et uelut
recepta in angustam sedem. suæ
mentis. sic cœpit. Si dô lúzzel ze
érdo séhendiu. únde sámo-so in
iro mûote demo chéiserlichen gestátondíu.
fîeng si sús ána.

Omnis cura mortalium. quam
exercet labor multiplicium studio-

rum . diuerso quidem calle procedit . Misselichen uuég hábent keuángen állero ménniskôn sórgâ . die sórgâ in récchet . únde réizet . mánigfaltiu ringa . únde mánigfáltêr fliz .

Sed tamen nititur peruenire ad unum finem beatitudinis . Sie râment tóh álle ze‿éinero stéte . uuánda sie álle rámènt ze‿dero sâligbéite .

Id autem bonum est . quo quis adepto . nihil ulterius desiderare queat . Unde dáz ist táz kùot . úbe iz íoman guúnnet . sô ér iz kuúnnet . táz er niehtes fúrder gegérôn nemág ·

Quod quidem est summum omnium bonorum . et continens intra se cuncta bona . Táz ist álles kûotes taz fórderôsta . únde ál gùot hinder imo behábende .

Cui si quid abforet . summum esse non posset . Prâste imo íeht . so neuuâre iz fól nieht .

Quoniam relinqueretur extrinsecus . quod posset optari . Uuánda ánc dáz . nóh tánne uuâre . dés man gérôn máhti . Táz ist argumentum a parte . Tàr éines téiles prístet . tàr neíst iz állez nieht .

DIFFINITIO .

Liquet igitur esse beatitudinem . statum bonorum omnium congregatione perfectum . Pedíu ist óffen . sâldâ uuésen álles kûotes fóllùn.

Uuíle du chéden álles kùotes fóllùn státa . dâz ist taz sélba .

Hanc uti diximus . diuerso tramite mortales omnes conantur adipisci . Tia sâlighéit álso ih chád . ílent álle ménnisken guúnnen . Ze‿déro ílent sie álle . áfter misselichén uuégen .

Est enim cupiditas ueri boni . naturaliter inserta . mentibus hominum . Táz ist fóne díu . uuánda ménniskôn mûot ist natûrlicho des uuâren gùotes kér .   [112.]

Sed deuius error abducit ad falsa . A'ber díu míssenómeni . des uuéges . ferléitet sie ze‿demo lúkken .

DIVITIÆ .

Quorum quidem alii credentes . summum bonum esse nihilo indigere . elaborant ut diuitiis affluant . Téro súmeliche ríngent . táz sie ríche uuérdén . uuánda sie dáz áhtònt állero bézesta . dáz in níehtes tùrft nesí .

HONORES .

Alii uero iudicantes bonum . quod sit dignissimum ueneratione . adeptis honoribus . nituntur reuerendi esse suis ciuibus . Súmeliche uuânende dáz érunírdígi gùot sî , ílen sie éra guúnnen dàz sie ántsázig sin íro gebûren .

POTENTIA.

Sunt qui constituant summum bonum esse in summa potentia. Sô sint tíe . die máhtigi uuânent uuésen bézestûn.

Hi uel regnare ipsi uolunt . uel conantur adherere regnantibus. Tíe uuéllen sélben uuérden geuuáltig . álde geuuáltigèn ío mìte sín.

CLARITAS.

At quibus claritas optimum quoddam uidetur . hi festinant propagare gloriosum nomen . uel actibus belli . uel pacis. Tíen mâri bézest lichet . tíe uuéllen íro námen gegùollichòn . mit ételichên dien listen . déro man héime bedárf . álde in hérige.

VOLVPTAS.

Plurimi uero metiuntur fructum boni gaudio . lætitiaque. Súmeliche áhtònt ten bézesten uuùocher stàn . an mêndi . únde an fréuui.

Hi putant felicissimum . uoluptate diffluere. Tíe áhtônt sáliglih . mit uuúnnôn zelébenne . únde dár inne zesuuúmmenne.

VNVM PROPTER ALIVD.

Sunt etiam qui horum fines causasque alterutro permutent. Sô sint óuh tíe . die diz úmbe énez . únde áber ándere . die énez úmbe diz mínnònt . únde sô geuuéhselòt hábent.

Ut qui desiderant diuitias . ob potentiam et uoluptates . uel qui petunt potentiam . seu causa peccuniæ . seu proferendi nominis. A'lso iz tánne uéret . [113.] sô ételiche fórderônt ríhtùom . úmbe geuuált . únde úmbe uúunna . únde ándere dára gágene fórderônt keuuált . úmbe ríhtùom . únde úmbe mâri. Mit tíu ér fúrder uuíle . dáz ist causa . dára er uníle . dáz ist finis. A'lso mág man óuh chéden . mit tíu er febt méinet . dáz ist causa . dáz er áber méinet . táz ist finis.

QVÆ HIS ACCEDVNT.

In his igitur cæterisque talibus . uersatur intentio humanorum actvum . et uotorum. Ze disèn . únde ze sámelichèn . rámèt tero ménniskôn tât . únde iro uuillo.

Ueluti nobilitas . fauorque popularis . quæ uidentur comparare quandam claritudinem. A'lso geédele tùot . únde déro líuto lób . diu ze mâri tréffent.

Uxor ac liberi. U'nde álso chéna . únde chint tùont.

Quæ petuntur gratia iocunditatis. Tíu man úmbe uuúnna fórderòt.

Amicorum uero genus quod sanctissimum est . non in fortuna numeratur . sed in uirtute. Uuío ist tíu uúunna dero friundo? Tíu neist tero sláhto nîeht . si ist héilig . pediu netriffet si nîeht ze_lúkkèn sàldôn . núbe ze_uuárèn . dára túgedhéit triffet .

Relíquum uero assumitur uel causa potentiæ . uel delectatiónis . Táz íh ánderro sláhto námda . dáz uuirt ál guúnnen . úmbe geuuáltes minna . únde úmbe lústsami.

Iam uero promptum est . ut corporis bona referantur ad superiora . Nû ist óuh táz óffen . dáz tes líchamen biderbi . ze_dien sélbên finuen triffet .

Robur enim magnitudoque uidentur præstare ualentiam . Uuánda stárchi . únde mícheli . kébent máhte .

Pulchritudo atque uelocitas . celebritatem . Scôni únde snélli . gébent mári .

Salubritas uoluptatem . Kesúndeda gíbet uuúnna .

Quibus omnibus liquet desiderari solam beatitudinem . Téro állero uuirt kegérôt úmbe éina dia sálighéit .

PROPOSITIO .

Nam quod quisque petit præ cæteris . id iudicat esse summum bonum . Tés iogelichêr gnôtôst kérôt . táz áhtôt ér uuésen daz pézesta . [114]

ASSVMPTIO .

Sed summum bonvm beatitudinem esse diffiniuimus . Uuír éigen áber geságet . táz sáligheit si daz pézesta .

CONCLVSIO .

Quare beatum esse iudicat quisque statum . quem desiderat præ cæteris . Fóne díu . áhtôt iogelichêr dia státa sáliga . dia ér gnôtôst fórderôt .

QVANTA SIT VIS SYLLOGISMI .

Sillogismus netriuget . úbe er legitime getân ist . Sô ist er legitime getân . uuánda er in_dialectica tria membra háben sól . táz téro zuéi sô geuuáriu sín . dáz iro mánnolíh iéhen múge . únde síu éin ánderên sô háfteên . dáz síu daz trítta geuuárèn . íóh áne geíiht . Sô dáz nv̄ ist . Iacob uuás filius isaac . únde isaac filius abrahæ . Táz sint duo membra . U'be man déro iihet . sô iihet man nôte des trítten . daz abraham uuás paternus auus iacob . Fóne diu ist óuh tíz óffen ratio syllogismi . diu úns hier begágenet ist . Táz iogelichêr gérnôst guúnnet . táz áhtôt ér summum bonum . Sô ist summum bonum beatitudo . Táz sint zuéi membra . Dér déro iihet . tér iihet sines úndánches tes trítten . táz tir chit . Táz iogelichêr gérnôst

kuúnnet . táz áhtòt er beatitudinem .
Tár mite uuizin . dáz argumentum
bestát . fóne éinemo membro . álde
fóne zuéin. Fóne éinemo . sò dáz
ist. U´be iacob uuás filius filii abra-
hæ . sò uuás er nepos abrahæ. Táz
éina membrum héizet propositio.
Fóne zuéin bestát iz . sò dáz ist.
U´be iacob uuás filius filii abrahæ.
sò uuás er nepos eius . Ér uuás óuh
kuisso sò ? Táz ist propositio . únde
assumptio. Chít iz áber . iacob uuás
filius filii abrahæ . únde bedíu uuás
er nepos eius . táz ist tánne propo-
sitio . únde conclusio. Fóne díu ist
argumentvm inperfectus syllogis-
mus. Fólle rúcchest tu iz ad tria
membra . sò iz fóllèr syllogismus .

Habes igitur fere . s. quia forte
plura sunt . propositam ante oculos
formam humanæ . i. falsæ felicita-
tis. Nv̄ hábo ih tír geóuget filo
náh . táz pílde dero ménniskòn sál-
dòn. [115.]

Opes . honores . potentiam . glo-
riam . uoluptates. I´h méino rîh-
tùom . èra . geuuált . kùollichi .
unúnna.

Quæ quidem sola considerans epi-
curus . consequenter sibi constituit
summvm bonum . uoluptatem esse.
Epicurus tèr éinér uuás tero philo-
sophorum . únde dér mit ín gieng
sùochendo summum bonum . tèr gót
neuuissa . nóh spiritalia bona . échert
án disiu quinque dénchendo . uuólta
er geslágo uoluptatem hában ze͜
summo bono.

Eo quod cætera omnia uideantur
afferre iocunditatem animo. Fone
diu geslágo . uuánda éniu fieríu . sò
imo dùohta . uuúnna tùont temo
mùote . álso uoluptas corpori tùot.
Pedíu uuánda er . dáz éniu fieríu .
mit tirro éinùn begriffen vuúrtîn .
únde er an iro éinùn hábeti fúnden .
dáz er sùohta. Epicuros grece chit
latine super porcos. Tén námen
gáben imo die ándere philosophi .
uuánda ér uoluptati fólgèndo . mit
sînèn sectatoribus porcis . kelícho
lébeta.

NON IN FINE HOMINES ERRARE . SED IN
VIA ET SVMMO BONO . NVLLVM EX SVPRA
SCRIPTIS QVINQVE DEESSE.

Sed ad hominum studia reuertor .
quorum animus repetit suum bonum .
tametsi caligante memoria. Nú uuile
ih áber chád si ságen . uués tie liute
flîzig sint . tèro mùot io náh iro gùote
sinnet . tóh iz óuh úngehúhtigo dara
náh sinne .

Sed ignorat uelut ebrius . quo tra-
mite reuertatur domum. U´nde iz
áber neuuéiz sámo so iz trúnchen
si . uuélès síndes iz héim eruuínden
súle. I´z sùochet táz tír zesúoch-
enne ist . iz negát tír áber réhto
náh nieht.

OPES.

Num enim uidentur errare hi . qui nituntur nihilo indigere? Uuânest tu díe irròn in-iro mùote . die gérno úndúrftig uuârin álles kûotes? Néin sie .

Atqui . non est aliud . quod æque possit perficere beatitudinem . quam copiosus status omnium bonorum . Zeuuàre . nieht nemág sò unóla dia sàligheit erfóllòn . sò álles kûotes knúhtsám státa.

Nec egens alieni . sed sufficiens ipse sibi . Tiu frémedes ist úndúrftig . únde fóne iro sélbero gnùoge hábet.

HONOR. [116.]

Num uero labuntur hi qui quod sit optimum . id etiam putant dignissimum . cultv reuerentiæ? I'rrònt tie uuânest . tie daz pézesta áhtónt èruuirdigosta?

Minime . Néin sie.

Neque enim uile quiddam est et contemnendum . quod intentio fere omnium mortalium laborat adipisci. Táz nemáhti nieht smáhe sin . dára álle ménnisken zùo ilent . Sie ilent ad summum bonum . dâr sie dáz fúndent . tár hábent sie óuh fúnden . daz reuerentissimum ist.

POTENTIA.

An in bonis non est numeranda potentia? Nesól man máhte gûot áhtòn na? Daz chit . nesól man guis sin máhte mit summo bono na?

Quid igitur? Uuio dúnchet tir?

Num estimandum est inbecillum . ac sine uiribus? quod constat esse præstantius omnibus rebus? Táz állero dingo fórderòsta ist . i. summum bonum . uuio sól dáz chráftelòs sin?

CLARITAS.

An claritudo nihili pendenda est? Sól mári mánne lúzzel gedúnchen?

Sed sequestrari nequit . quin omne quod excellentissimvm est . id etiam uideatur esse clarissimum. A'ber uuio mág . síd táz nòte daz márista ist . táz óuh taz fórderòsta sist?

VOLVPTAS.

Nam quod attinet dicere beatitudinem non esse anxiam . tristemque . nec subiectam doloribus . molestiisque . quando in minimis quoque rebus id appetitur . quod delectet habere . fruique? Uuáz túrft ist sàr . dáz ih summum bonum . únde beatitudinem ze dien sie sinnent . álles úngemáches ferságe . sid sie ióh smáhes tínges kéront túrh lústsami?

An summo bono neist nehéinez fól-
leglichòr. dánne lústsámi.

Atqui hæc sunt. quæ uolunt ho-
mines adipisci. A͡ne zuíuel sint tiz
tíu. déro ménnisken gérònt.

Eaque de causa desiderant. diui-
tias. dignitates. regna. gloriam.
uoluptatesque. quod per hæc sibi
credunt uenturam sufficientiam. re-
uerentiam. potentiam. celebrita-
tem. lætitiam. Unde fóne diu uuél-
len sie rihtùom. hèri. geuuált.
kůollichi. lústsámi. uuánda sie mít
téro uuánent háben. fóllùn. èra.
máhtigi. geuuáhtlichi. fréuui. Uuáz
sólti in rihtùom. sie nehábetin fól-
lùn? Uuáz sólti in hèrscáft. si ne-
gábe in èra? Uuáz sólti in geuuált.
[117.] ér netáte sie máhtig? Uuáz
sólti in gůollichi. áne úmbe geuuáht-
lichi? Uuáz sólti in óuh uuúnnā.
sie nefréutin den mán?

Bonum est igitur. quod tam di-
uersis studiis homines petunt. Táz
ist ío éin ding. éin gůot. tára náh
ménniskên in͜sús mániga uuís rin-
gent.

In quo quanta sit uis naturæ. fa-
cile monstratur. cum uarie licet sen-
tentiæ. dissidentesque. tamen con-
sentiunt in diligendo fine boni. Tár
ána mág man sámfto chíesen. uuío
stárh tíu natura sí. tánne sò misse-
héllé uuísà. an demo úzláze gehél-
lent. tes kůotes. tára sie ílent?

DE NATVRÆ VI.

Quantas rerum habenas. flectat na-
tura potens. quibus legibus prouida.
seruet inmensum orbem. strin-
gatque. ligans singula in resoluto
nexu. placet promere arguto cantu.
lentis fidibus. Vuío geuuáltigo diu
natura íro zóum chère. mit uuélero
èo si beuuároe disa uuérlt. únde
uuío si dingolih pinde mit féstemo
bánde. dáz nuíle ih lûto singen.
an͜lído͜uuéichén séiton.

Quamuis poeni leones. gestent
pulchra uincula. et datas escas cap-
tent manibus. et soliti pati uerbera.
metuant trucem magistrum. Tóh
tie chúnen léuuen án in chétennā
trágèn. únde dóh man sie ázze ába
hénde. fóre mánlámi. únde dóh sie
fóne geuuónên slégen iro méister
fúrhtèn.

Si cruor tinxerit horrida ora. re-
deunt resides olim animi. et graui
fremitu meminere sui. Kechórònt
sie des plůotes. sò uuirt in sár ûf.
iro érera grimmi. únde sár behú-
gent sie sih. uuáz sie sint. criscra-
móndo in íro uuís.

Laxant colla solutis nodis. Pri-
musque domitor lacer. i. laceratus.
cruento dente. imbuit rabidas iras.
Tés mézes préchent sie die chéten-
nā. únde gánt ten méister zeèrest
ána. dér uuírt ter éresto frisking.
únde in zánóndo. uuáhset in diu
rázi.

ITEM.

Ales quæ canit garrula altis ramis . clauditur antro caueæ . [118.] Únde dér fógel . dér dar féret fóne bóume ze bóume singendo . der uuirt kefángên . únde in chéuia getân.

Huic licet ministret cura hominum illita pocula melle . et largas dapes . ludens dulci studio. Tóh man démo dára náh tinoe mit kehónagôtên sáchôn . únde mit állero fóllùn . so gnùoge tùont . ze tágalti . únde ze spile.

Si tamen saliens arto tecto . uiderit gratas umbras nemorvm . proterit sparsas pedibus escas . siluas tantum mesta requirit . siluas dulci uoce susurrat. Ûbe er fo dôh ûzer dero chéuio ze hólz indrinnen mùoz . tár er sínen lieben scáto sihet . sô ist imo diu vordara[1]) fùora ùnmâre . inuuálde uuile er échert uuónên . in uuálde uuile er zuizerón.

ITEM.

Ualidis quondam uiribus acta uirga . flectit pronum cacumen. Tes iùngen bóumes óbenahtigi . uuirt óuh uuîlon mit nôt uider gezógen.

Si hanc curuans dextra remisit . rectum uertice spectat cælum. Uuirt er ferlázen . ér rihtet sih áber úf ze himele.

---

1) Verbessert aus früherem fóre.

ITEM.

Phœbus cadit in hesperias undas . sed rursus uertit currum secreto tramite . ad solitos ortus. Tiu súnna gát óuh ábendùn uuéstert in sédel . si chúmet áber mórgenòn tóugenero férte uuidere ze iro ortu.

ITEM.

Repetunt quæque proprios recursus . redituque suo singula gaudent. A'llero dingolih hábet sina uuideruárt . únde sinnet fo dára . dára imo gesláht ist.

Nec manet ulli traditus ordo . nisi quod iunxerit ortum fini . stabilemque sui fecerit orbem. Nóh dehéin ánder ding nebestát in sinero natùrlichùn órdeno . áne dáz sin énde gerértet ze sinero úrrúnste . únde sih in ringes uuîs ketùot státa hában. Fóne diu háltet táz ménnisken an sinero natura . ùbe er ze góte fóne démo er chám . uuidere fúnden chán .

QVOD ERROR INDE RETRAHIT . QVO NATVRA TENDIT. [119.]

Vos quoque o terrena animalia . licet tenui imagine . somniatis tamen uestrum principium. Só tùont óuh ir ménnisken . an so unio écherôdemo bilde iz si . dóh keséhent ir ío . sámo so dúrh tróum . íuuèr ánagénne.

Prima præuaricatio hábet ménniskôu dáz penómen . tóh sie sùochên íro principium . dáz sie iz uuóla bechénnen nemúgen.

Uerumque illum finem beatitudinis prospicitis . qualicumque cogitatione . licet minime perspicaci. Unde uuártênt ir ála réhto fúre ze‿demo sáligen ùzlâze . so uuio ír iz mit úndúrbsihtîgemo mûote tûênt.

Eoque ducit uos naturalis intentio ad uerum bonum et multiplex error abducit uos ab eodem. Fóne díu . s. unánda diu natura stárh ist . sô léitet si iuuih ála réhto ràmendo ad summum bonum . únde uuánda si geâuuártôt ist . pedíu mísseléitet iuuih áber der írredo.

PROBANDVM DICIT ARGVMENTIS . AN PER HÆC QVINQVE QVOD DESIDERATVR VALEAT ADIPISCI.

Considera namque . an per ea quibus se putant homines adepturos beatitudinem . ualeant peruenire ad destinatum finem. Nv̂ chius tir . úbe sie mit tien finuen . mit tien sie trûuuênt sáldâ geuuínnen . dára chómen múgin . dára sie rámênt.

Si enim uel pecunia . uel honores . cæteraque . tale quod afferunt . cui nihil bonorum abesse uideatur . nos quoque fateamur . aliquos fieri felices . horum adeptione. Múgen díu sô getânen . sô scáz ist . únde êra . íouuanne dés kehélfen . dáz imo nehéines kûotes ne bréste . sô iéhên dien dero sáligheíte . die déro dehéin guuinnên.

Quod si neque id ualent efficere quod promittunt . bonisque pluribus carent . nonne liquido dreprehenditur . in eis falsa species beatitudinis? Nemúgen siu áber geléisten dáz siu gehéizent . únde bristet in mániges kûotes . sô sínt siu óffeno lúkkez pílde dero sáligheíte.

PRIMA PROBATIO IN DIVITIIS . [120.]

Primum igitur te ipsum interrogo . qui paulo ante diuitiis affluebas. Nv̂ zeêrest ságe dû mir . dû mittúndes ríche uuâre.

Inter illas abundantissimas opes . numquamne confundit animum tuum anxietas concepta ex qualibet iniuria? Tô du richesto uuâre . geskáh tír íeht ángestliches . fóne íomannes scúlden . dáz tîn mûot írti?

Atqui inquam . non queo me reminisci fuisse libero animo . quin aliquid semper angerer. Ze‿uuâre chád ih . ih neuuárt nio dés íh kehúge . sô inbúnden mînes mûotes . ih neángesti úmbe éteuuáz.

Nonne quia uel aberat . quod non uelles abesse . uel aderat . quod adesse noluisses? Neuuás táz pedíu chád si . dáz tír ételiches liebes mángta . tés tu dir neuuóltîst méngen . álde dir léid hábetôst . táz tu háben neuuóltîst?

Ita est inquam. Táz ist álso.
chád ih.

Illius igitur desiderabas præsentiam . huius absentiam. Tò géretòst tû chád si . énes kágenuuérti . disses ábuuérti.

Confiteor inquam. Tés iiho ih chád ih.

Eget uero inquit quisque . eo quod desiderat. Sò ist áber mán dúrftig chád si . dés er gérót.

Eget inquam. Túrftig chád ih.

Qui uero eget aliquo . non est usque quaque sibi ipse sufficiens. Tér ichtes túrftig ist chád si . tér neist álles tinges nieht cnúhtig.

Minime inquam. Sò neist chád ih. Táz ist argumentum a parte. Quasi diceret. Non habet totum . cui partes desunt.

Tu itaque sustinebas inquit hanc insufficientiam plenus opibus? Lite dû chád si . dise dúrfte . tô du hárto riche uuáre?

Quidni inquam. Uuio ánderes chád ih.

Opes igitur . nequeunt facere nihilo indigentem . sufficientemque sibi. Ûbe díz sús ist chád si . sô nemúgen òtuuálâ níomèr úndúrftigen getûon . nóh cnúhtigen.

Et hoc erat quod promittere uidebantur. U'nde dés kelih táten sie dóh.

ITEM.

Atqui hoc quoque maxime considerandum puto . quod pecunia nihil habeat suapte natura . ut his inuitis a quibus possidetur nequeat auferri. Táz ist óuh cnóto zebedénchenne . táz ter scáz téro túgede án imo sélbemo nieht nehábet . [121.] in nemúge man úndánches némen dien . déro er ist.

Fateor inquam. Tes iiho ih chád ih.

Quidni fateare? Ziu nesólti tû is iéhen chád si?

Cum aliquis ualentior eripiat eam cottidie inuito? Tanne in tágoliches . io dér báz mág . ándermo úndanches néme?

Unde enim forenses querimoniæ? Uuánnán chóment ánderes . die dinglichen chlágâ? únde die dinglichen rûofta?

Nisi quod repetuntur pecuniæ . ereptæ nolentibus . uel ui . uel fraude? A'ne dáz tie mit nóte . álde mit úndríuuòn genómenen scázzâ neuuéllentèn . uuídere geéiscót uuérdent?

Ita est inquam. Táz ist sô chád ih.

Egebit igitur inquit quisque petito extrinsecus præsidio . quo suam pecuniam tueatur. Fóne diu ist chád si . mánnolih túrftig ánderes mánnes hélfo . sinen scáz zegehéienne . únde zeiruuérrene.

Quis id inquam neget? Uuér chád ih mág tés kelóugenen?

Atqui non egeret eo . s. præsidio . nisi possideret pecuniam . quam posset amittere . Nû neuuâre imo déro hélfo nehéin dúrft chád si . úbe er dén scáz nehábeti . dén er fúrhtet ferliesen .

Dubitari inquam nequit . Nehéin zuíuel neist tés chád ih .

In contrarium igitur relapsa est res . Úbe diz sús ist chád si . sò ist taz tin uuideruuartigo bechêret .

Nam opes quæ putabantur facere sufficientes sibi indigentes potius faciunt alieno præsidio . I'h méino dàr ána . uuánda der rihtúom dér sie gnúhtige túon sólta . iro sélbero hálb . tér tùot sie dúrftige ánderro hélfo. Táz ist argumentum ab euentu . Sámo si chade . Quia diuites euenit egere . ideo diuitiæ sunt causa egestatis .

ITEM .

Quis autem modus est . quo pellatur diuitiis indigentia . Ze_uuélero uuis múgen dánne dúrfte úberuuúnden uuérden mit rihtúome ?

Num enim diuites esurire nequeunt ? Num sitire non possunt ? Nemág tie richen nieht húngeren nóh túrsten na ? [122.]

Num membra pecuniosorum . non sentiunt frigus hibernum ? Neinfindent tero richôn lide des fróstes nieht na ?

Sed adest inquies opulentis . quo famen satient . quo sitim frigusque depellant . Sò hábent sie geziug chist tu . mit tiu sie gebúozên den húnger . únde den dúrst . ióh ten fróst .

Sed hoc modo consolari quidem potest . indigentia diuitiis . auferri penitus non potest . Ze_déro uuîs chido áber ih . mág téro dúrfto ételih tróst uuérden . mit rihtúome . nâh fúre-nomes lába uuérden .

Nam si hæc hians semper . atque aliquid poscens . expletur opibus . maneat necesse est quæ possit expleri . Úbe indigentia ío giêt . únde ío gérot . únde mit sáchôn erscóben uuirt . sô uuéret si nóte ío ze_dero fúlli . Sid tiu fúlli sîa netiligôt . sô uuázer fiur túot . únde si échert stillêt . sô ist si ío sô nezegàt si . Uuúrte si mit opibus fertiligòt . sô neuuâre si . Argumentum a minori ad maius . Minus est enim reprimere quam extinguere .

ITEM .

Taceo quod naturæ minimum . quod auaritiæ nihil satis est . I'h uuile dés fersuîgên . dáz tero naturæ lúzzel gnŭoget . únde dero fréchi nionér ána gnúoge neist . Fames únde sitis . únde nuditas . máchônt mánnolichen egentvm . Tia indigentiam múgen opes kebúozen . án dien únfréchen . Tie áber fréh sint . uuánda in niehtes fóllûn nedúnchet . pediu sint sie io árm . únde ío dúrftíg .

Quare si opes nec summouere possunt indigentiam . et ipse suam faciunt . i. addunt . quid est quod credatis eas præstare sufficientiam? Fóne diu ságe dù mir chád si . úberihtûom dúrfte fertiligôn nemág . únde er ióh túrfte máchôt . uuélicha gnúht mág er dánne gébèn . uuánent ir? Argumentum a contrariis . Quasi diceret . Opes quæ indigentiam gignunt . quomodo sufficientiam quæ eis contraria est gignant? [123.]

AVARO INVTILES ESSE DIVITIAS .

Quamuis auarus diues fluente gurgite auri . cogat non expleturas opes. Tóh ter frécho mán . sámo riche uuórtenêr . sámo so ímo zùorínne daz cóld . sînen scáz tés ímo nîomêr fóllûn nedúnchet . kehùfoe.

Oneretque colla bacis rubri litoris . Unde er gelàde sînen háls mit tien gimmôn des rôten méres .

Et scindat opima rura centeno boue. Únde er mit cènzeg flûogen ze‿áchere gánge . in‿birigemo lánde .

Nec cura mordax deserit superstitem . Umbe dáz negebristet ímo nio sórgùn lébendemo.

Et defunctum non commitantur leues opes . Nóh úmbe dáz nefólgènt imo nîeht tôtemo . sîne lîehtlichen sáchá .

SECVNDA IN DIGNITATIBVS .

Sed dignitates reddunt honorabilem . reuerendumque . cui prouenerint? Témo áber die hêrskéfte zùogeslingent . máchônt tîe dén èrháften . únde ántsazígen?

Num ea uis est magistratibus . ut mentibus utentium inserant uirtutes . depellant uitia . Ist tánne diu chráft àn dien ámbáhten . dáz sie dien ámbaht‐mánnen túgede gébèn . áchuste némèn?

Atqui . non solent fugare nequitiam . sed potius illustrare . Triuuo . siu nesint nîeht sitig . tes mánnes úbeli zetiligônne . núbe zeóffenônne .

Quo fit ut indignemur sepe eas contigisse nequissimis hominibus. Tánnán geskihet ticcho . dáz uuír siu zúrnèn ze‿hánden chómen uuésen dien zágostên. Únde catullus nonium licet sedentem in curili . tamen strumam appellat . Fóne diu uuárd táz catullus nonium gútter hiez . dôh er án‿demo hêrstùole sáze . Catullus uuás ueronensis poeta . nobilis . pediu uuás ímo nonius únuuérd . tér fóne gallia ze‿roma chómenêr . mit gothorvm suffragio ze‿consulatu gestéig . [124.]

Uidesne quantvm dedecus malis abiciant dignitates? Nesihest tu dâr ána na . uuáz únerôn ámbaht . únde uuirde gébèn dien úbelèn?

Atqui . minus patebit eorum indignitas . si nullis honoribus inclarescant. Ze‿triuuôn íro únuuírde skînent tês tóh minnera . úbe sie nehéin ámbaht‑éra nemâret.

ITEM.

Tu quoque num tandem tot periculis adduci potuisti . ut cum decorato putares gerere magistratum . cum in eo respiceres mentem nequissimi scurræ et delatoris? Máhtòn sâr dih ánabríngen dehéine fréisà . dáz tû consulatum mit decorato hinderstân uuóltist . tén du uuissôst skirnen . únde méldare? Tisêr decoratus uuás fautor gothorum . pediu uuás er méldâre dero ciuivm. Uuánda er óuh târ mite spílománnes kebârda hábeta . fóne diu neuuólta er sîn collega nieht uuérden in consulatv . tóh iz ter chúning uuólti. Táz uuás imo fréisa uuíder den chúning.

Non enim possumus ob honores . reuerentia dignos iudicare . quos ipsis honoribus iudicamus indignos. Uuir nemúgen die nieht áhtôn êrhafti uuirdíge . úmbe íro ámbaht . die uuír sélbes tes ámbahtes áhtoén únuuirdíge.

At si quem uideres perditum sapientia . num posses putare eum indignum . uel reuerentia . uel ea sapientia . qua est præditus? Tén du áber sáhist uuísen . máhtist tû dén áhtòn únuuírdigen êrháfti . únde sélbes sînes uuistûomes?

Minime. Néin du.

Inest enim uirtuti propria dignitas. Túged hábet an íro sélbûn éigene uuírde.

Quam protinus transfundit in‿eos. quibus adiuncta fuerit. Tie si sâr dien gíbet . tien si gelâzen ist.

Quod quia populares honores nequeunt facere . liquet eos non habere propriam dignitatis pulchritudinem. Uuánda dáz tiu uuérlt‑érá nieht ketûen nemúgen . pediu skinet . táz sie nehéina scóni nehábent éigenero uuirde. [125.] A'n demo fine skinet tiu causa. U'be popularis dignitas uuâre causa reuerentiæ . so uuér dánne dignitatem hábeti . démo nebrâste nieht reuerentiæ. Pediu héizet táz argumentum a fine.

In quo illud est animaduertendum magis. Târ án déro stéte uuírt tês cnóto uuára zetûonne . s. uués causa dero úbelôn dignitas si . sîd si reuerentiæ causa neíst.

PROPOSITIO.

Nam si eo abiectior est quisque . quo magis a pluribus contemnitur. U'be mánnolih sô ueruuórfenero ist . sô er io fóne mánigorén ferchóren uuírt.

ASSVMPTIO.

Cum dignitas nequeat improbos . facere reuerendos . s. quamuis notos. Sô láng taz ámbáht êrháfte

getùon nemág . tie úbelen . tòh iz
sie tùe chùnde.

CONCLVSIO.

Quos ostentat pluribus despectiores
facit . Tár iz sie óuget . án diu tùot
iz sie fúre érháfte uersihtige . Tár
skinet . táz tien úbelèn iro dignitas
ist causa despectionis.

Uerum non impune . Náls áber
ingniuz . I's uuirt iro gedánchót.

Reddunt namque improbi parem
uicem dignitatibus . quas conmacu-
lant sua contagione . Uuánda sámo-
licha únéra tùont sie dára gágene
dien ámbáhten . tíu sie besmízent
mit iro úbeli.

ITEM.

Atque . s. audi . ut cognoscas non
posse contingere ueram illam reue-
rentiam per has umbratiles dignita-
tes . Unde lá mih tir mèr ságen dáz
tu bechènnèst nehéina uuára érháfti
chómen fóne disén lúkkén hèrskef-
ten.

Si qui functus multiplici consula-
tu . forte deuenerit in barbaras na-
tiones . honorne faciet uenerandum
barbaris? Tér ióh ticcho consul
uuirdet . feruuállót tér ódeuuano
férro únder énderske liute . tùot in
dánne dár érháften sín héimiska
éra?

Atqui . si hoc munus . i. reueren-
tia naturale foret dignitatibus . quo-
quo gentium . i. ubique terrarum.
nullomodo cessaret ab offitio suo.
Uuáre diu érháfti ánabúrtig tien ám-
bahten . sò negesuiche si ín nio-
nér .   [126.]

Sicut ignis ubique terrarvm . num-
quam tamen calere desistit . A'lso
daz fiur nionér ána sína hízza ne-
ist.

Sed quoniam id eis . s. offitium
dignitatis non adnectit propria uis .
sed fallax opinio hominum . uanes-
cunt ilico . cum ad eos uenerint .
qui non estimant eas esse dignitates .
Vuánda áber ín día éra nieht negi-
bet iro sélbero túged . núbe lúkkèr
uuán dero ménniskón . die sie érón
uuirdige áhtònt . fóne diu ingánt sie
ín sár . só sie ze dien chóment . tie
die érá fúre nieht nehábent.

Sed hoc apud exteras nationes .
Nv̄ geskíhet táz únder frémedèn.

ITEM.

Inter eos uero apud quos ortæ sunt
dignitates . num perpetuo perdurant.
Under dien sie ióh fóne érest uuúr-
ten . sínt sie mít tien státe?

Atqui prætura olim magna pote-
stas . nunc inane nomen . Táz chún-
ne dár ána . dáz prætura iu uuás éin
michel geuuált . únde iz nù ist échert
úpíg námo.

Et grauis sarcina senatorii census. V'nde héuig árbéit. tero hêrrôn scázzes. Sub augusto uuàs tero senatorum numerus mille. únde iro census. tén sie iárlichen infáhen sóltôn. tés uuás sô suetonius ságet octingentorvm milium summa. U'be prætores ten scáz récchen sóltôn. dáz ne máhta áne árbéite nîeht sîn.

Si quis quondam curasset annonam populi. magnus habebatur. nunc ea præfectura quid abiectius? Tér óuh tes purgliutes frûondo iu flégen sólta. dér uuás máhtig. uuélih ámbaht ist áber nû smáhera? U'nz án augustum sô gnûogta romanis tero frûondo ze demo iáre diu áfter italia únde sicilia gesámenôt uuárd. sô fóne ímo egyptus uuárd redacta in prouintiam. dáz chit in flihtlánt. dô gesázta er in dánnán abundantiam. ad septem menses. Tér uuás nóte máhtig. tér sô micheles tinges flág.

DE COMITIIS.

Fóne liuio. únde fóne ánderên historicis uuízen uuir. dáz tie ámbahtsezzedá ze romo hiezen ze romo comitia. [127.] a comendo. únde sélben diu ámbaht hiezen magistratus. únde dignitates. Téro ámbahto uuás náh tien expulsis regibus consulatus taz hêrôsta. temo fólgeta legataria dignitas. uuánda dáz ten consulem ánagîeng zetûonne. táz frúmeta sîn legatus. A'lso reges trûogen in capite coronam. álde diadema. sô trûogen consules tár fúre fasces in capite. dáz uuáren insignia maiestatis. dáz chit zierdá. únde bechénnedá dero mágenchréfte. A'lso uuir ín demo hûs héizen mágen sûl. dia méistûn sûl. ih méino. díu den fírst tréget. sô hiez tíu chráft tero consulvm. álde déro regum. álde dero dictatorum. mágenchráft. uuánda si díu méista uuás. Tie déro maiestati regum. álde consulum uuíderhôrig uuáren. únde sie dár úmbe fóre in úbertéilet uuúrten. die hábetôn flúht ze dien líuten áfter dero rûmiskûn éo. dáz sie in dero fréisôn húlfîn. Díu flúht hîez prouocatio. Sô áber dánnán diccho eruuûohsen maxime dissensiones. die dissensiones zeuerzérenne. sázton sie dictatorem. tés maiestas sólih uuáre. dáz nîoman dés nehábeti prouocationem ad populum. dáz ímo fóre démo ertéilet uuúrte. Témo fólgeta îo magister militum. únde dén uuéleta ér imo sélbo. álso der consul téta sínen legatum. Náh in uuáren tribuni plebis. keuuáltigôsten. téro uuáren uuílôn zuêne. uuilôn iôh zêne. únde diccho uuúrten die so creati. dáz sie hábetîn consularem potestatem. dáz chit similem consulibus. Tie hiezen fóne díu tribuni plebis. uuánda sie iudicia plebis úber sih námen. Tára náh uuáren prætores. únde censores. únde questores. Pretores fúre fûo-

ren den consulem . in exercitu .
únde rihtòn ímo sîn prætorium . ih
méino sîn tentorium . târ ér inne sáz
ad iudicandum et contionandum .
táz chît zeríhtenne . únde zespráchònne. Tánnán híez er prætor a
præeundo . quasi præitor. Censores uuielten fróno=scázzes . ter in
ærario gehálten uuás . fóne div híezen sie a censu censores. [128.]
Questores uuáren des scázzes fórderára . dicti tanquam quesitores. Tára
náh uuáren præfecti . dáz chît flégara . die über=misselichiu negotia
uuáren. Sô uuáren ediles . tie dero
edium hûtôn . únde díe besáhen.
Duumuiri únde triumuiri híezen die
über=fráuali díngotôn. Fóne diu zíhet suetonius augustum . dáz er
acerrimus uuâre in suo triumuiratu.
Fúre duumuiros únde triumuiros .
uuúrten sid præsides. Decemuiratus uuárd échert éinêst keseźzet . tô
romani fûre duos consules decemuiros chúren . dáz sie éinzên fasces
trúogin . únde éinzên áfter hérto
dero reipublicæ flágin. Proconsules
uuáren in loco consulum. Pontifices flâgen dero religiones. Imperatores . duces . comites . sint chúnt.

DE ORDINE CIVIVM ROMANORVM.

Târ míte tóug zebechénnenne . dáz
romani ciues keskéiden uuáren in
patres . únde in plebem. Tero patrum uuáren tres ordines. Ter bérôsto ordo uuás clarissimorum.
Fóne diu lésên uuír in passione sebastiani sancti. Clarissimîs cottidie uiris marcelliano et marco suadebat sæculi blandimenta respuere.
A'nderiu uuás illustrium. A'n déro
uuás boetius. Pediu chît ter titulus tisses pûoches. Anicii . manlii .
seuerini illustris uiri. Tiu dritta
uuás exspectabilium. A'lso beata
agatha fóne íro sélbûn chád. Ingenua sum . et exspectabilis genere.
Plebis uuáren zuô ordines equestris.
únde pedestris. Tér uuás eques .
ter decem milia máhta gezíugòn déro
suarôn féndingo . die sestertia híezên. Tie mínnera hábetòn . die
mûosòn gân. Sô zit uuás ámbaht
zesézzenne . sô sáztôn siu die patres
per suffragia plebis. I'ro gelúbeda .
únde íro béta . dáz uuáren suffragia. Tie fóne ánderên húrgen dára
chómene uuáren . tie hábetòn dia
sélbûn êa . âne dáz sie nieht nemáhton ferre suffragia. Tánnán skínet .
táz tie dar híezen patres . únde senatores . ióh âne ámbaht michela
dignitatem hábetòn. [129.]

ITEM.

Vt enim paulo ante diximus . quod
nihil habet proprii decoris . opinione
utentium . nunc splendorem accipit . nunc amittit. A'lso ih târ fóre
gréhto chád . dignitas tiu nieht éigenero zierdo neháhet . tiu guuinnet

sia . únde ferlíuset sia sô díe uuánent . téro si ist.

CONCLVSIO.

Si igitur dignitates nequeunt facere reuerendos. Suspensio. Si ultro sordescunt contagione improborum. Et hic. Si desinunt splendere mutatione temporum. Et hic. Si uilescunt estimatione gentium. Et hic. Quid est quod habeant in se expetendæ pulchritudinis . nedum . i. ne‿dicam . aliis præstent? Depositio. Úbe hêrskéfte êrháfte getûon nemúgen . úbe sie ióh hônet tero gûotelóson úbeli . únde úbe sie fóre álti ferblíchent . táz chit slingen gestânt . únde úbe sie fóne fêrrên líuten fersmáhet uuérdent . uuáz hábent sie dánne án in lústsámero scôni? ih nedárf chéden . uuáz sie iro ánderên gében.

ITEM.

Quamuis nero seuientis luxuriæ . i. plenus seuitiæ . et luxuriæ . comeret se superbus tirio ostro . et niueis lapillis. Tóh tér grimmo únde dér zúrlústigo nero sih úbermûotlicho gáretí . mit tero tiurestûn púrpurûn . únde mit scônên gimmôn.

Inuisus tamen omnibus uigebat. Ér uuás io dóh tien sinên állên léidsám náls êruuírdig.

Sed improbus dabat quondam uerentis patribus indecores curules. Ér spéndóta io dóh álso úbelêr dien êruuírdigên hêrrôn únzímige hêrskéfte. Únzímige . uuánda sie fóne úbelero hénde chámen.

Quis igitur putet beatos illos honores . quos miseri tribuunt? Uuér sól dánne uuánen . die êrâ uuésen sálige . tie die uuênegen gébent? Argumentum a contrariis . ut sunt beatitudo et miseriæ.

TERTIA IN POTESTATIBVS.

An uero regna . et familiaritas regum ualet efficere potentem? Mág chúningo geuuált . únde dáz man ze‿ín hábet kesuâsheit . máhtige getûon?

Quidni? Ziu nemág chist tu? [130.]

Quando felicitas eorum perpetuo perdurat? Sid tie chúninga nîoman ába nestôzet . únde in iro sálighéit fólle gât?

Atqui uetustas plena est exemplorum . plena etiam præsens ætas . qui reges mutauerint felicitatem calamitate. Uuír éigen dés mánigíu bilde . fóne áltên . ióh fóne níuuên zítên . uuîo mánige chúninga náh sáldon ze‿bárme chámen.

O præclara potentia . quæ ne ad conseruationem sui satis efficax inuenitur. Éin máre geuuált ist créhto dér nú . dér nóh sih sélben hálten nemág.

Quodsi hæc regnorum potestas. auctor est beatitudinis. nonne si qua parte defuerit. minuat felicitatem. inportet miseriam. V́be chúninges keuuált. sáligheit máchôt. uuár ist si dánne nú. sid tés nòt ist. so uuár iro bréste. dáz tér brésto minneroe dia sálighéit. únde infúore dia uuéneghéit?

Sed quamuis late tendantur humana imperia. necesse est plures gentes relinqui. quibus regum quisque non imperet. Préitên sih óuh férro diu irdisken ríche. nóh tánne sint to mánige diete. déro éin chúning so uuélêr geuuáltigòsto ist. nieht neuuáltet.

Qua uero parte desinit potestas faciens beatos. hac subintrat impotentia. quæ facit miseros. Tár diu máht åba gât tiu sálige tûot. tár gât tiu únmáht zû. diu uuénege tûot. Táz ist argumentum a contrariis.

Hoc igitur modo necesse est inesse regibus maiorem portionem miseriæ. In disa uuis ist nót. táz chit. hinnán ist nòt tien chúningen mêr ánaligen uuèneghéite. dánne sálighéite.

Tyrannus expertus periculorum suæ sortis. i. dignitatis. simulauit metus regni. terrore gladii pendentis supra uerticem. Dionisius dér pinumftlicho uufelt siciliæ. únde bediu sînes keuuáltes fréisâ bechánda. dér máz tîa fórhtûn. die ér úmbe sîn riche dóleta. ze dien fórhtôn. dés óbe hóubete hângênten suértes. Ér

háncta iz témo úber hóubet pe éinemo smálemo fádeme. [131.] tér zeimo chád. táz er sálig uuâre. únde frâgeta in. uuîo sálig pist tu nú? Uuio sálig mág ih sin chád ér. únz ih tiz suért fúrhto? Álso sálig pin ih chád dionisius. tés sélben fúrhtendo.

Quæ est igitur hæc potestas. quæ nequit. expellere morsus sollicitudinum. quæ nequit uitare aculeos formidinum? Vuáz keuuálto mág táz sin. diu mánne nieht penémen nemág. in nebízen sórgûn. únde in negértên fórhtûn?

Atqui uellent ipsi uixisse securi. sed nequeunt. Nû unóltîn sie dóh kérno lében sichuro. sîe nemúgen áber.

Dehinc de potestate gloriantur. V́nde rûoment sie sih tóh iro geuuáltes.

An tu potentem censes. quem uideas uelle quod non possit efficere? Áhtôst tû dén geuuáltigen. dér dáz ketûon nemág. táz er uuile?

Potentem censes qui ambit latus satellite? Áhtôst tû sáligen. dér io dia sittûn úmbestéllet. mit tien cnéhten?

Qui plus ipse metuit. quos terret. Tér die intsízzet. tien er égôt?

Qui ut potens esse uideatur. in seruientium manu situm est. In dés mánno hánden dáz stát. táz er geuuáltig si.

Nam quod ego disseram de familiaribus regum. cum ipsa regna demonstrem. plena tantæ imbecillitatis? Vuáz tárf ih ságen fóne dien gesuáſôn dero chúningo. uuſo uuéih tie ſín. ſíd ih ſélben die chúninga geóuget hábo ſô nuéiche?

Quos quidem regia poteſtas. ſepe iocolomis. ſepe autem lapſa proſternit. Tie chúningo geuuált intſézzet. uuílôn únz er gréht iſt. uuílon ſô er beuállet. Sô der chúning beuállet. ſô beuállent ſíne gesuáſen. ófto beuéllet óuh ér ſie ſélbo. Sô uilo ſint óuh ſie uuéicheren.

Nero coegit ſenecam familiarem. præceptoremque ſuum ad arbitrium eligendæ mortis. A'lſo dár ána ſkínet. táz nero ſínen gesuáſen. únde ſínen méiſter ſenecam. genôtta ze-dero uuéli des tôdes. Tô in ſines tôdes lúſta. dô téta er ímo dáz ſámo ſo ze-êron. dáz er ín liez uuéllen den tôd. Tára náh kuán er dén medicum. dér imo blúot liez in demo báde. únz imo ſô únmáhta. dáz er dés kéndôta. [132.]

Papinianum diu potentem inter aulicos obiecit antoninus gladiis militum. A'lſo gebôt antoninus cognomento pius. duodecimus ab auguſto. dáz papinianum dár in hóue lángo geuuáltígen. ſíne bére-chnéhta ſlúogen.

Atqui. uterque uoluerunt renuntiare potentiæ ſuæ. Tie héide uuólton ſih kérno úzon. íro geuuáltes. únz ſie geſúnde uuáren.

Quorum ſeneca etiam opes ſuas conatus eſt tradere neroni. ſeque ferre in otium. Seneca uuólta ióh ſin gûot ál gében neroni. únde héime ſizzen múozig.

Sed dum moles ipſa trahit ruituros. nenter effecit quod uoluit. A'ber ſô iz ío féret. táz tie ſigenten íro ſuári niderzíhet. pedíu neiruuánt íro neunéderêr. nób in neſpûota dés ſie uuóltôn. Sie uuáren úberláden dáz erfálta ſie.

Quæ eſt igitur iſta potentia. quam pertimeſcunt habentes? Vuíolih iſt tánne dér geuuált. dén die fúrhtent téro ér iſt?

Quam nec cum habere uelis. tutus ſis. et cum cupias deponere. non poſſis uitare? Tén dû hábendo únſichure biſt. úbe dû in hában uuile. únde úbe dû neuuile. fóne imo nemáht?

An præſidio ſunt amici. quos non uirtus ſed fortuna conciliat? Vuérdent tir is tie friunt ze-gûote. dû neſiſt únſichure. die állero dicchôſt fóne túgede nechóment. núbe fóne ſáldôn?

Sed quem felicitas fecit amicum. infortunium faciet inimicum? Súnder dés netrûe dû. uuánda den diu ſálda máchôta friunt. tén máchôt ſár únſálda fíent.

Quæ uero peſtis efficatior. ad nocendum. quam familiaris inimicus? Vuélih ſúht íſt tánne ſcádohátera. dánne der gesuáſo fíent?

―――

QVÆ SIT VERA POTENTIA.

Qui se uolet esse potentem. ille domet feroces animos. nec colla uicta libidine summittat foedis habenis. Tèr geuuáltig uuélle sîn. dér duuinge sîn géilla mûot. nóh ne lâze nieht sînen háls úberuuúnden uuérden fóne gelúste. úndertânen sînemo scámelichemo brídele. Taz chit. ér nehénge sînên gelústen.

Et enim licet indica longe tellus tremiscat tua iura. [133.] et seruiat ultima tile. Vuánda dóh tînen geuuált tiu úzerôsten láut fúrhtèn. sô india ist òsteit. únde tile nòrdert.

Tamen non posse pellere atras curas. et fugare miseras querelas. non est potentia. Táz tû io nieht úberuuínden nemáht scadohâfte giredâ. únde uuènegliche chlágâ. táz chit tie súndâ die zechlágònne sint. táz sint únmáhte. dáz tùot tih úngeuuáltigen.

QVARTA IN GLORIA.

Gloria uero quam fallax sepe. quam turpis est. A'ber diu gûollichi. uuio lúkke diu ófto ist. únde uuio scántlih. Scántlih pediu. uuánda si lúkke ist.

Vnde non iniuria exclamat tragicus. Fóne diu mág páldo rûofen dér tragicus poeta apud grecos. O gloria gloria milibus mortalium nihil doxa doxa miriis idebroton v aliud facta nisi aurium inflatio den gagosen ei oton oggosas magna.

megan[1]). Iâ gûollichi gûollichi. dúsent ménniskôn nieht ánderes uuórtentu. âne michel héui dero òrôn. Taz lób kehòrent tiu òren gérno. bedíu indùont siu sih tara gágene.

Plures enim abstulerunt sepe magnum nomen falsis uulgi opinionibus. Mánige guúnnen ófto michelen námen fóne lúkkemo liumende. des liutes.

Quo quid turpius excogitari potest? Vuáz mág tánne lósera sîn. álde erdénchet uuérden?

Nam qui falso prædicantur. suis ipsi necesse est laudibus erubescant. Tie man lóbot mit únréhte. tie scáment sih nòte íro lóbes.

Quæ si etiam meritis conquisitæ sint. quid tamen adiecerint conscientiæ sapientis. V'be óuh liumenda mit réhte guúnnen uuérdent. uuáz uuéiz tánne der uuíso mán. dés tóh mèr túgede hínder imo?

Qui non metitur bonum suum populari rumore. sed ueritate conscientiæ. Tèr sine frèhte nieht neábtôt áfter liumende. núbe áfter geuuízenero uuârhéite.

---

1) ω δοξα δοξα μυριοισι δη βροτων
ουδεν γεγωσι βιοτον ωγκωσας μεγαν.

Eurip. Androm.

Quodsi pulcbrum uidetur propagasse hoc ipsum nomen. consequens est ut non iudicetur extendisse fœdum. Túnchet óuh manne scône geuuît préitôn sînen námen. sô gezîmet uuóla. dáz er ménniskôn nedúnche hônen námen bréiten. nube uuárhâfto gúollichen.

Sed cum necesse sit uti paulo ante disserui. plures gentes esse. ad quas nequeat fama unius hominis peruenire. fit ut quem tu estimas esse gloriosum. proxima parte terrarvm uideatur inglorius. [134.] Tánne áber nôt sî. sô ih fóre ságeta. mánige liute uuésen. ze_dien éines mánnes liument fólle chómen nemág. tánnân geskihet. tén dû áhtôst kûollichen. táz tér sî úmbehúget. in ándermo lánde.

Inter hæc uero popularem gratiam. nec dignam quidem puto commemoratione. Târ míte neáhtôn ih sár nîeht tero liuto lób tés uuérdez. táz ih is keuuâne.

Quæ nec iudicio prouenit. nec umquam firma perdurat. Táz fóne chiesenne sâr nechúmet. nóh sih fásto nefólle hábet.

ITEM.

Iam uero quam sit inane. quam futile nomen nobilitatis. quis non uideat? A'ber dér námo des keédeles. tés sih cnûoge gúollichônt. uuio úppig únde uuîo fersihtig neist ter? Fvtile héizet táz úngehába fáz. táz ze_léchen. álde eruuórten ist. Témo ist kelih. tér ze_imo sélbemo lós i-t. únde dóh uuile héizen édeling.

Quæ si refertur ad claritudinem. aliena est. Tér námo déshálb nîeht keméinet nedárf uuérden. ze_mári. uuánda er ze_éinemo ándermo triffet.

Videtur namque nobilitas esse quædam laus. ueniens de meritis parentum. A'lso an dírro diffinitione skînet. taz nobilitas ist. chómen lób. fóne dero fórderôn uuírden.

Quodsi prædicatio facit claritudinem. illi necesse est clari sint. qui prædicantur. Sîd taz lób mári tûot. sô sint tie fórderen máre. déro daz lób ist.

Quare non efficit te splendidum. aliena claritudo. si non habes tuam. Pedíu nemáchôt tih skinbâren. ánderro mâri. úbe du dîna nehábest.

Quodsi quid est bonum in nobilitate. id esse arbitror solum. ut uideatur imposita necessitudo nobilibus. ne degenerent a uirtute maiorum. Táz éina áhtôn ih échert kûot uuésen án demo édele. úbe is îeht kûot ist. táz tien édelingen dés nôt túnche. náh tien fórderôn ze_sláhenne an iro túgede.

VNVM CVNCTIS ORIGINEM ESSE.

Omne genus hominum surgit in terris . ab simili ortu. Fóne gelíchemo úrspringe . chàmen álle ménnisken in érdo .

Vnus enim rervm pater est . unus cuncta ministrat. A'llero creaturarum ist éin fàter . éiner fliget iro állero . [135.]

Ille dedit radjos phœbo . dedit et cornua lunæ. Ér téta skínen dia súnnûn . hórnèn den mánen .

Ille etiam dedit homines terris . et sydera cælo . Ér scûof tie ménnisken in ᴗ érdo . stérnen in ᴗ himele .

Hic clausit animos membris . petitos celsa sede. Ér betéta dia sêla in ᴗ dien liden . fóne himele hára níder gefrúmeta .

Mortales igitur cunctos edit nobile germen. Pediu hábet álle ménnisken geréccehet èdelêr chímo . uuánda sie fóne himele búrtig sint .

Quid genus et proauos strepitis? Vuáz rùoment ir dánne iuuèr chúnne . únde iuuere áltfórderen ?

Si primordia uestra . auctoremque deum spectes . nullus degener exstat. V'be dù án daz ánagénne uuártêst . únde an gót órtfrúmen . só neist nioman únédele .

Ni uitiis peiora fouens . proprium deserat ortum. Ér neuuélle sih súndôndo gelóuben sines úrspringes. Ferlázet er sinen sképfen . só inédelet er .

QVINTA IN VOLVPTATE.

Quid autem loquar de uoluptate corporis? Vuáz màg ih chósôn fóne des lichamen lústsami ?

Quarum appetentia quidem plena est anxietatis . satietas uero pœnitentiæ ? Tér demo mán filo nót ist . kérondo . únde déro er sámo léideg uuírdet fólle tânero ?

Quantos illæ solent morbos referre . corporibus fruentium . quam intolerabiles dolores . quasi quendam fructum nequitiæ? Vuío mánige súhte . uuío chréftige suérden si gibet tien iro spúlgentèn . sámo ze ᴗ unûocbere dero úbeli? Fóne díu chád éin poeta . Vno namque modo uina uenusque nocent .

Quarum motus quid habeat iocunditatis . ignoro . Vuáz an iro giredo uuúnnôn sí . dáz neuuéiz ih . Vuío màg iz uuúnna sîn . só. iz anxietas ist ?

Tristes uero exitus esse uoluptatum intelleget . quisquis uolet reminisci libidinum suarum . A'ber uuío léidsám der ûzlàz sî . dáz pechénnet tér . dér sih pehúgen uuíle sinero zùordôn .

Quæ si beatos possunt explicare . nihil causæ est . quin pecudes quoque beatæ esse dicantur. Múgen sie ménnisken sálige tùon . só ne ménget óuh nieht temo uéhe . nûbe iz sálig si . [136.]

Quarum omnis intentio festinat ad explendam corporalem lacunam .

Tés sin állér ist ten búdeming zeerfúllenne.

ITEM.

Honestissima quidem foret iocunditas coniugis . et liberorum . sed nimis e natura dictum est . nescio quem inuenisse filios tortores . I'h cháde chíuske uuúnnâ uuârin . chéna . únde chint . âne dáz man ságet . táz férro ûzer dero natura ist . nenuéiz uuéliu chint chélen iro fáter.

Quorum quam sit mordax quæcumque conditio . neque alias expertum te . neque nunc anxium necesse est ammonere . So uuio chiuske iro geskáft si . nóh tánne uuio sórgsám si si . dés nedárf ih tih mánón . ánderes uuâr erchúnnêt hábenten . únde io ána úmbe din sélbes chint ángestenden.

In quo euripidis mei sententiam probo . qui carentem liberis . infortunio dixit esse felicem . An diu ih mines hólden euripidis réda . lóbón . greci poetæ . et philosophi . dér den chindelósen chád . fóne únsaldón sîn sáligen.

ITEM.

Hoc habet omnis uoluptas . stimulis agit furentes . A'lle gelúste hábent táz keméine . dáz sie die nietegen gértondo . iágônt ze dero tâte.

Apiumque par uolantum. V'nde sie gelih sint tien binen.

Vbi fuderit grata mella . fugit . i. ubi uoluptas perfecerit dulcedinem suam . horret facta sua . Só uoluptas tia tát getûot . so léidezet si sia.

Et ferit icta corda . nimis tenaci morsu . V'nde bízet tánne daz keléidegôta hérza . mit fásthábigemo bizze . A'lso démo bine geskihet . só iz sih réchendo . den ángen ferliuset . únde dánne fóre fórhtôn flihet . uuánda iz uuéri nehábet . únde áfter dés héizet fucus . i. fauum comedens . non faciens.

REPLICAT SVPERIORA QVINQVE.

Nihiligitur dubium est . quin hae uiæ ad beatitudinem deuia quædam sint . [137.] Vuánda iz sús ist . pediu neist nehéin zuîuel . dise finf uuégâ ne sin ánnekke ze dero sâligkéite.

Nec perducere quemquam ualeant eo . ad quod promittunt se perducturas esse . Nóh sie niomannen nemúgin dára fólle léiten . dára sie gehéizent.

Quantis uero implicitæ sint malis . breuissime monstrabo . Uuio mánigiu úbel án in sin . diu beatitudinem nément . dáz ságeta ih fóre lángséimo . nû uuîle ih iz pegrîfen chúrzlicho.

DIVITIÆ.

Quid enim? Pecuniamne congregare conaberis? Sed eripies habenti. Uués lústet tih? Lústet tih scáz zesámenônne? Sô nimest tu in andermo.

HONORES.

Dignitatibus uulgere uelis? Danti supplicabis. Uuîle du in inámbahte skînen? Sô mûost tu flêhôn den gébenten.

Et qui cupis præire ceteros honore. poscendi humilitate uilescis. U'nde uuîrdest tu bîtendo smáhera. dien ánderên. dien dû gérôst fórderôra uuérden.

POTESTAS.

Potentiamne desideras? Uuîle dû geuuáltig uuérden?

Subiectorum obnoxius insidiis. subiacebis periculis. Sô uárênt tir die dîne. únde bist tés in frêisôn.

CLARITAS.

Gloriam petis? Lústet tih kúollíchi?

Sed distractus per aspera quæque. securus esse desistis. Sô mûost tu sórgende sin. peháftêr in bláandenên dingen mit tien du dih tûomen uuile.

VOLVPTAS.

Voluptariam uitam deligis? Uuîle du lústsamo lében?

Sed quis non spernat atque abiciat corporis seruum. rei uilissimæ et fragilissimæ. Uuémo nesól áber únuúert sin. des lichámen scálh tes feruuórfenôsten dinges. únde des prôdesten? Tie uoluptati dienônt. tie sint tes lichamen scálchâ. Tie spiritui dienônt. die sint spiritales. únde góte gelîb. tér spiritus ist. únde bediu sint tie frî.

BONIS CORPORIS. HOMINES NON ÆQVARI BESTIIS.

Iam uero qui præ se ferunt bona corporis. quam exigua. quam fragili possessione nituntur. [138.] Tie des lichamen frôma fûre sézzent tien frômôn dero sêlo. ze uuio lúzzelmo dinge sih tie hábent. Fône dien simiis. tie uuir héizên áffen. ist táz kesprôchen. præ se ferunt. Ter áffo geuuinnet io zuéi uuélfer. únde déro zuéio. ist imo daz éina. liebera. dánne daz ánder. Taz liebera chêret io fúre sih. daz ánder fólgêt imo. Sô man in iágôn gestát. sô héuet er daz liebera ûf zû ze sînên brústen daz léidera springet ûf án in únde hábet sih. ze sinemo hâre. Sô imo dára náh nôten gestát. sô uerlâzet er daz liebera. únde indrinnet mit témo. dáz imo léidera uuás.

Num enim poteritis superare elephantos mole . tauros robore? Múgent ir uuérden méróren dánne hélfendâ . stárcheren dánne fárre?

Num tigres uelocitate præibitis? A'lde snélleren . dánne tigres? Tigris chît sagitta . Tén námen hábet iz fóne dero snélli . uuánda imo nioman indrinnen nemág . Fóne diu scríbit sanctus ambrosius in‿exameron . dér imo sîn uuélf ferstilet . únz er in‿uuécido ist . dér netrûet imo nieht enfáren . únde bediu hábet er sih keuuárnôt sînero glésinôn bállón . únde dâr er in erlóufet . târ uuírfet er imo éina . sámo so ér imo ergébe daz uuélf . In déro ersíhet er sîh . únde uuânet táz pilde uuésen sîn uuélf . únde béitet sih táz sóugen . Só imo dês nespûot . únde er imo áber náh lóufet . só trіuget er in mit tero ánderro . únde mit tero dríttûn . únde fo só . únz er sîh kenéret .

Respicite spatium cæli . firmitudinem . celeritatem . et desinite aliquando uilia mirari . Uuártênt uuîo michel der hímel sî . uuíder dien elephantis uuîo féste únde starh uuider dien fárren . uuîo snél uuider dien tigribus . únde ne sî iuuih uuûnder dero smáhôn dingo . Sid tiu érda michel ist . únde dóh nehéina comparationem nehábet ze‿demo himele . [139] uuér mág tánne sîna uuîti nuizen . únde sîna mícheli? Sid er dóh álso uuitér sih úmbe uuérbet in uiginti quatuor horis . uuáz mág tánne só snélles sîn . únde só drâtes? Sîd in óuh tiu únméziga drâti neuerbrichet . uuáz ist tánne só féstes?

Quod quidem cælum . non his potius est mirandum . quam sua ratione qua regitur . A'ber dero genámdôn drîo . neist er nieht só uuúnderlih . só déro rédo diu in tribet . Tiu réda ist kótes uuístûom .

Formæ uero nitor ut rapidus est . ut uelox . et fugatior mutabilitate uernalium florum . Uuártênt óuh uuîo gâhe . únde uuîo spûotig tir ist tiu scôni des mánnes ketâte . ih méino sînes pildes . únde uuéhseligôra dánne dero blûomôn scóni .

Quodsi ut aristotiles ait . homines uterentur linceis oculis . U'be die ménnisken hábetin só aristotiles chit lúhsiniu óugen .

Ut eorum uisus penetraret obstantia . I'h méino dáz siu den mán dúrhséhen máhtin .

Nonne introspectis nisceribus . turpissimum uideretur . illud superfitie pulcherrimum corpus alcibiadis? Só siu innenân gesáhin . nedùohti in dánne jóh ter alcibiadis lichámo úbelo getân na? Der ùzenân állero lichamon scónesto uuás . (Uuír ne‿uuizen nuér diu scóna alcibias uuás . tóh cnûoge râtiscôen dáz si herculis mûoter uuâre . uuánda er alcides hiez .) [1]

---

[1]) Dieser eingeschlossene satz scheint getilgt zu sein.

Igitur te pulchrum uideri . non tua natura . sed oculorum reddit intuitus. Táz tu scóne dúnchest mánne . dáz netùot tin natura nieht . uuánda dû mist innenân bist . núbe dero óugòn únmágen.

Sed estimate quam uultis nimio . corporis bona . dum sciatis hoc quodcumque miramini . triduanæ febris igniculo posse dissolui. Nû tiuret ten lichamen so uuîo so ir uuéllênt . dánne ir dóh uuízint . tér íu sô uuúnder tiure ist . táz tér mit tritagigemo riten mág erstérbet uuérden.

Ex quibus omnibus licet illud in summam . [140.] i. in breuitatem redigere. Fóne dien rédôn állên . uuíle ih iz ze‿demo gnôtesten bringen.

Quod hæc quæ nec possunt præstare bona . quæ pollicentur . nec congregatione omnium bonorum perfecta sunt . ea nec ad beatitudinem quasi quidam calles ferunt . nec ipsa perficiunt beatos. Dáz tiu fínuíu díu dáz príngen ne‿múgen . dáz siu gehéizent . nóh fóne álles kûotes sámohâfti dúrhnôhte nesínt . ze‿sâligbéite uuégâ nesínt . nóh sâlige netûont. Omnium bonorum perfecta congregatio . dáz ist beatitudo. Dâr dés pristet . târ ne ist beatitudo nieht. Fóne diu ist taz argumentum gehéizen a causa . i. ab efficientia. Uuîo sól dâr sîn daz éffectum . dár diu efficientia neist? Éina uuíla léret si in irrâten causam a fine . ándera uuíla finem a causa. A'lso causa únde efficientia éin sint . sô sint óuh finis . únde effectum . únde euentus ál éin. Mit tisén zuéin locis argumentorum . únde dâra zûo mit óffenên exemplis . hábet si únsih irrihtet sáment boetio . dáz beatitudo an dien finuen fúnden neuuírt. A´lle dispvtationes . hábent iro fésti . in argumentis . únde in syllogismis . únde in diffinitionibus . únde nóh tánne in exemplis maiorum . et in auctoritate diuina. Uuáz ist táz man ánderes uuîo stérchen múge? Nóh tánne ist kuíssera . dáz úns ratio syllogismorum óuget . tánne argumentorum . uuánda súmelichíu argumenta sint probabilia . dáz chît klóublíchiu . díu múgen uuílôn uuárîu sîn . uuílôn lúkkíu . ánderíu sint necessaria . táz chît penôte uuárîu . áber syllogismi . die ne‿triegent nehéinêst . úbe sie legitime geuuórht sint . pedíu hábet si die nóh nâh kespáret . ad ualidiorem disputationem.

DEPLORATIO HVMANÆ CÆCITATIS.

Eheu . quæ ignorantia abducit miseros deuio tramite. A´h ze‿sêre . uuéliche únuuízze misseléitent íuuih uuénegen . únde fûorent íuuih sô âba uuége?

Non queritis aurum in‿uíridi arbore . [141.] non carpitis gemmas uite. Iâ negedénchent ír góld ûfen dien bóumen ze‿sûochenne . nóh kimmâ âba rébôn zebréchenne.

Non abditis laqueos altis montibus . ut ditetis dapes pisce . lâ nerihtent ir nîeht iuueriu nêzze . ûfen dien bérgen zefiscônne.

Nec si libeat uobis sequi capreas . tirrena uada . i. tuscum mare captatis . Nóh tára gágene . úbe ir iágón uuéllent . ne úmbe sézzent ir nîeht ten mére uuâg.

Quin etiam norunt ipsos recessus . i. secreta æquoris . abditos fluctibus . quæ unda feracior niueis gemmis . i. unionibus . uel quæ rubentis purpuræ . i. cocleæ. Sîe uuizen ióh uuóla die gesuâsen stéte des méres . uuéle gibedig sîn dero uuîzon unionum . die unír héizên bérlâ . uuéle dero púrpurûn . táz chit tero coclearum blûotes.

Nec non quæ litora præstent tenero pisce uel asperis echinis. U'nde uuéle stádá gibedig sîn mûreuuero fisco . álde dero rúhôn echinorum. Echinus ist éin sûoze fisg lúzzelêr . sámo rúoh sô éin igel. Tés natura ist sólih . úbe er chlében begínnet . án demo skéffe . dáz nehéin dúnst sô michel necbúmet . tíu iz eruuékken múge.

Sed quonam lateat bonum . quod cupiunt . cæci sustinent nescire. Uuár áber dáz kûot si . dáz sie gânt sûochende . dáz neuuéllen sie uuizen.

Et quod abiit transtelliferum polum . tellure demersi petunt. U'nde dáz ten himel úberfâren hábet . táz uuéllen sie eruuóllen úzer dero érdo.

Quid impræcer dignum stolidis mentibus? Uués mág ih nû dîgen mit réhte sô túmbên mûoten?

Opes . honores . ambiant . et cum parauerint falsa bona . graui mole . tum cognoscant uera. Táz uuíle ih tés tûon. Sîd sie iruuínden ne uuéllen . sô gángên náh êrôn . únde náh rihtûome . [142.] dáz lúkkiu gûot sint . únde sô sie sih téro búrdi genuárnoên . sô gébe ín gót tár mite . táz sie diu uuâren bechénnên. Tés uuúnsco ih in . tés bíto ih in.

QVID SEDVCAT FALSÆ FELICITATIS SECTATORES.

Hactenus suffecerit demonstrasse formam falsæ felicitatis. Nû lâ dir gnûoge geóuget sîn lúkkero sáldôn bílde.

Quam si perspicaciter intueris . ordo est deinceps monstrare . quæ sit uera. U'be dû sia uuóla bechénnêst . sô hábo ih zît . tír dia uuârûn zeóugenne'.

Atqui inquam . uideo nec opibus sufficientiam . posse contingere . nec regnis potentiam . nec dignitatibus reuerentiam . nec gloria celebritatem . nec uoluptatibus lætitiam. I'h kesiho uuóla chád ih . nóh mít ríhtûome mán guúnnen gnúht . nóh keuuált mit chúneriche . nóh êrhâfti mit ámbâhte . nóh mári mit kúollichi . nóh fróuui mit uuúnnolúste.

An etiam causas cur id ita sit deprehendisti? Máht tû uuízen chád si . uuáz táz méine?

Uideor mihi intueri quidem ueluti tenui rimula. Mir dúnchet ih iz séhe chád ih . sámo dúrh éina énga núot.

Sed ex te apertius cognoscere malim. I'h uuólti iz áber gérno sóne dír óffenôr bechénnen. Triuuo chád si . is ist óffen reda.

Atqui promptissima ratio est. Quod enim simplex est indiuisumque natura . id error humanus separat. Hier fernim sia. Dáz créhto éinfalte ist natûrlicho . únde úngeskéiden . dáz péitet sih tero liuto irredo skéiden.

Et traducit a uero atque perfecto ad falsum . imperfectumque. Únde ferfúoret iz ába demo uuáren . únde démo dúrhnóhten . ze‿demo lúkken . únde demo úndúrnohten.

VBI VNVM EST . NVLLVM EX HIS QVINQVE DEESSE.

An tu arbitraris . quod nihilo indigeat . egere potentia? Vuánest tû dáz níehtes túrftig neist . [143.] máhte dúrftig sî?

Minime inquam. Néin chád ih. Úbe iz niehtes túrftig neist . uuío mág iz tánne éines tínges túrftig sîn? Táz ist in periermeniis keskríben . úbe uniuersalis abdicatiua uuáriu sî . dáz particularis dedicatiua lúkke sî.

Recte tu quidem. Târ ána hábest tu réht chád si.

Nam si quid est . quod sit imbecillioris ualentiæ . in‿ulla re . in‿hac egeat necesse est alieno præsidio. So uuáz únmáhtig ist ionêr ána . tár ána ist iz túrftig ánderes hélfo. Táz héizet argumentum ab adiunctis. Imbecillitas ist so iuncta cum‿egestate præsidii.

Ita est inquam. Táz íst sô chád ih.

Igitur sufficientiæ . potentiæque una est eademque natura. Sid iz sús ist chád si . sô ist éin natura gnúhte . únde máhte.

Sic uidetur. Sô ist nót chád ih. Táz ist óuh ab adiunctis.

ITEM.

Quod uero huiusmodi sit . spernendumque esse censes . an contra rerum omnium ueneratione dignissimum? A'n démo gnúht únde máht sínt chád si . ist táz fersíhtig . álde állero erôn uuirdig?

At hoc inquam nedubitari quidem potest. Tés nemág óuh zuíuel nehéin sin chád ih . núbe énên zuéin daz tritta fólgee.

Addamus igitur sufficientiæ potentiæque reuerendum . ut hæc tria unum iudicemus. Nû stózên zesámine chád si . cnúht únde máht . únde éruuirdigi . táz uuir díu dríu éigin fúre éin.

Addamus siquidem uera uolumus

confiteri. Táz tûên chád ih. álso uuir tûon sûlen. úbe uuir uuâres uuéllên iéhen.

Consequitur inquam. U'ngeskéiden chád ih.

ITEM.

Quid uero inquit. obscurumne hoc atque ignobile censes esse. an omni celebritate clarissimum? An démo éníu dríu sint chád si. uuânest tu dáz uuésen únmâre. únde únédele? álde geuuâhtlichôsta állero dingo?

Considera uero quod nihilo indigere. quod potentissimum. quod honore dignissimum esse concessum est. [144.] ne egere claritudine. quam sibi non possit præstare. Tár chius tir. dáz álles tinges úndurftig ist. únde máhtig. únde êrhafte ist. álso dù geiégen hábest. táz témo úndúrft ist. táz iz mâre ne sî?

Atque ob id uideatur aliqua parte abiectius. U'nde iz târ úmbe ieht feruuórfenôra sî. dánne diu ánderiu.

Non possum inquam. quin hoc uti est. ita etiam celeberrimum confitear. I'h nemág is ánderes keiéhen nîeht chád ih. âne sô iz ist. táz iz nôte geuuáhtlih ist.

Consequens igitur est. ut fateamur claritudinem. nihil differre tribus superioribus. U'be díz sús ist chád si. sô ist târ mite zeiéhenne. mâri úngeskéidena sîn. fóne dien óberên drin.

ITEM.

Quod igitur nullius egeat alieni. quod suis cuncta uiribus possit. quod sit clarum. atque reuerendum. nonne etiam hoc constat esse lætissimum? Táz úndúrftig ist ánderes chád si. táz sih fermág sînero chréfte. táz mâre. únde êruuirdîg ist. neist óuh táz állero dingo húgelichôsta na?

Sed huic inquam tali ullus meror unde obrepat? ne cogitare quidem possum. I'h nemáhti sâr nîo erdénchen chád ih. uuánnân démo sólichen trûreghéit chómen sólti.

Quare plenum esse lætitiæ. si quidem superiora manebunt necesse est confiteri. Fóne diu ist zeiéhenne. úbe diu êrera zâla uuâr ist. táz iz fróuui fól sî.

Atqui illud quoque per eadem necessarium est. diuersa quidem esse nomina. sufficientiæ. potentiæ. claritudinis. reuerentiæ. iocunditatis. nullomodo uero discrepare substantiam. Fóne diu ist nót chád si. misseliche námen háben diu finuiu. únde siu dóh éin uuésen.

Necesse est inquam. Triuuo nôt chád ih. Mit témo éinen argumento. sô si begónda. hábet si in állên finuen fólle gángen. Táz ist ab adiunctis. [145.] Uuánda iro iogelîh

temo ándermo ist adiunctvm . pedíu
nemág siu níoman geskëiden .

DE VARIA ELECTIONE BONI .

Hoc igitur quod est unum . simplex-
que natura . prauitas humana di-
spertit .   Nû hábest tu fernómen .
dáz ménniskòn únreht sih táz péitet
spálten . dáz natùrlicho éin ist . únde
éinuálte ist .

Et dum conatur adipisci partem
rei . quæ partibus caret . nec por-
tionem assequitur . quæ nulla est .
nec ipsam quam minime affectat .
U´nde dés téil sûochendo . dáz ún-
getéilet ist . ingát in sélbez táz ting .
táz sie sóltòn sûochen . únde áber
nesûochent .

Quonam inquam modo? Ze-uué-
lero uuis chád ih ?

Qui diuitias inquit petit penuriæ
fuga . de potentia nihil laborat . uilis .
obscurusque mauult esse . Tér rih-
tûomes kérót . zádel slíhendo . dér
nefórderót keuuáltes nieht . imo ist
liebera smáhe únde únmáre ze-
sínne .

Multas etiam sibi subtrahit uolup-
tates . naturales quoque . ne pecu-
niam amittat . quam parauit . U´nde
nimet ímo sélbemo mánigiu síniu
gemáh . ióh natùrlichíu . sò der sláf
ist . táz er sínen guúnnenen scáz pe-
hábe .

Sed hoc modo ne sufficientia qui-
dem contingit ei . quem ualentia de-

serit . quem molestia pungit . quem
uilitas abiicit . quem recondit obscu-
ritas .   A´ber sò tûontemo . ingát
ímo ióh tíu gnúht . sid ímo ingát ióh
tíu máht . únde in stúnget úngemáh .
únde in smáhi feruuórfenen tûot .
únde únmári fertóchenen dûot .
Uuánda éin uuíle háben . âne díu
ánderiu díu ímo sint adiuncta . pe-
díu ingát imo ióh táz .

ITEM .

Qui uero solum posse desiderat .
profligat opes . despicit uoluptates .
honoremque potentia carentem . glo-
riam quoque nihili pendit . Tér ðen
geuuált éinen minnót . tér fertríbet
sin gûot . nóh nerûochet uuúnnòn .
nóh êròn âne geuuált nóh tero gùol-
lichi . [146.]

Sed hunc quam multa deficiant
uides .   Târ sihest tu óuh . uués
témo brístet .

Fit enim ut aliquando egeat ne-
cessariis . ut mordeatur anxietati-
bus . I´mo geskihet ticcho . dáz er
sínero nóttúrfto irroe . únde in án-
geste gértèn .

Cumque hæc depellere nequeat .
etiam id quod maxime petebat . po-
tens esse desistat . U´nde geskihet
imo sò er sih tés eruuéren nemág .
táz ímo óuh tér geuuált tés er éines
kérota . dàr míte ingát .

ITEM.

Similiter licet ratiocinari . de honoribus gloria . uoluptatibus. Sámolih mág ih ságen fóne éron . gúollichi . uuúnnon.

Nam cum unumquodque horum idem sit quod cætera . quisquis horum aliquid petit . sine cæteris . ne illud quidem apprehendit quod desiderat. Sid siu éin sint . tér íro éines áne díu ánderiu gérôt . temo neuuirt nóh táz.

ITEM.

Quid igitur inquam . si qui cuncta simul cupiat adipisci? Uuio áber chád ih . tér siu álliu sinuiu sáment kuúnnen uuíle?

Summam quidem ille beatitudinis uelit. Táz ist tér chád sí . dér dia ánauuálgi dero sálighéite guúnnen uuíle.

Sed num in his eam reperiet . quæ demonstrauimus non posse conferre id . quod pollicentur? Uuánest tu áber dáz ér sie finde an dien . díu ih tir geóuget hábo dáz negemúgen . dáz siu gehéizent?

Minime inquam . Néin chád ih.

In his igitur quæ singula creduntur . præstare quædam expetendorum . beatitudo nullomodo uestiganda est. Fóne díu chád sí neíst tíu sálighéit án dien sinuen níeht ze-

súochenne . déro iogelih éteuuáz kében mág . tés man gérôt . náls ál.

Fateor inquam . Táz íst sô chád ih.

Et hoc nihil uerius dici potest. U'nde nieht neíst uuárera . álles tés man chéden mág.

Habes igitur inquit . et formam falsæ felicitatis . et causas. Nú chád si hábest tu lúkkero sáldòn bilde . [147.] únde dâr mite . zíu siu lúkke sîn. Siu neuuárîn nieht lúkke . úbe man díu neílti skéiden . díu úngeskéiden sint.

FALSAM FELICITATEM IAM AVERSANTEM. AD VERAM INTENDERE MONET.

Deflecte nunc in aduersum mentis intuitum. Nú síh táz tára gágene déro uuíderuuártîg sî.

Ibi enim statim uidebis ueram quam promisimus. Târ sîhest tu sâr dia uuârun . dia ih tir gehíez zezéigónne.

Atqui . hæc inquam uel cæco perspicua est. Triuuo chád ih . ióh ter blindo mág sia séhen.

Eamque tu paulo ante monstrasti . dum conaris aperire causas falsæ. U'nde dâr fóre hábest tû sia geóuget . târ du óugtôst . uuánnán díu lúkka irrinnet.

Nam nisi fallor . ea uera est et perfecta felicitas . quæ perficiat sufficientem potentem . reuerendum . celebrem . lætumque. Míh netriege der uuân . díu ist tiu uuâra sálda .

diu den mân dùot richen . mâhtigen . êruuirdigen . genuâhtlichen . fróuuen.

Atque ut cognoscas me interius adu'tisse . quæ unum horum ueraciter præstant . quoniam idem cuncta sunt . hanc sine ambiguitate cognosco . plenam beatitudinem esse. Únde dáz tu uuízist . mih is innene uuêsen . so uuáz táz ist . táz éin dero sinuo uuárháfto gegében mág . sid siu ál éin sint . táz pechénno ih uuésen fólla sâlighéit.

O te alumne . felicem te hac opinione . si quidem inquit hoc adieceris. Kesáh tih kót trùt mîn disses uuánes chád si . úbe dù dáz tára zûo fólle légest.

Quidam inquam? Uuélez chád ih?

Putasne aliquid esse in his mortalibus . caducisque rebus . quod possit afferre statum huiusmodi? I'h pringo dih tara zûo chád si. Uuánest tu in disên múrgfárèn uuérltsáchòn ieht unésen . dáz mánne gében múge disa státa? Táz uuólta ih tû dar mite chàdist.

Minime inquit puto . idque a te nihil ut amplius desideretur ostensum est. Néin neuuáno chád ih . tû hábest mih tés irrihtet . sò is mèr dúrft neist.

Hæc igitur uel imagines ueri boni . uel inperfecta quædam bona dare mortalibus uidentur. [148] Siu múgen chád si mánne gében . dáz kûote gelih ist . álde dáz únfólleglih kùot ist.

Uervm autem atque perfectum bonum conferre non possunt. A'ber uuâre gùot únde fólleglih . nemúgen siu gében.

Assentior inquam. I'h iího dés chád si.

Quoniam igitur agnouisti . quæ uera illa sit . quæ autem mentiantur beatitudinem . nunc superest ut agnoscas . únde possis hanc ueram petere. Uuánda dû nû erchénnest chád si dia uuârûn sâlighéit . únde diu . sih sia ánazóechônt . sô hábest tu nû ze-bechénnenne . uuár dû sia hólòn súlist . únde uuén du íro bíten súlist.

Id quidem inquit iam dudum uehementer exopto. Tés chád ih lángèt mih íu fórn.

Sed cum in minimis quoque rebus inquit . uti in timeo placet nostro platoni . diuinum debeat implorari præsidium . quod nunc faciendum censes . ut mereamur reperire sedem illius summi boni? Sid áber platoni dúnchet in sinemo bùoche timeo . dáz man ióh in lúzzelên dingen súle gótes hélfo fléhòn . uuáz ist úns zetûonne dánne . uuánest tu . dáz uuir irfáren mùozìn dia hóuestât . tes fórderôsten gùotes?

Inuocandum inquam censeo patrem omnium rervm . quo prætermisso . nullum rite fundatur exordium. I'h ábtòn dén chád ih ána zebárenne . ána dén man niehtes pedîen nemág uuóla.

Recte inquit ac simul ita modulata est. Réhto uuíle du chád si . únde des mézes sáng si sús.

ORATIO PHILOSOPHIÆ AD DEVM . VT SVMMVM BONVM IPSE DEMONSTRET.

O sator terrarum cælique . [1]Tû sképfo hímeles únde érdo .

Qui gubernas mundum perpetua ratione . Tû dísa uuérlt [2] órdenôst . únde scáffôst . únde rihtest . mít tínemo êuuigen uuìstûome [3].

Qui iubes tempus ire ab æuo . i. qui iussisti tempora incipere ab exordio mundi . Tû die zite hieze íro férte [4] beginnen . [149.] sáment [5] tero uuérlte [6] . uuánda êr neuuàren zíte . núbe éuuighéite [7].

Stabilisque manens . das cuncta moueri . Únde sélbo státèr . álliu ding uuérbest [8] . únde uuéhselôst . Uuánda der hímel uuárbelôt . únde álliu ding uuándônt [9].

Quem non pepulerunt externæ causæ . fingere opus fluitantis materiæ . i. informis et indiscretæ . Tíh nehéiniu [10] ánderíu ding ne scúntôn . daz scáffelôsa zímber [11] zemáchôn-

ne [12] . ùzer dêmo disiu uuérlt [13] uuárd . Si méinet tia sámentháftigûn mássa [14] . dîa er zeérest [15] têta . an déro [16] nieht keskéidenes neuuás [17].

Uerum . i. nisi insita forma boni . carens liuore . A‾ne dîn sélbes [18] inniglicha gûoti . níeht nídes hábentíu .

Tu gerens mente pulchrum mundum . pulcherrimus ipse . Tû in‿dínemo mûote iu [19] trágende dîsa scônûn uuérlt [20] . scônero sélbo .

Ducis cuncta ab æterno exemplo . Scùofe [21] dû iz ál náh téro uuìsûn . únde náh témo éuuigen bilde dînes mûotes .

Similique imagine formans . i. formasti . V‛nde démo gelîh tâte dû iz . sô dir in‿mùote uuás . Tír ne bildôta [22] nîoman fóre [23].

Iubensque . i. iussisti perfectas partes absoluere perfectum . s. opus . V‛nde hieze dû uuóla getániv stúcche [24] máchôn uuóla getân uuérb-

---

[1] Hier beginnt die zürcher handschrift. Sie hat wenig tonzeichen. wir geben nur stärkere abweichungen.

[2] uuerclt. Z. h.
[3] uuìstûme. Z. h.
[4] uerte. Z. h.
[5] samint. Z. h.
[6] uuerelte. Z. h.
[7] euuigheit. Z. h.
[8] uuérbist. Z. h.
[9] uuándôt. Z. h.
[10] ne heiniu. Z. h.
[11] des skáffelôse zimber. Ursprünglich stand: des skáffelôsen zimberis. Z. h.
[12] Fehlt in der Z. h.
[13] uuerelt. Z. h.
[14] ih meino dia saminthaftigun massa. Z. h.
[15] zeerist. Z. h.
[16] andero. Z. h.
[17] keskeidenis ne uuas. Z. h.
[18] selbîs. Z. h.
[19] iu. Z. h.
[20] uuerelt. Z. h.
[21] Schuofe. Z. h.
[22] nebildôta. Z. h.
[23] uóre. Z. h.
[24] stúche. Z. h.

Uuánda álso uuálliche lide máchônt uuállichen mán . sô geskáh óuh táz . táz állero¹ téilelib tero uuérlte dúrhskáffenêr . sìa máchôta dúrhskáffena² . Práste iro téilen . sô bráste iro sélbùn .

Tu ligas elementa . numeris . s. certis . Quasi diceret . quatuor elementa ligas . Fier elementa bîndest³ tu sô zesámine .

Ut conueniant frigida flammis . arida liquidis . Táz héiz únde chált . sô fiur⁴ únde uuázer⁵ ist . únde dúrre . únde náz . sô érda únde lúft ist . nieht nestritên⁶ .

Ne euolet purior ignis . Sô fásto⁷ . dáz fôre⁸ liehti hína úf nefliege daz liehtera fiur⁹ . in‿démo nehéin trùobi neist . uuánda iz zeóberôst¹⁰ ist .

Aut pondera deducant mersas terras . Nóh tiu suâri tia¹¹ érda nider nesénche .

Tu conectens mediam animam resoluis per consona membra . i. connectis et resoluis animam per consona membra . Tù gehéftest tia séla zu dien iro geminnên¹² liden . únde zetêilet¹³ sìa áfter dien . íh méino dia sùnnùn gânda¹⁴ . an mittemo himele . únde in‿mittemen gânda¹⁵ dero septem planetarum . Tia philosophi hiezen¹⁶ animam mundi . uuánda ál dáz tir grûet . únde uuáhset . táz túrh kât si¹⁷ . álso diu séla die lide tùot¹⁸ .

Triplicis naturæ . Tíu drískero naturæ ist . uuánda si skinet . prûotet¹⁹ . únde brénnet . A´nderíu fiur brénnent²⁰ óuh . siu nebrùotent²¹ áber nicht .

Mouentem cuncta . s. ad crescendum . A´lliu ding chicchenta . álso únseren líchamen díu séla chicchet .

Quæ cum glomerauit motum secta in duos orbes . i. quæ cum circumducit cursum sectum in duo hemisperia . meat reditura in‿semet . i. in suum ortum . U´nde sô si gechrúmbet iro fârt²² . ketêilta in zuêne²³ bógen . êinen óbe²⁴ érdo . ánderen óbe²⁵ érdo . sô gât si uuidersinnentiu . ze‿iro²⁶ ortu .

Circuitque mentem profundam .

---

¹ áller. Z. h.
² tero uuélte . túrh scáffenêr sìa máchota túrh skáffena. Z. h.
³ pîndîst. Z. h.
⁴ uíur. Z. h.
⁵ uuázir. Z. h.
⁶ ne strîten. Z. h.
⁷ uásto. Z. h.
⁸ uóre. Z. h.
⁹ neuliege . taz lútera uíur. Z. h.
¹⁰ ze óberôst. Z. h.
¹¹ suâri . dia. Z. h.
¹² gemeinen. Z. h.
¹³ zetêilest. Z. h.
¹⁴ sunnun . kânda. Z. h.
¹⁵ kânda. Z. h.
¹⁶ hiezent. Z. h.
¹⁷ tiu sunna. Z. h.
¹⁸ tuot tie lide. Z. h.
¹⁹ prutet. Z. h.
²⁰ prennent. Z. h.
²¹ ne brutent. Z. h.
²² uart. Z. h.
²³ inzuene. Z. h.
²⁴ verb. in „in". Z. h.
²⁵ under. Z. h.
²⁶ ze iro. Z. h.

et conuertit . i. conlustrat cælum simili imagine. Únde náhtes erstrichet si dia [1] tóugenún fárt [2]. únder dero érdo . únde [3] ze sámelichero uuis . erstrichet si táges ten himel óbe dero érdo.

Tu prouehis . i. producis animas . uitasque minores paribus causis . hoc est his causis . ut essent qui deo gratis obedirent. Úmbe gelichiu ding scúofe [4] du angelos . únde die in hinderóren ménnisken. Uuáz uuás tiu causa? Táz sie díh iro sképfen bechénnèn . únde érèn. Uel sic. Mit kelichên dingen hábest tu ángelos únde homines fúre gezúcchet fúre ánderiu tier . íh méino . ratione . et intellectu.

Et aptans sublimes . leuibus curribus. Únde sie hóho [5] erhéuende in spúotigèn [6] sinnen.

Seris in cælum terramque. Sézzest tu sie in himele . únde in érdo [7]. Angelos in himele . [151.] homines in érdo [7].

Quas . s. animas . et uitas . facis tu conuersas . benigna mente . conuerti ad te reduci igne. Tie tûost tù uuider sinnen ze dir [8] . án díh keuuánte . mit tínero uuóla uuilligi [9].

Da pater menti . s. eius [10] . conscendere augustam sedem. Tú dáz tùost . kib sinemo mûote [11] . dáz iz [12] hina ûf kestigen múge . ze dinemo chéiserlichen stùole . táz iz himeliskiu ding fernémen múge.

Da lustrare . i. inuenire fontem boni. Ketúo sinen sin finden gûotes úrspring [13].

Luce reperta. Únde sô er dáz lieht finde.

Da defigere in te conspicuos uisus animi. Sô getúo in fásto hában an dír . clátiu óngen sines sinnes.

Dissice nebulas et pondera terrenæ molis. Zeirfûore [14] día blindi . únde die súndâ des irdisken [15] lichámen.

Atque mica tuo splendore. Únde skin in ána mit tinemo skimen.

Tu namque serenum. Tú bist tiu héiteri.

Tu tranquilla requies piis. Tú bist ti kemáchiu [16] ráuua dien gùot uuilligèn [17].

Te cernere finis. Sô mán díh kesihet . táz ist taz ist énde [18].

---

[1] tia. Z. h.
[2] uart. Z. h.
[3] Fehlt. Z. h.
[4] scufe. Z. h.
[5] hô. Z. h.
[6] jnsputigên. Z. h.
[7] inhimile — inerdo. Z. h.
[8] uuidersinnan ze dir. Z. h.
[9] uuolauuilligi. Z. h.
[10] meæ. Z. h.
[11] sinne. Z. h.
[12] er. Z. h.
[13] ketuo in uinden kûotis urspring. Z. h.
[14] zefuore. Z. h.
[15] irdesken. Z. h.
[16] kemacchiu. Z. h.
[17] gûotuuilligen. Z. h.
[18] Soman dih kesihet . taz ist tiz ende. Z. h.

Idem principium . uector . dux . semita . terminus . Tû bist táz ánagénne[1] . tù bist tér únsih fûoret[2] . s. ze‿demo énde[3] . tû bíst uuégouuiso[4] . únde sélbêr der uuég . únde daz énde . ze‿démo uuír râmcén[5].

VERENE SIT SVMMVM ALIQVOD BONVM.

Quoniam igitur uidisti quæ sit forma inperfecti boni . quæ etiam perfecti . Uuánda dû béidero bílde bescóuuôt hábest . tes únfólleglíchen gùotes . ióh tes fólleglichen . álso dáz ist forma inperfecti . díu éin gíbet téro fínuo . únde áber díu perfecti . díu síu álliu sáment kíbet.

Nunc reor demonstrandum . quonam hæc perfectio felicitatis constituta sit . Pedíu ist nû zeságenne . uuár díu fólleglicha sálda gestátot hábe . uuár iro stûol sî.

In quo illud primum arbitror inquirendum . An‿déro ságo ih tés áhtòn zeérest ze-frágenne.

An aliquod huiusmodi bonum . quale paulo ante diffinisti . [152.] in rerum natura possit existere . U'be dehéin sô getân gûot múge sîn únder állên dingen . sô dû dâr fóre geóugtôst . tô dû châde . Nisi fallor . ea uera est et perfecta felicitas . quæ sufficientem potentem . reuerendum . celebrem . lætumque perficiat.

Ne nos decipiat cassa imago cogitationis . præter ueritatem subiectæ rei . Nío únsih netríege lúkkez pílde únseres kedánches . âne día uuârhéit tero substantiæ . A'lso die álten líute dâhtòn án dìe manes et semideos . únde sie dér gedáng tróug.

Sed quin existat . sitque hoc ueluti quidam fons omnium bonorum . negari nequit . Tés ne mâg áber nehéin lóugen uuésen . íz nesî . únde íz nest úrspring álles kûotes.

Omne enim . quod imperfectum esse dicitur . id inminutione perfecti . inperfectum esse perhibetur . Taz únfólla uuirt íó únfól gehéizen . fóne déro uuâni des fóllen.

Quo fit . ut si in quolibet genere inperfectum quid esse uídeatur . in eo perfectum quoque aliquid esse necesse sit . Tánnán ist nòt . úbe uuánez sî . dáz téro sélbûn sláhto óuh fóllez sî . Táz ist argumentum a parte ad totum.

Et enim perfectione sublata . unde illud quod imperfectum perhibetur extiterit . nefingi quidem potest . Tára gágene . úbe daz fólla neíst . sô nedárf níoman des uuánen gedénchen . Argumentum a toto ad partem.

Neque enim exordium rerum cœ-

---

[1] Tu bist daz ánagenne. Z. h.
[2] tu bist ter unsih fueret. Z. h.
[3] ende. Z. h.
[4] tu bist uuégouuiso. Z. h.
[5] uuég . râmêen . die übrigen wörter ohne tonzeichen.

pit ab diminutis . inconsumatisque .
Uuánda állero dingo natura . ne fieng
nieht ána ze⸗uuánen . únde únfólle
tânên .

Sed procedens ab integris absolutisque . in‿hæc extrema atque effeta dilabitur. Núbe fóne gánzên únde fóllên beginnendiu . sléif si sid . únz si chám ze⸗disên áfterostên . únde ze⸗disên âmáhtigên. A deliciis paradysi . ist ter mán chómen . ad erumnas huius sæculi. Fone inmortalitate ist er chómen ad mortalitatem. Fóne similitudine dei . ist er uuórten similis iumentis insipientibus.

Quodsi est fragilis boni . quædam inperfecta felicitas . uti paulo ante monstrauimus . non potest dubitari . esse aliquam solidam perfectamque. [153.] U'be únfólliu sálda ist . sô neist zuiuel nehéin . núbe óuh fólliu si . únde gánziu .

Firmissime inquam uerissimeque conclusum est. Tû hábest iz chád ih . filo uásto . únde filo uuárhásto geféstenót. Uuáz mág féstera sîn . álde uuárera . dánne úbe man totum mit parte . álde partem stérche mit toto ?

VBI SIT SVMMVM BONVM .

Quo inquit habitet . ita considera . Uuâr iz si chád si . dáz chíus tir sús .

Deum principem omnium rerum . bonum esse . humanorum animorum communis conceptio probat. Táz kót állero dingo hêrro gûot si . dés íihet mánnoliches sín .

Nam cum nihil deo melius excogitari queat . id quo melius nihil est . bonum esse quis dubitet ? Sid man nieht pézeren erdénchen nemág . tánne gót ist . sô ist táz nóte gûot . tés pézera nehéin neist. Taz óberósta ist nóte hôh . taz méista ist nóte michel . taz pézesta ist nóte gûot . Táz ist argumentum a maiore ad minus .

Ita uero demonstrat ratio . deum bonum esse . ut conuincat quoque in eo esse perfectum bonum. A'lso stérchet tísiu réda . gót uuésen gûot . táz an imo si fólleglih kûot. Sid nehéin sin bézero neist . sô ist er nieht éin gûot . núbe ióh fólleglih kûot .

Nam ni tale sit . rerum omnium princeps esse non poterit. U'be er fólleglih kûot neist . sô neist er dingo hêrosto nieht .

Erit enim eo præstantius aliquid possidens perfectum bonum . quod hoc prius atque antiquius esse uideatur. Uuánda sô ist éin ánderez hêróra . fólleglih kûot hábende . dáz gágen imo daz fórderóra . únde daz uuirdigóra si .

Omnia namque perfecta . minus integris priora esse claruerunt. Uuánda mittundes ságeta ih . álliu fólleglichiu . éreren uuésen dien uuánên .

SVMPTVM.

Quare ne ratio prodeat in infinitum . confitendum est summum deum . summi perfectique boni esse plenissimum . Fóne diu ist zeiéhenne . nío diu réda zeláng neuuérde . ten fúrsten gót . tes fúrsten gúotes . únde dúrnóhtes . fól sîn .

SVMPTVM.

Sed perfectum bonum . ueram esse beatitudinem constituimus .   Nû ist taz kechôsôt . táz perfectum bonum uuáríu sâlighéit sî. [154.]

ILLATIO.

Ueram igitur beatitudinem in summo deo sitam esse . necesse est. Fóne diu ist nôte in góte uuáríu sâlighéit .   Tèr syllogismus ist sús ketân .   In góte ist summum bonum . Sô ist ál éin . summum bonum . únde beatitudo . Uuánda dáz sô ist . pedíu ist târ beatitudo . dâr summum bonum íst .

Accipio inquam .   Uuóla fernimo ih iz chád ih .

Nec est quod contradici ullo modo queat .   Nóh táz nemág nioman . uuiderchôsòn .

DE PREDICATIVO ET CONDITIONALI SYLLOGISMO.

Duo sumpta máchônt éina illationem hier . uuánda iz prædicatiuus syllogismus ist . álso óuh in conditionali syllogismo propositio únde assumptio conclusionem máchônt. Vuáz sint sumpta . âne concessa . dáz chit in únsera uuîs keiihte.   Sô man zuéio geiihet . dien benôte daz tritta fólgèt . ióh âne gegiht . táz héizet mit réhte illatio . uuánda iz duobus sumptis . álde úbe iz sô geskihet . tribus sumptis uuirt illatum . táz chit . úndánches mit geuuórfen. Uuáz ist áber propositio . âne prima et ultra tendens temptatio . mit tíu man zeêrest ten mán grúozet . únde sîna gegiht férrolicho besúochet . álso óuh assumptio ist . táz tara zûo uuirt assumptum . ánderêst sîna gegiht zebesúochenne.   Uuánda diu zuéi daz tritta uuúrchent . mit tíu der mán sô gefángen uuirdet , táz er dána nemág . pedíu héizet táz conclusio . dáz chit slôz .   Conditionalis syllogismus ist tánnán genómen . uuánda er mit kedingûn . únde mit ibo chit . ist tíz . únde díz . sô ist táz .   Pedíu chit conditionalis . mit kedingûn gespróchenêr .   A'ber prædicatiuus chit sléhto gespróchenêr . uuánda er bárlicho âne gedingûn . únde âne iba chit . sús ist tíz . únde díz . pediv ist táz sô .   I'ro béidero membra . héizent communiter prædicationes . álde proloquia . álde propositiones . álde enuntiationes . Tiu fier uuórt . múgen uuír gelîcho . únde geméinlîcho diuten sága . [155.] Sîd enuntiatio ist . sò aristotiles chît in periermeniis . oratio uera uel falsa . únde prædicatio dáz sélba ist . únde propositio . únde proloquium . uuáz sint tánne lúgi . únde uuârhéite . âne sága? A′ber der syllogismus sól io háben zuò sága . sólche . dáz sie dia drittûn stérchên . Táz nemág ánderes sîn nîeht . die éreren zuò‿ne sîn éin ánderên sò geháft . táz tiu ánderiu hábe den hálben téil dero érerûn . éin‿uuéder subiectiuam . álde declaratiuam . U′nde uuánda diu ánderiu áberet tén hálben téil dero érerûn . dáz târ ze‿léibo uuirt úngeábertes . án deuué‿derro . dánne iz prædicatiuus ist . táz máchôt tia drittûn . Tér dáz pechénnen uuélle . an‿ánderên syllogismis . tér lirnee iz hier . Éin sága ist . summum bonum est in deo . Summum bonum . dáz ist subiectiuum . in deo est . táz ist declaratiuum . A′nderiu ist . summum bonum beatitudo est . Târ ist tero érerûn subiectiua pars keáberet . Tiu dritta ist . beatitudo in deo est . Táz uuár dán‿dien érerên ze‿léibo . uuánda fóne dero éinûn chám beatitudo . fóne dero ánderûn chám . in‿deo est . Sô féret iz in‿prædicatiuo . In‿conditionali féret iz náh álso . Chédên uuir . si sol super terram est . dies est . táz ist propositio . Tia nimet hálba assumptio . sô dáz ist . Dies autem est . Táz nôh tánne ze‿léibo uuirt . úngeábertes . án‿dero propositione . taz máchòt tia conclusionem ál sus . Igitur sol est super terram . Subiectiuum ist táz án demo proloquio . fóne démo ieht kespróchen uuirdet . dáz áber fóne imo gespróchen uuirdet . táz ist declaratiuum . A′ne disa legem neuuirt nehéin syllogismus . U′nz sî in lêrta mit argumentis . únde mit exemplis . sò uuás tiu réda liehtera . uuánda si imo nû gében nuile ualidiora remedia . bediu hábet si in nû bestánden zùo dien argumentis . mit syllogismis . tîe méist kemúgen . béidiu . ióh in‿disputando dialectice . ióh in‿suadendo rhetorice .

QVOD DEVS SVBSTANTIALITER SIT SVMMVM BONVM . ET BEATITVDO . EO QVOD NVLLA . EIS INEST DIVERSITAS . [156.]

Sed queso inquit te uide quam id sancte probes . atque inuiolabiliter . quod diximus summum deum plenissimum esse summi boni . Nû bito ih tih chád si . sîh uuio góte‿déhtigo . únde uuirdeglîcho dû dáz áhtoêst . táz ih ten tùom gót . tes tùomlichôsten gùotes chád ſól uuésen .

Quonam inquam modo? Uuio méinest tû chád ih?

Non præsumas hunc patrem omnium rerum . uel ita extrinsecus accepisse . illud summum bonum . quo plenus esse prohibetur . uel ita . naturaliter habere . quasi cogites diuersam substantiam esse . habentis dei . habitæque beatitudinis. Nio dû neumânêst . tén állero dingo hêrren . sô infángen háben dáz kûot . tés er fól ist . álde óuh sô fóne imo sélbemo háben . samo so éin substantia ne si . des hábenten gótes . únde dero beatitudinis tia ér hábet . Téro zuéio ist neuuéder . nóh ér nehábet sia enfángen . nóh si neskéidet sih fóne sinero substantia.

Nam si putes extrinsecus acceptum . possis existimare id quod dederit præstantius ab eo quod acceperit. Uuânest tu in daz sin summum bonum ánderes uuánnán infángen háben . sô máht tu den gébenten áhtôn fórderôren . dánne dén . dér iz infieng.

Sed hunc esse præcellentissimum omnium rerum . dignissime confitemur. Vuízist áber . dáz uuir in mit réhte íchen . állero dingo sin bêrôsten.

Quodsi natura quidem inest . sedem ratione diuersum . eum loquamur de deo principe rerum . fingat qui potest . quis hæc diuersa conuinxerit. Nû nehábet er iz infángen . hábet er iz áber fóne imo sélbemo . únde ist iz imo fonêr áua úngelih . sô chóroe dáz éteuuér irrâten . síd uuir fóne góte chósoên dingo hêrosten . uuér siu . ih méino gót . únde sin gùot zesámine fùogti . sô úngelichín.

Postremo quod diuersum est a qualibet re . id non est illud . a quo intellegitur esse diuersum. Zedemo gnôtesten . dáz ándermo úngelih ist . táz ist óuh ánder . dánne énez . témo iz úngelih ist. Táz ist argumentum a dissimili. Tiu dissimilia sint . tiu nemúgen éin sin.

Quare quod a summo bono diuersum est . [157.] sui natura . id summum bonum non est. Fóne díu ist tés not . táz tér gót summum bonum nesi . dér natûrlicho îeht úngelih ist . summo bono.

Quod nefas est de eo cogitare . quo nihil constat esse præstantius. Tés únmùoza ist fóne démo góte zedénchenne . démo nehéin ding fórderôra neist.

Omnino enim nullius rei natura poterit existere melior . suo principio. Nehéin natura nemág pézera sin . dánne iro ánagénne. Argumentum ab efficientia. Sólih ist nóte daz effectum . sólih tiu efficientia ist. Fóne díu chit man in prouerbio. Qualis radix . tales et rami. Uuio mág óuh tánne summum bonum bézera sin . tánne gót . tér is ánagénne ist? Ér ist is ánagénne . ío dóh sô . dáz ér iz sélbo ist.

Quare quod omnium principium sit . id etiam sui substantia summum esse bonum . uerissima ratione concluserim. Pediu mág ih áfter uuárero rédo féstenón . dáz kót tér ánagénne ist állero bonorum . substantialiter ist summum bonum.

Rectissime inquam . Filo réhto chád ih . hábest tû iz keféstenót . s. uuáanda dîniu argumenta uuáriu sínt .

Sed summum bonum beatitudinem esse concessum est . Sô íst . tár fóre gechósót chád si . dáz summum bonum íst beatitudo .

Ita est inquam . Sô íst chád ih .

Igitur inquit deum esse beatitudinem . necesse est confiteri . Sô íst óuh nôt chád si . gót uuésen nieht éin summum bonum . núbe óuh beatitudinem . Táz ist tiu gemácha conclusio .

Nec inquam queo refragari . præpositis prioribus . et hoc illatum perspicio . illis consequens esse . Tien fórderèn rédòn nemág ih uuídere sin . chád ih . únde disa síderûn siho ih in nóte fólgên .

ITEM SVBTILIOR RATIO . QVÆ DIVERSA SVNT . NON ESSE SVMMA BONA . ET QVÆ SVMMA SVNT . NON ESSE DIVERSA .

Respice inquit . an hinc quoque idem firmius approbetur . quod duo bona . quæ a se sint diuersa . non possunt esse summa . Nv′chius tir . [158.] úbe óuh fóne dísèn rationibus keuuáret uuerde . daz zuéi úngelichiu gûot tiu fúrsten nemúgen sin .

SVMPTVM .

Et enim liquet bona quæ discrepant . non esse alterum . quod sit alterum . I′h hábo dâr fóre geóuget . dáz dissimilia bona nemúgen éin sin .

SVMPTVM .

Quare neutrum poterit esse perfectum . cum alterum deest alteri . Fóne diu neist neuuéder fól gûot . sid neuuéderèr mit ándermo neist .

ILLATIO .

Sed quod perfectum non sit . id summum non esse manifestum est . Táz únfól ist . táz nemág nieht taz fúrsta sin . Tér syllogismus íst sús ketân . U′ngelichíu bona nesint éin . Tíu éin nesint . tiu sint péidiu uuán . Taz uuána neuuirt niomêr daz fúrsta . Vuéliu sint úngelichíu bona ? Diuitiæ . únde gloria . Vuío sint tiu uuán ? Dáz ío uuédermo iro ménget . tero ánderro fíero . Uuánda dáz sô ist . pediu nemág táz nieht taz fúrsta sin . démo ieht ménget .

ITEM SVMPTVM .

Nullomodo igitur quæ summa sunt bona . ea possunt esse diuersa . Tiu áber dára gágene diu fúrsten sint . tiu nesint nieht úngelîh.

SVMPTVM.

Atqui . et beatitudinem . et deum summum bonum esse collegimus . Nû hábo ih târ fóre geóuget . deum únde beatitudinem diu fúrsten sîn.

ILLATIO.

Quare necesse est . quæ sit summa diuinitas . ipsam esse summam beatitudinem . Fóne diu ist nôt . táz diuinitas tiu állero dingo fúrsta ist . tiu fûrsta sâligbéit si . Sús ist óuh tisêr syllogismus ketân. Tiu fúrsten gûot nesínt úngelíh . kót únde sâligbéit . tiu sínt tiu fúrsten. Vuánda déro io-uuéderez ist . táz óuh táz ánder ist . ih méino . uuánda íro iouuéder summum bonum ist . pediu sínt siu éin.

Nihil inquam nec re hac uerius . nec ratiocinatione firmius . nec deo dignius concludi potest . Nû chád . nemág nieht táz uuárera sî . nóh táz rédobâftera si . nóh táz kóte geristlichera sî . geféstenôt uuérden .

EXHIBITIO MVNERIS PRO BENE PERCEPTIS RATIONIBVS.

Super hæc inquit . Igitur uelut geometræ solent . demonstratis propositis . aliquid inferre . quæ porismata ipsi uocant . ita quoque uelut corollarium dabo . Só ih íro só geántuuúrta . dô chád si . [159.] Geometræ hábent ze_site chád . náh kezéigótên frâgôn . éteuuaz úngefrâgetes íro iúngerôn zùo gében . dîa zùo_géba sie questum héizent . álso gibo ih tír ze_gesûoche . dáz ih tír nû úngefrâgét sâgo sámoso ih tír gébe corollarium .

Nam quoniam beatitudinis adeptione fiunt homines beati . beatitudo uero ipsa est diuinitas . diuinitatis adeptione beatos fieri manifestum est . Uuánda fóne sâldôn guûnne sâlige uuérdent . únde gót sâligbéit ist . tér gót kuuínnet . tér ist sâlig . Argumentum ab efficientia . kót únde sâligbéit uuánda siu éin sint . pediu máchônt siu sâlige . Táz só getâna argumentum hábet zuiska causam sines effecti . in modum syllogismi . uuánda iz chit . úbe díz únde díz ist . só ist táz .

Sed uti iustitiæ adeptione iusti . sapientiæ sapientes fiunt . ita diuinitatem adeptos . deos fieri . simili ratione necesse est . Nû áber . A'lso fóne réhtes kuuinne réhte . únde fóne uuistûomes quuinne uuise . só uuérdent óuh nôte góta . ze_sámolichero uuis fóne gótes kuuínne . Argumentum a simili . A'lso éniu adeptio tùot . só tùot óuh tisíu . Táz ist similitudo .

Omnis igitur beatus . deus . Uuánda dáz só ist . pedíu ist ter sâligo gót . Vuánda gót únde sâligbéit éin sint . pediu máchônt siu óuh éin . Táz ist io nóh argumentum ab efficiente . hoc est a causa .

Sed natura quidem unus . participatione uero . nihil prohibet esse quam plurimos . A'ber dén únderskéit ferním du uuóla . éin gót íst échert natúrlichér . knúoge múgen uuérden per gratiam . án ímo téil hábendo . Mít tíu hábet si ímo gegébót .

Et pulchrum inquam hoc atque pretiosum . siue porisma . siue corollarium uocari mauis . Nú ist iz óuh filo scóne chád ih . sô du iz porisma béizést . sô du iz corollarium béizést . Keméine sige-éra uuâren . állero uictorum palmæ in manibus . únde laureæ coronæ in capite . Tíe áber éteuuaz filo tíomliches ketâten in bello . álde óuh in ludis . únde in spectaculis . dien gáb man éina tiura hóubet-zíerda . diu fóne similitudine corollæ . i . coronæ . corollarium híez . [160.] Fóne diu ságet suetonius . fóne déro milti cæsaris augusti . his uerbis . Itaque corollaria et præmia in alienis quoque muneribus . ac ludis . et crebra . et grandia de suo offerebat . nullique greco certamini interfuit . quo non pro merito quemque certantium honorarit .

QVÆ ACCEDVNT BEATITVDINI . AN PARTES EIVS DICENDA SINT . AN AD VNVM EX EIS RELATA .

Atqui . hoc quoque nihil pulchrius est . quod his annectendum ratio persuadet . Nóh nieht chád si . ne-
ist scôneren . dánne dáz únsih ratio léret hára zúolégen .

Quid inquam ? Vuáz ist táz chád ih ?

Cum multa inquit beatitudo continere uideatur . utrumne hæc omnia . unum ueluti corpus beatitudinis quadam partium uarietate coniungant . an sit eorum aliquid . quod beatitudinis substantiam compleat . ad hoc uero cætera referantur . Dánne mánigiu beatitudo begrifet . sô bonum ist . únde quinque . supra dicta . uuéder diu sin téil dero beatitudinis . álso misseliche lide sint tes lichamen . álde iro éinez si beatitudo . únde ánderiu ze-démo séhên . Táz hábet si gnóto fóre geságet . táz summum bonum beatitudo ist . nú uuile si ságen . dáz ze-demo summo diu ánderiu finuiu râmênt .

Vellem inquam id patefaceres . ipsarum rerum commemoratione . Míh lústi chád íh . dáz tu mir dáz óffenotist . sélbéz taz ting ságendo .

BEATITVDINEM PARTES NON HABERE .

Nonne inquit beatitudinem bonum esse censemus ? Nesúlen uuír chad si . sáligkéit kúot áhtòn ?

Ac summum quidem inquam . Ióh taz fúrsta chád ih .

Addas inquit hoc omnibus licet . Taz summum múost tu légen chád si . ze-állên finuen .

Nam eadem sunt beatitudo . sufficientia summa est . eadem summa potentia . reuerentia quoque . claritas ac uoluptas . beatitudo esse iudicatur. A´lso beatitudo summum bonum ist . sô ist si óuh summa sufficientia . únde summa potentia . si ist óuh summa reuerentia . únde claritas . únde uoluptas.

Quid igitur? Heccine omnia bonum . sufficientia . potentia . cæteraque . ueluti quædam membra sunt beatitudinis? Vuáz túnchet tír? Sint tísiu állíu . ih méino bonum . únde sufficientia . únde potentia . únde diu ánderiu . sámo so líde dero beatitudinis?   [161.]

Vel ad bonum cuncta referuntur . ueluti ad uerticem? A´lde rámênt siu állíu ad bonum . sámo so dáz íro hóubet sí?

Intellego inquam . quod inuestigandum proponas . sed quod constituas . audire desidero. I´h fernímo uuóla chád ih . uuáz tu mir gébêst zeirrátenne . uuío áber dû iz récchêst . tes lústet mih zehórenne.

Cuius rei discretionem sic accipe. Nú fernim chád si . ih léro díh iz skéiden . ih léro dih uuío siu rámênt ad bonum . únde dáz sélba bonum nieht neuuúrchent sámo so partes.

Si hæc omnia fórent membra beatitudinis . a se quoque inuicem discreparent. Sús sólt tu argumentando dara náh stápfôn. V´be bonum únde diu ánderen fínuiu . líde uuârîn dero beatitudinis . sô uuârîn siu éin ánderên úngelîh. Táz ist argumentum ab adiunctis. Membris ist ío dissimilitudo adiuncta.

Hæc est enim partium natura . ut diuersa componant unum corpus. Sólih ist ío dero partium natura . dáz siu úngelichiu éin corpus máchoên.

Atqui . hæc omnia idem esse monstrata sunt. Nú sint tísiu geóuget éin uuésen.

Minime igitur membra sunt. Pedíu nesint siu membra. Vuánda siu unum sint . pedíu nesint siu diuersa. Táz ist argumentum a repugnantibus. Repugnat enim unum esse atque diuersa. Vuánda siu óuh diuersa nesint . pedíu nesint siu membra. Táz ist álso ih nú chád ab adiunctis.

Alioquin ex uno membrô beatitudo uidebitur esse coniuncta , quod fieri nequit. A´nderes-uuîo sól beatitudo sîn geuuórht . úzer éinemo líde . dés nieht sîn nemág. V´zer éinemo nemág nehéin compositio uuérden. Táz íst áber argumentum a repugnantibus. Repugnat enim simplex esse et compositum.

Id quidem inquam dubium non est. Tés íst nehéin zuîuel chád ih.

Sed id quod restat exspecto. Tára náh píto ih . tés nóh fóre ist.

AD VNVM REFERRI QVÆ BEATITVDINIS SVNT.

Ad bonum uero cætera referri palam est. Tiu ánderíu fínuiu . diu éin sáment bono sint . diu uuérdent keuuérbet án bonum . uuánda man chómen uuile mit in . ad bonum.

Idcirco enim sufficientia petitur . quoniam bonum esse iudicatur. Tár úmbe gérôt man gnúhte . uuánda si gûot geáhtôt uuírdet.

Idcirco potentia . quoniam id quoque creditur esse bonum. Fóne diu íst óuh lieb potentia . uuánda si gûot mánne dúnchet. [162.]

Idem de reuerentia . claritudine . iocunditate . coniectare licet. Táz sélba mág ih ságen fóne dien ánderên drín.

Omnium igitur expetendorvm summa . atque causa . bonum est. Fóne diu ist io gûot . álles tés man gérôt . hóubet . únde méinunga.

Quod enim neque re . neque similitudine ullum in se retinet bonum . id expeti nullomodo potest. Táz áber gûot neíst . nôh kelîh temo gûoten . dés negérôt nîoman.

Contraque etiam quæ natura bona non sunt . tamen si esse uideantur . quasi uere bona sunt appetuntur. Únde dára gágene . diu sár gûot nesint . échert siu démo gelîh sîn . ióh túrh táz kérôt man íro . sámo so siu gûot sîn.

Quo fit . uti summa cardo atque causa expetendorum omnium . bonitas iure credatur. Fóne diu sól man gelóuben . dáz io diu gûoti si der ínnerósto ángo . únde diu érchenósta scúndeda álles kérónnes.

Cuius uero causa quod expetitur . id maxime uidetur optari. Tár úmbe dingoliches kegérôt uuirt . tés fârêt man dar ána in-hóubet.

Veluti si quispiam causa salutis . uelit æquitare . non tantum æquitandi motum desiderat . quam salutis effectum. A'lso dér nefârêt tér úmbe gesúndeda rîtet . uuio er sih rîtendo eruuékke . núbe daz er gesúndero uuérde.

Cum igitur omnia boni gratia petantur . non illa potius quam bonum ipsum desideratur ab omnibus. Fóne diu skînet . so uues so îoman gérôt úmbe gûot . táz er sîn negérôt . núbe gûotes.

ITEM.

Sed propter quod cætera optantur . beatitudinem esse concessimus. A'ber gûot . úmbe dáz tingoliches uuárt kegérôt . táz . chád ih uuésen beatitudinem.

Quare sic quoque sola queritur beatitudo. Fóne diu uuírt ióh zedéro uuís . ih méino éin gûot fórderôndo . éiniu beatitudo gefórderôt.

Ex quo liquido apparet . ipsius boni et beatitudinis . unam atque eandem esse substantiam. Tánnân skînet . óffeno éin ding uuésen . gûot únde sâlighéit.

Nihil uideo . cur dissentire quispiam possit. Tár neuuéiz ih nieht . tés îoman múge uuíderchôsôn chád ih.

ITEM.

Sed deum ueramque beatitudinem . unum atque idem esse monstrauimus . Nû hábo ih chád si geóuget . kót únde sáligheit éin uuésen.

Ita inquam . Táz ist álso chád ih.

Securo igitur licet concludere . [163.] dei quoque substantiam in ipso bono . nec usquam alio sitam esse . Fóne diu chád si . mág ih páldo féstenón . gótes sélbes substantiam . án demo gùote stán.

INVITATIO AD BEATITVDINEM.

Huc pariter uenite omnes capti . Hára zùo sinnent asáment álle nótháfte.

Quos fallax libido habitans . i. possidens terrenas mentes . ligat improbis catenis . Í uuih tir bíndent úbele gelúste . die inuêr mûot pesizzent . mit stárchên cbétennôn.

Hæc erit uobis requies laborum . Hier findent ir ráuua.

Hic portus placida manens quiete . Tisiu stédi ist io stille.

Hoc unum asilum . i. domus refugii . patens miseris . Tíz ist échert taz scúldiga asilum . taz tien unênegên io indán stát . Tíz ist kuíssera . tánne dáz ze athenis máchotón nepotes herculis . tie iro libes fórhtón úmbe sine scúlde . A'lde daz romulus ze romo máchota . fréidén ze gníste.

Quidquid tagus donat aureis harenis . aut hermus rutilante ripa . aut indus propinquans calido orbi . miscens uirides lapillos candidis . non illustrant aciem . So uuáz tagus kíbet fluuius hispaniæ an sinemo góltcrieze . únde hermus fluuius minoris asiæ . an sinemo gólt fáreuuen stáde . álde indus . tiu állero náhesta ist orienti soli . miskelóndiu grúone gimmá . só smaragdus ist . zúo dien uuízên . só uniones sint . tiu neindúont mánne níeht tiu óugen sines sinnes.

Magisque cæcos animos condunt in suas . i. consuetas tenebras . Núbe mêr stózent siu blíndiu mùot in iro chúndùn finstri.

Hoc quicquid placet . excitatque mentes . tellus aluit intimis cauernis . So uuáz tés mánne lichèt . álde sin mùot crùozet . táz prùotet tiu érda in iro bárme.

Splendor quo regitur uigetque cælum . uitat obscuras animo tenebras . A'ber dér skimo gótes uuistùomes . tér den himel ríhtet . únde féstenôt . tér skíhet tia tímberùn finstri des mùotes.

Hanc quisquis poterit notare lucem . negabit radios phœbi candidos . So uuér dáz lieht chiesen gestát . tér negihet . táz tiu sùnna cláte skimen hábe.

VNVM ATQVE BONVM . IDEM ESSE.

Assentior inquam . Í h iiho chád ih .

Cuncta enim constant . nexa firmissimis rationibus. A′lliu dîniu gechôse. sínt kuís. únde gestérchet mít féstên redòn. [164.] Mít argumentis. únde mít syllogismis. sínt siu geféstenót.

Tum inquit illa. Quanti estimabis si agnoueris quod sit ipsum bonum? Iâ chád si dô. uuîo tîure dúnchet tir. úbe dû bedénchest. uuáz sélbez taz kûot sî?

Infinito inquam. Vnmez tîure chád ih.

Siquidem mihi pariter contingit agnoscere deum quoque qui bonum est. V′be ih óuh tár mite mûoz pechénnen gót. tér gùot íst.

Atqui hoc inquit patefaciam uerissima ratione. Tríuuo chád si íh keóffenón dir iz mít filo uuârero rédo.

Maneant modo quæ paulo ante conclusa sunt. Échert tíu sîn indînero gehúbte. diu fóre geféstenót sint.

Manebunt. Táz sint siu chád ih.

Nonne inquit monstrauimus. ea quæ appetuntur a pluribus. idcirco uera perfectaque bona non esse. quoniam a se inuicem discreparent? Nehábo ih tír argumentando geóuget chád si. diu gùot. téro mánege gerónt? fóne diu neuuésen uuáriu. nóh túrnohtíu. uuánda siu geskéiden sint?

Cumque alterum abesset alteri. plenum absolutumque bonum non posse afferre? V′nde sô éin ándermo gebréste. dáz iz tánne dúrh síh nemúge gében fól gùot. nóh áneuuálg?

Tum autem fieri uerum bonum. cum colliguntur. ueluti in unam formam. atque efficientiam. ut quæ sit sufficientia. eadem sit potentia. reuerentia. claritas. atque iocunditas? U′nde áber dánne uuérden uuâre gùot. sô siu síh kesámenoên. sámoso ze‿éinemo bilde. únde ze‿éinero uuúrchedo. únde dáz éin dero finuo sî. ánderíu dáz sélba sîn? U′be fínf summa bona uuârin. sô uuârîn óuh fínf beatitudines. sô uuârîn óuh tero uuúrchedón finue. uuánda îogelichíu dúrh síh beatum uuórhti.

Nisi uero unum atque idem omnia sint. nihil habere quo numerentur inter expetenda. U′nde nehábo ih tír dáz keóuget na. siu nesîn éin. dáz siu nîeht tés nehábent tés zegéronne sî. uuánda éin âne diu ánderíu nîeht negemág?

Demonstratum inquam. Keóuget chád ih.

Nec dubitari ullo modo potest. Nóh zuîuel nehéinêr neíst is.

SVMPTVM.

Quæ igitur cum discrepant. minime bona sunt. cum uero unum esse cœperint. bona fiunt. nonne hæc ut bona sint. unitatis fieri adeptione contingit? Tíu míssehéllendo chád si gùot nesínt. únde áber geéinotíu gùot unérdent . nesínt tiu dánne . unánda dara éin zúo chám . gùot uuórten na?

Ita inquam uidetur. Táz túnchet mir chád ih.

SVMPTVM.

Sed omne quod bonum est . boni participatione . [163.] bonum esse concedis . an minime? V'nde ál daz kùot ist chád si . só díu úngeéinotiu finniu sint . gihest tu dáz kùot sin . fóne gùotes miteuuiste . só unum ist . álde negihest?

Ita est. Só ist kùot chád ih.

ILLATIO.

Oportet igitur concedas simili ratione . idem esse unum atque bonum. Fóne sámolichero rédo gihest tu nóte chád si . éin únde gùot úngeskéiden sin. Vuíle du zuéio iéhen . só gihest tu nóte des trítten. Tér syllogismus ist sús ketán. Vngùot uuirt fóne éinemo gùot. Só ist tánne gùot fóne gùotemo uuórten. ih méino fóne éinemo. Pedíu ist éin únde gùot úngeskéiden.

Eadem namque substantia est eorum quorum naturaliter non est diuersus effectus. Téro substantia ist nóte úngeskéiden . déro tát úngeskéiden ist. Bonitas máchót bonum . participatione sui . só tùot óuh unum. Pedíu hábent siu éina tát.

Negare inquam nequeo. Tés nemág ih nîo gelóugenen . chád ih.

VNVM OMNIBVS REBVS SVBSISTENTIAM DARE.

Nosti igitur inquit . omne quod est . tam diu manere . atque subsistere . quam diu sit unvm? Neuuéist tu chád si . állero dingolíh só lángo uuérèn . únde bestán . únz iz éin ist?

Sed interire atque dissolui pariter . atque unum esse destiterit? V'nde zegán ióh zeuáren . só iz éin neíst?

Quonam modo? Vuío chád ih ist . tánne dáz só?

Vti inquit in animalibus. Cum anima corpusque coeunt in unum . ac permanent . id animal uocatur. A'lso du chiesen máht chád si . an állên lébendèn. Só séla únde lichamo zesámine chóment . únde sáment uuónênt . táz héizet animal.

Cum uero hæc unitas utriusque separatione dissoluitur . interire . nec iam esse animal liquet. Só disiu éinunga fóne béidero skidungo zegát . só sól animal nóte zegán únde súrder neuuésen.

Ipsum quoque corpus cum in una forma membrorum coniunctione permanet . humana uisitur species. Ióh sélbêr únsêr líchamo . únz er in sinero lído fûogi behábet sîna geskáft. sô ist er ménnisken gelîh.

At si distributæ segregatæque partes corporis . distraxerint unitatem . desinit esse quod fuerat. V'be áber die líde geskéidene . únde zelégete . demo líchamen dáz penément . táz er éin nemůoz sîn . sô zegât táz er uuás.

Eoque modo percurrenti cætera . procul dubio patebit . subsistere unumquodque . dum unum est. V'nde uuárte ze‿állên díngen ánderên . sô sihest tu díngolîh pestân . únz iz éin ist.

Cum uero unum esse desinit interire. U'nde áber zegân . sô iz éin neíst.

Consideranti inquam mihi plura . [166.] minime aliud uidetur. So uuár ih is uuartên . chád ih . târ fíndo ih iz sô.

QVESTIO PHILOSOPHIÆ . AN AD INTERI-
TVM ALIQVID TENDAT.

Estne igitur inquit . quod in quantum naturaliter agat . relicta subsistendi appetentia . uenire ad interitum . corruptionemque desiderat? I'st nû íeht chád si . dáz tero naturo fólgendo . sih kérno gelóube des uuésennes . únde iz uuélle zegân . únde eruuérden?

RESPONSIO BOETII . NON ANIMALIA TEN-
DERE . DE RELIQVIS SE DVBITARE.

Si animalia inquam considerem . quæ habent aliquam uolendi nolendique naturam . nihil inuenio . quod nullis extra cogentibus . abiciant manendi intentionem . et ad interitum sponte festinent. V'be ih tíu lébendo chíuso chád ih . tíu natúrlicho múgen uuéllen . únde neuuéllen . déro nehéin nefíndo ih táz âne ûzuuertiga nòt uuésennes nelúste . únde iz tánches péite ze‿uerlórnissedo. V'ízuuertig nòt ist . tía ételîh keskíht errécchet . álso súbte sint . únde uulnera . únde persecutiones . únde calamitates. Fóne dien uuírt ófto der ménnisko sô überuuúnden . ófto . dáz imo der lîb léid ist.

Omne namque animal tueri salutem laborat . mortem uero pernetiemque deuitat. A'l dáz tir lébet . táz îlet ío hálten sîne gesúndeda . únde flíhet ío den tòd . únde die ferlórnisseda.

Sed quid consentiam de herbis . arboribusque . quid de inanimatis omnino rebus . prorsus dubito. Vués áber ih súle iéhen fóne bóumen . únde fóne chrútteren . tíu fóne sáffe lébent . únde fóne únlébenden . sô lapides unde metalla sint . tés zuíuelôn ih.

ITEM IPSA . NEC ARBORES TENDERE .
NEC HERBAS .

Atqui . non est quod de hoc quoque possis ambigere . cum intuearis primum herbas atque arbores . nasci in locis sibi conuenientibus . ubi quantum earum natura queat . cito exarescere atque interire non possint . Tríuuo chád si . nóh tés nedárft tu zuíuelon . sìd tu sihest chriutelih . únde bóumolih an déro stéte uuáhsen . diu ímo limfet . íb méino dàr iz nîeht káhes erdórrén nemág . nóh zegán . sò filo iz tiu natura làzet .

Nam aliæ quidem campis . aliæ montibus oriuntur . alias ferunt paludes . aliæ saxis herent . aliarum fœcundæ sunt steriles harenæ . Vuánda iro súmelih uuáhset in félde . súm in bérge . súm uuáhset in fénne . súm chlébet án dien stéinen . súm stát an grìeze . [167.]

Quas si in alia quispiam loca transferre conetur . arescant . Tîe sàr dánne dórrént . úbe sie íoman fúrder sézzet .

Sed dat natura cuique quod conuenit . et elaborat . ne intereant . dum manere possunt . Fóne diu gíbet tiu natura iogelíchemo . dia stát . tiu ímo gelímfet . únde búotet . táz iz ío uuéree . únz iz lángóst múge .

DE NVTRIMENTIS EARVM .

Quid quod omnes uelut demerso ore . in terras . trahunt alimenta radicibus . ac per medullas corticemque . robur diffundunt ? Vuáz chîst tu dés . zíu ne chiusest tu dàr bi . uuío gérno sie sint . táz sie sámo so den snábel stózent in dia érda . únde súgent taz sóu . mit tíen uuúrzellón . únde sie dánnán sò úf iro stárchi áfter demo márge . únde áfter dero riudûn . zetéilónt ?

Quid quod mollissimum quodque sicut medulla est . interiore semper sede reconditur . extra uero quadam ligni firmitate . ultimus uero cortex . aduersum cæli intemperiem . quasi mali patiens defensor opponitur ? Vnde uuáz óuh tés . táz sie daz uuélchesta sò daz márg ist . zeínneróst pérgent . mit tero úzerún hólzes fésti . únde diu rinda zeúzeróst . sámo so árbeito geníetotiu . gágen állén uuéteren ze skérme stát ?

Tam uero quanta est naturæ diligentia . ut cuncta semine multiplicato . propagentur . Vuánda nesihest tu . uuío geuuár óuh tés tiu natura ist . táz állíu uuáhsentíu . mit tes sámen mánegfaltí uuito geflánzót uuérden .

Quæ omnia nonmodo ad tempus manendi . uerum generatim quoque . quasi in perpetuum manendi . ueluti quasdam machinas quis esset nesciat ? Vuér nebechénnet táz állez uuésen . sámo so zímber . únde ge-

ziug . álliv uuáhsentiu . nieht éin
uuérig zegetûonne . núbe ióh áfter
gebúrte zálón íomêr zegestàtenne .

ITEM NEC INANIMATA TENDERE AD IN
TERITVM .

Ea etiam quæ inanimata esse creduntur . nonne quod suum est quæque simili ratione desiderant ? Tíu
óuh únlibháftiu sint . nefórderónt tiu
daz iro ding so sámo na ?

Cur enim flammas quidem sursum
leuitas uehit . terras uero deorsum
pondus deprimit . nisi quod hæc loca
motionesque singulis conueniunt ?
Vuáz méinet ánderes . táz tiu liehti
daz fiur úf zihet . únde diu suári dia
érda nider sénchet . áne dáz in béidèn die stéte gefállent . únde die
férte ? Éinemo nider . ándermo úf.

Porro autem quod cuique consentaneum est . [168.] id unum quodque cónseruat . A'llero dingolih háltet io dáz imo geuállet .

Sicuti ea quæ sunt inimica corrumpunt . A'lso iz óuh tára gágene
disiu dósent . tiu imo uuideruuartig
sint .

Iam uero quæ dura sunt . ut lapides . adherent tenacissime partibus
suis . et ne facile dissoluantur . resistunt . Tíu óuh hérte sint . álso
stéina . díu háftent fásto zesámine .
únde nehéngent nieht . táz man siu
sámfto zebréche .

Quæ uero liquentia . ut aer atque
aqua . facile quidem diuidentibus cedunt . sed cito rursus relabuntur in
ea a quibus sunt abscisa . Tiu áber
náziu sint . sò lúft únde uuázer ist .
tiu skéident sih sámfto . únde lóufent
áber spúotigo . zesámine .

Ignis uero refugit omnem sectionem . Taz fiur neskéidet sih nieht.
Táz ist sóne díu . uuánda iz nehábet
nehéina dicchi . dáz iz corpus sî .
nóh neist túrh sih nieht . so lúft únde
uuázer ist . táz iz in gelícho múge
geskéiden uuérden . A'n dien corporibus ist iz sámo so fróst . únde
ánderiu accidentia . Diu corpora án
dien iz ist . tiu skéident sih . Só ist
óuh uox . tiu sáment chúmet ze_mánigên óròn . siu ist úngeskéiden .
dóh tero gehórentòn óren geskéiden
sin . únde ist si óuh corporalis . so
priscianus chit . quia uox est aer ictus .

QVID SIT INTER NATVRALEM MOTVM . ET
VOLVNTARIVM .

Neque nunc tractamus de uoluntariis motibus cognoscentis animæ .
sed de naturali intentione . V'nde
fernim uuóla . dáz ib tír nú nieht
neóugo . uuio gérno uuihtelib st .
fóne dien uuilligèn uuárbôn . dero
sinnigûn sélo . núbe ih óugo dir iz
fóne dero natúrlichùn rámungo. Natura hábet iro rihto . dáz sia nehéin
uuillo neléitet .

Sicuti est quod acceptas escas sine

cogitatione transigimus . quod in somno spiritum ducimus nescientes. Álso dár skínet . táz uuír dia libleita déuuén . dóh uuír dára nedénchén . únde uuír sláfendo átemoén . ununízendo. Pediu hábet tiu natura iro uuárba . áne den uuíllen .

Nam nec in animalibus quidem manendi . amor uenit ex uoluntatibus animæ . uerum ex principiis naturæ. Nóh sár án‿dien lébendén . dáz siu gérno sint . táz nehábent siu nieht fóne dero sélo uuíllen . núbe fóne dero natura . nám iz ánagenne .

Nam sepe mortem . cogentibus causis . quam natura reformidat . uoluntas amplectitur. Táz skínet tár ána . uuánda der mán ófto dúrh ételicha nôt . ten dód uuíle . dén diu natura skíhet .

Contraque illud . V́nde dára gágene .

Opus gignendi . quod natura semper appetit . quo solo durat diuturnitas [169.] . mortalium rerum . interdum coercet uoluntas. Diu hítat . téro diu natura gérót . tánnán dero stirbigón dingo lánguuérigi dóh chúmet . tiu uuírt ófto fóne uuíllen ferduuénget. Ten dód fúrhtet tiu natura . únde gérót sin der uuíllo . tia hítát minnót tiu natura . únde uuéigerót ter uuíllo . fóne diu chít si . contra illud .

Adeo non procedit hæc sui caritas . ex‿animali motione . sed ex naturali intentione. Álso guis so nechúmet nieht tiu líb‿minna . fóne dero sélo uuíllen . núbe fóne dero natúrlichún ríhti .

Dedit enim pronidentia rebus . a se creatis . hanc uel maximam causam manendi . ut naturaliter desiderent manere . quoad possunt. Kótes peuuárunga . gáb táz iro geskáffenén . ze‿hóubethâfti uuérennes . táz sie io lúste zeunérenne . únz sie lángóst múgin .

Quare nihil est . quod ullo modo queas dubitare . cuncta quæ sunt . appetere naturaliter constantiam permanendi deuitare perneriem. Pediu nedárft tu nieht zuiuelón . ál dáz tir ist . natúrlicho súochen dia státigi des uuérennes . únde skíhen dia ferlórni .

Confiteor inquam . nunc me indubitato cernere . quæ dudum incerta uidebantur. Íh gího chád ih . táz ih kuíslicho nû bechénno . dáz mír fóre uuás únguís .

Quod autem inquit subsistere ac permanere appetit . id unum esse desiderat. V́nde dáz io uuésen . únde uuérén uuíle chád si . táz kérót éin uuésen .

Hoc enim sublato . necesse quidem cuiquam permanebit. Témo infárnemo . neuuírt taz uuésen zeléibo nieht .

Verum est inquam. Táz íst uuár chád ih .

SVMPTVM.

Omnia igitur inquit unum desiderant. Pedíu chád si. uuéllen siu álliu éin.

Consensi. Tés hábo ih keiégen chád ih.

SVMPTVM.

Sed unum id ipsum monstrauimus esse quod bonum. Nû hábo ih tir óuh keóuget chád si. éin únde gûot álgelicho gân.

Itaque quidem. Só hábest chád ih.

ILLATIO.

Cuncta igitur bonum petant. Pedíu chád si. fórderônt siu álliu gûot. Tér syllogismus ist óuh tár fóre.

DIFFINITIO BONI.

Quod quidem ita describas licet. ipsum bonum esse quod desideretur ab omnibus. Nû máht tv gûote gében chád si. súslih nòt-mèz. Táz ist kùot tés álliu ding kérônt.

QVID SIT DIFFINITIO.

Hier ist zeuuizenne. dáz diffinitio óuh éigen instrumentum ist philosophorum. ad disputandum. sámo so argumentum ist. únde syllogismus. Mít tien drín dùohta in. dáz uuír állero dingoliches sîn zeirrihtenne. únde daz ánder ál únguis si. [170.] áne dáz úns argumentando. ratiocinando. diffiniendo geuuáret uuérde. Argumentorum loca fúnden sie sedecim. ratiocinationum modos. uiginti sex. áber diffinitionum misselicho. uuánda cicero lêret únsih in topicis. quatuor modos. uictorinus rhetor quindecim. Déro quindecim modorum. ist échert éinêr. dêr proprie diffinitio héize. die ándere héizent mêr descriptiones. Diffinitio sézzet taz ting. únde geóuget iz úns. álso uuír iz ána séhen. descriptio gezéichenet iz échert. Sò ist iz diffinitio. sò iz úns substantialiter dia sácha óuget. ál sús. Animal dáz ist anima. únde corpus. Fóne dîen zuéin ist animal compositum. diu zuéi uuúrchent iz. Sò ist iz áber descriptio. sò úns échert kemâlèt uuirt. uuáz iz sî. ál sús. Animal dáz ist quoddam mobile. Tóh táz uuár si. nóh tánne ist úns animal mít tiu accidentaliter geóuget. nals substantialiter. Mobilitas ist accidens animali. V̂zer accidentibus neuuirt nehéin animal geuuúrchet. Pedíu chît descriptio gemále. únde zéichenúnga. únde bilde. álso dáz ist. úbe ih mít mínemo grífile an éinemo uuáhse gerîzo formam animalis. A′ber diffinitio chît úndermarchúnga. álso dáz ist. táz uuír fines

a finibus skídoen. únde chît nôtmez.
álso dáz knôto gemézen ist. tés nieht
mêr. nóh nieht minnera neist.

Nihil inquam uerius excogitari potest. Nieht nemág uuâreren erdénchet uuérden. chád íh.

Nam uel ad nihilum cuncta referuntur. et destituta ueluti uno uertice. sine rectore fluitabunt. aut siquid est. ad quod uniuersa festinent. id erit summum omnium bonorum. Vuánda éin uuéder ist. sô álliu ding séhent ze niehte. únde fârent irre. sámo so hóubetolôsiu. álde úbe siu álliu ioner zûo ílent. táz ist nôte állero dingo bézesta.

Et illa inquit. Nimium o alumne lætor. V'nde dô chád si. nû bin ih is filo frô geséllo min.

Ipsam enim mediæ ueritatis notam. mente fixisti. Tû hábest ten mittelôsten stúpf tero uuârhéite in dien hérza getrénchet.

QVIS SIT RERVM FINIS.

Sed in hoc patuit tibi. quod ignorare te paulo ante dicebas. V'nde an démo dinge hábest tu fernómen. dáz tu dih fóre cháde neuuizen.

Quid inquam? Vuélez ist táz chád íh?

Quis esset omnium rerum finis? Vuáz táz énde si állero dingo chád si.

Ipse enim perfecto. quod desideratur ab omnibus. Táz ist taz énde. dés álliu ding kéront. [171.]

Quod quia bonum esse collegimus. oportet fateamur. omnium rerum finem bonum esse. Vuánda uuir dáz énde genuár ráchotôn. gûot uuésen. pediu súlen uuir iéhen. gûot uuésen állero dingo énde.

MENTEM INTERROGANDAM ESSE DE OMNI VERITATE.

Quisquis profunda mente uestigat uerum. cupitque ille nullis deuiis falli. in se reuoluat. i. scrutetur lucem intimi uisus. So uuér tiefo dénchendo daz uuâra gûot sûoche. únde er fóne lúge dingen neunélle betrógen uuérden. dér frâgee dés sin sélbes sin.

Et inflectens longos motus. cogat in orbem. V'nde lánge férte des mûotes in rínges uuís piegende. tûe sie úmbe gân. Dáz chit. uuénde sin mûot tar ána diccho.

Animumque doceat. possidere retrusum. suis thesauris. quicquid extra molitur. i. rimatur. V'nde lére sîn mûot héime háben. dáz iz ánderes uuâr súochet.

Quod dudum texit atra nubes. erroris. lucebit perspicatius ipso phœbo. V'be er daz tùot. tánne beginnet sih imo indûon. dáz ér neuuissa. óffenôr dánne daz súnnûn lieht. Táz chit si fóne diu. uuánda er imo sélbo bedenchen sól. uuîo uuâr dáz si. dáz si in léret.

Namque corpus inuehens obliuio-
sam molem . non depulit omne lu-
men mente. Vuánda dér àgez má-
chôndo lîchamo . nehábet temo mùo-
te dáz nieht káreuuo genómen dia
nuârhéit . so uuîo geskriben sî. Cor-
pus quod aggrauat animam . oppri-
mit sensum multa cogitantem.

Heret perfecto introrsum semen
ueri . quod excitatur uentilante doc-
trina. Êtelih fúncho dero uuâr-
héite . lôskèt târ inne . dér fóne
dero ánablâsentùn lêro erchícchet
uuirt.

Nam cur rogati . recta sponte . i.
sine doctore . censetis . ni uiueret
fomes mersus alto corde. Vuán-
nân birnt ir ánderes sô gérech .
réht zefíndenne . sô man is íuuih
frâgèt . tér zínselôd nelâge dâr be-
grâben . tiefo in‿demo‿hérzen?
Táz ist argumentum ab effectu.
Vuîo mág effectum sîn âne den effi-
cientem?

Quod si platonis musa personat
uerum . quod quisque discit inme-
mor recordatur. V'he platonis poe-
ma uuâr ságet . al dáz tér úngehúh-
tigo gelirnèt . tés pehúget er sih.
Plato únde ándere philosophi . uuán-
dòn . dáz anima hominum állíu ding
uuízìn . êr sie ad corpora chómèn.
únde fóne démo úngehúhtig uuór-
tene . sih íro dâra náh sô éinzèn be-
húgen.   [172]

Tum ego inquam. Platoni uehe-
menter assentior. I'h giho dés filo
fásto platoni . chád ih.

Nam me horum iam secundo com-
memoras . primo quod memoriam
corporea contagione . i . commix-
tione . dehinc cum meroris mole
pressus amisi. Vuánda dù mih
tíz ál nû ánderêst lêrest. Éinêst
fóne diu . dáz ih uuás in‿úngehúht
chómenèr . fóne des líchamen drúc-
che . do mih iz in scûolo lêrta mîn
méister . únde nû ánderêst . fóne
déro chréftigùn trûregi besuâro-
têr.

QVOD BONITATIS CLAVO MVNDVS
REGATVR.

Tum illa. Si respicias inquit prio-
ra concessa . ne illud qnidem longius
aberit . quin recorderis . quod te
dudum nescire confessus es. Vuîle
du dénchen chád si . ân‿die éreren
gegíhte . sô spûot tir sâr dés tih ze-
behúgenne . dáz tu fóre cháde . dih
neuuizen.

Quid inquam? Vuáz ist táz cha dih?

Quibus ait illa gubernaculis mun-
dus regatur. Vuélih chád si daz
stùor ⸗ rùoder si . mit témo gót tisa
uuérlt rihte.

Memini inquam confessum me
fuisse meam inscitiam. I'h pehúgo
mih uuóla chád ih . keiégen hában
mínero únchúnnôn.

Sed quid afferas licet iam prospi-
ciam . planius tamen ex te audire
desidero. Vuáz tu dôh ságen uuél-

lêst . so uuîo ih iz în nû uuize . ih
fernimo iz tóh kěrno fóne dir .

Mundum inquit hunc deo regi .
paulo ante minime dubitandum pu-
tabas . Táz kót tisa uuérlt ríhte
chád si . tés iáhe dû dâr fóre . tih
nehéinen zuîuel háben .

Ne nunc quidem arbitror inquam .
nec umquam dubitandum putabo .
Nóh nû nezuîuelôn chád ih . nóh
niomer .

Quibusque in hoc orationibus ac-
cedam . breuiter exponam . Vnde
mit uuélero rédo ih tára zùo chóme .
dáz ságo ih tír spûotigo .

Mundus hic minime conuenisset
in unam formam . ex tam diuersis
contrariisque partibus . nisi unus
esset . qui tam diuersa coniungeret .
Tisiu uuérlt negećinoti sih nîeht
ze einemo bilde . fóne só misseli-
chên . únde só uuíderuuártigèn .
iro téilen . só uuázer . únde fiur ist .
únde lúft únde érda . úbe éinêr ne-
uuâre . dér só misselichiu zesámine
fûogti .

Coniuncta uero naturarum ipsa
diuersitas . inuicem discors disso-
ciaret . atque diuelleret . nisi unus
esset . qui quod nexuit contineret .
Ióh tára nâh . so ér siu zesámine
gehásti . só intuuúrfe sih . únde
zenáme sih tiu ríngenta missehélli
dero natúròn . úbe éinèr neuuâre .
dér dáz fólle hábeti . zesámine . dáz
ér genústa . Táz ist triplex argu-
mentum . a dissimilibus . a repug-
nantibus . a contrariis . Dissimilia

sint . corpus . et anima . repugnantia
sint . ignis et terra . contraria sint .
ignis et aqua . Tíu flúhin nôte éin-án-
deríu . úbě síu éteuuer neduánge
zesámine .

Non tam uero certus ordo naturæ .
procederet . [173] nec explicarent
tam dispositos motus . locis . tem-
poribus . efficientia . spatiis . qua-
litatibus nisi unus esset . qui has
mutationum uarietates . manens ipse
disponeret . Nóh só guis neuuâre
nieht tiu ríhti dero naturæ . nóh só
guisse férte . netắtin diu partes
kuisse in iro stéten . álso luna hábet
inter planetas . proximum motum
terræ . únde saturnus proximum
caelo . Kuisse in iro zîten . álso re-
cursus lunæ ist . in uigínti septem
diebus . únde áber solis . in trecen-
tis sexaginta quinque diebus . Kuisse
in iro máchungo . álso der máno día
súnnûn fúre gándo . eclipsin solis
máchót . únde sól díe ánderen pla-
netas máchót stationarias . álde re-
trogradas . álde anumolas . Kuisse
in iro únderskéite . álso ío ist inter
plenam lunam et solem dimidium
cæli . Kuisse in iro uuiolichi . álso
ío noua luna ist cornuta . únde ple-
na rotunda ist . Tés nefûore álles
só nieht . úbe éinêr neuuâre státêr .
dér díe misselichen uuéhsela scáf-
foti . Taz ist argumentum ab effectis .
Díu effecta lerént ten effectorem .

Hoc quicquid est . quo condita
manent . atque agitantur . i . regun-
tur . usitato cunctis uocabulo . de-

um nomino. Fóne démo to álle
gáskefte sint. únde geríhte [1] uuér-
dent. tén héizo íh áfter site gót.

Tum illa. Cum hæc inquit ita
sentias. paruam mihi operam re-
stare puto. ut felicitatis compos.
patriam sospes reuisas. Sîd tu dáz
uuéist chád si dô. sô neist mir dés
nieht. táz tû sáldôn gebrûochendêr.
gesúnde héim eruuíndêst. Vuáz
héizet si patriam. âne iustitiam. ún-
de sapientiam. dár úmbe der mén-
nisko geskáffen uuárt? álde pa-
radysum. dánnân ér feruuórfen
uuárd?

Sed quæ proposuimus intueamur.
Nû séhên dés uuir bedígen.

SVMPTVM.

Nonne numerauimus sufficientiam
in beatitudine?

SVMPTVM.

Deumque ipsam beatitudinem esse
consensimus? Nechád íh târ fóre
na. gnúht pegríffen uuérden. mit
beatitudine. únde gót uuésen dia
beatitudinem.

Ita quidem. Sô táte chád ih.

ILLATIO.

Et ad mundum igitur inquit regen-
dum. nullis extrinsecus amminicu-

lis indigebit. Sîd táz sô ist chád si.
sô ist er úndurftîg tero úzerûn.
hélfo. dia uuérlt zeríhtenne. unán-
da er iz an imo sélbemo hábet.
Tér syllogismus ist sûs ketân. Suf-
ficientia ist in beatitudine. Sô ist
kót beatitudo. Pedíu ist kót suf-
ficiens ad regendum mundum.

Alioquin si quo egeat. plenam
sufficientiam non habebit. A'nde-
res uuío. úbe imo ménget. sô neist
er sufficiens. Argumentum a parte.
quia non habet totum. cui aliquid
deest.

Id inquam ita est necessarium.
I'z ist nôte sô chád ih.

Per se igitur solum cuncta dispo-
nit. Mit imo sélbemo gréhto. ór-
denôt er diu ding.   [174.]

Negari inquam non potest. Tés
nemág nehéin lóugen sîn chád ih.

ITEM.

Atqui. deus ipsum bonum esse
monstratus est. Nû ist óuh kót
keságet chád si. gûot uuésen.

Memini inquam. Vuóla gehúgo
ih is chád ih.

Per bonum ipsum igitur cuncta
disponit. si quidem per se regit
omnia. quem bonum esse consen-
simus. V'be dér mit imo sélbemo
ríhtet. tér sélbo gûot ist. sô ríhtet
er mit kùote. Táz ist argumentum

---

[1] Ende verkratzt, so dass ein buchstab fehlen kann.

a︵nota . i . ab interpretatione . Vuánda gót únde gùot pluriuoca sint . táz mit kóte uuirt . táz uuirt mit kùote .

Et hic est ueluti quidam clauus . atque gubernaculum . quo mundana machina stabilis atque incorrupta seruatur . V′nde díz ist tér︵nágel . ióh tiu stiura . mit téro daz uuérlt= zimber gehálten uuírt . státe . únde úngeuuértet . Tér diu méreskéf stiuret . tér neléget sîna hánt nieht . án daz stíur=rûoder . núbe échert ten nágel . dér án︵demo rûodere ist . tén uuérbet er . álso uuír ióh séhên . in︵súmelichên séuuen.

Vehementer assentior inquam . et id te dicturam paulo ante prospexi licet tenui suspicione . Tés fólgèn ih tir in︵érnest chád ih . únde dáz uuissa ih fóre . gágen dés iz uuás . táz tu sô ságen sóltîst . I′h chós iz . tóh ih iz chúmo chúre.

Credo inquit . iam enim ut ar- bitror uigilantius deducis oculos ad cernenda uera . Táz kelóubo ih chád si . dáz tu iz fóre chúrist . uuánda dû nû uuáno ih uuácherô- ren óugen hábest . tia uuârhéit ze- chiesenne .

CVNCTA NATVRÆ CONSENTANEA VOLVN- TARIE GVBERNARI .

Sed quid dicam . non minus ad contuendum patet . Táz ih óuh nóh ságen uuile . dáz máht tu sámo óf- feno chîesen .

Quid inquam? Vuáz ist táz chád ih ?

Cum deus inquit iure credatur omnia gubernare clauo bonitatis . eademque omnia sicuti docui . ad bonum naturali intentione festinent . num dubitari potest . quin uolunta- rie regantur? Sô gót tiu ding rihtet chád si . mit témo nágele dero gùoti . únde siu álliu rámènt ze︵dero gùoti . ist tánne zuíuel . siu nesîn uuillig tes rihtennes?

Seque sponte conuertant ad nu- tum disponentis . ueluti conuenien- tia . contemperataque rectori . V′nde siu neuuérbèn sih kérno . náh témo uuillen des méisterônten sámo so gehélliu únde gerártiu ze︵iro rih- tare?

Ita inquam necesse . I′z ist nôte sô chád ih .

Nec beatum regimen esse uidere- tur . si quidem foret iugum detrec- tantium . non salus obtemperanti- um . Nóh táz rihten neuuáre sálig . tánne . sô iz tero uuíderôntôn ge- duuing uuáre . náls tero gehórigôn héili . Vuánda díu detrectatio con- tra naturam uuáre . bedíu ne hábeti si beatum finem . Táz ist argumen- tum a causa . Tíu dia naturam háltent . tiu hábent bonum finem . [175.] Fóne díu chád paulus . Ha- betis fructum uestrum in sanctifica- tione . finem uero uitam æternam . Sanctificatio ist secundum naturam .

pediu ist si causa uitæ æternæ. Vita æterna ist iro finis.

Nihil est igitur quod naturam seruans . deo contrarie conetur. Pediu neist nieht tia naturam báltende. dáz kóte uuidere si.

Nihil inquam. Nieht chád ih.

RELVCTANTIA NIHIL PROFICERE.

Quid si conetur ait. Vuáz chád si . úbe sih is tebéin creatura béitet. sô gigantes táten . únde álle iniqui túont?

Num tandem proficiet quicquam aduersus eum . quem iure beatitudinis potentissimum esse concessimus? Kemág si dánne teht uuider demo geuuáltigôsten . dén ih keuuáltigôsten iáh uuésen . dúrh tia beatidúninem?

Prorsus inquam nihil ualeret. Nieht über ál chád ih.

Non est igitur aliquid . quod summo huic bono . uel uelit . uel possit obsistere . s . quia nihil sunt iniqui. Fóne diu neist nieht chád si . dáz temo hérôsten gûote múge . álde nuélle uuidere stán.

Non inquam arbitror. I'h netrúên chád ih.

Est igitur summum bonum . quod regit cuncta fortiter suauiterque disponit. Fóne div chád si . ist táz kùot taz fórderôsta . dáz álliu ding mámmondo . únde máhtigo sképfet.

Tum ego. Quam me inquam delectant . non modo ea . quæ conclusa est summa rationum . uerum multo magis hæc ipsa uerba . quibus uteris. Dô chád ih . uuio lústsám mir sint nieht éin diu gnóti dero rédôn . die du mir beslôzen hábest . núbe ióh mêr diu uuórt . tiu dû sprichest. Si sprichet scóno hier . únde óuh tár si fóne iro sélbûn sprichet.

Sapientia attingit a fine usque ad finem fortiter . et disponit omnia suauiter.

Accepisti inquit in fabulis . lacessentes cælum gigantes. Sed illos quoque uti condignum fuit . benigna fortitudo disposuit. Vt tandem aliquando stultitiam magna lacerantem . i . deum prouocantem . sui pudeat. Tû láse in spélle chád si . die risen ze himele féhten . otum . únde ephialtem . filios neptuni . die mánôdliches vuûohsen nouem digitos. A'ber gótes chráft . kált in só iz réht uuás. Vuánda sie álle erscôzen uuúrten . mit tien dóner-strálôn. Táz mánôt tie úreizkóucha. die gótes chórônt . dáz sie dóh éteuuénne . sih is midén. Flegre héizet tiu risónbúrg in thessalia . tár die chréftigen stéina nóh ligent . mánige áfter félde . mit tien diu spél ságent . táz tie risen ze himele fúhtin. I'z uuáren áber die uuárbáfto . die post diluuium turrem zimberotôn uuider góte . únde sie uuúrten diuisæ per linguas.

MALVM NIHIL ESSE. [176.]

Sed uisne rationes ipsas inuicem collidamus? forsitan ex huiusmodi conflictatione . pulchra quædam ueritatis scintilla dissiliat. Vuíle du nû chád si . dáz ih sélben die rédà . die ih tár fóre geóuget hábo . zesámine sláhe . dáz tar ùz ételih scóne gnéista springe.

Tuo inquam arbitratu. A´lso dù uuéllést chád ih.

Deum inquit esse omnium potentem . nemo dubitauerit. Kót chád si . nezuíuelót níoman uuésen álemáhtígen.

Qui quidem inquam mente consistat . nullus prorsus ambigat. Tér sinnig ist chád ih . tér nezuíuelót is.

Qui uero est inquit omnium potens . nihil est quod ille non possit? Tér álgemág chád si . sól ieht sin . dáz ter negemúge?

Nihil inquam. Nieht chád ih. Argumentum a toto ad partem.

Num igitur deus facere malum potest? Mág kót úbel tûon chád si?

Minime inquam. Néin chád ih.

Malum igitur inquit nihil est . cum id facere ille non possit . qui nihil non possit. Fóne díu chád si . neist úbel nieht . sid iz tér nemág tûon . dér al tûon mág. Argumentum ab efficiente. Vuár ist taz effectum . só der effector neist? Táz ist tiu scintilla . dáz malum nieht neist. Fóne díu chît augustinus . dáz malum creatura nesî

nóh effectio dei . núbe defectio a deo . Angelum et hominem a deo deficere et non ipsi adherere malum est.

DE SIMILITVDINE HARVM RATIONVM.

Ludisne me inquam . texens rationibus inextricabilem laborinthum? Spilest tu sáment mir chád ih . mit tinero rédo . só feruuúndenen laborinthum uuv´rchendo?

Quæ nunc quidem qua egrediaris introeas . nunc uero qua introieris egrediare? Táz tu nû ingángêst . tár du úzkienge . únde áber dár úzkángêst . tár du ingienge? Só iz in laborintho féret . únde só du hier séhen máht.

An mirabilem quendam diuinæ simplicitatis orbem complicas? A´lde uuindest tu daz uuv´nderlîcha chliuue dero gótes éinfálti?

Et enim paulo ante a beatitudine incipiens . eam summum bonum esse dicebas . quam in summo deo sitam esse loquebare . Sús hábest tu mít mir gerédôt . Tú fîenge ána ze beatitudine . únde ságetôst sîa uuésen summvm bonum . únde cháde sîa ingóte uuésen .

Ipsum quoque deum . summum esse bonum . plenamque beatitudinem disserebas . V´nde ságetôst tu gót sélben uuésen summum bonum iôh beatitudinem .

Ex quo neminem beatum fore . nisi qui pariter deus esset . quasi munusculum dabas . V´nde dánnan ságetost tv´ mir ze gébo nehéinen uuésen beatvm . [177.] áne dér sámint imo gót íst . A´n déro stéte bíst tv´ úzchómen ze beatitudine dâr dù óuh ána fîenge .

Rursus loquebaris ipsam boni formam dei ac beatitudinis esse substantiam . U´nde áber dâr ze beatitudine ána fáhendo dâr dù úzlîeze . cháde dù . dáz pilde summi boni uuésen substantiam gótis unde beatitudinis .

Ipsvmque unum id ipsum esse bonum docebas . quod ab omni rervm natura peteretur . U´nde dáz éina bonum ságetost tù uuésen dáz álliu ding súochent .

Deum quoque bonitatis gubernaculis uniuersitatem regere disputabas . U´nde gót cháde dù mit témo stûor‑rùodere dero gùoti dia uuérlt álla rihten .

Volentia cuncta parere . I´oh imo gérno héngen álliu ding .

Nec ullam mali esse naturam . U´nde úbiles natura nehéina uuésin . Tíz sínt lîu dù ságetost . únde diu dù in‑éin‑ánderiu geflôhtin hábist .

Atque hæc nullis extrinsecus sumptis approbationibus explicabas . sed insitis domesticisque . ex altero fidem trahente altero . U´nde hábist tû síu álliu gerécchit mit éigenên . únde mit ánahálftenten argumentis . náls mit frémeden . únde so ? dáz íro íogelich klóublichi inpfáhit fóne ándermo . gót únde gùot . sàligheit únde éin . dero sínt fíeriv . déro íogelich stárhta dáz ánder .

DE ARGVMENTIS .

Hier ist táz filo geuuâro zefernémenne uuélichiu argumenta uuérden intrinsecus sumpta . uuélichiu extrinsecus . Tiu fone affectis kenómen uuérdent . táz chit fóne geháften . diu sínt intrinsecus sumpta . Déro affectorum sínt fóne aristotele sedecim gezélet . totum . partes . nota . coniugatum . genus . species . simile . dissimile . adiuncta . contrarium . antecedens . consequens . repugnans . causa . effectum . comparabile . Díu sínt keháft únde ínuuertig tíen úmbe diu man strítet álde zuíuelôt . Vuánnan mág iz irráten uuérden úbe iz per artem irráten uuirt . áne fóne déro ételiche‑

mo? Totum fone parte . pars fone toto . alde fone nota úbe iz notam hábet . Vuélichiu hábent notam áne pluriuoca? Fóne diu zihet man ensem . dés man gladium zihet? Sláhet in ensis . sò sláhet in gladius . sláhet in locuples . sò sláhet in diues . tùot iz scipio . sò tùot iz africanus . In diuinis nominibus féret iz also . Deus . bonum . unum . beatum . uuérchont sáment . Táz fóne éinemo prædicatum uuirt. [178.] táz uuirt fóne állen prædicatum . uuánda iro nehéinemo nicht inuuertigora neist . tánne dáz io daz sélba ist . A´lso uuirt irráten coniugatum fóne ándermo sínemo coniugato . Genus a specie . species a genere . Simile a simili . dissimile a dissimili . adiunctum ab adiuncto . contrarium a contrario . Antecedens a consequente . consequens ab antecedente . repugnans a repugnante . causa ab effecto . effectum a causa . comparabile a comparabili . Diu áber fóne geháften díngen genómen neuuérdent . núbe fóne testimoniis . rumoribus . quæstionibus . i. extortionibus . táz chit fóne geiíhtedon . sortibus . somniis . únde fóne ánderen dien gelíchen . diu héizent extrinsecus sumpta . Siu héizent óuh artis expertia . uuánda siu irráten ne uuérdent . núbe geéiscot . Sò quæstio uuirt . utrum resurgent mortui? sò ne sùocho ih nehéin déro gezálton sedecim . uuánda man iz ex arte uuízen ne mág . núbe testimonium christi . dér sús kehéizet . Amen dico uobis . quia uenit hora in qua omnes qui in monumentis sunt . audient uocem filii dei et procedent . Sò féret iz óuh án dien ánderen locis exterioribus . Argumentum ist probamentum . A´lso daz uuir chéden . Si hoc est . illud est . V´be uuir áber chéden . si hæc duo sunt illud tertium erit . táz héizet latine ratiotinatio . grece syllogismus .

ITEM DE SINGVLARI FORMA DEITATIS .

Tum illa . Minime inquit ludimus . remque omnium maximam exegimus dei munere . quem dudum deprecamur . Tò chád si . Néin . ih ne spílon mit tír . sò dû chîst . núbe állero dingo méista . hábo ih tír gerécchet fóne gótes kelázе . dén uuir fléhotòn fóre . s. mít tien férsen . O qui perpetua mundum ratione gubernas . Táz ist állero dingo méista . uuáz summum bonum sì . únde uuáz ten ménnisken beatum máchoe . dáz socrates . únde náh imo álle philosophi finden ne máhtòn . dò sie iz knòto sùohtòn . sò augustinus gihet in octauo libro de ciuitate dei . V´nde dár míte dia gotes simplicitatem ze bechénnenne . dér sò an imo hábet bonitatem . únde beatitudinem . dáz siu éin mit ímo sint . Vnde sò er gezéigòt uuirt mit in . álde siu mít ímo dáz tiu zéigunga extrinsecus sumpta . [179.]

neuuirde . uuánda siu imo accidentaliter ána ne sint . núbe substantialiter .

Ea est enim forma . i. natura . diuinæ substantiæ . ut neque in externo dilabatur . nec in se externum aliquod ipsa suscipiat . Tíu natura dero gótes substantiæ . ist sólih . dáz si in-ánder sih neuuéhselót . sô vxor lod in statuam salis keuuéhselót uuárd . únde sî sih ánder ána nelázet . álso ménnisko tùot zórn . únde méndi . fróst únde hízza .

Sed sicut de ea parmenides ait . panto then eukiklus pheres ena omnem tv circulo ducis par likkion ogkon [1] . rerum orbem mosponte multitudinem bilem rotat . dum se inmobilem ipsa conseruat . Núbe álso parmenides philosophus grece fóne iro chád . sî uuérbet ál dáz tir ist . sélba neuuéget si sih .

Quod si rationes quoque agitauimus non extra petitas . sed collocatas intra ambitum rei . quam tractabamus . nihil est quod admirere . cum didiceris platone sanciente . oportere sermones cognatos esse rebus de quibus loquuntur . Tréib ih óuh tía réda chád si . dia ih ánderes uuár nenám . núbe dia ih tár fánt . tánnán ih rédota . dés nest dih vuúnder . uuánda dáz kelimfet . sô dih plato lêrta . táz tiu uuórt tíen gehâft sîn . fóne dien man siu sprichet . Táz chît si bedíu . uuánda dáz si fóne góte rédota . dáz nám si a bono . únde ab uno . únde a beatitudine . diu dáz . sélba sint . Vuéliu uuórt háftênt kóte sô hárto . sô diu man sprichet de summo bono et beatitudine . et unitate . diu sîn nota sint? Sô argumenta . únde syllogismi . a nota genómen uuérdent . sô sint ío note rebus uerba cognata . uuánda siu intrinsecus sint sumpta . álso fóre geságet ist .

LVCE REPERTA . AD TENEBRAS NON ESSE REVERTENDVM .

Felix qui potuit uisere lucidum fontem boni . i. summum bonum uidere . felix qui potuit soluere uincula grauis terræ . i . sarcinam carnis uincere . Sáligo dér den lúteren úrspring pescóuuót hábet álles kúotes . únde úber uuint ketán hábet tero irdiskûn búrdi .

Postquam treicius uates quondam gemens funera coniugis . coegerat flebilibus modis . mobiles siluas curere . amnes stare . Tô iu orpheus musicus . fóne tracia . sînero chénûn dôd chlágonde mit cháreléichen . ketéta den uuáld kán . únde die áhá gestán .

Iunxitque cerua intrepidum latus leonibus . nec lepus timuit uisum canem . iam cantu placidum . V́nde

---

[1] Παντοθεν εν κυκλοισι φερει εναλιγκιον ογκον.

diu binda báldo gieng mít tien léuuón . nóh háso hunt nefórhta . stille uuórtenen fóne sánge .

Cum flagrantior feruor ureret intima pectoris . [180.] nec modi qui cuncta subegerant . mulcerent dominum . i. ipsum orpheum . querens inmites superos . adiit infernales domos . Tánne er óuh tára náh hártôr . chále náh temo vuíbe . únde in netrôstîn sîne léiche . die álliu díng málziu getán hábetôn . úngnádige chédende die himel‑góta fûor er ze‿dien hélle‑góten .

Illic temperans blanda carmina . sonantibus chordis . quicquid hauserat præcipuis fontibus . i. doctrinis matris deæ . quod luctus dabat inpotens . s. impetrandi . quod uoluit . quod amor dedit . i. dictauit . geminans luctum . deflet . commouens tænara . Vnde dár rértende sûozo bellentíu séit-sáng . sô er scónisten gelírnét hábeta be‿sínero mûoter caliopea . dero musa . únde in-dér vuûoft scúnta . dér lúzzel gemáhta . únde in des vuíbes mínna lérta . diu imo den uuûoft ráhta . dáz sáng er . únde rôz . únz is hélla erdrôz .

Et dulci prece ueniam umbrarvm dominos rogat . Vnde sús sûozo bát er gnádôn . die hêrren dero sélon .

Stupet tergeminus ianitor . i. cerberus . infernalis canis . captus . i. illectus nouo carmine . Erchám sih tô dér dríu‿bóubet hábento túrouuárt . sús úngeuuónes sánges .

Vltrices scelervm deæ . i. tres furiæ . Allecto . Megera . Thesiphone . quæ sontes agitant metv . iam mestæ madent lacrimis . Vnde die dri réche‑gérnun suésterâ . die fertâne ménnisken getûont skihtige . die rúzen fóre ámere . Vuáz sint furiæ . áne conscientia sceleratorum ? Tiu iágôt sie .

Non ixionium caput præcipitat uelox rota . Nóh ixionem netréib in indiu daz rád ze‿tále . Ixion uuás rex laphitarum . Dér éidota ze‿héllo dáz er mít iunone sláfen uuólta . bedíu sólta er éin rád ze‿bérge trieben . únde dár mite ráng‿er . dés nespûota imo . Táz ist exemplum déro . die mít tero uuérlte ringent . tiu ío ze‿tále gát . únde iro sectatores mite fûoret .

Et tantalus longa siti perditus . spernit flumina . Vnde dér fóre dúrste erchéleto tantalus . tér nerûohta dô des uuázeres . Tér gáb sînen sún pelopem fúre frisking zeézenne diis et deabus . zebesûochenne iro diuinitatem . bediu stûont er dúrstegêr in‿demo uuázere . únde nemáhta síh is tób nío getrénchen . Tér gótes chórôt . témo nesól báz keskéhen . [181.]

Uultur dum satur est modis non traxit iecur tytii . Vnde sánges sátêr . neáz ter gír inindíu tytio dia lébera . Dér uuólta mít latona sláfen iouis uxore . dáz ráh apollo . únde diana filia latonæ . mít tiu . dáz imo der gír dia lébera áze .

únde álso fílo er geáze . dáz si álso fílo genuûohse . Díu fabula mánót únsih tés . quia libido cuius sedes est in‿iecore . semel expleta non extinguitur . sed recrudescit itervm.

Arbiter umbrarum . i. uulcanus . qui et ops et pluto . tandem miserans . uincimus ait . donamus uiro coniugem comitem . emptam carmine . Zelézest chád ter héllo-gót . uuánda ín erbármeta iz óuh . Vuáz múgen uuír nû mêr ? er-gébên demo mán sîn uuîb . ze‿mîeto úmbe sînen sángléih .

Sed lex dona coerceat . A'ber in‿dîen uuórten . únde mit téro gedíngûn . únde mit téro scáffúngo.

Nedum tartara liquerit . fas sit lumina flectere . Táz er hinnán fárendo . síh nehínder séhe .

Quis legem det amantibus ? Amor . maior lex est sibi . Vuér mág uuíneskéfte scáffunga getûon ? Sélbiu díu uuínescáft scáffót íro sélbûn . Also uirgilius chád . Quis enim modus assit amori ? V'nde er áber chád . Omnia uincit amor . Vuánda óuh prouerbium ist . ubi amor . ibi oculos . pediu lóse dir . uuío iz kefûor .

Heu noctis prope terminos . uidit orpheus euridicen suam . perdidit . occidit . A'h ze‿sére . sô er sia náh ze‿liebte bráhta . dâr uuárteta er íro . dâr ferlós er sia . dâr stúrzta ér sélbo .

Vos hæc fabula respicit . quicumque queritis mentem ducere . in superum diem . i. deum . Tíz spél sihet zû ze‿íu . ír daz môot peginnent uuénden . án‿den ûf uuértigen dág .

Nam qui uictus . s. carnis desideriis . flexerit lumina in tartareum specus . dum uidet inferos . perdit quicquid trahit præcipuum . Uuánda dér sîh tára náh kelóubet . únde áber uuídere sihet ze‿dero héllo . sinên gelústen fólgendo . ter ferlíuset tára séhendo . táz er tiures keuuán . i. spiritalia bona . Iuxta illud in euangelio . Manum ponens in aratro . et respiciens retro . non est aptus regno dei .

DE VARIETATE TRANSACTÆ DISPVTATIONIS .

Also uuára zenémenne ist . uuío boetius in primo libro uuás incusans fortunam . únde sia philosophia dés ferspráh in secundo libro . rhetorica defensione . álso ist hier in tertio libro uuára zetûonne . uuánda si disputando chósot . táz tíu disputatio triplex ist . Sí begónda in secundo libro disputare [182.] . contra diuitias . honorem . potentiam . gloriam uoluptatem . dîa disputationem fólle zóh si hier in tertio . tar si ferságet hábet . táz an ín geskéidenên . beatitudo fúnden‿ne uuérde . Vuánda si dáz téta . redarguendo mores hominum . bedíu héizet tíu disputatio moralis . grece æthica . Tára náh zéigót si beatitudinem in deo . únde uuío an‿imo sáment sîn díu quinque bona . díu sih humanus error béitet skéiden . Mit tiu hábet si geántuuúrtet tero hêrostûn questionis . tiu in ethica ist . uuánda socrates ze démo dáz pars philosophiæ ánafieng . únde álle sine sectatores . tîe dero líuto tûon sáhen rámên ad beatitudinem . die nemáhtôn nîeht irráten , uuár beatitudo locum hábeti? V'nde dóh sie chádin . beatitudo ist in adipiscendo summo bono .

uuélez táz sélba summum bonum sî . dáz neuuárd in nîeht kelázen zebechénnenne . Fóne déro questione chúmet si ad phisicam disputationem . i . naturalem . an déro questione . an ad interitum aliquid tendat . Táunán eruuindet si áber in fine libri ad theologicam disputationem . tár si gótes simplicitatem óuget .

EXPLICIT LIBER TERTIVS BOETII .

INCIPIT LIBER QUARTUS .

QVESTIO . CVR MALI REGNENT SVB BONO RECTORE DEO . [183]

Hæc cum philosophia leniter suauiterque cecinisset . seruata dignitate uultus . et grauitate oris . s . secundum præcepta rhetorica . tum ego abrupi intentionem parantis adhuc aliquid dicere . nondum penitus oblitus insiti meroris . Sô philosophia léno únde mánmendo sús kesáng . mit zimigi des ánaliutes . únde mit zúhtigi des múndes . dô úndernám ih iro dáz si nóh tô chéden uuólta . mih mines léides nóh to únfertròstet hábende .

Et o inquam peruia ueri luminis . quæ usque huc tua fudit oratio . cum sui speculatione diuina . tum tuis rationibus inuicta patuerunt .

Tes nuáren liehtes zéigára . chád ih . so uuáz tû nóh ságetòst . táz ist túrh sih kótelih . s . uuánda iz ze góte léitet . únde fòne dînên rédôn únzuiuelig . uuánda dú iz probamentis stárhtòst

Et dixisti mihi ea . et si nuper oblita . ob dolorem iniuriæ . non tamen ante hac prorsus ignorata . V'nde hábest tu mír geságet . táz mir êr bóre únchúnt neuuás . tóh ih is nú fóre léide geágezòt hábeti .

Sed ea ipsa uel maxima causa est . nostri meroris . quod omnino mala esse possint . uel inpunita prætereant . cum rerum bonus rector existat . A'ber dáz sélba díng . táz tûot mih méist trûregen . dáz úbel múgen sin . álde úngeárnét sin . sîd ter ríhtare gûot ist .

Quod solum quanta dignum sit ammiratione . perfecto consideras . Vnélih unúnder mih tés mit réhte múge sîn . dáz uuéist tu uuóla.

At huic aliud maius adiungitur . Sô ist éin ánderez ióh mêr uuúnder.

Nam imperante . florenteque nequitia . uirtus non solum præmiis caret . uerum etiam sceleratorum pedibus subiecta calcatur . et in locum facinorum supplicia luit . Ih méino dáz tien áchusten uuáltesântên . únde frámmert tîentên . diu túged nieht éin dánches tárbêt . núbe ióh únder dero fertânôn fûoze getréten uuirt . únde uuénuûn lidet fúre die úbelen.

Quæ fieri in‿regno scientis omnia . sed bona tantummodo uolentis dei . nemo satis potest . nec ammirari . nec conqueri . Ziu dáz sô fáre in‿gótes ríche . dér ál uuéiz . ál gemág . únde échert kûot unîle . dés nemág sih nioman fóllûn geuuúnderôn . nóh kechlágôn.

RESPONSIO. NON ITA FIERI . SED REM IN CONTRARIVM VERSAM ESSE.

Tum illa . et esset inquit infiniti stuporis . horribiliusque omnibus monstris . si in‿dispositissima domo tanti patrisfamilias . uilia uasa . uti tu estimas colerentur . prætiosa sordescerent . I'z uuâre óuh chád si .

[184.] hárto erchómenlih . únde fóre állên égesôn . úbe in sô máhtiges hêrren hûs . táz álles tinges keréchenôt ist . úndiuríu fáz uuérd uuârin . únde áber tíuríu únuuérd uuârin.

Sed non ita est . Nam si ea quæ paulo ante conclusa sunt . inconuulsa seruantur . ipso auctore de‿quibus nunc regno loquimur cognosces . semper quidem bonos potentes esse . malos uero abiectos semper atque inbecillos . Kehúgest tu dés uuóla . dáz ih tir fóre féstenôta . sô geéiscôst tu dáz kóte kélfentemo . fóne dés ríche uuir chósoên . dáz tie gúoten io máhtig sínt . únde die úbelen io feruuórfen únde ámáhtig sínt.

Nec sine pœna unquam esse uitia nec sine præmio uirtutes . Bonis felicia . malis semper infortunata contingere . Nóh áchustige nuésen âne uuéuuun . nóh túgedháfte âne iro lôn . V'nde io gúoten sáldâ . úbelên únsâlda fólgên.

Multaque id genus quæ sopitis querelis . firma te soliditate corroborent . V'nde dés kibo ih tir mánigiu exempla . diu dir gesuéigtemo dínero chlágo . michela báldi tûont.

Et quoniam uidisti dudum me monstrante formam beatitudinis . quo etiam sita sit cognouisti . decursis omnibus quæ præmittere necessarium puto . uiam tibi ostendo . quæ te domum reuehat . V'nde sîd tû bechénnest fóne mínero . zéigûn unio beatitudo getân ist . únde uuâr si ist . tára nâh sô ib kefóre-rédon . ál dáz mir gùot túnchet . zéigôn íh tir óuh tén uuég . tér dih héim bringet . Vuâr ist kezéigôt forma beatitudinis? Táz ist si an déro diffinitione . dia er fánt . únde dia si imo lóbeta . dô er chád . Nisi fallor . ea uera est et perfecta felicitatis . quæ sufficientem . potentem reuerendum . celebrem . letumque perficiat . Tia sélbûn felicitatem hábet si imo an góte gezéigôt . Tár ist iro hóue-stát .

Pennas etiam affigam tuæ menti . quibus se possit in altum tollere . I'h kestéllo ióh ána dinemo mùote . die féttacha . mit tien iz ûf fliegen múge .

Vt depulsa perturbatione . sospes reuertaris in patriam . meo ductv . mea semita . meis etiam uehiculis . Táz tû âne álle sórgùn gesúnde héim eruuindêst . álso ih tih uuise . áfter mínemo nuége . ûfen mínero réito .

VBI SIT PATRIA . AD QVAM DVCENDVS SIT MONSTRATVR .

Sunt etenim mihi pennæ uolucres . quæ conscendant celsa poli . I'h hábo chád si die féttachá . i . merita uirtutum . die spùotigo ze-himele gestigent .

Quas cum sibi uelox mens induit . terras perosa despicit . V´nde sô daz snélla mùot sie ána getùot . [185.] sâr diu írdisken ding léidezet . Si mág táz páldo chéden . uuánda nieht sô snélles neist . sô daz mùot .

Aeris inmensi superat globum . nubesque post tergum uidet . V´nde dero uuitun lúfte sámenthâfti úber féret . únde únder imo diu uuólchen sibet . [1]

Et transcendit uerticem ignis . qui calet agili motu ætheris . V´nde iz úberstiget taz héiza fiur . dero óberùn lúfte . diu fóne drâti sînero férte brinnet . An déro séhên uuir náhtes tiu scózonten fiur . diu dero liuto óugen sô triegent . dáz sie uuânent stérnen fállen fóne himele .

Donec surgat in astriferas domos . et coniungat uias phœbo . V´nz iz tára chóme . dâr dero planetarvm fárt ist . únde inében dero súnnûn gestíge . diu in medio planetarvm ist .

Aut comitetur iter gelidi senis . miles corusci syderis . A'lde iz sih keébenoe stellæ saturni . tíu dero planetarum diu óberôsta ist . únde fóre lázi dero triginta annorvm án dien si den hímel úmbe gât . álde óuh táz si bléicha fáreuua hábet . nâh temo álten . únde demo chálten saturno genámot ist . I'z tánne

---

[1] K. aus sínt .

uuórtenez tero uuárûn súnnûn dégen . i . christi . álso die planetæ dero gágenuuertûn súnnûn dégena sint. I'ro mílites sint sie . unánda si in iro férte scáffót . únde sie getûot stationarias . álde [1] retrogradas . álde anumolas . únde sie getûot zû ze‿iro uuúndene . dâr lángo getuélen . ér sie áber ze‿gesihte chómên .

Vel recurrat circulum astri . quocumque micans nox pingitur. A'lde óuh bóbor gestigenez . sélben dén himel erréiche . ib méino daz firmamentum . dáz keméine ring ist . állero dero ánderro stérnon . die in‿héitero náht skinent .

Atque ubi iam exhausti fuerit satis . relinquat polum extimum . et premat dorsa uelocis ætheris . i . firmamenti . compos uerendi luminis . V'nde sô iz knûog hô gestiget . tên úzerósten himel únder imo lâze . únde dia óbenahtigi . des úmbe lóufenten firmamenti tréttoe . únde dâr dánne gebrûchende si . des érháftesten liehtes . dáz iz an sélbemo góte sihet .

Híc tenet sceptrum . dominus regum orbisque habenas temperat. Târ sizzet mit sceptro . bérro állero chúningo . V'nde des uuérlt‿zimberes zûol zihet er . únde intlâzet er .

Et uolucrem currum stabilis regit . rerum coruscus arbiter . V'nde stillêr chêret er snélla réita . állero dingo scône chóstare .

Si te uia referat reducem huc . i . ad hanc patriam . quam nunc requiris . immemor dices . memini . hæc est mihi patria. Keléitet tíh ter unég târa ze‿déro sélbûn stéte . [186.] dára dû dóh nû géröst . târ chist tu . bier bechénno ih mih . bier bin ih héime .

Hinc ortus . hic sistam gradum . Hínnan bin ih purtig . bier sól ih kestátón .

Quod si placeat tibi uisere relictam noctem . terrarum . cernes exules toruos tyrannos . quos timent miseri populi. Vuíle du dánne hára séhen . ze‿dero uuérlt finstri . dánnán du fûore . sô gesihest tu in ihseli . die prúttisken uuáltesara . die nû mánige uuénege súrhtent .

NON ESSE POTENTES . QVI NEQVEVNT
ADIPISCI . QVOD CVPIVNT.

Tum ego . Tô ántuuúrta ih iro .

Pape inquam . ut magna promittis . O'i chád ih . uuio férro du gehéizest .

Nec dubito . quin possis efficere . I'h nezuîuelón óuh . tû nemúgist iz keléisten .

Tu modo ne moreris quem excitaueris. Échert nû nefriste mih . tés tu mir intuuánet éigist .

---

[1] K. aus únde.

Primum igitur inquit agnoscas licebit . bonis semper adesse potentiam . malos cunctis uiribus esse desertos. Nû sólt tû chád si . dáz sâr zeêrest uuizen . dáz io dien gúotên gelâzen sint máhte . únde die úbelen zegetâte chráftelôs sint .

Quorum quidem alterum demonstratur ex altero . Téro zuéio rédôn . uuirt io nuéderiv gestérchet fóne ánderro .

Nam cum bonum malumque contraria sint . si bonus potens esse constiterit . liquet imbecillitas mali . Vnánda sid kúot . únde úbel uuíderuuârtîg sint . ist ter gúoto guisso máhtig . sô ist óffen diu únmaht tes úbelen .

At si fragilitas clarescat mali . boni firmitas nota est . Ist óuh tes úbelen brôdi skínbare . sô ist tánnân óffen . diu fésti des kúoten . So uuáz fóne demo éinemo geságet uuirt . táz uuirt nôte uuiderságet fóne demo ándermo . Táz ist fóne diu . uuánda álso si sélba chit . bonum et malum sint éin ánderên contraria . Pediu héizet óuh taz argumentum . dáz si mite túot a contrariis.

Sed ut sit abundantior fides nostræ sententiæ . alterutro calle procedamus . nunc hinc nunc inde proposita confirmans . Vnde dáz mîn zâla dir déste gelóublichôra sî . lâ mih hértôndo féstenôn . dáz ih pedigen hábo . uuílôn fóne dien éinên . i . bonis . uuílôn fóne dien ánderên i . malis .

SINE POSSE ET VELLE NIHIL EFFICI .

Duo sunt . quibus constat omnis effectus humanorum actuum . uoluntas scilicet ac potestas . Zuéi ding sint . fóne dien álliu uuérh kefrúmet uuérdent . táz ist uuíllo únde máht .

Quorum si alterutrum desit . nihil est quod explicari queat . Kebristet téro deuuéderes . sô nemág tero dingo nehéinez keziugôt uuérden .

Deficiente etenim uoluntate . ne aggreditur quidem quisque quod non uult . V'be der uuillo dâr neist . [187.] sô nebinget sâr der mán . dés er únuuíllig ist .

At si potestas absit . uoluntas frustra sit . V'be diu máht târ neist . sô neferfáhet ter uuillo nieht . Táz ist argumentum a causa . Uuio mág effectum geskéhen sine causa ?

Quo fit ut si quem uideas uelle . adipisci . quod minime adipiscatur dubitare non possis . huic defuisse ualentiam . optinendi quod uoluerit . Fóne diu máht tu guis sîn . sô mán dáz neguinnet . táz er guinnen uuólta . dáz er iz kuuinnen nemáhte .

Perspicuum est inquam . Táz ist óffen chád ih .

Nec ullo modo negari potest . I's nemág nehéin lóugen sîn .

Quem uero uideas effecisse . quod noluerit . num etiam potuisse dubitabis ? Témo óuh tés kespúot . tés in lústet chád si . sólt tû dés máhte zníuelôn ?

Minime. Néin chád ih.

Quod uero quisque potest . in eo ualidus . quod uero non potest . in hoc imbecillis esse censendus est. Fóne diu íst tér máu zeáhtònne chád si . dés keuuáltîg . táz er gemág . únde úngeuuáltîg . tés er nieht negemág.

Fateor inquam. Íh giho dir is chád ih.

BONOS POTENTES . MALOS INBECILLOS ESSE.

Meministine igitur inquit . superioribus rationibus esse collectum . omnem intentionem humanæ uoluntatis . quæ diuersis studiis agitur . ad beatitudinem festinare? Nû gehúgest tu chád si . dáz tár fóre mit syllogismo geféstenót ist . állero ménniskón uuillen . dér sih misseliches tinges flizet . ze sáligheíte rámèn?

Memini inquam . illud quoque esse demonstratum. Táz uuéiz ih óuh tár fóre geságet uuésen chád íh.

Num recordaris beatitudinem ipsum esse bonum? eoque modo cum beatitudo petitur . ab omnibus desiderari bonum? Neerhúgest tv chád si . dia sálighéit uuésen daz kûot? únde in dia uuis álle gûotes kérôn . die sálighéite gérónt?

Minime inquam recordor . quoniam id memoriæ fixum teneo. Néin chád ih neerhúgo . uuánda ih iz in gehúhte hábo.

Omnes igitur homines . boni pariter ac mali . indiscreta intentione ad bonum peruenire nituntur. Fóne diu chád si . ílent álle ménnisken . gelicho rámende ze gûote . sîe gùot sîn . álde úbel.

Ita inquam consequens est. Táz fólgèt nóte démo chád ih.

Sed certum est adeptione boni . bonos fieri. Nù ist óuh kuis chád si . gùote uuérden . gùot kuuinnendo.

Certum. Kuis chád ih.

Adipiscuntur igitur boni quod appetunt? Kuúnnent tánne chád si die gùoten dáz . dés sie lánget?

Sic uidetur. Só dúnchet mir chád ih.

Mali uero si adipiscerentur bonum . [188.] quod appetunt . mali esse non possent? Kuúnnin óuh tie úbelen chád si dáz kùot tés sie gérónt . iá neuuárin sie dánne úbele?

Ita est. Táz ist sò chád ih.

Cum igitur utrique bonum petant . sed hi quidem adipiscantur . illi uero minime . num dubium est . bonos quidem potentes esse . qui uero mali sunt imbecillos. Sîd sie béide gûotes kér sint . chád si . únde iz tie éinen guúinnent . tie ándere neguúinnent . tie gûoten die iz kuuinnent . uesint tie máhtîg . únde die úbelen únmáhtîg? Táz ist argumentvm a fine. Fóne démo fine adipiscendi . únde non adipicendi . skinet tiu efficatia . álde diu inefficatia . dáz chit . tiu potentia . álde diu imbecillitas.

Quiquis inquam dubitat . nec rerum naturam . nec consequentiam potest considerare rationum . So uuér dés zuíuelôt chád ih . tér nebechénnet tero dingo naturam . nóh uuélih réda nòte ánderro fólgee .

QVÆ SIT NATVRA RERVM . ET CONSEQVENTIA RATIONVM .

Táz ist natura rerum . álso si sélba sár náh léret . án demo ánderen capitulo . dáz mit uirtute . diu bona ist . beatitudo guúnnen uuérde . diu áber bóna ist . únde is nieht nespúe mít tien uitiis . tíu bona ne sint . In bonis uuirt tiu natura fúnden . sô virtus ist . In uitiis neuuirt natura nehéiniu fúnden . núbe corruptio naturæ . Pedíu ist uirtus máhtig . uitia sint ámahtig . A′n dia naturam uuártendo . gelirnét man dia consequentiam rationum . Vuánnán chúmet tiu consequentia rationum . sô aristotiles léret in periermeniis . áne fône déro consequentia rerum ? Táz án dien rebus uuár ist . táz ist óuh uuár án dien rationibus . Sáment virtute ist potentia . únde sáment potentia effectus uoluntatis . ′pedíu chúmet tánnán dísiu consequentia rationum . dáz man chéden mág . V′bi est uirtus . ibi et potentia . et ubi potentia . ibi effectus uoluntatis . Sedecim loca argumentorum . zéigônt úns tia consequentiam rationum . Tiu consequentia ist échert in tribus locis únueruuéhselôt . sô cicero chit in topicis . án dien ánderên uuîlôt si . Tíu sih neuuéhselônt . án dien ist ío necessitas ueritatis . Tíu sih áber uuéhselônt . tíu óugent uuîlôn necessitatem ueritatis . uuîlon similitudinem ueritatis . Vuéliu sint . tíu sih neuuéhselônt ? Dáz ist ab antecedentibus . a subsequentibus . a repugnantibus . Ab antecedentibus . ut si concubuit . uirgo non est . Concubitus kát ío fóre démo . non esse uirginem . A subsequentibus . ut si peperit . concubuit . Partus chúmet post concubitvm . A repugnantibus . Non et concubuit . et uirgo est . Concubitus únde uirginitas . nemúgen sáment rieht sin . [189.] Táz sint keuuáriu argumenta . únde sús keuuáriu sint álliu diu hinnán chómenen argumenta . Tiu áber fóne ánderên locis chóment . tiu sint uuîlôn necessaria . uuîlôn probabilia . A′lso an dîen zuéin skinet a causa . Si ignis est . calet . Si mater est diligit filium . Taz érera ist ío uuâr . taz ánder ist kelóublih fóne diu . dáz iz ticchòst sô féret . Vuánda énez in zítelih uuâr ist . fóne diu ist iz in zítelih uuâr zespréchenne . Vuánda áber díz uuîlôn uuâr ist . fóne diu ist iz uuîlôn uuâr zespréchenne . Ze déro úuis fólgêt ío dero consequentiæ rervm . diu consequentia rationum . únde dáz in rebus fúnden uuirt . táz ist uuâr zespréchenne. Fóne diu gibet io natura rerum. ueritatem rationum.

QVID MALOS RETARDET. NE AD DESTINATVM FINEM ÆQVE PERVENIANT VT BONI.

Rursus inquit. A'ber chád si.

Si duo sint. quibus idem propositum sit secundum naturam. eorumque unus id ipsum naturali officio agat. atque perficiat. alter uero minime queat administrare. illud naturale officium. alio uero modo quam conuenit naturæ. non quidem impleat propositum suum. sed imitetur implentem. quemnam horum ualentiorem esse decernis? V'be zuène sint. tie béide uuíllig sint. éin díng natùrlicho zetûonne. únde iz óuh ter éino natùrlicho getûot. únde der ánder in_dia uuis nemág. únde er sih is in_ándera uuîs péitet. mit tiu ér iz tóh negetûot. núbe échert keántròt ten dùonten. uuéderêr déro uuànest tu gemág mêr?

Et si coniecto inquam quod uelis. planius tamen audire desidero. Tóh ih óuh irráten múge chád ih. uuáz tu uuéllèst. ih fernimo iz tóh kérno óffenór.

Ambulandi inquit motum secundum naturam esse hominibus. num negabis? Táz tie liute gàn múgen chád si. lóugenest tu dáz uuésen natùrlih?

Minime inquam. Néin chad ih.

Eiusque rei pedum officium esse naturale. num dubitas? Zuîuelòst tu dánne dáz uuésen natùrlih ámbaht tero fûozo?

Ne hoc quidem inquam. Nóh óuh tés chád ih.

Si quis igitur pedibus incedere ualens. ambulet. aliusque cui hoc naturale pedum desit officium manibus nitens ambulare conetur. quis horum iure ualentior existimari potest? So uuélêr dero fûozo geuuáltendo gát. únde ánderêr dér iro ne_geuuáltet. mit tien hánden ásòndo sih péitet kàn. uuéderêr dero dúnchet tir der máhtigero?

Contexe inquam cætera. Ságe échert fúrder chád ih.

Nam quin naturalis officii potens. ualentior sit eo. qui id nequeat. nullus ambigit. [190.] Vuánda nioman nezuîuelòt. núbe dér máhtigoro si. dér natùrliches ámbahtes keuuáltet. tánne dér is negeuuáltet.

Sed summum bonum quod æque propositum est malis bonisque. boni quidem petunt naturali officio uirtutvm. mali uero conantur adipisci idem ipsum per uariam cupiditatem. quod non est naturale officium adipiscendi boni. Nù sùochent chád si die gûoten summum bonum. daz péidèn gelicho erbóten ist. kùoten ióh úbelèn. mit témo ámbahte dero túgedo. áber die úbelen béitent sih iz kuuinnen mit misselichên uuérlt-kíredòn . dáz natùrlih ámbaht nieht neist kûot zeguuinnenne .

An aliter existimas? Túnchet tír iz ánderes?

Minime inquam . Néin chád ih .

Nam etiam quod est consequens patet . Ióh táz ist óffen chád ih . táz témo fólgèt .

Ex his enim quæ concesseram . necesse est quidem bonos potentes esse . malos uero imbecillos . Vuánda áfter dien dinên rédòn . déro ih iihtig[1] pin uuuórten . sint tie gûoten nôte máhtig . únde úbele únmáhtig .

Recte inquit præcurris . et id indicium est . ut medici sperare solent . erectæ iam resistentisque naturæ . i. resurgentis a languore . Tù fúre fáhest mih réhto chád si . únde dáz ist unórt-zéichen dinero gniste . sò árzata unánent . Sò medicus infirmo ságet . mit uuiu er genésen sól . únde er dés fernúmenstig ist . únde ióh fúre sprichet . dáz ist signum recuperandæ sanitatis .

QVAM RES MAGNA VALDE SIT . QVA DEFICIVNT INIQVI.

Sed quoniam conspitio te promptissimum esse ad intellegendum . coaceruabo crebras rationes . Vuánda ih tih óuh sò geréchen siho zefernémenne . sô uuile ih tir zálá gében gnúoge .

Uide enim quanta pateat infirmitas uitiosorvm hominum . qui ne ad hoc quidem peruenire queunt ad quod eos ducit naturalis intentio . ac pene compellit . Chíus uuio michel únchráft tero úbelôn ist . táz sie nóh tára chómen ne múgen . dára sie diu natùrlicha rámunga léitet . únde ióh náh zihet .

Et quid si desererentur hoc tam magno ac pene inuicto auxilio præeuntis naturæ? Uuáz uuúrtè is . kebráste in sò michelero únde ióh náh úngesuichenero hélfo . dero léitentùn naturæ?

Considera uero quanta impotentia habeat sceleratos homines . Nù chius knòto . uuéliche únmáhte dien frátatigén ána sint .

Neque enim leuia . aut ludicra præmia petunt . quæ non possunt consequi aut obtinere . Vuánda iz nesint nieht liehtiu . [191.] nóh spótlichiu díng . tiu sie guuinnen nemúgen . únde náh tien sie chómen nemúgen .

Sed circa ipsam rerum summam . uerticemque deficiunt . Núbe ansélbemo demo óberòsten dinge bristet in . dár dero dingo hóubet ist .

Nec contingit miseris effectus . in eo quod solum moliuntur dies noctesque . V´nde dés éinen sie sih

---

[1] Es steht „gihtig", mit überschriebenem „i".

pînont . táges ióh náhtes . tés negespûot in .

QVANTVM IN HOC PRECELLANT BONI .
QVOD VITIIS NEQVEVNT RESISTERE
MALI .

In qua re . bonorum uires eminent .
Tár an déro stéte német sih fúre
die chréfte dero guóton .

Sicut enim censeres eum potentissimum esse ambulandi . qui incedens pedibus peruenire potuisset usque ad eum locum . quo nihil ulterius peruium iaceret incessui . ita necesse est . eum iudices potentissimum . qui apprehendit finem expetendorum . quo nihil ultra est . A'lso dú den fûozkéngel chádist sih uuóla fermúgen sines kánges . tér sǫ férro gienge . dáz tár fúrder hina mèr uuéges neuuáre . álso chíst tu dén mit réhte máhtigen . tér sih kerécchet . únz tára ér gesuirbet sélbez taz énde . álles tés zegéronne ist . Tér ist fóne díu sálig . uuánda er dàr fúrder niehtes nehábet zegéronne .

Ex quo fit quod huic obiacet . ut idem scelesti . idem uideantur esse deserti . omnibus uiribus . Tánnán geskihet . táz tisemo úngelíh ist . ih méino . dáz tie fertánen állero chréfte sint áno .

Cur enim relicta uirtute sectantur uitia ? Zíu lés minnònt sie áchuste fúre túgede ?

Inscitiane bonorvm ? I'st iz . táz sie neuuizen . uuáz kûot si ?

Sed quid eneruatius cæcitate ignorantiæ ? Vuáz mág tánne zágora sin . dánne únuuizentheit ?

An sectanda nouerunt . sed transuersos eos præcipitat libido ? A'lde uuízen sie daz pezera . únde tribent sie tuéres iro gelúste . álso der uuint tuéres taz skéf ána-gándo . in‿únhánt fûoret ?

Sic quoque intemperantia fragiles . qui nequeunt obluctare uitio . Só sint sie áber bòse . dáz sie in sélbén geduuingen nemúgen . nóh sih eruuéren áchústen .

MALOS SPONTE DESERENTES BONVM
IN NIHILVM REDIGI .

An scientes uolentesque bonum deserunt . ad uitia deflectuntur ? Súlen uuir chéden . dáz sie uuizende únde uuéllende . daz kûot lázén . únde sih ze‿úbele héften ?

Sed hoc modo non ṣolum desinunt potentes esse . sed omnino esse . I'st táz só . mit tiu ferliesent sie . nieht éin geuuáltig uuésen . núbe ióh sélbez taz uuésen .

Nam qui relinquunt communem finem omnium quæ sunt . pariter quoque esse desistunt . [192.] Tie dén ferlázent . tér geméine énde ist . álles tés tir ist . tie hábent sih tes uuésennes kelóubet . Só sie sih

nebábent ze‿démo . dér daz énde
ist . uuára múgen sie dánne?

Quod quidem cuipiam mirum
forte uideatur . ut malos qui plures
hominum sunt . eosdem non esse
dicam . Táz ételichèn ódeuuano
uuúnder gedúnchen mág . táz ih tie
chéde neuuésen . déro állero méist
ist .

Sed ita se res habet . I'z ist áber
dóh so .

Nam qui mali sunt . eos malos
esse non abnuo . sed eosdem esse
pure atque simpliciter . nego . Táz
sie úbel sîn . dés neuerságo ih sie .
dáz sie in‿lúttera . únde in‿éinfálta
uuîs sîn . dáz ferságo ih .

Nam uti cadauer hominem mortuum dixeris . simpliciter uero hominem appellare non possis . ita
quidem concesserim . uitiosos malos esse . sed esse absolute . nequeam confiteri . A′lso ih tes ménnisken bóteh . éinen tóten ménnisken héizo . náls nieht érchenen
ménnisken . so mág ih chústelóse
héizen úbele uuésen . náls in gánza
uuîs nuésen .

Est enim quod ordinem retinet .
seruatque naturam . Vuánda dáz
ist uuárháfto . dáz ze sínero stéte
stát . únde dia naturam háltet .

Quod uero ab hac . s. natura deficit . esse etiam quod in sua natura
situm est derelinquit . Táz áber
sia ferlázet . táz hábet ferlázen sîn
uuésen dáz án dero natura stánde
uuás . Bonum dáz ist natura . táz

sîh boni gelóubet . táz hábet sîh
tero naturæ gelóubet . an‿déro állero uuíhtelih pestát . Si gibet temo
dinge . dáz iz pestát . únde ist .
A′ne sia neist iz . Táz ist argumentum a causa . Natura díu ist causa
des esse .

QVOD POTENTIA MALORVM MAGIS
INBECILLITAS SIT.

Sed possunt inquies iniqui . Sô
chist tu fóne dien úbelèn dáz sie
múgîn .

Non ego quidem negauerim . Tés
neferságo ih nieht .

Sed hæc eorum potentia . non a
uiribus descendit . sed ab imbecillitate . Táz sie áber gemúgen . dáz
nechúmet nieht fóne chréften . núbe
fóne únchréften .

Possunt enim mala . quæ minime
ualerent . si potuissent manere in‿
efficientia bonorum . Sie múgen
úbelo tûon . dés sie nieht nemáhtîn .
úbe sie in‿uuóla‿táten státe uuésen
máhtîn .

Quæ possibilitas demonstrat eos
euidentius nihil posse . Sô getáne
máhte . sint ófteno únmáhte . Táz
ist argumentum a contrariis . uuánda úbe gúot‿táte fóne chréfte sint .
sô sint nóte úbeltáte fóne únchréfte .

Nam si malum nihil est . uti paulo
ante collegimus . i. ex argumentis
contraximus . cum mala tantum‐

modo possint . nihil posse improbos
liquet . V'be iz sô ist . [193.] sô
uuir mittundes áfter rédo˘ cháden .
dáz úbel nieht neíst . sô íst óffen
die échert úbel gemúgen . dáz tie
nieht negemúgen . Vuír súlen fer-
némen collectionem únde conclusio-
nem . únde illationem . únde con-
fectionem . éin bezéichenen .

Perspicuum est . Táz ist óffen
chád ih .

ITEM EOS QVI MALA POSSVNT . CVM
OMNIPOTENS EA NON POSSIT .
NIHIL POSSE.

Atqui . ut intellegas quænam uis
sit . huius potentiæ . paulo ante de-
finiuimus . nihil potentius esse sum-
mo bono . Nú chád si . dáz tu
fernémêst . uuíolih tísiu máht sî .
knóto fóre ságeta ih . dáz summo
bono nieht máhtigôren nesî .

Ita est inquam . Sô táte chád ih .

Sed idem inquit facere malum
nequit . Nû nemág iz úbel tûon
chád ih .

Minime . Néin iz chád ih .

Est igitur inquit aliquis . qui pu-
tet homines omnia posse ? I´st ío-
man chád si . dér ménnisken uuâne
múgen álliu díng tûon ?

Nisi quis insaniat nemo . Náls
ér neuuûote chád ih .

'Atqui . idem possunt mala ? Ke-
múgen sie daz úbel chád si ?

Utinam quidem inquam non pos-
sent . Vuólti gót nemáhtîn chád ih .

Cum igitur bonorum tantummodo
potens possit omnia . non uero que-
ant omnia potentes etiam malorum .
eosdem qui mala possunt . minus
posse manifestum est . Sîd tér ále-
máhtig ist . tér échert kûot kemág
únde die álemahtige nesint . tie
échert úbel gemúgen . sô skînet .
táz tie mín gemúgen . Vuánda er
min gemág . tánne gûot . pedíu ne-
gemág er nieht . Sîd tér álemahtig
ist . tér ál gemág . âne úbel . die
dára gágene ál gemúgen âne gûot .
tie negemúgen nieht . Táz ist ar-
gumentvm a contrariis .

DVM POTENTIA PETENDA SIT . QVOD
PETENDVM NON EST . NON ESSE
POTENTIAM . PROPOSITIO.

Huc accedit . quod ostendimus om-
nem potentiam inter expetenda nu-
merandam . omniaque expetenda .
referri ad bonum . uelut ad quod-
dam cacumen suæ naturæ . Hára
zûo gât óuh . táz ih ságeta . álla
máht uuésen in‿déro zálo . déro
zegérônne ist . únde álliu déro ze-
gérônne ist . ze‿gûote geuuéndet
uuérden . sámo so ze‿íru slâhto
hóubete .

ASSVMPTIO.

Sed patrandi sceleris possibilitas. non potest referri ad bonum. A′ber dáz man úbelo tùon mág. táz ne-sihet ze‿gùote. [194.]

CONCLVSIO.

Expetenda igitur non est. Sô neíst is óuh zegéronne. Tíz ist conditionalis syllogismus. Conditionalis hábet io duplicem propositionem. uuánda dár ána sint zuò propositiones. Téro zuéio uuirt éiniu gebrúochet ze assumptione. diu ánderiu ze conclusione. Pedíu ist hier an dírro propositione éin prædicatio. omnis potentia expetenda est. A′nderiu. omnia expetenda referuntur ad bonum. Mit tero ánderùn uuirt assumptio getân possibilitas scelerum. non refertur ad bonum. Mit tero érerùn conclusio. non est igitur expetenda.

ITEM.

Atqui. omnis potentia expetenda est. Nù ist io guisso állero máhte zegéronne.

Liquet igitur malorum possibilitatem non esse potentiam. Tánnán skinet. táz tero úbelón múgen. máht neist. Vuánnán skinet iz? s. uuánda íro zegérônne neist. Táz ist áber fóllér syllogísmus. E′in sumptum ist. Omnis potentia expetenda est. A′nderez ist in‿subauditione. Malorum autem potentia expetenda non est. Sô ist tánne illatio. Liquet igitur malorum possibilitatem. non esse potentiam.

Ex quibus omnibus apparet bonorum potentia. malorum uero indubitabilis infirmitas. An állên dien rationibus. skinet tero gûotón máht. únde dero úbelón guissiu únchráft.

Et liquet ueram esse illam platonis sententiam. solos sapientes posse facere quod desiderant. V′nde skinet. táz platonis réda uuâriu ist. tér dir chád. éinen die uuísen múgen getùon. dáz sie uuéllen.

Improbos uero exercere quidem quod libeat. quod uero desiderent. explere non posse. V′nde die úbelen múgen iro mùot‿uuillen tùon. únde in dôh nemúgen fólle bríngen. Sie áhtent tero gùotón. álso sie uuéllen sie neuerâhtent iro io dóh niebt.

Faciunt enim quæ libet. dum per ea quibus delectantur. adepturos se putant id bonum quod desiderant. Sie tùont. dáz sie uuéllen. uuánda sie dáz tùondo. dés sie lústet. sih uuânent sáldá guínnen. déro sie lángét.

Sed minime adipiscuntur. quoniam ad beatitudinem probra

non [1] ueniunt. Die neguinnent sie áber. uuánda úbele ne chóment zesáldon.

NON ESSE LIBEROS. QVOS DOMINI PREMVNT INIQVI.

Reges quos uides sedere celso culmine solii. claros nitente purpura. septos tristibus armis. ore toruo comminantes. rabie cordis anhelos. [195.] si quis detrahat his superbis. s. regibus. tegmina uani cultus. iam uidebit intus dominos ferre artas catenas. Tie úber-mûoten chúninga. die dû nû sihest sizzen an hóhemo stûole. in iro púrpurun glízende. mit keuuáfendén chnéhten. úmbe hábete. mit prúttiskén ána-siunen dréuuente. fóre mûotigi fnáhtende. so uuér dien ábazihet. dáz sie úzenán zieret. táz chit. tér sie innenán chúnnet. tér gesihet sie hérren mit chétenón in scálches uuîs kebúndene. Vuáz sint tie chétenna?

Hinc enim libido uersat corda. auidis uenenis. hinc ira turbida tollens fluctus. flagellat mentem. aut meror fatigat captos. aut lubrica spes torquet. E'ines sindes ánagángerónt sie gelúste. mit éiterlichero gíredo. ánderes sindes múhet sie zórn. in uuéllun uuîs sih héuende. álde trûreghéit chélet sie. álde úppig kedíngi behéftet sie.

Ergo cum cernas unum caput ferre tot tyrannos. non facit quod ipse optat. pressus iniquis dominis. Só éin ménnisko. só mánigen uuáltesare lídet. só netûot er dáz er uuíle. uuánda er nótháfte ist. fóne só úngemáchén hérrón.

DE CERTO PRÆMIO BONORVM.

Videsne igitur. in quanto cæno probra uoluantur. qua probitas luce resplendeat? Nesihest tu nû na. in uuélemo hórouue die úbelen stéccheén. únde in uuélero scóni die gûoten skinén?

In quo perspicuum est. numquam deesse bonis præmia. numquam sua supplicia sceleribus. Tár ána ist táz óffen. dáz kûotén niomér ne gebristet iro lónes. nóh tien árgén iro uuîzes.

Rerum etenim quæ geruntur. illud propter quod quæque res geritur. eiusdem rei præmium esse. non iniuria uideri potest. V'ns sól mit réhte dúnchen állero táto lón. an diu uuésen. dár úmbe man siu tûot.

Vti currendi in stadio præmium iacet. corona. propter quam curri-

---

[1] Spätere verbesserung.

tur. A′lso in‿stritlóufte diu corona ze‿lóne líget. úmbe día man lóufet. Vuáz stadium sí. dáz chúndên án‿demo fólgênden capitulo.

Sed ostendimus beatitudinem esse idem ipsum bonum propter quod omnia geruntur. Nû hábo ih ke-óuget. sáligheit uuésen éin dáz kùot. úmbe dáz álliu díng ketân uuérdent.

Est igitur ipsum bonum propositum humanis mentibus. ueluti commune præmium. Fóne diu ist táz sélba gùot állero ménniskon táten erbó-ten. sámo so geméine lòn.

Atqui. hoc. s. præmium. a bonis non potest separari. Tér sélbo lòn. tér nemág fóne dien gùotên nîeht.

Neque enim ultra uocabitur iure bonus. qui careat bono. Nóh tér nemáhti dâr fúrder gùot héizen. dér gùotes ána uuâre. [196.]

Quare probos mores sua præmia non relinquunt. Fóne diu neinféret tien gùotên niomêr iro lòn.

Quantum libet igitur seuiant mali. sapienti tamen non decidet corona. non arescet. Die úbelen sárfesoên sô filo sie uuéllên. dien gùoten neinféret iro corona dúrh táz nîeht. nóh neuuésennêt. sô die úzer‿blùo-môn geuuórhtvn. táten. déro íu sito uuás.

Neque enim aliena improbitas decerpit probis animis proprium decus. Nóh ánderro úbeli neinfúoret tien gùotên niomêr iro éra.

Quod si extrinsecus accepto lætaretur. poterat hoc uel alius quispiam. uel ille etiam qui contulisset auferre. Vuâre iro fréuui án demo ùzeren lòne. sô gólt. únde silber ist. tén máhti in erzúcchen. dér in ín gábe. álde éin ánderêr.

Sed quoniam id. s. præmium. sua cuique probitas confert. tum suo præmio carebit. cum probus esse desierit. Vuánda in áber gibet iogelichemo sîn gùoti. sô nein-fállet er ímo ér nîeht. ér er síh sínero gùoti gelóubet.

Postremo cum omne præmium idcirco appetatur. quia bonum esse creditur. quis boni compotem. præmii iudicet expertem. Ze‿demo gnôtesten. sô álles lónes pédiu gegérot uuirt. uuánda er gùot keáh-tôt uuirt. uuér sól dánne gùotes kemáren. áhtôn lônlósen? Ióh filia herodiadis uuánda gùotes kéron. dô si iohannis hóubetes kérota. Tér síh áber ze‿gùote héftet. álso ér iohannes. uuío sól démo lónes présten?

At cuius præmii? Iá uuíoliches lònes?

Omnium pulcherrimi. maximi-que. Tes állero scônisten. únde méisten.

Memento etenim corollarii illius. quod paulo ante præcipuúm dedi. Kedénche déro tiurûn míeto. día ih tir dâr fóre gáb.

Ac si collige. cum ipsum bonum beatitudo sit. bonos omnes eo ipso

quod boni sint . fieri beatos liquet .
sed qui beati sint . deos esse conuenit . V´nde bechénne argvmentando .
sô gùot sâlighéit ist . táz álle gùote .
uuánda sie gùot sínt . óuh sâlig
sint . únde die sâlig sínt . târ míte
góta sint . Vuélih lòn mág témo
gelîh sîn? Tér syllogismus stât târ
fóre .

Est igitur præmium bonorum .
quod nullus deterat dies . nullius
minuat potestas . nullius fuscet improbitas . deos fieri . Pedíu ist tér
lòn dero gùotòn . dén nioman negeuuértet . niomannes keuuált neminnerôt . niomannes úbeli negehinderet . táz sie góta uuérdèn .

QVID SIT STADIVM ET OLYMPIAS .

Apud grecos uuás in éin solemnitas
erháuen . día sie olympiadem hiezen . fóne olympo monte . dér in
macedonia ist . pi démo si zeêrest
uuárd . Tîa ùobtòn sie sîd pi alpheo fluuio archadiæ . dâr si únder
zuískèn búrgen rínnet . elidem et
pisas . uuánda dâr scóníu gefílde
sint . Tîu solemnitas uuárd úmbe
dáz erháuen . [197.] dáz târ publica
probatio uuúrte . omnium uirtutum .
Dánnàn híez tîu probatio grece pancratios . V´nde neuuás nioman in
tota grecia . dér sih teheines tûomlîches tinges fermâze . mít tíu er
gloriam geuuúnnen uuólti . ér neskéindi iz târ . ze demo olympiade .

Fermáhta er síh ríngennes . sô híez
er grece palestricator . fermáhta er
sih féhtennes . mit temo chnútele .
sô híez er pugil . álde mít suérte .
sô híez er gladiator . álde mit cestibus . dáz nuir chédèn mit púsken .
sô híez er agonitheta . i . decertator .
Vuólta er ûfen sínero réito strit-spil
ùoben . dáz híez curule certamen .
Vuólta er óugen uuîo er in bóre
máhti . dáz téta er gàndo úber daz
séil . dáz funiambulum híez . V´be
er óuh sîna snélli skéinen uuólta .
dáz téta er lóufendo in stadio . álso
die tâten ad tumulum anchisæ . fóne
dien uirgilius ságet . Stadium híez
sélbez táz spacium . dáz sie lóufen
sóltòn . grece genámotez fóne exercitatione . Tés uuâren . centum
uiginti quinque passus . i . nona pars
miliarii . Dien állên uuás târ gágen
uuérte fóne fróno iro lòn . Dér lòn
híez grece brabion . latine brauium .

DE CERTA POENA MALORVM .

Quæ cum ita sint . de malorum
quoque inseparabili pœna dubitare
sapiens nequeat . Târ míte nezuiueloe nehéin uuîse mán dáz óuh
tie úbelen níomèr âne uuîze neuuérdent .

Nam cum bonum malumque .
item pœna atque premium . aduersa fronte dissideant . quæ in boni
præmio uidemus accidere . eadem

necesse est in mali pœna contraria parte respondeant. Sô gûot. únde úbel. lôn únde uuîze uniderunártig sint. sô ist nôt. táz uuiderunártig sîn. diu án des kûoten lône. únde án des úbelen uuîze geskéhen súlen. Vuáz ist táz?

Sicut igitur probis probitas ipsa sit præmium. ita improbis nequitia ipsa supplicium est. Táz ist. táz tu hier fernémen máht. A'lso dero gûotôn lôn ist. iro gûoti. sô ist téro úbelôn chéli selbiu diu úbeli.

Iam uero quisquis afficitur pœna. malo se affectum esse non dubitat. I'h uuâno dér io ána uuîze lîdet. tér bechénnet úbel. dáz er lîdet.

Si igitur ipsi sese uelint estimare. possuntne supplicio expertes uideri. quos omnium malorum extrema nequitia. non afficit modo. i. affligit. uerum etiam uehementer inficit. i. corrumpit. Fóne diu. uuio mûgen die dâune uuânen. sih uuîzes âno sîn. úbe sie án-sih sélben dénchen uuéllen. dáz chît. úbe sie iro sélbero ieht infinden uuéllen. die árguuilligi álles úbeles méista. nîeht éin nechélet. núbe ióh ferchústet? Taz ist argumentum ab effecto. Vuánda sie infecti sint. tánnán skînet. uuîo hárto sie affecti sint. [198.]

Vide autem ex aduersa parte bonorum. quæ improbos pœna comitetur. Chîus óuh tero gûotôn hálb. uuáz tien úbelén ána uuîzes sî.

Omne namque quod sit. unum esse paulo ante didicisti. ipsumque unum bonum esse. cui consequens est. ut omne quod sit. id etiam bonum esse uideatur. I'h lêrta dih fóre dísen syllogismum. dáz ál dáz tir ist. éin ist. únde éin. gûot ist. dáz sint zuéi sumpta. dien fólgêt nôte diu conclusio. dáz ál dáz tir ist. kûot ist.

Hoc igitur modo. quicquid a bono deficit. esse desistit. Téro conclusioni ist áber disiu geháft. so uuáz kûot neist. táz neist. Sô éin conclusio dero ánderro fólgêt. táz hêizet latine. sô martianus chît. confinis conclusio. grece simplerasma.

QVID ESTIMANDI SINT DIVERSIS VITIIS DEDITI.

Quo fit. ut mali esse desinant quod fuerant. i. homines. Tánnán geskihet. táz tie úbelen nesîn ménnisken. dáz sie uuâren. dô sie úbel neuuâren.

Sed fuisse homines. ostentat adhuc ipsa reliqua species humani corporis. A'ber dáz sie ménnisken uuâren. dáz óuget sélbiu diu ménnisken getát. tiu in nóh ána ist.

Quare uersi in malitiam. humanam quoque amisere naturam. Fóne diu in árg pechérte. ferlúren sie ménniskina naturam.

Sed cum sola probitas possit prouehere quemque ultra homines.

necesse est. ut quos improbitas deiecit ab humana conditione. infra homines meritvm detruserit. Sîd áber éiniu diu gûoti männolichen erhéuen mág úber die ménnisken. sò. dáz er gót uuérde. sô ist nót. táz tîe. die iro úbeli ába dero mánbéite geuuirfet. sîe sâr hinderóren getûe. dien ménniskôn.

Euenit igitur. ut quem uideas transformatvm uitiis. hominem estimare non possis. Tánnân ist. táz tu dén fûre ménnisken hában nemúgist. tên du fóne achústen genuéhselôten sihest.

Auaritia feruet. uiolentus ereptor alienarum opum. lupi similem dixeris. Vuîlon uuirt er fréh. únde nót-némare frémedero sáchon. sô ist er unólfe gelîh.

Ferox atque inquies. exercet linguam litigiis. cani comparabis. A'ber ràzêr ze-dero zúngun. únde úngehírmdêr strites tér ist húnde gelîh.

Insidiator occultus subripuisse fraudibus gaudet. vulpeculis exæquetur. Sô ist. tér tóugeno fârêt îeht zeguuinnenne. mit úndriuuôn. démo chit fúhs.

Iræ intemperans. fremit. leonis animum gestare credatur. Sô ist. tér únméziger sines zórnes. îo grémezôt. tér tréget tes léuuen múot.

Pauidus ac fugax. non metuenda formidat. ceruis similis habeatur. V'ndúrftes fórhtelêr. [199.] únde flúhtigêr. dúnche dir hirze gelîchêr.

Segn's ac stupidus torpet. asinum uiuit. Ferlégenêr únde lázêr. únde dér sih árbéite erchúmet. lébet in éseles uuis.

Leuis atque inconstans. studia permutat. nihil auibus differt. Liehtmûotigêr. únde únstâtêr in sinero begúnste. dér ist álso fógel.

Fœdis inmundisque libidinibus inmergitur. sordidæ suis uoluptate detinetur. Tér sih áber únérsáme. únde únréine gelúste ána lázet. tér ist pesólotero sûe gelîh.

Ita fit. ut qui probitate deserta. homo esse desierit. cum in diuinam conditionem transire non possit. uertatur in beluam. Sô geskihet. táz tér. dér sih kûoti gelóubendo. ménnisko neist. sô er ze-gótes uuirdigi chómen nemág. ze-tîere uuirt.

NON TAM NOXIVM ESSE CORPVS IN BELVAM REDIGI. QVAM BELVINA MENTE INDVI.

Vela neritii ducis. i. vlixis. qui in nerito insula. patriam habuit. et uagas rates pelago. eurus appulit insulæ. qua residens pulchra dea. edita semine solis. miscet hospitibus nouis. i. nouiter superuenientibus. pocula tacta carmine. I'h mág tîh mánôn micheles égesen. tér dób tisemo égesen gelîh neist.

Vuáz ist tér? Tò ulixes fóne troio eruuindendo . uuito des méres uuállòta . únde er fòne sicilia férita ze͜ italia . dò uuárf in der uuint ûf [1] mit sînên skéffen ze͜déro íselo . diu ece gehéizen ist . târ díu scòna circe dero súnnûn tòhter gesézeniu . pezó͜ uuerôt lîd tien sélbên gésten scángta .

Quos ut in uarios modos uertit herbipotens manus . hunc tegit facies apri . ille marmaricus leo . i. de prouintia africæ . marmaria . dente crescit et unguibus . Hic nuper additus lupis . flere dum parat . ululat . Ille ut indica tygris tecta mitis obambulat . Sò dò diu zóuuerlicha hánt sie ueruuéhselòta in͜misseliché uuîsâ . sûm uuás kelih ébere . sûm demo léuuen . sûmelichêr óuh ze͜uuólfe uuórtenêr . sò er nuéinòn uuólta . stûont er hònnota . Sò úmbe gîeng óuh taz hûs sûmelichêr . álso tygris ketânêr .

Sed licet uumen arcadis alitis . miserans obsitum ducem uariis malis . soluerit peste hospitis . iam tamen remiges ore traxerant mala pocula . V'nde dóh tér in͜fógeles uuîs fligendo mercurius . tér in͜cillenio monte archadiæ geûobet uuárd . tén nòtháften hérezógen úmbe irbármeda lòsti . fóne sínero uuírtenno gífte . io dóh tie férien . die hábetòn úbel lîd getrúnchen . Mercurius tér alatis talariis kemâlêt uuirt . táz chît . mit kefidertên scú-

hen . die grece petasi héizent . tér màneta vlixem . [200.] dáz er fermite circæ . Tò iz áber sò geskáh . táz er úndanches tára chám . únde si ánderên scáncta . dáz ér trinchen nemólta . tò téta in is mercurius púoz . mit sínero uirga . diu caduceus kenémmet uuás . tiu gágen állên dingen láchenháfte uuás .

Iam sues cerealia pabula glande uerterant . V'nde suîn uuórtene . uuéhselotôn sie daz pròt úmbe éichela .

Et nihil manet integrum . uoce . corpore perditis . V'nde uuâren sie gáreuuo ferlórn . in͜liden . ióh in͜ stimmo .

Sola mens stabilis gemit . super monstra quæ patitur . E'inêr der sin stûont ze͜stéte . léidegêr dés égesen . dés imo geskéhen uuás .

O leuem nimium manum . nec potentia gramina . quæ licet ualeant uertere membra . non ualent corda . Iá uuio héuig taz uuás . Vuáz kemáhtòn sár diu chriuter . únde diu gift hánt . tiu dien liden dáretòn . sinne nemáhtòn ?

Intus est hominum uigor . abdita arce conditus . I'nne liget tiu máht . Tár sint tiefo gebórgen . ménnisken chréfte .

Hæc uenena . i. uítia . detrahunt potentius hominem sibi . Tie gifte . die ih ságo . die getûont ten ménnisken sîn úngeuuáltigoren .

---

[1] Scheint in „ûz" verbessert.

Quæ dira penitus meant . nec nocentia corpori . mentis uulnere seuiunt . Tie tiefôr in-gesláhent . nôh liden netâront . núbe des sinnes áhtent.

MALOS MINVS MISEROS FIERI . SI EIS PECCARE NON LICERET .

Tum ego . Fateor inquam . nec iniuria dici uideo uitiosos . tametsi corporis speciem seruent . in beluas tamen animorum qualitate mutari . I'h giho dir is chád ih tò . únde árge uuéiz ih tih mit réhte tier héizen . die tierlih mûot hábent . tôh sie an lîchamôn ménniskôn gelih sîn .

Sed quorum atrox scelerataque mens bonorum . pernecie seuit . id ipsum eis licere noluisse . Táz áber die . déro mûot sô fertân . únde sô úbel ist . kûotero mùozen áhten . dáz ist . táz ih neuuólti .

Nec licet inquit . Néin chád si nemûozen .

Vti demonstrabitur conuenienti loco . A'lso du uuóla geéiscòst . sô ih tíh tara zùo bringo .

Sed tamen si auferatur id ipsum . quod creditur eis licere . releuetur ex magna parte poena . sceleratorum hominum . Vuúrte in áber dáz sélba benómen . dáz tû uuânest táz sie mûozin . dár âna uuúrte in iro uuîze gelihterôt .

PROPOSITIO .

Et enim quod incredibile cuiquam forte uideatur . infeliciores esse necesse est malos . cum cupita perfecerunt . quam si non possint ea implere quæ cupiunt . Ze_unâre dés knûoge mág keskéhen . netrûent . tie úbelen sint tés te unsalîgôren . dáz sie íro uuíllen getûont . tánne úbe sie in getûon nemáhtin .

ASSVMPTIO .

Nam si miserum est uoluisse praua . potuisse miserius est . V'be árg uuéllen uuélih ist . [201.] árg kemúgen . dáz ist nôh uuélichera .

Sine quo langueret effectus, miseræ uoluntatis . Vuánda árguuíllo âne dáz keskéinet uuérden nemáhti .

CONCLVSIO .

Itaque cum singulis sua miseria sit . triplici infortunio necesse est urgeantur . quos uideas scelus uelle . posse . perficere . Pediu sint sie nôte in_drî uuîs únsalig . sîd tero uuénegbéito drî sint . ih méino uuéllen . mûgen . tûon . dáz tir úbel ist . Táz ist rhetoricus syllogismus . uuánda er diffusior ist . Dialecticus ist contractior . uuánda er chúmo hábet in_iogelíchero propositione . subiectiuam partem et declaratiuam .

Accedo inquam . Íh giho dir is chád ih .

MALOS ETSI NVMQVAM MORERENTVR . INFELICISSIMOS FORE .

Sed uti hoc infortunio cito careant . patrandi sceleris possibilitate deserti . uehementer exopto . Áber gót uuélle . dáz sie únmáhtíg uuórtene des úbeles . tero únsalighéite hálto dárbeên .

Carebunt inquit otius . quam uel tu forsitan uelis . uel illi sese estiment carituros . Só tùont sie chád si . dárbênt iro ióh hórskór . dánne sár dù mág keskében uuéllêst . álde sie sih peuuánén .

Neque enim est aliquid ita serum . in tam breuibus uitæ metis . i. spaciis . quod præsertim inmortalis animus . i. sapiens . exspectare longum putet . Nóh in disses chúrzen libes fríste . neist nîeht só únspúotiges . tés ze_láng áhtoe zebítenne dehéin êuuig mûot . Ter uuîse mán der êunigheit pechénnet . tér áhtôt tempora fúre nîeht .

Quorum magna spes . et excelsa machina facinorum . repentino sepe . atqne insperato fine destruitur . Téro chréftiga gedingi . únde déro hóha gerùste . ze_úbele . ófto gáhes únde úngeuuándo . mit tôde eruéllet nuirt .

Quod quidem illis miseriæ modum statuit . Táz ín dóh mézót tia uuêneghéit .

Nam si nequitia miseros facit . miserior sit necesse est diuturnior nequam . Vuánda úbe úbeli uuênege tûot . só lángór úbel íst só nôte uuênegora ist . Táz ist argumentum a minore ad maius . Sid óuh pegínnen tiu nequitia miseros tùot . mêr chíd tiu uuáhsenta .

Quos infelicissimos esse ivdicarem . si non eorum malitiam saltim mors extrema finiret . Die cháde íh uuésen die uuênegôsten . úbe iro úbeli dóh tód in_énde nesázti . Táz ist áber argumentum a minore . Vnánda diuturnior nequam infelicior ist incipiente . bediu uuáre semper nequam infelicissimus . Fóne diu chít si dar náh .

Et enim si deprauitatis infortunio uera conclusimus . infinitam liquet esse miseriam . quam esse constat æternam . V'be daz érera uuár ist . táz ih chád . si nequitia miseros facit . miserior necesse est diuturnior nequam . só ist kuis . [202.] táz tiu miseria ist infinita . únde bediu infelicissima . díu æterna ist . V'be diuturna prauitas miserior ist tánne breuis . só ist nôte sémpiterna béidiu . ióh infinita . ióh infelicissima. Tisa réda féstenôt si fóne díu . só gnôto . uuánda si sórgêt . táz er misse-trûuuee . Vuér mág táz sámfto gelóuben . dáz iniqui semper uiuentes . et semper inpuniti . fóne báremo únrehte infelicissimi únde miserrimi uuésen múgin? Fóne díu fernim sin ántunúrte.

Tum ego . Dô ántunúrta ih is .

Mira quidem inquam . et concessu difficilis inlatio . Táz ist éin uuúnderlih úzlâz chád ih . únde únsémfter zegelóubenne.

Sed cognosco eam nimium conuenire . his quæ prius concessa sunt . I'h fernimo áber uuóla . dáz er dien éreren gegihten gehillet.

Recte inquit estimas . Réhto dúnchet tir chád si.

Sed qui durum putat accedere conclusioni . æquum est demonstret . uel falsum aliquid præcessisse . uel ostendat collocationem propositionum . non esse efficacem necessariæ conclusionis . Tér áber inblándeno uuélle gelóuben disemo úzlâze . tér óuge dáz lúkke . dáz tár fóre stát . mit tiu ih in stárhta . álde er chéde die sélben rédà . dóh sie óuh uuâr sin . sô nesîn gestéllet . dáz sie uuúrchên disên úzlâz.

Alioquin concessis præcedentibus . nihil prorsus est . quod de illatione causetur . A'nderes nuio . échert ér dero fórderûn zálo iéhe . des úzlâzes nemág ér nîeht ferspréchen . Táz chit si fóne díu . uuánda ófto liuget tiu fórdera zála . sô díu tûot . nullus sapiens spernit diuitias . únde bediu nestérchet si dia áfterûn . sô díu ist . Igitur socrates

quia spreuit diuitias . non erat sapiens . O'fto sint zuô die fórderen geuuâre . álso die sint . Omnis sapiens spernit diuitias . Multi tamen sapientes sunt diuites . A'ber sô nesint sie gestéllet . táz sie disa dríttûn stérchên . Socrates si sapiens esset . diues esset . A'l dáz syllogismos únde argumenta írren mág . táz ist án dien zuéin uitiis . únde bediu héizent tie argumentationes . sophysticæ . dár siu ána fúnden uuérdent . Tér fólleclichôr exempla háben uuélle . déro triegentôn syllogismorum . dér néme siu fóne cicerone in rhetoricis.

INPROBOS IVSTIS POENIS IN MORTE TRADITOS FELICIORES ESSE QVAM SI INPVNITI REMANERENT.

Nam hoc quoque quod dicam . non minus mirum uidetur . sed ex his quæ sumpta . i. concessa sunt . æque est necessarium . Táz ist tír nóh ságo chád si . dáz kedúnchet tír sámo michel uuúnder . únde ist is fo dóh nòt . fóne dien éreren geíhten.

Quidnam inquam? [203.] Vuélez chád ih?

Feliciores inquit esse improbos . supplicia luentes . quam si eos nulla iustitiæ pœna coerceat . Sâligoren sin die úbelen . die réhtez uuîze lident . dánne sie uuârin . úbe sie iz nelítin.

Neque id nunc molior . quod cuiuis in mentem ueniat . corrigi ultione prauos mores . et ad rectum suplicii terrore deduci . I'h nechído nieht árge síte geándót unérden . únde mít púozo gerihtet uuérden . dáz tés íoman uuâne. E'r nedárf is uuânen . uuánda íh táz neméino.

Cæteris quoque exemplum esse culpanda fugiendi. V'nde dáz ánderên ze‿bílde sî. dáz sie scúlde flihên . únde sámolíh netûên.

Sed alio quodammodo arbitror punitos improbos feliciores esse . tametsi nulla ratio correctionis habeatur . nullus respectus exempli. Núbe in ándera uuîs áhtôn ih . táz úbele sîn . iro súndôn ingálte . dés te sáligoren . tóh iz in nesi bûoza . nóh ánderên bilde.

Et quis erit umquam præter hos alius modus? Vuélih ánder uuísa mág iz sîn chád ih . âne disiu?

Et illa. Nonne concessimus inquit . bonos esse felices . malos uero miseros? Neiáhen uuir chád si . die gûoten uuésen sálige . únde die úbelen uuénege?

Ita est inquam . Táz ist álso chád ih.

Si igitur inquit addatur aliquid bonum cuiuspiam miseriæ . nonne felicior est eo . cuius miseria pura est . ac solitaria . sine admixtione cuiusquam boni? V'be dánne gûot keléget uuirt ze‿íro dehéines uuênegheíte . neist tánne dér sáligoro .

dánne dér . ze‿dés uuênegheíte . nehéin gûot neist kemiskelôt?

Sic inquam uidetur. Témo ist iz kelíh chád ih.

Quod si adnexum fuerit aliud malùm eidem misero . qui careat cunctis bonis . præter ea quibus miser est . nonne censendus est multo infelicior eo . cuius infortunium releuatus participatione boni? V'be óuh temo uuênegen . dér álles kúotes tárbêt . tehéin ándar‿uuênegheít zûo gestôzen uuúrte . âne día fóne déro er uuêneg ist . neuuáre er dánne na énes únsáligoro . dés uuênegheít keliehterôt uuirt . mít ételiches kúotes miskelungo? Táz ist argumentum a contrario. Vuánda úbe íoman fóne zûo slingentemo gúote gesáligôt uuirt . sô uuirt er nóte óuh fóne zûoslingentemo úbele geúnsaligôt.

Quidni inquam? Vuío ánderes chád ih?

Habent igitur improbi . cum puniuntur quidem aliquid boni adnexum . pœnam ipsam scilicet . quæ bona est ratione iustitiæ. Fóne diu chád si . hábent tie úbelen . dánne sie in‿uuîze sint . éteuuaz zûogemískelôtes kúotes . ih méino sélbez taz uuîze . dáz fóne réhte gúot ist .

Et cum idem carent supplicio' . inest eis ulterius aliquid mali . ipsa inpunitas . [204.] quam confessus es malum esse . merito iniquitatis. V'nde día uuíla sie âne nuîze sint . sô ist in ána âne iro úbeli . éin ánder úbel . sélbiu diu úningélteda . diu fóne únrehte úbel ist .

Negare non possum . Tés nemág ih ferságen nicht . chád ih .

Multo igitur infeliciores sunt improbi . iniusta inpunitate donati . quam iusta ultione puniti . Pediu sint chád si die úbelen únsaligoren . in únrehtero úningéltedo . ferlâzene . dánne réhto ingálte .

Sed puniri improbos iustum . inpunitos uero elabi . iniquum esse manifestum est . Fóne din ist óffen réht . táz tie úbelen dero úbeli ingélten . únde óffen únreht . táz sie iro úningéltet sîn .

Quis id neget? Vuér mág tés kelóugenen chád ih?

Sed ne illud quidem ait quisquam negabit . bonum esse omne quod iustum est . contraque quod iniustum est malum . Nóh óuh tés chád si . núbe gúot sî . dáz tir réht ist . únde úbel . dáz únreht ist .

Responditum ego . Dó ántuuúrta ih iro dés .

Ista quidem consequentia sunt eis . quæ paulo ante conclusa sunt . Tisiu sint chád ih . nót-fólgîg tien . diu án demo éreren capitulo geféstenôt sint . Tiz capitulum íhet[1] enemo . Vuánda sie infelicissimi uuárîn . sô si dár fóre chád . úbe sie iomêr músîn sîn inpuniti . sô uuérdent sie nóte puniti feliciores .

QVESTIO .

Sed queso inquam te . nullane animarum supplicia post defunctum corpus morte relinquis i. concedis? Nû uuére got chád ih . ist tehéin uuîze dero sélôn náh temo tôde?

RESPONSIO .

Et magna quidem inquit . V'nde chréftig chád si .

Quorum alia puto exerceri pœnali acerbitate . alia uero purgatoria clementia . Téro ih súmelichíu uuéiz tréffen . áfter geriche ze uerlórnissedo . súmelichíu áfter gnádôn ze erlíuterdo .

Sed nunc de his disserere consilium non est . I'h nehábo áber nû nehéinen uuillen dánnân zeráchònne .

REPETITIO EORVM . QVÆ A PRINCIPIO HVIVS LIBELLI HVC VSQVE DICTA EST .

Ad uero hactenus egimus . ut potestas malorum quæ tibi uisa est indignissima . eam nullam esse cognosceres . I'h tréib táz únz hára chád si . táz tû bechénnêst tero

---

[1] verbessert aus „gihet", wie öfters.

úbelôn geuuált. tér dir fílo ándo uuás. nehéinen sín.

Quosque inpunitos querebare. uideres numquam carere suppliciis. inprobitatis suæ. V́nde dû díe sábist nehéinêst sín. áne uuíze. díe dû cháde iro úbeli úningálte.

Licentiam quam cito finiri præcabaris. nec longam esse disceres. V́nde dû geéiscotist. únlánga sin día múoza. déro du báte sliemo lába uuérden.

Infelicioremque fore. si diuturnior. infelicissimam uero. si sit æterna. V́nde dû sia uuíssist teste únsáligorûn. úbe si lángséimiu uuáre. únde áber fóne állên dingen únsaliga. úbe si éuuig uuáre.

Post hæc miseriores esse improbos. [205.] iniusta inpunitate dimissos. quam iusta ultione punitos. V́nde úningálte iro úbeli. uuênegóren sin dánne ingálte.

Cui sententiæ consequens est. ut tum demum urgeantur grauioribus suppliciis. cum inpuniti esse creduntur. Témo dáz nóte fólgêt. táz sie dánne hándegósta uuíze lidên. sô man sie uuánet úningálte dés sie túont.

Tum ego. Dô ántuuurta ih íro.

Cum tuas inquam considero rationes. nihil dici uerius puto. at si ad hominum iudicia reuertar. quis ille est. cui hæc non modo credenda. sed saltim audienda uideantur? Sô ih tína réda chíuso. chád ih. sô neáhtôn ih níeht uuáreren. úbe ih

án‿dero liuto áhtâ déncho. uuér ist tánne dér iz kelóuben. álde sâr gehóren uuélle?

MENTE CONTENEBRATIS. LVMEN RATIONIS NON CLARESCERE.

Ita est inquit illa. Íst álso chád si.

Nequeunt enim oculos assuetos tenebris. attollere ad lucem perspicuæ ueritatis. Sie nemúgen diu iro genuéneten óngen dero finstri. ûf ze‿líehte erhéuen.

Similesque sunt auibus. quorum intuitum nox inluminat. dies cæcat. V́nde sint sie dien fógelen gelih. tie der tág pléndet. tiu náht séhende getûot. álso húuuen. únde húuuelá. únde der náht-rám.

Dum enim non intuentur rerum ordinem. sed suos affectus. uel licentiam. uel inpunitatem scelerum. putant esse felicem. Sô sie des iro uuillen séhent. náls tero órdeno. dia ratio dien dingen gibet. sô uuánent sie dero súndôn múoza. únde úningélteda. sálig sin.

Vide autem quod æterna. i. diuina lex sanciat. Sih áber dû. uuío iz tiu gótes éa méine.

Melioribus animum conformaueris. nihil opus est iudice. præmium conferente. tu te ipse excellentioribus addidisti. Studium ad peiora deflexeris. extra nequesieris ultorem . tu te ipse in deteriora trusisti . Ze‿demo bézeren fáhendo . hábest tu dih sélbo gehéret . nesí nehéin chóstare . dér dir is tánchoe . V'be du áber in‿árg tíh chérest . sô nedénche . uuér iz ánderro réche . sélbo hábest tu díh kehínderet.

Veluti si uicibus sordidam humum . cælumque respicias . cunctis extra cessantibus . ipsa cernendi ratione . nunc cæno . nunc syderibus interesse uidearis . Sámo so úbe du hértòn ûf ze‿hímele . únde níder ze‿érdo uuarteêst . únde dû âne ánderro tâte fóne dîn sélbes uuártènne . éina uuîla in hímele . ándera uuîla in‿hóroуve sîst.

At uulgus ista non respicit . A'ber der líut neuuéiz tés níeht.

Quid igitur? Vuáz súln unir dánne tûon?

Hisne accedamus . quos beluis similes esse monstrauimus? Súln uuír únsih úmbe dáz án díe héften . díe uuír tieren cháden geliche uuésen?

Quid si quis amisso penitus uisu . [206.] ipsum etiam se habuisse obliuisceretur . intuitum . nihilque sibi ad humanam perfectionem deesse arbitraretur . num uidentes eadem . i. amissionem oculorum eius . cæcos putaremus? Vuáz úbe dér . démo diu óugen genómen sint . ergáze . dáz er siu íu hábeta . únde er sih strîte uuésen in‿álla uuîs kánzen . sóltín uuír dánne . díe in‿gesáhin óugelósen áhtón blínde?

MISERIOREM QVI INFERT . QVAM QVI SVSTINET INIVRIAM .

Nam ne illud quidem adquiescent . quod æque nititur ualidis firmamentis . rationum . infeliciores esse qui faciant iniuriam . quam qui patiantur . Nóh tés neiéhent sie . dáz fóne féstero rédo sámo guís ist . tén uuènegòren sîn . dér ándermo únréht tûot . tánne dén . dér iz lídet.

Vellem inquam audire has ipsas rationes . Míh lústi chád ih zefernémenne dia réda . dánnân ih táz uuízen máhti.

Num inquit negas . omnem improbum dignum supplicio? Vuîle du lóugenen chad si den gûotelósen sîn uuírdîgen chéli?

Minime . Néin chád ih.

Liquet uero mulñipliciter qui improbi sunt . infelices esse . Nû íst táz in‿mániga uuîs óffen chád si . díe únsalig sîn . díe ûbel sínt.

Ita est inquam . Sô íst chád ih.

Qui igitur supplicio digni sunt . miseros esse non dubitas . Tie dero chéli uuírdig sint chád si . díe uuéist tu uuênege.

Conuenit inquam . Táz keuállòt sô chád ih.

Si igitur cognitor aît resideres . cui putares inferendum supplicium . ei qui fecisset . an qui pertulisset iniuriam? V'be du stûol‿sázzo in‿ dinge uuârist chád si . uuéderen uuândîst tu dero chéli uuirdigen . dér daz únreht tâte . álde iz tóleti?

Nec ambigo inquam quin perpesso satis facerem. dolore facientis. Íh nezúíueloti nieht chád ih. núbe ih témo sólti geuuíllòn. dér iz lite. mit énes ingéltedo.

Miserior igitur tibi uideretur esse inlator iniuriæ. quam acceptor. Sò dúohti dir chád si dér uuénegoro. dér únreht táte. dánne dér iz tóleti.

Consequitur inquam. Tára zùo chúmet iz chád ih.

Hinc igitur apparet. de aliis causis. ea radice nitentibus. quod turpitudo suapte natura miseros facit. cuilibet inlatam iniuriam. non accipientis. sed inferentis esse miseriam. Sò chád ih áber. Fóne déro. rédo. únde fóne ánderèn rédòn. áber dés sindes keuuúrzellotèn. daz únchiuskiu tát túrh sih uuènege máchòt. sò skìnet óuh táz tu chìst. tia uuéneghéit ze‿démo háldèn. dér daz únreht tùot. náls iz ltdet. Táz ist argumentum ab efficientia. Turpitudo ist efficientia miserorum. álso dára gágene ist honestas. i. uirtus beatorum. Turpitudo ist keméine námo állero uitiorum. álso honestas ist állero uirtutum. [207.]

QVI MISERIOR EST. HVIVS POTIVS ESSE MISERENDVM.

Atqui nunc ait contra faciunt oratores. Tára uuidere chád si tùont tie díng‿mán nù.

Conantur enim excitare miserationem iudicum pro his qui graue quid acerbumque perpessi sunt. Sie scúndent ío die iudices. téro irbármeda zehábennc. dien filo‿ze‿léide getàn ist.

Cum magis admittentibus iustior miseratio debeatur. Tánne dien tùontèn dero irbármedo dúrftera uuáre.

Quos oportebat duci ad iudicium. ueluti ægros ad medicum. non ab iratis accusatoribus. sed a propitiis potius miserantibusque. ut morbos culpæ resecarent supplicio. Tie ze‿dinge gefùoret sóltòn uuérden. fóne íro léidàren. álso man sieche fùoret ze‿árzate. náls túrh ház. núbe dúrh knáda. únde irbármeda. dáz sie in dàr frúmetin úz ersniten dero súndóno gállûn. Táz ist argumentum a simili. Vuánda álso corpus pedárf medicinæ. sò bedárf óuh anima.

Quo pacto uel tota frigeret opera defensorum. uel si mallet prodesse hominibus. uerteretur in habitum. i. in modum accusationis. Ze‿dèro uuis uuúrte ze‿léibo dero bistellòn ringen. álde úbe sie íomanne hélfen uuóltìn. dáz tátìn sie mêr dára uuidere léidòndo. dánne ferspréchendo.

Ipsi quoque inprobi. si eis fas esset aliqua rimula aspicere relictam uirtutem. uiderentque se deposituros sordes uitiorum. cruciatibus pœnarum. compensatione adi-

piscendæ pietatis . nec hos crucia-
tus ducerent .   Sélben die úbelen .
chóndín sie déro túgede . dia sie
feruuórfen hábent . ieht erlûogeén
dóh sámo so dúrh nûot . únde sá-
hin sie síh eruuásken uuérden dero
súndôn . fóne des uuízes hándegi .
uuíder démo guuínne dero gûoti .
neáhtotín sie iz sàr fúre uuíze ?

Defensorumque operam repudia-
rent . ac se totos accusatoribus .
iudicibusque permitterent. V'nde
nefórderotín sie nieht tero bistellôn
hélfo . únde ántuuúrtín síh fúreno-
mes tára dien léidáren . ióh tien
rihtáren . dáz sie sie chéletín .

Quo fit ut apud sapientes nullus
prorsus odio locus relinquatur. Sò
tûondo . neíst nehéin uuég . tér die
uuísen léite ze háze.

Nam bonos quis nisi stultissimus
oderit ? Malos uero odisse ratione
caret . A'lso dù be dísén argumen-
tis uuízen máht . Vuér sól gûote
házén . áne uuíhto uuírsesto ? Táz
ist argumentum a contrariis . [208.]
uuánda insipientes . et maligni . die
sint bonis contrarii . Táz óuh lo-
man die úbelen házee . uuáz rédôn
ist táz ? Táz ist a repugnantibus .
uuánda iniquum odium . dáz ist re-
pugnans rationi .

Nam si uitiositas est . quasi qui-
dam morbus animorum . ita uti lan-
guor corporum . cum ægros cor-
pore minime iudicemus dignos odio.
sed potius miseratione . multo ma-
gis non insequendi . s. morte . sed

miserandi sunt . quorum mentes ur-
get improbitas . atrocior omni lan-
guore. V'he chústelosi des mûo-
tes siehheit ist . álso óuh tes licha-
men ferchústeda sìn siehhéit ist .
únde úns tie siechen án dien licha-
môn házes uuirdige nedúnchent .
núbe irbármedo . sò neíst téro nieht
zeáhtenne . núbe iro ist irbármeda
zehábenne . téro mûot kûotelosi
témfet . állero súhto uuélichôsta .

CVR EOS QVIS PERIMAT . QVI SPONTE
MORITVRI SVNT .

Quid iuuat excitare tantos motus .
et sollicitare fatum propria manu ?
Vuáz lústet iuuih zeskéinenne sô
micheliu zórn . únde zùo fûoren mit
hénde den tôd ?

Si mortem petitis . propinquat
ipsa sponte sua . nec remoratur
uolucres equos. Lústet iuuih sin .
ér chúmet úngeládôt sines tánches .
nób ér netuélet sinero férte .

Quos serpens . leo . tygris . ur-
sus . aper . dente petunt . idem se
tamen ense petunt . Téro állero
tierlih áhtet . tie sláhent síh sélben
úndúrftes tára zùo mit uuáfene .

An quia distant . dissidentque
mores . iniustas acies et fera bella
mouent ? Alternisque uolunt perire
telis ? Non est satis iusta ratio se-
uitiæ . Túrh táz iro site síh skéi-
dent . nób inéin nehéllent . scárônt
sie síh úmbe dáz . únde féhtent sie

úmbe dáz? Taz neist pór réht zála nieht [1] sólichero sárfi.

Vis aptam meritis uicem referre? Dilige iure bonos . et miseresce malis . Vuíle du mánnolíchemo gágen sinén uuirden lónón? Sô tûo sús . Minne die gûoten náh réhte . únde hábe gnâda dero úbelón .

CVR RES QVASI FORTVITIS CASIBVS MISCEANTVR . ITA VT BONIS MALA . MALIS BONA CONTINGANT .

Hic ego inquam . Dó chád ih .

Video quæ sit felicitas . uel miseria constituta . in ipsis meritis proborum . atque improborum . sed perpendo nonnihil boni maliue inesse . in hac ipsa populari fortuna . Vuóla gesihu íh . uuélih sáligheít álde uuélih uuénegheít án-iro béidero fréhten stánde . dero gûotón . ióh tero úbelón . nób tánne findo ih óuh án sélbén dien liut-sáldón . dáz kûot únde úbel ist .

Neque enim sapientum quisquam . exul . inops . ignominiosusque . esse malit potius . [209.] quam pollens opibus . honore reuerendus . potentia ualidus . in sua permanens urbe florere . Táz skínet uuóla . an déro uuéli dero uuisón . dáz íro nehéin só gérno neist íhselig . únde árm . únde fersihtig . só gérno er héime ist . riche . únde geéret . únde máhtig únde in állén geréchen .

Sic clarius testatiusque tractatur officium sapientiæ . cum transfunditur quodammodo beatitudo regentium . in contingentes populos . Só tríbent sie dáz ámbáht iro uuístûomes skínbarór . únde mit pézerún geúhte . úbe íro sálighéit . únz sie den liut rihten súlen . hina ióh únder die úzeren gemáret uuirt .

Cum præsertim career . lex . cæteraque tormenta legalium pænarum debeantur pernetiosis potius ciuibus . propter quos etiam constituta sunt . cur hæc igitur uersa uice mutentur . scelerumque supplicia bonos præmant . præmia uirtutum mali rapiant . uehementer ammiror . V'nde uuio iz só fáre . só chárchare . únde éo-búoh . únde álliu áfter éo fúndeniu uûize . scádelên súln . úmbe die siu gesézzet sint . ziu dés sólh uuéhsel si . únde léid tie gûoten drúcche . fúre die úbelen . únde dero gûotón éra die úbelen irzúcchén dés uuúnderón ih mih hárto .

Et ex te scire desidero . quæ ratio uideatur esse tam iniustæ confusionis . V'nde gelirnén ih kérno fóne dir . uuélih réda só únréhtero miskelungo si .

Minus etenim mirarer . si misceri omnia fortuitis casibus crederem . I'h neuuv'nderoti mih is nieht . úbe ih álliu díng klóubti tvuuárón in únguissén geskíhten .

---

[1] Es steht hier ein ausrufungszeichen, d. h. wohl ein punkt, der durch einen darüber gesetzten strich getilgt ist.

Nunc stuporem meum deus rector exaggerat . Kót ríbtare . ér getúot mîna erchómeni michela .

Qui cum sepe bonis iocunda . malis aspera . contraque bonis dura tribuat . malis optata . concedat . nisi causa deprehenditur . quid est quod a fortuitis casibus differre uideatur? Tánne er sô gesit ist . táz er ófto gibet vuúnna dien gúotên . árbeitsami dien úbelên . únde áber dára gágene árbeitsami dien gúotên . lústsámi dien úbelên . ih nefinde dés réda . unáz sól iz mir dánne dúnchen sîn geskéiden . fóne dien uuílo uuánchigên geskíhten?

Nec mirum inquit . si quid ordinis ignorata ratio temerarium confusumque credatur . Nehéin vuúnder chád si . úbe man dáz uuánet sîn únríhtig . únde fervuórren . fóne dés ordine nehéin réda geéiscót ne ist .

Sed tu quamuis ignores causam tantæ dispositionis . tamen recte fieri cuncta nedubites . quoniam bonus mundum rector temperat . A'ber dóh tû neuuizîst . uuáz tiu méinunga sî . sô máhtigero rèchenúngo . uuánda áber gúot ríbtare ist . tér dia uuérlt métemèt . sô nezuíuelo . dés . núbe iz állez uuérde réhto geréisòt . uuánda dés ist nôt . ut rectus recte agat . Tíu zuéi sint keuuétiv . Bedíu héizet táz argvmentum a coniugatis . [210.]

MERITO MIRA VIDERI . QVORVM RATIO NESCITVR .

Si quis nescit sydera arcturi . i. stellam quæ dicitur arcturus . labi propinqua summo cardine . Et si quis nescit . cur legat . i. sequatur bootes tardus plaustra ad occasum . mergatque seras equore flammas . cum nimis celeres explicet ortus . stupebit legem ætheris alti . Sô uuér arcturvm neuuéiz stân hára uuider den nórd‑kibel . des himeles . únde zíu signum bootis an dèmo arcturus stât . lángséimo fólgee demo uuágene únde trágo ze‑sédele gánge . únde aber spúotigo úfkánge . tér vuúnderòt sih nóte . uuío iz sih sô gezíhe . dâr óbe úns in‑himele . Vuánda der nordkibel ist óbe érdo . álso der súnt‑kibel ist únder érdo . bediu negânt tíu zéichen níeht in‑sédel . diu náhòst imo suéibònt . álso arcti tûont . tie die líute héizent vuágen . Tíu éteuuaz férrôr stânt . álso bootes tûot . tíu gânt ze‑éinero uuílo in‑sédel . sô . dáz siu lúzzela fárt tûen únder érdo . uuider díu siu tûont óbe érdo . Tér dés nîeht neuuéiz . tér mág sih is vuúnderòn . Duæ arcti . dáz sint duæ vrsæ . ælix únde cynosura . Elix héizet tiu mêra . an‑déro sihet man septem stellas claras . die septentrio héizent . Tèro fólgèt bootes . uuánda er hínder íro gât . únde so uuára si bechéret iro posteriora . dàr síhet man bootem .

Cur palleant cornua plenæ lunæ . infecta . i. caligata . metis noctis opacæ . i. nocturnis itineribus . et cur confusa . i. obscurata phœbe detegat astra . s. deficiendo . quæ texerat fulgenti ore . Mág in óuh uuv'nder sin zíu fóllêr màno . dánne eclypsis lunæ in_mitta náht uuirt . álles káhes petúncheltêr . die minneren stérnen skînen láze . die ér fóre dáhta . únz er gláto skinen múosa . Táz ist óffen . dáz ter màno fóne imo sélbemo lieht nehábet . únde in diu súnna ána-skìnendo liehten getúot . únde er ío in_férte ist fóne dero súnnùn . álde zùo dero súnnùn . Fóne díu geskihet . tánne er in plenilunio sô gegát . táz er dero súnnùn réhto inchít . ánderhálb tés himeles . únde diu érda únder in zuiskèn ist . táz imo an déro stéte gebristet sines liehtes . únz ér áber fúrder gerúcchet . tàr ín diu súnna ána skinen mág . Tér brésto héizet eclypsis lunæ .

Commouet gentes publicus error . i. communis error . Sô erchóment sih tie liute . dés sie álle dánne sint irre . I'st sie vuúnder uuáz iz méine .

Lassantque aera crebris pulsibus . i. interrogationibus . V'nde dánne frágént sie is ío . únz ten hímel selben . [211.] mág iro frágénnes erdríezen .

Nemo miratur flamina chori . tundere litus frementi fluctv . A'ber dára gágene neist tês níomannen vuúnder . sô der uuint uuáhet . táz tiu uuélla án den stád sláhet .

Nec molem niuis duram frigore . soluier feruente æstu phœbi . Nóh taz is smélzen . fône dero súnnùn héize . Ziu ist táz ?

Hic enim promptum est cernere causas . Vuánda dise causæ sémfte sint zebechénnenne .

Illic latentes . s. causæ turbent pectora . A'ber dise causæ sint únsémfte zebechénnenne . uuánda sie sih pérgent .

Cuncta quæ prouehit rara ætas . A'l dáz sélten geskihet .

Et stupet subitis mobile uulgus . V'nde dés sih taz smála liut erchúmet . sô iz káhes keskihet .

Cædat inscitiæ . i. si cædat inscitiæ nubilus error . Vuérdent sie dés erríhtet .

Cessant profecto mira uideri . Sô uuírdet sár uuúnderônnes énde .

Ita est inquam . I'st álso chád íh .

PETITIO . ET QVAM DIFFICILIA SINT AD PRÆSTANDVM QVÆ PETVNTVR .

Sed cum tui muneris sit euoluere causas latentium rerum et explicare rationes uelatas caligine . queso itaque hinc decernas . et edisseras .

quoniam hoc miraculum me maxime perturbat. Sîd áber dîn éinûn ist zeságenne. uuáz állero díngolih méine. únde tóugene réda zerécchenne. zíu dáz sî. dés ih frágeta. uuánda is mih so héuig vuúnder gefáhet. pito ih táz tu mir ságeést. únde mih is erríhtêst.

Tum illa paulisper arridens. uocas me inquit ad rem omnium. quesitu maximam. cui uix exhausti quicquam satis sit. Sî dò éin lúzzel mir zûo láchende. nû chád si. uuísest tu mih ze állero frágòn méistûn. téro níomêr ántuuúrtes negnûoget.

Talis namque materia est. ut succisa una dubitatione. aliæ innumerabiles. uelut capita ydræ succrescant. I'ro ist sólih zeántuuv'rtenne. únde sò getán díng ist sî. dáz éinemo zuíuele benómenemo. mánige dára fúre chóment. álso herculi geskáh. tô ér den vuúrm sláhen sólta. dér grece héizet ydra. latine excedra. Sò er imo éin hóubet ába erslùog. sò er vuúohsen dára fúre dríu. únde dîen ába erslágenên. mánigiu.

Nec ullus fuerit modus. nisi quis eas uiuacissimo mentis igne coerceat. Nóh íro nehéin méz neuuirt. sie neuuérdên beduúngen mit chéchemo fiure des sinnes. Álso hercules téta lernam paludem. dánnán disiu fabula errúnnen ist. Vuánda ér iz peuuérfen únde bestòzen ne máhta. iz nebráche io ùz. pediu

gîeng er iz ána mit temo fiure. mit témo irbár ér iz.

In hac enim. s. materia queri solet de simplicitate prouidentiæ. Dár ist ána zefrágênne. dero gótes sléhtùn prouidentiæ. Sî ist sléht. únde éinfálte. [212.] únde úngelih mánnes prouidentiæ. uuánda sî sáment. únde éines scúzes ána sihet. táz ménnisko échert súmez ána sihet. únde dáz sélba ána sihet éinzên málen. álso sî hára náh in quinto libro lêret. Fóne díu ist ménniskòn prouidentia. dáz uuir héizen fúre dáhte. únde beuuárunga. A'ber gotes prouidentia. dáz ist tíu sámentháftiga óbesiht. tíu ungetéilet ist. per tempora et loca. mit téro sáment pegríffen sint. præsentia. præterita. et futura. svperiora. et inferiora. Vuánda áber sîn prouidentia uuílòn genémmet stát fúre præscientiam bediu uuirt si óuh kediutet fóre geuuizeda. álde fóre siht. náls nieht proprie. núbe náh tero ménniskòn fore sihte. únde fóre uuizenne. Sáment kóte ist iz állez ána siht. únde óbe siht.

De fati serie. Fone déro hinagerécchedo des kótes uuillen.

De repentinis casibus. Fóne gáhên geskíhten.

De cognitione ac prædestinatione diuina. Fóne gótes pechénnedo. únde benéimedo.

De arbitrii libertate. Fóne dero sélb uuálo. Hier ist zeuuizenne.

dáz uuír dúrh sémfti ántfristoên liberum arbitrium sélbuuala. sámo. so líberam dictionem. A′ber boetius lêret únsih in tertio libro secundæ editionis periermeniarum. dáz uuír liberum arbitrium spréchen súlen mit subauditione uoluntatis. álso liberum uoluntatis arbitrium. Vuánda únsih kót hábet ketán arbitros. únde iudices uoluntatum nostrarum. uuéder sie sín bonæ álde malæ. bediu chît liberum uoluntatis arbitrium. sélbuualtîg chiesunga. des uuíllen. A′ber úbe uuír chéden. daz libervm arbitrium héize libera uoluntas. sô râmeên uuír dés sélben únde éigen dánne drív uuórt feruángen mit zuéin. Diu zuéi sóltòn uuír diuten uuilleuualtigi. âne dáz iz mít úns tîa significationem hábet. tîa apud latinos hábet liberalitas. A′lso terentius chît. seruiebas liberaliter. Dáz chéden uuír. Dú dienotôst nuílleuualtîgo.

Quæ quanti oneris sint. ipse perpendis. Vuîo suâre dáz sí. dáz ist tír chúnt.

Sed quoniam hæc quoque te nosse. quædam medicinæ tuæ portio est. quamquam angusto limite. i. tramite. temporis septi. tamen aliquid deliberare. i. diffinire conabimur. Vuánda áber óuh dáz trífset ze_dínero gníste. úbe du iz fernémen mûost. táz téro fríste ze_lúzzel sí. fóre disses púoches úzláze. íh pedîo iz tóh zeságenne.

Quod si te delectant oblectamenta musici. i. metrici carminis. hanc oportet uoluptatem paulisper differas. dum contexo ordine. nexas sibi rationes. Lúste díh métersánges. dés pít tîa uuíla. únz íh tír geuuébe áfter órdeno. die zesámine hábigen rédà.

Vt libet inquam. A′lso du uuéllêst chád íh.

Tunc uelut ab alio orsa principio. [213.] ita disseruit. Si dô sámo so ze_éinemo ánderes síndes ánafáhende. sprâh sí sús.

DE PROVIDENTIA ET FATO.

Omnium generatio rerum. s. uiuentium. cunctusque progressus mutabilium naturarvm. s. ut tempora sunt. et quicquid aliquo mouetur modo. ut sol. et luna. causas. i. cur sit. ordine. i. quomodo sit. formas. i. quale sit. ex diuinæ mentis stabilitate sortitur. A′llero dingo gebúrt. únde állero uuéhsel_dingo fárt. únde ál dáz síh in_dehéina vuîs uuéget. táz hábet ál fóne déro státigi des kótes uuîstûomes. ziu iz sí. vuîo iz sí. uuiolih iz sí.

Hæc. s. stabilitas. in suæ simplicitatis arce. i. dignitate composita. i. collocata. multiplicem regendis rebus modum statuit. Tiu sízzet in_iro gûollichi. dúrh síh éinfaltiu . únde ribtet ánderiu ding . in mánigfálta uuis .

Qui modus cum conspicitur in ipsa puritate diuinæ intellegentiæ . prouidentia nominatur . cum uero refertur ad ea quæ mouet . atque disponit . fatvm a ueteribus appellatum est . Tiu sélba uuisa hábet zuêne námen . éinêr ist . sô man iro gedénchet in‿sélbes kótes lútteren unistûome . diu unisa héizet prouidentia . ánderêr ist . sô man án diu ding sihet . tiu si tribet . únde órdenôt . tiu héizet in‿áltiscûn fatvm . A'lso óub únseres uuérches zuô unisa sint . éiniu . díu iz in‿demo mûote ist sáment disponens . ánderiu . diu iz éinzên mit tien hánden ist efficiens .

Quæ diuersa esse facile liquebit . si quis utriusque uim mente conspexerit . Tiu gesihet tér liehto uuésen geskéideniu . dér siu béidiu bedénchet .

Nam prouidentia est ipsa illa diuina ratio . constituta in summo omnium principe . quæ cuncta disponit . Vuánda prouidentia ist sélbiu diu in‿góte stánda rédehásti . diu dingolih kesestot .

Fatum uero dispositio inherens . rebus mobilibus . per quam prouidentia suis quæque nectit ordinibus . Sô ist áber fatum sélbiu diu séstunga . ánaháftentiu állên uuéhsellichên dingen . mit téro prouidentia dingolih tuinget ze‿sínero órdeno .

Prouidentia namque cuncta pariter complectitur . quamuis diuersa . quamuis infinita . Prouidentia begrifet tiu ding sáment' . siu nesint nio sô misselih . nób íro neist . nio sôlih únénde .

Fatum uero singula digerit in motvm . distributa . locis . formis . témporibusque . Fatum gerihtet sin éinzên in‿íro fárt . zetéiltiu dára únde dára . ze‿sólên únde sólên getâten . ze‿dien ziten . únde ze‿dien .

Vt hæc temporalis ordinis explicatio . adunata in prospectum diuinæ mentis . prouidentia sit . Eadem uero adunatio . digesta atque explicata . temporibus . fatum uocetur . Ze‿déro uuis . táz tiu geré‿cheda . diu déro órdeno dés zites fólgêt . in‿déro gótes mûotes fóresihte sih keéinlúzlichôntiu . prouidentia héize . únde si áber éinzên málen geráhtiv . fatvm héize .

Quæ licet diuersa sint altervm tamen pendet ex altero . [214.] Ordo namque fatalis . ex prouidentiæ simplicitate procedit . Tóh tiu zuéi éin ne sîn . dóh háftêt taz éin án demo ándermo . uuánda fatvm chúmet fóne prouidentia .

Sicut enim artifex mente percipiens formam faciendæ rei . mouet operis effectum . et quod simpliciter præsentariceque prospexerat . per temporales ordines ducit . ita deus prouidentia quidem singulariter . stabiliterque facienda disponit . fato uero hæc ipsa quæ disposuit . multipliciter ac temporaliter amministrat. Álso der zimbermán. dáz er túon uuile. zeêrest in sinemo múote bíldôt. únde dára náh vuúrchet. V´nde dáz ér in sámoháftero ántuuv´rti sínes múotes pedáhta. éinzên málezet. álso ist táz ketán. dáz kótes prouidentia in státero éinlúzzegbéite. benéimet zetúonne. únde ér iz mit fato dára náh mánigfálto. únde órdenlicho frúmet.

Siue igitur fatum exercetur. famulantibus prouidentiæ quibusdam dininis spiritibus. seu anima. sev tota inseruiente natura. seu celestibus syderum motibus. sev angelica uirtute. seu demonum uaria sollertia. seu aliquibus horvm. seu omnibus fatalis series texitur. illud certe manifestum est. prouidentiam inmobilem formam esse gerendarvm rerum. et simplicem. fatum uero mobilem nexum. atque ordinem temporalem eorum quæ diuina simplicitas gerenda disposuit. So uuéder fatum gefrúmet uuérde. fóne sélbes kótes septiformi spiritu. dero prouidentiæ dicnôntemo. álde anima dienóntero. álde béiden. anima ióh corpore. álde súnnûn únde mánen. álde éngelen. álde des tieuales liste. álde iro súmelichên dienontên. álde ióh állên dienontên. diu rihti des fati geléitet uuérde. sô ist io dáz kuis. prouidentiam uuésen stilla. únde éin stúodela scaffunga dero geskéhen súlndôn dingo. áber fatum fértiga chnúpfeda. únde zítlicha órdena. déro. diu gótes éinfalti scáffòta zetúonne.

SPIRITALES CREATVRAS PROVIDENTIÆ. CORPORALES FATO SVBIACERE.

Quo fit. ut omnia quæ fato subsunt. prouidentiæ quoque subiecta sint. cui etiam ipsum fatvm subiacet. quædam uero quæ sub prouidentia locata sunt. fati seriem superent. Fóne diu ist iz sô gelégen. dáz úndertaníu fato. úndertán sín prouidentiæ. déro ióh fatvm úndertán ist. V´nde áber súmelichíu prouidentiæ úndertániu. fatum überstígên.

Ea uero sunt. quæ primæ propinqua diuinitati. stabiliter fixa. fatalis ordinem mobilitatis excedunt. Táz sint tiu. díu sáment kóte gestáttin. fóne sínero náhuuertigi. día órdena des lóufenten fati nelídent. Tiu sint úndertán prouidentiæ. diu in-iro uuís státe sint. únde áber diu fato. diu fóne imo getríben uuérdent. [215.] Só ist óuh fatum úndertan prouidentiæ. uuánda prouidentia fóre ist. an gótes uuillen. únde dén uuillen fatum náhkándo fóllôt.

Nam ut orbium circa eundem cardinem sese uertentivm. qui est intimus ad simplicitatem medietatis accedit. Suspensio uocis. Álso dero mánigôn ríngo dîe án-demo ráde úmbe éinen stéft uuérbent . tér únder állên der innerôsto íst . tér náhòst stéfte ist .

Cæterorumque extra locatorum . ueluti cardo quidam . circa quem uersentur existit . Et hic . V'nde er óuh tien ánderên . úzôr úmbe in lóufentên . dúrh tîa nâhi des stéftes . sélbêr sámo sô stéft ist .

Extimus uero . maiore ambitu rotatus . quanto a puncti media indiuiduitate discedit . tanto amplioribus spaciis explicatur . Et hic . A'ber der úzerôsto mêren suéib habende . sô fílo unitor sih zetûot . sô filo er-férrôr ist . fóne déro gnóti des stúpfes târ in-mittemen .

Si quid uero illi se medio conectat et societ . in simplicitatem cogitur . diffunditque ac diffluere cessat . Et hic . Táz sih áber hábet zûo demo mitten . sih zesámine dúinget . únzegréitez . únde únzerlázenez .

Simili ratione quod longius a prima mente discedit . maioribus fati nexibus implicatur . ac tanto aliquid fato liberum est . quanto illum rerum cardinem uicinius petit . Depositio . Ze-déro sélbûn nuis nuirt táz peuuv'nden mit mêren béndelen . des fati . dáz férro gerúcchet fóne demo fóre gánden uuillên . i. dei prouidentia . V'nde ist tíngolîh sô fílo inbúndenôra . des fati . sô uílo iz náhôr gerúcchet zû demo innerôsten ángen . V'be dû frâgêst

uuélez tîe háftâ . únde díu gebénde sîn . únde chnúpfedâ . dáz sint tîe causæ állero dingo . dîe fásto zu in hábent sélben díu ding . téro causæ sie sint . A'lso iz tânne féret . sô fóne súndòn ira dei geskihet . únde dánnân intemperies . únde fóne intemperie morbi . fóne morbis mors . Téro iogelîh hábet sih zu-demo ándermo .

Quod si supernæ mentis heserit firmitati motu carens . fati quoque supergreditur necessitatem . V'be iz sih óuh knóto hábet zu déro fésti dero gótes prouidentiæ . sô ist iz inbúnden uuéhseles . únde sô ist iz âna nôt tes fati . Diu uuéhsel lident . tîn sint terrena . Vuélên uuéhsel lident áber cælestia? Fárên óuh cælestes nuntii de loco ad locum . táz sie dóh inlocaliter tûont . uuánda sie nehábent ante . et retro . dextram et sinistram . supra et infra . sô corporalia hábent . sie sint inuuert io dóh únueruuéhselôt . tero gótes præsentiæ . A'ber dîe sô inuuertîg kóte sint . táz sie iro stát neuuéhselônt . nóh pótescáft netríbent . álso die scrifte ságent fóne cherubim . [216.] únde seraphim . uuélên uuéhsel múgen uuir chéden . dáz tîe lidên?

Igitur uti ad intellectum est ratiotinatio . ad id quod est id quod gignitur . ad æternitatem tempus . ad punctum medium circulus . ita est fati series mobilis . ad prouidentiæ stabilem simplicitatem . Fatum hábet tia comparationem ad prouidentiam . dia ratiocinatio hábet ad intellectum . Sô uuir êin fóne ánderên errâtên álso aristotiles lêrta . dáz ist ratiocinatio . Humana sapientia hábet tie modos fúnden . Die uuérdent tánne euacuati . sô ménniskòn óugen himélisko indân uuérdent . únde íro sin úf kezúcchet uuirt . tíu zebechénnenne . díu nehéin ratio philosophica nebechénnet . A'n_dien ist intellectus . A'lso uuir uuizen . dáz kót úber ál ist . únde ér sô ist in dero nuérlte . dáz er sia begrífet . náls sî in . E'r ist sò dar inne . dáz er dar inne umbetân îst . Ze_nuélero uuîs táz si . dés neuuéiz humana ratio nieht . diuina intelligentia lêret iz . Tíu questio bechúmet úns nóh in quinto libro . Fatum ist óuh ze prouidentia . álso dáz tir uuirdet ze_démo dáz tir ist . Táz tir uuirdet . táz zegât óuh . únde uuéhselòt sih . tia uuîla iz uuérèt . A'lde úbe iz zegân nesól . sô ist iz uuihselig . únz iz kót únuuihselig ketûot . álso er téta bonos angelos in ruina malorvm . A'ber gót tér dir ist . tér ist únzegánlih . únde únuuihselig . I'st óuh fatum gágen prouidentia álso zîte gágen éuuighéite . Zîte lóufent per tria tempora . præsens . præteritum . et futurum . éuuighéit stât io ze_stéte in præsenti . V'nde álso dér ring gágen démo stúpfe . dér in_mittemen stât . Ter ring hábet sinen gáng úmbe . únde sina máza .

únde sîna uuîti . der stúpf nehábet mícheli nehéina . pediu ist er âne máza . únde âne partes . Indiuidua res ist er .

QVANTVM POSSIT FATVM .

Ea series cælum ac sidera mouet . Tíu ríhti dés sélben fati . díu fuoret úmbe den hímel . mit tien stérnòn . Fatum híezen die álten liute . sô seruius chit . uocem iouis . sámo so dáz mánnolichemo sólti geskéhen . dáz er ímo spréchendo erlégeti . Tánnân diutent knuoge . fatum úrlag . A'ber sò gótes uuillo ergân sól . an ételichên geskihten . únde an sînero ûzuuertigûn séstungo . díu ínnera geskéinet sól uuérden . díu ûzuuertiga séstunga . sô óuh târ fóre geságet ist . héizet fatum . álso díu ínnera héizet prouidentia . díu geréccheda . díu dâr âna ist . únde díu órdena . fóne ánagénne únz in_ûz . tíu héizet series a serendo . náh tes áchermánnes sáhenne . dér hina áfter déro léngi dero fúrehe sáhet . únz er dúrhkât .

Elementa in se inuicem temperat . [217.] et alterna commutatione transformat . Sî gemétemèt únde geéinmúotet tíu elementa . únder in . dóh sîn în sélben contrária sîn . únde gibet ín hértuuihselig pílde . uuânda fóne hóronne uuórtene ménnisken . áber ze_horouue uuérdent . únde áber ze_ménniskòn .

áber fóne uuázere uuórtene fógela. ze uuázere neuuérdent. núbe ze hórouue.

Eadem renouat omnia nascentia. occidentiaque. persimiles progressus fætuum seminumque. Tiu sélba rihti des fati. dáz chit tero ùzerùn gótes séstungo. tiu geniuuòt únde ersézzet álliu múrfariu ding. tiu mittunt uuérdent. únde mittunt zegànt. mit kelichên unùocheren. iro sámen. ióh iro fáseles.

Hæc constringit etiam actus. et fortunas hominum. indissolubili connexione causarum. Tisiu duínget óuh tero ménniskòn tâte. únde iro uuîlsálda. mit féstemo bánde dero úrhabo. Nieht negeskihet árdingun. éteuuánnán geskihet iz to. álso tòd tùot fóne súhte. álde fóne vuúndùn. Tánnán iz keskihet. táz ist sîn úrhab. táz ist sîn sámo. dáz ist sîn machúnga. dáz ist sîn errécheda. tiu iz fásto zu íro bindet.

Quæ cum proficiscatur ab exordiis inmobilis prouidentiæ. ipsam quoque necesse est inmutabilem esse. Tíu rihti sól nôte únuuéndig sîn. uuánda si énnàn chumet fóne dero státûn prouidentia.

Ita enim res optime geruntur. i. reguntur. si manens simplicitas in diuina mente. indeclinabilem ordinem causarum promat. Sò réisòt iz állez kót pézest. úbe sînes mùotes éinfalti. únuuéndiga órdena gibet téro sámòn. die dingolíh réchent.

Hic uero ordo coerceat propria incommutabilitate res mutabiles. et alioquin temere fluitantes. Tisêr ùzero órdo. fóne demo ínneren chómenêr. mùoze duingen mit sinero únuuéndigi. diu uuéndigen ding. tiu ánderes uuîs únrihtigo uuéibotîn.

Quo fit. tametsi uobis ordinem hunc. minime considerare ualentibus. confusa omnia perturbataque uideantur. nihilominus tamen suus modus ad bonum dirigens. cuncta disponit. Tánnán ist táz. so uuío iu disen ordinem nebechénnentên. álliu ding túnchên ferunórreniu. únde irresámiu. nieht túrh táz min sîn uuîsa ze gùote rámendiu. álliu ding keréchenoe.

Nihil est enim. quod mali causa fiat. ne ab ipsis quidem improbis. quos bonum querentes. prauus error auerterit. ut uberrime demonstratum est. nedum ordo proficiens de cardine summi boni. a suo quoquam deflectat exordio. V'mbe úbel netùot nioman nieht. nóh sâr sélben die úbelen die ze gùote rámende. [218.] der irredo uuéndet. sò ih knùoge geságet hábo. uuio sólti dánne fóne góte chómenêr órdo. sih ánderes rérten. âne nâh imo?

EX OCCVLTIS PROVIDENTIÆ DISPENSARI. QVÆ BONIS ET MALIS CONVENIANT. ET HOC HOMINES MIRARI.

Quæ uero inquies potest ulla iniquior esse confusio. quam ut bonis contingant. tum aduersa. tum prospera. malis etiam tum optata. tum odiosa? Sô chîst tu. uuélih únúnderskéit mág únréhtera sîn. tánne gelîcho. gûotên. iôh úbelên. lieb únde léid pegágene?

Num ea igitur mentis integritate homines degunt. ut quos probos censuerint. uel improbos. eos quoque esse necesse sit. uti existimant? Sint tie liute dánne sô ganzes sinnes. táz tie. die sie gûote áhtònt. álde úbele. nóte sô sîn. sô sie sie áhtònt?

Atqui in hoc hominum iudicia depugnant. et quos alii præmio. alii supplicio dignos arbitrantur. Triuuo dár ána missehéllent ío die liute. únde die éinên dúnchent kúotes uuérde. tie dúnchent ánderên úbeles uuérde.

Sed concedamus ut aliquis possit discernere. bonos malosque. Nû chédên dóh sô. dáz éteuuér chúnne gechiesen. uuélêr gûot. álde úbel sî.

Num igitur poterit intueri. illam intimam temperiem. i. conspersionem animorum. uelut in corporibus dici solet. s. a medicis? Mág er óuh tia innerûn uuíolîchi des múotes uuízen. sô die árzata án dien lichamôn chédent. táz sie uuízin?

Non enim dissimile est miraculum nescienti. cur sanis corporibus. his quidem dulcia. illis uero amaria conueniant. cur ægri etiam quidam lenibus. quidam uero acribus adiuuentur. Sámo michel vuúnder mág témo dúnchen. dér iz neuuéiz. zíu gesúndên lichamôn. súmên súoze. súmên éiner geuálle. Zíu óuh sieche súmeliche genéret uuérden. mit súrên sáchòn. súmeliche mit málzên.

At hoc medicus qui dinoscit modum et temperamentum. ipsius sanitatis. atque egritudinis. minime miratur. A'ber dén arzát. tér dáz méz únde dia métemunga bechénnet. siehhéite. iôh kesúndedo. dén negefáhet tés nehéin vuúnder.

Quid uero aliud animorvm salus uidetur esse. quam probitas. quid egritudo quam uitia? Vuáz mág ánderes sin des múotes kesúndeda. áne gûoti? V'nde uuáz sin siechi. áne áchuste?

Quis autem alius uel seruator bonorum uel malorum depulsor. quam rector ac medicator mentium deus? Vuér ist óuh. tér gûot inne hálte. únde úbel úz tribe. áne gót tero ménniskôn múoto ribtare. iôh árzenare? [219.]

Qui cum ex alta prouidentiæ specula respexit. quid unicuique conueniat agnoscit. et quod conuenire nouit. accommodat. Sô er ába demo chápfe sinero prouidentiæ. hára nider uuártendo chíuset.

uuáz fogelichemo gelimfe . dánne
gibet er imo . dáz er imo bechénnet
limfen .

Hic iam fit illud fatalis ordinis in-
signe miraculum . cum ab sciente
geritur . quod stupeant ignorantes .
Sò geskihet tánne dáz súnderglicha
vuúnder . dés in‿rihti fárenten úr-
lages . táz kót uuizendo tûot . tés
sih únuuizende erchómen .

HOMINES ET PROVIDENTIAM . NON EADEM SENTIRE .

Nam ut pauca quæ ratio ualet hu-
mana . de diuina profunditate per-
stringam . de hoc quem tu iustissi-
mum et æqui seruantissimum putas .
omnia scienti prouidentiæ . diuer-
sum uidetur . Táz íh tír dóh nù
éteuuaz crúnde des kótelichen din-
ges . sò filo mánnes sín mág . dén
du réhtesten áhtôst . únde állero
ébenesten . tér gedúnchet ánderes
tero ál uuizentûn prouidentiæ .

Et uictricem quidem causam diis
placuisse . uictam uero catoni . fa-
miliaris noster lucanus ammonuit .
V'nde dáz ist . táz iu mín hóldo lu-
canus spráh . tien góten daz nego-
tium líchên . démo der sigo chómen
uuás . áber dáz catoni . démo sín
gebrósten uuás . U'be in causa
cæsaris nelícheti . nóh sie imo des
siges nehúlfîn . úbe óuh catoni ióh
sigelòsemo causa pompeii . uuóla
nelícheti . sò nedûohti ímo nieht

pézera . dáz er sih sélben erslùoge .
dánne er sih cesari ergábe .

Hic igitur quicquid contra spem
uideas geri . rebus quidem rectus
ordo est . opinioni uero tuæ peruersa
confusio . Fóne diu uuizist . so
uuáz tu hier in‿uuérlte gesihest .
uuíder dinero gedingi . geskéhen .
táz ist állez réhtiu réisunga dien
dingen . únde áber únréhtiu fer-
uuórreni . dínemo uuâne . Tár
hábet si imo geántuuúrtet sínero
frágo . so uuío si ímo éinzên nóh
táz sélba geóugen uuélle .

DISPENSATIONIS VARIETAS ERGA BONOS .

Sed sit aliquis ita bene moratus .
ut de eo diuinum iudicium pariter
humanumque consentiat . Nú si
óuh ételichêr sò réht sítigêr . dáz in
gelicho áhtoên . gót . únde mán .

Sed est animi uiribus infirmus .
Sò ist er mág keskéhen uuéihmùo-
tig .

Cui si quid eueniat aduersi . desi-
net colere forsitan innocentiam . per
quam non potuit retinere fortunam .
U'be démo léides ieht pegágenet .
dánnán gestát er ódeuuano sih
klóuben dero réhtkérni . mit téro
imo nehéinero sáligheíte nespùota .

Parcit itaque sapiens dispensatio
ei . quem deteriorem facere possit
aduersitas . ne cui non conuenit .
laborare patiatur . [220.] Témo li-

bet kótes métémunga . nóh tén nestòzet si in árbéite . uuánda iz ímo nelimfet . únde iz in árgeròt.

Est alius cunctis uirtutibus absolutus . sanctusque ac deo proximus. Hunc contingi quibus libet aduersis . nefas prouidentia iudicat . a deo . ut ne corporeis quidem morbis agitari sinat. Sô ist ételichèr állero túgede fóllèr . héiligèr . ióh kótelichèr . dén áhtòt kót únuuirdigen állero múhi . sô férro . dáz er in nóh sieb neláze uuérden.

Nam ut quidam me excellentior . viri autem sacri corpus uirtutes andros de ieras daumasa aliteres edificauerunt. i. munierunt. icodomeson .¹ Vuánda sô min uuisero éinèr chád . héiliges mannes lichamen . hábent túgede sô geféstenòt . táz ímo nieht tárôn nemág. Vuisero chît si . Vuér mág uuisera sin . dánne sélbiu sapientia? A'ber dòh sô chédendo . lèret si únsih humilitatem.

Fit autem sepe . uti bonis summa rervm regenda deferatur . ut exuberans retundatur improbitas. Keskihet óuh ófto . daz kùotèn geuuált ze hánden chóme . dàr úmbe . dáz er uuábsen úbeli . mit in bedébet uúerde.

Aliis mixta quædam pro animorum qualitate distribuit. Súmelichèn lázet kót péidiu begágenen . árbéitsámiu . ióh kemáhsamiu díng náh iro mùotes vuíolichi.

Quosdam remordet . ne longa felicitate luxurient. Súmeliche zuénget er hina be déro uuilo . nio sie fóne lángero gemáhlibi negeméitesoén.

Alios duris agitari . ut uirtutes animi patientiæ usu . atque exercitatione confirment. Súmeliche uuile er mit árbéiten gebéizet uuérden . táz sie túgedigiu mùot quuínnèn sih hértendo . únde uuónendo gedúlte.

Alii plus æquo metuunt . quod ferre possunt . alii plus æquo despiciunt . quod ferre non possunt . hos in experimentum sui tristibus ducit. Súmeliche erchóment sih tés . úndúrftes . táz sie uuóla erstréngen máhtin . ándere fertrúènt sih ze férro . die béide bringet er in ángest . táz sie sih sélben bechénnèn.

Nonnulli uenerandum nomen sæculi . gloriosæ prætio mortis emerunt. Súmeliche hábent kuúnnen geuuáhtlichen námen in dero uuérlte . mit kúollichemo tóde . sô iudas machabeus.

Quidam . s. ut martyres . suppliciis inexpugnabiles . exemplum cæteris prætulerunt . inuictam malis esse uirtutem. Súmeliche úmbe réht kechélite . únde dés únerstritene . táten ánderèn dès pilde . dáz uuáriu túged mit vuéuuôn úber uuv'nden neuuirt.

Quæ quam recte atque disposite fiant . et ex eorum bono quibus

---

¹ ob etwa: ανδρος δε ιερον σωμα αρεται οιχοδομησαν?

accidere uidentur . nulla dubitatio est . Vuio réhto . únde uuio órdenlicho díu álliu geskéhên . táz ist ióh kuis . fóne déro sélbùn sâlighéite . dien díu geskéhen sint .

QVAM VARIE ET MALI DISPONANTVR .
[221.]

Nam illud quoque . quod improbis nunc tristia . nunc optata proueniunt . ex eisdem ducitur causis . Táz úbelên óuh léid únde lieb keskéhent . táz chúmet fóne démo sélben úrspringe diuinæ prouidentiæ.

Ac de tristibus quidem nemo miratur . quod eos male meritos . omnes existimant . Nioman neuuúnderôt sih . táz in léid keskíhet . uuánda sie in állên dúnchent úbeles uuírdige .

Quorum quidem supplicia tum cæteros ab sceleribus deterrent . tum ipsos quibus inuehuntur emendant . Téro hárnscara tùot zuò frúmâ . sî eruuéndet ánderro scúlde . disèn dien sì ána getàn uuirt . nímet si sie ába .

Læta ergo . magnum bonis argumentum loquuntur . quid de huius modi felicitate debeant iudicare . quam famulari sepe improbis cernunt . A'ber dáz in lieb kebúret . táz lêret knòto die gùoten . fúre uuáz sie dia sálda háben súlen . die ióh tien úbelên zùo slíngent .

In qua re illud etiam dispensari credo . quod est forsitan alicuius præceps atque inportuna fortuna . ut eum in scelera potius exacerbare possit rei familiaris inopia . Târ ih óuh táz uuâno gót méinen . dáz súmeliches natura sò dràte únde sò úngehírmet ist . táz er sih fertâte úmbe ármote .

Huius morbo prouidentia medetur . remedio collatæ pecuniæ . Tén stillet tiu prouidentia sínero úbeli . mit téro mieto des scázzes .

Hic fœdatam probris conscientiam spectans . et se cum fortuna sua comparans . forsitan pertimescit . ne cuius ei [1] iocundus est . usus . sit tristis amissio . Mutabit igitur mores . ac dum fortunam metuit amittere . nequitiam derelinquit . Súmelichêr bechénnet uuio ér getàn hábet . únde sò ér dára zùo mizet sina sálda sò ist er in fórhtòn . úbe ér sólicha vuúnna ferliese . dáz imo iz tánne uuégen gestánde . Sô uuéhselôt er sînen lîb . únde únsáldôn fúrhtendo . gelóubet er sih tero úbeli .

Alios in cladem meritam præcipitauit indigne aucta felicitas . V'mbe súmeliche ergieng iz sò . dáz sie iro mit únréhte gunúnnena sâlighéit . scráhta in uuírdiga ferlórnis seda .

Quibusdam permissum ius puniendi . ut causa esset bonis exercitii . malis supplicii . Súmelichên uuárd kelázen geuuált . tie liute zechélin-

---

[1] vielleicht „rei."

ne . kúotên ze hértedo . úbelên
ze ingéltedo.

Nam ut probis atque improbis
nullum fœdus est . ita ipsi inter se
improbi nequeunt conuenire. Tíh
nedárf nehéin vuúnder sîn . dáz éin
úbelêr den ánderen chélet . uuánda
álso nehéin geméinmúotigi neist
tero gúotôn . únde dero úbelôn .
álso neist óuh nieht álliu gehélli .
únder sélbên dien úbelên.

Quidni . cum a semetipsis quisque dissentiat . discerpentibus conscientiam uitiis. Vuîo ánderes .
sid íro íogelîh íóh mít imo sélbemo
stritet. [222.] tien áchusten íro uuízenthéit zedánsontên.

Faciantque sepe . quæ cum gesserint . non fuisse gerenda decernunt. V'nde sie diccho dáz tûen .
dáz íro uuízenthéite ze túonne neist .
toh sie iz tûen . Sô íro uuizenthéit
sie léidòt . sô stritent sie mit ín sélbên.

Ex quo sepe summa illa prouidentia protulit insigne miraculum .
ut malos mali bonos facerent. Tánnân úz práhta diccho diu gótes prouidentia . dáz éin chnúolicha zéichen . dáz úbele úzer úbelên gúote
máchônt.

Nam dum uidentur sibi quidam a
pessimis iniqua perpeti . noxiorum
odio flagrantes . ad uirtutis frugem
rediere . dum se eis dissimiles student esse quos oderant. Táz ist
táz vuúnder . dáz íh ságo. Sô únréhte geséhent . táz sie erlîden ne-

mûgen ándere únréhte . déro ház
kefáhende . bechêrent sie sih ze
gúoti énên ílendo úngelîh sîn . die
sie házênt.

NIHIL VSQVAM MALI ESSE.

Sola est enim diuina uis . cui mala
quoque bona sint . cum eos competenter utendo . alicuius boni elicit
effectum. E'ines kótes chráft ist
sólih . táz ímo ióh úbel gúot íst .
uuánda ér iz kelimflicho brúochendo . in gúot peuuéndet.

Ordo enim quidam cuncta complectitur . ut quod decesserit . i.
certa ratione ordinis . hoc relabatur
licet in alium tamen ordinem . ne
quid in regno prouidentiæ . liceat
temeritati. Tíu órdo dero gótes
prouidentiæ . ûmbe hábet álliu ding .
úbe dehéinez uuénche ába dero
guissûn ríhti . sínero órdeno . dáz
iz sár in ándera órdena bechêret
uuérde . nio únrihti in gótes riche .
îeht ferhénget neuuérde. So uuélez
sinen réhten vuég kehában neuuíle .
dáz uuirt ío dôh práht zeuuége.
Tén nîd tero undecim fratrum ioseph . an démo sie sih réhtes nuéges kelóubet hábetôn . den bráhta
gót zeuuége . tô er in mít téro occasione dés sélben nîdes úber sie
erhúob . únde sie fóre démo gedéumúota . dén sie sih uuándôn fer-

fortissimus in
drúcchêt hában. Argalthon deme

mundo deus omnia peregit tauta theonos panta gopun.[1] Ter máhtigo gót téta io in‿uuérlte. ál dáz er uuólta.

Neque enim fas est homini. uel comprehendere ingenio. uel explicare sermone. cunctas diuinæ operæ machinas. Nóh ménniskôn neist nicht kelâzen zeuuizenne álde zegerédonne álle gótes rústunga.

Hoc tantum perspexisse sufficiat. quod naturarum omnium proditor deus. i. prolator. idem ad bonum dirigens. cuncta disponat. E'chert uuóla si dáz fernómen. dáz kót állero natúron sképfor. álliu díng sestót. io ze‿gùote siu chérende.

Dumque ea quæ protulit in sui similitudine retinere festinat. omne malum de rei publicæ suæ terminis. per fatalis seriem necessitatis eliminet. V'nde ze‿sinero gelîchi duuingendo. diuer geskúof. ferstózet er úzer sinemo riche. állero úbelolih. mit téro nótháftùn rihti des úrlages. uuánda ér uuíle. dáz fóne gùote chómenìu gùot sín.

Quo fit. ut si spectes disponentem prouidentiam. nihil usquam perpendas esse mali. i. malorum. quæ in terris abundare creduntur. Tánnân ist táz. úbe du ze‿gótes réchenungo uuartêst. táz tu niónêr neáhtôst nehéines árges ieht sîn. dés tie liute uuânent tia uuérlt uuésen fólla.

Sed uideo te iam dudum. et pondere questionis oneratum et rationis prolixitate fatigatum. aliquam carminis exspectare dulcedinem. Nû gesîho íh tóh. táz fóne suâri dero árbeitsamùn questionis. únde fóne múhi des lánges ántuuúrtes. tíh áber sùozes sánges lángèt.

Accipe igitur haustum. quo refectus. firmior in ulteriora contendas. Nû getring dáz ih tir gébe. dáz tû mit téro lábo fúrder gerúcchêst.

EX DEI PROVIDENTIA OMNIA NE DISSOLVATVR. AMORE CONSTRINGI.

Si uis solers cernere pura mente. iura cælsi tonantis. aspice culmina summi cæli. Illic seruant sydera ueterem pacem. iusto fœdere rerum. V'be du gnòto bechénnen uuéllêst. uuìo féste diu gótes éa si. sô uuárte in‿himel. dâr háltent tie stérnen io nóh fásto dia gehélli. dia sie áfter iro gesézzedo io hilten.

Non sol concitus rutilo igne. impendit gelidum axem phœbes. A'lso iz târ ána skînet. taz tíu héiza súnna neirret ten chálten mânen sînero férte.

Nec ursa quæ flectit rapidos meatus summo uertice mundi. cernens cætera sydera mergi occiduo oceano. numquam cupit lota profundo tinguere flammas. Nóh elyx tíu

---

[1] ob etwa: αργαλεον δ' εν γη ταυτα θεον ος παντ' αγαγεν (παντα γ' εποιει)?

dráteo férto úmbe uuírbet pi demo himel gíbele . álliu zéichen séhende in sédelgàng . nìomer sih negéròt kebádòn in demo mére uuázere .

Vesper nuntiat seras umbras . et lucifer reuehit semper almum diem . æquis uicibus temporis. Ter ábentstérno chúndet ío dia náht . únde dára gágene geántuuv́rtet úns sámo mánigèn málen der úhto stérno den dág.

Sic reficit æternos cursus alternus amor . sic exulat discors bellum astrigeris horis . Sò geniuuòt minna hértòn die únerdrózenen uérte . únde stritig úngezúmpft flihet fóne hímele .

Hæc concordia temperat pugnantia elementa æquis modís. Tísiu gehélli geéinòt tiu uuíderuuartigen elementa mit kelichèn uuíson .

Vt uicibus cedant humida siccis . et iungant fidem frigora flammis. [224.] Pendulus ignis surgat in altum . et graues terræ pondere sidant . Sò gelichèn . dáz trúcchenez názemo . únde chált héizemo gehélle . únde daz liehta fiur béite zeóberòst . tiu suára érda sinche zeníderòst .

His de causis spirat odores uere tepenti floridus annus . Siccat cærerem feruida æstas . Remeat pomis grauis autumnus . Irrigat hiemem defluus imber . Hinnán chúmet tero blùomòn stáng . in dáz zít iáres . sò lénzo íst . Hinnán rífet taz chórn in súmerzìt . Chúmet hérbest keládenèr mit óbaze . uuínter názèr fóne régene .

Hæc temperies alit ac profert . quicquid uitam spirat in orbe . Tisiu métemunga chicchet únde zúgedòt . so uuáz ionèr lébendes in uuérlte ist .

Eadem rapiens . condit et aufert mergens orta supremo obitu. V́nde áber uuándòntiu . kíbet si . nímet si . álliu uuórteniu . in den dòd sóufentív .

Sed et interea conditor altus . et habenas rerum regens flectit . rex et dominus . fons et origo . lex et sapiens arbiter æqui . I'nindíu sizzet óbenán der sképfo . únde rihtendo . chèret er dero uuérlte zúol . hérro únde chúning . ánagénne únde úrspring . sélbiu diu éa . únde uuíse etéilare . des réhtes .

Et quæ motu concitat ire . retrahens sistat . ac uaga firmat . V́nde díu ér eruuéget ze uérte . diu státet er ze ímo zíhendo den zúol . únde uuéndet iro fárt . uuánda ér duuínget siu uuídere zù ze imo .

Nam si renocans rectos itus . iterum flexos cogat in orbes . quæ nunc stabilis ordo continet . dissepta suo fonte fatiscant . V́be er daz netáte . únde ér hína ríhlige férte . áber úmbe bóugendo neuuánti . sò zeflugín únde vuúrtín áskerríu iro úrspringe . diu nù féstenòt kuissèr ordo.

Hic est amor cunctis communis.
Tíz ist tíu minna fóne déro íh ságo.
díu in állên geméine ist. Cót sélbo
ér ist táz sie minnônt. uuánda er
summum bonum ist. únde síu fóne
ímo chómen sint.

Repetuntque. i. desiderant teneri
fine boni. V'nde bediu lústet siu
gebúnden uuérden ze dému énde
des kúotes. táz ér ist.

Quia non aliter queant durare.
nisi rursus conuerso amore refluant
causæ. i. nisi coniungant se illi
causæ. quæ dedit esse. Vuánda
siu ánderes uuérên nemáhtin. síu
nesúnnîn uuídere. dára beuuántero
minno. ze dému góte. dér síu
uuérden híez. tér íro állero causa
ist.

BONAM ESSE OMNEM FORTVNAM.

Iam nunc igitur uides. quod consequatur hæc omnia quæ diximus?
Neuernimest tu nû. uuáz nóte dísên állên fólgee?

Quidnam inquam. Vuáz chád ih? [225.]

Omnem inquit bonam prorsus esse fortunam. Kûot uuésen béide. sálda ióh únsáldá.

Et qui inquam fieri potest? Vuío mág táz sîn chád ih?

Attende inquit. Táz fernim chád sî.

Cum omnis fortuna. iocunda uel aspera. tum remunerandi exercendiue bonos. tum puniendi corrigendiue improbos. causa deferatur. omnis bona. quam uel iustam constat esse uel utilem. Tánne állero sáldolîh vuúnnesamíu. ióh árbéitsámiv. úmbe dáz kelázen uuérde. táz si gûotên lônoe. álde sie béize. únde úbele ingélte. álde bézeroe. tánne ist nóte gûot. tíu réht álde núzze ist. Táz ist argumentum ab effecto. A'n demo effecto skínet. uuíolîh tíu efficientia ist.

Nimis quidem inquam uera ratio. Tráto uuáríu ist tíu reda. chád ih.

Et si considerem prouidentiam. quam paulo ante docuisti. uel fatum. firmis uiribus nixa sententia. V'nde úbe ih péidiu ána siho prouidentiam ióh fatum. fóne díen du nû míttunt ságetôst. só hábet si míchele chréfte. Vuáz tríbet ánderes dei prouidentia. álde dispositio fati. mit állên fortunis. âne díu fieríu. lônôn álde ingélteu. péizen álde bézerôn? Vuáz mág óuh réhteren sîn. únde dár mite bézeren?

Sed si placet. numeremus eam inter eas. quas inopinabiles paulo ante docuisti. Nû stôzen sia dóh úbe dir iz túnche. zu dien únglóublichên. die du fóre ságetôst. also díu ist. dáz puniti mali sáligoren sîn. dánne impuniti.

Qui inquit. Vuío dánne chád sî? ziu sól íh sîc zu dien stôzen?

Quia id hominum communis sermo usurpat . et quidem crebro . quorundam malam esse fortunam . Vuánda iz tero líuto gechôse ist chád ih . ióh ticcho . súmelichên fólgên úbele sálda.

Visne igitur paulisper uulgi sermonibus accedamus . ne nimium uelnt recessisse uideamus. ab‿usu humanitatis? Vuíle du chád si . dáz ih mih náhe zu dero líuto gechôse . nío ih mih ze‿hárto neskéide fóne démo émeze chôse dero ménniskôn . Vuíle du . dáz ih klóublichôr chôsoe?

Vt placet inquam . A'lso du uuéllêst chád ih .

SVMPTVM.

Nonne igitur bonum censes esse . quod prodest? Neuuânest tu gûot sîn chád si . dáz núzze ist?

Ita est inquam . Dáz ist iz chád ih .

SVMPTVM.

Quæ uero aut exercet aut corrigit prodest? Tív fortuna . díu den mán béizet álde bézerôt chád si . neíst tíu núzzera?

Fateor inquam . Dés iího ih chád ih .

ILLATIO.

Bona igitur . Sô ist si gûot chád si .

Quidni? Vuiô ánderes chád ih? A'n‿disemo syllogismo hábet si sih kenáhet zu dero líuto gechôse . uuánda dôh er dia sélbûn réda tribe . sô óuh taz argumentum dâr fóre . siniu uuórt sint tóh tien líuten glóublichôren dánne éniv . [226.]

Sed hæc eorum est . qui uel in uirtute positi . contra aspera bellum gerunt . uel a uitiis declinantes uirtutis iter arripiunt . A'ber sús ketân fortuna chád si . díu den mán béizet álde bézerôt . tíu ist éin uuéder . sô déro die túgedig sint . únde mit árbéiten ríngent . álde sie nú fóne áchusten ze‿túgede fáhent .

Negare inquam nequeo . Tés nemág ih nio gelóugenen chád ih .

PROBIS OMNEM FORTVNAM ESSE BONAM . ET IMPROBIS OMNEM ESSE MALAM.

Quid uero iocunda . quæ in præmium tribuitur bonis? Vuáz áber díu vnúnnesama chád si . díu ze‿lône dien gûotên geskíhet?

Num uulgus malam esse decernitur? Chît óuh tia der líut sîn úbelâ?

Nequaquam . uerum uti est . ita quoque esse optimam censet . Néin chád ih . núbe gûota . sô si ist.

Quid reliquam. Vuío áber chád si dia ánderûn?

Quæ cum sit aspera. et iusto supplicio malos coerceat. num bonam populus putat? I'h méino. díu dir sárf ist. únde die úbelen áfter réhte chéstigót. áhtót tía der liut kûota?

Immo omnium inquam quæ excogitari possunt. iudicat esse miserrimam. E'r áhtót sia chád ih. álles tés man uuízen mág tía uuirsestún.

Vide igitur ne opinionem populi sequentes quoddam ualde inopinabile confecerimus. Sih nu. dáz uuír dero líuto uuânes fólgendo. ze‿únglóublih tíng neféstenoên. Táz ist per contrarium gespróchen. Sámo si cháde. sih úbe ih úmbe dero líuto uuân lâze. ih nesâgee. dáz in únglóublih ist.

Quid inquam? Vuáz ist táz únglóublicha ding chád ih?

Ex his enim ait quæ concessa sunt. euenit. eorum quidem qui sunt. uel in possessione. uel in prouectu. uel in adeptione uirtutis. omnem quæcumque sit bonam. in inprobitate uero manentibus. omnem pessimam esse fortunam. I'st créhto nót chád si. fóne dien óberên geíhten. állero sáldolih tíen gûot sin. díe in‿túgede sizzent. álde dâr ána gerúcchent sint. álde íro dóh pedigen hábent. áber ze‿iro úbeli sih fásto hábentên. állero sáldolih ében úbel sin.

Hoc inquam uerum est. tametsi nemo audeat confiteri. Táz íst uuár chád ih. tóh is nîoman fóre únglóublichi negetúrre iéhen.

QVA MENTE TOLERANDA SIT OMNIS FORTVNA.

Quare inquit ita uir sapiens moleste ferre non debet. quotiens infortunæ certamen adducitur. ut uirum fortem non decet indignari. quotiens increpuit bellicus tumultus. Fóne díu chád si. nesól dánne uuísemo mán dáz nieht uuégen. so uuénne er féhten sól. mit tero uuílsáldo. álso chûonemo chnéhte negezimet táz zeléidezenne. sô er uuíglichen stúrm gehóret. [227.]

Vtrique enim. huic quidem gloriæ propagandæ. illi uero sapientiæ conformandæ difficultas ipsa materia est. Sélbiu díu árbéitsami getûot in béidên státa. demo éinen sina gûollichi zegemârenne. demo ándermo sínen uuístûom zegedúrnohtigónne.

Ex quo etiam uirtus uocatur. quod suis uiribus nitens. non superetur aduersis. Tánnán ist tíu chráft kenémmet. táz si sih ze‿iro sélbun fermág. únde dero uuíderuuartígi neuuíchet.

Neque enim uos in prouectu positi uirtutis. diffluere delitiis. et emarcescere uoluptate. uenistis. Vués kedénchent ir? ir túgedigèn ir nebírnt tára zûo nieht keuuîset. in‿zârte únde in‿vuúnnolust e ántlazigo zeslèuuenne.

Prelium cum omni fortuna nimis acre conseritis. I'r tribent hándegen uuîg. mít sáldolichero.

Ne uos aut tristis opprimat. aut iocunda corrumpat. firmis uiribus medium. i. æquanimitatem occupate. Hábent iuuih fásto ze‿dero ébenmûoti. dáz iuuih tiu léidega nesuàre. únde úberuuinde. nóh tiu lùstsamo neuerchúste iuueres mûotes. só. daz ir neuuizint. uuér ir sìnt.

Quicquid aut infra subsistit. aut ultra progreditur. habet contemptum felicitatis. non habet premium laboris. So uuáz síh nideròr gelázet. tánne ze‿ében=mûoti. álde hóhor gestiget. táz ferliuset tia sáligheít. únde dárbèt tes lònes.

In uestra enim situm manu. qualem uobis fortunam formare malitis. I'z stàt an‿dîu. uuiolicha sáldà ir íu sképfen uuéllènt. uuîo ébeno ir iuuih iro geháben uuéllènt.

Omnis enim quæ uidetur aspera. nisi aut exercet. aut corrigit. punit. So uuélìu sárf kedúnchet. tíu tv̂ot éin꞊uuéder. sô hértet ten mán. álde bézeròt in. álde ingéltet in.

DE IIS QVI VIRTVTE ADVERSA VICERVNT.

Vltor atrides operatus bella. bis quinis annis. fratris amissos thalamos piauit. rviuis frigiæ. Agamemnon atrei filius. dér irráh‿an déro zestòrdo troiæ. dîa genòmenùn chénùn sînes prûoder menelai. zèniàrigen búrg‿uuig tribendo. Táz ist chúnt. uuîo alexander paris filius priami. spartam ciuitatem greciæ eruáht. únde helenam. uxorem regis menelai ímo áb uuertigemo nám. únde héim sûorta ze‿troio. únde uuîo in‿dén gerib. greci náhsv̂oren. únde troiam io besâzen. únz sie sîa erfúhten. ióh helenam uuîdere guuúnnen.

Ille. i. agamemnon. dum optat dare uela. i. ventos graiæ classi. [228.] et dum redimit. i. placauit uentos cruore. s. filiæ. exuit patrem. i. spoliauit se patris nomine. et tristis sacerdos. i. chalchas. foderat miserum iugulum. i. pectus natæ. Dánnán nuárd agamemnon orbus. tô er spûotigo férren uuólta. dáz er dàr úmbe dien uuinden sîna tóhter ephigeniam ópferòta. únde dîa chalchas in‿friskinges uuîs. uuéneglicho fréhta. An diu skéin sîn érnest. táz er nóh tero tóhter nebórgeta. échert er sînen námen geràche.

Flenit amissos ithacus sodales. quos ferus poliphemus mersit furibundus inmani aluo. Sed tamen recubans cæco ore . i. uultu . in uasto antro . gaudium mestis lacrimis rependit . Vlixes chlágeta sîne geférten . die imo in sicilia der ríso poliphemus vuůotigo frâz . tô er fóne troio eruuânt . E´r ergázta in áber sînero trâno . mit tiu . dáz er dára nâh plind láng in sînemo hôle . Tô er in slâfenten fánt . únde er in blánta . dô fertrôsta er sih tero gnôzo . uuánda ér sie erróchen hábeta .

Herculem duri celebrant labores . Herculem hábent mâre getân mánige árbéite . die ér erstráncta .

Ille centauros domuit superbos . E´r gedéumůota centauros . die fábulæ ságent uuésen . hálbe mán . únde hálbe rós . E´r chám dára . dâr sie spilotôn in uuázere . dâr scôz er iro zuéne .

Abstulit seuo spolium leoni . Témo léuuen . dér grece nemeus hiez . a nemea silua argiuorvm . tén érslůog er úmbe des chúninges uuillen aristei . démo nám er dia hût . únde mit chlâuuon mitállo . trůog er sia áfter dés ze růome .

Fixit et certis uolucres sagittis . E´r scôz óuh tie fógela . die arpiæ hiezen . únde fertréib sie úzer des chúninges riche alcinoi . dér in achaia sáz . Dáunân flúhen sie in strophades insulas . dâr sie æneas fánt . Die uuáren fabulosæ canes iouis . a rapiendo gehéizené . uuánda arpo grece . rapio chit latine . Aber ouidius héizet sie stiphalidas . a stiphalo fluuio . pi démo hercules mit in fáht . so uuîo chéde . dáz argonautæ sie fertribên .

Poma cernenti rapuit draconi . Zůo séhentemo dracone . nám er die gúldinen épfele . déro ér hůota in orto hesperidum insularum . die énnont athlante monte hîna sint in occidentali oceano . Táz târ gúldine épfele uuáhsên . dáz ist ersprénget fóne éinero déro sélbôn insularum . diu álles râtes feracissima íst . V´nde uuánda dâr inne æstuarium maris ist . [229.] táz chit . éin méreflôsg . táz férrenân séhentên . similitudinem draconis óuget . pedív chit man draconem dâr ligen . únde dero épfelo hůoten . Æstuarium ist táz uuázer . dáz sih fóne demo mére zihet . únde án demo stáde suébet . kenámôtez ab æstuando . álso stagnum a stando héizet . I´z hábet pediu námen ab æstuando . táz chit fóne zéssónne . uuánda sô accessus maris uuirdet . sô sézzôt iz . tóh iz tánne stille si . sô recessus uuirt . Æstus héizet proprie . diu inquietudo des méres . tia er hábet fóne ímo sélbemo . accedendo et recedendo . dáz chit . úz kándo . únde ingándo .

Aureo leuam grauior metallo . i. claua cerberum traxit triplici catena . V´nde geuuâfendêr mit enhúttele . dáus er cerberum fóne héllo . mit trílero chétenno . Fóne diu gescáh . sô er hára úf ze tâges liehte chám . dáz ímo únuuillota . únde er éinen féim erspêh . fóne démo acconita ervuůobs . chrůoto unirsesta .

Victor inmitem posuisse fertur pabulum . sæuis dominum quadragis . Ten grimmen chúning glaucum úberuuv́ndenen gáb er zeézenne . sinén grimmén róssen . Táz téta er fóne díu . uuánda ér siu fóre uuéneta zeézenne humanas carnes .

Ydra combusto periit ueneno . Dia éitergůn ydram fersuánta er mit pránde .

Fronte turpatus achelous amnis . ora demersit pudibunda ripis . Achelous fluuius hórnlôs uuórtenér . bárg sîn geskánta hóubet in demo stáde . In misselichíu bílde uuéhselóta sih achelous . únz er óuh ze fárre uuárd . únde mít hercule gefáht . Sô dér imo daz hórn ába erslůog . únde imo daz hóubet hámelez ketéta . tára náh párg er iz . A'llíu uuázer sint hórnahtiu . fóne dien bóumen . die dâr úmbe stánt . Tér die bóuma dána tůot . tér hábet sie hórnlos ketán . Vuánda óuh hercules ten stád errûmda des uuáldes . pedíu hábet er fluuio siniu hóren genómen .

Strauit antheum lybicis harenis . E'r úberuuánt óuh antheum gigantem . filium terræ . regem lybiæ . dén ér in érdo stánden . ringendo úber uuinden nemáhta . uuánda imo mater terra gáb fortitudinem . ér ér in úf erhůob . únde in in bóre ervuúrgta .

Cacus euandri satiauit iras . Cacus ter dieb . filius vulcani . dér herculi siniu rinder ferstál . tér erchůolta mit sinemo tôde . demo chúninge euandro sin zórn . [230.] Tô in hercules erslůog . tô hábeta er euandro geuuillôt . in dés riche er latrocinia ůopta .

Setiger notauit spumis humeros . quis compressus foret altus orbis . i. quos comprimeret . I'mo féimegóta der óber die áhselà . mit tien ér den himel intháben sólta . Táz téta er . daz hóubet fuotondo . uuánda er in lébenden drůog .

Vltimus labor . i . in ultimo labore . sustulit cælum in reflexo collo . I'n demo lézesten sige . inthůob er den himel . mit únuuichentemo hálse . Táz uuás . tô iouis sih uuéreta dien risón . únde er sie uuólta den himel ána uuérfen .

Rursusque meruit cælum præcium ultimi laboris . V'nde ze mieto fůor ér sélbo ze hímele . uuánda er dén zelézest intháběta .

Ite nunc fortes . ubi ducit celsa uia magni exempli . Nů nément pe imo bilde álle túgedige . únde fárent . tára iuuih ter hôgándo uuég léite .

Cur inertes terga nudatis ? Superata tellus . sydera donat . Ziu súlent ir zágolicho nuichen . únde den rúkke bieten ? Ferchiesent tia érda . dáz kíbet iu den himel .

QVESTIONES HVIVS QVARTI LIBRI. ET
QVI ADHVC SEQVITVR QVINTI. AD
QVAM PARTEM PHILOSOPHIÆ
PERTINEANT.

Álso in tertio libro die questiones morales sint. tie dar óugent beatitudinem bonorum. só sint tie hier in quarto. die úns ougent miseriam malorum. únde die dára náh fólgent. de prouidentia et fato. A'ber die nóh fóre sint in quinto libro. de casu et libero arbitrio. die skéident sih. Casus triffet ad prouidentiam. bediu ist tiu questio moralis. V'be áber sáment múgin sin. prouidentia. únde liberum arbitrium. dés er nóh frágen sól. philosophiam. uuánda dár ána bechénnet uuirt tiu natura dero gótes simplicitatis. pediu triffet tíu questio ad theologiam. dáz chit. ad eam rationem. quæ est de diuinis. Tiu ratio. uuánda si humana neist. núbe diuina. pediu hábet si éinen ánderén námen. dáz si intellectus héizet. Intellectus diuinorum. úber stépfet humanam rationem. Fóne diu sint tie questiones. mit argumentis únde syllogismis kestérchet. tie si úns ráhta de retributione bonorum et malorum. áber diu tóugena máhtigi. diu án-dero gótes prouidentia ist. tia si nóh ságen sól. diu uuirt. uuánda si diuina ist. diuinitus fernómen. Frágést tu uuánda moralitas de moribus kespróchen ist. uuáz dispositio dei. din in-fato. [231.] únde in-prouidentia ist. tára zùo tréffèn. só sólt tu uuizen. dáz tiu gótes dispositio moralis kehéizèn uuirt. ad similitudinem humanæ moralitatis. Vuio die liute sitig sin. álde uuio sie súlen uuésen sitig. táz héizet latine moralitas. quasi morvm qualitas. V'nde bediu uuirt óuh táz moralitas kehéizen. uuio gót tien sélbèn siten inchit. ióh hier téilondo. álso dár fóre geságet ist. ióh hina fúre lónondo. A'lso beatus gregorius moraliter mánòt. an sínero omelia. dáz kót témo neuuólta gében guttam aquæ. tér demo ármen negáb micam panis. Fóne diu chád ter saluator. Eadem mensura qua mensi fueritis. remetietur uobis. Témo gehillet táz prouerbium. V'bele tûo. bézeren neuuáne. Vuáz ist tánne moralitas. áne álso iz féret. únde fáren sól. án-dero ménniskón siten. únde uuio iz sih tára gágene gezihet án demo gótes site?

EXPLICIT LIBER QVARTVS BOETII.

INCIPIT LIBER QUINTUS BOETII.

REVOCATVR PHILOSOPHIA A PROPOSITA DISPVTATIONE. [232.]

Dixerat. i. superiora carmina impleuerat. quæ finem faciunt quarti libri. Tíz chád si.

Vertebatque cursum orationis. ad alia quædam tractanda. atque expedienda. Ad alia. s. quam ego uellem. Únde hásta si sih án ánder gechóse. dánne ih unólti. Íh uuólta si ráhti incidentes questiones. si uuólta áber fólle récchen propositas questiones. Hier ist úns zeuuizenne. mit tien si gehéilen uuólta sín siecha mûot. táz tie imo uuáren fóne iro propositæ. in primo libro. A'lso die sint. quod sit homo. quibus gubernaculis mundus regatur. qui sit rerum finis. quod non credendi sint nefarii homines potentes et felices. nec fortunarum uices. sine rectore fluitare. Si fánt in léidegen sínero misseskihte. Tô er áber fóne iro fernám. dia rationem. déro questionum. ih méino. dáz homo participatione dei. deus ist. únde dáz sint gubernacula mundi. dáz imo geskéhent prospera únde aduersa. únde álle reprobi sint infelices. únde inpotentes. uuánda sie ad bonum fólle chómen nemúgen. dára sie béitent. únde uices fortunarum. déro ér sih chlágeta. únréhto nesínt. uuánda sie fóno demo réhten góte chóment. tô begónda ér sih trósten. únde ába disén questionibus. án ándere fáhen. dánnán irrúnnene. Téro hábet si ímo súmeliche geréchet in quarto libro i. latentium rerum causas. de prouidentiæ simplicitate. de fati serie. Nóh sint fóre. déro ér nú gérot. de casu. de prædestinatione diuina. de arbitrii libertate.

Tum ego inquam. Dô chád ih íro zûo.

Recta quidem exhortatio. Táz ist réhtiu skúndeda. s. dáz tu chíst. Ite nunc fortes. ubi celsa magni ducit exempli uia.

Dignaque prorsus tua auctoritate. Únde geríset si uuóla dínero hóubethafti.

Sed experior re quod tu dudum dixisti. Íh uuírdo áber nú geuuár. dés tû fóre cháde.

Questionem de prouidentia implicitam esse aliis pluribus. Tia réda de prouidentia. háftên ze-mánigên ánderên.

QVESTIO DE CASV.

Quero enim. an arbitrere casum aliquid esse omnino. Mih ist uuúnder . úbe du casum fúre îeht háben uuéllêst .

Et quidnam arbitrere . V́nde unáz tu in áhtoêst .

Tum illa inquit . Tô ántuuúrta sî .

Festino absoluere debitum promissionis . I'h káhôn míh ze‿irlôsenne mînes kehéizes .

Et aperire tibi uiam . qua reuearis ad patriam . V́nde dír zegezéigônne dén vuég . tér dih héim brínge . Léid hábet tih tînes mv́otes élelenden getán . ih uuîle iz îlen ze‿stête gesézzen . mit ánderro zálo . [233.]

Hæc autem et si sunt perutilia cognitu . Sin óuh tîse questiones núzze . zeuuízenne .

Tamen auersa sunt paulisper a tramite propositi nostri . Síe bréchent tòh éteuuáz ába démo uuége dén íh fáro .

Verendumque est . ne fatigatus deuiis . non possis sufficere . ad emetiendum rectum iter . V́nde sórgên íh . táz tû múede uuórtenêr . in‿áuuekke . dára náh ten réhten uuég . erstríchen nemúgîst .

Ne id inquam prorsus uereare . Dés nefúrhte du nieht cháđ ih .

Nam fuerit mihi quietis loco agnoscere ea quibus maxime delector . Mír ist táz ráuua . nâls múhi . úbe ih keéiscôn múoz . tés mih lánget .

Simul de sequentibus nihil ambigatur . U'nde dero áfterùn rédo nehéin zúiuel nemúge sìn .

Cum omne latus tuæ disputationis constiterit indubitata fide . Tánne die be‿hálbo uuórtenen questiones . êr ze‿guishéite chómen sin . Id est . ut incidentes questionis . quæ a latere surgunt . prius enodatæ . fidem tribuant reliquis a te propositis .

Tum illa inquit . Geram tibi morem . Nû chád si . trágo ih tînen sîto .

Simulque sic orsa est . Tár mîte fîeng si sús ána .

CASVM SINE CAVSA FALSO DICI .

Si quidem inquit aliquis diffiniat casum esse productum euentum temerario motu . et nulla conexione causarum . V́be îoman héizet casum . éina stúzzelingun uuórtena geskiht . únde âne állero dingo machúnga .

Nihil omnino casum esse confirmo . Sô chido íh páldo . dáz casus nieht nesi .

Et decerno prorsus inanem uocem esse . præter significationem subiectæ rei . V́nde héizo ih iz éinen báren námen . áne bezéichennisseda . Causa ist ío conexa zû dero euentu . Fóne diu . dáz man chit temerario motu . únde sine causa . álde sine conexione causarum . dáz ist ál éin . Táz chit állez . stúzzelingùn . árdingun . ún-

dúrftes . âne úrhab . âne úrspring .
âne scúlde . âne réda . Temerarius
motus mág óuh chéden sélbuuaga .
álde sélbhéni . ih méino . álso dáz
ist . úbe sih íeht fóne imo sélbemo
erhéuet . únde fóne imo sélbemo
uuírdet.   Vuélez ist áber dáz?
Vuír múgen iz spréchen . uuír ne-
findên is fo nieht . Temeritas ist
únbedéncheda . únde úngeuuárehéit .
únde gàscrécchi . únde únórden-
hafti . fráuali . únúnderskéit . ún-
rihti . Temerarius . i. mentis præ-
ceps ist tér . dér nerûochet unáz er
tûot . únde dér âne rât tûot . táz
imo mittundes ûf uuírdet. Tén
héizèn uuír rágare. Fóne tēnendo
ist kespróchen temeritas per sinco-
pam . quasi temneritas.   [234.]

Quis enim locus esse potest ullus
temeritatis . coercente deo cuncta in
ordinem?   Vuár mag táz sîn . dáz
man chît stúzzelingûn . únde árdin-
gûn . únde âne rihti . góte álliu ding
tuuíngentemo ze_rihti?

Nam uera sententia est . nihil ex
nihilo existere.   I'st áleuuâr dáz
mán chît . fóne nichte nieht uuér-
den.

Cui nemo umquam ueterum re-
fragatus est.   Tés álle únsere fór-
deren iáhen.

Quamquam illi id non de ope-
rante principio . s. dicerent.   So
uuío sie dáz nespráchîn fóne demo
ánagenne . álliu ding úzer niehte
uuúrchentemo.

Sed de materiali subiecto. Núbe

fóne sámhaftemo dínge. Diu sint
sámhafte . díu sâmen hábent . únde
âne dén uuérden nemúgen.   Sô
arbores sint únde herbæ . únde
álliu animantia.   Tiu héizent sub-
iecta . quia subiiciuntur accidenti-
bus suis. Quatuor elementa sínt
íro állero sâmo . únde iro mate-
ria.

Sed hoc iecerint . s. ueteres .
quasi quoddam fundamentum om-
nium rationum de natura. V'nde
sie dáz fúndament légetin . únde
zéigotin . állero rédôn . únde állero
ántuuurto . déro sie gâben fóne
dero natura. Sô getân gechôse .
héizet ypallage . dáz ér chît funda-
mentum rationum . fúre rationem
fundamenti. Dáz ist certa ratio
fundamenti . omnium naturarum .
dáz sie chádên . nihil ex nihilo
existere . Naturæ sô arbores sint
únde herbæ . únde álliu corpora .
die neuuérdent nieht stúzzelingun .
sie habent ételicha materiam . dán-
nan siu uuérdent . tîa héizet er fun-
damentum. Keskihet in óuh ieht .
tés ist ételih causa. Tiu ist áber
fundamentum. E'telih ratio ist fo
tòngeníu álde óffeníu . uuáz iro fun-
damentum sî . uuánnân siu uuér-
dèn . álde uuánnân in ieht ke-
skéhe.

At si oriatur aliquid de. nullis
causis . id uidetur ortum esse de
nihilo. V'be áber ieht uuúrdet
âne úrspring . táz ist uuórten fóne
niehte.

Quod si hoc fieri nequit. ne casum quidem huiusmodi esse possibile est. qualem paulo ante diffiniuimus. V́be dés nîeht uuésen nemág. sô nemág óuh casus sólih nîeht sîn. sô uuir fóre châden. íh méino dáz ér sî euentus productus. temerario motu.

Quid igitur inquam? Vuîo dánne chád ih?

Nihilne est. quod queat iure appellari. uel casus. uel fortuitum? Nemág nû nîeht sîn. dáz mit rébte héizen súle casus. álde fortuitum?

Anne est aliquid. cui conueniant ista uocabula. tametsi lateat uulgus? I'st îeht témo dise námen geuuállên. dóh iz óuh tie liute nebechénnén? [235.]

QVID SIT CASVS.

Aristotiles inquit meus diffiniuit id in physicis. et breui ratione. et propinqua ueri. Mîn frîunt chád si aristotiles ságeta. dáz in physicis sînemo búoche chúrzlîcho. únde glóublîcho.

Quonam inquam modo? Vuîo chád ih ságeta er?

Quotiens ait geritur aliquid gratia cuiuslibet rei. Sô man chád er éteuuár úmbe éteuuáz túot.

Aliudque obtingit de quibusdam causis. quam quod intendebatur. Únde dar éteuuannân îeht ánderes keskíhet. tánne dâr úmbe man iz túot.

Casus uocatur. Dáz héizet casus.

Vt si quis fodiens humum causa colendi agri. inueniat pondus defossi auri. Sô dáz ist. úbe îoman dúrh ácher-gáng án dia érda bréchende. éin fûnt cóldes findet. íu dâr begrábenes.

Hoc creditur igitur fortuito accidisse. Dáz chit man úngeuuándo geskéhen uuésen.

Verum non est de nihilo. Dáz neist îo dóh nîeht árdingun. ist éteuuannân geskéhen.

Nam habet proprias causas. I'z hábet éigene úrspringa.

Quarum inprouisus inopinatusque concursus. uidetur operatus esse casum. Téro rúnsa. stillo únde úngeuuándo zesámine chómendo. dia geskiht máchont.

Nam nisi cultor agri foderet humum. Vuánda úbe der ácher-man dâr ze áchere negîenge.

Nisi depositor obruisset eo loci. pecuniam suam. Nóh ter bérgare sînen scáz târ nebegrúobe.

Aurum non esset inuentum. Sô neuuúrte ér. dar fúnden.

Hæ sunt igitur causæ fortuiti conpendii. Díz sint máchungâ des úngeuuánden liebes.

Quod prouenit ex obuiis causis sibi et confluentibus. Táz imo dâr gescáh fóne dîen zesámine gelóufenên dingen zuéin. s. daz tritta zegemáchônne.

Non ex intentione gerentis. Tés neuuéderêr dero tůotôn negedâhta.

Neque enim uel qui obruit aurum. uel qui exercuit agrum. intendit. ut reperiretur ea pecunia. Vuánda nóh tér begrábento daz kóld. nóh tér érrento den ácher. negedâhtôn dés. táz iz târ sólti fúnden uuérden.

Sed uti dixi. quo ille obruit. hunc fodisse conuenit atque concurrit. Nûbe álso ih chád. târ énêr begrûob. táz tiser dâr grûob. tiu gerúnnen. únde geuíelen zesámine. Daz éina neráhta dia geskiht nieht. áne daz ánder.

Licet igitur diffinire casum esse. inopinatum euentum. Nû múoz ih chéden geskiht uuésen. daz úngeuuándo gebúret.

Ex confluentibus causis. in his. s. causis. quæ geruntur ob aliquid. Fóne zesámine geuállenên dingen. diu man úmbe îeht tûot. [236.]

Ille uero ordo. qui descendens de fonte prouidentiæ. disponit cuncta suis locis et temporibus. A'ber diu órdena. s. fati. diu dir chómentiu fóne gótes prouidentia. álliu ding éinzen scáffôt in‿îro stéte. únde in‿îro zîte.

Procedens ineuitabili conexione. Chómentiu mit féstero háftûn.

Facit concurrere causas. atque confluere. Diu getůot fállen únde geriunen zesámine. únde háftên zesámine. die causas tero casuum. Prouidentia uuéiz tiu ding sáment. fatum récchet siu éinzen. uuánda dâr éinêr fóre begrûob. tára zůo háfta fatum. dáz ánderêr sîd târ grûob. zůo dîen zuéin háfteta benôte diu inuentio dritta. Dô gót éniu zuéi uuólta geskéhen. dô geskáh fóne dien nôte daz tritta.

ITEM OSTENSIO CASVS EX CONVENTV FLVMINVM.

Tigris et eufrates resoluunt se uno fonte in scopulis achemeniæ rupis. U'fen dien gebirgen armeniæ. springent sáment. tigris únde eufrates.

Ubi fugax pugna. i. fugiens pugnator. figit uersa spicula pectoribus sequentum. Dâr die féhtenten flihendo. hínder sih án die sih iágonten skiezent.

Et mox abiunctis aquis dissotiantur. V'nde skéident sie sih sâr. mit férrên rúnsôn.

Si coeant et reuocentur iterum in unum cursum. Suspensio uocis. Múndent sie áfter dés únde chóment sie in‿éina rúnsa.

Vt confluat quod trahit únda alterni uadi. Et hic. A'lsô. dáz tiu zesámine fliezen. diu io uuederez uuázer fúoret.

Conueniant puppes. et uulsi trunci flumine. Et hic. I'h méino diu skéf. únde die ûzer érdo geuuálzten rónen fóne dero áho.

Et mixta unda implicet fortuitos modos . i. ordines . s. hoc casus dicitur. V'nde dáz kemiskelóta uuazer getuuiret . tie úngeuuánden órdená. Dáz sínt órdená . dáz io uuázer náh uuázere rinnet. V'be dáz úngeuuándo geskihet . tíu geskiht héizet casus.

Quos tamen uagos casus regunt ipsa decliuia terræ . et defluus ordo lapsi gurgitis. Tie sélben geskihte . ih méino dero confluentiæ . máchónt tie háldá . únde diu io ze‿tále sìgenta rihti dero áho. V'be tál neuuáre . únde uuázer dára nesúnne . só necháˈmin siu nieht zesámine.

Sic patitur frenos fors . quæ uidetur fluitare permissis habenis. Só féret casus peduúngen . tér dir dúnchet fáren úmbe duúngen. [237.]

Et ipsa meat lege. V'nde áne êa neséret er. Causæ die casum máchont . die duuingent in . die sézzent imo êa. Fóne diu ist táz fors . únde casus . únde inopinatus euentus . táz tie causæ máchónt óffene . álde tóugene.

AN FATO COERCEATVR HVMANA VOLVNTAS.

Animaduerto inquam. Vuóla fernimo ih.

Et consentio id ita esse . uti tu dicis. V'nde iiho ih iz álso uuésen . só du chist.

Sed estne ulla libertas nostri arbitrii . in hac serie coherentium sibi causarum? I'st nu dehéin sélbuualtigi únseres uuíllen an dirro . rihti dero zesámine háftentôn úrhabo?

An constringit fatalis catena ipsos quoque motus humanorum animorum. Tuuinget fatum óuh ménniskôn gedáncha . álso iz tûot ándere geskihte.

Est inquit . s. liberum arbitrium. So ist chád si.

Neque fuerit ulla rationalis naturæ . quin adsit eidem libertas . arbitrii. Nehéin creatura nehábet rationem . áne liberum arbitrium. Diu béidiu hábent angeli in cælo . homines in terra.

QVOD EX RATIONE IVDICIVM . EX LIBERTATE SIT ELECTIO.

Nam quod naturaliter potest uti ratione . id habet iudicium. Témo uuízze únde sin gelázen sint . témo ist óuh kelázen chiesunga.

Quo discernat quodque. Mit téro er dingolih skéide . uuéder iz zetûonne sî . álde nesî. An dien zuéin ist er úmbeduúngen. Diu úmbeduúngeni . héizet libertas. Ratio léret in . uuáz er tûon sól . libertas lázet in tûon . so uuéder er nuile.

Per se igitur dinoscit fugienda . uel optanda. Fóne imo sélbemo uuéiz er. uuáz er skihen. álde minnon sól.   Dáz léret in ratio.

Quod uero quis optandum esse iudicat. petit. refugit uero. quod estimat esse fugiendum. Dáz er gûot uuânet sîn. dáz uuile er. dáz er úbel uuânet sîn. dáz skihet er. Dáz hênget ímo liberum arbitrium.

Quare quibus in ipsis inest ratio. inest etiam libertas. uolendi et nolendi. Fóne diu. dien gelâzen ist pechénneda úbeles únde gûotes. tien ist kelâzen geuuált tero uuéli.

Sed hanc non æquam esse constituo. i. fateor in omnibus. Ih nesâgo sîa doh nieht kelîcha uuésen. an állên die sîa hâbent.

Nam et perspicax iuditium. et incorrupta uoluntas. et efficax potestas optatorum. præsto est supernis diuinisque substantiis. Vuánda angelis ist kelâzen uuâriu bechénneda. únde réhtêr uuillo. únde sprúotig mâht iro uuillen. Disiu driu gâb kót ze lône bonis angelis. [238.] nâh tèro ruina malorum. die iro liberum arbitrium in árg chérton. únz sie iz hâbetôn. Nû nehábent sie iz. uuánda dóh sie bechénnên uuáz kûot zetûonne si. sîe neuuéllen iz tûon. nóh nemúgen. Aber der ménnisko uuás fóre sinero præuaricatione béidero geuuáltig. nuizenthéite. ióh uuillen. án dero præuaricatione uuúrten siu béidiu sô geirret. táz ér chiesendo. lúgi diccho áhtôt fúre uuâr. únde ér uuéllendo. úbel uuile fúre gûot.

Tár mîte nespúot imo óuh nîeht sînes uuillen. dóh er uuóla uuélle. iz netúe gratia dei.

DE PHILOSOPHORVM OPINIONE SVMPTA LOQVITVR.

Humanas uero animas liberiores quidem esse necesse est. cum conseruant se in speculatione diuinæ mentis. Tero ménniskôn sêlâ sint pe nôte frîeren. únz sie gótes ánasiht hâbent in himele. Sîe nedruccbet tár neuuéderêr irredo. nóh iudicandi. nóh eligendi. Sîe uuîzen dâr êr sîe hâra chómên. uuáz in gûot ist. táz uuéllen sie óuh.

Minus uero. s. liberæ sunt. cum dilabuntur ad corpora. Hára farendo ad corpora. uuérdent sie únfrîeren.

Minusque etiam cum colligantur terrenis artubus. Vnde óuh únfrîeren. sô sie sih keséldont. únde mit tien írdiskên lîden behéftet uuérdent.

Extrema uero seruitus est. cum deditæ uitiis. ceciderint possessione propriæ rationis. Táz ist tiu gnôtista scálhhéit. sô sie uerrâchene án die súndâ ába iro uuistûome gegânt.

Nam ubi deiecerint oculos. s. mentis. a luce summæ ueritatis. ad inferiora et tenebrosa. Sús uuérdent sie gescálhchet. Sô sie iro mûot niderlâzent. ába demo ûf uuertigen. án daz níder uuertiga.

Mox caligant nube inscitiæ. Sô únuuízzent sie sâr.

Turbantur pernetiosis affectibus. Vuérdent sie behéftet. mit zâligên gelústen.

Quibus accedendo consentiendoque. Dîen héngendo. únde dîen fólgendo.

Adiuuant seruitutem quam inuexere sibi. Stûorrent sie dia scálhheit. tia sie sih ána líezen.

Et sunt quodammodo captinæ propria libertate. V́nde dánne sint sie geéllendôt. únde geuérrêt fóne iro frîhéite.

Quæ tamen cernit ille intuitus prouidentiæ. prospiciens cuncta ab æterno. Dáz sihet io dóh ána dáz fúre sihtiga óuga. álliu ding fóre uuízende.

Et disponit suis meritis quæque prædistinata. i. quos prædistinauit. hos et remunerat. V́nde diu fóre benémden. sképfet iz áfter iro fréhten. [239.]

Pante foran. kepante pakuiŋ [1]. Táz óuga ál sihet. únde ál bechénnet.

QVANTVM PENETRABILIOR SIT INTVITVS DEI. QVAM RADIVS SOLIS.

Homerus mellifui oris. canit phœbum clarum puro lumine. Ter sùozo chôsonto homerus. ér héizet tia súnnûn zórfta. únde héitera.

Qui tamen non ualet perrumpere omnia uiscera terræ. aut pelagi. infirma luce radiorum. Diu dóh tia érda dúrh skînen nemág. únde den mére. fóre úndráti dero skimôn.

Haud sic conditor magni orbis. Sô únmahtig neist kót nîeht.

Huic tuenti cuncta exalto. non resistunt terræ ulla mole. Sînên óugôn ál óbe séhentên. neuuíder stât nehéin dichi dero érdo.

Non obstat nox atris nubibus. Nóh nehéin uinstri dero nâht.

Cernit in uno ictu mentis. quæ sint. quæ fuerint. et ueniant. É'ines pliches ána sihet er. dáz ér uuas. únde nû ist. únde nóh chómen sól.

Quem possis dicere uerum solem. quia respicit cuncta solus. Tén máht tu héizen dia uuárun súnnun. uuánda ér ál éino ána sihet.

QVESTIO. QVIA PROVISA NECESSE EST FIERI. QVOMODO STET LIBERVM ARBITRIVM.

Tum ego inquam. Dô ántuuv́rta ih iro.

En rursus confundor. difficiliori ambiguitate. Nû stécchên ih óuh in mêroren zuíuele.

---

[1] Παντ' εφορᾳ και παντ' επακουει.

Inquit . quænam ista est? Vué-
lêr ist tér zuíuel?

Iam enim coniecto quibus pertur-
bare . I'h mág uuóla chád si ir-
ráten . uuáz tir uuírret.

Inquam nimium uidentur aduuer-
sari et repugnare . Mir dúnchent
chád ih . tiu zuéi ringen . únde
uuíder éin ánderên sin.

Deum prænoscere uniuersa . et
ullum libertatis arbitrium esse . Dáz
kót ál uuíze fóre . únde iz tóh
stánde in mánnes uuillen.

Nam si deus prospicit cuncta .
neque potest falli ullo modo . euenire
necesse est . quod prouiderit proui-
dentia futurum esse . Vuánda úbe
gót ál uuéiz . fóre . únde in sín
uuizentbéit nieht trígen nemág . sô
sól nóte geskéhen . dáz ér uuéiz
chúmftig . Táz ist uuâr.

Quare si prænoscit ab æterno .
non modo facta hominum . sed eti-
am consilia et uoluntates . nulla
erit libertas arbitrii . Hoc falsum
est . Fóne diu . úbe er ío fóre
uuéiz . nieht éin liuto táte . núbe
óuh iro uuillen . só ist sélbuualtígi
ába.   [240.]

Neque enim poterit uel ullum
aliud factum existere . uel quælibet
uoluntas . nisi quam præsenserit
diuina prouidentia . nescia falli .
Vuánda nieht nemág keskéhen in-
táte . nóh in-uuillen . gótes óuga
nesébe iz . dáz nioman nemág trie-
gen . Dáz ist uuár.

Nam si ualent detorqueri alior-
sum quam prouisæ sunt . non erit
iam firma præscientia futuri . sed
opinio potius incerta . quod nefas
iudico de deo credere . Mág iro
dehéin uuáng uuérden . sô nemág
iz nieht héizen . quissíu uuizentheit .
núbe únguis uuân . dés nioman gót
zíhen nemúoz.

REPROBATVR HOC . QVO QVIDAM PV-
TANT SE SOLVERE QVESTIONEM.

Neque enim probo rationem . qua
se credunt quidam posse dissoluere
hunc nodum questionis . Nóh ih
nelóbon nieht tia réda . mit téro sih
súmeliche uuánent háben geántuuúr-
tet tírro únsemfti.

Aiunt enim . non ideo euenturum
esse quid . quoniam prospexerit
prouidentia id futurum esse . sed .
s. aiunt e contrario . quoniam quid
futurum est . id potius non posse
latere diuinam prouidentiam . Sie
chédent . ni bediu negeskihet iz .
táz iz kót fóre síhet . núbe uuánda
iz keskihet . pedíu fóre síhet er iz.

Eoque modo putant hoc necessa-
rium relabi in contrarium . V'nde
sús uuánent sie . disa nót tero
chúmpftígon geskíhto . uuídere er-
uuínden.

Neque enim necesse esse contin-
gere . quæ prouidentur . sed ne-
cesse esse prouideri . quæ futura
sunt . Nóh sie neuuánent nieht nóte

geskéhen . diu gót fóre sihet . núbe in nóte díu fóre séhen . diu geskéhen súlen . Dés uuéhseles uuânent sie . dáz tiu geskiht máchoe dia fóre‿siht . náls táz tiu fóre‿siht máchoe dia geskiht .

Quasi uero laboretur . quæ causa sit huius rei . præscientiane sit necessitas futurorum . an futura sint necessitas prouidentiæ . Sámo so íh târ úmbe ringe . uuéderez máchunga sî des ánderes . úbe fóre‿siht nót‿máchunga sî dero chúmftigôn álde chúmftigiu nót‿máchunga sîn dero fóre‿sihte .

Ac non nitamur illud monstrare . necessarium esse euentum præscitarum rerum . quo quomodo sese habeat ordo causarum . V'nde mir mêr nesi zeóugenne . nótháfta uuésen dia geskiht tero fóre geuuizenôn . so uuio diu rihti sî dero máchungôn . s. uuánda mir to fóne dero nóthafti dúnchet . ába uuésen liberum arbitrium .

Etiamsi non uideatur præscientia inferre necessitatem eueniendi futuris rebus . Tóh fóre‿siht netûe dia nóthafti dien chúmpftigén . [241.]

ERRANTIVM RATIO ALIA MANIFESTATVR RATIONE . SVMPTA EX CATHEGORIIS ARISTOTELIS .

Etenim si sedeat quispiam . necesse est ueram esse opinionem . quæ coniectat eum sedere . atque rursus e conuerso . si sit uera opinio . de quopiam . quoniam sedet . necesse est eum sedere . Dés sie dénchent . táz ist tísemo dinge gelîh . V'be íoman uuânet sizzenten sizzen . dén netríuget ter uuân . V'be in der uuân netríuget . só sizzet er .

Est igitur necessitas in utroque . in hoc quidem sedendi . at uero in altero ueritatis . Téro béidero ist nòt . ióh tes sizzennes . ióh tero úmbetrógeni .

Sed non idcirco sedet quisque . quoniam uera est opinio . A'ber uuárrer uuân . netûot níomannen sizzen .

Sed hæc potius uera est . quoniam præcessit quempiam sedere . Núbe daz fóre sizzen getûot uuârren uuân .

Ita cum procedat causa ueritatis ex altera parte . inest tamen communis necessitas in utraque . Sô geskihet . táz écbert éinhálb sî máchunga dero uuârheite . únde áber nòt sî béiden hálb .

Similia patet ratiocinari de prouidentia . futurisque rebus . A'lso ist tiu réda getân . fóne gótes fóresihte . únde fóne dien chúmftigén dingen . s. sô iz tie fernómen hábent . tie dar ána irront .

Nam si idcirco etiam prouidentur . quoniam futura sunt . non uero ideo proueniunt . quoniam prouidentur . Vuánda dóh kót tiu ding fóne diu ána séhe . uuánda siu chúmpftig sínt . só sie uuânent . síu negeskéhent áber nieht . túrh táz ér síu fore síhet.

Nihilominus tamen necesse est . uel ab deo prouideri futura . uel euenire prouisa. Nú íst áber béidero nót . ióh kót fóre séhen chúmftigiu . ióh fóre séuniu geskéhen. Nú ist hier óuh so sámo máchunga éin‿hálb . só sie uuânent . nót ist péiden halb.

Quod solum satis est . ad perimendam libertatem arbitrii. Tár an déro stéte . ist is knúoge ze‿déro zestóredo sélb-uualtiges uuillen . uuánda nót nímet ten geuuált.

DERIDETVR FALSA SVSPITIO.

Iam uero quam præposterum est . ut dicatur euentus temporalium rerum . causa esse æternæ præscientiæ. Vuio hárto gréhto dáz nú missechèret ist . táz ioman ságet . tise fristmáligen geskihte . máchunga uuésen . dero éouuigun gótes uuizenthéite.

Quid est autem aliud arbitrari . deum ideo prouidere futura . quoniam sunt euentura . quam putare quæ olim acciderunt . causam esse illius summæ prouidentiæ? Vuáz íst ìz ánderes? Tér gót uuile uuânen fóne diu bechénnen chúmpftigiu . uuánda síu geskéhen súlen . dén chido ih uuânen . dáz ímo geskihte máchunga sîn . dero uuizenthéite. [342.]

ITERVM PROPONITVR . INEVITABILEM ESSE PRÆSCIENTIAM . ALIOQVIN OPINIONEM POTIVS EAM ESSE.

Ad hec . s. inferendum est. Tára zůo íst óuh tiz zelégenne.

Sicuti cum scio quid esse id ipsum esse necesse est . ita cum noui quid futurum . id ipsum futurum esse necesse est. Also dáz nòte só ist . úbe ih íeht uuéiz in præsenti . só geskihet óuh táz nòte hína fúre . dáz ih chúmpftig uuéiz.

Sic fit igitur . ut euentus præscitæ rei . nequeat euitari. Só geskihet ío . dáz fóre geuuízzen ding ze‿léibo uuérden nemág.

Postremo si aliquis existimet . quid aliorsum . atque se habeat res. I'st áber ioman . dér daz ting ánderes áhtót . tánne iz si.

Id non modo scientia non est . sed est opinio fallax . longe diuersa ab ueritate scientiæ. Dáz neist nieht éin únuuizentheit . núbe lúkkêr vuán . férro geskéidenèr fóne déro uuárheite uuizentheite.

Quare si quid ita futurum est . ut eius euentus non sit certus ac necessarius. Fóne diu . úbe íeht tínges só chúmftig ist . táz sîn chúmft . quis neist nóh nòte neist.

Qui poterit id euenturum esse præscire? Uîo mág táz îoman uuízen fóre chúmftig?

Sicut enim scientia ipsa inpermixta est falsitati . ita id quod ea concipitur . aliter nequit esse . atque concipitur . Dés neuuirdet fóne díu nîeht . uuánda álso uuízentheit sih nemiskelòt . zûo dien lúginen . álso nemág nîeht táz si in‿íro begríffen hábet . ánderes ergân . dánne sô iz in‿íro begrífen ist . I'n dero scientia ligent pegríffen die geskíhte . álso sie dâr ligent . sò ergânt sie nòte .

Ea namque causa est . cur scientia careat mendatio . quod necesse est . rem quamque ita se habere . uti scientia comprehendit eam sese habere . Fóne díu ist scientia dero lúgino âno . uuánda nôt ist . tíngolíh sò sîn . sò si iz erfâren hábet . táz iz sî .

Quid igitur? Vuáz nú?

Quonam modo deus hæc incerta . prænoscit futura? Díu únguis sint kóte . ze‿uuélero uuîs fóre uuéiz er díu?

Nam si censet ineuitabiliter futura . quæ etiam non euenire possibile est . fallitur . Uuânet er díu chúmftigen nemúgen ze‿léibo uuérden . díu dóh ze‿léibo múgen uuérden . sò triuget in der uuân . [243.]

Quod nefas est non modo sentire sed etiam uoce proferre . Dáz méin zespréchenne ist . nîeht éin zedénchenne .

At si ita uti sunt . ita ea futura esse decernit . ut æque cognoscat ea uel fieri posse . uel non fieri . V'be ér siu áber sò benéimet uuésen chúmftigíu sô siu sínt . ih méino . dáz ér siu uuíze gelîcho múgen uuérden . únde neuuérden .

Quæ est præscientia . quæ nihil certum . nil stabile comprehendit? Vuáz uuízenthéite ist tánne dáz . tíu nîeht kuísses . nóh stâtes in‿íro nehábet?

Ant quid hoc refert uaticinio illo ridiculo tyresiæ? quidquid dicam . aut erit . aut non . A'lde uuio fílo ist táz kuíssera . dánne daz húolicha uuízegtûom sybillæ . déro sacerdotis apollinis? táz si chád . uuár álde lúgi ist táz ih ságo .

Quid enim præstiterit diuina prouidentia humana opinione . si uti homines incerta diiudicat . quorum est incertus eventus? Vuáz úberslât tánne gótes uuîstûom dén ménniskôn uuân . úbe er ín gelîcho zuíuelòt . zuíueligero dingo?

Quod si apud illum certissimum fontem omnium rerum . nihil incerti esse potest . V'be áber mit imo állero dingo úrspringe nieht zuîueliges neist .

Certus est euentus corum . quæ ille firmiter præscieret futura . Sô geskéhent óuh unzuîueligo . díu ér guisso uuéiz chúmftig .

Quare nulla est libertas humanis consiliis et actionibus . quas diuina mens cuncta prospiciens . alligat et constringit ad unum euentum. Bediu neist ménnisko geuuáltig an sinero táte gûotes ióh úbeles . tén gót . tér ál fóre uuéiz . tuinget zu demo éinen . Dáz ist falsa conclusio.

SI LIBERVM ARBITRVM NECESSITATE FVTVRORVM TOLLITVR . OMNEM ORDINEM HVMANÆ CONVERSATIONIS SVBVERTI .

Quo semel recepto . quantus occasus humanarum rerum consequatur liquet. Sól dáz sô sîn . sô neist nehéin zuîuel . uuio gáreuuo ménniskôn ding zeslife .

Frustra enim proponuntur præmia et pœnæ . bonis malisque . In geméitûn uuérdent táune gehéizen . lôn . únde ingélteda . gûotên ióh úbelên .

Quæ non meruit ullus liber ac uoluntarius motus animorum . Sid téro neuuéder gescúlden nemág iro ûnuerlâzeno . únde ûnsélbuualtig mûotuuillo .

Idque uidebitur iniquissimum omnium . quod nunc videtur æquissimum . V́nde dánne uuirdet állero dingo ûurehtesta . dáz nû réhtesta ist . [244.]

Uel puniri improbos . uel remunerari probos . Íh méino dáuchôn gûoten . únde úndanchôn úbelên .

Quos non mittit ad alterutrum propria uoluntas . Tîe iro uuillo dára zûo neléitet .

Sed cogit necessitas futuri . Núbe sie tuinget nôt tes chúmftigen .

Nec uitia igitur nec uirtutes quicquam fuerint . sed potius mixta . atque indiscreta confusio omnium meritorum . Nóh âchuste nesint . nóh chúste nesint . núbe gelih . únde úngeskéiden miskelunga állero fréhto .

Quoque nihil sceleratius excogitari potest . cum ducatur omnis ordo ex prouidentia rerum . V́nde dáz állero dingo zâligôsta ist in-gedáng zenémenne . dánne diu fóresiht álliu ding chúmftigiu órdonoe .

Nihilque liceat humanis consiliis . V́nde sô láng is nîeht negestánde ze-ménniskôn uuillen .

Fit ut uitia quoque nostra referantur ad auctorem omnium bonorum . Sô neist nehéin rât . núbe an gót . tér ál gûot kibet . únsere scúlde gesmizen uuérden .

Igitur nec sperandi aliquid . nec deprecandi ulla ratio est . Nóh kedingi . nóh flého . nemág nîoman nehéina réda gében . uuáz te uuéder sûle .

Quid enim uel speret quisque . uel etiam deprecetur . quando conectit indeflexa series omnia optanda . Vués sól man gedingen . álde fléhon . dánne álliu gérohaftiu ding zesámine héfte indissolubiliter . in-ebétenno uuis . tiu únuuéndiga éinrihti . s. fati? V́be álliu ding háftênt in-iro órdine . sô siu benéi-

met unúrten . só chúmet män-
nolichemo ána fléha . dáz ímo
sól.

Auferetur igitur unicum illud com-
mertium . inter deum et homines
scilicet sperandi atque deprecandi.
Sól iz só fáren . só ist tiu éiniga
uuándelunga geirret . únder góte
únde únder ménniskôn . únde der
chóuf . tér állêr gestát an gedingi .
únde án fléhôn.

Promeremur siquidem prætio
iustæ humilitatis . s. quæ in preci-
bus est . inestimabilem uicem diui-
næ gratiæ. Vuánda uuir gechóu-
fên úmbe in . mit témo uuérde réh-
tero déumúoti . só fléhá sínt . daz
tiura gélt sinero gnádon. A'nderen
chóuf nemúgen uuir mit imo nieht
tríben.

Qui solus modus est . quo uide-
antur homines posse colloqui cum
deo. In-dia éinûn uuîs tie liute
sáment kóte chôsôn múgen.

Et ipsa ratione supplicandi . con-
iungi illi inaccessæ luci . prius quo-
que quam impetrent. V'nde síh
pétondo náhen zúo demo úngesíun-
lichen liehte . ióh èr sie ieht er-
bítên. [245.]

Quæ si recepta necessitate futu-
rorum . nihil uirium habere cre-
dantur. V'be man nû geiégenero
nôte dero chúmftigôn . die uuánen
sól nieht negemúgen.

Quid erit . quo possimus conecti.
atque adherere illi summo principi
rerum? An uuélemo dinge mûgen

uuir únsih tánne hában ze góte . ál-
lero dingo hêrren?

Quare necesse erit humanum ge-
nus disseptum atque disiunctum .
suo fonte fatiscere . uti paulo ante
cantabas. Só múoz tánne . álso
dú mittundes súnge an dien férsen .
si uis celsi iura tonantis . zescrínden
sámo so léim . ménniskôn sláhta .
dána gebrócheniu . ióh keskéide-
niu . fóne demo uuáren brúnnen .
dánnán si chám.

QVID EVM AB INTELLECTV HVIVS
QVESTIONIS RETARDET . IPSE
SCRVTATVR.

Quæ nam discors causa resoluit
fœdera rerum? Unáz úngehélli irret
tíe gezúmfte . zuéio dingo . s. gótes
únde mánnes . álde præscientiæ et
liberi arbitrii?

O deus quis statuit tanta bella
duobus ueris? Vuèr gót hábet ke-
gében sólicha ríngûn zuéin uuáren?
Vuéliu sint uuáreren . dánne siu
sint?

Vt quæ constent carptim singula .
eadem nolint mixta ingari? Dáz tiu
dúrh síh sínt insúnder . nieht ze-
sámine ne uuéllèn? Vuélih ne-
cessitas mág kótes prouidentiam
únde mánnes . liberum arbitrium
geskéiden . siu nesín sáment an ál-
lero mánnes táte?

An nulla est discordia ueris. A´lde neist unárén nehéin ungebélli? Verum únde falsum flihent éin ánderiu . duo uera minnónt sih .

Semperque sibi certa coherent? V´nde hábent sih io zesámine díu guissen . i. tiu dúrh sih quisso sínt?

Sed mens . i. anima obruta cæcis membris . nequit noscere tenues nexus rerum . igne oppressi luminis . A´ber dés scúld neist iz . núbe des ménnisken sêla nemág nieht fóre túmbheite uuizen iro tóugenen bánt . tiu áber dù uuéist philosophia . únde díu ih fóne dir gelirnên uuíle . Dáz íst álso er cháde . Liberum arbitrium íst úns ále guis . nuánda iz skínet án dero ménniskôn táte . Dei prouidentia ist sámo guis á n dien ánderén creaturis . tie liberum arbitrium nehábent . A´ber án des ménnisken táte . nemúgen siu sáment sín . A´lde úbe siu múgen . sô ist tês filo tóugen ratio . unio dáz si . Tiu ratio ist imo úbel zeirráténne . igne oppressi luminis . [246.] i. acie aggrauatæ mentis . mit témo geirten sínne des múotes? Ter lichamo tùot tia sêla úngeuuáltiga iro sinnes . tén si hábeta . ér si zu imo cháme . Si ringet io dara náh . iro spúot is áber úbelo.

Sed cur flagrat tanto amore . reperire tectas notas ueri? Ziu íst iro dánne sô nót . zeeruárenne diu tóugenen uuórt=zéichen dero uuârhéite?

Scitne . quod appetit anxia nosse? Uuéiz si . dáz si uuizen nuíle?

Sed quis laborat scire nota? Vuér sól áber dés frâgên . dáz er uuéiz?

At si nescit . quid cæca petit? I´st si óuh sò blint . táz si is nieht neuuéiz . uuáz nuíle si dánne?

Quis enim nescius optet quicquam? Vuér íst tér dáz uuélle . dáz er neuuéiz?

Aut quis ualeat sequi nescia? quoue inueniat? A´lde uuér mág sùochen dáz ér neuuéiz . nóh nebechénnet? álde uuár spùot is imo zeirfárenne?

Quis ignarus noscere queat repertam formam? Vuér mág óuh pechénnen . dáz imo únchunt ist . sò er iz óuh findet?

An cum cerneret . s. anima altam mentem . i. deum . pariter norat summam et singula? A´lde súlen uuír glóuben . dáz si béidiu uuíssi . únz si gót ána sáhe . díu súnderigen . ióh tia sámenthafti?

Nunc condita nube membrorum . non in totum oblita est sui . Nû gréhto in-dien líden befinstertíu . hábet si is súmes . ni dóh álles ergézen.

Et tenet summam perdens singula . V´nde daz knótesta uuéiz si . téilelichen neuueiz si . Nìoman neist sò gehúhtig . dáz er álles téileliches sô uuóla gehúge . sô des knótesten.

Igitur quisquis requirit uera .

neutro est habitu. So uuuér dero
uuárhéite fráget. s. álso ih nù tùon
an-dirro questione. der neist in
neuuéderro geskéfte.

Nam neque nouit. nec tamen
omnia penitus nescit. Nóh táz er
iz állez. uuize. nóh táz er iz álles
neuuíze.

Sed summam quam retinens me-
minit. consulit. Núbe daz knô-
testa. dáz ér in-gehúhte hábet. táz
úrsúochenôt er.

Retractans alte uisa. Tíefo dén-
chende. án dáz er sáh.

Vt queat addere seruatis oblitas
partes. Táz er mit tien erhúgetèn.
chóme nàh tien ergézenèn. A'lso
dèr éin bùoh tar ána perfecte ge-
lirnèt. únde échert úzenan gehúget
tero summæ. únde er dia. diccho
ána chêret. táz er fóne déro óuh
tes ánderes sih pehúge. Vnáz
summa sî. dáz lêret únsih cicero
in rhetoricis dicens. Summa facti
est. [247] homicidium fecit. Sin-
gula uero sunt. quid ante rem.
quid post rem. quid in ipsa re. aut
circa rem factum sit. Chit ioman
ze-úns. an necesse est euenire quæ
prouidentur? Necesse chédén uuir.
Chit er áber. Et stabit liberum ar-
bitrium? Stabit chédén uuir. Chit
er óuh. Quomodo liberum erit.
quod necessarium est? Necessitas
et libertas unius rei esse non pos-
sunt. Aut si possunt. quibus nexi-
bus colligantur. quæ sibi aduersan-
tur? Uuáz chédén uuir dánne?

Ube úns tie. nexus únchunt sint.
sò nechúnnen uuir dirro questionis
nieht állero geántuuurten. Sô uui-
zen uuir échert tia summam. sin-
gula neunizen uuir. Die singula
súlen uuir hára náh lirnên fóne sél-
bero philosophia.

PRIMA RESPONSIO. QVIA INTELLECTVS
NON RATIO THEOLOGOS FACIT.

Tum inquit illa. Dô ántuuurta sî mír.

Hæc est uetus querela de proui-
dentia. Diz ist tiu álta chlága fóne
gótes prouidentia. dáz sî daz libe-
rum geírre.

Marcoque tullio uehementer agi-
tata. dum distribuit diuinationem.
V'nde fóne cicerone gnûog ketríbe-
niu. dâr er daz uuizegtùom téilta.
s. in tres partes. in-aruspitia. et in-
fulguritia. et in-oscinia. Aruspitia
unúrten genómen fóne dien léberon
dero ópfer-friskingo. Fulguritia
fóne dien blicchen. Oscinia fóne
dero fógalo rárto.

Et res quesita tibi ipsi. diu pror-
sus et multum. V'nde ist iz tir.
dáz méinet fóne dir. éin hárto
gnôto gesùochet ting.

Sed haud quamquam satis dili-
genter. ac firmiter hactenus expe-
dita. ab ullo uestrum. V'nde áber
io nóh nieht kenuárlicho. nóh kuis-
licho gerécchet fóne iuuer dehéi-
nemo.

Cuius caliginis causa est. Téro timberí scúlt ist táz.

Quod motus. i. conatus humanæ rationis non potest admoueri. ad simplicitatem diuinæ præscientiæ. Dáz tes ménnisken ratio. dóh si síh is péite. nieht erréichen ne mág tia éinfalti gotes fóre-uuizedo.

Quæ si ullo modo cogitari queat. s. saltim intellectu. quia non ualet ratione. V́be dia íoman uuizen mág. úberstigendo dia rationem.

Nihil relinquetur ambigui. Démo neist nehéin zuíuel an-dirro questione. Gótes præscientia ist éinfálte. uuánda er ál uuéiz. únde dáz sáment uuéiz. únde gágenuuertigo. Náls nieht hinder sih kehúgendo. nóh fúre sih ténchendo. Dér dáz pechénnet. tér ist únzuíuelig. táz óuh tie táte liberi arbitrii. nóte insinero scientia sint. [248.] náls præscientia. únde siu álso múgen sáment sin. só únsêr scientia ist. sáment tero ménniskón táte. die sélbuualtig sint. Vuáz irret sie dáz tero sélbuualtigi. dáz uuír die táte uuizen?

Quod ita demum patefacere. atque expedire temptabo. si prius expendero ea quibus moueris. Tia simplicitatem chóron ih tir dánne geóffenon. únde gerécchen. só ih tih éreron dés errihto. únde dáz kechóson. dáz tír uuiget. únde dih zuíuelet tes liberi arbitrii.

CVR NON RECIPIAT RATIONEM. QVA SE ALII PVTANT SOLVERE QVESTIONEM.

Quero enim. cur putes minus efficacem illam rationem soluentium. Nû frâgén ih tih. zíu dû neuuánêst fróma uuésen. dia réda dero errâtentón dia questionem. s. sò ste iz áhtont.

Quæ putat libertatem arbitrii nihil impediri de præscientia. Díu réda dúrh táz uuânet. i. contendit. úngeirret sin liberum arbitrium. fóne dero præscientia.

Quia existimat præscientiam non esse causam necessitatis futuris rebus. Vuánda sî nehéin nót-máchunga neist futuris rebus. i. tien chúmftigên dingen. i. áfter iro uuâne. Hier behúgên únsih. dáz er dâr fóre disen uuân nieht neléidezta. nóh óuh nesólti. uuánda er réhtêr ist. núbe dáz sie cháden. euentum futurorum uuésen causam gótes præscientiæ.

Num enim tu aliunde trahis argumentum necessitatis futurorum? Vuánnân râtiscóst óuh tû ánderes. nóte geskéhen súlen diu chúmftigen?

Nisi quod non possunt ea non euenire. quæ præsciuntur? A ́ne dáz tiu ze-léibo uuérden nemúgen. diu fóre geuuizen uuérdent? Hier ist áber zedénchenne. uuio uuârez táz argumentum sî. Hier háftênt álle. die mit tirro questione ringent. Tiu gót fóre sihet chédent

sie. diu nemúgen ze léibo uuérden.
Dáz íst uuâr. Diu ze léibo uuérden
nemúgen. díu geskéhent nóte. Dáz
ist óuh uuâr. Dîen zuéin uuâr-
héiten. âne únderskéit fernómenên
fólgêt tiu zála. nullum esse liberum
arbitrium. Dén únderskeit lêret sî
únsih. hína áfter. Si lêret únsih.
táz mênniskôn táte. uuóla ze léibo
múgen uuérden. sô filo iz ze iro sél-
bero natura gestât. únde iro déro
hálb nehéin nót neíst. únde sie áber
ze léibo nemúgen uuérden. góte ána-
séhentemo. A'lso óuh úns ána séhen-
tên. dáz éin mân sízzet. sîn sízzen
nîeht ze léibo uuérden nemág. [249.]
tóh iz sîn hálb uuóla ze léibo máhti
sîn. uuánda ér máhti iz fermîten
hâben. Hinnân chúmet tánne diu
questio. úbe úns únde góte sîn síz-
zen gehe uuízenthéit sînes sizzen-
nes. Tés uuírt sús keántuuurtet.
I'z kibet sia úns. sô iz keskíhet
nîeht ér. A'ber gótes uuizentheit.
nebítet tero geskíhte nîeht. I'z ist
imo præsens. ér iz keskéhe. Diu
præsentia getûot iz in uuîzen. Sô
ist tánne sús ketân diu solutio dirro
questionis. Táz kót fóre sihet.
uuánda er dáz ána sihet. fóne diu
ist iz nôte. álso óuh táz nôte ist.
táz uuir éteuuen îeht séhên tûon.
dóh iz ter tûonto nóte netûe.

QVIA PROVIDENTIA NON VRGET FVTVRA.
IDEO STARE LIBERTATEM.

Si igitur prænotio nullam adicit ne-
cessitatem futuris rebus. quod et
tu paulo ante fatebare. V'be præ-
scientia nehéina nót netûot tien
chúmftigên dingen. álso óuh tû
gnôto fóre iáhe.

Quid est quo cogantur uoluntarii
exitus rerum. ad certum euentum?
Mit uuiu uuérdent tánne geduúngen
die sélbuualtigen férte. dero mên-
niskôn táte. ze guissemo ûzlâze?
Vuánda sie âne geduuuáng sint.
pediu stât liberum arbitrium.

Et enim statuamus positionis gra-
tia. i. causa exempli. nullam esse
præscientiam. ut aduertas quod
consequatur. Nû chédên échert
sô chósondo. dáz præscientia nesî.
dáz tû chiesêst. uuîo iz óuh tánne
fâre.

Num igitur coguntur ad necessi-
tatem. quæ ueniunt ex arbitrio.
quantum attinet ad hoc. i. ad hanc
rationem? Tuuinget tánne dés hálb
tehéin nót. tîe táte. die fóne múot-
uuíllen chóment?

Minime. Dáz netûot.

Statuamus iterum esse. Nû ché-
dên áber dáz sî sî.

Sed nihil necessitatis iniungere
rebus. V'nde dóh nehéina nót
tûon dien tâten.

Manebit ut opinor eadem libertas
uoluntatis. integra atque absoluta.
Nóh tánne uuâno ib stât ze stéte diu
sélba uuilleuualtigi.

ETIAM SI SIGNVM EST PROVIDENTIA
FVTVRORVM. NON TAMEN EST
CAVSA EORVM.

Sed inquies. Nû uuîle du áber chéden.

Tametsi præscientia non est futuris necessitas eueniendi. Nesi óuh præscientia nehéin nôtegunga dien chúmftigên.

Signum tamen est necessario uentura ea esse. Sî ist tóh zeichen. dáz siu nôte chómen sulen.

Hoc igitur modo constaret. necessarios esse exitus futurorum etiamsi non fuisset præcognitio. Sô uuâre áber sámo guis. nôte sulen geskéhen chúmftigín. neuuâre óuh tiu sélba iro præscientia. [250.]

Omne etenim signum ostendit tantum quid sit. quod designat. non uero efficit. Zéichen ôuget échert unáz iz sì. dés zéichen iz íst. iz nemáchôt iz nieht. A'lso die mórgenrôten zéichenent tempestatem. únde sie dóh nemáchont.

Quare demonstrandum est prius. s. a_te. nihil contingere. non ex necessitate. i. nisi ex necessitate. Dâ sólt úns zeérest keóugen. álliu ding nôte geskéhen.

Vt appareat prænotionem signum esse huius rei. Dáz uuir dánnan glóubén. præscientiam zéichen uuésen dero nôte.

Alioquin si hæc nulla est. V'be áber si neist. s. necessitas.

Ne illa quidem poterit esse signum eius rei quæ non est. Sô nemág tána mér præscientia iro zéichen sîn.

Iam uero constat. Vuír uuizen uuóla.

Probationem subnixam firma ratione. A'lles tinges kuissa stárchunga.

Non ducendam esse ex signis. Fóne zéichene neuuésen zenémenne. sô dû tûost.

Neque argumentis extrinsecus petitis. Nóh fóne férriskên rátiskôn. A'lso dû férriskên fóne signis uuile irráten. necessitatem.

Sed ex conuenientibus et necessariis causis. Núbe fóne dara zûo léitendên dingen. únde nôt=máchigên. A'lso dáz argumentum ist ex conuenientibus. et necessariis. Primus homo. quia non habuit patrem aut matrem. non est genitus. Vel illud. Quia tu hodie nec manducasti. neque bibisti. ieiunus es. Sô ist áber dáz extrinsecus kenómen. Patres nostri comederunt uuas acerbas. et dentes filiorum obstupescunt. Quia alii sunt parentes. et alii sunt filii. Non est autem aliud ieiunum esse. nisi non manducasse. et non bibisse. et non est aliud non genitum esse. nisi non habere patrem aut matrem.

PROVISA NECESSE EST EVENIRE. NVLLA TAMEN IPSIS INEST NECESSITAS.

Sed qui fieri potest . ut non proueniant ea . quæ futura esse prouidentur? Uuio mág áber dáz sìn . dáz tiu negeskéhên . díu gót uuéiz chúmftig?

Quasi uero nos credamus . non esse euentura ea . quæ prænoscit dei prouidentia futura esse . Sámo so ih zuîueloe . núbe díu geskéhen súlin . díu gót fóre síhet.

Ac non illud potius arbitremur . V'nde íz mèr dáz nestérche.

Licet eueniant . Tóh siu geskéhên.

Nihil tamen necessitatis habere sui natura . ut euenirent . Siu an in sélbên nehéina dia nòt hában . dánnân siu geskéhên.

Quod hinc facile propendas licebit . Táz tu hínnán liehto gechiesen máht.

Intuemur etenim plura subiecta oculis dum fiunt . Vuír séhên gnûogez . dáz fóre óugòn íst . únz man iz tûot.   [251.]

Vt ea quæ spectantur facere aurigæ . inmoderandis quadrigis atque flectendis . Só dáz íst . taz uuír séhên tûon die réit-ríhtela . chèrendo . s. in curuli certamine . ióh áfter íro uuíllen héngendo dien réitòn.

Atque cætera in hunc modum . U'nde dàr áfter ánderíu uuérh.

Num igitur compellit ulla necessitas quicquam illorum ita fieri . Tuuínget tára zûo iro dehéinez tehéin nót . mánnes úndanches?

Minime . Dáz netûot.

Frustra enim esset effectus artis . In-geméitûn chóndi man daz tûon.

Si mouerentur omnia coacta . V'be siu mánnes úndanches só fûorîn.

Quæ igitur carent necessitate . dum fiunt . Tiu án demo tûonne áne nòt sint.

Eadem futura sunt sine necessitate priusquam fiant . Tiu sint óuh . ér siu unérdên áne nòt chúmftig.

Quare sunt quædam euentura . quorum exitus absolutus sit . ab omni necessitate . Dánnân skinet . dáz súmelichiu geskéhen súlen . déro geskíht . únde déro fárt . állero nòte inbúnden íst.

Nam arbitror nullum illud esse dicturum . I'h neuuâno toman dáz uuéllen chéden.

Quod euentura non fuerint . priusquam fierent . quæ nunc fiunt . Táz tiu neuuârin chúmftig . ér siu uuy'rtîn . díu nù uuérdent.

Hæc etiam præcognita . habent liberos euentus . Tiu hábetòn óuh fóre geuuízeníu . ferlázena geskiht.

Nam sicut scientia præsentium rerum . nihil inportat necessitatis . his quæ fiunt. A'lso gréhto uuízentheit . tiu gágenuuerten nieht nenótegót.

Ita præscientia futurorum . nihil inportat necessitatis . his quæ euentura sunt . Tána mêr nenôtegôt tiu chúmftîgen . iro fóre⸗uuízeda.

QVOD FVTVRORVM NVLLA DEO SIT OPINIO . QVAMVIS NON COACTA FIANT . ET QVID NOS FALLAT IN HIS .

Sed inquis . Sô chîst tu .

Hoc ipsum dubitatur . an ulla possit esse prænotio earum rerum . quæ non habent necessarios exitus . Tés sélben íst zuíuel . úbe déro diu nôte neuuérdent . tehéin fóre⸗bechénneda múge sîn.

Dissonare etenim uidentur . Vuánda síu dúnchent tír missehélliu.

Putasque si prouideantur . consequi necessitatem . V'nde uuânest tu . úbe síu uuérdên fóre bechénnet . táz síu nôte súlîn geskéhen.

Si desit necessitas . minime præsciri . V'be iro nôt nesî . dáz iro nehéin fóre⸗bechénneda nesî.

Nihilque comprehendi posse scientia . nisi certum . V'nde uuânest tu uuízenthéit nehéines tínges sîn . âne guísses.   [252.]

Quod si prouideantur ea quasi certa . quorum exitus incerti sunt . V'nde úbe díu uuérdên fóre seuuen . sámo guíssiu diu dóh únguis sint . uuîo sîv ergángén.

Id esse caliginem opinionis . non ueritatem scientiæ . Dáz uuíle dû héizen uuân . náls uuízenthéit.

Credis enim diuersum esse ab integritate scientiæ . aliter arbitrari . ac sese res habeat . A'nderes uuânen dánne iz sî . dáz netrûuuest tû zihen ze ̱gánzero uuízenthéite.

Cuius erroris causa est . Dén írreden máchôt táz.

Quod quisque existimat omnia cognosci ex ̱uí . tantum eorum quæ sciuntur . atque natura . Dáz man uuânet állero dingolih pechénnet uuérden . fóne sîn sélbes natura.

Quod totum contra est . Táz ál dára uuídere ist.

Omne enim quod cognoscitur . Vuánda ál dáz tar bechénnet uuírt.

Non secundum uim sui . sed comprehenditur potius secundum facultatem cognoscentium . Dáz neuuírdet nîeht pechénnet áfter sîn sélbes chréfte . núbe áfter démo mágene dero bechénnentôn uuírt iz erfáren . Gót nesíhet tiu futura nîeht áfter íro chréfte . núbe áfter sînero mágenchréfte . Dáz síu futura sint . dáz sínt síu an ín sélbên . uuánda síu nóh nechâmen . ímo sint síu præscientia . âne chúmft . Tiu íoman tûot in ̱úuserro præsentia . díu sint tes tûonten hálb únnôtháfte . dóh sint síu álso nôte . sô uuír síu séhen . Díu óuh kót ána síhet . díu sint nôte . álso ér síu ána síhet . tér síu áber nóh in ̱futuro tûon sól . dér tûot síu dánne âne nôt . Táz

peginnet si únsih nù mit exemplis
lángséimo léren.

EX HVMANA NOTIONE AD DIVINAM NOS
DVCERE TEMPTAT. INCIPIENS A
SENSV EXTERIORE.

Nam ut liqueat hoc breui exemplo.
Nû lòse hára. dáz ih tir is pilde ge-
gébe spúotigo.

Eandem formam corporis. aliter
uisus. aliter tactus agnoscit. Sólt
tu chiesen éin sin-uuélbe corpus.
tia sinuuélbi chiuset ánderes uuio
daz óuga. dánne der finger.

Ille eminus manens. iactis ra-
diis. intuetur simul totum. Dáz
óuga sciuzet tára férronán. únde
chiuset taz pilde sáment.

Hic uero coherens orbi. atque
coniunctus. motus circa ipsum am-
bitum. A′ber der finger dâr ána
gelégetèr. únde ál úmbe rítentèr.

Comprehendit rotunditatem par-
tibus. Erspéhòt er iz állez éin-
zèn.

SENSVM EXTERIOREM. ET ALIOS IN-
TERIORES MODOS CONSIDERANDI.
DIVERSOS ESSE INTER SE.
[253.]

Ipsum quoque hominem aliter sen-
sus contuetur. aliter inmaginatio.
aliter ratio. aliter intelligentia. Sél-
ben den ménnisken nechiesent'nieht
ze-éinero uuis. tise genámden fier
sinna.

Sensus enim iudicat figuram.
constitutam in subiecta materia.
Der úzero sin. sò daz kesiune íst.
chiuset taz pilde éteuuar ána.

Immaginatio uero iudicat solam
figuram sine materia. Der innero
sin. dér imaginatio héizet. chiuset
táz pilde éinez. ána dia materiam.
dáz er fóre sáh án dero materia.

Ratio uero hanc transcendit.
A′ber der sin. dér ratio héizet. der
úberstépfet inmaginationem.

Et perpendit ipsam speciem. quæ
singularibus inest. uniuersali con-
sideratione. V′nde bechénnet er
sámenthâftigo dáz pilde. dáz súnde-
rigo éteuuar ána skînet. An démo
nomine homo. uuirt sáment fer-
nómen. dáz éinzèn. únde súnde-
rigo geséuuen uuirdet an platone.
cicerone. socrate. únde óuh sún-
derigo áne sie in-gehúht chúmet.

Intelligentia uero celsior oculus
existit. Táz óuga dero intelligen-
tiæ. úber sihet tise dri sinna.

Supergressa namque ambitum
uniuersitatis. Vuánda úberstépfen-
do dén biuáng téro sámenthafti.
dia ratio begrîfet.

Contuetur ipsam illam simplicem
formam. pura acie mentis. Sihet
si mit héiteremo óugen daz éinualta
gótes pilde. dáz fóne diu éinfálte
íst. uuánda iz in subiecta materia

ist . sô nehéin ánderez neíst . Tiu síhet óuh án demo ménnisken die táte . die góte guis sint . dôh sie imo sélbemo únguis sín . únde nóte geskéhent . tero gótes uuizenthéite hálb . únde áber únnote mánnes hálb. Mit tien ûzerên sensibus . ferstándên uuír dero ûzerôn dingo . dáz sint corpora . díu er héizet materiam . únde án dien corporibus . álde sáment tien corporibus ferstándén uuír dero corporaliun . dáz sint iro accidentia . A'lso án in sint colores . únde figuræ . únde sáment in íro ráte . Dien sensibus fólgêt imaginatio . Dáz ist tiu píldunga . des múotes . áne diu corpora . álso getániu . sô diu óugen an in sáhen . álde diu óren hórtôn . So uuéder ér fóre sáh . sô driskózez pílde . álde fierskózez . álde sinuuelbez . álde mánnes pílde . álde fógales . A'lde er sáh cursum . álde palestram . álde uuiz . álde suárz. Chúmet mánne in drôum dáz sélba gelihnisse . daz héizet fantasma . únde illusio . úbe ér iz in sínemo múote sô bildôt . dáz héizet imaginatio . Sáment úns hábent bestiæ diu zuéi geméine . [254.] i. sensum et imaginationem . Ratio dáz ist tiu chráft tes sinnes . tia der ménnisko hábet álles éino . Diu túot in dáz uuizen . dáz er nío negesáh . únde dés nehéin bildunga uuérden nemág . Tiu lêret ín skéiden . uerum únde falsum . bonum únde malum . únde éin fóne ándermo erráten . álso er

fóne primis substantiis irrâtet secundas . únde fóne toto partem . ióh fóne parte totum . únde fóne præteritis præsentia . únde fóne præsentibus futura . Gentiles philosophi nechóudôn nîeht fúrder fernémen . âne únz tára sie díu ratio lêita . Fóne díu unóltôn sie . dáz tiu éinen ding uuárín zeglóubenne . díu mit ratione gestérchet uuv'rtîn . sús ketânero . Si hoc est . illud est . aut si hæc sunt . illud erit . Tánnân ságeta aristotiles in cathegoriis . táz priuatio nemúge feruuándelôt uuérden in habitum . sô . dáz edentulus . fúrder dentes kuuínne . álde náh caluitio . capillata frons uuérde . uuánda er nehéina rationem neuuissa . náh téro iz uuérden máhti . Dánnân geskáh súmelichên . sô cælestis sapientia chám . únde sie ládota ad intellectum diuinum . únde sie hiez klóuben resurrectionem mortuorum . et omnia esse deo possibilia . dáz sie dár ferstîezen . únde dánnán uuúrten contenebrati . dánnân sie sóltôn uuérden illuminati . Vuile du chéden . so uuár ratio ist . dár ist óuh intellectus . dáz ist áleuuâr . dár humana ratio ist . tár ist óuh humanus intellectus . A'ber diuinus intellectus . únde diuina contemplatio . díu ist simplex . únde spiritalis . uuánda sélbêr gót . simplex spiritus ist . Tér daz pechénnet . tér ist particeps téro sélbûn intellectus . Tiu lêret in . dáz er ist substantia ultra substantiam . únde forma informata . sine loco . sine tempore . mundum faciens sine materia . filium habens sine alteritate . et spiritum procedentem sine motu . Díe humanam rationem an dien dingen súohtòn . die uuúrten heretici.

INFERIORA A SVPERIORIBVS CONPREHENDI . NON SVPERIORA AB INFERIORIBVS .

In quo illud maxime considerandum . Dàr dáz állero gnótost íst zechiesenne.

Nam superior uis comprehendendi . amplectitur inferiorem . I'h méino . dáz ter óbero sin begrîfet ten nideren.

Inferior uero nullo modo consurgit ad superiorem . Der nidero negeréichot nîeht ze‿demo óberen.

Neque enim ualet aliquid sensus extra materiam . Vuánda sensus nehábet uuérches nîeht âne corpus . sò . imaginatio hábet . Accidentia corporum . súlen uuir dúrh nòt án in séhen . únde grîfen . [255.]

Vel imaginatio contuetur uniuersales species [1] mùotes píldunga . dóh si bildoe daz éiniga bilde . dáz si sah . únde . . . si nemág táz kemeine bilde nîeht kebildon . uuánda si iz nio negesah . . . . sól si iz óuh tánne chîesen?

Vel ratio carpit simplicem formam . Nóh réda neirréichot taz éinfalta gótes pilde . Si chán únsih échert keléiten ze‿dien formis . tie án dien substantiis ligent . únde sie nîeht substantiæ nesint . núbe accidentia . A'ber gótes pilde . ist tùrh sih pílde . substantia supersubstantialis . táz chit fórderóra dien substantiis . tie dir sint stantes sub accidentibus.

Sed intellegentia quasi desuper spectans conceptam formam . diiudicat etiam cuncta quæ subsunt . A'ber intellectus . sámo so hóhor stándíu . únde dia íro chúndùn formam ána séhendíu . dúrh chiuset si diu nideren.

Sed eo modo . quo comprehendit ipsam formam . quæ nulli alii poterat nota esse . Si sihet ze‿déro sélbùn uuis tiu nideren . ze‿déro uuis si dia formam sihet . tîa nehéin dero níderòn nesihet . Vuéliu íst tiu uuîsa?

Nam cognoscit et uniuersum rationis . et figuram imaginationis . et sensibile materiale . nec utens ratione . nec imaginatione . nec sensibus . Si bechénnet . táz ratio únde imaginatio . únde sensus pechennent . sîh tóh nestiurende mit íro dehéinero.

---

[1] Hier ist die ecke eines blattes weggerissen.

Sed prospiciens cuncta illo uno ictu mentis formaliter . ut ita dicam . Núbe éines plicches . uuéiz si siu álliu in íro sélbero uuis . in dia uuis . sô si dia formam uuéiz. A'lso benedictus tisa uuérlt álla sáment sáh . mit kótelichemo óugen .

Ratio quoque comprehendit imaginabilia . uel sensibilia . nec utens imaginatione . nec sensibus . cum respicit quod uniuersale. Réda uuéiz óuh . dáz tiu níderen uuizen . sih tóh nestíurende . mit iro chréften . dáz állelicha zeséhenne.

Hæc est enim quæ diffinit uniuersale conceptionis suæ . ita. Dísiu ist tiu dir óuget tia sámentháfti . dia siu begrifen hábet . mit tisên uuórten.

Homo est animal bipes . rationale. Ménnisko ist éin lébende ding . zuibéine . rédoháfte.

Quæ notio cum . uniuersalis sit . tum nullus ignorat esse imaginabilem rem . sensibilemque. Dób tiu bechénneda állelih sî . uuér neuuéiz . táz si óuh píledig . únde gesihtig íst ?

Quod illa non considerat . iu imaginatione uel sensu . sed in rationali conceptione. Dáz nenuéiz io dôh si nieht píldondo . álde geséhendo . núbe rédoháfto dénchendo . [256.]

Imaginatio quoque tametsi sumpsit ex sensibus exordium . uisendi . formandique figuras. So uuio machunga [1] bildonnes pedige . fóne quinque sensibus.

Sensu tamen absente . conlustrat quæque sensibilia. Sî erféret tóh âne sensum . álliu diu gesihtigen bilde.

Non sensibili ratione iudicandi . sed imaginaria. Náls tóh nieht mit téro chúnste des sensus . núbe mit iro sélbero chúnste.

Uidesne igitur . s . o boeti . uti utantur cuncta in cognoscendo . sua potius facultate . quam eorum quæ cognoscuntur ? Nesihest tu nû na . uuio álle sínna mêr bechénnên fóne iro sélbero máhte . dánne fóne déro máhte dero bechénnentón ?

Neque id iniuria. V'nde óuh mit réhte.

Nam cum necesse est omne iudicium . existat actus iudicantis. Vuánda michel nôt ist . sîd tiu chiesunga des chiesenten tát ist.

Vt perficiat quisque suam operam . non ex aliena ui . sed ex propria potestate. Dáz io dér sina tât kerécche . mit sinero chréfte . náls mit ánderes chréfte.

---

[1] Das mit kleinerer schrift gegebene ist in der handschrift weggerissen.

AN CREDENDVM SIT STOICIS . QVI DICVNT VACVAS MENTES AFFICI EXTIMIS CORPORIBVS .

Quondam attulit . i. habuit porticus . s. athenis . nimium obscuros senes. Daz uuîtchélle ze athenis . innota íu . die hárto tíef táhtigen álten . i. stoicos philosophos. Plato atheniensis philosophus . sáz pî athenis in achedemia uilla . dâr sîn éigen uuás . únde lêrta sîne iúngeren . únz án sîn énde . Náh sinemo énde téilton sie sih . Súme vuúrten dâr ze léibo . únde hiezen achademici . súme begóndòn uuállòn . únde hiezen perhipatetici . súme fúoren in athenas ciuitatem . únde hiezen stoici . Dén námen gáb in stoa . dáz chît porticus . in demo sie dâr sâzen . únde iro uuístùom áh totòn .

Qui credant . i. qui crederent sensus et imaginationes inprimi mentibus . e corporibus extimis . Tie dír uuízen uuóltòn . mánnoliches múote ánagetán uuérden . sensus únde imagines . fóne dien úzerên corporibus. Homines únde arbores . montes únde flumina . únde álliu corpora . diu úzeren hálb únsér sínt . tùont únsih ze sinf uuison ferstán . Uués ferstúondin uuír . úbe siu neuuârin? Vuáz máhtîn uuír séhen . álde grífen . áne corpora? V'nde úbe iro bílde ne-

uuârin . uuáz píldotîn uuír dánne in únserên múoten? A'ba dien corporibus chómendo . getrinchent sie in daz mûot . Tára hábent sie uuég . túrh tie sensus . Uuio uuérdent sie ána getán únserên múoten? Dáz tùont sie sô . dáz uuír síu lidèn . náls siu unsih . únde siu únsih ána uuérdent . náls uuír síu geséhèn . únde gehórèn . [257.]

Vt mos est quondam figere pressas **litteras æquore paginæ celeri stylo** quæ nullas habeat notas . A'lso dero geblánetûn tábelun búohstaba . . . . [1] gerizzót uuérdent mit kríffele . Tabella ist kelîh temo múote . kríffel corporibus . literæ demo bílde .

MENTEM SVAM VIM EXERCERE . SEPE TAMEN EXTRINSECVS EXCITARI . ET TVNC MISCERE INTERIORES FORMAS EXTERIORIBVS .

Sed si nihil explicat mens . uigens propriis motibus. U'be áber daz mûot chráftelòsez . níeht mit sîn sélbes róskine getùot .

Sed tantum patiens iacet. U'nde iz échert múozig liget .

Subdita notis corporum. U'ndértán iz tien ána-chómenên bílden dero corporum .

Redditque cassas imagines rervm . in speculi uicem. U'nde iz

---

[1] Fehlt die ecke des blattes.

in‿spíegeles uuís hína rértet tero corporum bílde . náh in . Úbe iz mêr negemág.

Unde hæc notio cernens omnia sic uigens animis . Uuánnân ist tánne diu uuizenthéit . tes mûotes . álliu díng chiesentiu .

Quæ uis prospicit singula? Uuéliu iro chráft peuuártèt siu álliu éinzen sô gnóto?

Aut quæ cognita diuidit . quæ diuisa recolligit? A'lde uuéliu téilet tiu iro chúnden genera in‿species . únde sámenôt siu áber ze‿dîen hûfon dero generum? Úbe iz mêr neuuéiz . âne gesíhtigiu díng . uuánnân uuéiz iz tánne genera únde species . tiu gesíhtig nesínt?

Et legens alternum iter . nunc inserit caput summis . nunc decedit in‿infima . Únde hért uuihseliga fárt tûende . ist iz éina uuíla in‿dien himeliskên . ándera uuíla in‿dien irdiskên? Hértôn tribet iz phisicas . et theologicas questiones . Ratio tùot phisicos . intellectus tùot theologos .

Tum referens sese sibi . redarguit falsa ueris . Únde síh tánne sîn sélbes ferréchenónde . irlósket iz lúkkiu argumenta . mit uuâren .

Hæc causa magis est efficiens . longe potentior est . Tísiu chráft ist kefrádera . únde filo máhtigera.

Quam illa causa . quæ patitur inpressas . notas modo materiæ . Dánne diu chráft tes mùotes . tíu diu ána getânen bílde tréget . sámo so uuáhs . álde uuázer . álde spiegelglás . in‿dien diu bílde skínent .

Præcedit tamen passio in uiuo corpore . excitans ac mouens uires animi . Nù begágenet tóh ér dien sensibus éteuuaz ûzuuert crùozende . únde réizende dìe chréfte des mùotes . Vuénne ist táz?

Cum uel lux ferit oculos . uel uox instrepit auribus . Sô man ieht kesihet . álde gehôret .

Tum excitus uigor mentis . Tánnân sâr gegrùoztiu des . . . .[1] [258.]

Vocans . quas intus species tenet . ad similes motus . applicat exteris notis . Si diu un — — ude ûz uu . . . . . gagen súmelichên uuárben . biutet si siu . únde rértet si siu ze‿dien sélbèn zéichenen .

Et miscet imagines . formis introrsum reconditis . Únde gemiskelôt si dîe ûzenân chómenten . ze‿dîen dâr ínne gehâltenén bílden . A'lle natùrliche léicha . únde álle rártâ . hábet tiu sêla in iro . Sô si singen hôret . sô ist iz iro lústsam . uuánda iz iro gelih ist . Tie proportiones fóne dien si coniuncta ist . tie lázet si gérno zu íro . sô in musica geskriben ist . únde sîe gágen dien ûzeren bietende . miskelôt si inéin . zuéi díng kelíchiu . Vuánda óuh tér tyrannus babilóniæ ételih pílde deitatis in‿sinemo mùote hábeta . fóne diu chád er daz ûzera

---

[1] Fehlt die ecke des blattes.

bilde ána séhendo . uideo uirum . similem filio dei . U'nde magi in egypto . ételicha uuízentheit kótes hábendo . bechnáton sie digitum dei . in miraculis moysi.

SICVT NOSTRÆ . ITA ET DIVINÆ MENTIS IVDICIVM . NON EX VI ALIENA ESSE .

Quod si non insignitur . i. instruitur animus passione in sentiendis corporibus . si inquam non insignitur passione in sentiendis corporibus . U'be nû des ménnisken mûot . tero corporum ferstándo . fóne iro ána chómeni geléret ne-uuirt . chiesendiu sélben corpora úmbe íro bilde .

Sed iudicat ex sua ui . subiectam passionem corpori . i. subpositam imaginem sensibus corporis sui . Núbe mit sin sélbes chréfte . diu chiuset . pegágenentiu sinen óugon . únde sinen óron . Nû chúmet interposita ratio .

Quamuis afficiant instrumenta sensuum . forinsecus obiectæ qualitates . Tóh tiu úzuuért pegágenenten bílde ána uuérdên . diu óugen . únde diu óren . mit tien uuir geséhên . únde gehóren .

Et passio corporis . i. corporalium sensuum . antecedat uigorem agentis animi . V'nde díu tróffeni sinero sensuum . fúrefángoe sines

mûotes chráft . túrh sih uuérchontes .

Quæ prouocet in se actum mentis . Tiu tróffeni an sih uuézze . dia tât tes mûotes .

Excitetque quiescentes interim intrinsecus formas . V'nde si ûf errécche . diu dar inne ío nóh tánne lóskenten bilde . V'nz hára gât interposita ratio .

Quanto magis ea quæ absoluta sunt cunctis affectionibus corporum . non sequuntur obiecta extrinsecus in discernendo . sed expediunt actum suæ mentis . Uuío filo mêr cælestes substantiæ . die állero corporum ánatrífte âno sint? A'n dien ist úrchóse . dáz si dien ûzerên nefólgênt . an iro chiesenne . núbe sie skéinent tia chráft iro sinnes . [259.]

DISTRIBVTIO COGNITIONVM .

Hac igitur ratione . cessere multiplices cognitiones . diuersis ac differentibus substantiis . Sús misseliche sinna . sínt kelázèn misselichèn substantiis . Sús hábent sie sih ketéilet únder ín .

Sensus enim solus destitutus aliis cognitionibus cessit inmobilibus animantibus . Sensus éinér . ist kelázen . âne die ándere dri sinna . dien éteuuar fásto háftentên animalibus .

Quales sunt conchæ maris . et alia quæ herentia saxis nutriuntur . A´lso die mére-múskela tûont . únde ánderíu álso gezógeníu . án dien stéinen chlébendo . Díu infíndent échert iro .

Imaginatio uero mobilibus beluis . A´nderên lébendên . únde vuállontên . ist tára zûo gelázen imaginatio .

Quibus iam inesse uidetur affectus fugiendi . uel appetendi . I´h méino . dien gelúste únde úngelusto ána sint . Fóne diu ánteròt ter áffo . dáz ér die ménnisken síhet tûon . U´be ér iz in demo mûote ér gebildòt nebábeti . sô nemáhti er iz nieht keánterôn .

Ratio uero tantum est humani generis . sicut intellegentia sola diuini . Réda ist échert ménniskôn gelázen . sô óuh kótes éines ist intellectus .

Quo fit ut præstet cæteris ea notitia . Fóne díu ist nót . táz tíu uuizenthéit fórderôsta sî .

Quæ cognoscit suapte natura . nonmodo proprium . Díu fóne iro sélbero . bechénnet . nieht éin sih sélbùn .

Sed subiecta quoque cæterarum noticiarvm . Núbe óuh tie nideren drî?

DVAS NOTITIAS AD TERTIAM NON POSSE CONTENDERE .

Quid igitur . si sensus et imaginatio refragentur ratiotinationi ? Uuáz úbe mit ratione striten beginnent tie nideren zuêne sínna ?

Dicentes . nihil esse illud uniuersale . quod putet ratio sese intueri . Chédendo dáz taz uniuersale nieht nesî . dáz sî sih uuânet uuizen .

Quod enim est sensibile . uel imaginabile . id non posse esse uniuersum . U´nde chédendo . dáz man éinzèn séhen álde bildòn mág in éina sámeháfti dáz nemúgen chómen . Uuánda socrates . únde plato únde demostenes . neguuinnent níomêr sáment éin geméine bilde . dáz man séhen múge .

Aut igitur uervm esse iuditium rationis . nec quicquam esse sensibile . U´nde óuh chédendo . E´in uuéder ze nóte uuésen . sô vuár dáz rationi dúnchet . únde áber sih petrógen sîn án demo gesihtigen .

Aut quia sibi notum sit plura subiecta esse . sensibus et imaginationi . A´lde sîd in uuóla chúnt sînt . díu mán séhen mág . únde bildòn .

Inanem esse conceptionem rationis . Rationis uuàn betrógen sîn . [260.]

Quæ consideret . quasi quoddam uniuersale . quod sit sensibile ac singulare . Díu dáz kelóubet . uué-

sen sámenthaftig . dáz kesihtig .
únde súnderig ist .

Si ad hæc contra respondeat ratio . Úbe dára gágene ratio ántvuúrtet .

Se quidem conspicere in ratione uniuersitatis . quod sit sensibile . et quod sit imaginabile . Sih uuóla bechénnen in dero rédo dero sámentháfti . dáz sie béide uuízen .

Illa uero non posse adsurgere ad cognitionem uniuersitatis . Únde áber iro neuuédera bechénnen dia sélbún sámentháfti .

Quoniam non possit eorvm notitia excedere corporales figuras . Vuánde sie úber stépfen nemúgen diu ûzeren bílde .

Credendum uero potius esse de cognitione rerum . firmiori et perfectiori iudicio . Únde man báz kelóuben sól . dár man fóne iro drîo bechénnedo stritet . tero guísserún . únde dero fólleglicherún ertéilungo .

Igitur in huiusmodi lite . nonne probaremus nos potius causam rationis . nos quibus inest uis tam ratiocinandi . quam imaginandi . etiam sentiendique? Nestúondin uuir in disemo strite dero ratione bî na? Uuir dir béidiu chúnnen . ióh irráten . ióh séhen . únde bíldon?

TERTIAM QVOQVE QVARTÆ INPAREM ESSE IVDICANDAM.

Simile quoque est . quod humana ratio putat diuinam intellegentiam . non intueri futura nisi ut ipsa cognoscit . Álso ist táz ketân . dáz ménniskòn réda uuánet . ten gótes sin ánderes neuuizen diu chúmftigen âne sô si uuéiz .

Nam ita disseris . Vuánda sús rédost tû .

Si qua non uideantur habere certos ac necessarios euentus . ea nequeunt certo euentura præsciri . So uuéliu únguisso . únde âne nót chúmftig sint . tiu nemúgen nîeht kuisso chúmftigiu . fóre geuuizen uuérden .

Harum igitur rervm nullam esse præscientiam . Únde chist tû . dero sô getânon . nehéina fóre=uuizeda sin .

Quamsi etiam credamus esse . nihil erit quod non proueniat ex necessitate . Únde úbe uuir sia gelóuben súlin . dáz tánue nicht âne nót negeskéhe .

Igitur si possemus habere iudicium diuinæ mentis . uti sumus participes rationis . Úbe uuir des kóteliches sinnes chiesunga hában máhtîn . álso uuir rédohafte bírn .

Censeremus iustissimum . submittere sese humanam rationem diuinæ menti sic . sicut iudicauimus oportere imaginationem . sensum . cedere rationi . So dûobti úns sámolih réht. únsera réda uuíchen gótes sinne. só uuir irtéiltôn. sensum únde imaginationem. iro súlen uuichen.   [261.]

Quare si possumus. erigamus in cacumen illius summæ intelligentiæ. Fóne diu chóroen únsih erhéuen úbe unir múgin. in‿dia hóhi dero fórderostûn intelligentiæ.

Illic enim uidebit ratio. quod non potest in se intueri. Só findet târ ratio. dáz sî in iro sélbůn nehábet.

Id autem est. I'h méino dáz.

Quonam modo uideat prænotio. ea etiam quæ non habent certos exitus. tamen certa. ac definita. Uuîo gótes prænotio díu hábe guissiu. únde guót marchotiu. diu án in sélbén nieht kuisses úzlâzes nehábent.

Neque id sit opinio. U'nde dáz nehéinen uuân nesi.

Sed potius simplicitas summæ scientiæ. Núbe éinfaltiu uuizentheit.

Núllis terminis inclusa. Nehéin méz hábentiu. nóh úmbe márchotiu.

OPORTERE HOMINEM ERECTO CORPORE. MENTE QVOQVE ERIGI.

Quam uariis figuris animalia permeant terras. Uuîo mániges píldes. tier áfter uuérlte fárent.

Namque alia sunt extento corpore. uerruntque puluerem. Súmiu fárent strácchendo. únde uuískendo dia érda.

Trahuntque continuum sulcum. incitata ui pectoris. Unde máchônt sie átoháften slih. mit tien brústen gándiu.

Sunt quibus uaga leuitas alarum. et uerberet uentos. et enatet spatia longi ætheris. liquido uolatu. A'nderiu sint. tiu mit féttachen slágezent ten uuint. únde uuito suéibônt án dero lútterun lúfte.

Hæc gaudent pressisse solo uestigia. Súmiu spirnent tía érda. mit tien fûozen.

Et gaudent uel transmittere uirides campos gressibus. uel subire siluas. U'nde uuállont siu gándo. in‿hólze. tóh in‿félde.

Quæ licet uideas omnia discrepare uariis formis. Tóh tú diu álliu séhêst sih skéiden in‿iro bilde.

Prona tamen facies hebetes ualet ingrauare sensus. A'ber níder hángendez hóubet. ketûot siu háben tóuben sin. Dés sint siu úngeskéiden.

Unica gens hominum. leuat altius celsum cacumen. E'iner der ménnisko. héuet taz hóubet ûf.

Atque leuis stat recto corpore. despicitque terras. Ióh ríhtet er sih liebto állen ûf. fóne érdo séhende.

Hæc figura ammonet te terrene.

nisi male desipis. Tiz pilde mánót tíh méunisko. úbe du iz fernémen chánst.

Qui petis cælum recto uultu. exerisque frontem. animum quoque feras in sublime. Tû dir grécho den himel sihest. únde daz hóubet úfhéuest. taz môot óuh úfhéuêst. · [262.]

Ne leuato celsius corpore. grauata mens inferior. pessum sidat. Nio demo lichamen úf errihtemo. daz môot pesuartez. nider ze ferlórni nesúcche.

QVI SIT STATVS DIVINVS.

Quoniam igitur omne quod scitur. non ex sua natura cognoscitur. sed ex natura comprehendentium. uti paulo ante monstratum est. Sid álliu ding keuizeniu. fóne iro sélbero natura neuuérdent keuuizen. núbe fóne dero uuizentón. só uuir óuh fóre sägetôn.

Intueamur nunc quantum fas est. quis sit status diuinæ substantiæ. Só séhèn nú gágen dés iz môoza sî úns. uuélea státa gótes substantia hábe.

Vt possimus etiam cognoscere. quænam sit eius scientia. Dáz nuir óuh chiesen múgin. uuiolih sin scientia sî.

Est igitur commune iudicium omnium ratione uiuentium. deum æternum esse. Dáz kót éuuig sî. dáz ist állero rédohâftero geméine gelúbeda. Dáz kechúren sie álle.

Consideremus igitur. quod sit æternitas. Nú séhèn uuáz æternitas sî.

Hæc enim patefacit nobis pariter. diuinam naturam. et diuinam scientiam. Si léret únsih tár mite bechénnen gótes naturam. únde gótes uuizentbéit.

Est igitur æternitas. tota simul possessio. et perfecta possessio interminabilis uitæ. Êuuighéit ist fólliu. únde sámenthaftiu hába. des únéntlichen libes.

Quod ex collatione temporalium clarius liquet. Táz skínet óffenór fóne dero frist máligon uuider-mézungo.

QVOD TEMPORE CVRRIT LICET INFINITO. NON ESSE ÆTERNVM.

Nam quicquid uiuit in tempore. id procedit præsens in futura. Uuánda dáz in-friste lébet. táz lóufet fóne gägenuuerti ze-chúmftigi.

Nihilque est constitutum in tempore. quod possit pariter amplecti. totum spatium uitæ suæ. Nóh únéuuig ting neist nehéinez. dáz sáment múge begrífen. állen sinen lib.

Sed nondum quidem apprehendit crastinum. iam perdidit hesternum.

Núbe fóre ist imo nóh taz mórgeniga . ingángen ist imo daz késteriga .

In hodierna quoque uita . Ióh án demo huotigen libe . dêr únder demo gésterigen ist . únde únder demo mórgenigen .

Non amplius niuitis . Nelébent ir mèr .

Quam in illo mobili et transitorio momento . Dánne án demo stételòsen . únde hina fértigen stúpfe . Vuír nelébeén nieht an præterito . nóh an futuro . án demo præsenti birn uuír io . Nóh státon nemúgen nuír nieht an dêmo sélben . Chómendo ferlóufet iz . Unde úbe iz íoman uníle zéigon demo ándermo . [263.] dêr mág échert éiuêst chéden chúmo . iz ist nú . sâr ánderêst chit er nóte . iz uuás nú . úbe er dáz sélba zéigôn sól . Sô getân ist únsêr præsens .

Quod igitur patitur conditionem temporis . Táz io liden sól dia geskáft friste .

Licet illud nec cœperit umquam esse . nec desinat . sicut aristoteles censuit de mundo . Dáz táz ánafáng nebábe . nóh úzláz . sô aristotiles uuánda fóne dírro uuérlte .

Uitaque eius tendatur cum infinitate temporis . Unde sin lib sih strécche . mit únende zites . i. præteriti . præsentis . et futuri .

Nondum tamen tale est . ut iure credatur æternum esse . Dáz neist io nieht sòlih táz iz éunig héize mit réhte .

Non enim comprehendit atque complectitur simul totum spacium uitæ . licet infinitæ . Vuánda iz nieht sáment nebegrîfet . sô évnig túot . állez táz uuituobele sines libes . tóh sin lib énde nehábe .

Sed nondum futura transacta iam non habet . Núbe éin tempus ist imo fóre . dáz ánder ist hina .

Quod igitur pariter comprehendit ac possidet totum plenitudinem interminabilis uitæ . Dáz áber sáment pesizzet . únde úmbe hábet tia ólangi sines libes únéntliches .

Cui nec futuri quicquam absit . nec præteriti fluxerit . Sô . dáz imo des chúnftigen nieht ábuuertig nesî . nóh imo nieht ergángenes enfárn nesî .

Id perhibetur iure æternum esse . Dáz héizet mit réhte éuuig .

Idque necesse est et sui compos esse . Unde dáz chít man nóte sih fermúgen sîn sélbes .

Et præsens sibi existere . Unde imo sélbemo sîn gágenuuerte .

Et habere præsentem infinitatem . mobilis temporis . Unde sámo gágenuuerte hában . ál dáz únende des lóufenten zites .

Unde non recte quidam putant . Fóne diu uuánent tie uuréhto .

Qui putant . cum audiunt uisum esse platoni . nec habuisse hunc mundum initium temporis . nec habiturum defectum . Die dés uuánent . sô sie ságen hórent . táz platoni dísiu uuérlt nedûohti hában ánagénne zîtes . nóh énde .

Conditum mundum . hoc modo fieri coæternum conditori . Disa gescáffenûn uuérlt . ze déro uuîs ében êuuig sin demo sképfen .

Aliud est enim duci per interminabilem uitam . quod plato tribuit mundo . Unánda âne énde lîb háben . dés plato iáh tero uuérlte . dáz ist éin .

Aliud complexam esse pariter totam præsentiam interminabilis uitæ . Ánder ist . sáment uuésen begriffena . álla dia gágenuuerti dés io uuérenten lîbes .

Quod proprium esse diuinæ mentis manifestum est . Táz óffeno éigen ist tes kótes sinnes .

Neque deus debet quantitate temporis uideri antiquior conditis rebus . [264.] Nóh kót nesól úns túnchen uuésen fórderòra sinen creaturis . an déro álti des zîtes .

Sed potius proprietate simplicis naturæ . Núbe mêr an déro îmo éigenun éinualti sînero naturæ .

DIVTVRNITATEM TEMPORIS . EMVLATIONEM HABERE ÆTERNITATIS .

Hunc enim præsentarium statum inmobilis uitæ . inmitatur ille infinitus motus temporalium rerum . Dia sélbûn stâta des kágenuuerten lîbes . únde dés io ze stéte stânten lîbes . pëitet sih ánterôn disiu unerdrózena fárt tero uuérlte .

Cumque non possit effingere eum . atque æquare . Únde sô si in geánterôn nemág . nóh sih îmo geébenon .

Deficit ex inmobilitate inmotum . Sô gelóubet si síh áber dero státigi . in dia ûnstátigi .

Et a simplicitate præsentiæ decrescit in infinitam quantitatem futuri . ac præteriti . Únde ába déro éinualtun gágenuuerti . gefállet si in dia únéntlichun mánegfalti fergángenes zîtes . ióh chúmftiges .

Et cum nequeat . s. ille motus temporis possidere totam pariter . plenitudinem uitæ suæ . Únde sô diu sélba fárt . sáment pefáhen nemág . álla dîa fólleglichi sînes lîbes . sô êuuigheit tûot .

Uidetur aliquatenus æmulari illud . quod non potest implere . atque exprimere . hoc ipso . quod numquam desinit aliquo modo esse . Sô gedánchet si . an diu dáz si io uuéret . éinez ételiches téiles keánterôn . dèmo si síh tóh fólleglicho geébenôn nemág .

Alligans se ad qualemcumque præsentiam . huius exigui . uolucrisque momenti . Sih hábende ze déro so nuîo uuertlichun gágenuuerti . disses chléinen . únde uerscúpfenten stúpfes .

Quæ præsentia quoniam gestat quandam imaginem . illius manentis

præsentiæ. Únde uuánda sî éte-
uuaz pildot. tia ze-stéte stándun
gágenuuerti.

Id præstat. s. eadem præsentia.
quibuscumque contigerit. ut uide-
antur esse. Gibet si dáz tien si
ána ist. táz siu gedúnchen uuésen.

Quoniam uero non potuit ma-
nere. Uuánda si dóh státe uuésen
nemáhta.

Arripuit infinitum iter temporis.
Hinder stûont si dia fárt. téro in
zite énde neuuírdet. Zegât tiu fárt.
sô ist óuh tempus zegángen.

Eoque modo factum est. ut con-
tinuaret uitam eundo. Unde sô ist
keskéhen. dáz si íro líb fárendo
geátehâftoti.

Cuius. s. uitæ plenitudinem.
complecti non potuit permanendo.
Dés libes sámenthafti. si begrîfen
nemáhta ze-stéte stándo. [265.]

Itaque si uelimus imponere rebus
digna nomina. sequentes platonem.
Úbe uuir gréhto nû uuéllên skáffôn
dien dingen náh platone geristige
námen.

Dicamus quidem deum æternum
esse. mundum uero perpetuum.
Sô chéden gót uuésen éuuigen. dia
uuérlt uuériga.

HIS PRÆMISSIS. AD SOLVENDAM QVE-
STIONEM CONVERTITVR.

Quoniam igitur omne iudicium com-
prehendit sibi subiecta secundum
sui naturam. Uuánda állíu chie-
sunga. náh íro sélbero máhte chíu-
set. táz íro fóre óugôn ist.

Est autem deo semper æternus.
ac præsentarius status. Únde uuán-
da góte ist. éuuig státa. ióh ána-
uuartígin.

Scientia quoque eius supergressa
omnem motionem. i. cursum tem-
poris. manet in simplicitate suæ
præsentiæ. Só ist óuh nóte sîn
uuizenthéit uuésendiu. án déro éin-
faltun gágenuuerti. úberstígendiu.
állen uuéhsel zítes. Úbe diu sélba
gágenuuerti sáment állíu díng nebe-
griffe. sô ne uuâre si nieht éinfalte.
Fóne diu chît er sâr náh.

Et complectens infinita spatia
præteriti. ac futuri. Únde sáment
pefáhende die únentlichen uuítinâ
præteriti únde futuri.

Considerat omnia in sua simplici
cognitione. quasi iam gerantur.
Sihet si állíu ding in íro éinualtun
bechénnedo. diu hina sint. ióh
nóh fóre sint. sámo siu io ána ge-
tân uuérden.

QVOD DEI POTIVS EST. SCIRE ET
PROVIDERE. QVAM PRÆSCIRE.
ET PRÆVIDERE.

Itaque si uelis pensare præsentiam.
qua cuncta dinoscit. Uuíle dû be-
dénchen sîna gágenuuerti. fóne déro
ér iz állez uuéiz.

Non estimabis esse præscientiam.
quasi futuri. Sô nechîst tu nîeht
in hábeṅ fóre‑uuizeda . sámo so
chúmftiges.

Sed rectius scientiam numquam
deficientis instantiæ. Núbe réhtôr
uuizentheit . téro imo úngeuuángtun
gágenuuerti.

Unde non præuidentia dicitur.
sed potius prouidentia. Bedíu ne‑
héizet si nîeht fóre‑siht . núbe mér
férriv óbesiht.

Quod porro constituta a rebus
infimis. Túrh táz si férro stándiu.
fóne dien níderên dingen.

Cuncta prospiciat . quasi ab ex‑
celso cacumine rerum. Siu álliu
óbenán férro óbe séhe . sámo so
ába démo hóhesten chapfe dero
uuérlte?

EX DEI ASPECTV NON NECESSARIA FIERI . QVÆ VIDENTVR . SICVT NEC NOSTRO.

Quid igitur postulas . ut fiant ne‑
cessaria . quæ lustrentur diuino lu‑
mine? Zíu gedénchest tû . dáz tíu
nòt máchoe . díu gótes óugen ána
séheṅt? [266.]

Cum ne homines quidem faciant
quæ necessaria uideant? Dánne
nóh ménnisken nóthaftíu netûeṅ.
díu sie séhent?

Num enim tuus intuitus addit eis
aliquam necessitatem . quæ cernis

præsentiam? I'nno? Tûot tin ána‑
siht tehéina nòt tien . diu dû si‑
hest?

Minime. Dáz netûot.

Atqui . si est digna collatio diuini
præsentis et humani. Zeuuáre.
úbe dehéin géristig uuídermezunga
sin mág . mánnes únde gótes kágen‑
uuerti.

Uti uos uidetis quædam . hoc
uestro temporario præsenti. A'lso
ir gréhto ételichiu séhent in‑dírro
uuérlt múrgfarun kagenuuerti.

Ita ille omnia cernit suo æterno.
Sô sihet er siu álliu . in‑sinero éuui‑
gun gágenuuerti.

Quare non mutat hæc diuina præ‑
notio . naturam rerum . et proprie‑
tatem. Fóne díu neuuéhselot nîeht
tísiu gótes fóre‑bechénneda . dia na‑
tura . únde dia éigenháfti dero
dingo.

Taliaque spectat apud se præsen‑
tia . qualia prouenient olim . in tem‑
pore futura. U'nde sihet er siu nú
sô gágenuuertíu imo . sô siu nóh
uuánne in‑zîte chúmftig sint.

NECESSARIA ET NONNECESSARIA . DEVM CERNERE ET DISCERNERE.

Nec confundit iuditia rerum . i.
meritorum . s. secundum hoc . quod
tu prius dixisti. Perdito libero ar‑
bitrio . nec uitia . nec uirtutes quic‑
quam esse . sed omnium merito‑

rum . mixtam et indiscretam con-
fusionem . Únde negeirret er nieht
síniu geríhte . sô dû in zíhest . núbe
ér skéidet tie frehte .

Dinoscitque uno intuitu suæ men-
tis . tam necessarie uentura . quam
non necessarie . Únde in éinero
ánauuarto sînes múotes . síhet er .
díu benôte chúmftigen . únde âne
nôt .

Sicuti uos . cum pariter uidetis
hominem ambulare in terra . solem
oriri in cælo . A´lso óuh ír tûont .
sô ir sáment séhent . ten ménnisken
in erdo gân . únde dia súnnun in
himele ûf-kân .

Quamquam simul conspectum
sint . utrumque tamen discernitis .
Tóh ir ío uuéder sáment séhênt .
ir skéident siu dóh .

Et iudicatis hoc uoluntarium . illud
esse necessarium . Únde áhtont ír
daz éina nóte geskéhen . daz ánder
âne nôt .

Ita igitur diuinus intuitus despi-
ciens cuncta minime perturbat qua-
litatem rerum . Sô tûot kótes óuga .
A´l óbenan ánaséhende . neuer-
miskelôt iz nieht tía uuîolichi dero
díngo .

Apud se quidem præsentium . ad
conditionem uero temporis futura-
rum . I´mo gágenuuertero . únde
áber zítes hálb chúmftigero .

Quo fit . ut hoc non sit opinio .
sed potius cognitio nixa ueritate .
Dánnan neist imo dáz nehéin uuân .
núbe uuárhaftiu bechénneda . [267.]

Cum cognoscit quid exstaturum
esse . quod idem non nesciat carere
necessitate existendi . Dánne er
dáz uuéiz . uuésen hína fúre . dáz
âne nôt tánne uuésen chán . s.
dánne iz chúmet hína fúre .

SI IN HVNC MODVM SYLLOGISMVS NEC-
TATVR . QVOMODO EVADEN-
DVS SIT .

Hic si dicas . quod euenturum deus
uidet . id non euenire non posse .
quod autem non potest non eue-
nire . id ex necessitate contingere .
Uuíle du hier chéden proponendo .
dáz kót síhet chúmftig . táz nemág
ze léibo uuérden . álso iz uuâr ist .
únde assumendo dáz ze léibo uuér-
den nemág . táz sól nóte geskéhen .
dáz óuh uuâr ist .

Meque astringere ad id nomen
necessitatis . Únde uuíle dû míh
tánne duuingen . concludendo ze
démo námen dero nóte . ál sús .

Quod deus uidet euenturvm . id
ex necessitate contingere . Dáz kót
síhet chúmftig . táz keskíhet nóte .
uuánda óuh táz uuâr ist . uuáz tûon
ih is tánne?

Fatebor quidem rem solidissimæ
ueritatis . Sô iího ih téro . sô . mit
syllogismo gestárhtun uuárhéite .

Sed cui uix aliquis accesserit .
nisi speculator diuini . A´ber sô ge-

tánero . déro sih toman chùmo ferstánde . áne dér góteliches tinges ánauuúrte ist .

Respondebo namque . I'h chído gréhto .

Idem futurum cum refertur ad diuinam notionem . necessarium esse . cum uero perpenditur in sua natura . liberum prorsus uideri . atque absolutum . E'in ding chúmftigez . péidiu sîn . ióh nóthâfte [1] . sò man sihet ze gótes uuizenthéite . ióh ferlâzen . únde sélbuualtig . sò man ze sîn sélbes natura sihet . Hier ist tíu questio soluta . díz ist tér tóugeno nexus . dêr zuéi repugnantia sâment ketûot uuésen an éinemo dinge .

EXPLANATIO EIVSDEM SENTENTIÆ . EX HOC QVOD DVÆ NECESSITATES SVNT . VT IN PERIERMENIIS ARISTOTELIS LEGITVR .

Duæ sunt etenim necessitates . Zuô nôte sint .

Una simplex . E'iniu ist éinualte . únde âne iba .

Veluti quod necesse est omnes homines mortales esse . A'lso díu ist . táz álle ménniskên nôte tôdig sint .

Altera conditionis . A'nderiu ist mit ibo . únde mit kedingun .

Ut si scias aliquem ambulare . eum necesse est ambulare . A'lso díu ist . U'be du uuéist éinen mán gân . dáz tánne nôt ist . táz er gánge .

Quod enim quisque nouit . id esse aliter . ac notum est nequit . Táz man uuéiz . uuío mág táz ánderes sîn . áne sô man iz [2] uuéiz ? [268.]

Sed hæc conditio . minime secum illam simplicem trahit . A'ber dísiu gedíngota nôt . nefûoret tia bârun nôt mit iro nieht . ih méino . úbe er gérno gât . táz er óuh sâr úndanches kánge .

Hanc enim necessitatem . non propria facit natura . sed conditionis adiectio . Uuánda dísa nôt neuuúrchet nieht tíu natura . núbe dáz man úbe dára zûo chît .

Nulla enim necessitas cogit incedere uoluntate gradientem . Uuánda nehéin nôt netûot kân . den gérno gánten .

Quamuis necessarium sit eum incedere cum graditur . So uuío michel nôt sî . dáz er gánge . sô er gât .

PRÆSENS DEI . EX NOSTRO PRÆSENTI PENSANDVM ESSE .

Eodem igitur modo . si quid uidet præsens prouidentia . id esse ne-

---

[1] Verbesserung auf dem rande.   [2] Verbesserung.

cesse est. Ze déro sélbun uuis ist
nôt. so uuáz tiu gágenuuerta fóre‐
siht ána sihet. táz iz so sî.

Tametsi nullam habeat necessita‐
tem naturæ. Dóh iz nehéina na‐
túrlicha nôt neháhe.

Atqui. ea futura quæ proueniunt.
ex libertate arbitrii. contuetur deus
præsentia. Zeuuáre sihet kót tiu
gágenuuertiu. diu nóh tánne chumf‐
tig sint. fóne sélbuualtigemo uuil‐
len.

tur ex libero arbitrio. Nóh tánne
chóment siu súmiu. fóne sélbuual‐
tigemo uuillen.

Quæ quamuis eueniant existendo.
U'nde so uuío siu geskéhên uué‐
sendo.

Nam mittunt tamen propriam na‐
turam. Sie neferliesent tóh nîeht
iro naturam.

Qua etiam non euenire potuis‐
sent. priusquam fierent. Fóne
déro siu óuh ze léibo uuérden máh‐
tin. êr siu geskábin.

ITEM REPETITVR. NATVRAM FVTVRO‐
RVM EX ALIA PARTE ESSE NE‐
CESSARIAM. EX ALIA
ABSOLVTAM.

Hæc igitur. s. futura relata ad in‐
tuitum diuinum. necessaria fiunt
per conditionem diuinæ notionis.
Táz ist úmbe disiu daz knôtesta.
dáz siu gótes ánasihte hálb nôte
uuérdent. áfter déro geskéfte gótes
uuizentheite. uuánda sín uuizent‐
heit so getán ist.

Per se uero considerata. non de‐
sinunt ab absoluta libertate snæ na‐
turæ. A'ber dúrh síh kechórniu.
ueuerliesent siu nieht. tia sélbuual‐
tigun ferlázeni iro naturæ.

Fiunt igitur procul dubio cuncta.
quæ cognoscit deus esse uentura.
Nu geskéhent kréhto áne zuíuel.
diu gót fóre uuéiz chúmftigiu.

Sed quædam eorum proficiscun‐

ITEM DE DISCRETIONE DVARVM NE‐
CESSITATVM.

Quid igitur? refert non esse neces‐
saria. s. futura præscita? Uuáz
skéidet siu dánne dána. siu nesîn
necessaria? [269.]

Cum eueniant modis omnibus in‐
star necessitatis. propter conditio‐
nem diuinæ scientiæ. Sîd siu in
állên sint ze uuis nôte geskéhent.
álso iz kelégen ist in gótes uuizent‐
héite? U'mbe dia gelégeni siu nôte
geskéhent.

Hoc scilicet. s. refert. Táz skéi‐
det siu.

Quod eas referre facit. Táz tiu
skéidet.

Quæ paulo ante proposui. Diu
ih tár fóre ze bilde gáb. U'uéliu
sint tíu?

Sol oriens. et homo gradiens.

Tíu irrinnenta súnna. únde der gánto mán.

Quæ dum fiunt. non fieri non possunt. Tiu zuéi nemúgen nieht ze léibo uuérden. únz siu geskéhent.

Eorum tamen unum necesse erat existere. priusquam fieret. alterum uero minime. Dáz éina sólta áber nóte uuérden. ér iz uuúrte. dáz ánder nieht nóte.

Ita etiam procul dubio existent. quæ deus habet præsentia. A'lso sint tiu áne zuíuel. diu gót in sínero gágenuuerti hábet.

Sed eorum hoc quidem descendit de necessitate rerum. illud uero de potestate faciendum. A'ber iro súmelih chúmet fóne nóte. súmelih fóne dero túonton geuuálte.

Haud igitur iniuria diximus. Fóne diu cháden uuír mít réhte.

Hæc necessaria esse. si referantur ad diuinam noticiam. Disiu nóthaftiu sîn. sô man hína sihet ze gótes uuizentheite.

Si per se considerentur absoluta esse nexibus necessitatis. Sô man siu áber dúrh sih chíuset. inbúndeniu sîn. únde únnóthaftiu.

Sicuti omne quod patet sensibus. uniuersale est. si referas ad rationem. A'lso dingolih táz man séhen mág. únde grifen.

állelih ist. úbe man ze déro rédo sihet.

Si respicias ad se ipsa singulare. U'nde áber éinluzze. úbe dú dár ána uuártêst. Tíu uuir ána séhen. diu sint so éiniu. únde éinlúzziu. sô plato ist. únde cicero. únde állia indiuidua. déro sélbon ist so uuelez állelih. uuánda iz homo ist. álde bos. álde equus. álde lignum. álde lapis. Uuánda hic homo óuh ist homo. bediu[1] ist er béidiu. ióh singulare. ióh uniuersale. Hunc hominem gesihet taz óuga. échert hominem uuéiz tiu ratio. Dáz lêret in cathegoriis aristotiles.

SI MVTATA VOLVNTAS. ELVDERE
POSSIT PROVIDENTIAM.

Sed inquies. Nú mág keskéhen chíst tu.

Si situm est in mea potestate mutare propositum. enacuabo prouidentiam. U'be in mínero geuuálte stât. zegeánderuuísonne mínen rât. sô eruuéndo ih tia fóresiht.

Cum mutauero forte quæ illa prænoscit. Tánne íh ódeuuano geuuéhselôn. dáz sí fóre uuéiz.

Respondebo. Dés ántuuurto ih.

Te quidem posse deflectere propositum tuum. Dih uuóla múgen uuéhselôn dínen uuillen.

---

[1] Aus „pediu" verbessert.

Sed non posse te uitare diuinam præscientiam. Náls áber fermíden dia gótes uuízentheit. nóh íro infáren. [270.]

Quoniam præsens ueritas prouidentiæ intuetur. te id posse. Vuánda diu gágenuuerta uuárheit tero fóresihte. chiuset. tih-táz kemúgen.

Et an facias. U'nde uuéder dú iz tùêst.

Quoue conuertas. Ióh uuára du gerátêst.

Sicuti non possis effugere intuitum præsentis oculi. A'lso du óuh nieht infáren nemáht téro ánasihte des kágenuuerten mánnes óugen.

Quamuis te conuerteris libera uoluntate in uarias actiones. Tóh tu dih tinero uuille-uuarbun chêrest in misseliche táte.

SI VARIARI POSSIT PRÆNOTIO. VT VOLVNTAS VARIATVR.

Quid igitur inquies. Uuío nû chíst tu.

Ex meane dispositione mutabitur scientia diuina? E'in uuanchot nû gótes uuízentheit. náh mínero sképfedo. diu mir mittundes ûf uuirdet?

Ut cum ego uelim. nunc hoc. nunc aliud. illa quoque uideatur alternare uices nascendi? Só. dáz

sî múge sáment mír hértuuéhselunga tûon des uuízennes. náh tíu ih uuîlon éinez uuíle. uuîlon ánderez?

Minime. Dáz netûot.

Diuinus namque intuitus. præcurrit omne futurvm. Gótes óuga gefúreuangot. ál dáz chúmftig íst.

Et retorquet ac reuocat ad præsentiam propriæ cognitionis. U'nde gechêret iz. ióh kéuuéndet iz. zedéro gágenuuerti sínero bechénnedo.

Nec alternat ut estimas uice prænoscendi. nunc hoc. nunc illud. Nóh ér neuuíluuandot nieht án demo bechénnenne. nû díz. nû dáz.

Sed manens. præuenit atque complectitur uno ictu mutationes tuas. Núbe ío ze-stéte stándo. fúre fáhet er. únde úmbe fáhet er éines scúzes. tína uuéhsela.

DEI PROVIDENTIAM EX SIMPLICITATE IPSIVS ESSE. NON EX EVENTV RERVM.

Quam præsentiam comprehendendi omnia. uisendique. non sortitus est deus ex prouentu futurarvm rervm. Día ío gágenuuerti sínes ánaséhennes. únde úmbe hábennes álliu ding. neguuán er

nieht fóne dero chúmftigon ge-
búredo.

Sed ex propria simplicitate.
Núbe fóne éigenero éinfalti . dia
únsih intellectus lèret . náls ra-
tio.

Ex quo illud quoque resoluitur.
quod paulo ante posuisti. Mit tiu
ist óuh tés keántuurtet . táz tu fóre
cháde.

Indignum esse . si dicantur nostra
futura . præstare causam scientiæ
dei. Ungeristlih sîn . úbe ioman
dés kedénche . dáz únseriu futura .
gótes uuízentheit récchen.

Hæc enim uis scientiæ. Dísiu
sélba chráft sínero uuizentheite.

Complectens cuncta sua præsen-
taria notione. A'lliu ding mit iro
ánauuartigun bechénnedo úmbefá-
hende. [271.]

Ipsa constituit modum omnibus
rebus. Gíbet si uuisun állen dín-
gen . náls siu iro.

Nihil uero debet posterioribus.
Nóh tien áfter náh chomentên . ne-
hábet si zedánchonne sámo so si iz
fóne in gelírnenne.

LIBERVM STARE ARBITRIVM . ET
PRO MERITIS PRÆMIA DIS-
PENSARI.

Quæ cum ita sint . manet mortali-
bus intemerata libertas arbitrii.
Vuánda dáz állez so ist . pedíu ist

ménniskón úngenómen iro uuillo-
uualtigi.

Neque iniquæ leges proponunt
præmia . pœnasque uoluntatibus .
solutis omni necessitate. U'nde
mit réhte gehéizent éo-búoh ferlà-
zenên uuillón . lón . ióh ingélte-
da.

Manet etiam desuper spectator
cunctorvm præscius deus. U'nde
ist óbenán dér ál séhento . únde
fóre uuízento gót.

Et æternitas uisionis eius semper
præsens . concurrit cum futura qua-
litate nostrorum actuum. U'nde
díu éuuiga gágenuuerti sínero ge-
sihte . inchit téro chúmpftigun uuio-
lichi únserro uuércho.

Dispensans præmia bonis . sup-
plicia malis. Spéndondo gúot kúo-
tên . únde úbel úbelên.

Nec frustra positæ sunt in deo .
spes . precesque. Nóh kedingi .
únde flèhà neuuérdent nieht in_ge-
méitun úfen gót kesézzet.

Quæ cum rectæ sint . non pos-
sunt esse inefficaces. Tie dánne
ferfáhent . sò sie réhte sint.

EPILOGVS.

Auersamini igitur uitia. Fóne díu
léidezent tie áchuste.

Colite uirtutes. Minnont túge-
de.

Subleuate animum ad rectas spes.

Hábent iuueriu mûot an réhtero gedingi.

Porrigite humiles preces in excelsa. Frúmment ze hímele déumuote fléhâ.

Magna necessitas probitatis . indicta est uobis . si non uultis dissimulare. Íuuih tuuínget michel nôt ze dero gùoti . úbe ir is iéhen uuéllent.

Cum agitis ante oculos iudicis cuncta cernentis. Uuánda íuuere tâte . dér éotéilare úberuuártet . têr ál síhet.

Hier múgen uuir chíesen . dáz boetius náh tisemo quinto libro . mit temo tóde dés keirret uuárd . dáz ér nemûosa fernémen fóne philosophia . díu sî imo gehîez . hára náh zeságenne.

EXPLICIT LIBER QVINTVS BOETII CONSVLIS.

DES

MARCIANUS MINEUS FELIX CAPELLA

VERMÆHLUNG

DES MERCUR MIT DER PHILOLOGIE.

Handschrift 872.   Jahrhundert XI.

EINLEITUNG.

»Codex rescriptus. Argumentum primæ scripturæ sæculo X exaratæ erant regulæ grammatices, ut ex titulis capitalibus, quorum aliqua adhuc vestigia adparent, liquido patet. Eorum unus pag. 19 hæc habet: EXPLICIT LIBER I. ille pag. 34 DE NOMINATIVO inscribitur, ille pag. 24 DE NOMINE, pag 66 DE ORATIONE et pag. 75 DE DICTIONE. Liber exiguus 4 digitis latus et 5 altus latis tamen marginibus. Nullius videtur fuisse valoris, alias non post annos centum jam foret discerptus, et membrana rescripta.

Raro casu textus posterior et rescriptus priorem pretio multum superat, cum sit celebris translatio teutonica illius figmenti, quod Martianus Capella sæculo V de nuptiis philologiæ cum Mercurio composuerat; quam ob aliquam affinitatem, quæ ei cum psalmis abs Notkero Labione teutonice redditis intercedit, huic uiro erudito adscribendam esse periti falso existimavere. Non integra Martiani fabula, ut abs Hugone Grotio edita legitur, hic translata reperitur, sed tantum liber primus et secundus ejusdem.

Huic translationi sæculi XI colligati sunt duo commentarii in Evangelia sæculo XIII scripti.

Eadem translatio, et illa Boetii in cod. 825 abs eodem authore videntur adornatæ, cum voces eædem in iisdem formis ubique recurrunt, differunt autem a Notkeri Labeonis translatione psalmorum; et hinc ne utiquam huic adscribi possunt, ni quis certum faciat, formas Notkeri per librarium immutatas fuisse. Ex iis quæ pag. 103, linea 4 dicuntur, elucet: ex Slavis ævo Carolingo in captivitatem redactis ac in Germaniam deductis, Hazchorum (Zechen) coloniam in nostra vicinia consedisse, et pro anthropophagis habitos fuisse. Qua assertione abs Authore coævo prolata in Bohemia docti viri his annis multum vexati fuere.«

v. Arx, in der handschrift.

Die zweifel, welche v. Arx gegen Notker den teutschen als urheber dieser übersetzung erhebt, finden ihre erledigung in dem zeugniss, das sich unser verfasser in dem briefe an Hugo, den bischof von Sitten (s. s. 4 dieses bandes) ausstellt, und die erhobenen bedenken ihre erledigung in dem, was von Arx selbst angedeutet hat.

Was die ausgabe Graffs anbelangt, so hat derselbe, wie bei dem Boethius, dadurch gefehlt, dass er den lateinischen text nicht nach der handschrift, sondern nach den ausgaben von Kopp und Götz gegeben; denn latein und teutsch stimmen öfters nicht überein, und man wird leicht verleitet, den grund der abweichung in einem andern umstande zu suchen. von unzähligen beispielen nur einige. kap. 10, s. 21 der handschrift, gibt Graff: »hincque est, quod ille (st. »illic«, wie die handschrift bietet) phœbus, et hic uocitetur auricomus«, wozu dann natürlich die übertragung »dâr« und »hîer« nicht stimmt. kap. 11, im anfange: »ut ad eum«, statt »ut ad deum«, mit der übersetzung »ze démo góte«. ebendaselbst, etwas weiter unten, gibt Notker »rutilans«, wozu sein teutsch (»uuás rôt«) viel besser passt, als zu dem Graffischen »rutilantes«. ärger ist folgendes beispiel aus dem zwölften kapitel: »Non tamen fortunas omnes inuolutas illi gurgites sanguineus et ceruleus rapiebant. Tiu rôta martis . únde diu plâuua saturni negenâmen sie dôh nîeht álle«, wo Graff die lesart »sanguineas aut cæruleas« bietet. unsinnig ist folgendes, aus kap. 15: »Quæ licet in maiugenæ officium prope fari niderentur satis, tamen incessibus mouebantur. Uńde dôh tie mercurio ze dieneste gägene iltin . dôh liufen sie sámaso gemézenên stépfen«. Notker liest nämlich »properare« und »ratis«, und hat das unterscheidungszeichen nicht nach, sondern vor »ratis«. aus »deos maritos« macht Graff, kap. 29, »deos maris«; aus »hospitio« »sospitæ«, kap. 31 u. s. w. Ungern vermisst man ferner die zahlreichen zusätze und erläuterungen, welche Notker seinem lateinischen texte beigefügt hat, wie z. B. gleich zu v. 2: »i. nati per copula sacra deum«, wodurch der schlüssel zu Notkers übersetzung gegeben ist. und umgekehrt bietet Graff zuweilen worte, welche man vergebens in Notkers verteutschung sucht, eben weil sie sein lateinischer text nicht geboten hat, wie z. b. »Aliquando etiam sublimatas« in der mitte des zwölften kapitels.

Bei stärkern abweichungen werden die änderungen Graffs noch unangenehmer, ja völlig störend. man vergleiche z. b. nach vers 10.

Die handschrift bietet:

Nate mee uires mea magna potentia solus. Tibi . s. perhibent placuisse cantare choreas ad thalamos. Tíh ságent sie gérno singen diu brúte sáng. Apollinis lôbe sáng héizent choreæ . quia ipse præest choris. E'r méinet áber hier epithalamia . dáz chît nuptialia carmina . déro iú sito uúas.

Seu quod bacchus tibi pater est. Táz ist tir gesláht. Sô iz tánnan sî . dáz tir uuîngot tîn fátir ist. Uuánda uuîn máchot kelúste.

Seu genitricis habes . comere florentia limina . uernificis sertis. A'lde fóne dinero muôter sláhet tih ána . daz hûs ze blúomonne mit lénziskên blúomen . die óuh kelúste récchent.

Seu gratia . i. soror ueneris dedit tibi consanguineo trina . s. dona . i. pulchritudinem . uocem . et gestum. A'lde dîn muôma gáb tir drî géba . die zeminnesami zíhent . ih méino scôni . únde stimma . únde gebarda.

Graff hat:

[Fóne dír chád sî . Nate mee uires — thalamos.] Tíh ságent sie gérno síngen diu brúte sáng.

[Apollinis lóbe sáng héizent choree . quia ipse præ est choris. E'r méinet áber hier epithalamia . dáz chît nuptialia carmina . déro iú sito uuás.

1.

Táz ist tir gesláht. Sô iz tánnan sî . dáz ter uuîngot tîn fáter ist. [Uuánda uuîn máchot kelúste.]

2.

Álde fóne dinero muôter sláhet tih ána . daz hûs ze blúomonne mit lénziskên blúomen . [die óuh . kelúste récchent .] álde dîn muôma gáb tir drî géba.

[die ze mínnesami zîhent . ih méino scôni únde stimma . únde
 gebarda
genuúrftigi.]

Seu tibi quod bacchus pater est, placuisse choreas,
Cantare ad thalamos seu genitricis habes,
Comere uernificis florentia limina sertis,
Seu consanguineo gratia trina dedit.

Durch diese nebeneinanderstellung glauben wir das verfahren Graffs anschaulicher gemacht zu haben, als wenn wir eine beschreibung durch worte versucht hätten. für Graff muss der zwischenraum, den wir mit 1 und 2 bezeichnet haben, weggedacht werden. dagegen sind in unserer ausgabe die absätze, bei neu anhebendem lateinischem texte, unsere zuthat, zu der wir uns aber wegen der grossen anfangsbuchstaben der handschrift berechtigt glaubten. Graff hat, trotz seiner absonderungen, einschaltungen, einrückungen, das nicht erreichen können, was er gewollt, nämlich eine völlige trennung des lateinischen und teutschen, vielmehr hat sich derselbe öfters gezwungen gesehen, den lateinischen text in dem teutschen zu wiederholen, wie s. 166 (»Ardebat heraclitus u. s. w.), ein beweis wohl, dass wir den richtigeren weg eingeschlagen.

Um zu sehen, in welchem masse etwa Graff von der getreuen wiedergabe der lesarten des teutschen textes abgewichen ist, haben wir in der voranstehenden probe das abweichende durch liegende schrift hervorgehoben. seine abweichungen betreffen aber bald einzelne buchstaben, z. b. »keséhen, hûotera, ander, gesámenoten« statt »kesézen, hûotela, andir, gesámenoton«, bald ganze wörter, z. b. »éino« statt »ána«, sämtlich aus kap. 31, »námo« statt »máno«, kap. 32, »hértinga« statt »hérunga«, b. 2. kap. 34; sehr oft die tonzeichen. öfters jedoch fehlen ganze wörter, z. b. »sóne *gnúog* émezigero«, kap. 34, »mit *temo* érdfiure«, kap. 37, »ál sólchiu *cholchi* v͡obent«, b. 2, kap. 5; bald ganze sätze, z. b. »Sî dârbeta úngerno dero irdiskon uuúnnon. dóh si hímeliskiu uuérden uuólti«, zu ende des zweiten kapitels des zweiten buches. öfters auch sind wörter versetzt, z. b. »V͡nde vuúrchet ér«, statt »V͡nde ér vuúrchet«, b. 2, kap. 3. Manche abweichungen Graffs müssen als verbesserungen bezeichnet werden, sollten aber als solche angedeutet sein.

Betreffs der handschrift haben wir noch folgende bemerkungen zu machen. von seite 84 beginnt eine andere hand, und abweichungen in der setzung der tonzeichen u. s. w. treten ein. so schreibt die erste hand, wenn wir nicht irren, so ziemlich ohne ausnahme »íoh«, die zweite »íóh«. die sache erfordert genauere untersuchung, denn überhaupt rückt die erste hand das tonzeichen gerne vor, z. b. uúas. bei doppellauten steht das tonzeichen bald auf dem ersten, bald auf dem zweiten laute; bei »u͡o« und »i͡e« wird es gerne über beide gezogen u. s. w. wir haben es in seine zwei theile aufgelöst wiedergegeben, z. B. »múoter«. Graff hat das tonzeichen sowohl in diesem als in jenem falle meistens auf den ersten laut geschoben. Von seite 67 der handschrift sind die anfangsbuchstaben der kapitel nicht mehr ausgefüllt, dafür aber meist mit kleiner schrift auf den rand geschrieben. Die zahlbezeichnung der kapitel ist unsere zuthat. Zu spät, um sicheres berichten zu können, sind wir auf die stellung des punktes aufmerksam geworden, der bald auf der linie, bald hoch über derselben steht. der letztere scheint die satzgefüge zu söndern. einige mahle, besonders bei der zweiten hand, finden sich auch andere zeichen.

MARTIANI MINEI FELICIS CAPELLAE AFRICARTA-GINENSIS . LIBER PRIMUS INCIPIT . DE NVPTIIS PHILOLOGIAE . ET MERCVRII.

Remigius lêret unsih tísen auctorem in álenámen uuésen gehéizenen martianum . únde mineum úmbe sîna fáreuua . felicem úmbe héilesôd . capellam úmbe sînen uuássen sin . uuánda capra apud grecos dorcas a uidendo gehéizen ist . A'ber dise fier námen óugent úns . táz er romanus uuás dignitate . dóh er búrtig uuâre fóne cartagine diu in africa ist . Sô mánige námen nemûosen ándere háben . âne romani ciues . Romani ciues hiezen béide . ioh sélben die búrgliute . dâr gesézzene . ioh tie ánderes-uuâr gesézzene . mit iro geédele . álde mit iro túgede . álde mit iro scázze úmbe sie gefréhtotou . táz sie in iro dignitatem gáben . únde sie romani ciues hiezen . Pediu chád lisias in actibus apostolorum . Ego hanc ciuitatem multa summa consecutus sum . Tía dignitatem mág kéeiscôn dér suetonium líset . de uita cæsaris augusti . Táz er mercurium ságet kehîien [1] ze philologia . mit tiu lêret er únsih . dáz iô uuízze súlen sîn mit kespráchi . únde réda netóug . tár uuízze ne sint . Ze déro ságùn bîtet er hélfo . únde héilesodes himeneum . dén álte liute hábeton fúre=hígot . [3.] únde fúre=máchare állero natúrlichero mítcuuist . Tên gruózet er nû ze êrist án demo prohemio . sámo so sîn frú —[2] . den quædam satira fúre ín spréche . A'ber satiram súln uuir

---

[1] Es steht kehîien (das erste „i" steht oben drüber).
[2] Das pergament abgerissen. das u unsicher. „den" im anfange der folgenden zeile.

férnemen dia deam . diu dien poetis ingeblies satirica carmina . Nû fernémen uuáz sî chéde .

---

1. SATIRA IN HONORE HIMENEI HOS PRÆCINIT VERSVS.

1. Tv qvem psallentem thalamis . quem matre camena progenitum perhibent . copula sacra . i. nati per copula sacra . deum . Himenee chît tiu satira . dú bist tér . dén diu chint tero góto ságent singenten . dáz chît quónen zesingene in dien brûtechémanaton . únde dén sie chédent sin dero sáng‿cúttenno sún . uuánda dû sólih sángare bíst . Tû bist ter dén uirgilius héizet amorem . filium ueneris . Fóne démo ér chît . omnia uincit amor . Tû tuóst uuónên díngolîh ze ándermo .

3. Qui stringens . i. stringis pugnantia semina . archanis uinclis . Tie ringenten sámen . daz chît quatuor elementa . duingest tû mit tóugenên bánden .

4. Et foues sacro complexu dissona nexa . Únde dû státist iro úngelichen nústà . mit cótelichemo gehîleiche . Dáz chît . tû státist iro gehîleih mit úngelichemo bánde .

5. Namque ligas . i. compescis elementa uicibus mundumque maritas . Hérton gestillest tû diu uuéter . ih méino gehéi . únde [4.] —

gene . únde mit tiu gebérhaftôst tû dia uuérlt . U'be diu [1] hérta neuuâre . sô ne bâre diu érda .

6. Atque auram mentis . i. spiritum uitæ . corporibus socias . Tû gibest tien líchamon libhafti .

7. Fœdere complacito sub quo natura iugatur . Mit liêbsamero gezúmfte . mit téro des cómenes únde dero brûte natura gesippôt uuirt .

8. Sexus concilians . et sub amore fidem . I'n únde sia geminne tuónde . únde triuua mit mínnôn stérchende .

9. O himenee decens . qui maxima cura es cipridis . Uuólge nû uuólge . dû zímigo himachare . tû dínero muoter zéizesto bist . in papho ciuitate cypri sizzentero .

10. Nam hinc tibi flagrans cupido micat ore . Dáz skînet tir ána . uuánda dánnan bist tu sô únder óugon brinnende niêt . Fóne dir chád si .

Nate mee uires mea magna potentia solus . Tibi . s. perhibent placuisse cantare choreas ad thalamos . Tíh ságent sie gérno singen diu brûte‿sáng . Apollinis lóbesáng héizent choreæ . quia ipse præest choris . E'r méinet áber hier

---

[1] Nur noch der untere theil sichtbar.

epithalamia . dáz chît nuptialia carmina . déro iû sito uûas .

11. Seu quod bachus tibi pater est . Táz ist tir gesláht . Sô iz tánnan sî . dáz tir uuîngot tîn fátir ist . Uuánda uuîn máchot kelúste .

12. Seu genitricis habes . comere florentia limina . uernificis sertis . A'lde fóne dînero múoter sláhet tih ána . daz hûs ze blûomonne mit lénziskên blûomen . [5.] die óuh kelúste réccbent .

14. Seu gratia . i. soror ueneris dedit tibi consanguineo trina . s. dona . i. pulchritudinem . uocem . et gestum . A'lde dîn múoma gáb tir drî géba . die ze‿minnesami zihent . ih méino scôni . únde stimma . únde gebarda [1].

15. Caliopea componens conubium diuum probat te anuere auspicio carminis. Sélbiu diu sáng-cúten [2] diu dero góto gehîleih scáfôt . tiu lóbet tih ze demo héilesode des sánges .

---

2. MEDITATIONEM PATRIS FILIVS SCRVTATVR.

Cum crebrius cano istos hymenei uersiculos . nescio quid moliens inopinum intactumque. Tó ih ticchost álso míh tiu satyra lêrta dise uérsa sáng fóne himeneo . ne uuêiz . s. uuánda ih peripatheticus pin . uuáz únchundes fórderônde . únde úngehándelotes . Dáz chît er . uuánda peripathetici ne uuéllen niehtes quis sîn .

Non perferens martianus respersum uerticem capillis albicantibus . et decuriatum incrementis lustralibus aggarrire ineptas nugulas . interuenit dicens . Mîn sún ándonde daz mîn grâuua hóubet . únde fóne áltere zîtigez ze dero curia . kérmenon chindisliche in‿uuihthêit . pechám er mír sús chédende .

Quid istud mi pater . quod nondum uulgata materie cantare deproperas? Uúaz sángo ist táz fáter mîn . táz tû sô ferhóleno singest? Tû ne sàgest uuáz iz sî . dóh tu iz singest .

Et priusquam fores aditumque reseraris gimnologisis ritu nictantis pontificis . U'nde dáz tú singest êr dû ze túron chómêst . náh témo site des uuácheren biscofes . [6.]

Quin potius edoce quid apportes . et reuelato quorsum praedicta sonuerint . Nú ne hîl iz . nûbe ságe uuáz tú liudoest . únde uuâra daz sáng hélle .

---

[1] „geuuúrftigi", das zuerst stand, ist durch punkte getilgt.

[2] Ursprünglich „sang cútten", dessen erstes „t" aber getilgt ist.

3. FATETVR SE NVPTIAS DEORVM PATER MEDITARI.

Ne tu inquam desipis. Ne uuéist tu iz tánne na. chád íh?

Et noscens egiriminon perspicui operis creperum sapis? Únde sîd tu uuéist taz mâra uuérh egeriminon. i. resurrectionum. sólt tu is tánne zuíuelôn? Táz ist éin bûoh apud grecos kescríbenez fóne dero apothesia. dáz chît fóne dero deificatione. uuánda iz ságet uuîo ménnisken ze góten uuérdên.

Nec liquet himeneo prælibante disposita nuptias resultare? Únde ne bechénnest tu dáz íh fóne nuptiis uníle ságen. himeneo díu sáng fóre singentemo. díu dára zû benéimet sínt?

Si uero properus scrutator inquiris concepta. s. carmina. cuius scaturriginis uena profluxerint. Úbe dû áber gnôto fórscôst ûzer uuélero ídun síu ersprúngen sîn.

Explicabo tibi fabellam ni prolixitas perculerit. quam edocuit satyra comminiscens mecum lucernas marcescentes hiemali peruigilio. Só ságo íh tir daz spéllengi ne benéme mir iz tánnan síu ersprúngen sînt. dáz míh lêrta díu satyra. míh inchúnnende sámo so díu timberenten náhtlîeht fóne dero uuinterlîchun dúrunacho.

4. EXEMPLIS CÆTERORVM DEORVM. ET MATRIS INSTINCTV. CILLENIVM VELLE VXOREM.

Cum undique inter deos fierent sacra coniugia procreationis numerosæ. liberique præclues. [7.] ac nepotum dulcium etheria multitudo. Suspensio uocis. Tánne únder díen góten iù in allen sint tes hímelis uuúrtin héilige gehîleiche. únde dánnan uuúrtin édeliu chínt. ióh minnesamero néfôn himiliskiu mánigi.

Et inter se potirentur quodam complexu ac fœdere cælicolarum. Et hic. Únde sie sih ál zesámine gehálset únde gezúmftet [hábetin. sô der hímil bûon hálsen gétân mág sîn.

Præsertimque potissimos conubialis bearet adiectio. Et hic. Únde die námohaftisten méist kesâligoti díu gehîleihlîcha mêrunga.

Et id debitum mundo loquax humanitas triuiatim dissultaret. Et hic. Únde día géba dero uuérlte gelâzena. uuîto mârti díu gezúngela ménnisghéit.

Et poetæ præcipue. secuti euagrium cytharistam. et suauiloquam. senectutem cæcutientis meonii. epica liricaque pagina consonarent. Et hic. Únde állero méist tie poetæ náh euagrio fáhende demo citharista. unde náh témo suôzen gechôse des álten blinden meonii. mit lóbesamero. únde mit misseliutigero pagina daz ságetin.

Nec aliquid loquerentur ioui inter ætherias uoluptates dulcius una coniuge. Et hic. Únde sie sagetin nieht lieberen uuésen ioui únder dien himel-uuúnnon. dánne dia uuíniun.

Hisque accederet promptior fides. Et hic. Únde in dés tahe diu gúissagióra fides.

Quæ suadente aruspicio grandeuos pontifices in testimonium conuocat. cum quid iupiter hominum uotis trepida curarum ampage suspensis multa inplacabilis hostia denegaret. exorata eius matrona prouenire. [8.] Diu fóne ópfer uuízegungo álte biscofa des ze úrchunde zóh. so uúes iuppiter dero liúto fléhôn in ángisten únde in zuiuelheiten mániges friskinges ne rúochender erzígen hábeti. fóne dero fróuuun uuirde dáz geskéhen.

Et quicquid ille dictauerit ex promta sententia. asseruante pugillo parcarum. delinitum amplexibus suade coniugis. iussuque remouere. Et hic. Únde so uuáz er fréisiges kespróchen hábeti zetuônne. dero brieuaron scrifte dáz kehalténtero. fóne dero chéuun hálsenne. in déseruuánten uuésen. únde daz ferbiéten.

Nec solum superum regem attestabatur. s. fides uxorium idque etiam diti propositum. idque portuno. certumque esse gradiuum torreri amore coniugis nericnis nerinæ. Et hic. Únde nieht éin chád si. dén himel-chúning uuinegernen. núbe daz óuh in-muóte sin demo hélle-góte. únde demo mére-góte. núbe óuh ten uuigcot chélen náh nerine filia nerei.

Æsculapio quoque non dispar affectio. Et hic. Sámilih uuillo chád si ist óuh ána demo árzatgóte.

Et mestissimum seniorem deorum transduci simili persuasione ope coniuga cybeleque permulsa. Et hic. Únde chád si ioh ten ált-cót saturnum trúregen. s. fóne des súnes áhtungo. án den-sélben rát pechéret uuésen. sînero gemálun berecinthia gelúhtero. tiu óuh ops. únde cubele heizet. [9.]

Et ianus utraque effigie. miratur argionam. Et hic. Únde so si chád ianus ter zuihóubito. sáh io án argionam. déro in lángeta.

Nam memphiticam reginam dependisse tantvm marito. ut obsita perpetuo luctu numquam contenta sit eum inuenire. Et hic. Isidem sageta si échert chélen náh osiride iro ferlórnen. chárle so hárto. dáz si náh imo fernuuóftiu. sih niomer ne-getróste in fúnden hábeu. Tóh si in fóne sînemo bruóder tiphone erslágenen fúnde in memphitica palude. si ne nuólta sih tóh tés trósten. dáz si in fúnden hábeti.

Hac igitur fama. et his alternis amoribus deorum. motus concitusque cillenius. simulque quid cunctorum affectiones et thalamos conspicatur. dum paret. i. obedit ad

auxilium plurimis . uxorem ducere
instituit . Depositio . Fóne démo
máre . únde fóne sólèn uuineskéfen
dero góto óuh cillenius nièteg uuór-
tener . uuánda er iû gnuógen hél-
fendo ioh sélbo sáh iro állero min-
neglichen gehíleicha . kéinota óuh
er sih zegehienne .

In quam sententiam illum mater
anxia inpulerat . cum salutaret eum
annua zodiactea peragratione in‿
pliadum numero . A'n dén uuillen
bráhta ín sîn muóter maia . dò si ín
chátta . án‿der iár‿úmbe‿uérte des
zodiaci . únder dien ánderen plia-
dibus dero si éiniu ist . Táz téta
si in maio mense . sò iò mercurius
mit tero súnnûn dara chúmet . án-
gestendiu daz er âne chint uuás . [10.]

Presertimque quod corpus exer-
citum palestra . et crebris discursi-
bus . toris lacertosis . in excellen-
tiam iuuenalis roboris . uirili qua-
dam amplitudine renitebat . Tár-
umbe méist . táz sîn lichamo án de-
mo ringenne . únde án dien émize-
lóuften geuópter . mit chníurigen
ármin áfter déro púrlîchi iúncli-
chero stárchi in‿gomelichero fólle-
lîdi skéin .

Ac iam pubentis ienæ seminudum
eum incedere . et indutum eum par-
ua clamide . nudatum cætera . ob-
nubere cacumen humerorum . sine
magno risu cypridis non sinebant .
U'nde in sîne bártenten hièfelin ne-
lièzen âne michelen húoh ueneris .
sámo dáhten gán . únde ánderes

uuár nácheten . échert tie áhsela
mit temo mántelline bédecchen .
álso die palestrîle gìengen . *

Rationabili igitur proposito con-
stituit pellere cælibatum . Fóne diu
uuás rédolih táz er gehîien uuólta .

---

5. DVBITARE EVM QVAM PRÆ CÆTERIS
SIBI ELIGAT.

Itaque pro industriæ dignitate quam
conueniret accipere . cuncta merito
longe deliberationis alternat . Tô
dáhta er in‿állen sint lángo tráh-
donde . álso is túrft uuás . uuélicha
er némen máhti . náh téro geríste
sînero bíderbi .

Nam sophian ipse miro quidem
cupiebat ardore . quod prudens sanc-
taque sit . *intemeratiorque cunctis .
pulchriorque uirginibus . Hárto gér-
no uuólti er sophiam . dáz chît sa-
pientiam . uuánda si uuizzig únde
héilig ist . únde ungeuuártôsta ist .
ioh skônista ist . únder állen máge-
den . dáz chît állen uirtutibus . [11.]

Sed quod sororis eius collecta-
nea . et indiscreto amica fœdere
uideretur . perindeque ad innubas
ipsa quoque transisse . eam in pal-
ladis iniuriam non placuit coaptari .
Uuánda si áber gesoùga uuás íro
suéster mineruæ . dáz chît tero in-
mortalis . únde si íro lièba uuás in‿
ungeskéidenero minno . ioh sie sá-
mint sólton mágede sîn . pedíu ne

uuólta er sia mit iro ungemûote némen.

Non dispar illum forma desiderabilis. grataque luculentas in manticen quoque succenderat. Sámolih scôni. únde sámo liébsam frólutti. getéta in óuh ze mantice húgen. dáz chit ze diuinatione.

Nam et nobilitas illam quippe pronoeæ maior est filiarum. et prouidum perspicacis prudentiæ commendabat ingenium. Íro geédele uuánda si diu áltesta tóhter ist prouidentiæ. únde der fúredáhtigo sin iro únbetrogenun fruòti‿geliébta imo siá.

Sed ipsis diebus forte inmensi amoris inpatientia. ultro iuuenem consecuta appollini fuerat copulata. Si uuás áber dò iù. ih uuáno fóre michelero uuinegerni iro dánches zû fáhendo. ze‿demo iúngen appolline gehiet. Uuánda diuinatio ist iô diuini.

Uoluit saltem endelichiæ ac solis filiam postulare. quod speciosa quam maxime magnaque deorum sit educata cura. Sò uuólta er dóh to gérno psichen dia tohter solis unde endelíchiæ. dáz chit absolute perfectionis. uuánda si uuméz scòne uuás. únde gezógen mit michelén ruóchon dero góto. [12.]

6. DE VIRTVTIBVS ANIMÆ. QVAM ADAMAVIT.

Nam ipsi psichæ. i. animæ natali die dii ad conuiuium corrogati. multa contulerant. Álso dár ána skéin. dáz iro dia góto in iro sélbero gebúrte táge. ih méino án‿démo si gebórn uuárd. ze góumo geládete. michela gíba gáben.

Jupiter quippe diadema quod æternitati filiæ honoratiori detraxerat. capiti eius apposuit. Jouis gáb iro úfen iro hóubet táz diadema. dáz er sinero geéretostûn tóhter æternitati ába nám. Uuánda fóne æterna dei sapientia. ist animæ sempiternitas keláźen.

Juno quoque ex‿purgatioris auri splendente uena addiderat crinibus sociale uinculum. Sîn uuirten gáb iro. iro uáhs‿uuittun. án‿dero diu ida gléiz lútteres cóldes. Ratio animæ. dáz ist tiu uuitta mit téro crines uirtutum zesámine gechnúpfet uuérdent.

Tritonia etiam interula resoluto ricinio. strophio flammarum instar e‿coco. atque ipso sacri pectoris ac prudentis amiculo uirginem uirgo contexit. Ióh minerua diu máged. cáreta daz mágeti mít íro smóochen. ába genómenero spénelun. únde mít íro púrpurinén gúrtele. fiure gelíchemo. únde mít témo béndele iro uuíhun. únde íro fruôtun brúste. Sò gezímit animæ. dáz si intima si sapientiæ. únde mit caritate si gegúrtet . mit temperantia beduúngen .

Delius quoque ut ramale . i . ramum laureum gestat . diuinatrice eadem coniecturalique uirga . uolucres illi ac fulgurum iactus . atque ipsius meatus cæli siderumque monstrabat . [13.] Apollo zéigota iro óuh mit sínero uuíziglichùn gérto . dia er iò lôrboumina tréget . álle fógelrárta . álle blígscúzza . ioh sélben die himelférte . únde dero stérnòn . fóne dièn er diu uuízegtùom nimet . Der lôrboum hábet tia natura . úbe sìn ást úfen sláfenten mán geléget uuirt . táz imo uuár tróumet . Pedíu ìst er appollini geéichot . tér áltero liuto uuízego uuás .

Aniæ autem . prænitens speculum . quod inter-donaria . eius aditis sophia defixerat . quo se renoscens etiam originem uellet exquirere . clementi benignitate largita est . A'ber anie dáz chît recognitio gáb íro uuílligo dén spiègel . dén óuh iro ze-gibo gáb sapientia . únde in iro gibohùs kestálta . dáz si dàr-inne sih pechénnende . ih méino dés . táz si cælestis ist . uuídere gesínnen chúnne ze-íro ánagenne .

Lemnius quoque faber illi insopibiles æternitatis igniculos . ne caligantibus tenebris nocteque cæca opprimeretur incendit . Uulcanus ter smid zúnselota iro fiúr dáz niò erlósken nemág . dáz sia in dero nahtfìnsteri bechlépfet ne uuúrte . Uuánda dero sèlo liëhtet naturale ingenium . dáz nû bîer lemnius bezéichenet .

---

7. DE ILLECEBRIS EIVSDEM .

Omnes uero illecebras circa sensus cunctos apposuit afrodite . A'ber álle lúcchedà bôt iro uenus ze állen iro úzeren fínf sinnen .

Nam et unguentis oblitam . floribusque redimitam halatu pasci fouerique docuit . [14.] Sî lêrta sia mit sálbe bestrichena . únde mit pluómon geziêrta . in stang-suózi gehéfenot . únde gemámment-sámot uuérden .

Et melle permulserat . U'nde sûozta sî iro mit hónange .

Et auro ac monilibus inhiare . membraque uinciri . honorationis celsæ affectatione persuaserat . U'nde riët si iro gîîen ze-gólde . únde ze-állen uuîb-zièrdon . únde mit tîen ál ùmbe núsket uuérden . únde in giredo uuésen hóhero êron .

Tunc crepitacula tinnitusque . quis infanti somnum induceret adhibebat quiescenti . U'nde in-résti ligentemo mágetine téta si prúnnòda . únde chlingelóda . dánnân si insliefe [1].

---

[1] Es steht nicht, wie Graff meldet, „inslihéfe", sondern „inslihefe" mit einem tilgungszeichen (⸗) hinter dem „h".

Preterea ne ullum tempus sine illecebra oblectamentisque decurreret pruritui subscalpentem . circa ima corporis . i. circa genitalia apposuerat uoluptatem . Nóh tánne . nio si nehéinest ne darbeti lúcchedon . únde lústsami . crúozta si sia chúzelondo án‿dero níderun stéte . ze‿nietegi .

Sed uehiculum ei ac uolatiles rotas . qûis mira possit celeritate discurrere tradiderat ipse cillenius . A'ber sélber iro suócho . gáb iro réituuágen mit tráten réderen . úfen démo si spuótigo fáren máhti . Uuánda iro uuillo uuírt spuótigo gezúcchet . éina uuíla ad cælestia . ánder uuíla ad terrestria .

Licet eam auri compedibus illigatam memoria prægrauerit . Dia snélli gáb er iro . dóh sia dea memoria mit cúldinen drúhen héftendo suárti . Uuánda daz anima in muót kenímet . táz kebíndet . únde gestátet memoria . filo tiurlicho .

8. HVIVS QVOQVE AMORIBVS ILLVM FRVSTRARI .

His igitur pysichen opimam superisque ditatam muneribus . atque multa cælestium collatione decoratam inconubium arcas superiorum cassus optabat . [15.] Sús keúfota díernun . únde sús rícha . únde geziérta mit hímelisken gébon geuúnne gerno cillenius . tô er énero nehéina geuuínnen nemuósa .

Sed eam uirtus . s. dea . ut adherebat forte cillenio . pene lacrimans nuntiauit . in potentia faretrati uolitantisque superi . de sua societate correptam captiuamque adamantinis nexibus a cupidine detineri . A'ber uirtus tiu ódeuuáno mit ímo dô uuás . ságeta imo sámo so uuéinondiu . sia fóne iro geskéidena . únde gezúhta . ioh keéllendota índes skíezenten . únde fliégenten gótes keuuált cupidinis . fásto uuésen fóne ímo gebúndena . Uuánda álso sélbèr martianus in sínero rethorica chît . facundia ne mág sîn mit libidíne . únde mit intemperantia coitus .

Super his igitur uirginum thalamis . dum eum deliberate sortis blandimenta frustrantur . nec facile quæpiam præterea . i. post ea . quæ congrua parilitate tonantis nurus deligeretur occurrit . amplius deliberandum suggerit uirtus. Sô er dô sínes enóto geáhtoten lôzes án‿demo gehîleiche sús petrógen uuárd . nóh in die zárta álle ne ferfiêngen . nóh imo dára náh nehéiniu nebechám diu noui ze‿snórun geriste . dô scúnta in uirtus nóh tô dár úmbe gnótor zeáhtonne . [16.] Neque eum sine apollinis consilio quicquam debere decernere . aut fas ab eius congressibus aberrare . cum zodiaca eum hospitia præmetantem . numquam abesse menstrua præcusione permitteret. Únde áne des bruóder rát chád si in dáz ne súln áhton . noh nehéina múoza sîn sih fone imo boreférro zeskéidenne . sîd er in hérebergónten sámint imo an demo zodiaco . ze einemo mánode fúreréison ne láze. Vuánda stella mercurii negát nehéinest pórférro nóh porlángo fóre dero súnnun.

Igitur constitutum ubicumque locorum frater esset adiretur. Tó uuárd kespróchen . so uuár er uuérlte uuáre . dáz man dára ze imo fuóre.

9. PITHIVS A FRATRE PER DIVERSA REQVIRITVR.

Ac tunc uolatilem uirgam . uirtuti de more permittit. uti secum mundi penita permeare . etheriosque recessus irrumpere parili celeritate posset . ipse pedibus talaria nectit aurea. Únde dó gáb er uirtuti áfter sinemo site sina flúge gérta. ih méino caduceum . dáz si imo gefólgen máhti . únde ében spuótigo eruuállon . die tóugenen . únde die gesúasen stéte . des himelis únde dero uuérlte . únde sîn sélbes fuózen téta er ána sîne gefiderten súftelara. Petasum héizent greci singulariter alatum calciamentum mercurii . úmbe dia spúot sines stér-

nen . A'ber sîn uirga héizet latine caduceus . uuánda si getúot lites cadere. Táz ist tíu rihti des kechóses . mit téro der strit ferzórn uuirt.

Et nunc sagaci in uestigatione in fanis eum disquirunt . quibus aut uaticinia fundebantur obliquis ambagibus . [17.] aut denuntiata pecudum cæde . phisiculatis prosicis extorum uiscera loquebantur . quibusque . s. sobitus erat . sortitus . i. diuinationes excedere . uel . logia personare. Tó suóhton sie in-gnóto . in állen sînen chílechon . dár er chrúmbiu ántuuúrte gáb . álde dár friskingen irslágenen . tie in hérderen uuîzegoton mit natúrlichen ságon . únde dár er guón uuas . uuilon fermíden diu uuîzegtuom . uuilon óuh ántuuurte gében.

Sed his aditorum fastigiis specubusque uiduatis . nihil eius potuit inueniri . absque paucis foliis admodum arentis lauri . uittisque semiuulsis . quas in cumano antro post sibillam tinearum morsus cariesque carpebant. A'ber dien chílichon ioh tien hólen ódestánden . ne uuárd sîn nóh tes sines tár mer fúnden . áne dúrriu lórbleter . únde die errózeten uuitta . die náh sibilla in iro hóle ze cumis . míleuua únde uuórmmélo frézen hábeton.

Per aerios etiam tractus . quibus formare solitus . et uolucrum diuersos meatus . et oscinum . i. ore canentium linguas . et præpetis . i.

priora petentis omina pennæ . frustra incassumque disquiritur . Íóh áfter dero nuitun lúfte suóhton sie in ingeméitun . dàr er ána geuuón uuás zesképhenne . dáz chit ze skéidenne die férte dero fógelo . uuáz tie bezéichenen . únde dero singenton rárta . únde die héilesoda dero in rihte fúre sih fliègenton .

Jam pridem quippe offensus contamine monendorum . [18.] dedignatur augur pithius nuncupari . Fóne diu ne fúnden sie in dàr . uuánda er iu fórn úrdruzze uuórtener dero friskigo bluótes héizen ne geuuérdeta pithius ter augur . Uuánda pitho chit grece interrogo . bediu hiez er pithius . Ín frágeton sie alle sámo so prophetam .

Item cum in elicona delon liciumque sectantur . Sie suóhton óuh in elicone monte archadiæ . únde in delo insula suóhton in . únde in licio sinero chilechun . diu dàr zedelo uuás .

Sed alibi lauros primores arentesque ederas . alibi cariantem tripodem . crepidasque situ murcidas . i. marcidas præsagiorumque interlitam memoriam repererunt . Áber in súmelichen díen stéten fúnden sie . álte lórbouma . únde dúrriu ébeuue . in súmelichen fúnden sie sinen uuórmazigen disg . únde fóre álti fermúlite ástericha . álde só súmeliche chédent kerúmfene scúha .

únde fertiligota gehúht tero uuizigtuommo [1].

Tandem fama . s. dea nuntiante cognoscunt . quod phebo gaudet parnasia rupes . licet inde quoque . ad indici montis secretum obumbratumque scopulum nube perpetua posterius migrasse perhibebant . Tóh tò ságeta in fama . dáz er ze parnaso uuáre . dóh in ándere ságetin dánnan gefáren uuésen ze éinemo ándermo sinemo gesúásen bérge in india dér nisa héizet . únde iò mit uuólchene bedáhtemo . [19.]

Tamen ad chirreos tunc recessus . et sacrati specus loquacia antra conueniunt . Tóh chámen sie ze diên gesuásen stéten . únde ze dien gespráchen lúcheren cirræ . Cirra ist éin búrg epiri . in focidis campis . dáz chit in dien gefílden . dàr focenses keséezene sint . Álde er néimet parnasum montem . dér zúo ékka hábet . cyrram únde nisam .

---

10. IN ANTRO APOLLINIS OMNIVM MORTALIVM FORTVNAS ASSISTERE .
ET NEMVS EIVS CÆLESTEM
ARMONIAM RESONARE .

Illic autem circumstabat in ordine quicquid imminet seculorum . fortune urbium . nationumque . om-

---

[1] Die zwei „m" wohl wegen der theilung des wortes durch das ende der zeile.

nium regum . ac totius populi uidebantur . Târ stûont úmberinget ál dáz íò zíto uuárd . álde uuírdet . únde die uuîlsalda állero búrgô . állero díetô . állero chuningo . állero líutô .

Aliæ transacti cursus emenso spacio fugientes . Súmeliche irlítenero iro férte nuáren íu in flúhte .

Consistebant aliæ sub conspectu . Súmeliche stuônden noh tô ze‿gágenuuérti .

Adueniebantque quam plures . So slúngen zú ándere .

Ita non nullis eminus uanescebat desperata . i . negata prolixitas . ut uelut fumidæ caligationis incredibilis haberetur aura . Súmelichén ingiêng tíu ín benómena lángseimi . sámo so iz éin rúclih tóum unáre . A'lso die in rúcches uuis ze‿gânt . tie sâr erstérbent sô sie gebórn uuérdent . [20.]

Inter hæc mira spectacula fortunarumque cursus . motusque nemorum . etiam susurrantibus flabris canora modulatio melico quodam crepitabat appulsu . U'nder disen séltsaminôn . únde súsketanen férten dero uuîlsaldon . óuh temo nuínde díezentemo . bóumen uuágonten . scál dàr lútreiste sáng . fóne gehéllemo ánastôze des uuindes . Tes uuindes ána‿stôz kemétemëta den dôz . ze‿súozemo sánge .

Nam eminentiora prolixarum arborum culmine . perindeque distenta . acuto sonitu resultabant . Uuánda die oberôsten uuipfela dero hô- hestôn bóumo . férrôst keráhte . die súngen chléinost .

Quicquid uero terræ confine ac propinquum ramis acclinibus fuerat . grauitas rauca quatiebat . Táz aber in‿níderen ôsten dero érdo sib náhta . dáz lútta geróbo .

At media . s . arborum per annexa . i . coniuncta sibi spacia concinebant . ratis succentibus . duplis . ac sesqualteris . necnon etiam sesquitertiis . octauis etiam iuncturis sine discretione . licet interuenirent limmata . A'ber die mittinâ dero bóumo . die gehúllen an iro fûoginon áfter disen guissen gerértedon . ih méino in zúiualtên lúton . únde des hálben íoh tes tritten déiles úber sláhenten lúton . sámo uuóla óuh in‿úberáhtoden gerértedon . dóh semitonia dar úndere lúttin .

Ita fiebat ut nemus illud armoniam totam . superumque carmen . modulationum congruentia personaret . Sô geskáh . táz ter unáld álla gehélli . únde sélbez taz himelsáng . án‿sînero níumon keféllígi geánteroti .

Quod quidem exponente cillenio uirtus edidicit . etiam in cælo orbes parili ratione aut concentus edere . [21.] aut succentibus conuenire . Cillenio daz állez récchentemo . géiscota uirtus . óuh himeliske spêras ze‿sámelichero uuis . in‿éin héllen . álde únéinen gehéllen . Die éin‿lútig sint . táz chit unisonæ . álso ueneris stella ist . únde mercurii . die tuónt concentum . die éin-liutig ne sint núbe dispares . álso die ándere sint . ih méino . lunæ . solis . martis . iouis . et saturni stellæ die tuónt succentum . Dáz lèret macrobius in somnio scipionis.

Nec mirum quod apollinis silua ita rata modificatione congrueret . cum cæli quoque orbes . idem delius moduletur in sole . Únde nehéin nuúnder uuésen ságeta er iro . dáz apollinis uuáld ze͜ sô͜ geuuissero rárto geuuérbet uuáre . sid er óuh án͜ dero súnnun die himel spêras kerérte.

Hincque esse quod illic phœbus . et hic uocitetur auricomus . Únde er bediu dàr genámôt si niuuer . hier góldfâhser . Vuánda an͜ himele chúmet tágeliches tiu súnna niuuiu . áber demo uuálde gibet iro skimo góldfáreuua.

Nam solis augustum caput perfusum circuactumque flammantibus radiis . uelut auratam cesariem rutuli uerticis imitatur . Mit réhte hábet sol dén námen . uuánda sîn scóna hóubet . fóllez ioh úmberíngtez fiurinero skimon sih kelichez máchot kúldinemo fáhse . in rôtero skéiteliun.

Hinc quoque sagitarius . hinc quoque uulnificus . quod possit radiorum iaculis icta penetrare . Hinnan héizet er scúzzo . únde uuúnt-machig . [22.] uuánda er ána geskineniu ding . mit tien skimon dúrh kân mág.

11. SEPTEM PLANETAS PROPTER LVBRICVM MEATVM AMNES VOCAT.

Demonstrabat præterea uirtuti cillenius . amnes quosdam cælitus defluentes . quos transeundos esse perhibebat . ut ad deum ipsum quem reperire cura est peruenirent . Áne daz óugta er íro . fóne himele rínnente áhâ tie sie sólton úber fáren sô er chád . dáz sie ze͜ démo góte châmin . dén sie súôhton.

Uerum eosdem amnes diuersicolor fluentorum discrepantium unda raptabat . Áber filo úngelíchiu uuâren diu uuázer déro sélbon áhôn.

Quippe primus diffusioris ac prolixi ambitus gurges . liuentis aquæ uolumine nebuloso . atque algidis admodum pigrisque cursibus hesitabat . Tiu êrista áha . díu uuítesten únde léngesten úmbesuêift téta . diu uuás in iro rúnso plâuuiu . únde nébulgiu . únde lázota cháltiu in iro trâgun férte . Tiu fárt ist saturni.

Interius alius lactis instar candidæque lucis . mitis omnia quietisque motu . undas uoluebat argenteas . Ín-nòr rán éin ánderiu . miliche únde uuízemo uuétere gelichiu . álemámmendo . únde álegemáhsamo fárendiu . diu fuórta sâmoso silberine úndâ . Dáz ist circulus iouis . [23.]

Tertius uero nimio rubroque . i . nimium rubro igne rutilans . festinataque rapiditate præcipites fragososque cursus . anhela sulphureus celeritate torquebat . A′ber diu drítta uuás fílo rôt . únde in-sô hírlíchemo scúze uuâren íro férte . dáz si fóre gáhi pláchesonde . in únhirmígero spuôte sih suébelgiu dráta. Dáz ist circulus martis .

Qui hunc sequebatur auratus ac fulgidus . et flammis coruscantibus rutilans . sed diuersitate fluminum utrinque coniunctus . quibusdam riuulis intermixtis quantum pensabat moderatio temperabatur . Tíu dára náh rán . diu uuás cóldfáro . únde skîmbare . únde in blícfáreuuemo fiure rútemhafte . A′ber dien ánderen áhôn úmbe sih rinnenten . getéta si mit iro giezôn únder sié gemistên . dia métemscaft tíu dára zù gelámf . Uuánda diu súnna gát únder mitten dién planetis . unde gescáfot in iro fárt . Fóne íro chréfte uuérdent sie retrograde . anumalæ . stationariæ .

Uerum interior illo resplendebat amnis purior electro . A′ber in-nôr rán . diu lúterora uuás tánne electrum . Táz ist circulus ueneris . Sô góld únde silber zesámine gerennet uuirt . táz ist electrum . dáz héizet in uálascun smaldum . O′uh uuírt in érdo fúnden sô man ságet natûrlih electrum .

Quem præter cæteros fortunarum ille consistens populus appetebat . Tés uuázeres kérota diu mánigi dero uuilosáldon . diu in demo hóle stûont . [24.]

Quarum alias eius odor et halatus illexerat . alias lenis undæ canori permulsere modulatus . Súmeliche lústa íro stánches . súmeliche dero mámmendun úndo sánges .

Gustum autem haustumque quam plures ex eodem dulcissimo gurgite sitiebant . U′nde gnuóge getrunchin gérno sô suózes uuázeres .

Nec deerant qui eadem foueri abluique limpha ac se in illam iacere cupiebant . U′nde uuáren die sih nuó′ton gérno mite gebáhet . únde gebádot uuérden . únde dar in scricchen . Táz uuás ál fóne diu . dáz sie sih uuándon fóne stella ueneris háben uoluptatem . álso sie óuh uuándon dia séla sih háben fóne dero súnnun . únde den lichamen fóne demo mânen . únde blúot fóne marte . gespráchi fóne mercurio . héili fóne ioue . lázi fóne saturno .

Preterea duo restrictiores ac sinu ambituque paruo raptabantur interius . A′ne die rúnnen zûo in-nôr únlengerun in íro férte . ía éngen biugon . únde in_lúzzelmo úmbesuéifte . Táz sint tie circuli mercurii . únde lunæ .

Quorum uterque pro aliorum uicinia et confinio coloratur . exiguum proprium saporis haustum traxere . mutabilis multa anmixtione . Téro iô uuéderin uuás kefáreuuet náh tien ánderen . áfter íro iôgelichero náhi . únde hárto geuuéhselotíu fóne íro miskelungo . hábeta si lúzzel éigenes kesmágmen .

Nam alter nimia celeritate festinus ac plerumque consistens relabensque ferebatur. Uuánda éinin gáhota uuilon . uuilon gestúlta si . uuilon eruuánt si. A'lso uuír séhen in cælo die planetas inæquales . stationarias . retrogradas. [25.]

Alias uero quandam originem undarum gestans . flexuosisque anfractibus errabundus . spumabat cunctis seminibus fluentorum. A'nderiu fúorta sámo - so ánagenne dero názi . únde in chrúmben chèren scránchelondiu . féimda si sámen álles sóues . Tes mánen tóu ist ánagenne únde sámo . sáphes únde márges.

12. IN HIS SEPTEM AMNIBVS FORTVNAS HOMINVM QVATI.

Hi igitur amnes discoloris cursus . prædictas rerum nationumque fortunas . inmensis primo sinibus ambiebant. Sús missefáreuue áhá . úmbe gríffen zeérist . mit chréftigèn bíugón . álle die uuílsalda déro nuérlte . ioh tero dietò. Uúaz mág in uuérelte sin . iz ne uuérde úmbefángen mit tien ringen dero planetarum?

Tunc diuersa undarum uiolensque rapiditas . singulas quasque peuuadens . in prouisa ui . per decliuis aluei præcipites lapsus . rapidis turbinibus pertrahebat. Tára náh ke-

suárb iògeliche fortunas . tiu misselicha . únde diu chreftiga dráti derosélbon uuázero . únde fúorta sie ze_tále . mit káhen uuándôn . Fóne in nuht tero ménniscon líb pestúrzet sò mathematici nuánent.

Ita ut alius easdem . plerumque alteri transfunderet fluuio . Sô dráto dáz sie ioh kebólót uuúrtin úzer éinemo in daz ánder. [26.]

Et quam ille exercitam longa collisione uexarat . alter aut ripe redderet . aut amne mersaret. U'nde dia éin áha lángo múhendo ferchniste . ánderiu úz uuúrfe . álde besóufti. Uuánda uuilon eruuétet wán úzer sínero nóte . uuilon líget er darinne.

Non tamen fortunas omnes inuolutas . illi gurgites sanguineus . aut ceruleus rapiebant. Tiu róta martis . únde diu ⟨plánua saturni negenámen sie dôh nièht álle.

Plerumque illius lactei prænitens unda repente correptas eminentis tractus uertice subuehebat. Uuilon uuás taz tiu únda dero uuízun ionis áho. Káhes túnses sie ánauuért hámbáro fúorta.

Atque fluctu elatiore suspensas . in illum cruentæ similitudinis reiciebat æstum . aut in torrentem linidum uorandum . i. ad_uorandum hiatu piceo . despuebat . i. propellebat. U'nde úf inóbenahtîga uuéllun erháuene . uuárf si sie in_dia blúot-fáreuuun zéssa martis . álde gáb sie dero bláuuun áho saturni.

zeferslindenne in hárzegemo slúche.

Alterna igitur permixtione fluuiorum. ille fortunarum populus agebatur. In‿sús hért uuíhseligero miskelungo dero áhòn. uuárd ke‿uuérfòt tíu mánigi dero zuífelsáldou.

Neque enim ulla prorsus erat quæ ab omni inmunis. i. in‿officiosa incursu. cunctoque esset gurgite feriata. Nóh tíu neuuárd fúnden. diu álles ánablastes fermiten uuáre. únde erlázen álles uuáges. Uuér ist sò sálig táz er in‿uuérlte áne árbeite sí? [27.]

Denique uirtus secuta cillenium dum sola cunctos interrite transmearet. licet eam magno fragore colliserint. tamen opprimere non quiuerunt. Tánne áber éiniu uirtus cillenio fólgen‿diu páldo dar ána fuòre. dò ne máhton sie sia álle nider ferstózen. toh sie sia gnúoge mit michelmo bróchesóde ána-stòzendo chnistin. Táz ist fóne diu uuánda sapientes ne úberuuíndet nchéin aduersitas. tóh sí sie uúhe.

---

13. VLTRA FLVMINA INVENTVM APOLLINEM. ET EVM VICISSIM VRNAS QVATVOR TEMPORVM APERIRE.

Tandem trans fluuios qui ad quoddam phœbi spectaculum ferebantur. cum uirtute mercurius constiterunt. Tóh tò cham cillenius mit uirtute úber díu uuázer díu sję áber ze‿ánderen apollinis spiègulen léiton.

Ac tunc latoium conspicati edito considentem. arduoque suggestu. atque in conspectu quatuor urnulas adopertas. uicissim atque alternis inspectionibus enudare. U'nde dár sáhen sie latonæ filium púrlicho in‿hóhemo chúningstuòle sizzenten. únde fóre ímo bedáhtiu ﬁèr èimberiu. únde diu hértòn indúòn. únde éinzen dar‿ín sèhen. Uuér betúòt tie zíte. únde uuér indúòt sie áne diu súnna?

Quem diuersa specie metallisque formatæ. Tíu uuáren misseliches pildes. únde misseliches keziuges. [28.]

Nam una ex‿ferro quantum conici potuit duriore. ' alia ex argenti fulgentiore materie. tertia liucntis plumbi fusili robore uidebatur. At uero propior deo perlucentis uitri salo renitebat. E'inez uuás sò man iz uuizen máhta ísenin. ánderiz silberin. daz tritta plíin. daz ﬁérda daz ímo náhesta uuás. kelíh temo gláseuáreuuen mére.

Singylæ autem rerum quedam semina. elementaque gestabant. Sámen únde máchunga állero dingo uuáren dar ínne. Uuánnan chámin álle sácha. úbe diu úngelíchi dero zíto sie ne ráhti?

Nam flamma flagrantior et ab ipsius kacaminius exanclata. i. exhausta fomitibus ex ferri prædicta anhelabat urna. Úzer demo iseninen éimberine dáz ten súmer bezéichenet. slúog taz héiza fiúr kehóletez ûzer dien zinselóden sélbero dero scádeli. Unánda in súmer scádòt ófto diu hízza.

Quæ tamen uertex. i. ius mulciferi dicebatur. Táz éimberi hiez chráft uulcani. E'r ist mulciens ferrum. dáz chît er uuîlchet taz îsen mit temo fiure.

Alia etiam quæ fuerat ex argenti materie præferebat serena fulgentia. et uernantis cæli temperie renitebat. Táz silberina daz ten lénzen bezéichenet. táz máchota skimbára héiteri. únde gléiz álso in‿lénziskemo uuétere.

Hanc dicebant risum iouis. Taz hiezen sie iouis láhter. Uuánda demo ist taz uuéter gelîh in‿lénzen.

Illa uero metalli grauioris. plena erat. úndosæ hiemis. atque algidi frigoris. necnon etiam pruinarum. Táz pliina éimberi. daz ten uuinter bezéichenet. táz uuás fól úngeuuîteris. únde fróstes. únde rifon.

Hæc saturni uocabatur exitium. Táz hiez zâla álde suîd saturni. Uuánda uuinter ist álles tinges suéndi. [29.]

At uero alia. sali resplendentis. atque ad ipsius dei dexteram sita. aeris tocius seminibus erat referta. A'ber dáz temo mére gelîh uuás. unde den hérbest pezéichenet. únde ze‿apollinis zeséuuun stûont. táz uuás fól álles lúftliches sâmen.

Hanc iunonis ubera memorabant. Táz hiezen sie iunonis túttén.

14. EX VRNIS SALVTEM AVT PESTEM EMITTI.

Ex his igitur urnis deus alternatim quantum dispositis sat erat hauriebat. Úzer dien nám hérton apollo. sô fílo is cnûocta ze‿dien benéimden. diu er tûon uuólta.

Nam quotiens orbi complacito uitalis spiritus salubres ministrabat auras. ex illa argenti clementia. aeris hausti permiscens semina temperabat. Uuánda sô ófto er hóldero uuérlte gáb. ze‿libe zihendiu uuéter. sô hábeta er gnáda getémperot zû demo lúftsâmen dén er scángta. ûzer demo silber=uuáze.

Cum uero pestem diram commeritis mortalibus minabatur. aeri similiter anhelos ignes. aut torpentis frigoris uenena miscebat. et in afligendum meare cogebat orbem. Sô er áber uuélicha súht scúldigen ménniskon drólicho benéimda. sô miskelòta er héiz fiur. zû dero lúfte. ih méino pligfiur. álde ábeláges fróstes uuéunun. únde frúmeta siu an dia scúldigun uuérlt.

Tali dei temperamento uirtus ammonita. magisque cum cum salutaris auras miscere conspiceret. caeci poetæ graium uersum . mercurio comprobante commemorat . [30.] Fóne dero témparatun . únde dánnan méist kemánetiu dáz si in sáh miskelon héilesama luft . spráh uirtus tisen chriechisken uérs . tes plinden meonii . mercurio den lóben-

temo . Phœbos crisocomes *sol auricomus pestis* limu nephelem . *nebulam resoluit* aporiki .

Ex quo . s. uersu pestem fugari posse mercurius . si uoces primæ uestigiis eius accederent admonebat . subdendæ tamen . s. pestes . i. adscribende tamen sunt clario sidibus personanti . atque inter serta laurigera infularum . lubrico inplexoque crine redimito . Tánnan chád mercurius . síh óuh múgen súhte búozen . úbe ímo dar úmbe digi chámin . sie sól man so dóh chád er iehen úndertáne uuésen apollini . mit séiton spilentemo . unde geziértemo mit láurinen hóubet péndelen . únde mit hálemo loh réidemo fáhse .

15. QVAM HONORIFICE SVSCEPTVS SIT MAIVGENA .

Talia conserentes ut procul pithius aduentare conspexit . causamque aduentus primis aspectibus recognouit trono quo insedebat exsurgens . musas iussit occurrere . Só sie sús chósonte pithius férrenan gesáh chómen . únde er sár bechnáta uuánda er uúizego uuás . uuáz iro fárt méinda . do stúnt er sélbo úf gágen in . únde hiez ín sine musas fúrelóufendo begágenen .

Quæ licet in maiugenæ officium properare uiderentur ratis tamen incessibus mouebantur . Únde dóh tie mercurio ze dièneste gágene iltin . dóh liufen sie sámoso gemézenên stépfen . álso óuh an iro niumôn guissiu máza ist . [31.]

Ac tunc germano in participatum operis consessumque suscepto . prior orsus est phœbus . Únde demo brúoder zú ze ímo gesáztemo . únde sines uuérches ze gehélfen genómenemo . ih méino úz kébendo . dáz in dieu éimberinen uuás . fúre fiéng er sús mit ímo rédondo .

16. CVI EVM OPORTEAT NVBERE FRATER INSINVAT .

Cum anxia sententia nutat in trepidis rebus . aut cum ignota sors fluctuat in incertis futuris . consultet mortale genus . quodque indiga cura ueri facit dubium . uel incerta spes fatigat . Ménniscon chúnne chít apollo daz tero uuárheite zuifel getúot sórgen . únde dáz únguissiu gedíngi múhet . táz frágee únsih cóta . dánnan sîn muòt uuánchôe .

álde sîn lôz ze-únchundi zîho . in gnôten dingen únde únguissen .

At nobis præscire uacuum est . Úns ist áber kelázen fóre uuîzen diu ding .

Cunctatio nulla est quod superi uoluere . Táz tie góta uuéllen . des ne íst nehéin tùala .

Licet defixis pectore . s. deorum caret præobtare . si quod placet atque . i. quam necesse est . Souûio dero fersnûortòn man nedúrfe mùotôn . úbe er ánderes uuíle . dánne so is nôt ist . Prouidentia dei nelázet ánder geskéhen . áne dáz si benéimet hábet .

Sed consilium meum uis ferre . quod nondum uenit tibi mansura uoluntas . Nù uuíle dú hábcn mínen ràt . uuánda dir nôh tin uuillo nebechám .

Sic semper ab omni uelle capis socium . s. me . atque addita faciunt mentem . s. quietam . Sô sólt tú nú . únde ío hábcn mína hélfa . Únde míne ráta getûont tír muòtráuua . [32.] Tíz ist ter tóugeno ánafáng . tér in-rethorica héizet insinuatio . dér dáz ánterôt . táz mán in-den búòsen slòufet .

17. PRECONIA EIVS QVAM SVADET DVCERE .

Est igitur prisci generis doctissima uirgo . conscia parnasio cœtui . Ein uuise dièrna ist . édelis kesláhtis .

chúndiu dien ze-parnaso gesézenen . musis únde poetis .

Cui fulgent sidera . Téro hímeliskiu ding indán sint .

Cui nec claustra possunt occultare tartareos recessus . nec rutilantia fulmina iouis arbitrium . Téro nehéiniu slóz ferstán nemúgen die héllelichen tóugenina . nóh tie fiurinen bliccha ferbérgen ne múgen iouis uuillen .

Spectans qualis est sub gurgite fluctigena nereus . Pechénnendiu uuíolih únder . uuázere sí . des méres sun nereus .

Quæque norit tuos recursus per fratrum regna . Tíu óuh tine férte uuéiz mercuri . áfter dinero bruôdero richen . martis únde apollinis . Sî bechénnet tíh únder dien planetis .

Peruigil . Uuácheriu .

Penetrans archana in-modico labore . Túrh crúndende tóugeniu ding mit michelen árbeiten . Uuáz ne hinder stát ratio . uuáz irdríuzet sia ze irringenne ?

Quæ possit docta cura præuertere totum . quod superis præscire datum . Tíu íoh hina fúre chán uuizen ál daz chúmftiga ding . táz tien góten gelázen íst .

Quin crebrius ius habet illa in nos deos . urgens coactos in iussa . Íóh án úns cóten hábet si geuuált . únsih tuuingende ze iro gebóte . [33.]

Et scit . s. se posse inuito magno ioue . quod nulla potestas superum queat temptare. U´nde uuêiz si sib táz múgen hínderstân. iouis úndanches. dáz ánder geuuált tero góto nehéiner nebestât. Uuáz mág táz sîn?

Stent ardua. Dáz ter hîmel stánde. Dóh er ío in‿suéibe sî. ratio bechénnet uuénne er nesuéibôt. Sî tuôt fóne imo sús ketânen sillogismum. Omne quod mouetur instabile est. quod instabile est transit. cælum quoque quod mouetur transit. Mág ter hîmel transire. sô mag er óuh stare.

Alterutrum cumulat parilem meruisse iugalem. Í´uuer íouuedermo ist êra ze gelíchemo gehîen.

---

18. QVOD EI NOMEN SIT PHILOLOGIA. ET VIRTVS EAM FATEATVR COGNATAM. ET IN CÆTERAS VIRGINES MVNIFICAM.

His apollinis dictis letabunda uirtus. quod tam excellentis uirginis suasum uidet esse coniugium. ut nihil amissum duceret ex dignitate superdictarum. nomen tamen eius inquirit. Uirtus sih tô fréuuentíu. dáz er ímo geráten hábeti. ze‿sô tugedìgero¹ mágede áu déro niéht nebráste dero éreron héri. frágeta si iro námen.

Quod ubi cognouit philologiam esse. de qua fœdus instabat tanta gratulatione alacritateque concuti-

tur. ut aliquanto de ingenito rigore descendens. etiam corpore moueretur. Sô si dô gehòrta dáz iz philologia uuás. tia er néimda. sô nuárd si is sô frô. dáz si ioh éteuuaz íro guónun bártùn intlázeniu. den lichamen erscútta. Taz láhter scútta sia.

Quippe propinquam esse commemorat. Iáh sia uuésen íro gelégenun. [34.]

Et laudate illius mantices patronam. U´nde mágezohun dero geéretun mantices.

In ipsam quoque sophian. suppellectilis multa remuneratione largissimam. Ióh uuíder sélbun dia sapientiam állero gébon michellicho mílta. Ratio díu íst administrans sapientiam.

Nam psichen incultam ac ferino more uersantem. apud hanc asserit expolitam. ita ut siquidem pulchritudinis ornatusque gestaret. ex philologiæ sibi cultibus arragarit. Animam chád si íu úngereitenota unde uuíldlicho lébenda fóne iro geslifena. sô dáz sî niêht scònis únde ziêris ána ne trûoge. âne daz si dero íro gáreuui. sih ána gelêget hábeti. Anima nechóndi niéht úbe iro iz ratio negâbe.

Quæ ei tantum affectionis inpenderit. ut eam semper immortalem facere laborarit. Tiu iro sô férro minna geskéinet hábeti. dáz si sia immortalem getùon uuólti.

---

¹ Der schrift nach liest man noch leichter „tuget ligero".

Nihil igitur inmorandum . quippe cum impiger gerendorum sciat esse cillenius . Chád si nîeht unésen zebítenne . sid óuh cillenius sînero dingo unspûotig sin ne-chóndi .

Sed acceptis apollinis fatibus respondit ipse maiugena . A´ber infángenen ráten apollinis ántuurta imo der brúoder .

---

19. APOLLINIS ESSE OPTIMA CONSILIA . ET APVT IOVEM FIRMANDA .

Certum est lauripotens . i. diuine decusque diuum . i. illuminator siderum nostrum pectus uenire ex contiguis . Nû ist qúis nûizego . unde lîeht máchere des mánen . únde ánderro stérnon . únser zúeio uuillen . dáz chît únser zueio stérnen sih iô náhen . Mercurius lóufit .io mit sole .

Et socium ciere numen . U´nde io mih éiscon únde frâgen dîna mir sippun gótheit .

Et probare quicquid rerum ego tibi iunctus compererim . s. a te . U´nde dáz kelóuben so uáaz ih pefíndo fóne dir . uuánda dú uuizego bist .   [35.]

Sed nunquam mage uelle disparamus . A´ber nîomer negeskéidên uuir únseren uuillen . mêr dánne er iô ána ist . E´r sól io úngeskéiden sîn .

Et sit conlibitum manere in iussis . i. persuasione . quam meare cum deliaco fatu` . i. quam obtemperare consilio delii ? U´nde sól ih tánne gérnôr iô mannes râtes fólgên dánne apollinis ?

Cura atque arbitrio monemur isto . i. tuo . Tés uuirdo ih kemánot mit tînero áhto . únde mit tînemo chóste . táz ih ándermo sô uuóla negetrúee .

Hunc quippe ambiguum nefas putamus . Sólchen zuíuelon sô du bist . táz ist méin .

Et quæcumque fuit perit uoluntas . s. cælibatus . U´nde úngehiennes uuillo dér ist mir nû ingángen . Dú hábest mir in ába genómen .

Quo circa officio decentiore . paret præcliuibus libens pro fatis arcas . in thalamos uenire iussus . Pediu lóset tir zímigor arcas . fône dînemo édelen râte gescúnter zegehienne .

Sed tu delie instes quo tonantis exstet compar propositum . uolensque nutus . Nû hilf mir échert . táz iouis uuillo dar ána si . únde sîne únste .

Nam solitus ciere pectus . et præuersa sensa uigil monere . Tú bist quôn sîn mûot zebesuóchenne . únde in sines úuuillen geuuáro zemánonne .

Illum contribuas fauere iussis . et cæptis sacra fulserit uoluntas . I´n getûo fólgên dînen uuórten . unde er mir únne . dés ih peginne .

---

20. VNVM SINE ALTERO ADIRE IOVEM NON OPORTERE.

Hæc mercurio dicente . quin potius inquit uirtus uterque uestrum iouem uoce conciliet. Sús chédentemo mercurio . ántuuurta uirtus. Pézera ist chád si . dáz iuuer so uuéderer iouem chétte. [36.]

Nam et hic eius consiliorum conscius . et tu præceptionis archanus. Tîn brûoder uuéiz sînen uuillen . dû fernimest sîn gebót. Sines kebîetennes pist tû imo gesûas.

Ille mentem nouit . tu uerba componis. Er uuéiz ten uuillen . tû ántfristóst in.

Phœbo sueuit instante concedere . tibi pectus solitus aperire. Phœbo ist er guón sînen uuillen ze óffenonne . únde be_dir ze inbîetenne.

Addo quod uos nunquam conuenit disparari. Tára zû légo ih táz . táz ir iuuih skéiden nesúlent.

Et licet hic cursor apollininei plerumque axis . i. currus celeritate uincatur . ac remota statione consistens . captat . i. cupit . demum festinata . s. a sole præuertere . tamen dum consequitur . s. solem . ita libratus . i. adequatus anteuenit . ut cessim . i. gradatim plerumque recursitans gaudeat occupari . i. præcedi a sole. Únde dóh mercurius ófto fúre lóufen uuérde fóne dero súnnun . únde er dúrh sih stánde dénche uuio er áber sia fúre lóufe . dóh keskíhet . táz er iro sih ébenondo só fúre gêile . dáz er eruuíndendo sih áber láze fúre îlet uuérden. Mercurium fúre lóufet tiu súnna . só er stationarius ist . tánne geskíhet táz er eruuégeter . únde sia éteuuaz fúre loufender retrogradus uuirt . únde áber si fúre sahet.

Unà igitur uestrum iouem pia[1] pignora conuenite. Chóment sáment fúre iuueren fátir chint.

Certum quippe est quod et phœbeo conhibens splendore succumbat . et cum stilbonte incedens . conubiorum copulis allubescat. Táz ist quis . taz iouis . stella gehéngig uuérde dero súnnun skímen . nuánda si getûot sia mit iro radiis stationariam . únde mit mercurio gángendiu in_éinemo zéichene só mathematici ságent . héilesod tûe demo gehîleiche. [37.]

---

21. ELEVANTVR MIGRATVRI IN CÆLVM MERCVRIVS APOLLO CVM VIRTVTE.

His dictis . uirtus præcedentis officio . i. instinctu . ac mercurialis uirgæ perflatione concussa . in cælum itura sustollitur. Sàr déro uuórto . uirtus eruuégetiu fóne des

---

[1] Spätere verbesserung.

fóreleisen scúndedo mercurii . únde
fóne déro dráti dero flúge gérto .
húob si sih ze‿hímele .

Augurales uero alites ante currum
delio constiterunt . uti quis uellet
uectus ascenderet . Tô uuâren gáro
ze apollinis réito sîne uuîzeg fógela . rábena únde álbisze . dén zefuòrenne . sò uuér mite faren
uuólti .

Nam futura plerumque conformans . his præsagire consueuerat .
Uuánda mit tien uuîzegota er . sô er
chúmftigiu seáffota .

Petaso autem acta laribus concitatis . cœpit præire mercurius . Témo flúgescuhe ioh tien súftelaren
gesuúngenen . flòug fúre mercurius .

Sed scandente phœbo . musarum
pedissequus adherensque comitatus . candenti canoraque alite uehebatur . A'ber sáment apolline sindota diu genuóna mánigi dero musarum úfen síngenten álbizen .

---

22. ASCENDENTIBVS MVNDVS ADPLAVDIT.

Tum uero conspiceres totius mundi
gaudia conuenire . U'be dû dàr
uuârist . sáment tû gesáhist álle
uuérlt‿méndina .

Nam et tellus floribus lumina . i.
per lumina renitebat . quippe ueris
deum conspexerat subuolare mercurium . [38.] et apolline conspicato
aeria temperies sudis tractibus . i.
spaciis renitebat . Ze érist er‿gléiz
tiu érda fóne bluòmon únder óugòn .
uuánda si mercurium sáh ze‿hímele
fáren . dër gót tes lénzen ist . únde
deus sationum héizet . táro nâh er‿gléiz tiu lúft in iro héiterûn uuíti .
sò si apollinem gesáh .

Superi autem globi orbesque septemplices . s. planetarum suauis
cuiusdam melodiæ armonicis tinnitibus concinnebant . ac sono ultra
solitum dulciore . Tie himelisken
speræ . únde iro siben ringa . sùngen in‿êinhéllên lúton . sùozor dánne
dù êr hôrtist .

Quippe musas aduentare præsenserant . quæ quidem singillatim circulis quibusque metatis . i. electis .
ubi suæ pulsum modulationis agnouerant constiterunt . Sie uúurten
guár die sángeútenna dar zù fáren .
die úfen dien ringen éinzen gesázen . dàr iògelichiu iro rárta bechnàta . [1]

Nam urania stellantis mundi speram extimam concinit . quæ raptabatur sonora acuto tinnitu . Urania
diu celestis héizet . tiu skéllit tia
óberostun hímel‿speram . diu drátost férit . mit chléinero lútun .

---

[1] Ich lese „rárto", mit einem punkte über dem „r". ist etwa die übersetzung von
„pulsum" ausgefallen? aber auch das auslautende „a" in „bechnáta" gleicht einem „o".

Polymnia saturnium circulum tenuit. Polymnia dáz chit plurima memoria. díu begréif tén ring saturni.

Euterpe iouialem. Ten iouis ríng pegréif tíu delectatio uoluntatis héizet.

Erato ingressa martium modulatur. Erato chómentiu dáz chit inueniens similem geébenota sih martis ringe.

Melpomene medium. ubi sol conuenustat mundum flammanti lumine. Meditationem faciens kerárta sih ze demo mitten ringe. án‿demo díu súnna dísa uuérlt kezieret. [39.]

Terpsicore uenerio sociatur auro. Bene delectans sáng sament temo scônen ueneris stérnen.

Caliope orbem complexa cillenium. Sonoritas pechám cillenio.

Clyo citimum circulum. hoc est in luna collocauit hospicium. Bona fama begrêif tén níderosten ring. ih méino úfen demo mánen gestáteta si.

Quæ quidem graues pulsus modis raucioribus personabat. Tér geróbe lûta. in‿béisa uuis rábta.

Sola uero thalia quod uector eius cignus inpatiens oneris. atque etiam subuolandi. alumna. i. nutritoria stagna petierat. in ipso florentis campi ubere derelicta residebat. E'iniu thalia dáz ter chit ponens germina. díu uuárd ze‿léibo in éinemo félde scónemo. uuánda iro álbiz flóug ze sêuue. dò si día búrdi. ioh ten hôh flúg erlíden netrûuueta. Dáz súlen uuir poeticæ fernémen.

---

23. VTERQVE IN SVVM SIDVS MVTATI.

Interea tractus aerios iam phœbus exierat. I'n indíu uuás phœbus. íoh hína úber día lúft.

Cum subito uitta crinalis inmutatur in radios. laurusque quam dextera retinebat. in lampadem mundani splendoris accenditur. Tó uuárd imo gáhes ter fáhs‐pendel. in skimen beuuéndet. únde der láurîno ást. tér an sínero hánt uuás. dér irskéin álso lampas. sô úuit sô díu uuérlt uuás.

Fiuntque uolucres qui currum delium subuehebant. anheli flammis lucis alipedes. Unde die fógela die sína réita fûorton. uuúrten flúgeros. snâbtentiu fóre dero héizi sines liéhtes. dáz chit sines liéhtenten fiures. Tero rósso sint fíeriu. Eritreus. acteon. lampas. philogeus. Táz chit rubeus. splendens. lucidus. terram amans. [40.]

Atque idem pallio rutilante. ac reserato stellantis poli lumine. sol repente clarus emicuit. Unde sinemo láchene in‿rôti bechértemo. ioh temo himelliéhte indánemo. erskéin er gáhes héiteriu súnna.

Cyllenius quoque in sidus uibrabile. i. coruscum astrumque conuertitur. Sîn brûoder uuárd óub pechêret . in sînen glánzen stérnen.

Atque ita metamorphosi supera. i. transformatione cælesti pulchriores . pergeminos proprietate quadam . i. fiducia signi familiaris inuecti . augusto . i. nobili refulsere cælo. Únde álso scóne uuórtene fóne ûfuuértigero múzungo . únde gesúáslicho in fárende ze geminorum zéichene . mit tero brûodero báldi castoris únde pollucis . clizen sie in himele.

Ac mox tonantis palatium petiuerunt. Únde chámen sár ze bóue.

24. IAM IN CÆLO IOVI ASSISTENTES PER IVNONEM OPTATA TEMPTANT.

Qui postquam introgressi . et coram data copia fandi . ut uidit clarius consortio patrem iunonis herentem . quam nouerat suffragari plurimum ac fauere conubiis . lætus primo omine ipsamque concilians . in cuius arbitrio positam nouerat mariti uoluntatem . ita mitis affatur. Só sio dara chámen . únde iro árende tuón múoson . únde apollo gesáh sînen fáter ze iunone sih kesúasenten . dia er bechenáta gerno hélfen ioh fólchete uuésen gehtleiches . fróuuér sár sólches héilesodes . únde sia chéttende in déro ráte er iz uuíssa ál stán trát er fro sûs zû.

25. PER EXORDIVM . RHETORICE . BENIVOLOS FACIT QVIBVS SVPPLICATVRVS EST.

Possem pubeda vix dum . i. adhuc . uel paterna contremens præcepta . minore ambiens fiducia solum adire tonantem pro fœdere pignoris . ni iugata consortia cælitum . omen pararent prosperum tabensque . i. quieta diuum nunc moneret nexio. Íh máhti ioh chíndisker . únde mînes fátir uuórt in zuúiueligero unbáldi fúrhtender . mèr dánne ih nû fúrhte . álles éinen uuóla grúozen úmbe sînes súnes kehileih . úbe mir dero ánderro góto gehileicha héilesod netáten . únde mih is ih méino des héilesodes íro múozelichen zesámene gehéfteda nemánetîn.

Quis deorum nollet iunone conscia thalamos rogare? Uuélih cót sólti nû áne iunonis uuizentheit kehiennes kéron?

Cum eadem profecto pronuba futura quæque suffragabitur? Síd si diu híreisára ist . tíu is tára náh álles hélfen sól?

Iugalis ergo blanda . nutus præstrue. Liêba sîn uuírten . getûo dû in is uuílligen.

Et suada . i. suadens . quo allubescat nostris nisibus. Únde scúnde in . dáz er únstig sî únserro begúnste.

Te nunc . s. deposco parentem principemque maximum . s. iouem . fatumque nostrum . i. deorum. Unde nú bito ih tih is fáter . únde fúrsten . uuánda iz iuno gérno rátet. Tih únsera féstunga [1] bito ih is.

Quippe parcarum chorus humana pensat . tuque sortem cælitum. Dine brieuâra scáfònt téro ménniscon ding . tû scáffòst tero góto ding.

Tuum uelle est ante præscientias . i. uoluntates . s. aliorum deorum. Tîn uuillo gòt fóre dero ánderro góto uuillen.

Ac mente gestas quicquid instabit diis. Únde dû trégest in dinemo múote . dáz úns cóten chumftig ist. [42.]

Cuiusque nutu gignitur necessitas. Tîn uuillo . dáz íst nòt.

Cuius decretio illigat . i. cogit futura. Táz tû benéimest . táz ist nòte chúmftig.

Instatque quicquid uelle . uel serum potes. Tîr ist kágenuuerte . sô uuáz tû uuile ióh spáto geskéhen. A'lso gescriben ist . deus fecit quæ futura sunt.

Te igitur deposco illo numine quo benignus es . o blanda cæli temperatio . piumque culmen . iure qui diuum pater . concede proli quo nepotum prouehat numerum. Tih píto ih fóne déro góte máhte sô dû uuóla uuillig pist . álso dînen stérnen mathematici zîhent. Mánmendiu métemscaft tés himeles . s. uuánda er sô ròt ne ist sô der martis . nóh sô bléih sô der saturni . cúòtuuillig hóhi . s. dáz áber mars ne ist . nóh saturnus. Dû mit réhte fáter héizest tero góto . gelâ dinemo súne . dáz er mánegi néfôn geuuinne.

Qui . s. nepotes uibrant astra . i. coruscare faciunt . in supernis polis. Tíe in himele sint . skînende stérnen . s. nâls nóh sîne . núbe dero ánderro góto.

Maiæ tuumque sacrum pignus flagitat iugetur thalamis uirginis doctissimæ. Tîn sún . únde maiæ . keròt zegehienne ze dero gelértun diérnun philologiæ.

Sed si te stringit . i. tangit pia cura parentis par est ut potens conuoces cœtum deorum . sanciens conubium cum ipsa coniuge. U'be dû iz fáterlicho méinest . sô ist réht . táz tû die góta zesámine uuîsèst . mit iunone geáhtonde sînen gehîleih.

Quo prolis exstent nuptiæ supera lege . perpesque uinculum signet decor . i. consilium celitum. Táz tînes súnes héimleiti uuérde in himelscun . únde dero góto rât féstenoe dia hitat.

---

[1] Graff liest „sestunga".

26. IVNONEM PROPERAS VELLE NVPTIAS . IOVEM AVTEM EAS RETARDARE. [43.]

Hic postquam delius conquieuit . conuersus ad coniugem iupiter . quid eius uoluntas haberet inquirit . Só delius kedágeta . dára náh frágeta iouis sîna chénun . uuáz iro uuillo dar ána uuáre.

Uerum illa multa ratione permulsa . primo quod ei phœbus orabat . i. supplicabat . qui ei placiditatem afferre solitus est . Suspensio uocis . A'ber in mániga uuîs sî geuuilligô-tiu . zeèrist táz sia phœbus fléhota . dér iro guón uuás uuúnnesami ze-tuónne . uuánda uuúnnesam uuirt tiu lúft . sô diu súnna sia dúrh-skînet.

Quique etiam a se eruditas eiusdem filias . ad parentum quoque conspectum fecerat euolare . Et hic . Tér óuh iro tóhtera uuóla gelèrte . dára téta chómen ze-gesihte . demo fáter ioh tero múoter . I'h méino musas . tie iouis únde iunonis tóhterun gehéizen sint . uuánda uox iô uuirdet fóne æthere únde aere . Tie lèret apollo . uuánda ér gât mittèr dero planetarum . únde métemèt iro musicam.

Dehinc nuptiis iuno non solita refragari . Et hic . O'uh táz sî nîo gehîleiches uuidere ne uúas.

Tunc etiam cyllenium diligebat . quod eius uberibus educatus . poculum immortalitatis exhauserat . Et hic . Minnota sî óuh cyllenium . uuánda er fóne iro gesóugter . éuuigheit infángen hábeta.

Perindeque et matris gratiam conferebat . Et hic . Légeta si óuh tára zû sînero múoter minna maiæ . Sîd alle iouis chébesa iuno házzeta . ziu minnota si dánne maiam? A'ne daz iuno ih méino diu lúft . tánne uuármên gestât . sô diu súnna in taurum gât . tár maia inter pliadas lósket. [44.]

Accrescebat uotis . quod multa eam clarius conciliatione . i. blanda oratione sua deuinxerat . Et hic . Uuás sî is óuh téste uuílligora . dáz er sélbo sia is filo minnesamo férgota.

Faciendum profecto accelerandumque persuadet . ne itidem cillenius cypridis lactatus illecebris . ermafrodito fratrem gignere succensus optaret . Depositio . Tô chád sî is spûotigo uuésen zehélfenne . nîo cillenius fóne ueneris spénsten áber ferlúhter . únde nîetig uuórtener . den gemáchen uuidellen bî iro ne îlti geuuinnen . Petrógen gechóse dáz uuárheite gelîh ist . táz ánterot ten uuidellen . uuánda er hábet uuîbes lide dóh—er man sî . Tánnán héizet er uuidello . sámo so uuîbello . dáz chît ter uuîblîdo . Sô man uuállicho chósot . táz man lóterlîcho méinet . sô chíndot mercurius pe—uenere . únde sô geuúnnet er be iro ermafrotidum.

Stimulabat paululum iouem . ne

uxoris cyllenius fotibus repigratus. somnolento repente marcore torperet. etiam uelut maritali uacatione feriatus. discursare sub præceptis iouialibus denegaret. Iouem lázta dáz éin lúzzel. dáz chît er sórgeta. nío cyllenius in sinero chénun bárme fóne sláfergi ze‿trâgi gefienge. únde er sámo so himûoziger. sîn árende sô er gebûte triben nemáhti.

Nam illum iam pridem ait philologiæ sentio amore torreri. I'h uuárd iu fórn gúar chád er. in náh philologia chélen.

Eiusque studio comparatas habere quam plures in famulitio disciplinas. Únde úmbe íro mínna ze‿diêneste gechóufet háben. né uuéiz uuío mánige disciplinas. [45.]

Ipsum linguæ insignis ornatibus fandi nimiam uenustatem quo placeret uirgini consecutum. Únde íro ze‿liébe geuúnnen háben. zû dero ziêrdo dero édelon nuórto. hárto êrsam gespráche.

Deinde barbito aurataque cheli. ac doctis fidibus personare. Únde méisterlicho singen. án hárfun. íoh án lýrun.

Addo quod celebrat mirabile præstigium. elegantiamque pingendi. conuiuos etiam uultus aeris aut marmoris. signifex animator inspirat. Tára zû uuéiz ih táz er zóuferlicha. íoh lièblicha séltsani málennes ûobet. únde sámo so lébendiu íoh keséliu bílde uúurchet. ériniu unde mármoriniu.

Totum certe complacitum est. quicquid comit decorem iuuenalium gratiarum. Únde lièb ist mir triuuo. sô uúaz ímo únglíchero rátsaminon ziêrda tûot.

Se igitur eos iam pridem. amore mutuo colligatos. idcirco paululum distulisse. ne in thalamum. primeua affectione festinans. cum discurrendum esset totis noctibus repigritior paululum simularet anomalum. Únde chád er sie íu fórn geminne. dár úmbe gefristet hábeti. nío er sô frûo gehiende. dánne er náhtes lôufôn solti. úmbe trágheit sih lichesoti inæqualem. dáz chît úneben-fértigen. únde fóne diu gespátten. Sîn stérno ne ist tánne nieht ébenfertig. sô er dia bréiti des signiferi ze‿férro begrífet. únde er deste spâtor diu zéichen dúrhkát. tóh er gáhoe.

---

27. IOVIS SOLLICITVDINEM. IVNO
CONATVR ABRVMPERE.

Tunc iuno ait. Tô ántuuurta dés iuno.

At quin eiusdem conuenit uirginis subire uinclum. quæ illum etiam quiescere cupientem coniuere non permittat. Tánnan sól er chád si ze‿déro gehîen. tíu ín ne láze sláfen doh er ôuh uuélle. [46.]

An uero quisquam est qui asserat se nescire laborata per uigilia philologiæ . et pallorem lucubrationum pereruium? Ist ioman der sih chéde ne uuizen dia árbeitsamen uuáchâ philologiæ . únde dia bléichi iro émezîgen únslâfes?

Quæ autem noctibus uniuersis . cælum . freta . tartarumque discutere . ac deorum omnium sedes curiose indaginis perscrutatione transire? Uuéliu ánderiu uuás nóh quón táges unde nahtes crúnden himel . únde mére . únde hélla? Ioh állero góto gesáhe . geuuárlicho scródondo irfáren?

Quæ textum mundi . circulorumque uolumina . uel orbiculata parallela . uel obliqua decusata . i. ornata polose . i. alte limata .[1] axiumque uertigines . cum ipsorum puto siderum multitudine numerare . nisi hæc philologia . gracilenta quadam adfixione consueuit? Uuéliu uuás quon zéllen daz keuûurche dero uuérlte? Únde die piugen dero planetarum ringo? Álde die sinuuelben finf-ringa die latine héizent æquestantes? Álde die ziéro in-hóhi báldenten únder-láza dero planetarum ringo? Únde die uuárba dero áhson? Uúer zálta dáz ál sáment sélbero dero stérnon mánigi sò ih uuáno . ane philologia . mít chléinnero ána ligungo? dáz chît tiu dien állen chléino ána lág?

Quotiens . s. memini . conquestos deos super eiusdem coactione et instantia . cum quiescentes eos silentio concubiæ aut intempestæ noctis . ad se uenire inaudita quadam obsecratione compelleret? Uuio ófto nehórta ih tie góta sih chlágon . iro nótegungo únde iro duingennes . tánne si sie ráuuente ze bétte gáht álde ze-mittero náht . mit unmezigero flého ze iro báte chómen . [47.]

Tam uero abest ut sub hac possit pigrescere intricarique . i. inmorari cyllenius . ut commotis ab eadem suscitatisque pennis extra-mundanas petere latitudines urgeatur. Sô férro ist táz tánnan . dáz er sáment iro feht múge trákon álde tuálon . dáz si in nótte erbúretên únde gesuúngenen féttachen . die uuitina eruuállon . die ûzerhálb tes himeles sint . Uuánda ratio lêret únsih ioh chóson fóne dien . díu ûzer hálb tero uuérlte sint .

Cur igitur rex optime differuntur? Cum per sola athlantide . i. mercuriali sollertia . duos uigiles repromittam . Ziu súlen dánne die brút-lôufte gespáret uuérden sid ih míh fligo zuéio uuácherro fúre éinen?

---

28. SVPERVENIENS PALLAS ADHIBETVR CONSILIO.

Hæc cum iuno adfixa ut adherebat elatiori plurimum ioui . acclinatis

---

[1] Das „l" ist durchstrichen.

eius auribus intimaret. Suspensio uocis. Unz iuno háftentiu ze‿ioue hóhor sizzentemo únde dára ze‿iro geháltemo sús rédeta. Dáz chit er. uuánda æther hóhera íst tánne aer.

De quodam purgatioris uibrantiorisque luminis loco allapsa sensim pallas corusca descendit. Depositio. In‿indiu liez síh nider lángseimo diu scóna pallas fóne iro stéte. diu héiteren liehtes ist únde hirelichoren. Uuánda sapientia chit fóne iro sélbun. Ego in altissimis habito.

Atque ita ut uidebatur iouiali uertici inherere super uolans. tandem constitit sublimiore quodam annixa suggestu. Unde óbe flógerzende samoso ze iouis hóubete háftendiu. kestáteta si dóh in éinemo búrlichemo séze.

Quam cum iuppiter ut iugali elatior adherebat. de proximo contiguoque suspexit. sic exorsus. Só dia iuppiter álso er óberoro uuás sinero uuirtenno. uuider sélb síh kesáh. spráh er iro sús zú. [48.]

O uirgo nostri pars melior. s. quia de capite meo nata es. oportune uotis intermixta maiugenæ. Uúolge diérna mín déil der bézesto. uuánda dú mínes hóubetes tóhter bist. ze‿státo bist tu chómen mercurio maiun súne.

Quæ siue uocibus permulsa descendis. siue absque te iouis non erat formare consilium. seu consensus noster ne mutilus uideretur approperas. noueris tamen philologiæ cyllenium nuptias postulare. Tú hára chómen sist kebéteniu. alde daz min rát áne dih ne sólta sin. álde dár úmbe dú chómést. táz min uuíllo ze léibo ne uuérde. uuizist quisso cyllenium uuéllen ze philologia gehien.

Nondum mea prompta. i. prolata sententia. exspecto quid suadeas. Ih ne hábo nóh tar-ána nieht penéimet. fernimo gérno uuáz tu is ratést.

Noui quippe quam eiusdem uirginis incessabilis tibi labor semper acceptus. et ut tuis numeretur illa pedissequis. Ih uuéiz uuóla. uuio ántfanglih ió dir sin. iro unerdrózenen árbeite. únde uúio si bezélet si ze dinen mitegengon.

Par est igitur ipsa præsertim decernas quicquid de eius conubio prouisura dispensas. Fóne diu ist réht. táz tú námohaftóst kechiesest. únde gesképfest. ál dáz tú an íro kehiléiche uuéist zebeuuáronne.

---

30. ALIOS POTIVS DEOS AD HOC CONSILIVM PALLAS DICIT INVITANDOS.

Tunc pallas aliquanto summissior ac uirginalis pudoris rubore perfusa. oculosque peplo quod rutilum circum caput gestabat obnubens.

inprobrabat aliquantulum . quod super nuptiis uirgo consulitur . Si dô éteuuaz sih mídentiu . únde fóre mágedlíchen scámon errótendiu . únde mit iro róten hóubet-túoche diu óugen ferfâhende úberlégeta si ioui . dáz er siá máged frágeta des kehíleiches. [49.]

Presertimque eius quam propter consociationis officia . manere cuperet semper intactam . Oúh mèist téro gehíleiches . tia si úmbe iro geséllescaft io gérno uuíssi úngehíta .

Dedignatur præterea huiusmodi adhibere consensum . cum ita expers totius copule censeatur . ut neque de ulla permixtione progenita neque ipsa procreare quicquam arithmeca teste monstretur . A´ne dáz inthérêta si sih tísses ráles . tár úmbe . dáz si állero hítâte sô úzenan si . dáz si in arithmeticam zeiehenne . noh hilicho nebére . nóh sélba hilicho gebórn ne si . Septenarium numerum ságet arithmetica palladi gelíchen . uuánda er úzer ánderro numero geuuórht ne ist . nóh sélbo ánderen ne uúurchet . sô die álle die fóre imo . únde náh imo sint . únz án zéhne . Duo tres quatuor quinque die uúurchent . A´ber octo nouem decem sint úzer in geuúurchet . Einer septenarius ist ungeuúurchet . ioh únuúurchende .

Ac tunc septem radiorum coronam soliuaga uirginitas renudauit . ne futurarum . s. nuptiarum causis et copolis interesset . Sár dàr mite erbárota si éinfára máged . téro ánderiu gelih ne ist . día coronam siben skímon . mit tien septem liberales artes gezèichenet sínt . nío si dára ne châme ze déro gemëinsami dero brútloufto . Dáz ist fóne diu . uuánda si uuile rationem áne dia uuáhí dero uuórto .

Quia tamen eius optauerat iupiter exegeratque consilium . suadet deos maritos dearumque graudeuas in hæc decernenda conduci . Uuánda dôh iuppiter gnóto fórderota iro rât . pedíu chád si gehíte góta . únde getrágene gútenna ze demo ráte súln geuúiset uuérden .

Quippe conuenire cyllenio . ut pro præmiis potissimorum officiorum . fauor celitum eius uincla sanciret . U´nde éra uuésen cyllenio . dáz imo dero ánderro góto gelúbeda . dén gehíleih scúofe . zelône sines námohaftesten diénestes . dén er indúot pótescaft tribendo . [50.]

Augustius quoque tum fieri iouiale decretum . cum cœtu deorum attestante deprimitur . ipsamque nupturam deo conuenire non posse . nisi super senatus consulto mortalis esse desineret . U´nde iouis penèimeda sô fáren chéiserlichost . sô si fóre dien góten ersprénget uuirdet . únde dia brút ánderes ne gezémen cillenio . si ne uuérde mit tes hértuomis ráte úndódig ketân . Táz si mortalis si . dáz sláhet sia ána fóne iro múoter frónesi . dáz chit prudentia uuánda prudentia sæculi ne mág inmortalitatem nieht kefréhton áne mit tièn uuérchen dero uuárun sapientiæ. Uuéliu ist taz? Táz ist spiritalis et angelica uita.

Id genus plurima suadente tritonia. regum coniugum uterque consentit. Só si dés cnúoge rédeta. só gefólgeta iro is iouis únde iuno.

Ac mox iouis scriba præcipitur pro suo ordine. ac ratis modis. cælicolas aduocare. præcipueque senatores deorum. qui penates ferebantur tonantis ipsius. quorumque nomina. quoniam publicari secretum cæleste non pertulit. ex eo quod omnia pariter repromittunt nomen eis consensione perfecit. Tó hiez man iouis príeuarun. éina‐ dero parcarum. áfter órdeno. únde státelicho. die himelsazen dára uuisen. Zcérist tie hèrosten. die iouis ingeside hièzen. dero námen diu himel‐tòugeni ne uuólta geliutpâret uuérden. únde in‐geméinen námen gáb fóne éin‐rátigi. uuánda sie álliu ding sáment ioue kehéizent. Tér námo ist penates. sámo so panates. dáz chît omnia consentientes.

---

31. QVI CÆLICOLVM PRIMI VOCATI SINT.

Uulcanum uero iouialem ipse iuppiter poscit. licet numquam ille de sede corusca descenderet. Sinen brúoder uulcanum éiscota iuppiter imo sélbo. so uuio er nio ába sinemo fíurinen stuóle ne erbéizti. uuánda er ist ætherius ignis. [51.]

Tunc etiam ut inter alios potissimi rogarentur. ipsius college iouis. qui bis seni cum eodem tonante numerantur. Tó uuárd kebóten. dáz tie námohaftesten geéiscòt uuúrtin. sîn sélbes keméinskezzen. dero sáment imo dób zuélife sint.

Quosque distichum complectitur ennianum. Tie óuh ennius in zuéin uérsen sús pegrifen habet.

Iuno uesta minerua ceresque diana uenus mars.

Mercurius iupiter nereus uulcanus apollo.

Item et septem residui. qui inter duodecim non uocantur. Unde nóh tánne sibene. áne die zuélife.

Post quos complures alti pro suis gradibus cælites conuocandi. ac deorum omnium populus. absque in‐pertinentibus. Uuáren dára náh zeládonne. gnuóge hóho gesézene áftir iro grádin. ioh álliu diu góto mánegi. áne die úngeféllígen. sò manes sint. únde discordia. fóne dién er nóh ságen sòl.

Nec mora. milites iouis per diuersas cæli regiones approperant. quippe discretis plurimum locis deorum. singuli mansitabant. Sár áne tuuála ilton iouis hérechnéhta in misseliche hálba des hímelis. uuánda íogeliche dúrh sih súnderigo sázen.

Et licet per zodiacum tractum

nonnulli singulas uel binas domus animalibus titularint. in aliis tamen habitaculis commanebant. Únde dóh iro súmeliche áfter déro léngi des zodiaci éina sélda. álde zúo hábetín. álso macrobius léret in somnio cipionis. siê uuâren óuh tób in ánderen.

Nam in sedecim discerni dicitur [1] cælum omne regiones. Uuánda áller der himel uuirt ketéilet in séhzen lántskefte.

32. DE SEDECIM REGIONVM DIIS.

In quarum prima sedes habere memorantur post ipsum iouem. dii consentes. penates. salus. ac lares. ianus. fauores. opertanei. nocturnusque. I'n dero êristun sínt kesézen náh sélbemo ioue sîne rátkeben. húsinga. sálda. únde hérdcota. ánagángonnes cót. liumendinga. tóugeninga. náhtolf.

In secunda itidem mansitabant præter domum iouis. quæ ibi quoque sublimis est. ut est in omnibus prædiatus. quirinus. mars. i. pacificus. mars militaris. I'n dero ánderun buênt ána iouem dér óuh tár hóho gesézen íst. sò er in állen íst. tér éigeno flégare. únde dér in-búrgo mars. ioh ter fóre-búrgo. [52.]

Iuno etiam ibi domicilium habebat. Tár hábeta óuh iuno gesáze.

Fors etiam. Dér zuifel-gót.

Limphe. Nícchessa.

Diique iouensiles. i. tonsores iouis. Iouis skérara. uuánda tonsor in græca linga silen héizet.

Sed de tertia regione unum placuit corrogari. Fóne dero drittun uuólta er échert éinen dára geládot uuérden.

Nam iouis secundani. et iouis opulentiæ. minerueque domus illic sunt constitutæ. Sed omnes circa ipsum iouem fuerant in præsenti. Tár uuáren íune gesézene iouis spúotkében. únde sîne ótpudela. únde minerua. Die uuáren áber álle dô ze-hóue. sáment íoue. ín sínero ána-ougi.

Discordiam uero ac seditionem. quis ad sacras nuptias corrogaret? Uuér sólti áber strit únde úngezúmft tíe óuh tár sizzent. ze-brútloufte ládôn?

Presertimque cum ipsi philologiæ fuerint semper inimicæ? Sîd síe óuh íò únhóld uuáren sélbero philologiæ?

De eadem igitur regione solus pluton quod patruus sponsi est conuocatur. Éiner dér fiúrgót uuánda er des prútegomen fétero íst. tér uuárd tára geládot.

Tunc linsa siluestris. i. bestiarum dea mulciber. lar cælestis.

---

[1] Es steht „dr" mit einem querstrich über dem „r".

nec-non etiam militaris fauorque ex quarta regione uenerunt. Tô châmen dára fóne dero fiêrdun. lúhsa diu uuilda. únde dér diu uuólchen smélzet ze-régene. únde éin lar des himeles. ánderer des héreies. únde dâr mite iouis sún sékko.

Corrogantur ex proxima transcursis domibus coniugum regum. ceres tellurus. terræque pater uulcanus et genius. Fóne dero fînftun uuúrden geèiscòt. sò iouis únde iunonis hóf fúrefáren uuárd. diu chórngeba. únde der érdcot. únde dero érdo fátir uulcanus. únde der ánaburto.

Uos quoque iouis filii pales et fauor. cum celeritate solis filia. ex sexta poscimini. Fóne dero séhstun uúurtent óuh ir geládot iouis súne. dû fúoter-gót. únde dû spél-sekko. sament spúote dero súnnún dóhter. [53.]

Nam mars quirinus et genius superius postulati. Uuánda dér búrghalto uuigant. únde der stéte-gót tér óuh ánaburto héizet. tie uúurten fóre geládot.

Sed etiam liber ac secundanus pales uocantur ex septima. Ter uingot. únde der frámspuòte-sâre pales. uúurten óuh keládot fóne dero sibendun.

Fraudem uero post longam deliberationem placuit adhiberi. quod crebro ipsi cillenio fuerit obsecuta. Undriuua uuólton sie óuh tára. áfter lángemo getráhtede. uuánda sie diccho cillenio die nota. Uuár diènot sí cyllenio? A'ne sò rethorica únréhto uádòt. únde sí ueri-similia chòsot. fúre uera. Pediu chád philosophia fóne iro in-consolatione boetii. Quæ tunc tantum recto tramite incedit. dum nostra instituta non deserit.

Octaua uero transcurritur. quoniam ex eadem cuncti superius corrogati. solusque ex illa ueris fructus adhibetur. Tiu áhtóda uuárd fúre fárn. uuánda dánnan álle die óberen geuuiset uúurten. E'iner des lénzen niuuo rát. uuárd tánnan dára geuuiset.

Iunonis uero hospitio genius accitus ex nona. Fóne dero niúndun. uuárd keládet genius ùzer iunonis séldon.

Neptune autem lar omnium cunctalis ac neuerita. tuque conse ex decima conuenistis. A'ber dû mére-got. únde hérdcot. únde dû állero dingo sámahâfting. ioh tû einfúrhta. únde dû uuillolf ir châment fóne dero zêhendun.

Uenit ex altera fortuna et ualitudo faborque pastor manibus refutatis. quippe hi in conspectum iouis non poterant uenire. Fóne déro éinliftun chám diu uuîlsalda. únde uuilmaht. únde fabor der hirte. dien únhólden feruuórfenen. uuánda die ne-mahton chómen fúre iouem.

Ex duodecima sancus. i. qui sancit res et affirmat tantummodo deuocatur. fata uero ex altera postulantur. [54.] Fóne dero zuéleftun uuárd échert ter féstenàre geládòt. Fóne dero drittezendun chámen úrlaga.

Cæteri quippe illic dii manium demorati. Die ándere dàr gesézene. uuáren dero únholdon góto gezúáhtes.

Bis septena saturnus. eiusque cælestis iuno consequentur acciti. Fóne dero fièrdozendun uuárd keládòt ter áltcót. tér sáte machot. únde sin himel-iuno. dáz ist sîn uuirten ops.

Ueiouis. i. malus iouis qui et pluto et orcus ac dii publici terquino ex limite conuocantur. Ter héllo-iouis. únde die liùt-cota. die chámen fóne dero finftezèndun.

Ex ultima regione nocturnus ianitoresque terrestres. i. qui finibus præsunt similiter aduocati. Fóne dero sèhszèndun. uuárd náhtolf. tér óuh in dero éristun sáz. únde die márchón hùotela geládòt.

Ex cunctis igitur cæli regionibus aduocatis diis. cæteri quos azonos. i. extra zonas habitantes uocant. ipso commonente cillenio. conuocantvr. Só sie fóne állen lánden des himelis dáz chit fóne állen zónis sús keládòt uúurten. só uúurten dó die úzenan ringes héizent. fóne sélbes tes prùtegomen mánungo geládòt.

Tunc elementorum præsules atque utilitatis publicæ mentiumque cultores. omnisque populus potestatum. Unde dára náh. tie méistera dero gáskeftó. ioh fróno núzzedo. ioh tie des sinnes hùotent. únde álliu diu mánegi dero ána-uuáltón.

Quis eos numæ multus successor indicat? Uuér mág so 'gnóte. dáz chit so chúnnig áfterchomo sin numæ. dáz er sie gezélle? Numa uuás ter ándir chúning ze-romo náh romulo. Tér ána zócchota sih. táz er sáment tien góten sélbo spráche. únde sie in lèrtin uuélichiu sacrificia álde uuéliche cerimonias ér in bringen sólti. Sid er sie bechenáta únde in so gesúás uuás. só máhta er sie óuh zéllen. [55.]

Qui confestim omnes iouis imperio conuocati. in aulam cælitem cum uibrantibus uenere sideribus. Tie gesámenoton sih álle fóne iouis kebóte in die himelfalenza. in skinenten stérnón. uuánda só mánig cót so mánig stérno.

---

33. EX CONGREGATIS ALII PRÆCINCVNTVR AD OFFITIA.

Tunc ianus in limine militesque iouis. ante fores regias constiterunt. Tó huóta ianus tero túron. iouis sárlinga stuónden fóre dien túron.

Ingressuros etiam cunctos. nominatim uocabat fama præconans.

Álle die dár in-gân sólton. die uuîsta be-námen dára in fama lûto ruôfendiu. uuánda sî uuéibeles únde scúltheizen ámbaht hábeta.

At intra consistorium regis. quædam femina quæ adrastia dicebatur. urnam cælitem superamque sortem. inreuocabilis raptim celeritate torquebat. A'ber in demo iouis státahûs. ih méino in sinemo fórziche. dâr die liute gúon sint ze-stânne. dâr tréib trátero spúote dáz únuuendiga himel-lôz éin uuîb tiu adrastia héizet. táz chît petrosa. Si uuás tés lieza. uuénne íoman sólti gebórn uuérden álde erstérben.

Excipiebatque imarmene ex uolubili orbe decidentes speras. i. giros peplo inflexi pectoris. i. inflexo peplo pectoris. Imarmene dáz chît continuatio temporis. infiêng tie fóne dero uuérbûn springenten ringa. mit iro geuúundenen brústtúoche. Uuánda in zîto gelih uuérdent únde irstérbent ménnisken.

Cloto uero lachesis atroposque. quoniam sententias iouis orthographe studio ueritatis accipiunt. Suspensio vocis. Uuánda áber tres parcæ iouis priéfarun. sine réda fîlo geuuâro scribent. ih méino cloto dáz tir chît euocatio. s. hominum de non esse in esse. únde lachesis táz tir chît sors. s. qualiter uiuant. unde atropos táz chît absque ordine. s. moriendi. uuánda sie in állen álteren erstérbent. [56.]

Cum senatum curiamque contrahi cernerent hoc est cum cernerent incuriam contrahi senatum. Et hic. Tánne sie gesáhîn daz hêrote sih sámenon in daz sprâch-hûs.

Et cum cernerent ipsum tonantem indusiari. i. indui exuuiis publici magistratus. hoc est ornamentis regalis imperii. Et hic. Unde sélben iouem sih chúninglicho gáreuuen.

Accuunt stilos. utpote librarie superum. archiuique custodes. cerasque componunt. in acta. i. decreta et consultum cælestium. Depositio. Sô uuáztôn sie íro gríffela. álso scríbun súln. únde dero buócchamero flégerun. únde blânoton íro tabellas. zescríbenne die táte únde dén rát tero himiliscon.

---

34. PER INSIGNIA IOVIS MVNDI FIT DESCRIPTIO.

Tunc iupiter assumens publica indumenta. quæ assumit contracturus sennatum. apponit primum uertici regalis serti flammantem coronam. Jupiter sîn gegáreuue dô ána légende. dáz er échert ána-legeta. sô er in sprácha gân uuólta. ánasázta er demo hóubete chúninglichero smído glízenta coronam.

Contegitque ex posticis. i. ex posteriore parte caput. quodam uelamine rutilante. quod ei præsul operis pallas ipsa texuerat. Únde bedâhta er den nól mit éinemo rôtemo tuôche. dáz imo pallas tíu unérihméistera [1] uuórchta. Táz ist ter septænarius numerus palladis. tén si gegében hábet tíen rôtenten planêtis.

Dehinc uesti admodum candidæ. obducit amictus. yalinos. i. uitreas. Tára náh úmbe téta er sinemo uuîzen geuuâte. sô diu lúft ze óberost ist. clásefareuue hélina. sô diu luft nideror ist.

Quos. s. amictus stellantibus oculis interstinctos. crebri uibratus ignium illuminabant. Tie dir getópfôte mit stérnahten oûgon. mánige skimen dúrhskinen. Uuánda dúrh tia lúft skînent tie stérnen.

Tunc duos globosos orbes. quorum unus auro. [57.] electro alius prænitebat. dextra porectiore corripuit. Tô réihta er mit tero zeseuûun zuéi sinuuelbiu chlíuue. dáz chit zúo spèra. éina gelícha gólde. sô diu súnna ist. ándero gelícha electro sô der máno ist.

Leua enneaptongon chelin innitenti similis imprimebat. Mit tero uuinsterun ferdrúhta er sámo so línendo. sîna niunliutigun lyrun. uuánda si niun séiten hábet. Síbeno dero singenton planetarum. den áhtoden dero lútreistun himelspero. den niunden dero uuázero

dôzes hiér in érdo. Tén éinen dôz hóret man. die ándere sint sô ferdrúcchet. táz sie nioman nehóret.

Calceos autem herbosos fluctu. i. colore smaragdine uiriditatis. uestigiis cius tellus. s. dea annexuit. Tellus skûohta in mit crásefáreuuen scúhen. sámo grûonên sô smaragdus ist.

Insidebat autem ex pauonum pennis intertextæ oculatæque pallæ. E'r sáz áber án éinemo bízucche. úzer fáuuen féderon geuuébenemo. únde gefèhtemo. Uuánda diu lúft sizzet. án dero gebluómôtun érdo.

Ex qua multi coloribus notulis. uariata pictura uernabat. Fóne démo lôzta in mánega uuis ketrópfotiu. ioh kefèhtiu fáreuua. álso in lénzen diu érda getân ist.

Sub calceis uero fuscinam deprimebat. Únder dien fuózen bárg er éina drízinga fúrkun. diu neptuni ist. Uúaz pezéichenet tíu áne tres naturas aquæ. ih méino dáz si mobilis únde potabilis únde liquida ist?

---

35. ITEM EIVS DESCRIPTIO PER INSIGNIA IVNONIS.

Huius suggestui subditus iunonis consessus. haud indecenter ornatus. Iunonis stûol stûont nideror.

---

[1] Schwerlich darf „uuérch-méistera" gelesen werden.

gerístlîcho gegâreter. Níderor fóne
díu. uuánda aer nideror ist dánne
æther.   [58.]

Ipsa uero tecta capite . . lacteo
quodam calumnate prænitebat. Sî
sáz kehúltiu mit iro uuízhullun.

Cui . s. iunoni . gemmis insi-
tum diadema præciosis. Uuás iro
óuh ána getân . iro hóubet=
pánt. keuuôrhtez ûzer tiuren gím-
mon.

Nam neque skithidis uirecta. nec
cerauniorum uibrans fulguransque
lumen. nec flucticolor iacyncti cre-
debatur abesse profunditas. i. ua-
rietas. Târ uúas ána díu gruôni
skithidis lapidis. tér fóne skithia
chúmet. únde dánnan genámot ist.
ioh tér dráto bligskimo cerauniо-
rum die fiurfáreuue sínt. únde fóne
demo blícche genámot sint. uuánda
ceraunium grece fulmen chit latine.
ioh tiu bláuua misseliche des ia-
cyncti.

Sed totum illud sertum capitis
fulgurantis thaumantias obtulisse re-
ginæ cælitum ferebatur. Día hóu-
bet ziêrda álla. bráhta iunoni tau-
mantias táz chit mirabilis. tiu óuh
yris héizet. Yris in nubibus. táz
ist sertum iunonis. Târ síhet man
ána día fáreuua skithidis. únde ce-
raunii. únde iacyncti.

Ipsius uero diue uultus. assidua
perlucens gratia. i. serenitate fratri
consimilis. I'ro ánalútte uúas iro
brúoder gelíh. dúrhsíhtigez fóne
gnúog émezigero liebsami. Uúaz

mág ætheri gelîchera sîn. dánne
aer. so hêiter íst?

Nisi quod ille inmutabili letitia
renitebat. hæc commotionum assi-
duarum nubilo crebrius turbabatur.
A'ne dáz ér ío in gùotemo ist. sî
grúnzet áber díccho fóne úngeuui-
tere. Æther ist ío stille. aer uúirt
ófto getrûobet.

Nam uestis eius ialina. sed pe-
plum fuit caligosum. I'ro uuát úuas
kelîh yali lapidi dêr lútterer ist.
áber daz hóubet=tûoh uuás timbe-
rez. Uuánda diu lúft ist túrhsíh-
tig. uuólchen únde nébel sint trùo-
be.   [59.]

Quod tamen. s. peplum. si ap-
pulsu cuiusque luminis tangeretur.
inter obumbrantes nebulas sude per-
spicuitatis gratia præniteret. U'be
áber lîêht tar ána châme. sô skine
sár únder dien úmbe hábenten né-
bulen. ételih cliz tero hêiteri. A'lso
iz tánne féret. sô diu uúolchen
únde der nébul sih peginnent skêiden.

Hæc fulmen dextra. leua sono-
rum bombis. i. uocibus terrentibus
tympanum sustinens. sub quibus
plurimum sudans. ima subiecta ro-
scidis. i. aquosis uidebatur inun-
dare fluoribus. Sî in dero zése-
uuun den blig hábende. únde án-
dero uuinsterun êina timpanun mit
prútelíchen chláfleichen. ioh tár
úndere hirlícho ersúizzende. téta
sî día érda fóne démo flôdere er-
názen. Táz ist poeticum. dáz ter
régen sî iunonis suéiz.

Huius uero calcei admodum furui . quorum maximæ solea . atræ noctis nigredine coloratur. I´ro scûha uuáren sáleuue . áber diu sóla . zôh ze‿nâht fáreuuo . Uuánda míttiu nâht íst ió fínsteriu . âne in plenilunio .

Nam eiusdem genua zona quidem diuersicolor ambiebat . quæ nunc perfulgido resplendebat orbe . nunc uanescentis gratiæ tenuata uarietas . ita penitus ablegabat . i. euanescebat . tamquam nihil ante habuisset discolorum . U´mbe diu chníu hábeta si éina bindun míssefareuua . diu óugta sih uuílon óffeno . uuílon uuárd taz tiu féhi dar ána zegándo sih kedúnnerota . únde sô gáreuuo fersúant . sámo so dár fóre nièht sólches neuuáre . Táz ist kespróchen fóne dero féhi des méris . unde állero súebe uuázero .

36. DE INTELLECTVALI MVNDO.

His igitur regum indumentis decenter ornata . ante consessum in suggestu sidereo positam quandam speram . celatam uarietate multiplici conspicantur. Sús chúninglicho gáro sizzende . scóuuoton sie fóre in éina speram . ûfen éinemo stúole ligenda . in mánigfalta uuîs kezéichenda.   [60.]

Quæ ita ex omnibus compacta fuerat elementis . ut nihil abesset quicquid ab omni creditur contineri natura . Tiu fóne állen elementis sô zesámene gedúhet uûas . táz nieht târ ána ne bráste . álles tés tiu natura begrîfet . A´llez taz uuérltpílde uúas sáment fóre iouis óugon . uuánda in gótes múote . únde in gótes prouidentia . uúas ió gebíldot . únde sáment pegríffen . díu súnderiga misselichi állero creaturarum . Táz ist tiu primordialis causa . dia plato ideam héizet . nâh téro disiu ánasihtiga uûerlt keskáfen ist .

Illic cælum omne . aer . freta . diuersitasque telluris . claustraque fuerant tartarea . A´n déro spera uúas ter hímel áller . lúft únde uuázer . érda únde hélla .

Urbes etiam competa . cunctarumque species animantium . tam in specie quam in genere numerandæ . I´oh púrge únde geuuigke . ioh állero sláhta tier . únderskeitigo ioh sament .

Quæ quidem spera imago quædam uidebatur ideaque mundi . Tiu spera uúas tirro uuérlte gescáft . únde bílde .

In hac quid cuncti . quid singuli nationum omnium populi . cottidianis motibus . i. uoluntatibus agitarent pede ire . i. perficere . formantis . s. dī speculo relucebat . Uúaz álle . únde uúaz íogeliche liúte állero dièto . tágeliches ílen getúon . dáz skínet ál ùzer démo spíegule des píldonten gótes . Táz uúirt ál erséuuen in déro spera .

Ibi quem augeri . quem deprimi .
quem nasci . quem occidere iupiter
uellet . manu propria ipse forma-
bat . Uúen ér uúolti lázen gedíhen .
álde missedíhen . únde uuén gebórn
uuérden álde erslágen uuérden .
dáz píldota er imo ál dàr sélbo mít
síuero hánt.   [61.]

Quam terrarum partem disper-
dere . quam beare . quam uastam .
quamque celebrem cuperet . fictor
arbitrarius uariabat. Uuélih lánt
er uuólti férlósen álde gesáligon .
uuuóste uuésen . alde búhafte . daz
kemisselichota er ál . sélbchostiger
scáffare .

Hoc igitur fatum publicum con-
spicans componensque . deorum se-
natum iussit admitti. Tísen álle-
lichen úrlag ín déro spera scóuuon-
de . íoh sképfende . híez er in⸗lázen
daz heróte dero góto .

---

37. SATVRNVS ET OPS . ET CÆTERI
PROCERES ADMISSI.

Quamuis intus intrarent . quos in-
nominabiles sacra uis testatur . ta-
men etiam primatibus diuum præ-
sertimque parentibus . i. saturno et
opi . uterque consurgunt. Só uuío
dò sáment ín⸗giéngin die díu uuíha
chráft iro gótheite námolose héizet.
íò dóh gágen dien héristen . únde
méist gágen iro zuéio fórderon .
stúonden síu úf.

Uerum sator eorum gressibus tar-
dus . ac remorator incedit.   Satur-
nus íro fáter lázota án sínemo gán-
ge . íoh únspúotig uúas er ís .

Glauco quoque . i. uiridi amictv
caput . prætendebat dextera . flam-
miuomum quendam draconem . cau-
dæ sue ultima deuorantem . quem .
s. saturnum credebant anni nume-
rum nomine perdocere. U'nde mit
pláuuemo túoche behúlter . trúog
er án⸗dero zéseuuun éinen fíuren-
ten drácchen . dér daz íàr bézeiche-
net . sínen zágel slíndenten . dés
námo sò man uuánet . tia íàr⸗zála
úns keóuget. Táz ist fóne díu .
uuánda er grece héizet tez . táz tír
chít comedens. A'n démo námen
bezéichenet táu . ccc. e. bezéiche-
net . v. zeta bezéichenet . lx. Só
mánig tág ist in⸗íàre . íh méino
ccc. lx. v. [62.] U'nde imo gefállet
táz er héize comedens . uuánda
tempus frízet ál dáz tír ist. Fóne
díu chít iz ín bíuuurte . álter ál ge-
nímet.

Ipsius autem canities pruinosis
niuibus candicabat.   Sín gráuui .
uúas uúinterlichen snéuuen gelíh.

Licet etiam ille puer posse fieri
crederetur.   Sò uuío man uuándi .
dáz er áber chínt uuérden máhti .
Uuánda íàr eráltêt ze⸗uuíntere .
únde er⸗íúnget ze⸗lénzen .

Eius coniunx grandeuua corpu-
lentaque mater . s. ops quamuis
fœcunda circumfusaque partubus .
tamen floridam discoloratamque ue-

stem . herbida palla contexerat .
Sìn chéna ist ketrágenlih únde fóllide . Únde dóh sî féselig mûoter
sî . mit chínden befángeniu . dóh
pedáhta iro blûomféhun uuât . éin
grásegiu húlla . Uuánda diu érda
ist ticchesta dero elementorum . sî
ist óuh féselig . únde grásegiu.

In qua totus gemmarum metallorumque census . atque omnium
prouentus frugesque sationum . larga admodum ubertate ferebantur.
I'n déro dir fólliglicho lâgen die
scázza góldes unde gimmon . íoh
állero geuuáhste . únde álles tés
râtes tero sâmon.

38. VESTA.

Huic uesta quæ etiam coeua eius
fuerat adherebat . Ze_iro hábeta
sih uesta . diu iro geáltera úuas .
Fiur ist ében ált tero érdo . únde
liget ferbórgen in dien stéinen . únde in dien érdlucheren . álso in
ueseuo campaniæ skînet . únde in
ethna siciliæ.

Quæ quod nutrix iouis ipsius suoque eum sustentasse gremio ferebatur . caput regis ausa est osculari .
Tíu getórsta ioui dáz hóubet chússen . uuánda sî sîn mágezoha íst .
únde sî in bármôta sô man ságet .
Uuánda cælestis ignis ist óbe æthere . únde úmbe ætherem . únde dáz

chédent philosophi mit temo érdfiure gezúgedót uuérden . [63.]

39. SOL.

Post hos . candida cum sorore sol
auratus expetitur . Náh tien uuárd
tára ín gcéiscot . tér góldfáreuuo
sol . mit sînero nuîzun suéster
luna .

Qui mox ut cœpit ingressui propinquare . purpuræ rutilantis puniceus quidam fulgor anteuenit . et
rosulenti splendoris gratia . i. uenustate . totam aulæ ipsius curiam .
i. conuentum deorum luminauit .
obstupefactis cæteris ornatibus . i.
ocultatis cæteris stellis . Tén fúre
fúòr . sô er begónda chómen . éin
rót skîmo . púrpurun gelîcher . únde
in rósfáreuuero skóni erskéinda
er álla dia fálenza . ánderen zíèrdon dáz chît stérnon sîh pérgenten .
Táz ist tiu gáreuui des hímeles . tía
uuîr séhen in mórgen . ér diu súnna
ûf kánge.

Ast ubi primos honorati capitis
radios ingressurus inmisit . ipse
etiam iupiter paululum retrogressus . sub inmensi nitoris numine
caligauit . I'oh sélber iupiter túncheleta fóre sínero skînbari . uuidere uuîchender . sô er ingândo
den hóubet=skîmen êrist óueta . Tíz
ist secundum rhetoricam emphaticos keságet . táz chît michellicho .

latine chît iz exaggeratiue. I'h
méino uúio ioh sélbes iouis stella.
tiu fóre filo glánz ist. tanne úrouge
uúirt. sò diu súnna stát skînen.

Speræ uero orbesque quos dex-
tera sustinebat. ueluti speculo cog-
nati luminis refulsere. i. contra ful-
sere. Sélben die spere die iupiter
in hénde hábeta. ih méino sélben
die stellæ solis et lunæ. die skinen
gágen démo speculo dés in-gelége-
nen liêbtes. Siè infiêngen in sih.
tiu liêht tero góto. apollinis únde
lunæ. [64.]

Iuno autem diuersicoloris. illu-
stris ornatibus ac uaria. uelut spe-
culo cognato. gemmarum. i. nu-
minum luce resplendens. canden-
tibus serenis enituit. A'ber diu ge-
fêhta únde diu ziéro gegáreta iuno.
erblichendiu fóne iro liêhte. sá-
moso fóne gelégenemo spîegele.
uúard sî in uuîzero héiteri. A'lso
diu lúft iò dánne ist. sò diu súnna
ûf kât.

40. DESCRIPTIO ÆSTIVI TEMPORIS.

Erat enim in circulum ducta ful-
gens corona. quæ duodecim flam-
mis ignotorum. i. præciosorum la-
pidum fulgorabat. Apollinis coro-
na uúas keringtiu únde glîzendiu.
Zúelif tiurero stéino glîzemen há-
beta si. dáz sint zúelif mánóda des
iâres.

Quippe tres fuerant a fronte gem-
me. lichynis astrites et ceraunos.
Trî uuâren án sinemo ênde. dáz
sint triu súmerzeichen. gemini.
únde cancer unde leo. U'be dù
diu nebechénnist. tiu zéigot tir
maior ursa. Uuánda sò sî chúmet
in altitudinem cæli. sò sint gemini
gágen iro chélûn. cancer gágen
dien fórderen fuôzen. leo gágen
dien áfteren. Sélbiu ursa ist pî
demo nórde. mánnelichemo zéi-
chenháftiu. fóne dien siben glátên
stérnôn. die áller der liut uuágen
héizet. únde náh éinemo glóccun
ióche gescáffen sint. únde êben
michel sint áne des mittelosten.
Uuélee uuâren dâr ána? Lichinis
tér purpureus ist. únde dánnan ge-
námôt ist. láz er lucernæ gelîh ist.
diu grece lichinis héizet. Dér ist
geminorum. únde iunii mensis.
uuánda dánne purpurei flores chó-
ment. A'ber astrites ist éin uuíz
stéin. genámoter ab astro. dáz chit
a stella. uuanda man dâr inne sihet
samoso éinen stérnen uuárbelôn.
Dér ist cancri únde iulii. uuánda
er gelich ist tiên uuîzen. únde êben
michelen zûein stérnon. die in can-
cro méisten sint. únde aselli héi-
zent. Ceraunos ist éin fáleuuer
stéin. fóne fulmine gehéizener. Dér
ist leonis. únde augusti. uuánda
diu súnna dánne prénnet. sámoso
blig-fiur. [65.]

Quæ eius effigiem reuerendam.
a cognitione conspicientium. ui-

brantibus radiorum fulgoribus occulebant. Tie gemmæ benâmen dáz mit téro drâti iro skîmon. dáz in ána séhente ne bechnáton.

Quarum alia cancri cerebro. leonis oculis altera. geminorum fronte assumpta tertia dicebatur. Únde éiniu uuas kenómen sô man chád úzer démo gilse cancri. ánderiu úzer leonis óugôn. diu drítta úzer démo énde geminorum. Dáz chád man fóne diu. uuánda sie dien geliche sint. álso iz keságet ist.

---

41. VERIS.

Aliæ sex ex utroque latere rutilabant. A'ndere sébse skînen án dien sîton dero corouæ.

Quarum smaragdus una. Déro ist éiner smaragdus. állero stéino gruónesto. fóne amaritudine gehéizener. uuánda iô grûone éiner ist. Tér ist kegében tauro únde maio. uuánda dánne ist lóub únde grás in alegrûoni. Taurus ist únder demo sibenstirne. únde sîn hóubet ist mit finf stérnon sô gescáfot. táz man éinen sihet án dero mûlo. éinen án demo uuinsteren óugen. zuêne án demo zeséuuen zesámine chlébente. die fûre éinen gezélet sint. Zuêne án dien hórnen. Déro zúeio ist ter zéseuuo. rôt únde fîlo óffen. Die fínfe hèizent latine suculæ. grece hiádes. [66.]

Scithis altera. A'nderer héizet scithis. fóne scithia dánnân er chumet. Tér ist óuh crûone. álso diu érda ist in aprili. sô diu súnna gât in ariete. A'n arietis hórnen stánt filo gláte stérnen fiêre. náh tien hórnen gechrúmpte. Die mág man óuh uuóla bechénnen fóne demo siben-stirne. uuánda sie uuéster-hálb sîn sint. únde únder zuisken ándere nehéine nesint. âne des trianguli daz deltóton héizet. táz mit úndarlichen stérnon gebildot ist. A'ber aries hinder sihet sih ze táuro únde bediu sint óuh sine posteriora bechéret óstert. zû dien fiêr stérnon. die úns óugent. in zîlun stânde. sámo so âba fersnitenen taurum ze dien lánchon. Mit tien béinen tréttot ér cætum. tér imo súnt-hálb ist.

Iaspis tertia uocabatur. Ter dritto héizet iaspis fóne aspide serpente dér in in demo hóubete tréget. sô man chit. únde dér ist óuh éteuuaz crûone. álso óuh in martio éteuuaz peginnet crûen. sô diu súnna ist in piscibus. Tér piscem bechénnen uuélle dér aquilonius héizet. tér séhe fóne cornibus arietis uuóla férro uuéstert. nórdhálb tes signiferi. dár sihet er éin filo skînbarîg triangulum. uuito indánez. únde ioh úzar finf stérnon. diê án dien órten. únde án dien sîton stânt. kebíldotez. A'n démo bechénne sîn hóubet. Tánnan férro súndert. sihet man án demo signifero dáz kemáhcha triangulum . úzer fiér stérnon náhében michelen . álso gebildotez . álso in arithmetica diu minnesta pyramis kemálet ist . [67.] I'h méino dáz trí stérnen daz triangulum máchont . únde der fiérdo . rébto in mittemen stát. A'n démo bechénne des minneren hóubet . tér notius héizet. Fóne dien zuéin triangulis piugent síh ûf òstert íro uincula . mit tién die zágela ze-sámine gechniupfet sint. I'n demo biugen sihet man pegasum . sámosò únder zuisken fisken betânen.

Inter quarum uirorem foeta mari lumina . s. resplendebant . interiorisque coruscati fonti . i. fontibus quædam suauitas resplendebat. U'nder déro gimmon grûoni . skinen demo mére féseligiu liȟht . uuánda diu lénzesca sûnna getuót féselen diu méretiêr . únde diu sûözi des inneren blicches . erskéin dien rinnenten uuázeren . uuánda óuh tíu núzze uuérdent in lénzen.

42. AVTVMNI.

Hiacincto dentrides . etiam eliotropios utrimque compacti. Témo in mittemen stánden iacincto uuáren gesûòget peiden-hálb dentrides únde eliotropios.

Qui lapides coloribus suis terras ratis temporum uicibus herbidabant. Tie stéina gegrásegoton dia érda in guissen hérton dero zito .

Quos ei . i. apollini ad obsequium numinis . s. sui . recurrentes uer dicebatur . et autumnus munere contulisse. Tie man ságet ímo ze sinemo diòneste brâht háben . die zesámine gerarten zuêne gnóza hérbest únde lénzen . tia éina temperiem máchont . únde éina léngi dero tágo ioh tero náhtò? Eliotropios ist cruône mit pluòt-fáreuuen strimon . die ioh téro súnnun skimen blûotfárenue . [68.] únde túnchele gemáchont . úbe er in éinemo bécchine fóllemo uuázeres úz ketrágen uuírt. Pediu hábet er dén námen . dáz er súnna-uuéndiger héizet. Dér ist uirgini únde septembrio gegében . uuánda diu grûoni in démo mánode beginnet kán in róti. A'lso dû fóne demo mèren septentrione leonem bechénnen máht . tér únder imo ist filo óffenero stérnon . sò máht tû únder leone séhen éina smála stráza úndarlichero stérnon . die ydram máchont . únde dih réhto léitent ze uirgine. Tia bechénnest tû sámfto . uuánda si óffenero stérnon ist . únde gescáffeniu . álso éin únebensíttig [1] quadratum. Tàr sihest tû sia súnthálb tes signiferi . álso dû óuh geminos unde aquilonium piscem nórdhálb síhest tes

---

[1] Das doppelte „tt" wohl in folge der trennung des wortes durch das ende der zeile.

signiferi. Dentrites uúirt keántfristot arboreus. uuánda dentros grece arbor chît latine. Dáz íst éin uáleuuiu gemma. diu óuh sucinum héizet. tíu ûzer dien bóumen diuzet. álso flied únde hárz. únde diu ába dien bóumen in dáz uuâzer fállendo ze‿stéine erhártet. Tíu ist mit réhte gegében libræ únde octobrio. uuánda dánne fáleuuet taz lóub. únde dánne suizzet méist ûzer dien bóumen. Iacinctus íst náh temo blúomen gehéizen. Unde uuánda er uuéitiner íst. únde uuîlon túncheler. bedíu íst er scorpioni gegében únde nouembrio. in démo nébel únde túncheli ist. Uuárte des mánen férte. sô er ûzer leone gânge. ér léitet tih èr. er ze dehéinen stérnon chome fûre uirginem gándo ze‿libra. [69.] dáz sint zúene stérnen gnûog míchele. die chele scorpionis héizent. Sélber scorpio hábet tuúeres án‿demo rúkke zúene gláte stérnen ében míchele. die filo réhto enchédent tien dánnan ûf sih zillenten stérnon serpentarii. dér ûfen scorpione stât. túrh tie zúene mitte ist tes mánen fárt. únde anderro planetarum. Fóne dien máht tû in bechénnen. uuánda án imo die zéichenháftesten sint.

43. HIEMIS.

Posterior autem pars coronæ ydathite adamante et cristallo lapidibus alligabatur. Táz áftero téil dero coronæ. uúas zesámine gehéftet úzer ydathide dér fóne demo uuâzere genámot ist. únde óuh enidros héizet. uuánda man dár inne sihet. sámo so éinen brúnnen springen. Unde ûzer adamante dér demo háselnúzechernen gelîh ist. únde den nîoman ferbréchen ne mág. áne geuuílohten in‿demo búcchinen blúote. Unde úzer demo cristallo dér fóne glacie genámot ist. tánnan ûz man chît táz er uuérde. Ydathides uúirt kegében aquario únde februario uuánda iz tánne filo régenôt. Aquarius ist zéichenháfte. án‿dien béinen mér dánne er fóne dien béinen ûf sì. únde án zuéin stérnon zesámine chlébenten. die án‿sinemo uuinsteren téile sint. téro hálber ze capricorno bechéret ist. târ er urzeum hábet. Áber capricornus ist zéichenháfte fóne demo lacteo circulo dér úber sîn hóubet cât. [70.] únde óuh taz er áfter hábet fóre demo zágele dri stérnen uuito ze‿gréite. únde nider gehógene. ándero dri án‿demo zágele déro sélbun geskéfte. áber ûf kebógene. Témo ist adamans sáment ianuario mit réhte gegében. dúrh tia hérti álles tes tánne gefrórenist. Cristallus ist sagittario únde decembrio gegében. uuánda in démo mânode isên gestát. Sagittarius ist éin fílo óffen zéichen . únde uuóla geskéidenez fóne dien ánderen. Sîn gescáft ist náh alsólih . sô dés mínneren . a. Der fórdero teil ist uuîzero stérnon . der áfter-téil dér ze capricorno sihet . ter hábet éinen rôten stérnen . mêren dánne die ándere sîn.

---

44. ITEM DE EIVS HABITV ET FORMA.

Ipsius uero diui auro tinctam cæsariem comasque crederes bráttealas. Tû uuándist sélbiz taz sîn fâhs uuésen gúldinez . únde sîne lóccha gefédel-goldôte . Fédelgóld . táz chit fílo dúnne góld . uuánda sô man iz túnnesta gesláhen mág . táz héizet brattea . i. lamina tenuissima.

Facie autem mox ut ingressus est pueri renitentis . i. sudantis . in fine senis apparebat occidui. A´n demo ingánge hábet er éines scônis chíndes kelîchi . uuánda diu súnna in mórgen chindiskiu ist . áber in mittemo gánge éines-trátes iungelinges . álso óuh tiu hîzza stárchesta ist in mitten dág . áber án demo ûzláze ih méino ze ábende éines erlégenes álten. [71.]

Licet duodecim non nullis formas conuertere crederetur. Tóh súmelichen duóhti . dáz er zuélif pilde óugti . náh tién zuélif stúndos des táges.

Corpus autem eius flammeum totum. E´r uúas sélbo fíurin . táz skînet án sînero héizi.

Pennata uestigia. Sîne fuóze sint kefideret . táz skînet án déro snélli.

Pallium coccinum . i. rubeum . sed auro plurimo rutilatum. Sîn láchen geuuórmôt . áber fílo hárto góld-rôt.

Sinistra autem manu clypeum coruscantem præferebat. A´n dero uuínsterun trúog er éinen rôten skílt . uuánda sélbiu diu súnna éinemo skilte gelîh ist.

Dextera ardentem facem. A´n dero zéseuuun éina brinnenta fácchela . A´lso die poetæ ságent táz álliu diu uuérlt lîcht hábe . fóne apollinis fácchelo.

Calcei uero similes . ex piropo. Sîne scúha uuáren gelîche . únde órcholchîne . Piropos chit uisio ignis . álso daz metallum óuget uisionem ignis . tánne góld . únde zúifalt chúpferes zesámine gegózen uuirt.

---

45. LVNA.

Quem iuxta luna leni quodam teneroque uultu . ex fraterna fulgorem lampade resumebat. Pî imo stûont sîn suéster luna . mit mánmentsámero únde lindero ánasíhte . uuánda si neuuider sláhet tiu óugen nîeht . sô diu súnna. U'nde si eufîeng iro lîeht . fóne des prúóder lampade . uuánda íro ne máhti nîeht eclipsis keskéhen . úbe si iz fóne íro sélbun hábeti .

---

46. PLVTO ET NEPTVNVS .

Post hos admissi fratres iouis quorum alter maritima semper inundatione uiridiorum . alius lucifuga inumbratione pallescens. Náh tîen uuúrten in ferlázen iouis prúódera . éiner uúas fóne demo méreuuáge pláuuer . ánderer uúas fóne náhtlichemo scáteuue pléicher . [72.]

In capite uterque dominandi sertum . pro regni conditione . i. qualitate gestabat. I'ro io uuéderer trúóg sîn diadema álso chúning sólta .

Nam unus albidi salis instar candidum . atque per spumarum canitiem concolorum . alter ebenum . i. ebeninum ac tartareæ noctis obscuritate furuescens. Éiner trúóg uuízez únde ébenfáreuuez tero gráuui des féimes . únde des méresálzes . ánderer trúóg keuuórhtez ûzer ébeno . únde suárzez fóne dero héllolichun náhttimberi .

Qui quidem multo ditior fratre . et semper eorum quæ gignuntur conquisitionibus opulentus . alius uero propter molem elationemque corporis renudatus . ac dispuens diuitias obpressione quesitas . Tér uúas ríchero dánne der brúóder . únde gechister fóne átehaftemo guúnnne dero gebórnon . uuánda diu hélla ferslíndet ál daz ter lébet . si ne uuirdet nîómer sát . ter ánder uúas fóre mícheli . únde fóre héui erbárót . únde feruuérfende mit nóte guúnnenen ríchtuom . Michel ist ter mére . únde in uuélla sih héuendo álde in céssa . uuirfet er ûz táz er iôner guán .

---

47. STIX ET PROSERPINA .

Uerum utrique diuersa coniux . I'ro chéná uuáren úngelih .

Nam hic nudus . omnium nutricem deorumque hospitam secum ducit . ille puellam accessibus . i. incrementis gratulantem. Uuánda díser . ih méino neptunus . práhta mit imo sîna chénun stigem . [73.] dáz chit purificationem . állero góto mágazohun . únde gást kébun . Uuánda dii terrestres ne uuúrtin nîómer cælestes . úbe sie iu stige palude neuúurtin purificati . Diutóufi gáb in cæleste consortium . Fóne diu ne muóson díe góta sih nîeht fersuéren be stige . A'ber pluto bráhta éina díérnun . ih méino proserpinam . uuáhsennes mándaga . Proserpina dáz ist álles erdrátes tiehsamo . diu ist puella . uuánda érdsamo iáro‿geliches níuuer chúmet .

Quæ ita plerumque frugem exposcentibus tribuat . ut magni numinis uota sint . eidem redibere centesimam . Tiu sô chórn gêbe iro bétâren . dáz sie iro gehéizēn zegébenne dia cênzegosstun [1]. Pediu héizet si óuh échate . dáz chît centum . uuánda der érduuocher ófto chûmit zênzegfáltiger .

48. MARS ET LIBER.

Dehinc admissi tonantis ipsius filii. Sô uuúrten dô in ferlâzen iouis súne .

Inter quos primus quidem ruber iuuenis ac uorax omnium . sititorque etiam sanguinis gradiebatur . Téro zuéio uúas ter fórderoro éin rôt iúngeling . uuánda sîn stérno rôt ist . únde slíndâre ioh túrstesare des plúotes . Pediu heizet er mars . álso mors .

Alter suauis et comis . Tér ánder uúas mámmende únde minnesam . Uuáz ist húgelichera únde minnesamera uuine ?

Falcemque dextera . leua gestans cratera somnificum . Sin rebemezers án‿dero zéscuuun trágende .

únde sínen sláf‿máchigen chópf án‿dero uuínsterun . [74.]

Ac pronus in petulantiam referebatur . I̓oh spilogerner chád man dáz er unâre .

Huius gressus incerti . Sîne génge uuâren scránchelige .

Atque olacis . i . odorati . temeti madoribus implicati . Únde feruuúndene fóne dero trúncheni des stárchen uuínes .

---

49. CASTOR ET POLLVX.

Post hos duorum una quidem germanaque facies . Náh tien châmen zuêne brúodera gelicho getâne . uuánda sie gezuínele sint . éinero muôter chint . tíu leda hîez . náls éines fáter .

Sed alius lucis sidere . noctis alius refulgebat . Dér éino chám mit táges stérnen . ánderer mit náht‿stérnen . Uuánda man in iro ortu . únde in iro occasu den éinen sihet áne den ánderen . pediu chît man dáz ter éino sî des táges . ánderer dero náht . Ter mínnero dér pollux héizet . tér gât ér úf . mit éinemo michelemo stérnen . dér án sinemo hóubete skínet . A͑n dés fúozen skinet ter gemácho . uuóla filo mínnero . U͑nder dien zuisken skínent

---

[1] Das doppelte „s" wahrscheinlich in folge der trennung des wortes durch das ende der zeile.

tri . die éin lángez triangulum máchont . Téro sint fínfe . A′ndere fínfe sihest tû án‿demo méren dér castor héizet . Tér hábet tára gágene den minneren án‿demo hóubete . dén méren án‿dien fúozen . únde óuh éin triangulum stérnon únder zuisken . Ze‿déro uûis sint téro zéichen gelih tie sélben gelih uuáren . dóh pollux minnero bediu si . uuánda er échert homo ist . únde castor . méroro . uuánda er óuh deus ist . álso iouis sún sól. [75.]

50. HERCVLES.

Dehinc quidam roboris inauditi . et exstirpandis semper aduersitatibus præparatus . Sô chám dô éiner micheles mágenes . sóliches man êr negehórta . únde iô geéinoter sih ze éruuérenne álles úngefúoris . Uuánda hercules állen monstris sih iô cruuéreta . dáz chit állen egetiéren . Uuáz sint áber égetier . âne éigesin gelichin tier? Sô ydra uúas . únde arpiæ . únde centauri . án‿dien er sigo nám.

Sed eius miros lacertos . rictusque cleoneos . i. nobiles . sublimis . s. oculis iuno cernebat . A′ber iuno uuárteta mit túueren óugon . án‿sine gròzen árma . únde án‿sin gúollih kéinon.

Quis inter eos decernentes feminæ . quarum una . i. diana uirgo ferebatur . alia . i. uenus . generationum omnium mater . Uuáren óuh ánderiu uuîb chiésende . uuér er únder ín uuáre . dáz chit . uuiólich er únder dien ánderen uuáre . Téro uúas einiu máged . ánderiu uúas múoter állero gebúrto . Einiu lobeta gehíte . ánderiu úngehíte .

Illi . idem diáne arcus cum pharetra . huic idem ueneri rosis decusatim uinctis sertata contextio . E′nero uûas kehénde der bógo mit temo chóchere . unánda si uenatrix ist . tirro licheta dáz ziéro gerigena gefluhte . úzer gedrúngenên róson . dáz man brúten máchot .

Quam et conspicere nitentem . et fantem audire dulces illecebras . et attrahere flagrantissime . spiritus halatibus redolentem . et osculis lambere . et contingere corpore . eiusque uelles cupidine suspirare . Tiá máhtist tû gérno séhen glízenta . [76.] únde hóren chóson álle lústsamina . únde gérno erstinchen tóumenta fóre iro hirlichun stángmachúngo . únde chósson . únde iro líde hándelon . únde chélen náh iro mínnon .

Quæ quidem licet amorum uoluptatumque mater omnium crederetur . tamen eidem deferebant pudicitiæ principatum . Tié cháden sie uuésen meistrun állero chiuski . dóh si uuáre múoter álles niótes . únde állero uuúnnolibi . Uuánda zúò ueneres sínt . éiniu pudica ánderiu inpudica .

---

51. CERES .

Cum his . s. diana et uenere grata ceres uidebatur . Sáment tíen giéngh tíu liébsáma ceres . táz chít chórn= géba . Uuéliu ist táz áne diu érda ?

Admodum grauis femina . E'in suáre uuîb . Uuánda sô suáre íst tiu érda .

Alumnaque . i. cultrix terrarum . ac nutrix mortalium . A'llero lándo búuua . únde ménniscon zúgedâra .

---

52. VVLCANVS .

Quidam etiam claudus faber uenit . Chám óuh éin hálz smid . Uuánda fíur hábet iò úngréhten gángh . únde iz príchet iò ze éin uuéderro hénde . sámo sô der hálzo .

Qui licet crederetur esse iunonius . i. aerius. Suspensio . U'nde dóh er lúftlih kehéizen sî . Ziu ? uuánda fóne dero lúfte chóment tíu blig=fíur . U'nde bediu ságent fa= bulæ . dáz in iuno stíeze ába hi= mele . únde er in=lemnum fállendo hálz uúurte .

Totius múndi ab eraclyto dictus est demorator . i. detentor . De= positio . Dôh uúas er sô eraclitus ság̃et . pehéftâre állero dero uuérl= te . Uúelih téil dero uuérlte . ist áne fiur ? [77.] A'ber dôh sínt tríu fiur zeuuizenne . E'in fiur ist iouis . únscadeháftiz . ánderiz ist uulcanus scádonde án=dien blicchen . daz trítta ist uesta . dâr uuír únsíh pí uuármen .

---

53. FORTVNA ET RELIQVI .

Tunc etiam omnium garrula puella= rum . et contrario semper fluibunda luxu . leuitate pernix desultoria ge= stiebat . Dò chám óuh állero diér= non ferchróndosta . únde diu iò fóne únstâtero gnúhte . únde uui= deruuártigero . in=dagáltlichero liéhti . suépferlicho spróngezta . Si gáb uuilon fílo . fílo nám si óuh . Díu uuideruuartíg ist gnúht . Táz téta si óuh káhes . unde ungeuuán= do . únde sámoso sprángondo .

Quam alii sortem asserunt . neme= simque nonnulli . tychenque . i. for= tunam quam plures . aut nortiam . i. infirmitatem . Dia béizent súme= liche sortem . súmeliche nemesim . uuánda sors latine . únde nemesis grece éin bezéichenent . Súmeli= che béizent sia uuílsalda . súmeliche chráftelôsi . Uuánda umbe iufirmi= tatem . uuúrten lôz fúnden .

Hæc autem quoniam gremio lar= giore totius orbis ornamenta por= tabat . Suspensio . Uuánda sî áber

in uuítemo scózen . álle uuérlt-zièr-
da trúog .

Et aliis impertiens repentinis mo-
tibus conferebat . Et hic . Únde
sí súmelichen gábes muótes káb .

Rapiens his comas puellariter .
Et hic . Súmeliche róufende . álso
diérnon spíl íst . ih méino iro gúot
in zúcchendo.   [78.]

Caput illis uirga comminuens . Et
hic . Súmelichen mit temo stábe
dáz hóubet in érnest préchende .
álso sí dièn tuót . tién sí iro geédele
nímet . únde sie scálchet .

Eisdemque quibus fuerat eblan-
dita ictibus crebris verticem . com-
plicatisque incondilos . i. in nodos
digitis uulnerabat . Depositio . Í'oh
tien sí fóre zártota . dien sélben
uuárta sí bliuuendo daz hóubet . mit
tero fíuste . Uuáz íst tiu fúst . áne
sò diu hánt sih petúot . Tánne bér-
gent sih tie fíngera . únde óugent
sih tie chnóden .

Hæc mox ut facta conspexit om-
nia subnotare . quæ gerebantur in
iouis consistorio . ad eorum . s. fa-
torum libros et pugillarem paginam
currit . s. quam albo dicunt . Sò
díu gesáh parcas príuen . álliu díu
in iouis hóue getán uuúrten . liuf sí
dára ze-dien brief-puóchen . únde
ze déro hántsámun pagina . dia sie
héizent albo .

Et licentiore quadam fiducia .
quæ conspexerat . inopinata descrip-
tione corripuit . ut quædam repente
prorumpentia . uelut rerum seriem

perturbarent . U'nde sih fertrúen-
de . zúhta sí dáz sí dàr sáh . ze-iro
úngeuuándun gebrièfedo . In-dièn
uuórten . daz ételichiu gáhes chó-
mentiu . dero dingo ribti geirtin .
Uuánda sí tuót sò úngeuuánden
uuéhsal . sámo sò gótes penéimeda
in-sinemo albo féste ne sí . únde
álliu díng fóne iro geuuálte stúzze-
lingun geskéhen .   [79.]

Alia uero quæ causarum ratio
prospecta uulgauerat . quoniam fa-
cere inprouisa non poterat . suis ta-
men operibus arrogabat . Uuánda
sí áber diu ne mahta tuón . únfore-
geuuizeniu . diu dò íu ermáret há-
beta . diu fóresihtiga réda dero úr-
habo . tiu ána zócchota sí sih tóh .
Uuánda mánige uuándon . dáz ne-
héin gótes prouidentia dia uuérlt
nerihti . únde álliu díng áne órdena
tuuárotin . únde áne úrhab .

Post hanc uulgo cæteri deuenere .
Náh iro dúzen die ándere sáment zú .

---

54. CONSESSVS CELITVM.

Iupiter nunc solio resedit . præce-
pitque cunctos pro-meriti ordine re-
sidere . Tò sáz selber iupiter án-
sinemo stuóle . únde híez tie ándere
álle be-héri sizzen .

Tuncque subsellia flammabunda .
i. micantia . cætum suscepere side-
reum . Tò inthábeton scóne si-
dellá . dia himeliscun mánigi .

Uerum quidam redimitus puer ad os compresso digito salutari . silentium commonebat. Únde éin ziéro gáro chint . kebót stílli mit sînemo chétefíngere úber den múnt kelégetemo. Táz ist ter nahóst temo dúmen stát . tér óuh index heizet. Mit témo chétent sih iô nóh saraceni . áfter áltemo site. Táz keziérta chint ist cupido . démo cupidini úngelichiz . tén man nácheten málet . uuánda er deus turpidinis ist.

Conticuere omnes . intentique ora tenebant. Tô gedágetôn sie álle . únde fernámen dára uuért.

Tunc iupiter cepit. Dô spráh iupiter.

---

55. IVPITER INSINVAT DIIS . NVPTIAS VELLE FILIVM.

Ni nostra astrigeri nota benignitas . conferre arbitrium cogeret intimum . Suspensio. Úbe mih ne scúnti mîn guótuuilligi . mînen tóugenen uuillen mit iu áhton.

Et quicquid tácito uelle fuit satis . id ferre in medium collibitum foret. Et hic. Únde úbe mih nelústi fúre iúuch pringen . dés mir suigentemo sámo uuóla spúóti.

Possem certa . i. mea decreta meis promere ductibus . i. sententiis. Depositio. Ánderes úuio máhti íh éinráte gefrúmmen mîne benéimeda.

Nec quisquam illicitis tollere nisibus . concertans cuperet . i. ualeret iussa dèum patris . i. mea iussa. Únde níoman ne máhti erzuuênden mîn gebót . dóh er sih óuh péitti únmúozhafto dára gágene striten.

Sed tristis melius censio . i. decretio clauditur . atque infanda premit sensa silentium. Áber únfrólih rât . uuirt íuuih páz ferhólen . únde báz uuirt fersuuíget léidsam uuillo. Zíu?

Ne uulgata cicant corda doloribus. Nio sie irmárte . diu hérzen neléidegoen.

At cum laeta patrem promere gaudia deceat. Suspensio. Sô mih áber lústet húgelichiu díng zeáhtonne.

Et certo fœdere . iungere pignora . palam . i. coram perpetuis nutibus . i. diis. Et hic. Únde mînen sún ze féstemo gehîleiche siton fóre iu góten.

Cassum est nolle loqui sensa decentia. Depositio. Sô ist únnúzze den rât íuuih zehélenne. [81.]

Uobiscum *ergo* o grata dii propinquitas conferre studium est uota propaginis. Mîn liêba gemágeda . sáment iu lîchet mir zeáhtonne mînes súnes uuillen.

Æquum quippe puto . orsa maiugenæ . inclyti nostri pignoris . quæ sectanda forent . probarier fœdere .

i. sanctione cælitum. Únde dúnchet mir réht. mit iúuer góto gelúbedo geféstenót uuérden. sine bedigeda. diê zefóllonne sint.

In nostris merito degere sensibus. Únde dáz mit réhte ligen in minemo sinne.

Quæ nec frustra mihi insita caritas. ut sueuit stringere patria pectora. Nóh árdingun neist mir ána diu minna. diu mih nieht éin ne duuínget. álso si óuh ánderro fátero múót túót.

Nam nostra ille fides. Núbe óuh tár úmbe. dáz er ist min tríuua.

Sermo benignitas. Min spréchen. min únst.

Ac 'uærus genius. i. adiutor. Min uuáre hóldo.

Fida recursio. Min getríuua uuiderfárt.

Interpresque meæ mentis. Chúndáre mines uuíllen.

Honos sacer. Uuíhiu éra.

Hic solus numerum promere cælitum. Ér éino uuéiz tia mánigi dero góto.

Hic uibrata potest noscere sidera. Ér chán gezéllen die glizenten stérnen.

Quæ mensura sit polis. Uuélih uuíti án dien himel gibelen si.

Quanta profunditas. Únde uuélih iro hóhi si.

Qualis sit numerus marmoris haustibus. i. guttis. Únde úio mánige trópfen des méres sin.

Et quantos rapiat margine. i. litore cardines. i. reditus. Únde úio mánige uuíder zuccha ér tûe án demo stáde. [82.]

Quæque nexio liget elementa dissona. Uuélih pánt zesámine hábe diu missebellen elementa. só fiur únde uuázer ist. lúft únde érda. Tés ist álles mercurius únderchleine. uuánda sermo grúndet táz ál.

Perque hunc ipse pater fœdera santio. Mit témo ih íoh min sélbes kehíleiche féstenon.

Sed forsan pietas. s. dea sola recenseat. quæ parens. i. obediens probitas. s. mercurii munera pensitet. i. impleat. Nú mág keskéhen daz pietas éiniu gezálót. uuáz sin gehórsama gúoti. diónestes ketúoe.

Qui phœbi anteuolans sepe iugalibus. i. equis in sortem i. in modum famuli nonne relabitur? Tér dero súnnun rós fúre lóufende. áber ze iro iruuindet. ne ílet tér in diónestmánnes úuis na?

Hic quoque sic patruis seruit honoribus. ut dubium sit quis mage proprium uendicet. Ío̧h sinen féterón uulcano neptuno plutoni. ist ér só gediéne. dáz in zuífele sí. uués er éigenósto si.

Illum flagitant sæcla iugarier conubio. rite suadentem. i. exposcentem meritis laboribus. et additum. i. grande robur flagitat thalamo. Nú ládont in ze hîion sélben die zíte. uuóla dáz ferdiénonten mit lóbesamen árbeiten. únde sin

sélbes chréftig éllen . héizet in nû
ána gehîien .

---

56. ITEM QVALIS SIT QVAM AD-
AMAT.

At uirgo placuit docta nimis et compar studio . Nû ist imo gelîchet éin diërna filo chúnnig . únde imo ébenflizig .

Sed cui terreus ortus . propositum in sidera tendere . A´ber sô ist iz kelégen . dáz si búrtig fóne érdo . sin hábe ze hímele . Si uuile hímeliskiu uuérden . dóh si irdiskiu si . [83.]

Plerumque et rapidis præuolat axibus . ac means exsuperat sepe globum mundi . U´nde túot si ófto dia fúrefart . úfen dráten réiton . dáz chit . iro rósken sin fúre séndet si . U´nde fárendo . dáz chit iro múot récchendo . úberstîget si ófto dia sin=uuelbi des hímelis . Uuánda si dénchet . tés úzerhalb tero uuérlte ist .

Censendum ergo superi . et qui recolitis tenerier terris uestra crepundia . quæ occultant sacra . s. templa latentibus aditis . quo nihil cunæ officiant editæ . Nû ist zeáhtonne mit iu góten . ir dir óuh pechénnent in érdo iuuera uuésteruuát . diu in dien chílechon liget kehálten . dáz iro sô gebórnero die chint uuága . netuén nebéina tára .

I´r súlnt ténchen . uuio si uuérde inmortalis ex mortali .

Iungantur paribus nam decet auspiciis . Kébe man sie mit héilesode zesámine . dáz ist kezáme . dáz lichet mir .

Et nostris cumulent astra nepotibus . U´nde fúllên sie den hímel . únserro néfòn .

---

57. DEORVM FAVOR ET CONSENSVS.

Sed postquam finem loquendi iupiter fecit . omnis deorum senatus in suffragium concitatur . Náh tien uuórten . uuárd is folchete . állez taz hérote .

Acclamantque cuncti . fieri protinus oportere . U´nde cháden álle dáz man iz hálto frúmmen sólti .

Adiciuntque sententiæ iouiali . ut deinceps mortales . quos uitæ insignis elatio . et maximum culmen meritorum ingenium in=appetitum cælitem . propositumque sidereæ cupiditatis extulerit . in deorum numerum coaptentur . U´nde légeton sie zû ze=iouis rédo . dáz óuh ánauuertes tie ménnisken . in=dero góto zála genómen uúurtin tie dehéin zéichenhaft púrlichi iro lîbes . [84.] álde iro sínnigi . diu ioh méist uuirde máchòt . erhéue in=dia himel-gelúst . únde in=dén uuillen dára géronnes . álso philologia dára géreta .

Ac mox inter alios quos aut nilus dabat. aut thebæ. æneas romulus aliique. quos postea astris doctrinæ nomen. i. fama nominis inseruit. designati. i. descripti cælites nominentur. Ióh sár únder ánderen. die fóne egypto sint. sô isis íst. únde osiris. álde fóne thebis. sô cadmus íst filius agenoris. æneas únde romulus. kebríefte góta hiezin. Únde ándere dár mite. die sid iro libe. iro liumendigo námo ze ánderén góten gestózen hábet.

Ut post membra corporea. deorum fierent curiales. i. consortes curiæ. Dáz sie náh írdiskén liden dero góto húsknoza sin.

His quoque annuente ioue. iubetur quædam grauis insignisque femina. quæ philosophia dicebatur. hoc superi senatus consultum. i. consilium. æneis incisum. i. insculptum tabúlis. per orbes et competa publicare. Ioue dáz ál gelóbontemo. hiez man sár eina getrágenlicha fróvuum. únde hérlicha. díu philosophia hiez. tia sélbun fróno éinunga an érinen tábellon gescríbena. máre getúon áfter állén himel ringen. únde vuégen.

Tunc iuno condicit. propter prædictorum thalamum iuuenum. i. mercurii et philologiæ. et nuptialia peragenda. uti posttridie omnis ille deorvm senatus. diluculo conuenirent in palatia. quæ in galaxia iouis arbitrationem potissimam faciunt. Tára zúo gébót iuno. dáz sie álle des tritten dáges frúo chámín dára in die fálanza. [85.] díe in lacteo zirculo iouis sprácha állero námohaftestun máchont. dáz chít. tár diu námolichosten ding ergánt. Táz téta sí. sár zegéfrúmmenne dén gehíleih. únde die brútloufte dero iúngon.

His igitur actis solio rex ipse surrexit. Sô in énde gesáztero sprácho. stuónt ter chúning sélbo úf.

Omnisque ille deorum numerus. sedes proprias cursusque repetiuit. Álliu dero góto mánigi eruuánt. ze-iro herebergon. tár sie stationarie stellæ fóre uuáren. álde ze iro férten. án dien sie fóre uuáren.

EXPLICIT PRIMVS LIBER. INCIPIT SECVNDVS.

---

1. CONSVLTVM IOVIS PHILOLOGIÆ. INNOTVIT.

Sed purum. i. serenum cælum scandebat nox. i. luna. astrificis habenis reuocans merso. i. occidente phœbo fulgentia sidera. Hína ze ábende uuárd. kieng ter máno úf. mit sinemo gestérnóten brídele. dáz chít án dés prídele gúonehéite ist stérnen zemálenne . áber ze óugon bringende . náh súnnun sédelgange die skinenden stérnen .

Ardua tunc senior succendit plaustra bootes . U´nde bootes hérosto dero nórdzéicheno zúnta die uuágena . Uuánda er plaustris fólget . tie ében-glát sint fácchelón . dánnan uuirt er sie geságet zúnden .

Et spiris toruo nituerunt astra dracone . i . torui draconis . U´nde glízen die stérnen án-demo geuúundenen drácchen . E´r uuindet den háls úmbe cynosuram . den zágel úmbe elicem . Bootes hábet stánde drí stérnen náh ében michele . [86.] éinen án-demo hóubete . zuêne án-dien áhselon . Drí hábet er tuéres in zílun stánde gágen dien tútton . únde éinen uideror sámoso in sinemo scôzen . dér arcturus héizet . rôten unde míchelen . Gágen dien chniuuen hábet er óuh stérnen . U´nde sô sihet man in . sámo so ûf in uirgine stánden . únde die áhsela hábenten . in-ében dien béinen maioris ursæ .

Auratis etiam flagrans splendebat in-armis : qui trahit æstifero fulgentem sirion ortu . Skéin óuh orion mit sinemo scônen suérte . dér sirium stérnón glátesten in lingua maioris canis náh imo fuóret . hízza máchonten . Tér beginnet ûf kán sáment tero súnnún quinta decima kalendas augustas . sô die tága héizesten sint . Pediu sint tie tága fóne cane caniculares kehéizen . Uuér ist tér orionem nebechénne ? A´n dés cúrtele séhs stérnen michellicho zéichenháfte sint . ih méino . uuánda íro drí tuuéres stânt . tri nider hángent . sô gréhto in zílun . únde sô ében ferro . únde sô ében zórfte . únde sô geliche inánasihte . dáz sie spectaculum tuên án-himel uuártenten . sô uuio éiner dero niderhángenton dúnchelôro si . dánne die ándere . A´ne dáz sint án sinemo hóubete drí stérnen gnûog óffene . tie éin éngez triangulum máchont . U´nde án-dero zéseuuun áhselo éin rôter gláter . únde ándero uuinsterun ánderer uuízer . sámo gláter . Trí sint óuh óffene . án sinen suértskéiden die über sîn uuinstera diêh kânt . Zuêne án-dien fúozen zuene an-dien chniuuen . Déro zuéio ist ter uuinstero sô óffen . [87.] táz in-állen sunt-zéichenen nehéin mêro ne ist . âne sirium . Nóh tánne in-chédent témo fiêre tie sáment imo quadratum máchont . A´ber canem án-démo sirius ist . sihest tû súndert ferstráhten . únde állen sô gemáleten mit stérnon . dáz ioh siniu béin óffeno únderskéiden sîn . diu fórderen ioh tíu ásteren .

Hoc quoque sertum quod ardet sparsum nisiacis floribus . i . floribus nise montis indici redimitur ambitum multiplici lumine . I´oh tíu corona . díu mit indisken bluômen geféhet ist . díu glánzta sih . úmberingtiu mit stérnon gnúogen . Nisa héizet ter bérg in india . dár liber gebétôt uuárd. Tés uuirten uúas ariadnes. téro uulcanus ze_íro brûtlouften dia coronam bráhta secundum fabulas. tîa man in himele sîhet. Si rûoret bootem án_dien áhselon. hárto skímbariu éinabálb. únde áber ánderhálb túncheliu. Hier ist ze uúizenne. dáz er ételíchiu nórdzéichen únde ételichiu súntzéichen némmendo. álliu zéichen ferfáhet.

Uirginis interea trepidas perlabitur aures fama. s. dea. iouis magno dum complet tecta boatu. Ûnz táz máre. dô den iouis hóf erfúlta. sô chám iz óuh téro íligun mágede ze_ôron. Si uuás ílig álso iz keságet ist. álliu ding ze ergrúndenne. únde inmortalis zeuuérdenne.

2. MEDITATIO EIVS.

Denique ipsa philologia compertis superum decretis. adultaque. i. profunda iam nocte peruigilans. multa secum ingenti cura anxia retractabat. Únde sî sélba dero góto éinunga. geéiscót hábende. únde únz hina férro náhtes uuáchende. dáhta sî hárto sórgendo in mánigiu. [88.]

Ingrediendum primo senatum deum. iouisque subeundos in praemeditata. i. repentina uisione conspectus. exiliendumque sibi. in superum cælitumque sortem. Sî dáhta fúre die góta zeérist spuôtigo zechómenne. únde fúre sélben iouem. únde hina ûf ze gespringenne. in_daz lôz téro ûf-uuértigon únde dero himeliscôn. Uuánda sône gótes sélbes lôze ist fúnden uuémo diu érda súle. únde uuémo der hímel. A'lso iz chit. Cælum cæli domino. terram autem dedit filiis hominum.

Deinde ipsi sociandam esse cyllenio. Dára náh táhta sî. dáz sî gehîen sólta ze cyllenio. álso iro fama ságeta.

Quem licet miro semper optarit ardore. tamen uix eum post unctionem palestricam recurrentem. dum flores ipsa decerperet. prælectis. i. ualde electis quibusdam erbusculis conspicata est. Sô uuío sî áber sîn hárto gér uuâre. sî hábeta in dóh chúmo bescóuuot eruuíndenten náh témo sálbe des rángleíches. dô sî bluômonde giêng. súmelichen chrúteren gnôto dára zû eruuéliten. sî ne uuólta nîeht chrúteliches pluômen brêchen. Uuánda er deus palestræ ist. pediu chit er fabulose. dáz sî in án_demo gánge gesáhe. únz sî giêng pluômondo. dáz chit rationes suôchendo állero tóugenero dingo. diu núzze sint zeeruárenne. A'lso paulus scribet. Non plus sapere. quam oportet sapere sed sapere ad sobrietatem. Tér dés fólget témo begágenet mercurius. táz chit eloquentia. Die in olimpiade palestram ûobton. [89.] die sálboton sih nío iro congressores án‿demo ríngenne sie sô fásto gesuérben nemáhtin . dáz síe sie níder bráhtin . Táz sálb híez ceroma . Bedíu chád hieronimus . Ceroma perdit et inpensas . qui bouem mittit ad palestram . Dáz chît . Sin sálb ferliuset . únde sîna frúonda . dér den óhsen frúmet ze‿ránguuîge . Uuánda diu palestra sól mêr uuerden ratione . dánne uiribus . Ter óhso hábet áber uires . sine [1] ratione .

Quid quod utrum sibi hæc nuptialis conduceret . i . conueniret amplitudo anxia dubitabat ? Uuáz túnchet tír áber dés . táz si ángestlîcho zuîfelota . úbe iro núzze uuâre súslîh higúollichi ?

Nam certe mithos . i . fabulas poeticæ etiam diuersitatis delicias milesias . historiasque mortalium . postquam supera conscenderet . se penitus amissuram . non cassa opinatione formidat . Si fórhta dés si nîeht úndurftes ne fórhta . dáz si ferlîesen sólti ze‿hímele fárendo . diu méterlîchen spél . únde die mísselîchen méteruuúnna milesii . dér fóne iro scrêib . únde álle die historias tero ménniscon . Sî dárbeta úngerno dero írdiskon uuúnnon . dóh si hímelískiu uuérden uuólti .

---

3. CONIECTVRA EX NVMERO .

Itaque primo conquirit numero . conducat ne conubium . atque etherii uerticis . i . mercurii pennata rapiditas . i . uelocitas . apto sibi fœdere compuletur . ex nuptiali congruentia . Tô súochta si ze êrist zálondo iro sélbero námen únde mercurii . úbe iro der gehîleib kefîele . únde úbe iro dés in bóre fárenten snelli . [90.] dáz chît . úbe iro déro snéllo uuine . ze‿gemáchero mîte‿uuíste gespírre uuérden sólti . áfter gehîléihlichemo gelímfe .

Moxque nomen suum . cilleniique uocabulum . in digitos calculumque distribuit . Uńde sâr dâr mite zetêilta si únder dien fíngeren . únde chérta si in zála . iro sélbero námen . únde cyllenii .

Sed non quod ei dissonans discrepantia nationum nec diuersi gentium ritus finxere . pro locorum causis et cultibus . Náls áber níeht tén námen . dén imo gescáffòt hábeta . diu misselíutigi . álde diu missesítigi dero dìeto . dâr er mercurius . únde cyllenius . únde arcas . únde trimegistus hìez . náh tìen dingen . únde dien gedéhten dero stétò .

Uerum illud quod nascenti . s . mercurio . ab ipso ioue siderea . i . cælesti nuncupatione compactum est . ac per sola egiptiorum com-

---

[1] Es steht sî ne.

menta uulgatum . fallax mortalium curiositas assueuerat. Núbe den námen . dér imo gescáffôt uuárd . fóne sélbemo ioue . dô er gebórn uuárd . ih méino xyrios . i. dominus . únde dén échert fone egipzisken úrdâhten dero liúto lúcca firuuizze ságet uuésen ermârten . únde ersprángten . Sie ne erdâhton ín . nóh fóne în‿ne uuárd er ersprénget . súnder fóne iouis auctorite chám er .

Ex quo finalem utrinque literam sumit . Fóne démo nám si . dén béiden halb slózhábigen búohstab . ih méino chi . dér âne slóz súslih pilde hábet . x. únde . dc. pezéichenet .

Quæ . numeri primum perfectumque terminum claudit : Tér áber sús ketánen . ιχι. ih méino mit slóze . dáz érista . únde daz fólleglichosta énde numeri máchôt . uuánda er sô beslózener . millenarium bezéichenet . A'n mille ist táz énde des zéllenis . tár fúrder nemág nióman dia zála bríngen . er ne ábere sia . dáz er chéde . duo milia . tria milia .   [91.]

Dehinc illud . s. sumit . i. considerat . quod in fanis omnibus soliditate cubica . dominus . s. mercurius adoratur. Dára nâh chós si dáz tár ána . dáz er in állen sínen chílechon hérro gebetôt uuirt . kezéichender mit téro fólleglichi dés sélben cubi . Uuánda óbe sínen statuis uuárd ío dáz sélba beslózena chi . geschriben . dáz er nû cubum héizet . úmbe millenarium numerum . dér in arithmetica cubus kehéizen ist . Uuáz ist cubus âne daz pilde . dáz ében láng . únde ében bréit . únde ében hôh ist . álso mánige áltara in‿chilichon gescáfen sint . U'be dû dánne dia ében-míchili suóchest án mille . sô uuirt si dir án‿diu geóuget táz tár ána sint cénstunt céniu cénstunt . Dánnan héizet er cubus . álso óuh . lx. ιιιι. cybus héizet . uuánda dâr ána sint fiérstunt fiériu fiérstunt . Táz ist tiu gelíchi dero longitudinis . únde dero latitudinis . únde dero altitudinis . án dien númeris . tánnan sie cybi héizent .

Literam quoque quam prudens samius . i. phitagoras estimauit asserere uim mortalitatis . in locum proximum sumit . Si nám óuh nâh témo chi . dén búohstab den phitagoras . fóne samo insula . uuánda dero ménniscon lib zéigon . ih méino . y. dér fóne éinemo cinken in znéne sih spáltet . álso óuh ter ménnisco nâh tero chíndiscun éinfalti . éinuuéder gefáhet ze‿zéscuuun . álde ze uuinsterun . dáz chit ad uirtutes . álde ad uitia .   [92.]

Ac sic mille duccenti . x. et ιιιι. numeri refulserunt . Ze déro uuis óugton sih án sínemo námen . ih méino xvpριh . [1] zuélifstunt cénzeg

---

[1] ΞΥΡΡΙΗ.

únde áhtocêniu. Uuánda chi bezéichenet dc. y. bezéichenet cccc. Ro. bezéichenet. c. Sô áber ro. c. Iota. x. Eta vIII. Dánnan uuérdent kesámenot mille. cc. XVIII.

Quos perita restinxit in tertium numerum. per nouenariam regulam. minuensque per monades subrogatas. i. detractas decadibus. Tîe numeros práhta si chléindáhtiga zedrin. mit tero regula niunonnes. tie cénunga minneronde mit ába genómenen unitatibus. Sî zálta iô éines minnera dánne cêniu. únz álliu diu zála geniunòt uuárd. únde driu échert úbere uuúrten.

Suum quoque uocabulum per septingentos xxIIII. numeros explicatum. in quaternarium duxit. I'ro sélbero námen. ΦΙΛΟΛΟΓΙΑ bráhta si óuh keniunoten fóne septingentis xxIIII ze-fierin. Uuánda fi bezéichenet d. Iota x. Lauta[1] xxx. O LXX. Sô áber lauta xxx. U'nde áber. O LXX. Gamma III. A'ber iota x. Alfa I. Téro sint állero dccxx. IIII.

Qui uterque numerus. congruenti ambobus ratione signatur. Die zuéne numeri íh méino III. únde IIII gefállent in zuéin. áfter gelimpflichero rédo.

Nam et ille quod ratio principium medium finemque dispensat. pro certo profectus est. Uuánda ternarius ist fóne diu perfectus. dáz iô ratio dríu gescáfôt. ih méino ánagenne. únde mitti. únde énde. A'lso iz chit. Sapientia pertingit a fine usque ad finem fortiter. et disponit omnia suauiter.   [93.]

Quippe lineam facit solus. E'r éino máchòt tén réiz. únde den strih. tár diu léngi ána ist. uuánda nehéin strih nemág sîn. áne initivm. únde medium. únde finem.

Et solidorum frontes. incunctanter absoluit. Unde ér vuúrchet díu ónde déro in-hóhi erháfenon numerorum. únde corporum.

Nam longitudine. latitudine. profunditateque censentur. A'lso dàr ána skînet. táz siu an drin mázon gestánt. ih méino in léngi. únde in-bréiti. únde in-hóhi. A'n déro mázon iogelichero. sint zuéi frontes. In longitudine ante et retro. in latitudine dextra et sinistra. in profunditate sursum et deorsum.

Dehinc quod numeri. s. ternarii triplicatio. prima. ex imparibus cybon gignit. Tára náh ist er óuh tár úmbe perfectus. táz sîn driualti. íh méino nouenarius. éristo dero úngerádon. cybum máchot. Tér terni máchont nouem. 'ter nouem. máchont xxvII. Dáz sint ter terni ter. U'nde dáz ist cybus. fóne déro ében mícheli dero spatiorum. ih méino longitudinis. latitudinis. alti-

---

[1] In handschrift 878, woraus wir runengestäbe mitgetheilt haben, befindet sich auch ein griechisches alphabet, worin dieser buchstabe ebenfalls „lauda" heisst.

tudinis . álso óuh quater quatuor quater cybus ist . sô ih fóre ságeta.

Tres autem symphonias quis ignorat in musicis? Uuér ist óuh . tér dri consonantias . ih méino diatesseron . diapente . diapason nebechénne in musica? Uuér ist . tér óuh án dien ternarium neëree? [94.]

Numerusque impar . maribus est attribntus. U'ngerad numerus ist tien gómenen gegében . uuánda er stárchero ist . tánne par si . únde er únspáltig ist . also dára gágene par dien uuíben úmbe iro uuéichi geuuidermézot ist.

Omne uero tempus tribus uicibus . i. uicissitudinibns uariatur. U'nde álle zite hábent trí uuéhsela . præsens . præteritum . et futurvm.

Atque idem numerus . i. ternarius . seminarium perfectorum . sexti uidelicet atque noui . alterna diuersitate iuncturæ. U'nde ist er sámo senarii . unde nouenarii . die béide perfecti sint . in úngelichero zesámine légi . Uuánda gezuíualtoter . máchot er senarivm . gedríualtoter . nouenarivm. Senarius ist perfectus . uuánda ér erfóllot uuirt fóne sinen partibus . nouenarius ist perfectus . uuánda er fóne ternario gestát . tén er fóre hiez perfectum.

Rite igitur . i. iure attribuitur deo rationis . Pédiu háftet ternarius mit réhte démo góte dero rédo . i. mercurio.

Philologia autem . quod etiam ipsa doctissima est . licet fæmineis numeris æstimetur . absoluta tamen ratione perficitur. A'ber philologia . uuánda óuh si diu uuv´nderchúnniga ist . dóh si ze geráden numeris kezélet si an íro quaternario . si uuirt tóh tar ána gescáffot ze fólleglichero rédo . dáz chit ze perfecto numero.

Nam quaternarius suis partibus complet decadis ipsius potestatem. A'lso dár ána skinet . táz er denarium . dér perfectus ist . erfóllet mit sinén stúcchen. E'r ist quatuor . bedíu ist er óuh tres . unde duo . únde vnum . Vnum . duo . tres . quatuor . erfóllont denarium.

Ideoque perfectus est. Pediu ist er perfectus sáment denario. Dér únzuiueligo fóne diu perfectus ist . uuánda áller der numerus túrh in gát . únde an ímo erfóllot uuirt . únde ze imo eruuindet.

Ideoque perfectus est. Pediu ist quaternarius fólleglih. [95.]

Et habetur quadratus . ut ipse cillenius . i. ternarius . cui conueniunt anni tempora . cæli climata . mundique elementa. U'nde ist er gefìërot . uuánda imo ében mánigiu tempora sint . únde climata . únde elementa . álso óuh ternarius kefìërot ist . únde án dien sélbén driostunt fìëren . fìerstunt fúnden uuirt.

An aliud confìtetur illa deìeratio . i. attestatio . senis . i. phitagoræ . qui mathentetradan . i. doctrinam quaternariam non tacuit . nisi perfectæ rationis numerum? Uuáz uuíle ánderes tiu féstenunga phitagoræ. dér dia fier-zinkun méisterscáft lêrta. âne dia réda dero dúrhnohtun zálo? Fóne diu téilta er sia in quatuor. in arithmeticam. geometricam. musicam. astronomiam. uuánda er dén numerum bechnâta perfectum.

Quippe intra se unum secundum. tria denique ipsum bis binum tenet. quis collationibus simphoniæ peraguntur? A'lso dâr ána skînet. táz er die uuidermâzà begrîfet. ih méino. éin únde zuéi. únde drîn. únde fieriu. mít tien die simphoniæ getân uuérdent.

Nam tres ad quatuor. epitritus. i. supertertius uocitatur. arithmetica ratione. ac diatesseron perhibetur in musicis. Uuánda drîu gágen fieren héizet. sò iz in arithmetica sih kezihet. epitritus. álde sesquitertius. dáz chît. tes tritten téiles mêr. áber in musica héizet iz diatesseron. dáz chît ex quatuor. Ziu ist táz? A'ne dáz in quarto loco diu consonantia geskihet. Tero fierdun suégelun enchédunga ándero órganûn álde des fierden séiten án-dero lîrun. álde óuh in monochordo des fierden búobstabes. máchot ío dia consonantiam. diu diatesseron héizet. [96.]

Item intra cum iacent. tres ad duo. quæ emiolios forma est. i. sesquialtera. simphoniam. que secundam. quæ diapente dicitur reddunt. Sô sint óuh târ mite begriffen drîu gágen zuéin dáz speciem collationis uuir héizèn emioliam. dáz chît semisalteram. ih méino des hálben téiles mêr. fóne dien diu ánderiu simphonia uuirt. tiu diapente héizet. táz chît ex quinque. uuánda si in quinto loco uuirt.

Tertia simphonia diapason in melicis perhibetur divplasioque conficitur. hoc est uno duobus collato; Tiu dritta consonantia héizet diapason. dáz chît ex omnibus. únde diu uuirt fóne duplo. dáz chît fóne éinemo gágen zuéin gebótenemo. Diu consonantia uuirt in octauo loco.

Igitur quaternarius numerus omnes simphonias suis partibus perfectus absolutum. i. reddit. Pediu skînet. táz quaternarius sélbo fóllêr an sînên téilen. álle simphonias erfóllôt.

Omniaque mela. i. melodias armoniacorum. distributione. s. membrorum suorum conquirit. U'nde értéilonde sîniu stúcché. álle consonantias kemáchot.

Hanc igitur discutiens numeri congruentiam. perita uirgo gratulatur. Disa gelimflichi erfárende. an quaternario numero. fréuta si sih.

4. QVOD NVPTIALES NVMERI IN VNVM
COMPACTI . PERFECTIONEM
OSTENDVNT .

Deinde utrumque consociat . et
trias quaternario sociata . eptaden .
i. septenarium fecit . Tára náh
uuárf si sie zesámine . dô unv́rten
síbeniu úzer drín . únde úzer fíe-
ren .

Qui numerus rationis superæ per-
fectio est . sicut omallon . i. plana-
rum illa docet plenitudo . Diu zála
ist fóllunga dero hímeliskun rárto .
[97.] dáz chît . an iro uuírt erfóllot
tiu hímeliska uuárba dero planeta-
rum . also óuh tiu fólleglichi dero
sléhton numerorvm léret . In arith-
metica nuérden uuír dáz keléret .
uûio fóne tribus únde fóne quatuor .
irrínnent álle planæ figuræ . A'lle
úngeráde chóment fóne tribus . álle
geráde chóment fóne quatuor . Be-
diu ist an ín plenitudo.

An aliud testantur cursus fatalis
temperamenti . syderumque circuli
et motus? Unáz ságet úns ánderes
tiu fárt iro úrlaglichun métemungo .
únde die ringa . ióh tie rúccha dero
planetarum . áne dîa perfectionem
septenarii? A'n demo éreren li-
bello ist táz keságet . uuîo án dien
planetis ménniskon úrlag sî . únde
métemunga iro libes. Dér úrlag
héizet latine constillatio . Fóne díu
ist in homeliis keskríben . uirtus
constillationis . in ictu pungentis
est . dáz chît . tiu chráft tés úrlages .

fergát in éines stôzes friste . Uuán-
da mathematici uuánent táz ter úr-
lag échert sî án demo úf-rúcche
dero stérnon . ih méino an iro órtu .
dár sie álles kábes ze óugon chó-
ment . U'nde so uuér in indíu ge-
bóren uuérde . únz iouis stella úf
kát . táz témo prospera fólgeen .
úbe áber stélla martis in indíu chó-
me . dáz imo aduersa begágenen
súlin . So sámo uuéllen sie . úbe
síh gemíni in indíu óugen beginnén .
dáz er scóne uuérde . únde úbe tau-
rus . táz er gúot áccbermán nuérde .
So uuîo óuh fatum héize . dáz iouis
kespríchet . únde tres parcæ gebríe-
fent . A'lso seruius chît . Fatum
est quod iouis fatur . [98.]

Intraque latebras uteri septimo
mense absoluta . i. uiuificata morta-
litas . U'nde óuget úns óuh septe-
narium perfectum . diu chég uuér-
denta ménnisghéit tes sibendes má-
nodes . in dero múoter vuúmbo .
Fóne dero conceptu beginnet taz
chint lében án demo sibenden má-
node . sô physici chédent .

Dehinc quod trias triplicata nouem
numeros facit . quaternarius autem
per diaplasion geminatus . octo red-
dit . Tára náh skínet sín perfectio
óuh tár ána . dáz ternarius kedrifal-
totér . túot nouenarium . únde qua-
ternarius kezuíualtotér . octonarium
máchot .

Nouem uero ad octo . epogdoi .
i. superoctaui numeri efficiunt iunc-
tionem . Sô máchont sîe zuêne díe

unídermaza . diu des ábtoden téiles mêr héizet .

Tantumque pensat in numeris . s. epogdous . quantum symphonia diapason in melicis . quæ tonon facit . Unde álso filo gemág superoctauus in arithmetica . sô diu diapason symphonia gemág in musica . diu tonum máchot . Táz ist álso er échert cháde . sô filo tonus kemág in musica .

Qui . s. tonus est consonæ unitatis . i. perfectæ armoniæ continua modulatio; Dér réhtes sánges émezigosto níumo ist . Tonus liutet ticchor án‿demo sánge . dánne semitonium . álde dehéin ánder enchédunga .

Ex quo . i. ex qua ratione . nihil est quod discrepet . aut resultet in medio . Dánnan neist nieht táz . tar ána missehélle . álde únder‿zuisken ferstóze . ih méino . únder tribus . únde quatuor . álde únder octo . únde nouem . Nieht neskéidet sie. [99.]

Consentaneaque congruit iugitate . i. coniunctione . s. uterque numerus . V'nde bedíu geuállet íro io‿uuederèr demo ándermo . in‿gelimflichero fuogi .

Ergo prædictorvm nominum numerus concinebat . Táz ist nú dés sia lústet . táz íro zuéio námon zála sô gehillet .

Sic igitur rata . i. diffinita inter eos . s. numeros sociatio . copiam nuptialem . uera ratione constrinxit . Sô guissiu rárta dero numerorvm . féstenota íro den gehileih mit uuârero rédo . uuánda numerus netríuget nieht .

Ex quo commodissimum sibi convbium lætabunda concitauit . i. confirmauit . multiuida . alio mentis fluctu . Dánnan gehiez si íro sélbun . uuibo fréuuista . in‿alla uuis kúoten gehileih . mánigtáhtigiu áber fóne ánderén sórgon .

---

5. REMEDIVM CORPORALITATI CONTRA CÆLESTES IGNES PARATVR.

Nam nihil differens . i. hesitans animo . decori formæ . ac substantiæ corporeæ . cæpit formidare . V'nzuiuelig tô uuórteniu des kehilceiches . stúont si sórgen íro scóni . únde íro lichamhaftigun uuiste .

Quippe perferendos flammarum cælestium globos et ignes ardentium syderum . mortalibus adhuc artubus . et macilenta gracilitate siccatis . non cassum tremebunda formidat . Si insáz íro fórhtelíu . sô si báldo máhta zelidenne an íro nóh tanne tódigén liden únde smálen fóre mágeri . diu sinuuelben himel fiur . únde die brúnste . déro zúndenton stérnon .

Sed aduersum illa præparauit quoddam alimma . i. incorruptum abderitæ senis . i. saturni. Dára gágene máchota si éina únuuarta-

saligi des álten saturni . dáz chît .
éin únuuartesalig sálb témperota sî
mit témo frôste saturni . dáz sia
fóre demo fiure skirmdi . [100.] Ab-
derites hiez saturnus . fóne démo
stéine . dén greci héizent abaddir .
dén er ferslânt fûre sînen sún .

Cui multa concesserat . lapillis
surculisque permixtis . herbarvm
etiam et membrorum . i. anima-
lium. Únde dára zû stéinen ge-
miskeloten . únde zúien . dáz chit
póumen . uuárf si óuh zu mánige
sláhta chrútero . únde libháftero .
Uuánda physicam ûobendo . tráh-
tota si fóne állên creaturis .

Cholchica etiam fiducia . i. in-
cantatio . continuata . i. producta .
in centum uoces signatur . inpres-
sione adamantini acuminis .[1] Ter
chólchisko gérmenod uuárd óuh
fóne iro gezéichenet . rézzondo mit
adamantînero uuássun. Mit íro
hérten grifele scréib si zóuuerlichíu
carmina . ál sólchiu cholchi v̂obent .
tie in scithia sizzent . tánnan medea
uuás . tiu hándega gálsterâra .

Quod . s. carmen summouebat .
i. sursum mouebat in curiam ad-
uuersus ignes superos . et deorum
confinia . præparata . s. ipsa . lu-
mine decoris . et etiam uenustatis .
Táz carmen fúorta si úf sáment iro .
érsamo unde ziero gáreuuiu únder
daz hêrtv̂om uuider demo hímel-
fiure . únde uuider déro náhuuer-

tigi dero góto . déro rínga si dúrh
sliefen sólta .

Denique allinebat apposito . i. ap-
positum corpori unguentum irrorati
liquoris . ex renibratv . i. reaccen-
sione mensis . i. lunæ. Dô sméiz
si sih ána iro sálb . kemáchotez
ûzer tônue . dáz án des mánen
niuui gelésen uuírt . ih méino . únz
er io ána niuuez lîeht fóne dero
súnnun enfáhet .

6. PERIERGIA SVVM STVDIVM GRATIS EXHIBET.

Sed cum talia uirgo componit pedise-
qua . i. famula eius periergia con-
spicatur sollicita trepidatione . [101.]
quod ageret . utrum missa matre
nirginis . i. fronesi . an sua . s.
sponte . incertum est . utpote eius
collactea . i. coeua. Únz si dáz ál
uuórhta . sô gesáh iro dionest uuib
perierga . dáz tir chit studiosa ope-
ratrix . fúre sia sórgendiu . uuánda
si iro geáltera uuás . uuáz si téta .
si dánches tára cháme . álde dára
geséndet uuáre fóne dero múoter .

Quam cum rimatim speculabunda
ab hostio cognosceret prædicta di-
sponentem. Únde sô si gesáh uuár-
tendo dúrh tia nûot tero túron . sia
dáz állez réisonta .

---

[1] Wohl ursprünglich „cacuminis", aber der anlaut ist ausgekratzt.

Adhorta est increpare aliam eius ancillam . cui agrimnia uocabulum est . atque intra cubiculum præbebat excubias . quod non siuisset uirginem paulolum coniuere . gratia seruandi decoris. Sô begónda si éina andera iro díu inchúnnen . díu agrimnia hiez . dáz chît uigilia únde in iro chémenatun dero vuáhto flág . ziu si iro fróuuvn éteuuaz nelieze sláfen . iro scóni zebeháltenne . uuánda uuáchun bléichi máchont.

Cum ipsa . i. periergia hæc cuncta si philologia iniungeret . ualeret implere. Sie si iz állez fúre sia tûon máhti . úbe si iz iro befélehen uuólti.

Nam iam multa asserit circuisse et comperisse . quid solertiæ . quid ornatus . quid denique indumentorum sumerent dotalia mancipia . U'nde chád sih erfáren háben mánige stéte . únde uuóla befúnden háben . uuáz íro uuidemdiuua¹ íh méino septem liberales artes quúnnen éigin fóne iro brûte-gomen mercurio . ióh chléinlistes . ióh vuibzlerdo . ióh ánaslóufo.   [102.]

Non sibi quoque nescitum . quid sponsus ipse perageret . quid iouis palatio gereretur . V'nde iro uuésen chúnt . uuáz sélber der brûtegomo tûe . uuáz mán ióh tûe in iouis hóue.

An leucothea . i. aurora succenderet facem . lumenque purpureum . i. pulchrvm. U'nde úbe der tágerod sîna fácchelun . únde sîn scôna lieht inzúndet habe.

Et an solis remigia . i. currus uigilarent . sonipesque phosphori comeretur. V'be dero súnnun réita in uuágo uuâre únde des tágostérnen rós káro uuâre.

Id genus innumera astruebat . quæ curiosis perscrutationibus aspexerat. V'nde sô getânes knúoge ságeta si . dáz si ál erlûoget hábeta . mit fúreuuizlíchero spého.

---

7. NOVIS MATER INDVMENTIS FILIAM ORNAT.

Uerum secretum cubiculi . repente phronesis . i. prudentia mater irrumpit. Tô gieng in álles káhes iro mûoter.

Quam cum uirgo conspiceret . ad eam accurrens . honorandumque pectus exosculans . præparatorum boematum . i. auxiliorum . consciam fecit. Sî sâr . sô si sîa gesáh . gágen iro lóufende . únde sia chússende . ságeta si iro . uuáz si uuárnunge gemáchot hábeta.

Verum illa exuuias filiæ . ornatusque detulerat . quis induta . deo-

---

¹ Es steht „uuidemdiuuæ", jedoch so, dass entweder das „a" oder das „e" des auslautes getilgt erscheint.

rum sociari cætibus non paueret.
A'ber si gáb iro uuât . únde zierda
mit tien si gegáretiu . sib ncercháme
dero góto miteuuiste.

Itaque uestem peplumque lactis
instar fulgidum dedit. Si gáb iro
uuât ze‿liche . dáz ist tiu inuuertiga
ratio . únde uberslóufe skinhaftez .
ében uuizez milche . dáz ist tiu
scôni iro honestatis . únde iro sa-
pientiæ. [103.]

Quod uel iubebatur esse ex illa
lana felicium . i. præciosarum her-
barum . qua perhibent indusiari ua-
tes indicæ prudentiæ . et accolas
montis umbratii. Dáz sie uuólton
uuizen geuuórhtez uuésen . úzer dé-
ro uuóllo dero tiurron chriutero .
mit téro sib káreuuent tie frûoten
biscofa in india . únde die ánaside-
linga umbratii. Vuánda indis uuáh-
set tiu uuólla án dien chriuteren .
mit téro sie iro biscofa gáreuuent .
álso óuh seribus tia sidá uuáhsent .
án dien bóumen . úzer dien die fél-
lola uuérdent.

Et uidebatur hoc peplum esse .
ex netibus . i. filis candentis bissi .
quantum usus eius telluris . i. in-
diæ apportat. U'nde uuâs iz úzer
bissinemo gárne . so iz tár in‿lánde
sito ist . tár dér fláhs uuáhset . tér
bissus héizet.

Dehinc apponit uertici diadema
uirginale . quod maxime medialis
gemmæ lumine prænitebat. Tára
náh légeta si úfen iro hóubet má-
gedlichen góldring . tér méist clánz-
ta fóne déro scôni . dero mittun
gimmo . ih méino diu gágen mitte-
mo énde stûont.

Ex qua . s. gemma resplenduit
quædam galeata uirgo . obtectaque
uultu . incisa penitus . i. profunde .
iustar secreti troiani. An déro gim-
mo stûont tiefo gegráben . éin ge-
hélmot tierna . gefúrehúllotiu . sá-
mo so dáz pilde getán uuás tero
troiániscun tóugeni. Palladium stû-
ont tár ána gegráben . dáz chit effi-
gies palladis . táz troiani gebórgen
hábeton . uuánda iz in fóne hímele
chómen uuás . sô sie iz uuizen uuól-
ton. So nuto éin ánder palladium
dár ze‿ánasihte uuáre . michelez .
hólzinez. A'ber daz uuárra palla-
dium uuás filo lúzzelez . trólicho
séhentez . únde uuéne‿scáftontez.
Dés kelihnisse trûogen die troiánis-
ken chúninga . an íro coronis in ias-
pide gēmma . [104.]

At cingulum quo pectus annecte-
ret . sibi prudens mater exsoluit.
Aber iro sélbun nám si dén béndel
ába . dén si iro gáb sih ze‿brúst
péndelonne . i. fasciam pectoralem .
mit téro sih fróuuvn iu zierton . tiu
caritatem bezéichenet.

Et ne philologia ipsius phronesis
careret ornatibus . eius pectori quo
uerius comeretur apponit. U'nde
nio iro tôhter áne sia gegáreuuèt
neuuúrte . bediu bánt si íro . dáz
íro iz so filo báz záme.

Calceos præterea ex papiro tex-
tili subligauit nequid eius membra

pollueret morticinum. A´ne dáz skúohta sî sîa . mit keflóhtenemo bineze . nîo íro lide îeht stírbiges nebeuuille. Dér bínez pezéichenet inmortalitatem . unánda er îo grúone íst . fóne dero názi . an⌣déro er stát . únde dánnan er námen hábet.

Acerra autem multo aromate grauidata . i. plena . eademque candenti . manus uirginis oneratur. A´ber mit uuízemo róuhfáze . fóllemo stánctiurdon . uuárd íro hánt pehéftet. Taz róuh pezéichenet tén liument tero túgedo . die án dien uuîsen îo súlen uuésen.

---

8. ANTE FORES VIRGINIS . INVITANTES EAM AD CÆLESTIA CAMENÆ ASSVNT.

Et⌣iam tunc cœperat aurora subtexere . i. operire sidera . roseo peplo, [105.] Sô uuárd táz ter tág pégónda décchen die stérnen.

Prodens pudorem . i. turpitudinem ambronum . Irbáronde día únera dero mánézon. Cibus héizet grece brosis . dánnan sint ambrones kenámot. Die héizent óuh antropofagi . dáz chit commessores hominum . in scithia gesézzene. Sîe ézent náhtes . tés sie sih táges scámen múgen . álso man chît . táz óuh házessa hier in⌣lánde túen. A´ber uueletabi die in germania sizzent . tîe uuír uuilze héizên . die ne scáment sih nîeht zechédenne . dáz sîe íro parentes mit méren réhte ézen súlin . dánne die vuúrme.

Cum . i. quando alma lux gemmata . i. adornata decore creperum micat. Sô iz únderzuísken liehten ist.

Cum nitet phosphorus . et cum fit aurato astro . Sô der tágostérno in scônero fáreuuo skînet.

Tunc . s. cum candens pruina glaciatur . tenero rore. Sô der gráuuo rífo uuirt án demo éccheroden tóuue.

Et greges quatiunt caulas in matutina pascua. U´nde diu scáf úz án dia uuéida dríngende . die stigá eruuégent.

Cum mordaces curæ pulsant languida pectora. Sô áber die sórgun grúozent tiu hérzen.

Et expulsus somnus fugit ad læthea litora. U´nde der sláf hína flihet ze⌣lœtheo fluuio . dâr sine séldá sint secundum fabulas . uuánda er obliuionem máchot . álso óuh tíu sélba ába tûot tien sélon post mortem dar trinchentên.

Ecce ante fores quidam dulcis sonus . multifidis suauitatibus suscitatur . An díu uuárd éin súoze stimma fóre íro túren . mit mánigfaltero lústsami.

Quem concinebat chorus conuenientium musarum . tinnitibus doctæ modulationis inpendens illum nuptialibus sacramentis. Tén sonum máchota diu manigi déro gesámenoton musarum. mit méisterlicho gerárten lùtòn. ze⌣éron dien uuibèn brùtlóuften. [106.]

Nam nec tibiarum mela deerant. nec ex fidibus sonitus. nec ydraularum armonica plenitudo. Dàr negemángta suègelsànges. nóh séitsánges. nóh téro fólleglichi dero órgenlùtun.

Sed collata in blandum cantum. ac compactum modificato fine. fecere ratum silentium uoci uirginum. i. musarum spatio complementi. A'ber gerárte ze⌣mámmentsamemo sánge. ióh keduuv́ngenemo ze⌣mézhaftigemo ùzláze. getáten sie sáment stilli dero mágedo sánge. ùnz sie óuh táz erfólloton. Zeêrest súngen diu musica instrumenta. dàra náh súngen sélben die musæ.

Ac tunc omnis ille chorus præuertit. i. superat. et præit omnes organicas suauitates. canoris uocibus. dulcique modulatu. U'nde dò ùberuuant iro gesémine. álla dia órganlichun sùozi. béidiu. ióh in⌣déro lùtreiste dero stimmon. ióh in⌣déro lústsami dero vulsun.

Et cum numeris. i. rithmis. sacræ cantilenæ hæc dicta funduntur. V'nde mêterlicho súngen siu disiu uuórt.

9. MVSARVM INTERCALARIS.

Scande cæli templa uirgo. digna tanto fœdere. Te socer subire celsa posc*it* astra iuppiter. Nù fàr ùf tierna in⌣hímeliske séldá. geristig pist tù sólchemo gehîleiche. Din suèr iuppiter héizet tih fúnden. úber die hóhen stérnen.

10. LAVS PHILOLOGIÆ DE ASTRONOMIA; VRANIA. [107.]

Tunc urania cæteris paulolum reticentibus cæpit. Tô sáng sús urania. dien ánderên gesuîgentên.

Vide syndereos cætus. et culmina sacra polorum. nil iam conitiens numine fisa. Nù fàr. únde síh tia hímeliskun mánigi. únde die hóhina dero hímelgíbelo. ùnzuîueligiu. únde báldiu fóne dero góteheite. Dea uuérdendo. uuirdest tû dés álles kuís. tés tu fóre uuâre únguis.

Olim disquirens. s. eras. quod torqueat nexos orbes. nunc præsul. i. magistra. ipsa dabis causa. i. leges raptibus. Tú uuáre êr frágende. uuáz tíc zesámine háftenten ringa dero planetarvm úmbe uuárbti. nù uuírdet táz tû sélba scáffunga tùost íro férten.

Quæ circos textura. i. compositio liget aspicies. Tù gesihest tir sélba sò dû dára chúmest . uuio getân geflúhte die ríngа binde .

Quæ nexio claudat . Uuélih nústa sie úmbe hábee . Uuánda ultima spera dáz chit cælestis spera . úmbe bábet tie ándere .

Et quantos . i . quot globos ambiat curua orbita . U'nde uuio mánige dero éngeron . der uuîtero ríng úmbehábe .

Quid cogat uel retardet sydereos cursus . Uuáz tero planetarum férte iágoe . uuáz sie óuh lézze . Dáz tùot tíu chráft tero súnnun . Sî gibet in éin-uuéder . spùot alde tuála .

Quis lunam flammet . uel minuat radius . U'nde uués skimo den mánen getûe . uuáhsen . únde suînen . Sò er férrost kàt fóne déro súnnun . sô mág si in únder skînen . bédiu ist er dánne fòl . sò er áber bî iro gàt . uuánda sî in dánne óbenán ána skînet . pedíu íst er dánne uuáner únseren óugon .   [108.]

Qui cælum stellet . i . illuminet fomes . i . flamma . Vuélih fiur den himel irliehte . Vuélez . âne dero súnnun ?

Et quanta . s . sydera reuoluat . V'nde uuio mánige stérnen si uuîdere getribe . Dáz tùot si die planetas . sô si sie retrogradas máchot .

Quæ sit cura . i . prouidentia diis . uel modus . s . gubernandi aspicies . Tár sihest tu . uuio getân dero góto flîbt sî . únde uuélih scáf iro ribtennes sî .

Scande cæli templa uirgo . digna tanto fœdere . Te socer subire cælsa poscit astra iuppiter . Tár hina úf tîerna in himeliske sélda . uuirdig pist tv dáz tu sò gehîest . Tih béizet fúnden iuppiter úber die stérnen dîn suêr .

---

11. LAVS DE PERITIA MVSICÆ ; TVNC CALIOPE .

Semper complacitis amica musis . cui . i . tibi magnesia fluenta pocula tulerunt . Die brúnnen magnesiæ bábent tih ketrénchet . tû hólda dierna dîen dir gelîchetên musis . Magnesia ist in thesalia . Dâr ist libetros fons . úmbe den mánige poetæ sizzent . sámo so die nôte sîn poetæ . die in trínchên . Vuánda óuh tû philologia musicam chánst . pedíu skînet . táz tû libetron getrúnchen hábest .

Et fons gorgonei caballi . i . pegasi . tulit tibi poculum . V'nde dér brúnno dés rósses pegasi . dáz ûzer démo blùote uuárd gorgonæ . hábet tih sáment tien poetis ketrénchet . Pegasus chit fáma . uuánda poetæ sint famosi . bedíu chit man sie getrúnchen háben dés prúnnen . dén pegasus úzer dero érdo slùog . mit sînemo fûoze .   [109.]

Cui . i . tibi frondet uertex aonidum . s . montium . i . aonis montis . uirens . i . florens coraulis . i . poetis. Tir stât óbenan gelóuber aon. gezierter mit poetis. Aulæ héizent tîe fistulæ. coraulæ héizent corneæ fistulæ. dáz chit tubæ corneæ. Coraulus sélber der cornicen.

Violas paraute cirra. Apollinis perge dir gágene blúomen hábentemo.

Tu scis mela uatum. dulcibus camenis. Tû bechénnest tero poetarum carmina mit súozen metris.

Et scis referre pindaream chelin. i. cytharam. Dû chânst keánteron citharam pindari musici.

Te dictante nouum fidis et sacrum plectrum sonare treicium carmen. Dir indénchentero. chân der scîto. únde dáz ziter-fin singen in tracîskun. dáz chit álso orpheus sáng fóne tracia.

O lux nostra. suesce probare sacros cantus. V́nser óuga. hábe in-geuuónchéite. únser héilig sáng zelóbenne.

Atque beare organicis circis. V́nde uuirt kesâligot fóne órganiskên. dáz chit sánglichen ringen. A'lso dánne ring án demo sánge uuirt. sô iz to uuidere eruuindet. ze-déro sélbun stéte. dâr iz ána fieng. Héue únde sing o sapientia. sô fíndest tû dia sélbun lûtun án demo a. diu zeêrest uuás án demo o. Dér sô getáno perhiodus. dáz chit circuitus. héizet colon. úbe dáz uuórt târ ûz kât. sô ih tir nû zéigota. V́be dáz neist. sô héizet er comma.

Scande cæli templa uirgo. digna tanto fœdere. Te socer subire cælsa poscit astra iuppiter. [110.] Fázo dih tîerna. ûf hina in-himela. sólih kehîleih kezîmet tír. Iuppiter din suêr. héizet tih fáren úber diê stérnen.

---

12. LAVS DE GEOMETRIA. AC SIC POLIMNIA.

Tandem carpis fructus laboris. æthram fulgidam. et sedes diuum. et consortia. i. affinitatem iouis. prouecta. i. sublimata de terris ad cælum. et indito numine. i. abdita tibi diuinitate. A'n stéte infâhest tû ze-lône. dínero árbéite. den scónen himel. únde dero góto gesâze. únde dia sippa iouis. táz tu sîn snóra uuirdest. hína ûf kefûortiu. únde gótheit infâhentiu.

Quæ sueta eras dudum. s. dum mortalis eras. iugare. i. coniungere. cruenta. i. noua rithmica carmina. Dû dir iu êr-geuuón uuâre niuuiu carmina zemáchonne;

Ac mixta dispari regula. Ióh kemisgtiu mit misselichero. únde únében-mâzero regula. Vuio mánigfalte dir sî diu mísselichi dero niumon. uuér mág táz kezéllen?

Mox solita. s. probare. quid recuruet. i. figuret trigonus iacente linea. i. protensa. quid iugata. s. in angulo. V́nde uuáz triscôzi má-

choc . mit strácchentemo réize án
dien síton . únde gefúogtemo án
dien órten . Dáz ist álso si châde.
Dû chúre in geometria . uuío drî
réiza gréhte . án dien órten síh
chússente . triangulum máchont .

Et quid torqueat circulus . V́nde
uuáz ter ring úmbe biege . dáz chît .
uuío ál úmbe␣bógener réiz . ten
ring máchoe!.

Probare . s. solita . melos . i. tro-
pos . ac tonos . s . musicos . [111.]
et crusmata . i. pulsus chordarum.
Quuóniu zechiesenne . die uuárba des sánges . únde die uuîsá .
únde die rúorá dero séiton .

Artesque cunctas solita probare .
et quæ possunt parare culmina . i.
præcellentiæ cælitum . adacta men-
te . i. sursum acta mente . V́nde
álle liste zechiesenne . únde ál . dáz
himel⸗sázen máchon múgen . mit
íro hóhen sinne.

Scande cæli . et cætera.

---

13. LAVS DE ARTE POETICA . TVNC MELPOMENE.

Sueta . s. es . depromere . cotur-
natos . i. tragicos cantus in scenis .
Tû bíst quón in scenis zesingenne
diu sáng . tero gescúohtón tragico-
rum . mit coturnis . Coturni uuáren
ze beiden fúozen geskáffene scúha.
Scena uuás éin finster gádem in
mittemo theatro . Dár inne gesázen
die auditores tero fabularum tragi-
carum . álde comicarum .

Soccumque ferre comicum . V́n-
de ána háben dáz kescúbe dero co-
micorum .

Et reboare carmina quæ tulimus .
i. portauimus . s. nos musæ tua
cura . V́nde síngen diu sáng . tíu
uuír fóne dir trúogen . dîne trútun.

Fauente . i. applaudente rithmico
melo . i. dulci carmine . Sùozemo
sánge únsih lúcchentemo . únde
scúndentemo . dáz uuír siu trúogin .
únde gehîeltin .

Nunc cano tibi . uersa . i. mu-
tata . et deificata uirgo tenore . i.
protractione carminis . spes atque
assertio . i. facundia nostra . Nû
singo ih tir máged mit témo dúnse
des sánges . uuánda dû gútin unór-
ten bíst . únsèr tròst . únde únser
zúnga .

Nam iuuat redimire . i. ornare
thalamum . s. tuum . tu probato .
hoc est sinito placere . serta . i.
ornamenta . tuis ritibus . i. usibus .
uel moribus . [112.] Tînen brûte⸗
stûol lústet mih zezîerenne mit sán-
ge . die zierdá lá dû lichén dinén
síten ;

Digna semper uidearis maritali
olimpo . i. marito olimpi . Vuérd
múozist tû sîn dínemo himelisken
chárle mercurio.

Decentiorque cælitum . V́nde
állero himel⸗fróuuon zimigósta .

Scande cæli . et cætera.

14. LAVS DE RHETORICA. AC SIC CLIO.

Tu quæ solers eras clangere. i. declamare rhetorico sirmate. i. rhetorico habitu. uel prolixa sententia artis rhetoricæ. Suspensio. Nú do philologia. dû dir io chúnnig uuâre. dina gesprâchi zegeóugenne. mit lángemo ding-chôse. Álso M. cæsar. únde cato censorinus tûont in catilinario. dâr man díngot úber lentulum. únde cethegum. socios catilinæ.

Atque absoluere reum rabido. i. commoto pectore. Et hic. V́nde den scúldigen genéren mit prâzeligemo mûote. Álso óuh tô cæsar uuider catone uuólta genéren. die sélben socios catilinæ.

Quæ nunc ligans. i. ligas horrida sensa. i. sententias. nexibus. i. syllogismis. Et hic. Tû uuílon dine ántsazigen rédâ féstenóst mit pánden. Ántsazig sint tie rédâ. die mit syllogismis kebúnden uuérdent. uuánda syllogismi sint nót-féstiu gechóse. dára uuidere nioman nicht ketûon nemág. Tie héizent latine ratiocinationes. uuánda álso ratio ist. quæ discernit inter uerum et falsum. só ist ratiocinatio. rationis certæ exhibitio; Vuénne geskíhet tiu? Áne sô éin fóne ánderen geóuget uuirdet. únde fóne dien guíssot uuirdet. [113.] Tés ist târ fóre exemplum gegében. dâr iz chît propo-

nendo. E'teuuanne feruéret tér inférte ist. V́nde assumendo. Der himel ist in férte. V́nde concludendo. Dannan féruéret er. An dírro rédo ist ein guuíssot fóne zuéin. uuánda fóne dero propositione. únde dero assumptione. úbe sie uuár sint. uuírt tiu conclusio geuuáret; fóne diu intsízzent tie den syllogismum. die sína chráft uuízen.

Aggerans. i. colligens soritas. i. minutissimas rerum collectiones accessibus. i. incrementis cumuli. Et hic. Tero micheli des húfen zûo légende. die geráspoten chléinunga. Álso iz tánne féret. sô man dero mínneron dingo nicht fersuigen neuuíle. úmbe diu méren. dóh is án dien mérèn gnûoge uuâre.

Nunc stringere. i. arguere. quid grammatica regula. Et hic. V́nde éteuuaz lásteron mit cramatichis éo. Sô man ófto tûot barbarismum. álde soloecismum.

Solers quid conterat. i. perfringat ordinem fandi ambiguis. Et hic. Kelóuuiu. uuáz zuiuelchósondo dia ríhtí des kechóses irre. Dáz tûot amphibolia in grammatica. álde sophisma in dialectica. Déro béidero chît si sîa chúnniga.

Solers ludere docticanis sensibus. Et hic. Kelóuuiu zetríegenne mit rértigen rédon.

Nunc conspice stellata limina poli. Depositio. Dû dés álles méistra únz hára uuâre. dû fár nú.

únde scóuuo die gestérnoten inferte . des hímeles .

Et utere sacro candore ætheris ! quem noscere uero lumine prætium est. Únde lébe dâr in dero héiligun zórfti des hímeles . dia dû ze lóne dínero árbeito chúnnên sólt . in uuáremo liehte . [114.]

Scande cæli . et cætera .

---

15. LAVS PHILOLOGIÆ DE PHISICA; MOX ERATO.

Inclita uirgo . caput artibus . cui panditur aula tonantis . merito subditur tibi orbis . s. uisibilis . rationibus ante . s. uisibilem repertus . Mâre dierna . ánagenno dero listo . dir nú indân uuirt iouis fálanza . mit réhte dieuot tír disiu ánasihtiga uuérlt . in gótes ratione iu êr úngesíunlicho uuésentíu .

Canimus . s. hæc phisica carmina . tibi soli cognita . cur rutilescant sacra . i. execrabilia fulgura . Dír éinun sint chúnt tisiu fóne naturis ketânen sáng . ih méino . Ziu die léidsámen bliccha geskéhen . dáz chit uuánnan sie geskéhên .

Vnde intonet resultans fragor. Uuánnan der chláfondo dóner geskéhe . Só der uuint in dien uuólchenen betân uuirt . tánnan úz péitendo chláfot er . dér chláfleih héizet tóner . A´ber úz fárendo . únde diu uuólchen bréchendo . mit mêrun hirlichi dánne iz foman geságen múge . irrécchet er daz fiur . Dáz fiur ist só filo máhtigera . só iz chléineren geziuges ist . uuánda diu luft kebiret iz . Si ist is materia .

Quid agat madorem per aperta . i. spatia aeris . modo . i. aliquando imbrificatis nubibus . Uuáz óuh taz régenuuázer máchoe . dien uuólchenen uuílon trúobenten . uuílon názenten . Uuuáz . âne dáz siu só gedícchent . [115.] únde só gerínnent in uuázerine zásamen . dáz tie gesámenôte . únde ze trópfón uuórtene . bedíu hára níder fállent . uuánda siu diu lúft târ óbenan inthábén nemág .

Quid euntibus . i. recedentibus nimbis . s. hiemalibus . cum agmine . i. impetu . reuocet nitidissima uerna . Uuáz úns náh tien uuínterlichên úngeuuiteren . áber den lénzen hára tûe eruuinden .

Rotet omnia sæcla . properantia claudere . circulus anni . Ziu der iâr-ring úmbe tríbe álle zíte . ilende ze íro énde .

Quid habent rationis operta . s. aliis . Uuáz tíu állíu rédo hábên . ánderên tóugeniu . âne dir . dáz singen uuir .

Scande cæli . et cætera .

---

16. LAVS DE ARVSPICINA ; AC TVNC TERPSICORE ;

Laetor o uirgo pro meritis . i. premuneratione honoris tui . i. deificationis tuæ. Frô bin ih úmbe dia êra dincro gótheite.

Astra conspicis. Ten himel sihest tu. dêr dîn lòn ist.

Hoc tibi peperit sollers ingenium. et labor. i. sedulitas tua. Dáz hábet tir guúnnen dîn gedáhtigi. únde dîn iligi.

Cura uigil. peritis lucernis tribuit tibi ista. i. tibi peritæ cum lucernis. Tiz hábet tir gegében dîn sórgen. únde dîn uuáchen mit liehte.

Perdia. s. ipsa cura. pernoxque. Dáz tir tág. únde náht ána uuás.

Namque tulisti docilis. i. apta ad discendum. anhelis semper fomitibus. i. sensibus uel lucernis. onerata sacris cartis. i. libris. præscia futuris. quicquid dant agentes. i. disputantes stoasi. i. in porticibus. Tû hábest kelirnet spúotigo. dén chennes múodiu. búocho geládeniu. uuizega uuórteniu. [116.] so uuáz tie uuisprachonten lêrent. in dien uuît-chéllen. Dáz sint stoici. die iro uuistuom ze athenis in porticibus úobten.

Nam nec dubitans anteuortis. i. præuenis intrepidis fatibus. quid edat uapor sabæorum. rapidis. i. ardentibus aris. Tû gefúreuangost mit pálden uuîzegtúomen únzuiueligo. uuáz án sabæorum altaro fiuren der róuh chúnde. Dîn uuistûon gibet tir dia præscientiam futurorum. dia sie súochent án démo tóume des áltaris.

Quid paret fumida aura turicremis fauillis. uel quid ferant certa omina auguratis uocibus. Únde uuáz ter rúghstang uuélle. dár tura brínnent in áscun. álde uuáz tie héilesoda uuéllen. die augures fórderont an fógelrárton. dáz uuéist tû ál.

Scande cæli. et cætera.

17. LAVS DE ARVSPICIO ET DE AVGVRIO. ET CONIECTVRA; TVNC EVTERPE;

Virgo præuia peritæ sortis. i. sapientiæ. quæ potuisti. i. meruisti scandere cælum. Zéigara des uuîstúomes. píst tu dierna. dû ze himele stégon máhtôst.

Et ferre. i. tribuere castis. i. philosophis sacra dogmata. quis uoluere noscere semet. Únde uuisén gében die léra. dánnan sie chúnnin bechénnen sih sélben. Uuánda dáz prouerbium chám fóne himele. gnoti se auton. dáz chît. scito te ipsum. Dáz ist fóre állemo uuîstúome.

Quisque. s. dogmatibus. uidentes. i. prophetæ. cernere. i. cernebant lumine claro. numina fati. i. fortunæ. et uultus geniorum. i. deorvm. [117.] Únde dánnán prophetæ óffeno chúren dia chráft iro sélbero úrlages. fóne démo sie múrgfare sint. únde dia uuîoli-

chi dero góto . an déro sie éuuig
sint .

Et quæ dedisti sydera esse men-
tes platonis . et phitagoræ . U'nde
bist tû zéigara des uuistûomes . tû
dero philosophorum . sínna . fóne
iro léro getâte skînen . álso stérnen .

Tuque iussisti caducis et mortali-
bus cernere numina cæli . nube re-
mota . U'nde dû geóndòst dien ún-
uuírigen . únde dien tòdigen gót pe-
chénnen .

Iure scande senatum tonantis .
Fóne démo réhte fár dû nû hína
ze‿demo himelhérote .

Quam decet unam mercuriali fœ-
dere iungi . Dih échert éinun ge-
zímet kehîen ze‿mercurio .

Scande cæli . et reliqua .

18. PRÆCONIA MERCVRII; DEINDE
THALIA .

Beata uirgo quæ tantis choreis . i .
laudibus . syderum capis iugalem .
i . maritalem thalamum . ac sic fa-
uente mundo nurus aderis tonanti .
Sâliga . dû mit sólchemo lóbe‿sánge
dero góto gehîen sólt . únde sô
uuérden sólt iouis snóra . dero
uuérlte dés fólchete uuésentero;

At cuius diui contingit tibi esse
maritam? A'ber uuéles kótes uuí-
nia uuirdest tû?

Eius qui solus præteruolans me-
ante penna perexit . i . excurrit
astra mundi . i . solem . Dér álles
éiner fliegendo . fúre ílet tia súnnun .
Lucifer tûot iz óuh . náls
áber fliegendo . núbe úfen sinemo
rósse . sô er fóre chád .

Uigil rapidis procellis . i . gressi-
bus . Uuácherer in‿sinero gáhun
férte . [118.]

Qui cum tranat superna . recurrit
freta tartarum . Sô er diu oberen
erstrichen hábet . sô erféret diu ni-
deren . Uuánda ér ist in sinero áb-
sida ofto oberòro dero súnnun .
ófto nideròro . sô platonici cháden .

Qui solus est altipotens parentis
cíere . i . mouere memorem uirgam .
i . caducevm . ante currum . et can-
didos iugales . Tér éino himel ge-
uuáltig uuórten ist . fóne ioue .
uuénen sîna geuuáhtlichun gérta fó-
re dero rítentûn súnnun .

Qui libens reparat . i . excitat
grauari sationibus . i . frugibus . fa-
ta . i . messionem succidentis osiris .
repertis genitalibus . i . qui reperit
genitalia . i . semina . Dér gérno
héizet áber geláden uuérden . dén
áren des snídenten osiris ! dér in‿
egypto den chórnsâmen fánt . Uuán-
da sîn gérta tôdet únde chícchet .
strít zérendo . únde súona máchon-
do . bedíu gíbet er óuh sáte . náh
temo sníte . Daz osiridi sîne ár-
béite dîent . táz kelázet imo mer-
curius . Sîn uuíllo récchet ten ràt
quia præest frugibus .

Quem scit . i . diligit pater deo-
rum . Dén iouis sélbo mínnòt .

Cui lacteam papillam dedit nouerca gaudens. Tén sin stiefmûoter uilo . uuilligo sóugta . doh si ánderiu íro stiefchint házeti?

Cuius uigente uirga dirum stupet . i. hebescit uenenum. Dés kespráchi sih fermûgentero . állêr árger strit sélchenet . táz chit stillêt.

Cui fanti . facit gemellum orbem . omne uirus. Témo spréchentemo . állero stritolih sih in zuéi téilet . ih méino . in tôd . únde in lib . tôd tero fientskéfte . lib tero sûono . álso iz fóre chit. [119.]

Est doctus ille diuum . sed doctior puella. E'r ist tero góto chúnnigosto . nóh tanne bist tû chúnnigora . uuánda ratio gemág mér dánne sermo.

Nunc nunc beantur artes . quas sic sacratis ambo . ut dent meare cælo! ut reserent caducis astra. Nû uuérdent sálig tie liste . die ir béide só gehéiligont . táz sie ze himele léitên . únde ménniskon den himel indûen.

Ac dent subuolare pia uota . usque ad lucidam æthram. Únde sie gûot uuillige ménnisken getûen fáren . únz hina ûf ze demo óberen liehte.

Per nos uigil decensque $NOY\Sigma$. i. intellectus mentis . ima . i. homines complet. Fóne iu zuéin . erfúllet sinnigi die ménnisken. I'r gébent tien ménniskon múnderen sin! únde zimigen.

Per uos fert probata lingua glorias per æuum. Fóne iu guuinnent kespráche ménnisken êuuiga gùollichi.

Uos sacrate disciplinas omnes . ac nos musas. Pediu gehéilegont únsih . únde álle liste.

19. QVATVOR VIRTVTES EAM VISITANT . FRONESIS . DIKIA . SOFROSINE . ANDREIA . VEL YSKIS.

Dum hæc igitur musæ . nunc solicanæ . nunc concineates interserunt. V'nz tie musæ uuilon súnderigo . uuilon sáment sús súngen.

Uicissimque mela dulcia geminantur. Únde sûoze stimmâ sús hértotôn.

Ecce conueniunt in penates . et in thalamum uirginis . quædam matronæ . sobrio decore laudabiles. Uuár chámen fróuuûn dára in iro sélda . únde óuh in nór in iro béttechámera . lústsame fóne chíuskero zieri. [120.]

Non nultuose . i. pulchre . circa faciem conquisitis figmentis rerum. Scóne in ánasihte . ni fóne dehéinero irdâhtero máchungo.

Simplici quadam comitate prænitentes. Fóne sélbsconi skímbare.

Quarum una dicebatur prudentia uocitari. Déro hiez éiniu frútheit.

Intenta circumspectione cautissima. Cnóto únde instendigo síh úmbeséhentiu.

Et omnia discriminans uigili rerum distinctione. Únde dingolih skéidende mit quáremo únderskéite.

Huius germana ferebatur sortita uocabulum iustitiæ. I'ro suéster hiez iustitia.

Sua cunctis attribuens . nullumque eo quo non merebatur afficiens. Mánnolichemo réhtonde . niomannen ánderes héfenonde . dánne só er uuérd ist.

Uervm tertia nomen acceperat ex morum temperantia . contemptis muneribus . atque abstinentia prædicanda. Diu dritta hábeta námen fóne déro mézhafti iro sitó. U'nmiotegerniu . únde fermidennes máriu.

Quæ superat fortissima . ac tolerandis omnibus aduersis infracta . subeundis etiam laboribus . robore etiam corporis præparata . uirium uocabulum possidebat. Únde díu nóh tánne uuás . tiu hiez stárh . únde máhtig in‿uuideruuartigen dingen úngeuuéihtiu . únde gágen árbeiten ióh lidostárchiu.

In amplexum eius osculumque deferuntur. Díe ilton sia hálsen . únde chússen.

Atque cum conspicerent eam intra cubiculum per omnia trepidantem . et uelut lucifugam hesitationibus torpentem. Únde só sie sia dár in‿chémenátun gesáhen fórhtela . únde sámo so liehtskihtiga . ióh rátelósa. [121.]

Pectus eius . faciemque tractantes . in conspectu omnium . et publicam uenire faciem compulere. I'ro bruste únde iro ánasiune hándelonde . gnóton sie sia fúre chómen ze‿állero óugon . únde ze‿állero gesihte.

---

20. PHILOSOPHIA ACCESSIT NVNTIA.

Post has ingressa quædam gravis crinitaque femina . et ex eo admodum gloriosa quod iuppiter per ipsam cunctis tribuerit ascensum in supera. Só chám dó éiniu getrágenlichiu . únde ántfáhsiu . náh temo philosophorum site . únde dés kúollichiu . dáz fóne iro gót sie álle lázet ze‿himele chómen.

Quam cum uirgo conspiceret . ad eam omni studio affectuqne cucurrit. Só si dia gesáh . só uuás iro sár dára ze‿iro nót . únde érnest.

Quippe quadam fiducia compertorum . ipsa eidem augurata fuerat scandendum cælum. A'lso si sólta . si uuás tiu iro báldo fóne guishéite geuuizegót hábeta . dia himelfárt.

Et nunc transmissa ab ipso maiugena . ad corrogandam eam in nuptias. Únde nú bótescaft tríbet

fóne mercurio . sia zeuutsenne . ze-
brûtlôufte .

21. TRES GRATIÆ . QVÆ ET CA-
RITÆ;

Præterea conuenere tres puellæ ad
uirginem parili decore . et uultu ac
uenustate luculentæ . Chámen óuh
ze-íro drî dîernun ébenziere . únde
ében fróniske in-ánalútte .

Sertis religatæ inuicem manus . s.
quia gratiæ sibi coherent . rosarum-
que speculis . i. floribus redimitæ .
Mit kerigen zesámine gebúndenèn
hánden . únde gezíeret mit róse-
blúomòn .

Quarum una deosculata est fron-
tem philologiæ . illic ubi glabella .
i. nuda medietas discriminat pu-
bem . i. pilos ciliorvm . [122.] Téro
éiniu chústa sia án-demo únder-
bráuue .

Alia os eius . tertia pectus ap-
prehendit . A'nderiu chústa sia
án den múnt . tiu drítta án-die
brúste .

Uidelicet prima . ut laetos oculis
afflaret honores . Táz téta diu
érista . dáz si iro frólichiv óugen
gegâbe .

Secunda inspirabat gratiam . i.

facundiam linguæ eius . A'nderiu .
daz si iro gespráchi gegâbe .

Tertia comitatem animo . Diu
dríttta [1] . dáz si iro uuv́nnesami in-
múot kâbe .

Quippe ille cantes dicebantur . i.
ornamentorvm deæ . Sie híezen
cantes [2] . náh tien lútreisten suége-
lon . mit tien álliu guóniu sáng
übersúngen uuérdent .

Et quicquid appræhenderant . ue-
nustabant . U'nde so uuáz sie ge-
fîengen . dáz ketâten sie érsam .

Quæ quidem postquam repleuere
uirginem . lumine . admixtæ musis .
dedere etiam consonas gesticulatio-
nes . i. motus musicos . atque hi-
menéia tripudia . i. saltationes . Sô
díe sia dô getâten fólla liehtes . tára
náh mískton sie sih zù dien musis .
únde tâten in gerárte méttoda . dáz
chit . sie tâten in singentên . mit íro
liden . gehélle ánterungâ . únde brút-
liche trétenóda .

22. LECTICA QVA VEHENDA ERAT
IN CÆLVM .

Sed ecce uniuersa dissultant mag-
no crepitu . i. sonitu timpani . et
tinnitu crotalorvm . i. cymbulorum .
I'n in-dés uuárd tôz in-állen sté-

---

[1] Das „ttt" wahrscheinlich in folge der trennung des wortes durch das ende der zeile.

[2] st. carites. ich lese aber beide male so. wohl hat sich der abschreiber der handschrift in einem unbekannten worte geirrt.

ten . fóne lúto skéllentén timpanis únde cymbalis .

Eo usque ut musarum cantus . aliquanto obtusior redderetur bombis tympani . Sô . dáz ióh tero musarum sáng túnchelôra vuúrde . fóne déro lútréisti dero timpanorum . [123.]

Et cum sonitu introfertur lectica . interstincta syderibus . cui ritu mistico . i. more diuino crepitus præcinebant . Sáment temo skálle chám éin trágebétte gestérnotez . témo die sélben dôza fóre skúllen . áfter bezéichenlichemo site .

Qua mos fuerat peruenire nubentes deas in consortia cælestis thalami . In démo trágebétte sito uuás tie gehlenten gútenná . hina úf chómen in déro himeliskon chámerlingo gnôzskefte .

---

23. ATHANASIA PER-VOMITVM A MORTALITATE EAM PVRGAT.

Ante hanc . s. lecticam . præminebat quædam femina . augustioris uultus . ac sacro lumine . æthereoque resplendens . uenerabili antistitio . i. præsulatu . Dár fóre fúor éin fróuua . chéiserlichero getáte . in héiligemo . únde in himeliskemo liehte skinentiu . únde in érunirdigero biscofhéite .

Quam cum omnes qui affuere conspicerent . reueriti sunt inclitam maiestatem . ut deorum omnium . mundique custodem . A´lle die dár uuáren . únde sie ersáhen . die éretôn íro márun mágenchráft . sámo so háltarun dero góto állero ióh tero uuérlte .

Huic athanasiæ nomen fuit . Téro uuás námo inmortalitas . Sî máchot deos inmortales . et æternos . únde mundum perpetuum .

Et heus inquit uirgo . U´nde hóre hára mageti chád si .

Precepit deorum pater . hac regali lectica . in cæli palatia subueharis . Tero góto fáter hábet kebóten . dáz tú úfen dísemo chúninglichen trágebétte fárêst ze himele . [124.]

Quam quidem nulli fas attrectare terrigenæ . Dáz nehéinemo dero irdiskôn múoza neist zehándelonne .

Sed nec tibi quidem licet ante poculum nostrum . Nóh tir sélbun ér mínemo tránche .

Et cum dicto . leniter dextra pertractat pulsum cordis eius . pectusque . U´nde mit témo uuórte . ergréifota si iro brúste . únde den sprúngezôd iro hérzen ;

Ac respiciens . nescio qua intima plenitudine distentum . s. ipsum pulsum . magno cum turgore . ni hæc inquit . quibus plenum pectus geris . uomueris coactissima egestioue . forasque diffuderis . inmortalitatis sedem nullatenus optinebis .

Ióh si sâr guuár uuérdende . in fóne
neuuéiz uuélero fúlli erspárten . ún-
de inbláhenen . dáz chît fóne in-
bláheni . únde fóne irspérredo uuór-
tenen . sô se chád si . tû neirspîêst
tîsen glónken . dés tu folle brúste
hábest . únde dû neuuêrfêst tén ùz .
nóh tû dára nechúmest . târ dû
úndódig sist.

At illa omni nisu magnaque ui .
quicquid intra pectus semper sen-
serat . euomebat . Tô erspêh si sâr
hírlicho sih péitendo ál dáz . tés si
in iro guuár uuárd .

Tum uero illa nausia . ac uomi-
tio . laborata . conuertitur in co-
pias omnigenum literarum . Dára
náh uuárd . táz si mit árbeiten ir-
spêh . ze-állero sláhto bûochen .
Uuánda fóne éinemo fonte rationis .
chóment álle bûohliste.

Cernere erat . qui libri . quanta-
que uolumina . quot linguarum ope-
ra ex ore uirginis defluebant . Târ
máhtist tu séhen . uuio mánigiv
bûoh súnderigiu . únde zesámine
gebúndeniu . únde uuio mánigero
spráchon scrífte ùzer iro múnde
fûoren.

Alia ex papiro . quæ cedro . i.
resina cedri perlita fuerat uidebant-
ur . [125.] Súmelichiv vuáren ge-
uuórht ùzer demo egypzisken bi-
neze . dér mit cédrinemo fliede be-
smizen uuás . táz er nefûleti.

Alii libri carbasinis implicati uo-
luminibus . Súmelichiu bûoh pe-
uuýndeniu in-lininen bizucchen.

Ex ouillis quoque multi tergori-
bus . Ióh scáphinis pérgaminis má-
nigiv .

Rari vero in-phillire cortice sub-
notata . U'nmanigiu {uuáren ge-
scríben án déro ríndun dés póu-
mes phillire . álso iz ir síto uuás .

Erantque quidam sacra nigredine
colorati . Uuáren, súmelichiu mit
tinctun gescríbeniu .

Quorum literæ animantium cre-
debantur effigies . Téro bûocho
scrífte . óugton dero libhafton bilde .
uuánda phisiologia ságet de naturis
animantium .

Quasque librorum notas athana-
sia conspiciens . quibusdam eminen-
tibus saxis iussit asscribi . atque in-
tra specum per egiptiorum adita
collocari . Die réiza dero bûocho
athanasia geséhendiu . hîez si sie
gescríben in-diuren stéinen . únde
gehálten in dien érdlúcheren dero
egypziscon chílechon . Uuánda dô
in liste zegángen uuáren . dô
vuúrton sie erniuuot fóne egyp-
tiis .

Eademque saxa stellas appellans .
deorum stemmata præcepit conti-
nere . U'nde die stéina stellas ném-
mende . hîez si dero góto chúnne-
zála dar ána stán . uuánda die sámo
zórft sint . sô stérnen .

24. DE VARIETATE COLLECTORVM.

Sed dum talia uirgo undanter euomeret . puellæ quam plures . quarum artes aliæ . alteræ dictæ sunt disciplinæ . subinde quæ ex ore uirgo effuderat colligebant . in suum una quæque illarum necessarium . usum . facultatemque corripiens . [126.] U´nz sî sólchero dingo fílo spéh . sô ráspotôn dáz ûzer iro múnde fúor . súmeliche diernun . die liste únde lirnunga hiezen . iro îogelichiu iz zúcchende ze‿iro núzzedo . únde ze‿iro gezivge.

Ipse etiam musæ præsertim uraniæ caliopeque innumera gremio congessere uolumina . Iôh sélben die camenæ . állero méist tiu natúrlicha in‿himele urania . únde diu erdáhta in‿érdo caliope´ . gesámenotôn mánigiu búoh in‿iro scôza . A´llêr dér list . ist fóne dien zuéin gescriben.

In aliis quippe formatæ sunt paginæ . distinctæ ad tonum . ac deductæ. An dien búochen súmelichen uuâren gebildot paginæ . ál áfter tonis keskídote . únde gelángte náh téro geskéfte britero . Uuánda in musica octo modi gemâlet uuérdent álso léiterâ . bediu sint tiu féld keskáffeníu . álso paginæ . únde briteliu . diu únder‿zuísken dien úndersláhten sint . tero tonorum . únde dero semitoniorum . Die sélben modi uuérdent sáment kebildot . samo so áhto léiterun óbe éin ánderên geléinet uuérdên únde îogelichiu dia ándera fúre skíeze éines sprózen .

In aliis circuli . lineæque . hemisperiaque . An‿súmelichên uuâren ringa gebíldot . únde réiza . únde hálbiu téil des hímeles . álso uuír in astronomia séhên .

Cum trigonis et quadratis . Mit triscozên . únde fierscôzên bílden . sô uuír in geometria séhên .

Multi-anguleque formæ . Ióh mánigscoziu bilde uuâren dár ána gebíldot .

Pro diuersitate theorematum . i. contemplationum . et elementorum . i. creaturarum . A´fter déro misselichi dero mûot píldungon . die in geometria sint . únde déro natúrlichôn geskéfto . [127.] die in astronomia sint . Táz in geometria gebíldôt uuírt . táz sint liste . dáz uuír séhên in astronomia . daz sint uuíste . Doctrinaliter uuérdent corpora geóuget in geometria . naturaliter uuérdent sie geóuget in astronomia . Geometria chit . táz spera sî . quædam est qualis a‿centro in omnem partem circumductio . Dár ist si geóuget in theoremate . A´ber in astronomia uuirdet si geóuget in elemento . sô man dia súnnun chíuset . álde den mánen .

Dehinc complicabat pictura . multigenum animalium membra in unam speciem . Dára náh pegréif táz kemále állero tiero‿líde . ze‿éinemo bilde . Dáz pílde héizet cosmogra-

phia . dáz chît descriptio mundi .
dâr állero regionum . únde állero
animalium gesképfeda an einemo
bláte sáment pegriffen uuérdent.

Erant etiam libri qui præferebant
mela sonorum . signaque numero-
rum . et cantandi quædam opera.
Uuâren óuh târ bûoh . tiu dero niu-
mon sûozi lêrton . ih méino . diu
sûozi an diatesseron ist . únde an
diapente . únde zéichen dero nume-
rorum . also v zéichen ist quinarii
numeri . únde x denarii numeri .
únde uuás óuh târ dáz zesingenne
getân ist . álso lied . únde léicha.

Postquam igitur diffudit uirgo .
illam bibliothecalem copiam . nixa .
i. parturiens . imitatus . i. imitatio-
nes. Sô si dô erspéh tîa bûoh-
chámerigun fólleglichi . ùz práht
hábentîu . dára náh si sih ío rárta .
dáz chît . táz si ío lirneta.

Exhausto pallore confecta . po-
stulauit opem athanasiæ . quæ con-
scia fuerat tanti laboris; [128.]
Pléih unórteniu . ióh erliteniu . pát
si athanasiam hélfo . diu sólcha íro
binun bechénnen chónda.

Tum illa. Dô chád si iro zûo.

Accipe tibi hoc sorbillandum . ut
refectior et sublimis cælum con-
scendas. Nû nim . daz ih tír gébe
zetrinchenne . dáz tû mit tiu gelá-
botiu . únde gebúrlichotiu . ze bi-
mele fárèst.

25. INMORTALITAS QVASI PER OVVM
SORBETVR;

Ac tunc sumit quandam globosam .
animatamque rotunditatem . ac uir-
gini porrigit hauriendam . auferens
eam matri apotheosi . i. purifica-
tioni uel deificationi . quæ cum illa
forte conuenerat . etiam pridem
consecrabat libros . qui defluxerant
ex ore philologiæ . manu eos con-
tingens . ac dinumerans. Únde
dés mézes nám si iro mûoter . diu
dára mit iro chómen uuás . únde
diu bûoh álliu hábeta gehéilegot .
únde gehándelôt . únde gezélet . tiu
ùzer dero mágede múnde fûoren .
déro nám si éina sinuuelbi . in
chlúuus uuis ketána . ióh libhafta .
únde gáb iro . dáz tar inne uuás
zetrinchenne.

Uerum ipsa species oui interioris .
crocino circumlita exterius rutila-
bat. A'ber diu ínnera uuíst tés
sélben éi is . tiu uuás in rótero fá-
reuuo ùzenân dar âna gesmizeniu.
Dáz chît . ùzenan uuás iz rôt . náh
tero innerun fáreuuo . diu daz óbe-
rosta fîur bezéichenet tirro uuérlte.

Ac dehinc apparebat . s. ipsa
species perlucida inanitate . albi-
doque humore . interiore tamen me-
dio solidior. Únde náh téro rôti .
skéin iz in dúrhliehtentero itali .
ióh in uuízero názi . álso diu lúft
ketán ist . únde dára náh in dero
ínnerostun mitti dícchera . álso diu
érda getân ist . [129.] Sô si dia írdi-

skun uuízentheit irspéh . sô uuárd íro diu gótelicha gegében ! diu in éinero sámohafti . únde éines plicches álliu ding pegrífet . álso in boetio de consolatione gescríben ist . Tia sámohafti óuget er mit temo éiie . dáz er ze uzeróst chit temo himele gelichez . únde in mittemen dero érdo . únde únderzuísken dero lúfte . álso diu machina getán ist tirro ánasihtigun uuérite . Dáz er iz chit animatum . daz tûot er úmbe animam mundi . dia súmeliche uuándon uuésen solem . súmeliche éina ándera tóugena chráft . tiu den hímel tûot uuérben .

Quam cum philologia susciperet . quoniam post tanti laboris afflictiones . æstusque mentis . plurimum sitiebat . reseratis eius rotunditatis arcanis . postquam rem dulcissimam comperit . totam incunctanter exhausit . Sô si dia rotunditatem in hánt kenám . únde si dúrstegiu fóne árbeiten . únde fóre ángisten . bráh únde chórota . únde si nio sô gûotes ne inbéiz . sô fólle tráng si iz .

Continuoque nouo solidantur membra uigore . Sâr sámo hárto chechetou íro die lide .

Et gracilenta perit macies . uis terrea cedit . U'nde gieng íro ába diu mágeri . rûmda diu irdisgheit .

Ætherivmque uenit sine mortis legibus æuum . U'nde chám sia ána diu éuuighéit . áne tôdes uuáltesôd .

---

26. QVALIS FACTA SIT RECOGNOSCERE IVBETVR.

Verum diua cum inmortalitatis eam poculum cerneret ebibisse . Sô sía athanasia gesáh ketrúnchen háben dia úndódigi .

Quo e terris illam cælum pergere . inmortalemque factam uelut enigmate redimiculi perdoceret . [130.] ex herba quadam rurestri . cui leuzos . siue leucos . i. alba uocabulum est uirginem coronauit . Sía dô sámo so mit hóubet-zíerdo dés zegetróstenne . dáz si ze himele sólti . únde si úndodig uuórten uuáre . téta si sía ána coronam . geuuórhta ûzer éinemo féldchrûte vuízemo . ih méino ûzer lilien .

Præcipiens ut expelleret omnia quæ adhuc mortalis coaptauerat in præsidium aduersus uim superam . Kebíetende . dáz si ál hina vuúrfe . dés si sih keuuárnot hábeta gágen demo hímel-fíure .

Quippe memorabat istæc minima caducæ mortalisque esse substantiæ . Uuánda si chád . táz sô getána uuésen dero múrgfarun . únde dero stírbigun vuíste .

Quæ quidem omnia eidem mater abstraxit . postquam eam recognouit transcendisse humana studia .

Dáz iro diu múoter sár ál ába zôh . sô si sia gesáh úberrúcchet háben ménniskón únmúoza . ih méino . dés sih ménnisken v'nmúozig tûont .

---

27. GRATVLATVR SE EVASISSE INFERNALES .

Tunc philologia supplicauit athanasiæ primitus . ex aromate præparato . acerraque propria . Dô dánchota si zeèrest athanasiæ . mit iro róuche . dáz si ûzer iro fáze nám .

Matrique eius apotheosi gratiam multa litatione persoluit . Uʼnde iro múoter dánchota si mit ópfere .

Quod nec uedium . i . orcum cum uxore . i . proserpina conspexerit . sicut suadebat etruria . Dáz si den héllouuárt mit sinero chénun nioner ne gesáhe . sô etrusci philosophi ságent . tie in héizent uedium . álso malum diuum . uuánda ér brúti tûot tien sélon . Dér héizet óuh orcus . táz chit iurator . Uués ist er iurator? Aʼne dáz er imo gelázene animas . neláze inpunitas . [131.]

Nec eumenidas ad chaldea miracula . i . figmenta formidau*erit* . Nóh si die héllevuinnà nefórhta . náh tero chaldeorum úrdáhten .

Nec igne usserit . i . uedius . nec lympha subluerit . Nóh sia nebrándi in fiure . nóh nesóufti in uuázere .

Nec simulacrum animæ syri cuiusdam dogmate uerberarit . Nóh sia nefilti dáz sélo glihnisse . dáz álle bina fárente sélá fillet . náh tero ságo syri philosophi .

Nec consecrauerit . s . apotheosis . auspicio mortis . inuolutam inmortalitatem manibus charontis . ritu . i . dogmate phasi senis . Uʼnde si iro nieht negáb mit ánafánge des tòdes . tia in charontis keuuálte stándun inmortalitatem . náh téro ságun des álten phasi . Eʼr chád álle sélá . charon dero héllotúro uuárt táte des tòdes kechóron . fóre dero inmortalitate .

---

28. AMOR ET LABOR . CVRA ET VIGILIA . VEHVNT EAM IN CÆLVM .

Interea iussa conscendere lecticam . Iʼnindiu hiez man sia úf stígen ze iro trágebètte .

Quæ quoniam uidebatur in maximo suggestu . i . in excelso loco . difficile sibi admodum deputabat . s . conscendere . ne dicam inpossibile . Uʼnde uuánda dáz filo hôho stûont . pediu dúohta iro iz únsémfte . ih neuuile chéden . dáz si nemáhti .

In quam rem consequenter implendam . conuocauit alumnum suum dilectum præ cæteris . Táz spůotigo áber zegefrúmmenne . hiez si iro trût éinen chómen .

Quo innixa . euicit omnem difficultatem superæ consessionis . i. lecticæ . A'n dén sih stiurendo . úber fûor si dia únsémfti . dáz chit tia stéccheli dés hóho stánden stûoles .

Uerum idem qui labor ab eadem uocabatur . non solum eam sustulit in culmen lecticæ . uerum cum domina cælum impiger permeauit . [132.] A'ber dér sélbo . dér so si in námda labor hiez . tér negehálf iro nieht éin dára ze‿demo bétte . núbe sáment iro fûor er ze himele .

Quippe consociato sibi quodam puero renitenti . i. pulcherrimo . E'inemo scónemo chinde . in‿ében imo geuuétenemo .

Qui nec uoluptuarie ueneris filius erat . et tamen amor a sapientibus ferebatur . Táz amor hiez . únde dóh tero zúrlustigun ueneris sún nieht neuuás .

A fronte lecticam subuehere memorantur . Die zuêne fûorton fóre dia lecticam .

Nam posticam sustulere . dilecta uirgini mancipia . pimelia . i. cura . et agrimnia . i. uigilia . Daz áftera téil trûogen zuéi iro hien . diu iro uuérd uuáren . sórga . únde uuácha .

Sic enim athanasia præceperat . ut uterque sexus cum philologia posset ascendere . Sô gebót tiu fróuua inmortalitas . uuánda sî uuólta . dáz mán únde vuuîb sáment iro ze‿himele fûorin .

---

29. COMITATVS EIVS VENERABILIS .

Præcedit ilico conscendentem . musarum concinentium pompa . Sô ze‿hímele sih héuenta . léitta sia dáz keriete dero fóre singenton musarum .

Et prædictarum comitum uenerabilis multitudo . Unde álliu diu èruuirdiga mánigi dero fóre genámdon geférton . ib méino philosophia . Apotheosis . athanasia . phronesis . unde quatuor uirtutes . únde gratiæ . únde déro állero alumnæ .

Periergia uero sequebatur . aliis comitata pedissequis . dotalibusque mancipiis . curiose uniuersa perscrutans . atque interrogans . Arithmetica fólgeta iro mit ánderen iro uuidemhíon . állero dingo fúreuuiz kérniu . únde gnóto fórscondiv .

---

30. IVNONI IN SVO REGNO OCCVRRENTI . VIRGO SVPPLICAT .
[133.]

Vervm ilico ad culmina arcis aeriæ . comitatus ille cum uirgine propinquabat. Sô nâhton sie sâr mit iro ze͜óbenahtigero lúfte.

Et ecce nuntiatur aduenire subito deorum pronuba . hoc est quæ præest nuptiis. Tàr uuárd zeuuízenne . dáz tero góto hîreisara zùo fúore.

Antequam concordia . fides . pudicitiaque præcurrit. Téro fúre réisára uuáren . geméinmúoti . triuua únde chiuski.

Nam cupido corporeæ uoluptatis illex . licet eam semper anteuolet . philologiæ occursibus non ausus est interesse. A'ber ueneris sún . dér zùor-lústô spénstig ist . so uuîo er óuh iro fúre réisáre uuáre . dóh negetórsta er philologiæ ze͜óugon chómen. Uuánda sapientia házet turpitudinem.

At ubi in conspectu nubentis diua peruenit . atque litauit aromatibus . ut mos erat uirginis . deam talibus deprecatur. Sô si dô iunonem gesáh . únde si iro geróuhta . sô si óuh fóre ánderèn fróuuon téta dô férgota si sîa sús.

Iuno pulchra . licet aliud nomen tibi cæleste consortium tribuerit . s. ut luciam . aut luceiam. Suspensio. Iuno dù scóna chád si . dóh tíh ánderes némmèn die ze͜himele sint.

Et nos a iuuando iunonem nominemus . unde et iouem dicimus. Et hic. U'nde so uuîo uuir dih iunonem sámo so óuh iouem fóne iuuando héizèn.

Siue te lucina . quod lucem nascentibus tribuas . a luce iam conuenit nuncupare. Et hic. A'lde úbe dù héizen sólt lucina . uuánda dù lucem gibest nascentibus.

Nam fluuoniam . i. fluorem feminis præstantem . februalemque ac februam . i. purgatricem egredientium secundarum mihi poscere non necesse est . [134.] cum nihil pertulerim corporeæ contagiones . intemerata i. incorrupta sexv. Interposita ratio. Uuánda dáz ih tih éiscóe flôz-kébun án͜dero hitate . álde náh tero gebúrte sùberarun dero úzkegángenon léhtero . dés ist mir úndurft . uuánda ih máged pin . únde mines líchamen únbesmizen bin.

Iterducam et domiducam . unxiam . cinctiam . mortales puellæ debent in͜nuptias conuocare . ut et itinera earum protegas . et in͜optatas domos ducas . et cum postes ungent . faustum omen affigas . et cingulum ponentes in thalamis . non relinquas. Et hic interposita. Uuégoléittun . héimbríngun . sálbsmízun cúrtilflégun . súln dih tódige dierna gehîendo zu͜in ládon . dáz tu iro férte uuáltèst . únde sie ze͜liebèn séldon bringèst . únde só sie diu túrestál sálbont . tû héilesod kébèst únde só sie sih ze͜bétte ingúrtent . tero mágedcúrtelùn . dù ánauert iro flégest.

Saticenam uel soticenam te præcabuntur . quas uel in partus discrimine protexeris uel in bello . i.

in labore coeundi. Et hic. Sámo‑
gébun álde hifûogun bétoên díh.
tîe du an déro nòte des kebéren‑
nes. álde des náht‑uuigês skír‑
mist.

Peplonam plebes te debent me‑
morare. s. quia tu multiplicas po‑
pulum. Et hic. Liut‑fróuuvn súln
dih tie líute héizen.

Curitim. i. fortem. uel potentem
bellantes. Et hic. Stárcha ána‑
háreên díh tie féhtenten.

Hic ergo te aëram potius ab aeris
regno nuncupatam uoco. Et hic.
A'ber hier héizo ih tih kérnor aë‑
ram'fóne aere. in‿démo dù riche‑
sôst.

Da nosse poscenti. quid aeria
latitudo gerat animantvm. atque
perlucentes campi concurrentibus
athomis. quidue hic dicatur numi‑
num subuolare. Clausula. [135.]
U'nmist mir bitentero ze‿geéiscon‑
ne. uuáz libhaftero dingo diu uuíta
lúft fúore. únde dísiu dúrhliehten‑
ten féld. ûzer gesámenotên atho‑
mis uuórteniu. sò philosophi chá‑
den. únde uuáz hier góto flógerze.

Non enim quaero de humilitate
illius aeris. qui de uolucribus per‑
meatur. quem olimpi montis cacu‑
men excedit. qui uix decem milia
stadiorum altitudine sublimatur. sed
elata disquiro. I'h nefrágen nieht
úmbe dia niderun lúft. târ die fó‑
gela áña fliegent. tia ióh olimpus
decem milium stadiorum hóher

úberslât. núbe dia hóhi dero óbe‑
run lúfte fórderon íh.

Ac iam fas puto conspicari. quic‑
quid lectitans intellexeram peri‿
eudemonias. de bona demonitate.
I'oh nû dúnchet mir múoza zege‑
séhenne. dáz ih lésendo geéiscota
fóne déro demonum gûoti. A'lso
uuír angelos chéden bonos et ma‑
los. sò cháden die álten. bonos
demones et malos.

31. DEORVM SEDES A CÆLO VSQVE AD SOLEM IVNO PRECANTI OSTENDIT.

Hic iuno non repugnans præcibus
conscendentis. ducit eam secum in
arces aerias. atque exhinc edocet
diuersitates multarum potestatum.
Sî sia dô íro flêhon uuérende. fúor‑
ta si sia in‿óbenahtiga lúft. târ
óugta si íro misseliche geuuálta.
dero lúft‑cóto.

Illi inquit quos ignitæ substan‑
tiæ. flammantisque suspicimus. ab
ipso æthere. speræque superioris
ambitu. usque solarem circulum
demeantes. i. peruagantes. ipsi
dicuntur dii. et cælites aliâs perhi‑
bentur. causarumque latentium ar‑
cana componunt. [136.] Tîe uuír
fivrine schên. únde uuállonde fóne
demo hímele. únz ze‿dero súnnun ringe. die héizent cóta. uul‑
lon héizent sie himelsâzen. únde

sint sie behéftet mit tóugenên dingen.

Sunt enim puriores. nec admodum eos mortalium curarum uota sollicitant. apathesque. inpassibiles. perhibentur. Sie sint lúterôren. únde ménniskon sórga negrûozent sie. bedív héizent sie únsórgende.

Illic iouem regnare certissimum est. Târ sól guisso iouis stûol sìn.

---

32. QVI SINT A SOLE VSQVE AD LVNAM.

At infra solis meatum. usque lunarem globum. secundæ beatitatis numina. subparisque. i. inferioris potentiæ. per quæ tamen uaticinia. somniaque ac prodigia componuntur. Niderhálb tero súnnun ferte. únz ze demo mânen. sizzent tie nâh tien sáligostên sint. únde minnera geuuáltes hábent. fóne dien vuuîzegungâ. únde tróuma. únde zéichen uuérdent.

Hæc. s. numina. fissiculant. i. findunt exta aruspicio. i. per aruspicium. admonentia quædam. uocesque transmittunt. auguratisque loquuntur omnibus. Tie ingéinent tie dárma an uuîzegungo. éteuuaz fóre zéichenente. únde óugent iro stimma. únde spréchent úzer állên. fógelrárta ságentên.

Plerumque enim quærentes ammonent. uel syderis cursu. uel culminis iaculo. uel ostentaria nouitate. Frágente uuárnont sie díccho. álde mit stérnen férte. sô anchisæ der stérno in idam siluam zéigota. álde mit pligskúze. sô virgilius ságet imo árbéite fóre zéichenen tactas de cælo quercus. álde mit prútelichero séltsani. álso greci palladium sáhen suizzen. únde skriechen fóre iro naufragio.

Sed quoniam unicuique superiorum deorum singuli quique deseruiunt. ex illorum arbitrio. istorumque comitatu. et generalis omnium præsul. et specialis singulis mortalibus genius admouetur. [137.] Uuánda áber dien óberên die niderên dienônt. sô uuirt fóne énero geuuálte. únde fóne dirro gefólgenne. állên ménniskôn súnderig. únde gemeine hûotare gesézzet.

Quem etiam præstitem. quod præsit gerundis omnibus uocauerunt. Tén héizent sie óuh flihtâre. uuánda er álles uuérches fliget.

Nam et populi genio supplicant. cum generalis poscitur. et unusquisque gubernatori proprio dependit obsequium. Tén geméinen bétònt tie liute sáment. únde áne dáz. fogelih ten sínen.

Ideoque dicitur genius. quoniam cum quis hominum genitus fuerit. mox eidem copulatur. Fóne díu héizet er genius. uuánda er genitis sâr gegében uuirt ze flihte.

Hic tutelator fidissimusque germanus . animos omnium . mentesque custodit . Tíser huotare . únde diser getríuuo brúoder . behúotet íro séla . únde íro sínna . állero .

Et quoniam arcana cogitationum . superæ annuntiat potestati . etiam angelus poterit nuncupari . Uuánda ér óuh tóugene gedáncha góte chúndet . pedíu mág er ióh angelus héizen .

Hos omnes greci demonas dicunt . apo tv deumenu [1] . i . a principatu populi . latini medioximos uocitarunt . Tie álle námont greci demones . fóne díu . dáz sie ána‿uualten sint tes liutes . latini námont sie méteme . uuánda angeli sint mitte . únder góte . unde ménniskon .

Qui omnes approbantur esse minus lucide splendentisque naturæ . quam illi cælestes . sicut conspicis . Tie sint álle hinderûn únde únlúterorûn naturæ . dánne die nábor demo hímele sint . álso dû sélba sihest . [138.]

Nec tamen ita sunt corpulenti . ut hominum capiantur obtutu . Tóh nesint sie sô geróbes lîchamen dáz sie gesihtig sîn ménniskon .

Hic igitur lares . Hier sint tie hértcóta .

Hic post membrorum nexum degunt animæ puriores . Hier rá-uuênt tîe únsúndigen séla . náh íro lîbe .

Quæ plerumque si meritorum excellentia subuehantur . etiam circulum solis . ac flammantia septa transiliunt . Tie ióh tia súnnun úberfárênt . únde die fiurinen féstinâ . dero planetarum . úbe sie míchelero fréhte sint .

---

33. QVI SINT A LVNA VSQVE AD MEDIVM AEREM.

Dehinc a lunari circulo usque in terram . quicquid interpatet . interstitii proprii partitione discernitur . So uuáz tára náh uuitûobeles ist . fóne demo mánen únz ze‿dero érdo . dáz hábet óuh sînen únderskeit .

Et ab orbe lunari interfusa medietas disparatur . Únde in‿zuéi uuirt táz-sélba getéilet .

Sed superior portio claudit eos sicut conspicis . quos emitheos dicunt ! quosque latine semones . i . semihomines . aut semideos conuenit memorare . Aber daz óbera téil dero lúfte behébet tie . álso dû gesíhest . tie greci héizent hálbe góta . latini béidiu . ióh hálbe mán . ióh hálbe góta .

Hi animos cælestes gerunt sacrasque mentes . i . puras . Tie há-

---

[1] 'απο του δαημονας ειναι.

bent himelisken sin . únde réine mûot.

Atque sub humana effigie . in totius mundi commoda procreantur . Unde in ménnisken bilde uuérdent sie gebóren . állero uuérlte ze gemáche .

Qui quidem plerumque fecerunt fidem cælestium miracula sui . Die hábent ófto geóuget mit iro zéichene . dáz sie himeliske sint . [139.]

Ut in ortu herculis geminatæ noctis obsequivm . Also diu zuiualta náht téta . dò hercules kebóren uuárd .

Serpentesque idem paruulus elidens . uim numinis approbauit . Unde dáz er die vuúrme álso lúzzelèr chnistende . skéinda sina gótheit . Tie uuárf in iuno ána . dò éines náhtes sin mûoter Alcmene in guán be ioue . únde yfidum be iro chárle Amphitrione . Si uuárf sie béide ána vuúrme . áber hercules eruuérita sih . yfidus nemáhta .

Tages sulcis emicuit . et statim gentis ritum . i. legem religionis . sipnumque monstrauit . Tages tér in hispania màre uuás . tér zórfta sih mit téro rúnso tagi fluminis . uuánda tagus tò èrist rinnen begónda . únde lérta er sâr dia lánt uuísùn . stifta óuh sipnum . Dáz ist tiu búrg sipona . dàr tria elementa éndont sò sie chédent . cælum . terra . mare .

Hammon apparuit cum cornibus arietinis . et uestimentum lanicio . ac sitientibus undam fontis exhibuit . Hammon dáz chit arenosus ionis . erskéin dionisio in uuíderes pilde . únde dò uuárd uuát ùzer vuóllo . únde dúrstes lába fóne uuázere . Dáz uuás tò er fóne india eruuánt per æthiopiam mit uictoria . únde er iouem sinen fáter bát pûozen den dúrst sinemo hérige . Bediu ist sin templum dàr centum aris famosum .

Quid loquar eos . qui primi mortalibus usum rerum . maioraque commoda præstiterunt? Uuáz tárf ih chóson fóne dien die èrest ménniskón álles tinges prúh zéigotón . únde álliu diu méisten gemáh?

Ut uitem dionisius apud thebas . Also dia rébun zéigota dionisius ze thebis in grecia . [140.]

Osiris apud egyptios haustum uini . usumque comperiens . Unde osiris rex maritus isidis in egypto lérta uúin drinchen . únde zíhen .

Frumentum isis in egypto . triptolemus apud atticos docuere . Unde osyridis uuirten dàr in ægypto . únde ze athenis triptolemus filius cælei . cereris alumnus lérton?

Eademque ysis lini usum . sementemque monstrauit . Unde diu sélba ysis lérta den fláhs árbeiten . únde spinnen?

Comminuendæ frugis farrisque fragmenta pilumno signat italia . ascribit asclepio grecia medicinam . Stámfòn únde málen misseliche uuiste ságet italia pilumno . únde árzetûom ságet grecia Asclepio . filio Apollinis et coronæ.

Alii quoque huius generis homines in‿diuinandi usum . et præscientiam procreati . ut carmentis in archadia . ab effuso carmine per‿uaticinia memorata. A´ndere vuúrten ze‿uúizegungo . únde ze‿fóre‿uuizedo gebóren . sò carmentis téta in‿archadia . màre uuórteniu fóne iro méterlichén fóre‿ságôn. Díu chám ze‿italia mit iro súne euandro rege . den æneas tàr fánt. Tiz ist tiu . diu óuh nicostrata hiez . únde latinas literas erdáhta . fóne déro éin porta ze‿romo carmentis keheizen uuás.

Sybilla uel eritrea . s. diuina quoque erat . quæque cymea est . uel frigia. Sò uuás óuh sybilla . únde diu erithrea hiez . ióh tiu cymea hiez . álde frigia.

Quas . s. sybillas . non decem ut asserunt . sed duas fuisse non nescis . therophilam . troianam marmensi filiam . et symmachiam hippotensis filiam . quæ erithra progenita . etiam cymis est uaticinata. [141.] Dero sybillarum uuáren zuô . sò dû uuéist . náls zène sò man chit . iz uuás échert therophila ze‿troio . marmensi filia . únde symmachia hippotensis filia . div fóne erithra insula búrtigíu . ze‿cymis táz in‿campania ist vuízegota.

Ex hac diuinandi possibilitate . amphiaraus mopsusque cælebrati. Déro dáz kemúgentôn uuáren námoháftesten amphiaraus . únde dér mopsus . tér sih uuider chalchante éllenóta . sò virgilius ságet.

---

34. QVI SINT A MEDIO AERE . VSQVE AD TERRAM.

A medictate uero aeris . usque in montium terræque confinia . hemithei . heroesque . i. terrigenæ uersantur . qui ex eo quod heram terram ueteres edixere heroes nuncupati. Fóne mittero lúfte . únz ze dero érdo . sizzent hálbkóta . únde érdkóta . die fóne hera dáz chit terra . heroes latine héizent. Tie nuérdent úzer sólchén ménniskón . sò eneas uuás . únde achilles . tie uuir ióh lébende héizen heroes . táz chit hérunga álde chúeniga.

Ibique manes . id est corpori humano præsules attributi . qui parentum seminibus manauerunt. Tár sizzent in‿iro . ménniskinén górpotôn . die manes héizent a manando . daz chit rúnsige . uuánda sie rúnnen fóne iro fórderôn sámen.

Denique hæc omnis aeris a luna diffusio . sub plutonis potestate consistit. Tísiv uuíti dero lúfte fóne demo mánen nider . ist álliu in‿plvtonis keuuálte.

Qui etiam summanus dicitur . quasi summus manium. Dér óuh

summanus héizet . sámo so méister . álde méisto manium .

Hic luna quæ huic aeri præest . proserpina nominatur . [142.] Dâr uuándelot luna . diu proserpina héizet . uuánda si germina tûot proserpere .

Uerum illi manes . quoniam corporibus illo tempore tribuvntur . quo fit prima conceptio . etiam post uitam istam corporibus delectantur . Uuánda die sélben manes kegében uuérdent corporibus án dero conceptione . bediu uuónent sie gérno mit in . ioh náh temo libe .

Atque cum his manentes . appellati lemures . Uʼnde mit in hártende . héizent sie lemures . táz chit lares morantes .

Qui si uitæ prioris aduiti fuerint honestate . in lares domorum . urbiumque uertuntur . Uʼnde úbe sie fóre chiusko lébetòn . sò uuérdent sie in-góvmen hiusero álde búrgô . Die héizent lares . fóne iro mùoter lara .

Si autem deprauantur ex corpore . laruæ perhibentur ac maniæ . Sint sie áber árg-uuórten . fóne demo corpore . sò uuérdent sie laruæ . dáz chit lares mali . álde maniæ . dáz chit insanientes .

Manes igitur hic tam boni quam truces sunt constituti . quos agathos . i. bonos . et cacos . i. malos demonas memorat graia discretio . Hier sint créhto gùote manes únde úbele . die greci skéident . in iro uuis sie námonde . agathos demonas . únde cacos demonas .

In his locis etiam summanes . eorumque præstites . i. principes mana atque mantuona . Hier sint óuh tie méisten manes . únde déro méisterun . mana únde mantúona .

Dii etiam quos aquilos dicunt . i. nigros . Hier sint óuh tie sie suárze héizent . únde aquilis keliche . uuánda sie in-iro bilde skinent .

Item fura furnaque . et mater mania . intemperieque . et alii triptes . i. lusores diuorum degunt . Uʼnde fura ióh furna . die fóne furuo colore genamôt sint . [143.] únde dero ándero mùoter mania . únde únmétemi dero elementorum . únde tróum trúgenara .

Circa ipsum uero terræ circulum aer ex calore supero . atque ex balatu et madore infero turbidatus . egredientes corporibus animas . quodam fluenti æstu collidens . non facile patitur euolare . Sélbiu diu lúſt uuíder dia érda getrúoptiu . fóne dero óberùn uuármi . únde fóne dero níderun názi . nelázet tie hína fárenten animas mit kemáche hína fáren . sie dâr ío ána dúnchonde sámo so in éinero uuázer zésso .

Hincque allusit sollertia poeticæ adumbrationis . i. fictionis . tractum . i. deductum . pir flegetonta . i. ignem flammantem . Hinnán ságent tie poetæ . rinnen daz lóugezenta hélle-uuázer .

Atque in eo colliditur perenni strepitu . uolutata impietas animarum . quas nedius adiudicarit . Únde in_dés strûme uuálont únde tócchont iomer die úbelen sêlâ . die nedius tés uuirdige uuéiz .

Idem pluton . quem etiam ditem . ue-iouemque dixere . Dén sie óuh plutonem héizent grece . únde ditem latine . únde nóh tánne maium iouem .

Ipsam quoque terram . qua hominibus in-uia est . refertiunt longeuorum chori . qui habitant siluas . nemora . lucos . lacus . fontes ac fluuios . Sélbun dia érda . dâr si únbúhafte ist . hábent erfúllet tero lángliboň manigínâ . in-uuálden . ióh in_fórsten . ióh in-lóhen . in_séuuen . in_áhôn . in-brúnnôn .

Appellanturque panes fauni . fones . i. uocales . satyri . siluani . nimphæ . fatui . fatuæque . uel fantuæ uel etiam fanæ . a quibus fana dicta . quod soleant diuinare . [144.] Únde héizent sie panes . sámo so discipuli panos . ih méino dés . fóne demo virgilius chit . pan deus archadiæ . A´lde fauni . únde fones fóne fando . A´lde satyri fóne saturitate uoluptatis . uuanda sie io in_ludo . únde in_saltacione sint . álso óuh satyra . ih méino satyrica fabula héizet . fóne saturitate in-ludendi . uel fingendi . A´lde siluani fone siluis . A´lde nimphæ

dáz chit aquarum deæ . A´lde fatui . unde fatuæ . uuánda sie ménnisken tûont infatuatos . A´lde fantuæ . únde fanæ . io ze_déro sélbun uuis . fóne fando gehéizene . álso óuh tie chílichâ . dâr sie inne spréchent . fána héizent . Téro sláhto sint óuh egipani . die fóne egea gehéizen sint . táz chit capra . déro éinèr antonio begágenda .

Hi omnes post prolixum æuum moriuntur ut homines . Tíse irstérbent álle úberláng . sámo so ménnisken . Dánnán héizent sie geméinlicho macrobitæ . dáz chit longeui .

Sed tamen et præsciendi . et incursandi . i. impetum faciendi et nocendi habent præsentissimam potestatem . Sie sint áber filo máhtig fóre-uuízennes . únde ána-néndennes . únde scádònnes .

Inter priores igitur genios . i. terræ proximiores . tua adhuc mortalis uirginis diua . i. iuno consistit . U´nder dien niderên góten stât tíu iuno . diu dîn uuielt tòdigero .

Nam eccum tibi ætheria iuno . seu uesta est . Nû ist si dir uuórten himeliskin iuno . álde uesta . Diz sprichet iuno fóne iro sélbun in tertia persona . Sî chit . Sólih tv´ uuâre . [145.] sólih uuás ih tir . sólih tû nû bist . sólih pin ih tir nû .

Etiam ut inmortali diuæ præcepit dicens . Iam sede concilio iouis . directa . s. ad celum . U´nde déro uuórto . gebót si íro . sámo so iu úndò digero . Sizze ánauuertes . chád si in iouis mánigi . ze⸗hímele bráhtív .

Demumque de acerra uirginis partem sumit . Tára náh nám si des róuches éinen téil . ûzer iro róuh⸗ fáze .

---

35. QVALIS IN SVMMITATE AERIS LVNA CONSPECTA SIT .

Tunc portitores diuæ correpta lectica . magno eam molimine subuexere . Déz mézes fùorton sia áber hóbor íro trégela .

Sed postquam centum XXVI milia stadiorum aeria subuecti leuitate conscenderant . ac tonum primum ex⸗ptongis compleuere cælestibus . Suspensio . Só sie dò gefáren hábetòn fóne érdo ûf . cênzeg únde zuéinzeg . únde sébs tûsent lóuft⸗ málo . únde dero himeliskòn gágen⸗ lûtòn éina irstrichen hábetòn . Sie uuáren dò dára chómen . dàr luna inchît tien uuázeren án dero érdo in⸗sesquioctaua proportione . Diu inchédunga máchot ten éristen tonum .

Lunarem circulum ingressa uirgo . diuæ congruis nidoribus supplicando . Et hic . I'n des mánen ring chómeniu . únde dàr iunoni róuchentiu .

De proximo conspicatur globosum quoddam tenerumque corpus . ex superni roris leuitate compactum . instar speculi pænitentis . adiaculati fulgoris radios reuibrare . i. respergere . Depositio . [146.] Sáh si bí iro éin corpus . sinuuél⸗ bez . únde múreuuiz . ûzer déro liehti des himeltóuues kerández . In spiegeles uuis uuider uuérfen die án sih keskózenen skîmen . Dero súnnun skîmen unidersláhent án demo mánen . bedíu néist sin lieht áne uuiderliehsene .

In eo sistra niliaca . Dàr uuás ána daz egypziska hórn . Uuánda luna púchelòt in⸗hórnes uuis . uui⸗ der ánderên planetis .

Eleusinaque lampas . Tero súnnun lampas skéin dar ána . in des lampadis uuis ! tén ze eleusina salmoneus rex án die scòz . tie er sláhen uuólta . U'ber alpheum flunium brúccóta er . únde dàr úbere currus iágondo . dónerota er . lampades skíezendo . bléccheze⸗ ta er . só tûondo . uuólta er gót héizen .

Arcusque dictinne . i . dianæ . U'nde skéin dar ána dér bógo dero uuéido gútenno . diu dictinna héi⸗ zet . táz chit retiatrix . uuánda dictis grece rete héizet latine . A'ber luna héizet diana . sámo so duana . uuánda si duobus temporibus . ih méino diebus ac noctibus ze⸗óugon ist .

Tympanaque cybeles . i . terræ uidebantur . U'nde déro érdfróuuyn tympana . skînen dar ána . uuánda sî ist náhesta déro érdo . diu mit duobus hemisperiis peuuélbet ist . sámo so mit tympanis .

Triformis etiam discolorque uertigo . terribili quadam maiestate rutilabat . A´n íro skéin óuh tribildig únde missefáreuuèr uuárb . Inégebárero máhtigi . [147.] Uuánda zeérest ist sî hórnahtiu . só dánne hálbscáftig . só dánne fól .

Quæ licet cornigera et aspera crederetur . egestionibus oportuna . tamen et felem et ceruam . et conuersiones bis hinas uultibus . s. tribus præferebat . U´nde so uuîo si hórnahtiu uuâre . únde fóne dien hórnen stécheliu . únde gefélligiu ze dien ùz suizzedòn des tóuues . si óugta dóh felem únde ceruam . dáz chit tâmen únde hindûn . uuánda si uuéidegútin ist . únde óugta si fier uuéndi in iro drîn ánalútten l uuánda sî hábet tria uirginis ora in fier uuéndinon . Einiu ist a prima ad octauam . ánderiu fóne octaua ad quintam decimam . diu dritta fóne quinta decima . ad uigisimam secundam . diu fierda dánnan ad primam .

———

36. A LVNA AD MERCVRIVM SCANDENS . QVÆ VIDERIT .

Ex hinc uenit ad circulum cyllenii . medio quam ad lunam conscende-

rat . Tánnan fûor sî dò den hálben téil ze mercurio . dánne si gefáren hábeti fóne érdo ze demo mânen .

Quo emitonio permeato . occurrit ei multiplex populus ministrorum . s. Mercurii lætabundus . utpote nubenti dominæ . Démo emitonio erfárnemo . begágenda íro michel liut ámbahtentero . álso brûte sólta .

Inter quos . femina splendentis formæ . ac opulenta ornatibus promptæ ubertatis . uirgine salutata . usque in eius osculum confisa peruenit . U´nder dien chám éin vuîb . scôniu . ióh michellicho gáreuuíu . diu dia iúngfróuun chátta únde chústa .

Sed mirabatur illa obsequentium multitudo . quæ sicut syrus quidam astruit . in numero duorum milium fuerat constituta . quod femina quam etrusci dicebant ipsi deo nuptam fuisse cyllenio . nulla prorsus inuidia titillata . uirginem complexa constrinxerat . A´ber dés vuúnderòta sîh tiu mánigi . diu sîh fóre micheli hina lángta zuô milâ . sò syrus chád . táz sî geslápfa uuórteníu cyllenii . sô etrusci ságent . sina brût sô hálsen máhta âne nîd .

Hæc autem facundia . nam illi hoc uocabulum . in philologiæ penatibus se ortam . educatamque memorabat . Tiu sélba iáh . sî hîez facundia . dáz sî gebóren únde gezógen uuâre in iro hóue .

Nec indignum esse quod sibi alumna prælata est . quæ et sibi semper ornatum . et pabulum multis præbuerit disciplinis. Únde iro mágezóhun mit réhte uuésen fórderorun . tiu íro ío gáb zierda . únde mánigên disciplinis fuorá.

Uenit etiam quædam decens ac pudicissima puellarvm . quæ præsul domus . custosque cylleniæ. Chám óuh éin zímig tierna . állero diernon chiuskesta . méisteriua . únde flégara sínes húses.

Verum themis . aut astrea . aut erigone dicebatur. Sî héz themis . táz chit obscuritas . álde astrea . dáz chit syderea . álde erigone . dáz chit contentiosa. Dáz syderea puella sínes húses flége . dáz ist fúnden fóne diu uuánda ér in uirgine hábet domicilium . [149.] álso óuh ándere planetæ hábent in ánderên zéichenen. Dáz ímo obscuritas únde contentiosa dienoên . dáz keuállet ad rhetoricam.

Spicas manu . celatamque ex hebeno pinacem . i. tabellam . argumentis . i. indiciis talibus afferebat. A'ber trúog si in_hénde . álso man uirginem málêt án dero spera . únde éina tabellun ùzer ebeno geuuórhta . mit súslichên zéichenen.

Erat in medio auis egyptia . quæ ibis memoratur ab incolis. Tár stúont an mittero der egypzisco fógal . dér dár ibis béizet . táz íst ter egypzisco stórh.

Sed cum petaso uertex atque os pulcherrimum uidebatur. A'ber skéin dar ána éin scóne hóubet . únde án démo éin scóne múnt . sáment temo flúge_scúhe mercurii.

Quod . s. caput . quidem lambebat implexio gemini serpentis. Táz lécchota éin zuihóubetêr vuúrm. Der stórh áhtet tero vuúrmo . sô túot ter rhetor dero scúldigôn in démo dinge. E'r hábet scónen ánafáng an sínero rédo . ér bringet sia áber ze zuéin vuúrmen . uuánda er mite béidiu túot . damnat et liberat .

Subter quædam prænitens uirga. Únder déro tabellun éin gérta glizentíu . daz ist sermo rhetoris . an démo diu gréhti uuésen sól dero gérto .

Cuius caput auratum . media glauca . piceus finis exstabat. Tiu uuás fórnahtigiu gúldin . mittiu uuás sí túnchelíu . ze_níderost suárzív . [150.] álso óuh sin sermo ze érist scóne ist . únde dára náh sárfera . únde ze iúngest ubertéilet .

Sub dextra testudo . minitansque nepa. Únder iro zésevuun der scálùn_hábento testudo . únde dér rámendo scorpio . uuánda der rhetor ist sih sélben skirmendo testudo . ánderro fárendo . ist er scorpio .

A leua . caprea. Ze vuinstrûn éin réia. Diu bezéichenet tía snélli sínero rédo .

Sed pulsabat . s. caprea alitem delophon . i. formidinem serpentium . quæ sit nitior oscinum . i. ore canentium . in‿temptamenta . i. experimenta certaminis . A′ber diu réia . réizta den únscádelen fógal . zeféhtenne sament tien vuúrmen . uuánda diu sélba snélli páldet ten rhetorem ze hinderstánne den strít .

Ipsa uero ibis gerit prænotatum nomen cuiusdam memphitici mensis . i. gorpeios . Sélbér ibis hábet éines egypziskes mánodes fóre‿námen . dér gorpeios in‿iro uuis héizet . táz chít nouember .

Hanc tabellam uenerata uirgo . cum cognosceret sibi ingestam . licet sponsi cognosceret argumentum . tamen non ausa est sine supplicatione transire . Disa tábellun gágen iro getrágena ércta si . U′nde so uuîo si dar ána bechnâti des priutegómen zéichen . ióh áne dáz ne‿uuólta si sia úngeéreta lázen .

Tunc etiam superuenit candidior athlantidum . iouis congressu . i. concubitv . pignerisque culmine prouecta . Dò bechám iro óuh íro suíger‿maia . athlantis tóhterôn scónista . búrlichiu bárto . fóne iouis miteslâfe . únde fóne des súnes keuuálte . [151.]

Quæ quidem ne in‿nurus offitio apparere dignata est sine libra blancæ . Diu ne geuuérdota dàr nieht skinen in‿iro snórun dieniste . áne dia uuága deæ blancæ . diu fóne bina lance . dáz chit fóne zuéin scúzelôn . sô héizet . Uuáz uuólta si déro ? A′ne dáz man sia gelicho éreti demo súne .

Quam uirgo uenerata . honorare cepit cum potente lucrorum . i. mercurio . quoniam satis sociam filio recognouit . duabus dicatis . i. immolatis pecudibus . Tía begónda si sàr ántsázigo éren . mít zuéin ópferfriskingen in‿ében mercurio . dér lucrorum uuáltet . uuánde si sia sáh imo ében héra .

---

37. A MERCVRIO AD VENEREM .

Hinc festinatur ascensus . et usque in‿ueneris circulum hemitonio transuolatur . Hinnán gáhotón sie . únde fúoren éin semitonium únz ze‿uenere .

Ipsaque uenere quæ nuptiis allubescebat . i. adplaudebat . quantum decebat honorata . hoc in ea perhibetur intuita . quod admodum pulchra . Uenere diu den hîleih kérno gesáh . óuh keêretero . sô uilo iz kerista . téta si góumen an iro . uuîo scône si uuas .

Tamen anthias . i. contraria draconibus circumplexa . crebroque capillicio uulsa . i. spisso crine soluta . ambifariumque amital . i. duplicem rorem . uel duplicem asperginem . s. uenerii seminis . secum congressa mitificat . A′ber úmbefángeniv mit uuideruuartigén draconibus . [152.] sô castus amor ist .

únde turpis . únde ántfáhsiu . únde mit iro sélbûn ríngendiu . stilta si io uuéderen hisâmen . Uuánda uenerius humor béidiu chúmet pudice ióh impudice . bediu ist únder in zuéin sólih ringa . dáz iouuederêr den ánderen stíllet.

38. A VENERIS CIRCVLO AD SOLAREM.

Mox studium in solarem laborare circum . Dés mézes iltôn sie chúmen inében sole .

Quippe sescuplo fatigabat ascensum . Uuánda hálbes téiles mêr . dánne éin tonus sî . lángta dén stápf .

Qui . s. ascensus . tonus ac dimidius habebatur . A′nderhálb tonus uuás ter skrig . táz sint triu semitonia . uuíder zuéin.

Ibi quandam nauim totius naturæ cursibus moderantem . i. modum inponentem conspicatur . Dâr sáh si éin skéf . álle natúrliche férte métemêntez . Táz skéf pezéichenet cursum solis . A′lliu ding keréchenônt sih fóne sínero cursu . álso iz chit in somnio scipionis . Sol inquit dux est et princeps et moderator reliquorum luminum mensque mundi et temperatio .

Diuersa cupiditate plenissimum . Fóllez állero gíredo . A′llên dingen gíbet sol . dáz in gefállet .

Cunctaque flammarum congestione . U′nde fóllez fiurînero húfon . Uuár ist . sólih erháft fiures . sô án dero súnnûn ?

Et circuactam . i. circumdatam beatis mercibus . s. animarum . U′nde úmbefángenez mit sáligero sêlon lône . Uuánda ueteres uuándon . dáz tár uuâre sedes beatarum animarum . [153.]

Cui præsidebant in prora septem nautæ . germani tamen . suique consimiles . Táz skéf féretôn síben férien . tie brúodera únde gelîh uuâren . Uuáz ist kelíchera dánne síben dága in uuéchûn ? Die tríbent taz iâr hína .

Felix forma depicta leonis in arbore . E′in sálig léuuen bílde . stûont târ gebildôt in bóume . Des hímeles bóhi . dâr diu súnna gât . táz ist ter bóum . si ist ter léuuo . dér álle sálda gíbet .

Crocodrilli in extimo uidebatur . Ze‿nideróst tes póumes stûont táz pílde crocodrilli . Sî ist in‿hízzôn leo . in fróste crocodrillus .

In eadem uero rate fundebatur fons quidam æteriæ lucis . arcanis fluoribus manans . in lumina totivs mundi . Dâr spráng ínne éin brúnno hímeliskes líehtes . tóugenero rúnsôn fliezende . in‿álliu lieht tero uuérlte . Uuánda álle stérnen hábent fóne dero súnnûn lîeht .

Quo uiso philologia consurgens . totaque ueneratione supplicans . Ac paulolum coniuens oculis . deum .

s. solem . talibus depræcatur . Dáz keséhende . stûont sî ûf . únde èrhafto diu óugen náhor tûonde . férgota sî dén gót sús .

---

39. SOLEM ADORAT.

Ignoti uis cælsa patris . Tû hóba chráft tes únchúnden iouis . uuánda ér incomprehensibilis ist .

Uel prima propago . A'lde sîn érist-pórno . Iouis tér ist generalis mundi anima . náh téro ist apollo consilium . únde dára náh mercurivs sermo . [154.]

Fomes sensificus . Sinmachig zinselód . Uuánda álte líute uuándon . sih sèla únde sin hában fóne sole ! únde lichamen fóne luna .

Mentis fons . Mûotes úrspring . Táz ist óuh náh témo uuâne .

Lucis origo . Liehtes ánagenne . Só ist óuh táz .

Regnum naturæ . Chúning tero bérohafti . Súnna gebérchaftot álliu ding .

Decus atque assertio diuum . Zierda únde lób tero góto .

Mundanusque oculus . U'nde óuga dero uuérlte . Tíu uuâre blint âne dia súnnun .

Fulgor splendentis olympi . Glizemo des scónes himeles . táz chit tero lúfte .

Ultra=mundanum fas est cui cernere patrem . Dû den óberósten fáter séhen mûost . U'be æther iouis ist . tén irskéinet tiu súnna .

Et magnum spectare deum . i. celum . uel ætherem . U'nde dén máhtigen iouem ánaskînen .

Cui circulus æther . i. mundanæ speræ paret . Tír sèlbêr der himel lôset . Uuánda dû tuélest ín sines suéibes .

Et inmensis moderaris raptibus orbes . s. planetarum . U'nde mit tinén férten . gemétemêst tu die planetas .

Nam medium tu curris iter . Uuánda únder in mittén gâst tû . I'ro sint trî óbe dir . drî níder dir .

Dans solus amicam temperiem superis . Lieba méz=chùoli gébende dien stérnon .

Compellens atque coercens sydera sacra deum . i. planetarum . Iágonde ióh státende die planetas .

Cum legem cursibus addis . Só dû scáffunga tûost iro férten . [155.]

Hinc est quod quarto ius est decurrere circo . Hinnân ist tir gelázen . dáz tû mûost kân . án dero fierdûn stéte . Nidenân ûf . álde óbenân níder . ist ío diu súnna fierda .

Ut tibi perfecta . numerus . s. perfectus ratione probetur . Dáz tir diu sélba zála guissôt nuérde . án dúrnohtero áhto . Tía dúrnohti máchot denarius . dér án quaternario fúnden uuírt . só man chit . éinez . zuéi . dríu . fieriu .

Nonne hac . s. ratione principio geminum tu das tetrachordum? Ne máchôst tû sâr mít tíu zuéi tetrachorda na? Fóne septem uuérdent zuéi coniuncta . álso fóne octo zuéi uuérdent disiuncta .

Solem te latium uocitat . quod solus honore post patrem sis lucis apex . Latini héizent tíh solem . uuánda dû solus pist náh ioue des liehtes hóubethafti .

Radiisque sacratum . bis senis perhibent caput aurea lumina ferre . Únde ságent sie dih éinen trágen in hóubete . zuélif culdine skimen .

Quod totidem menses . totidem quod conficis horas . Uuánda dû máchôst zuélif mánoda . únde zuélif stúnda .

Quatuor alipedes dicunt te flectere hábenis . Tih chédent sie mit pridele chéren fier rós .

Quod solus domites quam dant elementa quadrigam . Uuánda dû éino rihtest tia réitâ . dia quatuor mundi elementa máchont .

Nam tenebras prohibens . retegis . i. aperis . quod cerula lucet . i. quantum illustratur nox . Tû rûmest tero náht fóre dero finstri . únde gibest iro . sô filo si liehtes hábet . [156.]

Hinc phœbum perhibent prodentem occulta futuri . s. temporis . Fóne diu chédent sie dih . tóugeníu ding chúmpftigíu mélden .

Uel quia dissoluis nocturna admissa . A'lde fóne diu . dáz tû mít táges liehte irbárost tie náht scúlde .

Iscum . i. iustum . te serapin nilus . memphis ueneratur osyrim . Dih pétot nilus cnâdigen serapin . únde memphis osyrim .

Dissona sacra mitram . ditemque . forumque . typhonem . Dih pétont misseliche sacerdotes . coronam . uuánda dû sie trégist mít duodecim gemmis . únde diuitem . uuánda dû sie álle getûost dinites . únde forum dáz chit publicum . uuánda nieht sô únuerbórgenes neist . únde typhonem . dáz chit superbum . álde sublimem .

Attis pulcher item . Dû bíst ter scôno blûomo . dér iu chint uuás . tén berezinthia minnôt . táz chit terra . uuánda si ist in uuintere betân . únde lángêt sia des lénzen . sô blûomen sint .

Curui et puer almus aratri . Dû bist taz chint mit temo flûoge . dû bist ter fûoro gébo triptolemus .

Hammon et arentis lybies . i. lybiæ . Dv̂ bist tes héizes lándes hammon .

Ac biblius adon . i. cantans . Tû bist taz chint fóne biblo ciuitate egypti . dáz uenus uuéinota . erslágenez fóne demo ebere .

Sic uario cunctus te nomine conuocat orbis . Sô misselicho némmet tih tíu uuérlt .

Salue uera deum facies uultusque paterne . Héil dû uuâra bilde dínes

fáter . únde dero góto . Dáz tû
fóne diu bíst . uuánda dû gíbest
uultum . únde aspectum dien ánde-
rên stérnôn. [157.]

Octo et sexcentis numeris . cui
litera trina . i. т. н. т conformat sa-
crum mentis . cognomen et omen.
Drî bûohstaba bildônt tinen námen
dux . únde des námen héilesôd . in
sexcentis et octo numeris . Uuánda
tau bezéichenet ccc. eta bezéichenet
octo . áber tau ccc. Uués dux ist er?
A´ne dero anderro planetarum.

Da pater ætherios menti con-
scendere cætus . Tû fáter . hílf
mír hina ze chómenne ze dero ûf-
mánigi .

Astrigerumque sacro sub nomine.
s. tuo noscere cælum . U´nde den
himel-chúnnên in dînen námen.

---

40. A SOLE AD MATREM . ET INDE
AD IOVEM.

His audita . iussa est permeare se-
des deorum . Sô sî dírro digî fer-
nómen uuárd . sô híez man sia
dúrh strichen dero góto gesáze .
dáz chît . híez man sia ána-uuért
fáren.

Uerum hemitonio subleuatam py-
rous . i. igni similis circulus inmo-
ratur . A´bér hóhor gerúhta tuuálta
sia dér fiure gelîcho circulus .

In quo fuerat maximus filiorum
iouis . An démo mars sáz . ter hê-
rôsto iouis súnô .

Ex quo circulo . uisus est pyr-
flegeton amnis demeare ad inferio-
ra . Fóne démo circulo rán diu
lóugezenta áha níder in lunarem
circulum . dár die álten uuándôn
uuésen hélla .

Quo transgresso . neque enim
labor fuerat hemitonii interiecta
transcurrere . in iouiális syderis ue-
nere fulgores . [158.] Tánnân châ-
men sie ze iouis circulo . sie máh-
tôn óuh líehto dáz emitonium er-
líden .

Cuius circulus . ptongio persona-
bat . Tés circulus lûtta fóllen to-
num .

Illic sydus erat uiuifici tempera-
menti . Dár uuás tér stérno . dero
líbchíechûn máchungo .

Ac salubris effulgentia . blandis
uibrata candoribus . Ióh héilesâm
skîmo glîzendêr in mánmendero
uuízi .

Cuius quidem lucis natura . ex
calidis humidisque commixtionibus
candens . quadam prosperitatis tran-
quillitate rutilabat . Sînes líehtes
uuíziu natura . róteta in stílli . ûn-
de in spûote . uuórteniu fóne uuár-
men miskelungôn martis óbenân .
únde cháltên saturni nídenân .

Uerum ibi sidus iouis . Ter iouis
stérno stûont tár .

Nam ipse totius mundi membra
collustrans . ad deorum dicebatur
imperium . et senatum cælitem com-

measse. Sélbêr iouis. tér álle stéte eruuállôt. uuás tô gefâren sô man chád. kebîeten ánderên góten. únde demo himel hêrote.

---

41. A IOVE AD SATVRNVM.

Hinc etiam prætergressa circum. ac parili interiectione sublimis. deorum rigidissimum creatorem in algido herentem. pruinisque niualibus conspicata est. Tîsen iouis circulum'fúre rúcchentiu. únde sámo filo bóhôr chómentiu. sáh si dén stábênten. fáter dero góto. in‿chálti. únde in‿fróste. Uuánda calor solis nemág in fóre fërri irréichen.

Uerum idem orbis quem circuire nitebatur. melo dorio tinniebat. [159.] A'ber dér sélbo ring saturni. dér sih tàr úmbe dràta dér sáng in‿dóriscûn. Dáz chît. sáng. álso gróbo. sô dores singent.

Sed ipsi præsuli. i. principi. nunc draconis facies uidebatur. nunc rictus leonis. nunc cristæ cum aprinis dentibus. totoque exitialis seuiebat horrore. A'ber sélbemo saturno uuás ána uuilôn draconis pilde. uuilôn leonis kéinôn. uuilôn búrste mit éberes zánen. únde álles égesen uuás ér fól. Dáz ist fóne diu. uuánda sîn constillatio. dáz chît sîn fatum. fóre zéichenet álle zálà.

Cui tamen potestas maior pro circi granditate. ac prælata cæteris habebatur. Dóh uuás sîn geuuált sô filo mêro. sô filo sîn ring uuitero uuás.

Denique arpis bombisque perterrita. tam intoleranda congressione. i. conuolutione. uirgo diffugit. Si dô érchómeniu. fóne sinén hárphôn. únde ánderên scállen. flóh si fóne sô únmézigemo suéibe sînes circuli.

---

42. A SATVRNO AD CÆLVM.

Inde maximis conatibus sescuplo itinere euehuntur. Ðánnán fûoren sie îligero férte. hálbes mér. dáz chît. hálbes toni mér. dánne tonum.

Nam tono ac dimidio peruehitur ad ipsius cælestis speræ globum. ac laqueatum. i. pictum stellis ambitum. Uuánda in drîn emitoniis fólle chám si ze‿himele. dár die sternen ána stànt.

Sicque sex tonorum conscensionibus. defecta lassitudine stadiorum fatigati. i. ipsi defecti et fatigati. [160.] U'nde só mûode uuórtene. án dien stégôn dero sex tonorum. fóre úrdrúzzi dero stadiorum.

Cum diapason simphoniam aduerterent consonare. quicquid emensi erant. Tánne sie gesáhìn dáz sie erfáren hábetôn . zuiualtigo héllen .

Perfectione absolutæ modulationis . post labores maximos recreati . paulolum conquieuerunt . A'n démo ûzlâze déro fólleglichûn rárto . náh sólichên árbeiten . éteuuáz keblâsende . hirmdôn sie dâr .

---

43. IAM IN CÆLO POSITA . NOVA ET MIRANDA CONTEMPLATVR . SVPPLICANS IOVI ET DIIS .

Ipsa quippe philologia lectica desiliens . Suspensio . Philologia ába demo trágebétte skríccbendiu .

Cum inmensos luminis campos conspiceret . ætheriæque tranquillitatis uerna . i . amenitatem . Et hic . Tánne sî sáhe diu bréiten féld tes liehtes . únde dia scôni dero ûf nuértigûn stilli .

Ac nunc tot diuersitates cerneret . formasque decanorum . Et hic . U'nde si sáhe sô mánige misselichina . únde die getáte dero tégàn góto . die dâr decem regionum flégent .

Tunc octoginta quatuor ligurgos . i . solutores operum cælo miraretur astare . Et hic . U'nde sî sih uuv'nderoti in himele dienôn die ába némen dero vuércho . dáz chit árbeito . déro fóne diu sint octoginta quatuor . uuánda in sô mánigiu getéilet ist . ál dáz fóne érdoze himele ist . [161.]

Uideretque præterea fulgentes crebrorum syderum globos . U'nde si sáhe die glîzenten speras . tero mánigôn stérnôn .

Et circulorum alterna illigatione texturas . Et hic . U'nde die geflôhtenen ringa in éin ándere .

Ipsam uero speram . quæ ambitum cobercet ultimum . miris raptibus incitatam . U'nde sélbûn dia speram diu den ûzerosten bifáng máchôt . suéibônta mit vuúnderlichero dráti .

Polosque . Et hic . U'nde die hímel-gíbela .

Et axem ex cæli summitate uibratum . i . directvm . profundam transmeare terram . Et hic . U'nde dia himel-áhsa in ále rihte gàn fóne éinemo gibele ze demo ándermo dúrh tia érda . Díu uuirt échert mit sinne fernómen uuánda si corporalis neist .

Atque ab ipso . s . axe . totam cæli molem . machinamque torqueri . Et hic . U'nde án iro uuérben álla dia héuigi des uuérlt-zimberes .

Non sciens tanti operis tantæque rationis patrem . deumque . ab ipsa etiam deorum noticia secessise . Et hic . Lúzzel gedénchende ér si dára cháme . ándere góta nebechénnen dén gót . únde dén fáter sóliches uuérches . únde sólchis uuístûomes . Uuánda gótes sapientia ist .

quæ exsuperat omnem sensum . et hominum et angelorum.

Quoniam extramundanas beatitudines eum transcendisse cognouerat . empyrio quodam . i. igneo . intellectualique mundo gaudentem . Uuánda sî in sáh úberslâhen . iôh tîe úzenân uuérlte gesâligôten . únde in sînemo fíurinen uuérlt-stûole . [162.] den mán echert fernémen mág mándegen sizzen .

Iuxta ipsum extimi ambitus murum . i. soliditatem annixa genibus . ac tota mentis acie coartata . diu silentio deprecatur . Depositio . Sélbemo himele filo nâho gechniuuentiu . únde íro múotes keéinotiu . péteta sî in stillo únde lángo .

Ueterumque ritu uocabula quædam uoce mentis inclamans . secundum dissonas nationes . numeris . s. syllabarum uaria . sono ignota . iugatis . i. coniunctis . alternatisque literis inspirata . i. pronuntiata . In álta uuîs mánige sine námen ío sô stillo ánaharende . náh úngelichên spráchon dero liuto . lánge únde chúrze . únde únchúnde . mit sáment liutigén literis . sô gót teutonice . únde mit keskéidenên gespróchene . sô deus latine .

Ueneraturque uerbis intellectualis mundi præsules deos . U'nde éreta si mit tigi die fliht-kóta dero únánasihtigûn uuérlte . dár gótes sélbes stûol . In thronis et dominationibus super cherubim et seraphim geríhtet stât .

Eorumque ministros sensibilis speræ potestatibus uenerandos . Iôh téro ministros éreta sî . die dirro ánasihtigûn uuérlte ánauuáltôn ántsázig sint . tîe liturgi héizent .

U'niuersumque totum . infinibilis patris profunditate coercitum . i. circumscriptum . U'nde álle dia sámahafti . mit tes úmbegriffenen fáter geuuálte úmbehábeta . éreta sî . [163.]

Poscitque quosdam tres deos . Férgota si ételiche drî gótâ . cælestium . terrestrium . et infernorum .

Aliosque diei noctisque septimo . i. septies radiatos . U'nde ándere siben skimen hábente . des táges iôh tero nâht . uuánda daz iâr állez kesibenôt ist . in dágen iôh in náhten .

Quandam etiam fontanam uirginem deprecatur . i. fontem uitæ . U'nde éina úrspringes tiernûn . dáz sélbiu dîtas ist .

Secundum platonis quoque misteria . apax . i. semel et dis . i. bis epikina . i. substantia . potestates . Si béteta óuh nâh tero platonis tóugeni die geuuálta . die dir héizent éinest . únde zuírônt . in éinero uuíste . uuánda zuô personæ sínt patris et filii in éinero essentia .

His . s. uerbis . diutissime florem ignis atque illam existentem ex non existentibus ueritatem toto pectore deprecata. Sûs péteta si uestam. diu des fiures plúomo ist. uuánda si fiur ist. fóne fiure chómeníu. A'lde si béteta daz lieht fóne liehte chómenez. táz chît filium dei. únde dia uuésentûn uuârbéit fóne únuuésentên. uuánda si ne habet originem fóne ánderên dingen. Si ist táz kót ist. ér ist únuuórtenêr. únuuórten ist óuh si.

Tum uisa est secernere. i. nominatim distinguere apotheosin. sacraque meruisse. Dô gestûont si benámen skéiden. dero ánderro góto deificationem. dáz chît uuéliche fóne ménniskôn uuórten uuârin gótal [164.] únde sáh si sih sélbûn gehéilegôta uuésen.

Quippe quidam candores lactei fluminis tractu. i. tractim stellis effluentibus defluebant. Táz uuás fóne diu. uuánda uuîze trópfen déro míliche gelíchûn áho. trúffen sia lángséimo ána. stérnôn dar inne blécchezentên. Uuánda lacteus circulus târ dero góto gesâze ist. zû iro náhta. dannan bechnâta si sih kehéilegôt uuésen.

Letabunda igitur gratiasque testata. iter in galaxium flectit. ubi senatum deum ab ioue nouerat congregatum. Fróuuíu únde ioui dánchondiu. fûor si in lacteum. dár si uuissa. die góta fone ímo gesámenôte.

44. QVALIS VISA SIT DOMVS IOVIS.

Erat autem ibi iouialis domus. Târ in lacteo uuás iouis hûs.

Quæ etiam granditate mira. mundanum ambitum possideret. et decore conspicuo fulgorem sydervm uinceret. et nouitate situs signiferum circulum decusaret. i. ornaret. Sólchez. táz iz mít sínero vuúnder=mícheli dísa uuérlt úmbegríffe. únde in scôni die stérnen úber=uuúnde. únde fóne séltsani sínero gestélledo. den signiferum gefrôniskôti.

Præterea tanto splendore renitebat. ut argenti crederetur fabricata materia. U'nde sô skînbare uuás iz. sámo so iz ûzer sílbere genuv'rchet uuâre. [165.]

Ibi septa candentia. culmenque sectatum. i. uirgatum. limbis. i. fasciis niualibus albicabant. Scôniv gádem. únde gerígôt fírst clízen dar ána mit snêfáreuuên brórten.

Vbi iam iuppiter cum iunone. omnibusque diuis. in suggestu maximo. ac subselliis lacteis residens. sponsales præstolatur aduentus. Iuppiter únde sin chéna mit állên dien góten dâr sízzende. in hôhemo stûole. únde in uuîzên bánchen. béit er. ûnz tie trúhtinga châmîn.

45. SPONSVS PRIMVM INTRODVCITVR.

Qui simul musarum ut uoces . ac dissonis mela dulcia cantilenis uirgine adueniente percepit . priore loco præcepit uenire cyllenium. Sô er dô gehôrta dero brûote náhentero . die singenten musas . únde die sûozen rárta . fóne unében lûtréistên sángen . sô hiez er zeêrest chómen den brûote-gómen.

Cum quo liber et delius . fidi amantissimique germani. Sáment témo chámen óuh zuêne sîne liebesten brûodera . dionisius únde apollo.

Hercules etiam . uterque castorum gradiuusque . et quicquid deorum de ioue progenitum est . cyllenii adherebat offitio. Hercules únde pollux mit castore . únde mars . únde álliu iouis sláhta háftôn sih ze sînemo uuérche.

Elementorum quoque præsides . angelicique populi pulcherrima multitudo . animæque præterea beatorum ueterum l quæ iam cæli templa meruerant . gressus maiugenæ sequebantur . [166.] Dero elementorum flégera . únde diu scôna mánigi dero angelorum . únde dero áltfórderôn sêlâ . die ze himele chómen uuáren . die háftôn sih álle ze imo.

Linum homerum mantuanumque uatem redimitos . canentesque conspiceres . Tû sáhist tár heroum poetas . mit hedera gezierte . únde singente.

Orpheum atque aristoxenum fidibus personantes . Uuánda die cytharistæ uuáren . bedíu sáhist tû sie dár mit iro seit-sánge.

Platonem archimedenque speras aureas deuoluentes . Tie sáhist tû uuérbin iro speras . uuánda sie astrologi uuáren.

Ardebat eraclitus . Tisêr zúndeta . uuánda er chád fóne fiure uuésen álliu ding uuórteniu.

Udus talés . Mit réhte íst er názer . uuánda er dia názi chád uuésen rerum originem.

Circumfusus atomis democritus uidebatur . Tisêr uuás pestóubet . mit smálên spraten . die nehéina grózi nehábent . uuánda er fóne dien zesámine gerándên chád uuórtena uuésen disa uuérlt.

Samius pithagoras cælestes quosdam numeros replicabat . Tisêr fánt arithmeticam . bedíu zálota er.

Aristotiles per cæli quoque culmina endelichiam scrupulosus requirebat . Aristotiles sûohta gnôto án demo hímele absolutam perfectionem . uuánda dia chád er uuésen animam mundi . díu den hímel túrnet . [167.]

Epicurus uero mixtas uiolis rosas . et totas apportabat illecebras uoluptatum . Epicurus trúog zûo blûomen . únde álle lúst-máchunga . uuánda ér chád . summum bonum uuésen uoluptatem.

Zeno ducebat feminam prouidentem. Zeno fûorta frûot uuîb. uuánda dia lóbeta ér. dô er fóne gehîléiche scréib.

Archesilas collum columbinum intuens. Tísèr chós tia túbun. uuánda ér scréib fóne fógalen.

Multusque præterea palliatorum populus studiis discrepantibus dissonabat. Tàr gîengen nóh tànne gnûoge in chriechiskûn gemántelôte. dér nehéin sô ne iáh. sô der ánder. uuánda iogelichèr féstenôta sîna sectam. dáz chît sîna léra.

Qui[1] quidem omnis inter musarum carmina concinentium. nullo potuere audiri rabulatu. i. altercatione. licet perstreperent. Téro nehéines réda nemáhta man fernémen fóre démo sánge dero musarum. dóh si bráhtin.

Ueniente igitur introgressoque cyllenio. omnis ille deorum senatus ueneratus uerticem ingredientis exsurgit. Sô ér dò chám únde ingîeng. sô éreta in gágen imo ûf stándo. ál dáz hérote dero góto.

Ipse iuppiter eum propter suum consessum pallade a dextra sociata. medium collocauit. Sélbèr iouis sázta in inében sînemo stûole ze zéseuuv̂n. únder imo. únde únder pallade.

46. DEHINC SPONSA INTRODVCTA.

Nec longo interiectu. ipsa quoque philologia. ambita musis ac matre præambula corrogatur. [168.] Sâr hálto uuárd óuh tiu brût mit íro camenis in geládôt. íro mûoter fronesi fóre íro gándero.

Qua ingrediente ac refundente illam acerram olacem aromatis. ueste deum nutrici. eidemque pedissequæ. omnis ille ordo cælicolum. portiones sibi competentes attribuens. arabicis lætabatur halatibus. Sô sî dára in chám. únde iro róuh ûz scúttendo ueste géantuuv́rta. diu ánderro góto mágezo uuás. únde iro dò fólgeta. állero gótelih sâr némende téil des róuches. tér imo ge*fîel*[2]. sáz er frô arábiskes stánches.

Uerum uirgo ut est per omnia uerecunda. licet a ioue eius assidere confinio iuberetur. tamen ibi potius noluit. ubi musas conspexerat admota palladis consortione residere. Únde dóh sîa iouis hîeze sizzen bî imo. uuánda sî scámelîn uuás. sô uuás íro líebera. bî dien camenis ze sízzenne. pallade bî íro uuésentero.

---

[1] Ausgelöscht.   [2] Ausgelöscht.

47. DOTATVR SEPTEM ANCILLIS.

Tunc exsurgens uirginis mater. poscit de ioue. superisque cunctis. uti sub conspectu omnium. quicquid sposalium nomine præparauerat maiugena traderetur. ac demvm dos a uirgine non deesset. Tô stûont tiu mûoter ûf. únde bát iouem ióh tie ándere. dáz íro mûosi fóre in állên geántvuurtet uuérden. so uuáz iro maiugena ze máli gében uuólti. únde sî íro uuídemen sô bechâme.   [169.]

Tuncque tabulas ac papiam popeamque sinerent recitari. U͗nde sie dánne liezin fóre in gelésen uuérden dia uuídemscrift an tábellôn álso iz sito uuás. únde dia uuídem-ea. náh tiu sô papius únde popeus sia ze romo. íu fúnden.

Cuius petitioni iustissime deorum senatus attribuit ut in conspectu cælitum offerenda probarentur. Tô ónda man iro dés pitentero. álso iz réht uuás. táz si dár fóre állên gechóren uuúrtin.

Hic phœbus exsurgit fratris officium non detrectans. ac singulas ex famulitio dilectorumque cyllenio incipit admouere. quæ tam pulchræ cunctis. quam ornatissimæ refulsere. Dô stûont apollo ûf fúre den brûoder. únde die ér eruuéleta sinero diuuôn. ze uuídemen ze gébenne. die begónda er imo éinzên bringen. Die uuáren sólih. táz sie in állên scône únde ziere gedûhtôn.

---

48. EPILOGVS.

Transcursa lector magna parte fabula. quæ implicata est morosis ductibus. coegit instans innitens crepusculum. palpitare. i. deficere lucernam tenui lumine. Tero satyra nû éines micheles téiles keságetero. uuánda nouem librorum zuéi hína sint. tiu sélba satyra únsémfte getán ist. mit lángemo dúnse. ih méino uuánda nóh septem libri fóre sint. [170.] nôtet ter gágenuuérto mórgen. únde der ána gándo tág timberen dia chérzûn.

Ac nisi aurora roscis purpuraret culmina. conuenustans primo habitu. i. aspectu. et nisi surgens dissecaret fenestras lumine. U͗nde úbe der tágeròd scôno nefáreti den fírst. mit temo éristen scimen. únde er mit liebte nedúrh prâche diu fénster.

Adhuc compararet iugata pagina. quocumque ducta largiorem circulum. Sô geuuíteroti den ring. tiu átaháfta pagina. éteuuár nóh fúrder gebréittiv.

Nunc ergo mithus terminatur infiunt libelli. qui sequentes asserent artes. Nû chédent tiu fólgenten bûoh. tiu únsih liberales artes lêrent! hína ist taz spél. Tér téil dero satyræ ér uuáre gelih ne ist . tér ist hina . Dér heizet grece mitbus .

Nam fruge uera . i. doctrina uera . demouent omne fucum . Sie geûzônt tia lúgi mit uuáre .

Et disciplinas annotabunt sobrias . Únde zéigônt sie . zimige lirnunga .

Nec uitabunt ludicra . i. fabulas . pro multa parte . Sie nefermident óuh tiu spél nieht . in míchelmo téile .

Habes quid instet . si potestas . cælitum . et musæ . et chelis latoia faueant . Nv́ hábest tu lector fernómen uuáz nû zûo gánge . úbe iz hímelgóta sô uuéllen . únde musæ . únde apollinis lyra .

DES ARISTOTELES

KATHΓOPIAI und *ΠEPI EPMHNEIAΣ*.

Handschrift 818. — Jahrhundert X oder XI.
Handschrift 825. — Jahrhundert X oder XI.

EINLEITUNG.

Was die handschrift 818 anbelangt, heben wir aus dem, was Kolb in seinem verzeichnisse über dieselbe sagt, folgendes hervor.

»Videtur præfatum Organum in Theotiscam linguam translatum esse et quasi in Compendium redactum solum in gratiam discipulorum. Continet Librum de Categoriis et perihermenias Aristotelis, cujus sensum et methodum *Generalem* presso pede sequitur; imo et ipsa verba (demptis tantum iis, quæ claritati officere videbantur) adducit. Methodus tamen *Particularis* aliqualiter diversa est, et clarior: tractat enim omnia per breves paragraphos, suum cuilibet titulum præfigens. Scita utiliora ex contextu quasi verbotenus excerpsit, methodice tractat, et totus est in iis explicandis, et id plerumque per exempla. Et ut paucis dicam, est mera explicatio Aristotelis, continetque quo ad substantiam ea omnia, quæ peripathetici in institutionibus dialecticis de Categoriis et enuntiatione tradere solent. Character est sæculi 11^{mi} vel 10^{mi} ad finem vergentis, in folio membr.«

Das erste blatt der handschrift ist leer gelassen, aber in der seitenzahl mitgezählt. die Κατηγορίαι reichen sodann von seite 3 bis seite 143, die abhandlung Περὶ ἑρμενείας von seite 143 bis 246. wir haben die seitenzahlen der handschrift beibehalten, Graff dagegen hat das erste leere blatt wieder in abzug gebracht, so dass seine angabe immer um zwei zu nieder läuft. am schlusse der handschrift, von seite 247 bis 295 folgen noch von derselben hand Ciceronis Topica, aber bloss lateinisch. die titel der abschnitte, z. b. Quid sint æquivoca, quid sint univoca, item quid inter sit, sind durchgängig durch rothe schrift hervorgehoben. ebenso ist der jedesmahlige neu anhebende text durchgängig mit rothen anfangsbuchstaben bezeichnet. überdies ist auf den drei ersten seiten die ganze erste linie des neu anhebenden textes mit stärkerer schrift geschrieben; doch lässt dieser fleiss nach und kehrt nicht wieder. wir haben dafür absätze gewählt.

Von unserer handschrift spricht Gerbert in seinem »Iter Alemannicum«, seite 107 seiner lateinischen ausgabe vom jahre 1773. ferner Ildefons von Arx, mit kurzen proben, in seinen »Geschichten des Kantons St. Gallen«, band 1, s. 262, d; s. 264, c, d und e; und s. 268, c. ebenso Hagen in seinen »Denkmalen des Mittelalters«, s. 21, und Graff in seinem »Sprachschatze«, band I, s. LVII. bekannt ist Graff's ausgabe, in der aber unter anderm nicht selten wörter und ganze sätze fehlen. proben bei Wackernagel, in seinem »Altdeutschen Lesebuche«, s. 131 ff.

Die nummern der kapitel sind von dem herausgeber hinzugefügt.

Von handschrift 825 ist auf seite 9 und 10 dieses bandes gehandelt. sie enthält zunächst die tröstungen der philosophie von Boethius, von seite 4 bis seite 271. auf seite 275 beginnt sodann die aristotelische abhandlung $Κατηγορίαι$, unmittelbar mit den worten »Quid sint æquivoca«, und reicht bis seite 338, ist aber nicht vollständig, sondern reicht nur bis zu den worten »quæ omni quidem susceptibili non est necessarium alterum inesse«. Die abhandlung ist von anfang bis seite 326 in zwei spalten geschrieben, von da aber läuft die schrift durch, bis das stück endlich auf seite 338 mit den angegebenen worten abbricht. zuletzt sind der handschrift noch zwei blätter angebunden, welche aber nicht dazu gehören und ein lateinisches wörterbuch, aber nichts teutsches enthalten.

Ausser den schon früher angeführten spricht von diesem stücke Hagen in seinen »Denkmalen des Mittelalters«, s. 19 ff., und theilt eine probe mit. um ebenfalls eine probe mitzutheilen, haben wir vom ersten kapitel die lesarten dieser handschrift gegeben; den rest, d. h. die wichtigeren daraus werden wir in dem spätern wörterbuche mittheilen und uns über die ursache davon am schlusse dieses bandes aussprechen.

ΚΑΤΗΓΟΡΙΑΙ.

1. QUID SINT ÆQUIUOCA.

Aequiuoca dicuntur . quorum nomen solum commune est . Tîe sint kenámmen . déro námo échert [1] keméine . únde gelîh ist .

Ratio uero substantiæ diuersa . secundum nomen . U'nde [2] áber úngelîh zála ist . uuaz [3] siu [4] sîn . démo [5] námon uólgendo [6] an [7] démo sie [8] genámmen sint . U'ber stépfist tû den námen . sô mág sîn [9] gelih ratio . iro substantiæ .

Ut animal homo . et quod pingitur [10] . Hoc est . Ut æquiuoci sunt . homo uerus . et homo pictus . In latina lingua . sint kenámmen [11] . homo animal . i. ter lébendo ménnisco [12] . et quod pingitur i. sîn gelîhnisse .

Ratio uero substantiæ diuersa secundum nomen . Mán ságet áber úngelicho [13] uuáz sie sîn . demo námen uólgendo . dér [14] sie genámmen [15] máchôt .

Si enim quis assignet . quod est utrumque eorum . propriam rationem assignabit utrisque . Ságet ioman . dáz [16] io uuederiz [17] ist . tér [18] gibet [19] io uuedermo [20] súnderiga [21]

---

[1] échert. h. 825.
[2] V'nde. Statt U setzt handschr. 825 immer V.
[3] uuáz. h. 825.
[4] sie. h. 825.
[5] demo. h. 825.
[6] vólgêndo. h. 825.
[7] án. h. 825.
[8] sic. immer so. h. 825.
[9] sín. h. 825.
[10] ursprünglich „pingit", von späterer hand in „pingitur" verbessert.

[11] genámmen. h. 825.
[12] ménnisko. h. 825.
[13] úngelicho. h. 825.
[14] der. h. 825.
[15] genámnen. h. 825.
[16] daz. h. 825.
[17] uuederez. h. 825.
[18] ter h. 825.
[19] gibit. h. 825.
[20] uuédermo. h. 825.
[21] súnderiga. h. 825.

zála. Hoc modo. Homo animal. est substantia sensibilis. Ter [1] lébendo homo. íst éin sinnig [2] tíng. Qui pingitur. imago insensibilis est. et inanis. Ter gemâleto. ist éin sinnelòs pílde. únde líbelòs [3].

Sic in euangelio sunt æquiuoci uterque iohannes. [4.] sed diuersam suæ substantiæ rationem habent secundum nomen. Iohannes únde áber iohannes sint kenámmin [4]. i. hábint kelichen námin [5]. únde áber úngelicha [6] únde úngemeina diffinitionem. Diffinitio íst [7]. tiu dir ságet. uuáz sie sîn. Eadem est et ratio substantiæ. in hunc modum. Alter est iohannes baptista [8]. filius zachariæ. et alter est iohannes euuangelista filius zebedei. Quod si dixeris. habent et communem diffinitionem. quia uterque iohannes est animal rationale mortale. Uel substantia animata sensibilis. non est hæc diffinitio iohannis. sed hominis uel animalis. et hoc nomen homo. aut animal. non facit eos æquiuocos sed uniuocos. Uuile dû in gében gelicha diffinitionem. dáz ne máht [9] tû nieht ketûon uólgendo démo námen [10] iohannes. tér [11] sie genámmen máchôt. Sie mág man béde héizin homo únde animal. únde dánnân hábint [12] sie geméina diffinitionem. sie ne sint áber dánnân nieht æquiuoci. sed uniuoci. táz chit sie ne [13] sint tánnân kelîhnamig [14]. súnder éinnamig. únde geméinnamig [15]. Mit témo uuéhsele dero diffinitionis. uuérdint [16] ûzer æquiuocis uniuoca. De quibus mox subditur.

2. QUID SINT UNIUOCA. [5.]

Uniuoca uero dicuntur. quorum et nomen commune est. et secundum nomen eadem substantiæ ratio. Tíu héizint áber éinnamig. únde geméinnamig. téro námo geméine ist. unde nâh témo námin. gelîh zála íst uuáz siu sîn. i. tiu álso sint. sô man siu héizit. Ut animal homo. atque animal bos. Hoc est ut uniuoca sunt homo et bos.

Communi enim nomine utrique. i. homo et bos animalia nuncupantur. et est eadem ratio substantiæ. Quæ est illa ratio? utrumque esse animal. sicut et nuncupantur. Sie héizent keméinlicho animalia. únde sámo geméine zála ist. táz sie dáz sîn. subaudis. táz sie héizint.

---

[1] Tér. h. 825.
[2] sinnig. h. 825.
[3] lébelos. h. 825.
[4] kenámmen. h. 825.
[5] hábent kelichon námen. h. 825.
[6] úngelicha. h. 825.
[7] íst. h. 825.
[8] baptista. h. 825.
[9] maht. h. 825.
[10] namen. h. 825.
[11] ter. h. 825.
[12] dannân habent. h. 825.
[13] sine. h. 825.
[14] gelihnámîg. h. 825.
[15] geméinamig. h. 825.
[16] uuérdent. h. 825.

Si quis assignet rationem utriusque quid utrique sint . assignabit eandem rationem. Úbe loman zála gibit pédero . uuáz iouuederiz sî . tér gibit íro gelîcha zála. Uuáz ist tiu zála? Quo sint animalia. E'r chidit . táz sie sîn animalia . álsô sie héizent. Homo únde bos héizent animalia . únde sint animalia. Uuáz ist áber sélbiz animal? Substantia animata sensibilis. Táz ist óuh homo . dáz ist óuh bos. A'l dáz animal ist . táz sint siniu species . homo et bos . [6.] Uuîle dû chéden animal homo et animal bos. hábint úngelîcha diffinitionem in hunc modum. Homo est animal rationale . bos est animal inrationale . tiu diffinitio neist animalis nieht . taz íro geméine námo ist . únde íro geméine genus ist . sî ist sélbero specierum hominis et bovis. Mit témo uuéhsele uuérdent ûzer uniuocis æquiuoca.

3. ITEM QUID INTER SIT.

In propriis uuérdint æquiuoca . uuílon úngeuuando . i. fortuitu et casu . ut duo aiaces . duo alexandri . duo pirri . uuilon uóne gelúbedo i. placito . propter cognationem . ut duo marii pater et filius . uel propter similitudinem ut homo pictus et uerus. Tíu múgin sîn bédiu propria íóh apellatiua. Hic homo uerus et hic homo pictus sint propria. Homo uerus et homo pictus specialiter et communiter sint appellatiua. Tóh aristotelis châde uóne æquiuocis quorum nomen commune est . siu sint tóh tîcchor propria dánne appellativa et communia. A'ber uniuoca uuérdint ío in appellatiuis. Uuilôn natura ut homo homini uniuocus est bestia bestiæ. Uuilôn gente uel patria ut grecus greco . romanus romano. [7.] Uuilon professione . ut christianus christiano . laicus laico . clericus clerico. Uuilon dignitate . ut rex regi . consul consuli. Uuilon fortuna . ut seruus seruo . ingenuus ingenuo. A'lso mánigin appellatiua uuésin múgin . sámo mánigiu uniuoca múgin uuésin. Sô ist ío dingelih témo uniuocum . sáment témo iz hábit . éinen námin geméinen únde éina diffinitionem geméina. U'nde áber démo æquiuocum . témo iz hábit gelîchen námin únde uóne díu úngemeinen . uuánda iz éin námo neist . nóh éin diffinitio. Dóh aristoteles châde . quorum nomen commune est quasi de appellatiuis .

4. DE DENOMINATIUIS.

Denominatiua uero dicuntur . quæcunque habent appellationem ab aliquo secundum nomen . solo differente casu. Diu héizent denominatiua. tiu náh ándermo námin genámot sint. èchert keuuëhselotemo ûzlaze. Nomen a nomine deriuatum héizet mit réhte denominatiuum. i. námo uóne námin. Ut a grammatica grammaticus. A fortitudine fortis.

---

5. RATIO DE HIS TRIBUS. I. QUARE PRÆMISSA SUNT.

Fóne disen drín diffinitionibus ist ze uuízenne. [8.] dáz decem prædicamenta uóne dien aristotiles ságen uuile. gelichen námin hábint. únde áber úngelicha diffinitionem. Prædicamenta unde genera. héizent siu gelicho. siu sint áber éin ánderén úngelih. Pediu sint siu æquiuoce sò genámot. nàls uniuoce. Tie sélben námen gébent sie iro speciebus i. sub alternis generibus. mit tien siu keméina diffinitionem hábint pediu sint siu áber dien uniuoca nàls æquiuoca. Denominatiua uuérdent áber. dánne substantia. án sih nîmit accidens. álde éin ándera substantiam. Nímet homo án sih qualitatem. sò ist er qualis. nîmit er án sih quantitatem. sò ist er quantus. Légit er án sih indumentum. sò ist er habens. Fóne dien állèn uuírdit er denominatus. unde die námin ér dánnán guuinnet. tie héizent denominatiua.

A'lso iustus fóne iustitia. latus fone latitudine. uestitus fóne ueste.

---

6. QUESTIO.

Nóh tánne sint mánig=namigiu. i. pluriuoca. ut ensis mucro gladius. marcus. tullius cicero. únde misse=namigiu. i. diuersiuoca. ut ignis lapis color. ziu uersuîgeta er déro? [9.] Téro né bedórfta er. ze disemo bûoche.

---

7. DE SINE COMPLEXIONE DICTIS ET CUM COMPLEXIONE.

Eorum quæ dicuntur. alia quidem dicuntur secundum complexionem. alia uero sine complexione. Téro uuórto diu man sprichet. téro uuérdint súmelichiu gespróchen zesámine gelègitiu. súmelichiu súnderigo.

Et ea quæ dicuntur. secundum complexionem sunt. Tiu man sprichet zesámine gelègitiu. diu sint sús ketân. Ut homo currit homo uincit.

Ea quæ sine complexione sunt. Tiu man sunderigo sprichet. tiu sint sús ketân. Ut homo bos currit uincit. Uuáz tiu súnderigen bezéichenên. dáz nuile er an dísemo bûoche ságen. Uuáz tiu zesámine

gelégetin bezéichenèn . dáz ságet er
hára nâh in periermeniis.

8. DE UNIUERSALI SUBSTANTIA.

Eorum quæ sunt . alia de subiecto
quodam dicuntur . in subiecto uero
nullo sunt. Súmelichiu dero uué-
sentôn dingo . uuérdent kespró-
chen fóne demo ùnderin . tiu dóh
nesint án demo únderin . nóh in
demo únderin.

Ut homo de subiecto quidem ali-
quo homine dicitur . in subiecto
uero nullo est. [10.] A′lso mén-
nisko gespróchen uuirdit fóne demo
únderin . ételichemo ménniskin . án
démo ér dóh neist. Uniuersales
substantiæ . die in grammatica sint
appellatiuæ speciei . die uuérdint
kespróchen fóne singularibus sub-
stantiis . tie áber propriæ speciei
sint. Uuér uuissi uuáz homo uuâre .
áne uóne cicerone catone uarrone .
tie únder démo námen sínt? Fóne
dien uuirdit homo gespróchen.
A′ber án in . nemág ér sîn. Uuîo
mág hómo sîn in cicerone? E′r ist
sélbêr homo. Fóne diu ist pro-
prium uniuersalis substantiæ de
subiecto dici . in subiecto nullo
esse.

9. DE PARTICULARI ACCIDENTE.

Alia autem in subiecto quidem
sunt . de subiecto uero nullo dicun-
tur. Tára gágene sint ánderiu .
diu ána álde in‒demo únderin sint .
s. uuánda siu accidentia sint . únde
uóne únderorên gespróchen ne
sint . s. uuánda siu sint sélben diu
únderosten.

In subiecto autem esse dico .
quod cum in aliquo sit . non sicut
quædam pars . inpossibile est esse
sine eo in quo est. Facilior con-
structio est. Dico autem esse in
subiecto quod in aliquo sit . cum
tamen non sit sicut quædam pars .
nec possit esse sine eo in quo est.
I′h chído sô uucsin án demo ún-
derin . táz iz tar ána ist . únde dóh
sîn pars neist . [11.] únde iz îo nîe-
ner uuésen nemág . nóh sîn nîeht
neist . âne daz úndera.

Ut quædam grammatica in sub-
iecto quidem est in anima . de sub-
iecto uero nullo dicitur. A′lso
éines mánnis grammatica ist in sí-
nero sèlo . únde dóh uóne iro ge-
spróchin ne‒uuirdit. Sláh ten ást
ába demo bóume . dés pars er ist .
nóh tánne mág er sîn . nim animæ .
aristarchi iro grammaticam . sô ne-
ist si níener . uuánda si ána sîa
uuésen ne mág. A′nderiu mág sîn .
tísiu ist zeirgángen.

Et quoddam album in subiecto
quidem est in corpore. Omnis
enim color in corpore est. Unde

éin uuîz fárauua ist án ételichemo dinge . só alle uárauua sínt . Fóne diu íst kelázen éinluzzén accidentibus . án éinluzzén substantiis uuésen . náls áber dóh fóne dien gespróchen uuérden .

---

10. DE UNIUERSALI ACCIDENTE.

Alia uero et de subiecto dicuntur et . in subiecto sunt . A´nderiu sint kesprochen fóne demo únderin . s. uuánda siu uniuersalia sínt . unde sint oúh ána . álde in demo únderen . s. uuánda sie accidentia sint . [12.]

Ut scientia in subiecto quidem est in anima . de subiecto uero dicitur . ut de grammatica . A´lso scientia in anima ist iro stúole . únde áber gespróchen uuirdit . fóne grammatica . tiu únder iro námen stát . Taz éina subiectum trégit sia ut scientiam anima tregit . Daz ánder oúget sia ut grammatica scientiam . Táz ist proprium uniuersalis accidentis . Uuár máhti iz sin áne in substantia ? Uuér máhti iz uuízen . áne uóne sinen speciebus . tiu únder=tán sint sínemo námin? álso óuh sélbén dien speciebus áber únder= tán sint iro indiuidua .

---

11. DE PARTICULARI SUBSTANTIA.

Alia uero nec in subiecto sunt . nec de subiecto prædicantur . A´ber dára gágene sint súmelichiu . tiu dir nesint án=demo únderen . s. uuánda siu sint substantiæ . nóh oúh kespróchen fóne dehéinemo iro únderen . s. uuánda siu particularia sint . únde sélben diu únderósten sint . Ut aliqui homo . uel equus . A´lso éin mán . álde éin rós .

Nihil horum neque in subiecto est . neque de subiecto dicitur . i. tero éinluzzón substantiarum neist nehéin ligende án demo únderen . nóh kespróchen fóne demo únderen .

---

12. ITEM DE PRÆCEDENTIBUS IIIIᴏʀ . [13.]

Nú sint in fieriv getéilit tiu er nóh uuíle téilen in=zéeniu . Téro utero sint zúci uuideruuartig . i. uniuersalis substantia . et particulare accidens . únde áber ánderiu zúei . i. uniuersale accidens . et particularis substantia .

---

13. PARTICULARIA QUID COMMUNE HABEANT ET NON COMMUNE.

Simpliciter autem quæ sunt indiuidua . et numero singularia . de nullo subiecto dicuntur. Tiu éinluzziu sint. sô aristarchus ist. unde sîn grammatica. tiu ne uuérdent kespróchen uóne demo únderen táz ist in geméine. siu sint sélben diu únderôsten.

In subiecto autem nihil prohibet ea esse. I'ro sùmelih mág áber án demo únderen sîn. náls áber dóh álliu. Tár ána sint siu geskéiden. Uuéliu sint táz? Tie éinlúzzen substantiæ ne múgen iz sîn sô aristarchus ist. iz sint tiu éinlúzzen accidentia. álso sîn grammatica ist. Uuélez ist taz úndera. án dèmo siu sint? Táz sint tie substantiæ. Tiu éinlúzzen accidentia. ligent an dien unde in dien éinluzzèn substantiis. Accidens nemág in accidente nièht ligen. iz liget ío in substantia. Ideo sequitur. Quædam enim grammatica. s. ut aristarchi. [14.] est in subiecto. i. in anima eius. Hábet óuh uniuersale accidens. sô scientia ist. únder íro particularia accidentia sô grammatica ist. unde rhetorica. án dien neliget sî nièht. sî uuirdet áber geméinlicho gespróchen uóne in.

---

14. QUOD SUPERIORA TRIBUANT NOMEN SUUM INFERIORIBUS.

Quando alterum de altero prædicatur. ut de subiecto quæcunque de eo quod prædicatur dicuntur. omnia etiam de subiecto dicuntur. Sô daz éina gespróchen uuirdet fóne demo ánderen. álso ío daz óbera tùot fóne sînemo únderen. so uuáz tánne fóne demo óberen gespróchen uuirdet. táz uuirdet sâr gespróchen fóne demo únderen. Ut homo. s. daz óbera prædicatur de quodam homine. i. aristarcho. demo únderen. Fóne demo óberin i. de homine uuirdet kespróchen animal.

Ergo et de quodam homine animal prædicatur. Sâr fóne demo únderen i. aristarcho. uuirdet óuh animal gespróchen.

Quidam enim homo. et homo est et animal. Aristarchus ist péidiu homo ioh animal. Sô gibet ío daz óbera sînen námen demo únderen. fóne démo iz kespróchen uuirdet.

---

15. QUOD DIUERSA GENERA DIUERSAS HABEANT DIFFERENTIAS. [15.]

Diuersorum generum et non subalternatim positorum. diuersæ secundum speciem differentiæ sunt. Misselichero generum unde díu óbe éinèn ánderèn nestânt. sint sámo misseliche skidunga. náh íro specie. s. dáz sie uuúrchint. Ut animalis et scientiæ. s. misseliche skidunga sint.

Animalis quidem differentiæ sunt ut gressibile uolatile. Animalia sint keskéiden. án diu. dáz iro súmelichiu múgen gân. súmelichiu uligen.

Scientiæ uero. s. differentiæ nulla horum est. Mít tien man skéidet scientiam. táz sint ándere skidunga. náls tíse.

Neque enim scientia ab scientia differt in eo quod bipes est. Nóh éin scientia neist ánderro an diu nieht úngelih dáz sî zuibeine sî.

Sub alternorum uero generum. nihil prohibet easdem esse differentias. O'be éinên ánderên stántero generum. múgen uuóla sin éine differentiæ. sîe mág man gelicho skídon.

Superiora enim. de subterioribus generibus prædicantur. Táz ist fóne díu. uuánda die óberen genera gespróchen uuérdint fóne dien níderên. [16.] Substantia ist taz óbera genus. animal ist taz nídera. Fóne animali chídit mán substantia.

Quare quæcunque prædicati differentiæ fuerint. eædem etiam erunt subiecti. Pedíu sint álle die skidunga des óberin generis. skidunga des nideren. úbe sie specificæ sint. i. úbe sie speciem uuúrchen múgin. sô die sint rationale mortale. Tie sint tes prædicati. i. substantiæ.

tie sint óuh tés de quo prædicatur. i. animalis. A'lsô [1] súmelîh [2] substantia ist rationalis mortalis. sô ist óuh súmelih animal rationale mortale. A'ndere differentiæ sint. tie diuisiuæ héizent. tie nedúrh-kânt nieht fone demo óberin genere. ze demo níderin. Uuánda animal unde auis. sint óuh subalterna genera. Animalis differentiæ sint rationale et inrationale. táz ist taz óbera. tie ne sint tes níderin. i. auis. uuánda nehéin auis neist ándermo úngelih án diu. dáz er rational' sî.

16. QUOD GENERALISSIMAS SIGNIFICATIONES HABEANT SINGULÆ UOCES.

Singulum eorum quæ secundum nullam complexionem dicuntur. aut substantiam significat aut quantitatem. aut qualitatem aut ad aliquid aut ubi. aut quando. aut situm. aut habitum. aut facere. aut pati. [17.] A'lliu éinluzziu uuórt. pezéichenent ételih tírro genámdôn zéeno. i. uuáz iz sî uuîo michel. uuîolih. ze éte-uuíu. uuâre. uuénne. kelégeni. anabábid. tûon. dólên.

Est autem substantia quidem ut figuraliter dicatur homo equus.

---

[1] Ist ô getilgt in ó.   [2] Ist i getilgt in í.

Substantia ist specialiter zeságenne . ménnisco únde rós . Quantitas . ut bicubitum . tricubitum . zuéielnig trieluig . Qualitas ut album . Ad aliquid ut duplum . Ubi ut in loco . Quando ut heri . Situs ut sedet iacet . Habere ut calciatus armatus . Facere uero ut secare urere . Pati ut secari uri . Tíz sint generalissima genera . i . tíu érchenòstin genera . tísiu sint tíu oberóstin . tísiu sint échert genera . tíu únder in sint . tíu múgin béidiu sîn genera ióh species . Tisiu zéeniu stiez ér beuóre ze‿uíeren . Uuéliu sint tíu úieriu? Substantia . accidens . uniuersale . particulare.

17. QUID HÆC SINGULA CONIUNCTA SIGNIFICENT .

Singula igitur eorum quæ dicta sunt . ipsa quidem secundum se in nulla affirmatione dicuntur . Tisiu díu nù genémmet sint . [18.] tíu netúont túrh sih éinluzziu nehéina uéstenúnga .

Horum autem ad se inuicem complexione affirmatio sit . A'ber uóne in zesámene gelégetên . uuirdet féstenunga .

Uidetur enim omnis affirmatio uel falsa esse uel uera . A'lliu uéstenunga sól benôte sîn . lúkkiu álde uuáriu .

Eorum autem quæ secundum nullam complexionem dicuntur . neque uerum quicquam . neque falsum est . Tiu áber súnderígo gespróchen uuérdent . tíu nesint uuár nóh lúgi . Ut homo album currit .

U'nz hára ságeta er geméinlícho uóne állên prædicamentis . nù ságet er uóne demo èristîn . dáz ist substantia . únde uóne iro skídungo .

18. DIUISIO SUBSTANTIARUM IN PRIMAS ET SECUNDAS .

Substantia autem est . quæ proprie et principaliter et maxime dicitur . quæ neque de subiecto prædicatur neque in subiecto est . Tiu heròsta substantia . únde díu mit méisten réhte sô héizit . táz ist tíu . díu gespróchen ne uuírdet fóne demo únderen . nóh án imo neliget . uuánda sî ist tíu nideròsta . fóne déro die óberen substantiæ gespróchen uuérdint . tie secundæ héizint . unde si trégit álliu accidentia . [19.] Tánnán héizet si substantia . a subtus stando . Ut aliqui homo . uel aliqui equus . Sô éin ménnisco íst . álde éin rós .

Secundæ substantiæ sunt species . in quibus speciebus insunt illæ substantiæ . quæ principaliter dicuntur . ut aliquis homo in specie quidem est in homine . Species sint tie ánderin substantiæ . in dien áber éne sint petán . tie éristin . die ánasihtigen . sò éin ménnisco ist .

Hæ s. species et harum specierum genera . Tisiu species in dien primæ substantiæ petán sint . unde iro genera dáz sint secundæ substantiæ .

Animal uero genus est speciei . i. hominis . Táz ist genus in démo diu species pegriffen sint . álso animal begrífet hominem .

Secundæ ergo substantiæ dicuntur . ut homo atque animal . Homo unde animal tiu in uernúmfte sint . áne gesiht . tiu héizint mit réhte secundæ substantiæ . Úbe primæ ne uuárin secundarum negeúuôge nîoman .

---

19. QUOD UNIUOCE PRÆDICANTUR SECUNDÆ SUBSTANTIÆ DE PRIMIS. ACCIDENTIA UERO ÆQUIUOCE.

Manifestum est autem ex his quæ prædicta sunt . quoniam eorum quæ de subiecto dicuntur . necesse est et nomen et rationem de subiecto prædicari . Nú skínet uuóla uóne dien uóre geságetên . tén námin . unde dia diffinitionem secundarum substantiarum . die de subiecto héizint . pe‿nôte gespróchen uuérdin uóne primis substantiis . tíe iro subiecta sínt . Ut homo dicitur et prædicatur de aliquo subiecto homine . [20.] s. ut cicero est uel cato .

Hominem namque . s. communem . de aliquo prædicabis . s. indiuiduo ut est cato . Tú sprichist îo daz appellatiuum . uóne demo proprio .

Ratio quoque hominis . de aliquo homine prædicatur . Diffinitio appellatiui hominis . uuírdit oúh gespróchen . fóne demo proprio homine . Quidam enim homo et homo est . Cicero ist homo álso ér héizit .

Quare nomen et ratio prædicabitur . de subiecto . Uóne diu uuirdit péidiu . íoh nomen íoh diffinitio primæ substantiæ gespróchen uóne secunda . únder déro námin si stát . Sò man chît uóne cicerone . hic homo rhetor est . sò ist ér écchert kehéizen homo . Sò man áber chît cicero ist homo . sò ist ér geságet oúh uuésin homo . Fóne diu sint primæ substantiæ secundis uniuocæ .

Eorum uero quæ sunt in subiecto . in plurimis quidem neque nomen de subiecto . neque ratio prædicatur . A´ber dero accidentium námo . náh állero . unde iro diffinitio . ne uuírdit nieht gespróchen fóne prima substantia . tiu iro subiectum ist .

In quibusdam uero nomen quidem nihil prohibet prædicari . rationem uero impossibile est . Tér namo sûmelichero accidentium mág iz sîn . diffinitio niomer .

Ut album . i. albedo cum in subiecto sit corpore prædicatur de subiecto . Dicitur enim corpus album . Album héizit man béidiu . ioh sélba dia uáreuua . ioh tia sácha án déro sî ist .

Ratio uero albi nunquam de corpore prædicabitur . [21.] A'n démo sî áber ist . táz ne chit nioman uuésin táz sî ist . Fóne díu héizit táz equiuocatio .

---

20. PRIMAS SUBSTANTIAS OMNIBUS CÆTERIS DARE UT SINT.

Cetera uero omnia . s. quæ præter primas substantias sunt . aut de subiectis eis dicuntur . i. primis substantiis . aut in subiectis eis sunt . A'l dáz tir ist áne primas substantias . táz uuirdet kespróchen uóne in . álso secundæ substantiæ tûont . álde síu ligint án ín . sô accidentia tûont .

Hoc autem manifestum est ex his . s. exemplis quæ per singula proponentur . Táz skinet uuóla án dien exemplis . tiu dés sâr súnderigo gegében uuérdent . i. súnderigo uóne secundis substantiis . unde súnderigo uóne accidentibus .

Ut animal de homine prædicatur . Táz ist tiz éina exemplum . Nam si de nullo aliquorum hominum . nec omnino de homine . Neuuúrte animal uóne catone gespróchen . sô neuuúrte iz uóne homine gesprochen .

Rursus color in corpore est . Ergo et in aliquo corpore . Táz ist táz ándera exemplum . Nam si non in aliquo singulorum nec omnino in corpore . Neuuâre diu uáreuua án éinluzzemo dinge . sô din súnna ist . sô neuuâre si án nehéinemo dinge .

Quare alia omnia aut de subiectis principalibus substantiis dicuntur . aut in subiectis eis sunt . A'l dáz tir ist áne dia primas substantias . táz uuirdit kespróchen uóne in . álde ligit án in . únde in in .

Non ergo existentibus substantiis . [22.] s. primis . impossibile est esse aliquid aliorum . A'ne sie nemág ánderis nieht sin . Omnia enim alia aut de subiectis eis dicuntur . aut in subiectis eis sunt . A'l dáz ánder . hábit námin uóne in . álde sizzet án in . U'be primæ substantiæ neuuârin . secundæ neuuârin . accidentia neuuârin . Sie sint únder tán secundis substantiis . iro námin trágendo . únde úndertân accidentibus sin sélben trágendo .

21. DE DIFFERENTIA SECUNDARUM SUBSTANTIARUM.

Secundarum uero substantiarum . magis substantia est species quam genus . Species íst hartor substantia tánne genus .

Propinquior est enim primæ substantiæ . Táz íst uóne diu . uuánda iz nábor stât tero érchenóstûn substantiæ .

Si enim primam substantiam quid sit quis assignet . euidentius et conuenientius assignabit . speciem proferens quam genus . U'be diz éinluzza díng iôman zéigôt . tér zéigôt iz páz mit specie tánne mit genere .

Ut quendam hominem assignando manifestius assignabis hominem assignando quam animal . A'lso du catonem báz zéigôst . hominem némmindo . tánne animal .

Illud quidem proprium magis alicuius est hominis . hoc autem communis . E'niu zéiga . i. homo . tíu íst catonis . Tísiu . i. animal . tíu íst hominis .

Et cum aliquam arborem reddideris . manifestius assignabis cum arborem assignabis quam arbustum . Zéigôst tû uuáz éin réba si . táz tùost tû báz póum chédendo . tánne dáz in érdo stât . An érdo stât óuh chrûit unde spréid . [23.]

Amplius Ferním nóh mêr .

Primæ substantiæ propterea quod aliis omnibus subiacent . et alia omnia de his omnibus prædicentur . aut in eis sunt . idcirco maximæ substantiæ dicuntur . Primæ substantiæ héizint mit méisten réhte substantiæ . fóne diu dáz sie állero dingo stóllin sínt . únde álliu ding kespróchen uuérdint fóne ín . sô secundæ substantiæ tûont . álde án in sínt . sô accidentia sínt . Sicut autem principales substantiæ ad alia omnia se habent . sic et species ad genus se habet .

Subiacet enim species generi . Species ligit únder genere . álso prima substantia únder ín béidén ligit . únde nóh tánne sub accidentibus .

Genera namque de speciebus prædicantur . species autem de generibus non conuertuntur . Animal sprichit man uóne homine . Homo neuuírdit kespróchen uóne animali .

Quare et ex his species est magis genere proxima substantiæ . Tánnan skînet oúh . táz homo nábor stât primæ substantiæ . i. catoni dánne animal .

Ipsarum uero specierum . quæcunque non sunt genera . nihil magis alia ab alia substantia est . Téro specierum díu genera nesínt . i. tíu ében nâh stánt primæ substantiæ . téro nehéin neíst mêr substantia . dánne dáz ánder .

Nihil enim familiarius assignabis de aliquo homine hominem assignando . quam de aliquo equo equum. Tû ne sprichist nieht quis-sôr hominem uóne catone. dánne rós uóne rhebo. [24.]

Similiter autem et principalium substantiarum. nihil magis alterum altero substantia est. Tero éin-luzzon substantiarum neist óuh ne-béin hártor substantia. dánne diu ánderiu.

Nihil enim magis aliquis homo substantia est. quam aliquis bos. Cato neist nieht hártòr substantia. dánne sîn óhso.

Merito ergo post principales sub-stantias. solæ aliorum omnium di-cuntur species et genera secundæ substantiæ. Mit réhte héizent spe-cies et genera ándere substantiæ. náh tien éristên. álles tés man ge-némmen mág âne sie. i. âne die éristen. s. uuánda accidentia ne-múgin héizen substantiæ. Solæ enim hæ indicant principalem sub-stantiam eorum quæ prædicantur. Sie éinen zéigont primam substan-tiam. s. âne diu accidentia.

Aliquem enim hominem si quis assignauerit quidem. speciem qui-dem quam genus assignando fami-liarius monstrabit. et manifestius faciet hominem assignando quam animal. Catonem zéigot man báz mit homine dánne mit animali. i. páz mit specie. dánne mit ge-nere.

Aliórum uero quicquid assignu-uerit quilibet. assignabit extranee. So uuáz foman ánderis sprichit fóne catone. dáz tûot ir missenémen-do.

Uelut album aut currit. aut quod-cunque talium reddens. Álso dér missenímet. tér in héizet album álde currit. álde ícht témo gelî-chis.

Ergo merito hæ solæ substantiæ dicuntur. [25.] Pedíu héizent éc-chert tíe substantiæ. die primæ sint álde secundæ.

Amplius. Primæ substantiæ. propterea quod aliis omnibus sub-iacent. id-circo propriæ substantiæ dicuntur. Quibus omnibus? Se-cundis substantiis et accidentibus. Secundæ substantiæ ligint óuh ún-der dien accidentibus. uuánda pri-mæ únder in ligint. U'be cato ún-de cicero. únder in ne lâgin. nóh homo nelâge. Netrúegin sie siu. sô netrúege sie homo. Netrúege siu homo. unde ánderiu species. sô equus ist unde bos. nóh animal netrúege siu. Secundis chúmit iz uóne primis. Nah primis tie siu ze-uórderôst trágent. trágent siu óuh secundæ in secundo loco. Pe-díu sint îo primæ. úndertán ze-érist. U'nde sélbên dien únder tânen secundis. sint primæ únder-tan. Fóne diu chidit ér nú uóne in. propriæ dicuntur substantiæ. peuóre chád ér maximæ. dicuntur substantiæ. i. uuánda sie trágent. únde sint úndertrágentên. pedíu ist in dér námo éigen. táz sie sub-stantiæ héizent.

Sicut autem primæ substantiæ ad alia omnia se habent . i. ad accidentia . ita species et genera principalium substantiarum . ad reliqua omnia se habent . s. iterum ad accidentia. A´lso primæ substantiæ stânt únder accidentibus . so stânt óuh secundæ .

De his enim . i. primis et secundis reliqua omnia prædicantur . s. iterum accidentia. Uuánnán máhtin qualia únde quanta gespróchen uuérden âne uóne ín .

Ideo sequitur. Aliquem enim hominem dicis grammaticum esse . ergo et hominem et animal grammaticum dicis. [26.] Aristarchum chídis tû uuésin grammaticum . sô tûost tû óuh hominem únde animal . Táz ist quale . I´st óuh aristarchus bipedalis táz ist quantum . sô ist óuh homo bipedalis . unde animal bipedale . Similiter autem et in aliis . s. qualibus et quantis .

---

22. QUOD COMMUNE SIT SUBSTANTIIS . IN SUBIECTO NON ESSE.

Commune est autem omni substantia in subiecto non esse . A´llén substantiis ist keméine . neuuésin án demo únderin . s. uuánda sie accidentia nesint.

Prima enim substantia . nec de subiecto dicitur . nec in subiecto est . Tiu nideròsta substantia ne habit únder íro ándera . fóne déro sî uuérde gespróchen . nóh sî neligit án ánderro .

Constat uero etiam sic quidem . quia nulla secundarum substantiarum est in subiecto . Tánnán skinet táz nehéin secunda in subiecto neligit . s. uuánda prima neligit .

Et enim homo de subiecto quidem aliquo homine dicitur . in subiecto nullo est . Táz éina hábit homo âne daz ánder . kespróchen uuírdit ér fóne demo únderin . áber án imo neíst ér .

Neque enim homo est in aliquo homine . Nóh homo neíst án cicerone . E´r ist sélber homo .

Similiter autem et animal de subiecto quidem dicitur aliquo homine . non est autem animal in aliquo homine . Animal hábit óuh táz éina . I´z uuírdit kespróchen uóne cicerone . iz neist áber án ímo . Cicero trégit iro námin ér ne-trégit sîe sélben . Sîu uuérdent fóne imo prædicati náls portati . [27.]

Amplius. Ferním io nóh . s. uuîo substantiæ geskéiden sîn . uóne dien diu in subiecto sint .

Eorum quæ sunt in subiecto . nomen quidem de subiecto aliquotiens nihil prohibet prædicari . rationem uero impossibile est . Secundarum uero substantiarum de subiectis ratio prædicatur et nomen . Téro námo . diu in subiecto sint . i. accidentium . mág uuóla uuilon gegében uuérden demo subiecto. sô album tûot álbo. diffinitio niomer. A'ber dér námo. únde diu diffinitio secundarum substantiarum. tie dóh kelih sint témo in subiecto. tiu uuérdint péidiu gegében iro subiecto. i. primæ substantiæ.

Rationem uero hominis et animalis de aliquo homine prædicabis. Diffinitionem hominis únde animalis sprichist tû uóne cicerone. Sensatum corpus. ist iro állero diffinitio.

Quare non erit substantia eorum quæ sunt in subiecto. Sensus est. Prima substantia diu neist in subiecto. nóh kelih temo in subiecto. Tóh áber secunda hábe geméine subiectum mit accidentibus tiu der héizint in subiecto. únde imo dâr ána gelih si. si neist tóh nieht in subiecto. Pediu neist nehéin substantia in subiecto. Tísa réda tûot ér nû sûochendo proprium substantiæ. A'llero dingolih pechnáet man to uóne sinemo proprio. E'r hábiti iz nû uúndin. úbe iz fúrder ne rúhti. Ideo sequitur.

---

23. QUOD NON SOLI SIT SUBSTANTIÆ. IN SUBIECTO NON ESSE. [28.]

Non est autem hoc substantiæ proprium. sed et differentiæ. illud est quod in subiecto non est. Táz ne-

mág nieht éigin sîn substantiæ. dáz si án demo únderin neist. uuánda iz óuh ist differentiæ.

Bipes enim et gressibile de subiecto quidem dicitur homine. in subiecto autem nullo est. Fóne homine uuirdit kespróchen to uuederiu differentia. bipes ióh gressibile. I'ro námin trégit er. sîa sélbûn ne-trégit ér. Fóne démo si uuirdit kespróchen. án démo neist si.

Non enim in homine est bipes neque gressibile. A'n homine neist bipes nóh gressibile. ér ist iz sélbo.

Ratio quoque differentiæ de eo dicitur. de quo ipsa differentia prædicatur. Fóne démo si gespróchen uuirdit. fóne démo uuirdit óuh iro diffinitio gespróchen.

Uelut si gressibile de homine dicatur. et ratio gressibilis de homine prædicatur. Uuirdit tér námo differentiæ gespróchen uóne homine. i. gressibile. sô uuirdit óuh iro diffinitio gespróchen uóne imo. Gressibilis diffinitio ist. quod per terram pedibus ambulat. Táz ist homo. Ideo sequitur. Est enim homo gressibilis.

Non nos uero conturbent substantiarum partes. quæ ita sunt in toto quasi in aliquo subiecto. ne forte cogamur aliquando confiteri. eas non esse substantias. U'nsih nesúlin trîegin. téil án állemo stándiu. sámo so siu accidentia sîn.

nals substantiæ. Uuárin sie accidentia. sô ne uuárin sie partes tero substantiæ. [29.] Hóubit únde hénde sint tes lichámin téil. sô sint óuh ëste des póumis. uuénde des húses. pedíu sint kelicho substantiæ partes unde totum.

Non enim sic dicebantur esse ea quæ sunt in subiecto. ut quasi partes essent. Accidentia ne-chád nîoman uuésin partes subiecti.

---

24. ITEM QUID NON SIT SOLI SUBSTANTIÆ SED ET DIFFERENTIÆ.

Inest autem substantiis et differentiis. ab his omnia uniuoce prædicari. Substantiis. s. secundis únde differentiis ist keméine. uóne iro subiectis kespróchen uuérdin uniuoce.

Omnia enim quæ ab his prædicata sunt aut de indiuiduis prædicantur aut de speciebus. Ál dáz tû uóne in chist. táz chist tû fóne iro únderên.

A prima namque substantia nulla prædicatio est. De nullo enim subiecto dicitur. Cato nehábit únder imo nehéin subiectum. fóne démo ér múge gespróchen uuérdin.

Secundarum uero substantiarum. species quidem de indiuiduo prædicatur. Fóne imo uuírdit homo gespróchen.

Genus autem de specie et de indiuiduo. Animal uóne béidên ióh homine ióh catone.

Similiter autem et differentiæ. de speciebus et de indiuiduis prædicantur. Gressibile chit man óuh fóne béidên. ióh homine ióh catone. Táz ist tiu éina prædicatio. i. nominis.

Rationem quoque suscipiunt primæ substantiæ specierum et generum. et species generis. Cato dér ze únderôst ligit. hábit diffinitionem déro óberôn. [30.] i. hominis et animalis. Uuánda ér ist substantia animata sensibilis. Sô hábit óuh homo animalis. táz ist tiu sélba. Tia dù chist fóne démo óberin. dia chist tû uóne demo únderin.

Similiter autem et differentiarum rationem suscipiunt species et indiuidua. Homo únde cato díu sínt táz. quod pedibus per terram potest ambulare. Táz ist diffinitio gressibilis. Táz ist tiu gemácha prædicatio. i. diffinitionis.

Uniuoca autem erunt quorum et nomen commune est et ratio. Tiu sint to uniuoca. diu béidiu geméine hábint. nomen ióh rationem. i. diffinitionem.

Quare omnia quæ a differentiis sunt et substantiis. uniuoce prædicantur. Fóne díu uuízist. so uuáz man chîd uóne substantiis secundis. unde differentiis. táz uuésin geméine. in únde iro subiectis.

Uuîzist óuh differentiam sâmint uuésin . substantiam ióh accidens . unde ne-uuéder dúrh sih .

---

25. ITEM QUOD INEST SUBSTANTIÆ . SED NON OMNI .

Omnis autem substantia uidetur hoc aliquid significare . Mánne dúnchit io substantia éin ding bezéichenen .

Et in primis quidem substantiis . indubitabile et uerum est . quoniam aliquid hoc significat . Indiuiduum enim et unum est numero quod significat . A´n catone únde án cicerone . ist iz qúisso uuár . dáz si éin bezéichenet . I´ro iouuéderis námo bezéichenet éin éinluzze ding únde únspaltig .

In secundis substantiis uidetur quidem similiter appellationis figura hoc aliquid significare . [31.] quando quis dixerit hominem uel animal . non tamen uerum est . sed quale aliquid significat . A´n homine unde animali mág mánne dúnchin . uóne déro gelichi dés éinlúzzen námin . táz siu bezéichenén éinlúzze ding . taz neist uuár nieht . siu bezeichenint mèr uuiolih ding .

Neque enim unum est quod subiectum est . s . secundæ substantiæ . quem ad modum prima substantia . s . unum est . sed de pluribus homo dicitur et animal . Táz fóne mánegèn gespróchen ist . ut homo et animal . táz neist éinlúzze nieht . só cato ist . Tiu communio . dáz ist qualitas . Non autem simpliciter qualitatem significat . s . secunda substantia . quem admodum album .

Nihil enim aliud significat album . quam qualitatem . Homo únde animal ne-bezéichenent nieht . so bárlicho uuiolichi . só uuizi tûot . Uuîzi ne bezéichenet nieht . âne uuiolichi .

Genus autem et species circa substantiam qualitatem determinant . Homo únde animal sézzent iro qualitatem úmbe dia substantiam . i . úmbesézzent . únde úmberingint mite dia substantiam .

Quale enim . s . hominis et animalis . quandam substantiam significat . I´ro uuiolichi bezéichenit substantiam . s . tiu án iro subiectis ist . Si neist nieht só getán só diu bára . díu ligit án dero substantia . disiu úmbe gát sia . So getán qualitas . héizit substantialis qualitas .

Plus autem in genere quam in specie determinatio fit . [32.] Dicens enim animal plus complectitur quam hominem . Mit animali unirdit uuitòr gemárchôt . tánne mit homine . Tiu márcha gát úmbe álliu lébendiu . únz tára ne márchôt homo nieht . E´niu communio ist mèra dánne disiu . Nóh neist io nieht fúnden proprium substantiæ . Pedíu sûochet ér iz io nóh .

---

26. ITEM QUOD INEST OMNI SUBSTANTIÆ. NON AUTEM SOLI.

Inest autem substantiis . et nihil illis esse contrarium . Primæ enim substantiæ quid erit contrarium? Ut alicui homini nihil est contrarium . At uero nec homini nec animali nihil est contrarium . A'llên substantiis ist keméine uuésin âne uuideruuártin . Uuáz mág catoni sîn uuideruuártig . únde homini únde animali? Tiu héizint contraria . tíu uóne éinemo úrspringe chómeniu . i. uóne éinemo genere . állero dingo úngolichesten sint . unde uérristin . únde éin ánderiu tilegónt . A'lso lib únde tôd . téro genus ad aliquid ist únde uuîz únde suárz . tero genus qualitas ist . Tíu nemúgin sâmint sîn . uuánda iro natura uuideruuartig ist . Sólih neist substantia nieht .

Non est autem hoc substantiæ proprium . sed etiam multorum aliorum ut quantitatis . Tíz neist io nóh nieht úreiche substantiæ . iz ist óuh quantitatis únde ánderro dingo .

Bicubito enim nihil est contrarium . At uero nec decem . nec alicui talium . Táz zuéio élnôn láng álde bréit ist . [33.] álde dríero . álde uiero . uuáz mág témo uuidere sîn? A'lde sélbero zálo . so zeèniu ist . únde zuéinzig?

Nisi quis forte multa paucis dicat esse contraria . Uel magnum paruo .

E'teuuer ne-stríte . mánigiu den únmánigên . micheliu den lúzzelên uuideruuálôn . Táz sì so uuio iz sì .

Determinatorum uero nullum nulli est contrarium . Téro guíssotôn neist io nehéin ándermo uuideruuártig . U'mbe die úngeuuissotôn mág man striten . tíu nieht úreichis nesint quantitatis . tíu échert quantitatis sint . tíu ne-mág nioman gezíhen dero uuideruuartigi .

---

27. ITEM QUOD INEST NON SOLI.

Uidetur autem substantia non suscipere magis et minus . Substantia nemág mêr nóh minnera sîn dáz si ist . s. zéinemo mâle dánne ze ándermo .

Dico autem hoc . non quia substantia non est a substantia magis et minus . Hoc autem dictum est quia est . I'h neuersâgo nieht . éin substantia nesì hártôr substantia dánne ánderiu . Uuánda ih tés keiegen hábo . s. sô prima ist hártôr dánne secunda .

Sed quoniam unaquæque substantia . hoc ipsum quod est . non dicitur maius et minus . Súnder dáz éin substantia . dáz sì ist zéinemo mâle . dáz mêr neist . dánne ze ándermo . Ut est hæc substantia homo . A'lso cato ist .

Non est magis et minus homo. neque ipse. neque alter ab altero. E′r neuuírdit níomer mêr ménnisko álde minnera. Nóh ér ímo sélbemo. nóh ánderêr ímo. [34.] Cicero ne-uuírdit níomer mêr nóh minnera homo álde substantia. dánne cato.

Non enim est alter altero magis homo. sicut album altero magis album. et bonum alterum altero magis bonum. Sô uuîz ándermo. uuízera uuírdit. únde gûot ándermo bézzera uuírdit. sô neuuírdit níomer ménnisko. ándermo hártôr ménnisko.

Sed et ipsum a se magis et minus dicitur. Ut corpus cum album sit. magis album esse dicitur quam prius. Et cum calidum sit. magis et minus calidum dicitur. Iôh uuîz sélbiz uuírdit mêr únde min. A′lso uuîz tûoh uuízera uuírdit. tánne íz êr uuâre. U′nde uuárm uuazer uuármera uuírdit. íoh chálter uuírdit. tánne íz êr uuâre.

Substantia uero non dicitur. s. se ipsa magis et minus. Substantia ne-lídit tés nieht. taz sí uuérde mêr álde min. dánne si êr uúas.

Neque enim homo. magis nunc homo quam prius dicitur. Neque aliorum quicquam quæ substantiæ sunt. Mennisko nehéizit to nú nieht mêr ménnisko. dánne êr. Nóh téro dingo nehéin. die substantiæ sínt.

Quapropter non recipiet substantia magis et minus. Pedíu nemág substantia mêr uuérden alde min dáz sî ist. Nóh circulus nemág nóh duplum. nóh triangulum. unde ándere quantitates. Tes hábit aristotiles fersuíget uuánda iz álechúnd ist. Fóne díu uuírdit to nóh ze-súochenne proprium substantiæ.

---

28. ITEM QUOD OMNI ET SOLI.

Maxime autem substantiæ proprium uidetur esse. quod cum idem et unum numero sit contrariorum susceptiuum est. [35.] Taz quíssista súnder-zéichen substantiæ ist táz. táz sî éin uuésintiu. zuéi án sih némen mág uuíderuuartígiu.

Et in aliis quidem quæcunque non sunt substantiæ. non habebit quis quid proferat. quod cum unum sit numero susceptibile contrariorum est. A′n dien accidentibus nemág níoman dáz eruáren. dáz éin uuésende zuéi án sih néme uuíderuuártigiu.

Uelud colorum quod est idem et unum numero. non erit album et nigrum. Neque eadem actio et una numero. erit praua et studiosa. A′lso éin uáreuua ne mág uuésin uuîz unde suárz. Nóh éin tât. kûot unde úbel.

Similiter autem et in aliis quæ non sunt substantiæ. A′lso ist iz án dien ánderen accidentibus.

Substantia uero cum unum et idem sit numero . capax contrariorum est . Substantia éiniu . mág trágen zuéi uuíderuuartigiu .

Ut quidam homo . cum unus atque idem numero sit . aliquando quidem sit niger . aliquando albus . et calidus et frigidus . prauus et studiosus . Álso cato uuésin mág ze-érist uuíz . unde dára náh suárz . únde uuilôn uuárm . únde uuilôn cháld . uuilôn réht uuilôn únreht .

In aliis autem nullis aliquid tale uidetur . Án dien accidentibus ne-uindest tu nieht sóles .

---

29. NON SIC ORATIONEM ET OPINIONEM CONTRARIIS MUTARI SICUT SUBSTANTIAM.

Nisi forte quis obponat orationem et opinionem esse huiusmodi . [36.] Mán ne chéde réda . únde uuán . sô getán uuésin .

Eadem enim oratio et eadem opinio . uerum et falsum esse uidetur . Uuánda éina réda . unde éinen uuán . uíndet man béidiu uuésin . uuár ióh lúgi .

Ueluti si uera sit oratio sedere quendam . surgente eo falsum erit . Álso dánne geskíhet . ube uuár ist ze-spréchenne . dáz éin mán sízze . únde iz sár lúgi ist . sô ér úf stát .

Similiter autem et de opinione . Umbe den uuán sô sámo .

Si quis enim uere opinari . uel placere sibi putet sedere aliquem . surgente eo falsa uidetur ei idem habenti de eo placitum . So uuér uuánin uuile dánne iz uuár ist . táz éin mán sízze . stát ér úf . uuánit ér is tánne nób . so triugit in der uuán .

Sed etsi quis hoc suscipiat . sed tamen modo differt . Uuile oúh táz ioman sô uernémen . unde uúre-gelih hában . sô negát iz tóh nieht kelícho .

Nam ea quæ in substantiis sunt ipsa motata susceptibilia sunt contrariorum . Frigidum enim de calido factum . motatum est . Alterum enim factum est . Et nigrum ex albo . et studiosum ex prauo . s. motatum est . et alterum factum est .

Similiter et in aliis . s. substantiis . unum quid motationem suscipiens est susceptibile contrariorum . Sô die substantiæ síh uuéhselônt . sô nément sie án sih . álde in síh contraria . Cháltiu sácha uuárm uuórteniu . hábit síh keuuéhselôt . únde ist uuórten ánderiu . Únde suárz sacha uuíz uuórteniu . [37.] hábit sih ál geuuéhselôt . Sô uérit iz úmbe éina io uuélea substantiam . dáz si sih uuéhselondo . inpfáhet contraria .

Oratio autem et placitum . ipsa quidem inmobilia omnino perseuerant . Áber réda unde uuíllo . netûont nieht sô . Síu stánt únueruuéhselòt sélbin. Uuàr únde lúgi. neuuehselònt sih nieht. sô uuîz únde suárz tônt tia substantiam.

Cum res mouetur contrarium circa eam fit. Oratio namque permanet eadem. eo quod sedeat aliquis. Sò der sizzendo ûf stât. sò skînet án imo. der uuéhsil. dóh tíu réda úngeuuéhselòt sî. tiu dir chît. dáz er sízze.

Cum uero res mota sit. aliquando falsa fit. s. oratio. U'be man sízzet. álde stât. unde sih sô uuéhselòt. sô uuirdit sî úngeuuehselòtiu. uuàr álde lúgi.

Similiter autem et in placito. Sô uérit iz óuh án demo uuàne.

Quapropter modo solius proprium substantiæ est. eo hoc est id quod secundum suam motationem capabilis sit contrariorum. Pediu ist iz échert éinero déro substantiæ. dáz sî sih uuéhselòndo. infáhen mág zuei contraria.

30. ORATIONEM ET OPINIONEM CONTRARIETATIS NON ESSE SUSCEPTIBILEM.

Si quis autem etiam hæc recipiat. placitum et orationem dicens susceptibilia esse contrariorum. non est uerum hoc. U'be iz óuh îoman sô háben uuile. daz oratio unde placitum. i. opinio. án sih némen contraria. [38.] dóh siu sih neuuéhselôen. táz neist îo uuàr nieht.

Oratio namque et placitum non in eo quod ipsa aliquid recipiant. contrariorum susceptibilia esse dícuntur. sed eo quod circa alterum aliqua passio facta sit. Uuán únde réda dóh man siu héize contraria. dáz neist îo bedíu nieht táz siu in-sih îeht kenémen mugin. núbe uóne diu. dáz diu substantia éteuuáz lídit. s. uuideruuartigis.

Nam in eo quod res est aut non est in eo etiam oratio uera. uel falsa dicitur. non in eo quod ipsa capabilis sit contrariorum. Also îo diu substantia ist. álso uuirdit tiu réda uuáriu álde lúkkiu. si nelídet îo sélbiu nieht.

Simpliciter autem a nullo. s. contrariorum. neque oratio neque placitum. Quapropter non erunt susceptibilia contrariorum cum nulla in eis passio facta sit. Túrh sih ne infíndit níemer uuán únde réda. déro uuideruuártigòn. Fóne diu skînet. dáz siu iro nieht infáhen ne-múgin. nóh líden nemúgin.

Uerum substantia in eo quod ipsa contraria recipiat. in hoc susceptibilis contrariorum esse dicitur. A'ber substantia diu síu. i. contraria nímit án sih. tiu hábit tén námen mit rébte.

Languorem enim et sanitatem suscipit. et candorem et nigredinem. Et unum quid talium ipsa suscipiendo. contrariorum susceptibilis esse dicitur. Si uuírdit siéhc únde gesúnt. uuíz únde suárz. Únde déro ío ételîh an-sih lábende. [39.] héizet sî mit réhte. diu ánanémiga déro contrariorum.

Quare erit proprium substantiæ quod cum idem et unum numero sit. secundum suam motationem. contrariorum est susceptibilis. Fóne diu ist táz úreiche substantiæ. dáz sî sih uuéhselónde. contraria inpfáhen mág. De substantia quidem hæc dicta sint.

---

31. EXPLICIT DE SUBSTANTIA.

Uuîo mág man diutin substantiam unde accidens? Súmeliche chédint substantia. dáz ter ist. accidens dáz ter mite ist. Súmeliche chédint substantiam uóne uuésinne uuist. accidens miteuuist. Súmeliche chédint substantiam éht. quod intelligitur íeht. i. aliquid. accidens mit éhte. Uidetur autem esse compositum. íeht et eius negatio níeht. quod integre dicitur éin éht. únde nehéin éht. Sicut et corrupte dicitur íouuíht. et eius negatio níouuíht. De omni namque re uuîht dicitur. Interrogamus enim dicentes ist tár íouuíht? quasi diceremus ist tár éinuuíht. i. aliquid. Respondemus quoque níouuíht. i. nehéin uuíht. Unum ergo significant íouuíht únde íeht. et item níouuíht únde níeht. De homine quoque dicitur úbiluuíht. póseuuíht. Ergo. uuíht. éht. íeht. uuíst. taz ist. substantiam significant. Conuenientius tamen uidetur substantiam et accidens dicere. uuíst. únde mite-uuíst. Quid autem genus et speciem? Dicamus si placet genus taz keméina. species taz súnderíga. [40.] In historiis lectionibus solemus interpretari genus chúnne unde sláhta. specie bilde unde skóni. únde ánasíht. Facile autem intellegitur generalissimum genus tantum genus esse. et specialissimam speciem tantum speciem esse. genus autem subalternum utrumque esse genus et speciem. Idcirco dicamus genus generalissimum. állero generum érchenósta. et speciem specialissimam állero specierum érchenósta. subalternum uero genus éin genus únder ándermo. Transire quoque possumus in legendo. eorum interpretationem quorum patet intellectus et significatio. Maxime si eorum est laboriosa interpretatio. Sicut et latini angelos. et archangelos. cherubim. et seraphim. patriarchas. et prophetas. quæ greca nomina sunt. in usu habent. Nec eorum alibi quam in expositionibus interpretationes legunt. Transire úberhéuen. In usu habent prúchent.

INCIPIT DE QUANTITATE.

32. PRIMA DIUISIO.

Quantitatis aliud quidem est continuum . aliud discretum. Súmeliche quantitates hábint sih zesámine . súmelíche sint únderskéidin .

33. SECUNDA DIUISIO.

Et aliud quidem constat ex suis partibus . habentibus positionem ad se inuicem . aliud autem ex non habentibus positionem . Únde súmeliche bestánt fóne iro stúcchin . éin ánderên étenuio ligendên . súmeliche fóne únligendên .

34. QUÆ IN PRIMA DIUISIONE SINT DISCRETA . ET CONTINUA . [41.]

Est autem discreta quantitas ut numerus et oratio . Continuum uero linea superficies corpus . Amplius autem præter hæc . tempus et locus . Tíu únderskeidena quantitas . táz ist zála únde réda . Tíu sih zesámine hábet . táz ist ter réiz . únde díu óbeslihti . únde díu héui . Únde nóh tánne áne díu zit . únde stát .

35. RATIO DE DISCRETIS .

Partium etenim numeri . nullus est communis terminus ad quem copules particulas eius . Tíu téil dero zálo . nehábint nehéina geméina márcha . tíu siu zesámine héfte .

Ut quinque et quinque . si est ad decem particula . Also finuiu . únde áber finuiu . zesámene neháftênt . úbe díu téil zêniu máchônt . i. úbe denarius tar=ûz uuírdit .

Ad nullum communem terminum copulat . i. copulantur . quinque et quinque sed semper discreta et separata sunt . Nehéin geméine márcha nehéftit zesamine finuiu únde áber finuiu . siu sint iomer geskéiden .

Quare numerus discretorum est . Fóne díu ist io numerus únderskéidin .

Similiter autem et oratio discretorum est . Oratio ist óuh únderskéiden .

Quia et quantitas est oratio . manifestum est . Mensuratur syllaba breuis et longa . Táz oratio quantitas ist . dáz skínet án déro mázo dero syllabarum . dia man lánge héizet únde chúrze . s. uuánda láng únde chúrz quantitates sint . táz fóne dien bestát . táz ist óuh quantitas .

Dico autem cum uoce orationem prolatam . [42.] I'h méino día gespróchenun orationem . s. Nemísse uáh nieht án demo uuórte . Uuánda

logos pezéichenit apud grecos pê-
diu . rationem ióh orationem. A´lso
oúh tûot réda in diutiscun.

Ad nullum enim communem ter-
minum particulæ eius copulantur.
Partes orationis nebindit nehéin ge-
méine márchunga zesámine. Non
enim communis terminus est . ad
quem syllabæ copulantur . sed una-
quæque diuisa est . ipsa secundum
se ipsam. Tû neuíndest nehéina
márcha geméina tiu zesámine héfte
die syllabas tie partes orationis
sint. Sie sint álle geskéidin io
uuéliu stát túrh sih.

---

36. RATIO DE CONTINUIS.

Linea uero continuum est. Potest
enim sumere communem termi-
num . ad quem particulæ eius co-
pulentur . i. punctum. Ter réiz
hábit sih áber zesámine . uuánda
ér mág úndir stúpfit uuérdin . únde
dér stúpf ist tánne geméine márcha
des zéseuuin téilis únde des uuínn-
sterin in hunc modum

sinistra pars dextera pars.

Uuírdit ter réiz ferzórn in mitte-
min . sô sint tánne uuórtin zuêne
réiza ûzer éinemo . sô sint óuh fóne
díu uuórtin zuêne órtstúpfa déro
réizo . ûzer démo éinen stúpfe .
dér beuóre uuás keméine in hunc
modum.

Stúpf neist nehéin téil des réizis .
ér íst échirt órt únde márcha. Mit
temo stúpfe solst tû ſo zeigôn die
téila des réizis. uuíle dù den hál-
bin . uuíle dù den dritten . uuíle
dù den uierden . [43.] A´ne stúpf
nemáht tû. Ter réiz hábit léngi
áne bréiti . stúpf ne-hábit ne uué-
der. Ten réiz máht tu getéilen
mit témo stúpfe . áber sélbin den
stúpf . ne-máht tû getéilen. Fóne
díu neist nehéin ding in quantitate .
chléinera stúpfe . et nec quantitas .
sed initium et terminus quantitatis .

Et superficies lineam . s. potest
sumere communem terminum. Pla-
ne namque particulæ ad quendam
communem terminum copulantur.
Tiu uéldslíhtī . mág únder márchót
uuérdin mit temo réize . uuánda
iro téil hábint sih ío beuóte zesá-
mine . án ételíchero geméinero már-
cho . tiu geméina márcha ist ter
réiz. Sô daz uéld únder rizen
uuirdit . sô ist fogelih réiz keméi-
ne márcha . dero stúccho . diu dar
in ében lígent . in hunc modum.

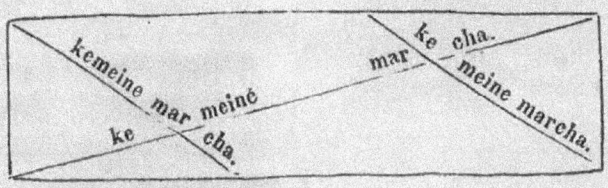

Fáld óuh taz tùoh in zuéi . so dúrhkát ter uáld in réizis uùis alla dia bréiti des tùochis . únde ist geméine márcha péidero déro téilo . diu dár in ében sint . Uuile dù iz án déro stéte in zuéi scrótin . sô sint sár uuórtin zuéi tùoh ùzer éinemo . únde uzer éinero slihti zùo . unde sint uuórtin zuéne durhkánga . ùzer démo éinemo . dér dár beuore uuas . Die sihet man dánne . an dien scrótin . in hunc modum . [44.]

plicatus	extensus
	communis terminus
divi	sus

Slihti hábit io léngi sámint téro bréiti . iro márcha hábit léngi áne bréiti . dáz ist ter réiz . tér márchot sia in mittemin . dér órtót sia óuh an dien énden . túrh táz neist er nehéin téil déro slihti .

Similiter autem et in corpore poteris sumere communem terminum lineam aut superficiem . quæ corporis particulas copulet . A´lsô máht tù oúh án dero héui némin ze geméinero márcho dén réiz . alde dia slihti . tiu zesámine héfte dár in ébin ligen diu téil déro heui . Héui dáz ist tiu dicchi sámint tero bréiti . álsô dù sihest án éinemo stéine . álde án éinemo blóche . Findest tù dehéina idun in réizis uuis káenda . án demo hólze . álde án demo stéine . tiu ist keméin mérche . déro in ébin ligendòn téilo . Spáltet sih án dero idun dero stéin in zuéi . álde dáz hólz . so séhèn uuir zuéne dúrhkánga in réizis uuis ze uórnahtigemo spálte . die beuóre uuáren éin durhkáng . únde éin réiz . U´nde ane dáz . séhèn uuir zuéi niuuin superficies . tiu álsò bréitit sint . sò dich daz corpus uuás . Uuánda man díu niuuin superficies fóre ne-sáh . pediu skinet . táz tiz corpus peuóre continuum uuás . [45.] Uuio uuirdit áber superficies keméin mérche ? Táz tùot iz . úbe dù uindest áber án stéine . álde án hólze . strimen gáende in strázo uuìs . tie héizent superficies . uuánda dár bréiti sámint téro léngi ist . Tie strimen . unde die strázà . sint oúh sár únder mérche déro inében ligendòn téilo . Uuir séhèn ófto ába óbenahtigemo bérge níder gán strázà . dár sléipfa álde uuég ist . Uuir séhèn uuiza strázà uuóla bréita án demo hímile . quæ lacteus circulus dicitur . dáz sint ál únder-mérche geméiniu . déro inében ligendòn téilo . des hímelis ióh tero érdo . U´be án mittèn dien strimòn . únde dien strázòn . der bérg scríndet . álde holz . alde stéin . sò sint zuéi corpora uuórtin ùzer éinemo . únde ùzer éinero strázo zùo . die danne skínent án dien brúchin . in hunc modum .

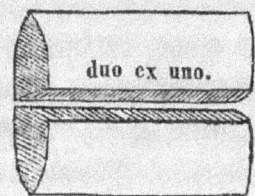

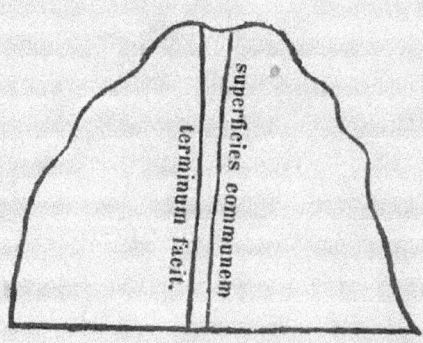

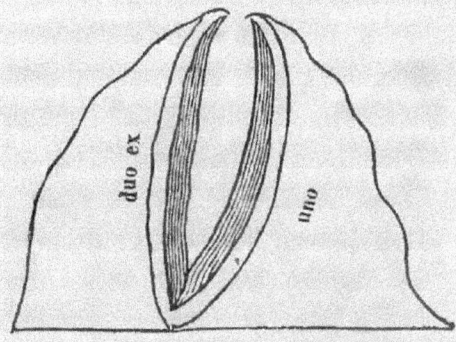

Únde áber áne dáz peginnent skínen zuéi níuuiu superficies . tíu min beuóre nesáh . tó iz ein corpus uuás . [46.] Uuíle dú chédin dáz keskíhet an substantia . náls in quantitate . só uerním dáz uuóla . tár sih tíu corpora teílint . táz sih tár téilint íro quantitates . réiz . únde slíhti . únde héui . Únde uerním oúh nóh mèr . Ube diu corpora só stárh sint . táz síu uuíchen nemúgen . eruuéget man íro énin téil . só uuágônt álliu íro téil . álso éin stéin túot . álde éin chórn . Tánnán skínet ío dáz íro quantitates continuæ sínt . Ùbe iz áber ist éin húfo stéino . álde éin mútte chórnis . íro uuágôt íro éin . turh táz ne-uuágônt síu álliu . Tár skínet táz síu únde íro quantitates únderskéiden sint .

Est autem talium . et tempus et locus . Sólih íst oúh zít . unde stát . i. continua sunt .

Præsens enim tempus copulatur . et ad præteritum et ad futurum . Táz kágenuuérta zít . háftêt zû démo feruárenên únde demo chúmftigin . Únde ist keméin mérche íro zúeio . íst úz-láz præteriti . anauáng futuri .

Rursus locus continuorum est . Stát íst oúh téro zesámine háftentòn .

Locum enim quendam corporis particulæ obtinent . s. quia ipsum corpus quendam locum optinet . Uuánda sélbiz corpus peháhit éina stát . fóne diu peháhent oúh síniu téil éina stát .   [47.]

Quæ particulæ ad quendam communem terminum copulantur . Tíu

téil háftênt zû ételichero geméinero márcho.

Ergo loci particulæ quæ obtinent singulas corporis particulas . ad eundem terminum copulantur . ad quem et corporis particulæ. Qua propter continuus erit et locus. Ad unum enim communem terminum suas particulas copulat. Tiu téil dero stéte . diu dés corporis téil úmbe hábint . tiu háftênt tár zesámine . tár diu téil dés corporis zesamine háftênt. Pediu ist óuh tiu stát zesámine hábig . uuánda siu fúoget iro téil zû geméinero márchô . táz chit iro téil uuérdint zesámine gefúoget . mit keméinero márchô. A'lso daz hûs ein corpus ist . álso hábit iz óuh éina hûs-stát. U'nde álso die uuénde téil sint tes hûses . so sint óuh tie uuánt-stéte . téil dero hûs-stéte. U'nde dár die uuénde zesámine haftênt . tár háftênt óuh tie uuánt-stéte zesámine. Uuáz ist sélbiu diu stát? Tiu séhsiu . diu állero dingolih úmbe hábint . únde úmbe grîfint. Uuéliu sint tiu? Taz únder . únde daz obe . daz fóre . únde daz áfter . daz in-ében ze-zéseuûn . únde daz inében ze-uuinsterûn. Uuáz ist áber zit? A'lter dirro uuérelte . fóne érist únz in énde.

37. ITEM RATIO DE SECUNDA DIFFERENTIA QUANTITATUM . QUÆ EST HABENTIUM POSITIONEM ET NON HABENTIUM. [48.]

Amplius autem. Fernim áber nóh mêr. Fernim dáz ih nû téilta siben quantitates in uinuiu . únde in zuéi . nû sól ih sie ánderêst téilen in uieriu . unde in dríu.

Alia quidem constant ex particulis quæ in eis sunt . positionem ad se inuicem habentibus . alia autem ex non habentibus positionem. Súmeliche quantitates pestânt . fóne iro téilin éin ánderên éteuuio ligendên . sumeliche fóne únligendên. Ut est.

Lineæ quidem particulæ positionem habent ad se inuicem. Tíu téil des réizis . ligent éin ánderên éteuuio . s. geórto . náls kesito . in hunc modum.

keorto. keorto. keorto.

Singulum namque eorum situm est alicubi. lògelih iro téil . liget éteuuár.

Et habes unde sumas unum quid . et assignes ubi situm est in plano. Unde hábist tû geuúis . uuár dû súchést téile gelìchin . únde zéigôst uuár er lige án demo uélde.

Et ad quam particulam cæterarum copuletur. U'nde án uuéle iz stôze déro ánderro téilo . s. álsô daz zéseuua téil stôzit án daz uuinstera . únde ío geórto náls gesíto .

Similiter autem et particulæ plani quandam habent positionem . Tíu téil dero slíhti lígent óuh éteuuár . únde lígent péidiu geórto ióh gesíto .

Similiter namque ostenditur unum quid ubi iacet . Táz skînet . uuánda man zéigôn mág . uuâr togelíchez líget .

Et quæ copulantur ad inuicem . U'nde man zéigôn mág uuéliu án ánderiu stôzen . Sô díu tûont tíu gelégo únde gesíto éin ánderên bechómint . álde geórto . in hunc modum . [49.]

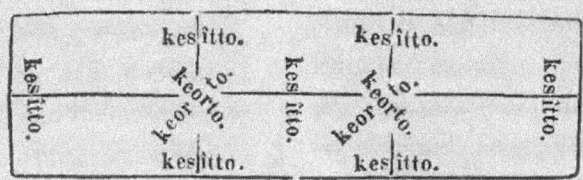

Sed et soliditatis quoque similiter et loci . s. particulæ ostendentur . Sô mág man óuh zéigôn tíu téil dero héui . únde déro stéte . Tíu héui dáz ist tíu hôi únde díu dícchi ut dictum est . Díu gât ío nidenân ûf . Fóne díu ist quíssiu stát únde genuissêr téil dero hôi . ióh tero dícchi . éin élna fóne érdo álde zûo . U'nde uuío lígent síu éin anderen ? Ió éin óbe ándermo in hunc modum .

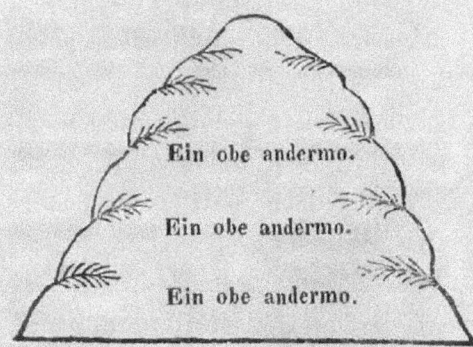

A'ber díu stát . úmbe gât díu corpora . Fóne díu ist quíssêr téil dero stéte . ze zéigônne . quíssen téil des corporis . Sô dáz ist . A'n demo áste des póumis . án dero uuénde des hûsis . án dero ékko des pérgis . án demo hóubete des mánnis . án dero pórto déro búrg . U'nde uuío lígent síu éin ánderên ? Súmiu geórto . sô díu geléiche tûont des fíngeris . Súmiu gelégo . sô sélbin die fíngera tûont . Súm éin óbe ándermo . sô daz hóubet tûot . óbe demo hálse . [50.] Uuío hôo iz sî . dáz zéigôt quíssin téil dero héui . Uuâr iz tar ána sî . án uuélemo téile . án uuélemo líde . únde nóh tánne in uuélemo énde . uuélés sindes . nuéder óbenân . alde nidenân . fóre álde after . álde inében . ôster hálb . álde uuéster hálb . nórdenân

álde súndenân . táz zéigôt quissen
téil dero stéte.

---

38. HUC USQUE DE HABENTIBUS POSITIONEM . RESTAT DE NON HABENTIBUS .

In numero non potest quis respicere tamquam particulæ eius positionem aliquam ad se inuicem habeant . aut sit situm alicubi . aut aliquæ particulæ ad se inuicem conectantur . A'n dien téilîn déro zálo . neuindest tû neuuéder . nóh uuîo siu ligên éin ánderên . s. georto . álde gesito . álde óbe éin ánderên . nóh uuâr siu ligên . s. ze zéseuûn álde uuinsterûn . nóh táz siu îenêr zesámine háfteên.

Sed neque . ea . i. eae partes quæ temporis sunt . s. positionem. habent . Nóh téil des zîtis nehábent nehéina kelégeni .

Nihil enim permanet ex partibus temporis . Táz íst fóne diu uuánda síniu téil nîo stillô negestânt . siu rinnent hína sámo so uuázer . Táz nû præsens íst . táz uuírdit sâr præteritum . unde dáz futurum nû ist . táz uuirdit sâr præsens .

Quod autem non est permanens . quomodo hoc positionem aliquam habebit? [51.] Táz nehéina uuîla úngeuuéhselôt neist . uuîo mág táz háben stâta . álde kelégeni . álde sképfeda ? Uuér mág chéden . sus

liget tíz téil énemo téile . sîd siu ío ána in uérte sínt ? únde níomêr negestátônt ?

Sed magis ordinem quendam particularum dicis habere . Tû máht mêr chéden ételiche órdinháftigî uuésen dero téilo .

Idcirco quod temporis hoc quidem prius est . illud uero posterius . Fóne diu dáz éin téil des zîtis er ist . ánderiz tára náh .

Sed et de numero similiter . So máht tu óuh chéden fóne dero zálo . táz sî ordinem hábe .

Eo quod prius numeretur unus quam duo . et duo quam tres . Uuánda éin in zálo êr ist tánne zúei . únde êr zúei dánne driu .

Et ita ordinem quendam habebunt . positionem uero non multum . i. non omnino accipies . Unde ío sô hábint sie ordinem . légerstát nehéina .

Sed et oratio similiter . Sólih ist óuh oratio .

Particulæ enim eius nihil partiuntur . i. nequaquam permanent . I'ro téil nestânt in stéte nîeht . s. dánne siu gespróchen uuérdent.

Sed dictum est et non potest hoc amplius sumi . Núbe hína ist . sô iz kespróchen uuirdet . nóh tánne nîeht mêr ne mág kezéigôt uuérden . uuâr iz sî dáz târ kesprochen uuârd .

Quapropter non erit positio particularum eius . si quidem nihil partiuntur . Pediu neist nehéin gelégent iro téilo . sǐd síu neuuerênt. [52.]

39. CONCLUSIO SENTENTIÆ.

Alia itaque constant ex particulis . quæ in eis sunt positionem ad se inuicem habentibus. Alia autem ex non habentibus. Fóne díu ist aleuuâr . dáz súmeliche quantitates pestânt fóne iro téilin . éin ánderên éteuuio ligendên . sumeliche fóne únligendên.

40. QUÆ QUANTITATES NON PROPRIÆ DICANTUR.

Propriæ autem quantitates . hæ solæ sunt. E'chert tise sibene sint fúrenómis quantitates.

Alia uero omnia secundum accidens. A'lliu díu ánderiu . s. díu in ánderên cathegoriis micheliu álde lúzeliu héizint . tiu héizint náh tisên. Tisên sibenen sint keméine námen . magnum . paruum . multum . exiguum . longum . breve . Sprichet man die namen . fóne ánderên dingin . dien nesint siu nieht éigin . siu sint náh tisên dánne só gehéizên.

Ad hæc enim aspicientes . et alias dicimus esse quantitates. Tísiu sibeniu méinende . spréchên uuír die námen . óuh fóne ánderên dingin . díu quantitates nieht nesint.

Ut multum dicimus album . eo quod superficies multa sit . A'lsô uuír chéden michela uuizi . dâr daz féld micheliz ist.

Et actio longa . eo quod tempus longum et multum sit . Unde uuír chédên . lángiz uuérh . uuán díu uríst lángiu ist . únde des zítis filo ist.

Et motus multus . Unde chédên michel rúra . dáz ist lángêr lóuft . uuánda daz zít lángiz ist. [53.]

Neque enim horum singulum per se quantitas dicitur . Nehéin déro dingo nehéizit túrh sih michel álde láng.

Ut si quis assignet quanta sit actio . tempore diffiniet . annuam uel sic aliquo modo assignans . A'lsô dâr ána skinet . táz tér dia lángsami des uuérchis zéigót . sia zéigót mit temo zíte . únde chît iz éin iâr uuérh sî . álde éteuuio.

Et album quantum sit assignans . superficiem definiet . U'nde uuío filo dero uuizi si ságende . knót mézót er daz uéld.

Quanta enim superficies fuerit . tantum esse album dicet . Só michel daz uéld ist . só michela ságet er uuésen dia uuizi.

41. CONCLUSIO.

Quare solæ propriæ. et secundum se. ipsæ quantitates dicuntur. quæ dictæ sunt. Fóne díu héizet man sie sibene dúrh síh quantitates.

Aliorum uero nihil per se. sed dicuntur forte per accidens. A´nderiu díng nehábint iro námin. únde iro adiectiua nîeht túrh síh. síu hábint sie fóne ín. Sie sint íro accidentia. sie sint íro genérten. A´nderiu ding nemúgen ána sie sin. A´lsô an substantiis sint quantitates. sô sint an quantitatibus qualitates. únde actiones. únde passiones. Uuile dú chéden. úbe daz sô ist. tánne neist in quantitas accidens. sie sint mêr íro accidentia. táz ist aluuâr. [54.] A´ber dáz fóne ándermo úngeskéidin ist. táz mág io héizin sin accidens. Mán chît óuh in grammatica. dáz persona sî accidens uerbi. uuánda sî fóne imo úngeskéiden ist. áfter uuárhéite. sô ist actio. únde passio dero personæ accidens. pedíu ist óuh uerbum accidens personæ. Nû éigin gelirnet táz longa actio. multa ægritudo. motus multus. calor magnus. album multum. multa patientia. magna sapientia. timor magnus. fletus multus. únde dára gágene. i. e. contrario. parua scientia. exiguum munus. modicus gustus. breuis delectatio. pauca retributio. únde ál dáz sô getána. sibet ze dien gezálten síben quantitatibus. Uuánda sie sint magnæ paruæ. multæ paucæ. breues et longæ. pedíu gébent sie iz ánderên.

---

42. HINC IAM PROPRIUM QUANTITATIS REQUIRITUR. PRIMUM EX EO QUOD NIHIL EI EST CONTRARIUM.

Amplius. Lirne nóh páz pechénnen quantitatem.

Quantitati nihil est contrarium. Nîeht neist uuíderuuártigis quantitati.

In diffinitis enim manifestum est. quoniam nihil est contrarium. A´n dien geuuissôten sibenin. ist iz óffen.

Ut bicubito et tricubito uel superficiei. uel alicui talium nihil est contrarium. A´lso zuéio élne méze álde drîo élne méze. álde dero óbeslíhti. únde dien sô getánên. uuíderuuártigis nîeht neist. [55.]

---

43. ADIECTIUA NON ESSE QUANTITATES.

Nisi multa paucis dicat quis esse contraria. uel magnum paruo. Mán ne chéde mánig únde únmanig. michel unde lúzzel. uuésen uuíderuuártig.

Horum autem nihil est quantitas . sed magis ad aliquid sunt . Tíu nesint áber nieht quantitas . síu sint ad aliquid .

Nihil enim per se ipsum magnum dicitur , sed ad aliquid refertur . Nehéin ding nehéizit túrh sih michel . iz sihet ío zu éinemo ándermo .

Nam mons quidem paruus dicitur . milium uero magnum . Táz skînet . uuánda man den bérg chit lúzzelin . éin hirse-chórn micheliz .

Eo quod hoc quidem . s. milium sui generis maius sit . illud uero . s. mons sui generis minus . Táz ist fóne diu . uuánda der bérg uuíder ánderên lúzzelêr ist . taz hirse-chórn uuider ánderên déro sláhto chórnin micheliz ist .

Ergo ad aliud est eorum relatio . Tár skînet táz man sie mízet ze-ándermo .

Nam si per se ipsum . paruum uel magnum diceretur . numquam mons paruus milium uero magnum diceretur . Uuánda úbe michel únde lúzzel dúrh sih kespróchen uuúrtin . sô neuuúrte níomer bérg kehéizin lúzzelêr . hirse-chórn micheliz .

Rursus in uico quidem plures esse homines dicimus . in ciuitate uero paucos . cum sint eorum multiplices . A'ber chédên uuir mánige uuésen in demo dórf . únmanige in dero búrg . dánne íro dóh dára uuídere mánigfált ist . [56.] Et in domo quidem multos . in theatro autem paucos . cum sint plures . A'lso chédên uuír mánige sîn in demo hûs . únmanige in uuárthûs . sô íro dóh mánigeren sint .

Amplius . Lóse nóh .

Bicubitum uel tricubitum et unum quodque talium quantitatem significat . Magnum uero uel paruum non significat quantitatem . sed magis ad aliquid . *quoniam* ad aliud spectat magnum et paruum . Quare manifestum est . quoniam hæc sunt ad aliquid . Zuéio élnîg álde drio élnîg . únde ál daz sô getân . únde sô geuuís ist . táz pezéichenit quantitatem . táz netûot áber nieht michel únde lúzzel . Uuío danne ? Síu bezéichenint mêr ad aliquid . Táz ist fóne diu óffen . uuánda síu séhint án ándir . Tíu án ánder séhent . tíu ne uuérdint nîeht túrh sih fernómin .

---

44. ADIECTIUA UIDERI ET NON ESSE CONTRARIA .

Amplius . Siue aliquis ponat hæc esse quantitates . siue non ponat . nihil eis erit contrarium . Mán chéde . álde nechéde síu uuésen quantitates . in neist ío dóh nieht contrarium .

Quod enim non potest sumere per se ipsum . sed ad solam rationem alterius refert . quomodo huic erit aliquid contrarium? Táz er dúrh síh fernémin nemág. ér ne cher̄iz unde rérte iz ze̱éinemo ándermo. uuáz mág témo sín contrarium.

Fóne díu géskihet tánne éin-sámint sín míchel únde lúzzel.

Quare simul contraria suscipit. Só nimet iz óuh án síh zuéi contraria.

45. PROPOSITIO.

Amplius autem. Si erunt magnum et paruum contraria. continget idem ipsum simul contraria recipere. et ea ipsa sibimet esse contraria. Súlen siu bȩ̄nóte sín contraria. só uuirdit io uuéderiz imo sélbemo uuideruuártig. [57.]

46. ASSUMPTIO.

Contingit enim simul idem paruum esse et magnum. E´in díng uuirdet ófto eruáren. táz pédiu ist ióh míchel ióh lúzzel.

Est enim aliquid. ad hoc quidem paruum. ad aliud uero hoc idem magnum. s. ut mons. Uuánda ételih tíng ist míchel gágen éinemo. lúzzel gágen ándermo.

47. CONCLUSIO.

Quare idem paruum et magnum et in eodem esse tempore contingit.

48. REFRAGATIO CONCLUSIONIS.

Sed nihil est quod uideatur simul contraria posse suscipere. Uuío mág áber dáz sín? nío̱uuíht ne uuirdit fúnden. dáz zúei contraria sámint tráge.

Ut substantia susceptibilis quidem contrariorum esse uidetur. sed nullus et sanus et eger est. nec albus et niger simul. A´lsó iz skinet án substantia. Si mág trágin zúei contraria. áber dóh sámint neist nioman síeh únde gesúnde. uuiz únde suárz.

Nihilque aliud simul contraria suscipiet. et eadem. i. nec eadem sibi ipsi contingit esse contraria. Nóh áne substantiam ne uuirdit fúnden. dáz sámint tráge zúei contraria. nóh níomer negeskihet éin uuésen péidiu.

49. ITEM PROPOSITIO.

Nam si est magnum paruo contrarium. ipsum autem idem simul est et paruum magnum. ipsum sibi erit

contrarium. [58.] Ist michel únde
lúzzel uuideruuártig. únde mág éin
uuésen béidiu. sô ist éin imo sél-
bemo uuideruuártig.

---

50. ASSUPTIO.

Sed impossibile est ipsum sibi esse
contrarium. Nû nemág táz sìn.
dáz éin ding uuíder imo sélbemo
sî.

---

51. CONCLUSIO.

Non est igitur magnum paruo con-
trarium neque multum exiguo. Pe-
díu neist contrarium michel únde
luzzel. fílo demo góregin.

Quare si non relatiuorum hæc
quilibet dicat. tamen quantitatis
nihil contrarium habebit. Fóne
diu. uuíle óuh io man strîtin. táz
tísiu adiectiua nesìn relatiua. nóh
tánne nehábit io quantitas. nehéi-
nin uuideruuárten.

---

52. LOCUM FALSO CONTRARIUM SIBI UIDERI.

Maxime autem circa locum uidetur
esse contrarietas quantitatis. Ist
tebéin uuideruuártigi quantitatis.

tíu sól án loco sìn. sî ist íro geli-
chista.

Sursum enim ad id quod deor-
sum est. contrarium ponunt. s.
phylosophi. quod in medio est deor-
sum dicentes. eo quod multa medii
distantia ad terminos mundi sit.
Tie uuîse gérnin chédint. uuider-
uuártig uuésen daz óbenán ist. té-
mo daz nidenán ist. nidenán héi-
zende dáz in mittemo himele ist.
tár diu érda liget. Táz chédint sie
fóne díu. uuánda michel uérri ist
tes mitten. dár diu érda stillo liget.
ûf ze-énde dirro uuérlte. tár dir
himel suéibôt.

Uidentur autem et aliorum con-
trariorum diffinitionem ab his pro-
ferre [59.]. Sie uuéllen óuh án-
derro contrariorum pechénneda né-
min fóne disên contrariis. Quo-
modo?

Quæ enim multum a se inuicem
distant eorum quæ de eo genere
sunt. contraria determinant. Tiu
sih filo hárto skéidint. únde io dóh
chómin sint fóne éinero múotir.
álso uuîz únde suárz sint. fáreuua
ist íro múotir. diu héizint sie con-
traria. Uuánda áber locus genus
neist. nóh sursum únde deorsum
sìniu species nesínt. pedíu ne-
uuírdit níomer locus loco contra-
rius. Sursum únde deorsum pe-
zéichenint in stéte. náls sélbûn
dia stát. i. in loco. et non lo-
cum. Fóne díu ist íro genus ubi.
dáz tir chît uuár. álde in uué-

lero stéte. táz ist éin ándir cathegoria.

---

53. QUERITUR ADHUC PROPRIUM IN EO QUOD INEST OMNI SECUNDUM SOLI.

Sed non uidetur quantitas suscipere magis et minus. Ut bicubitum. Quantitas nemág óuh nieht uuérdin dáz sî ist. mêr álde min. A'lso daz zuéi élne méz némág.

Neque enim est aliud alio magis bicubitum. Uuánda éin neuuirdit mêr dáz iz ist. tánne daz ánder. Uuio mág éin bicubitum mêr bicubitum sîn. dánne ánderiz?

Neque in numero. Nóh in zálo neuuindist tû is mêr dánne in méze. Id est non recipit numerus comparationem. sicut nec mensura.

Ut ternarius quinario. A'lsô dríu. min nóh mêr nehéizint zála. dánne uinuiu.

Nihil enim magis tria dicentur. Mêr dríu nechídit nîoman. [60.]

Nec potius tria quam tria. Nóh éiniu dríu. mêr dánne ánderiu dríu.

Nec tempus aliud alio magis et minus dicitur. Nóh éin zit nechídit man uuésen mêr zit álde min. dánne daz ándir.

Nec in his quæ dicta sunt. i. septem quantitatibus omnino magis et minus dicitur. Nóh in állen sibenin nechídit man mêr álde min.

Quare non suscipit quantitas magis et minus. Pedíu neuuírdit quantitas mêr nóh min. Siu uuírdit áber minnera únde méra. i. maior et minor. ut ternarius numerus maior est binario. et bicubitum minus est tricubito. et annus longior est mense. Idem quoque euenit in substantia. quia et homo maior est homine non autem magis.

---

54. ECCE PROPRIUM. QUOD INEST SOLI ET OMNI ET SEMPER.

Proprium autem maxime quantitatis est. quod æquale et inæquale dicitur. Táz ist áller éiginháftista quantitatis. táz man chit ébinmichel únde únébinmíchel. álde gemâze únde ungemâze.

Singulum enim earum quæ dictæ sunt quantitatum. et æquale dicitur et inæquale. Téro sibin quantitatum îogelicho chit man ébenmichel únde únébenmichel.

Ut corpus æquale et inæquale. et numerus æqualis et inæqualis dicitur. et tempus æquale et inæquale. A'lso man chit. ébinmichel únde únébinmichel héui. únde zála unde zit. [61.] Sed pro his nos dicimus iz ist ébin héuig. iro ist ébin mánig. is ist nû ébin láng. álde neist.

Similiter autem et in aliis quæ dicta sunt singulis . et æquale et inæquale dicitur. Ze-déro sélbûn uuîs chídit man æquale et inæquale . óuh án dien ánderên quantitatibus die genémmit sint.

In cæteris uero quæ quantitates non sunt . non multum . i. non omnino uidetur æquale et inæquale dici . A´n ánderên dingin . díu quantitates nesint . nechídit man bóre *unéigiro*. id est nesól man chédin æquale et inæquale.

Namque affectio æqualis et inæqualis non multum dicitur . sed magis similis . Et album æquale et inæquale non multum sed simile. Qualitates . sô affectio unde album ist . die héizint réhtôr similes tánne æquales.

Quare quantitatis proprium est æquale et inæquale dici . Pediu ist éigin quantitatis . kemâze únde úngemâze.

---

55. EXPLICIT.

Linea uuírdit ke-diutit réiz únde zila . únde riga . unde strib . únde dúrhgáng. Superficies héizit óbeslihti . únde úzenáhtigi. Corpus siue solidum . mág héizin héui . únde dicchi. Si autem sit adiectiuum . dicimus solidum . erháuen-iz . dicchiz . ólangiz . dáz chît ále gánziz . únholiz féstiz. Linea subalternum genus est eius species sunt . recta . curua . torta . in hunc modum. [62.]

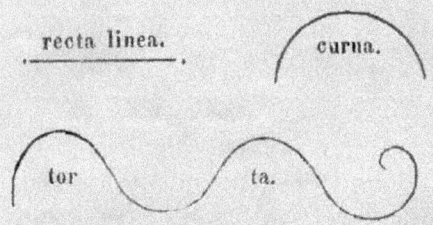

Superficies quoque subalternum genus est . Cuius species sunt . circulus . trigonum . tetragonum . pentagonum . exagonum . et deinceps in hunc modum.

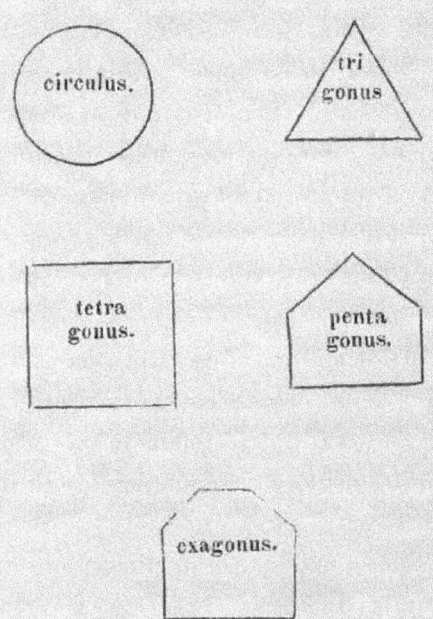

Harum quoque figurarum sunt plurimæ species . ut trianguli species sunt . rectum . acutum . obtunsum . in hunc modum.

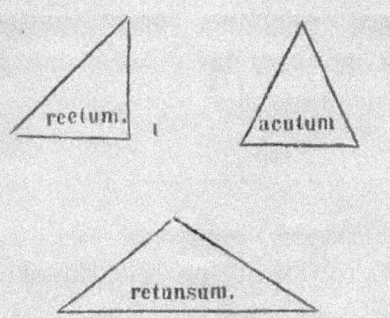

Quæ in geometrica discendæ sunt. Solidum corpus subalternum similiter est. Species eius sunt. spera. i. species rotunda. piramida. cubus. in hunc modum.

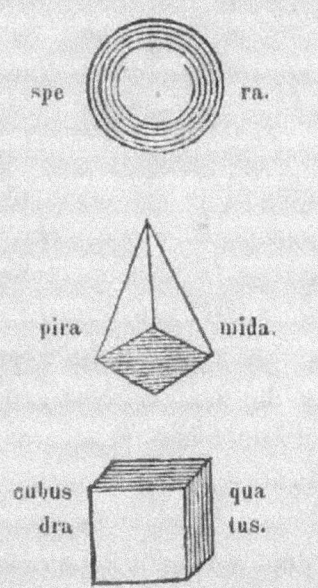

Locus non uidetur genus esse. Dubitatur quoque an species dici debeat. Nam si totus mundus unum corpus est. locum quoque tantum unum habet omnia deinde quæ inueniuntur in eo. i. in mundo. partes eius sunt. in quibus et partes loci sunt. Ad hunc modum. locus quoddam indiuiduum est. et non potest species dici. Si autem tot loca sunt quot corpora. magis uidetur locus esse species. et habere indiuidua singulorum corporum loca. Quid autem tempus? Tempus est protractum spacium ab initio mundi. usque ad finem. quod quia continuum est. non potest species dici. sed quoddam indiuiduum. cuius partes sunt præteritum. et futurum. [63.] Præsens autem. ut aristotiles docuit. In modum puncti. terminus quidam est preteriti et futuri. et non pars. Partes autem præteriti et futuri sunt. secula. et etates. et anni. et menses. dies et noctes. Quæ sicut in præterito fuerunt. ita et in futuro erunt. Et si præsens in eis requiris. præsentem annum et præsentem diem reperies. ipsum præsens in eis minime comprehendis. Numerus uero maxime subalternum genus esse dinoscitur. quia et sub ipso sunt genera. Sunt enim eius primæ species. par et impar. i. kerád únde úngerad. Deinde paris sunt species tres. et item inparis tres. quæ in arithmetica discendæ sunt. Oratio non minus subalternum generis dicenda est. Eius sunt principales species. V.

---

[1] In der handschrift ist fälschlich ein gleichseitiges dreieck gezeichnet.

Enuntiatiua oratio. Depræcatiua. Imperatiua. Optatiua. Vocatiua. Item earum sunt plurimæ species ut in peri-ermeniis legitur. ut enuntiatiuæ sunt. affirmatio et negatio.

---

56. INCIPIT AD ALIQUID ET DE RELATIUIS QUANTITATIBUS.

Ad aliquid uero talia dicuntur. quæcunque aliorum dicuntur id quod sunt. Sóliu uuórt héizent ze éteuuíu. tíu ánderro sint. táz síu sínt. unde ánderro heizint.

Uel quomodo libet ad aliquid aliud. A'lde éteuuio gespróchin uuérdent ze einemo ándermo. [64.]

Ut maius alterius dicitur id quod est. Aliquo enim maius dicitur. A'lso daz mêrôra. éines ánderis merôra héizet. iz chît man îo éteuués mêrôra. Táz iz íst. únde dáz iz héizet. táz ist éines ánderis.

Et duplum alterius dicitur. id quod est. Alicuius enim duplum dicitur. Táz óuh zuiuált héizet. táz héizet éinis ánderis zuiuált. Táz iz íst. táz chît man sî éines ánderis. I'z ist éteuués zuiuált. iz héizet óuh éteuués zíuuált.

Similiter autem et alia quæcunque sunt eiusmodi. id est quæcunque per se non possunt intellegi. relatiua sunt. Tíu dúrh sih ne-múgin uernómin uuérdin. díu séhint ze ánderên. ze dien siu gespróchin uuérdint.

---

57. QUARE DICTUM SIT QUOMODO LIBET.

Zíu chád er. aliorum dicuntur. uel quomodo libet ad aliud? Uuánda relatiua súmelichíu séhint ze genitiuo. ut duplum simpli. Súm ze datiuo. ut par pari. Súm ze ablatiuo sine præpositione. qui septimus dicitur. vt maior minore. A'ber ze accusatiuo neséhint siu. áne præpositionem ad. Uuélih gágensiht. i. uuélih relatio íst án zuéin accusatiuis. so man chît magnum paruum? Sézze præpositionem ad. úndir zuiskên. únde chíd magnum ad paruum. táz ist réhtíu relatio. Tár mitte hûte gnóto. uuénne díu conuersio sî gelíchero casuum. uuénne úngelîchero. Pater filii. filius patris. dominus serui. seruus domini. duplum simpli. simplum dupli. chúmit kelicho án demo úmbechêre. [65.] uuánda béidin hálb genitiuus inchît nominatiuo. Sensus uero sensibilis rei sensus est. et sensibilis res sensu sensibilís est. item. scientia scibilis rei scientia est. et scibilis res scientia scibilis est. hábint úngelíchin úmbechêr. uuánda die zuêne nominatiui sensus únde scientia. éiscônt genitiuum . ábir die ánderen zûene nominatiui . sensibilis únde scibilis . éiscônt septimum casum . Nû chît man óuh latine . duplum ad simplum . simplum ad duplum . únde duplum simplo . únde simplum duplo . Tára nàh mùgin uuir téutones chédin dés scálchis hêrro . des hêrrin scálhc . des fátir sún . des súnis fátir . ze‿gelíchero uuîs . A'bir zuiuált nemúgin uuir nieht spréchin . ze‿démo genitiuo sinis oppositi . uuánda niôman nechit . lége zuiuált hálblichis . ér chit áber . lége zuiuált gágin hálblih . únde hálblih gágin zuiuált . Ferstántnissedo . únde uuízenthéite . i. sensui et scientiæ . nesínt opposita nomina nieht in díutiscûn fúndin . zû dien man síu spréche . uuír múgin dóh . fernémin an in relationem . Sîd uuir chédên . ih ferstân des tingis . sô múgin uuir uuizin . dáz ferstántnisseda ist . tés man ferstân mág álso uuir latine chédên sensus est sensibilis rei . i. quæ potest sentíri . [66.] U'nde dára gágene dés man uerstân mág . uuánnan ist taz? mit uuîu mág man is ferstân? mit ferstántnissedo . A'lso iz óuh latine chît sensibilis res sensu sensibilis est . Uuízinthéit ist óuh . tés man uuizin mág . únde dáz man uuizin mág . táz ist sólih fóne uuízenthéite . Sequitur.

58. DE RELATIUIS UERBALIBUS.

At uero sunt etiam et hæc ad aliquid . ut habitus . affectus . disciplina . positio . Hába únde ánagehéfteda . únde zúht . únde sézzi . tiu séhent óuh ze ánderên díngin . Féstiu hába . dáz ist habitus . únfestiu . dáz ist affectus .

Hæc enim omnia quæ dicta sunt . hoc ipsum quod sunt aliorum dicuntur . et non aliter . Tísiu álliu sint sô genámôt . táz síu ánderro sín . táz síu sint . náls túrh sîh .

Habitus enim alicuius est habitus . et disciplina alicuius disciplina . et positio alicuius positio . Hába nemág sîn . sí ne sí eteuués hába . nóh zúht nóh sézzi . Hába ist hábamáhtigis tinges . únde daz habe máhtiga . ist fóne hábo hábemáhtig . Sic latine dicitur . habitus habilis rei habitus est . et habilis res habitu habilis est . Zúht ist zúhtigis . Taz zúhtiga . ist fóne zúhte zúhtig . Sicut latine disciplina disciplinati disciplina est . et disciplinatum . disciplinatum est disciplina . [67.] Sézzi ist gesáztis . Táz kesázta ist fóne sézzi kesázt . Ut positio positæ rei est . et positum positione positum est .

Sed et alia similiter . s. alicuius sunt . vt affectio et dispositio . Fóne dien tûot man súmelîcha conuersionem . A'nahéfteda ist ánagehéftis tinges . Taz ánageháfta . ist fóne ánagehéftedo ánageháft .

Sicut et latine affectus uel affectio affectæ rei est. Affectum autem. affectu uel affectione affectum est. Affectio únde dispositio. ist ál éin. sô únsih boetius lêrit. A'bir dóh zúei participia affectus et dispositus. nehábint nieht kelîcha constructionem. apud latinos. Sie chédint dispositus ad illam rem. affectus illa re. dispositus ad grammaticam. affectus grammatica. Uuír múgin chédin. dara zû beskériter. dara zû geháftêr. ze grammatiche beskéritêr. ze gramatiche geháftêr [1]. A'ber déro díutiskûn uuírdit sâr uuéhsel. sô uuir chédên dispositus ad calorem. affectus calore. Târ múgin uuír fone béidên gelîcho chédin. uuármentêr. álde éteuuáz uuárm uuórtenêr. álde sâmo uuármdêr. Similiter dispositus ad nigredinem. affectus nigredine. suárzentêr. éteuuáz suárzêr sâmo suárztêr.

Ad aliquid ergo sunt. quecunque id quod sunt. aliorum dicuntur. uel quomodo libet. Aliter ad aliud sunt. [68.] Nû sint îo diu ad aliquid. diu ánderro sint. táz siu sint. álde ze ánderên éteuuîo séhent.

Ut mons magnus dicitur. ad montem alium. A'lso michel bérg kenamòt uuírdit. éin gágen ándermo. uuánda michel bérg. neist nieht lúzzelis. núbe gágin lúzzelmo.

Magnum enim aliquid dicitur. et simile alicuius simile. et omnia talia similiter ad aliquid dicuntur. Michel únde gelih. únde álliu sô getâniu uuórt. sint îo ad aliquid.

---

59. DE SPECIEBUS POSITIONIS.

Sunt autem accubitus e statio. et sessio positiones quædam. Táz ligin. únde daz stân. únde daz sízzen. tíu sint species positionis. A'lso dispositio ist applicatio. sô ist áber positio collocatio. E'niz ist zûo bîetúnga. únde zûo fûogi. tíz ist kestélleda únde sézzi. Tér diu species nebechénne fóne insélbên. dér bechénne síu fóne íro genere. i. positione.

Positio uero ad aliquid est. A'lso dáz genus ist. sô sint óuh tíu species. Latíni chédint. statio stantis est. et qui stat. statione stat. Témo gelîcho múgin uuir chédin teutonice. Taz stân ist des stântin. únde der stânto. ist fóne stânne der stânto. Sô ist óuh légir ligentis únde sizzen sizentis. U'nde dára gágane. ligendêr únde sízzentêr. ist fóne lígenne. únde fóne sízzenne.

Iacere autem uel stare uel sedere. ipse quidem non sunt positiones. [69.] denominatiue uero ab

---

[1] Es steht heháftêr.

his quæ dictæ sunt positiones nominantur. Ligen . stân . sizzen . sô siu uerba sint . infinitiui modi . Tánne ne sint siu nieht positiones . siu sint genámót fóne dien positionibus . únde bezéichenint situm náls ad aliquid .

---

60. INCIPIT QUÆRERE PROPRIUM EX CONTRARIETATE .

Inest autem et contrarietas in relatione . A'n dien relatiuis ist óuh contrarietas .

Ut uirtus uitio contrarium est . cum sit utrumque ad aliquid . A'lso túgid áchustin uuideruuártig ist . tánne siu béidiu sin relatiua .

Et disciplina ignorantiæ . únde gelirnúnga únchunnûn .

Non autem omnibus relatiuis inest contrarietas . Tóh neist iz in állên nieht geméine .

Duplici enim nihil est contrarium . neque uero triplici . neque ulli talium . Zuiuáltemo unde triuáltemo . únde anderen sólên nemág nieht uuideruuártigis sin .

---

61. DE MAGIS ET DE MINUS .

Uidetur autem et magis et minus relatiua suscipere . Nû ist óuh quis relatiua múgin uuábsen únde suinen .

Simile enim magis et minus dicitur . et inequale magis et minus dicitur . kelichera únde úngelichera . únde úngemázera díz tánne éniz chit man . dánne siu béidiu sin ad aliquid .

Simile enim alicui simile dicitur . et inæquale alicui inæquale . Uuánda siu relatiua sint . pediu chit man . kelih ist kelichemo gelih . [70.] únde úngemáze ist éteuuémo úngemáze .

Non autem omnia relatiua suscipiunt magis et minus . Táz neist in óuh nieht állên geméine .

Duplex enim non dicitur magis et minus duplex nec aliquid talium . Uuánda ziuuáltera únde únziuualtera nechit nioman . nóh sólchês nieht .

---

62. QUOD NON SEMPER IDEM CASUS RESPONDEAT IN CONUERSIONE .

Omnia autem relatiua ad conuertentia dicuntur . ut seruus domini seruus dicitur . et dominus serui dominus . et duplum dimidii duplum . et dimidium dupli dimidium . et maius minore maius . et minus maiore minus . Similiter autem et in aliis . A'lliu relatiua uuérdint kespróchen gágen dien . mit tien siu úmbe gânt . álso án dien genámdên exemplis skinet . únde állên sô getánén .

Sed casu aliquotiens differt . secundum locutionem . A′ber án demo gechôse . missehillet ófto der casus . téro conuersionis .

Ut disciplina disciplinati dicitur disciplina . et disciplinatum disciplina disciplinatum . et sensus sensati sensus . et sensatum sensu sensatum . Tíu uóre gespróchenen . séhent ze genitiuo . A′n demo úmbechére . stát áber septimus casus . fúre genitiuum . Tés ist tár uóre gnûege geságet .

---

63. QUOMODO RELATIUÆ SUBSTANTIÆ ASSIGNANDÆ SINT.

At uero aliquotiens non uidebitur conuerti . i . non potest conuerti . nisi conuenienter ad quod dicitur assignetur . [71.] hoc est . si non conuenienter ad quod de opposito suo prædicetur. Relatiuum nemág nehéinêst úmbegân . iz neuuérde uóne sînemo réht scúldigin opposito gespróchen .

Si peccet is qui assignat . U′be der misse grîfet . tér iz hina ságet . ze demo únscúldigen . sô negât iz umbe nieht .

Ut si ala assignetur auis . non conuertitur ut sit auis alæ . A′lso der úmbegáng níomer uuâr neuuirdit . úbe man chit . fétáh fógeles . táz óuh fógal . fétachis sî .

Neque enim prius conuenienter assignatum est ala auis . Fóne díu negât iz úmbe . uuánda úbelo geuállet fóre zechédenne fétah ist fógalis . sámo so er ánderis nesî âne uógalis .

Neque enim in eo quod auis est . in eo ala eius dicitur . Uuánda in dien uuórten uétáh kespróchen neuuirdit . tára zûo séhendo . daz fogal ist .

Sed in eo quod alata est . Núbe in dien uuórten . i . tara zûo séhendo . daz er geuétahôtêr ist . Chédên sô . dóh iz kénge nesî .

Multorum enim et aliorum alæ sunt . quæ non sunt aues . Fóne díu neíst nieht zechédenne . féttáh fogeles . uuánda fetácha óuh sint ánderro animalium . tiu uógela nieht nesint .

Quare si assignetur conuenienter . et conuertitur . Fóne díu . úbe iz réhto gespróchen uuirdet . sô gât iz óuh úmbe . Uuío sól man chéden ?

Ala alati ala est . et alatum ala alatum est . Féttáh ist fo geuéttachôtis . únde daz geuéttachôta ist fóne uéttáche geuéttachôt . [72.]

---

64. LICENTIA FIGENDI NOMINA.

Aliquotiens autem forte et nomina fingere necesse erit . si non fuerit positum nomen . ad quod conuenienter assignetur . Uuóla mág ke-

búrren . daz ióh uuilôn dúrft uuír-
det . niuuen namen zeuíndenne .
úbe dér êr uúnden neuuárd . ze‿
démo iz kelímflicho gespróchen
uuérde .

Ut non erit conueniens assigna-
tio . si remus nauis assignetur .
A'lso dáz úngelímflih ist . táz man
chéde . daz rûoder ist io skéfis .

Neque enim in eo quod est na-
uis . in eo eius remus dicitur.
Uuánda dára zùo séhendo . dáz iz
skéf ist . nechídit nioman daz iz sîn
ruoder sî . sámo so siu zuéi ío sá-
mint sín .

Sunt enim naues . quorum remi
non sunt . Skéf sínt cnûegiu . âne
rûoder . tíu man dríbet mit scáltôn .
i. conto subiguntur .

Quare non conuertitur . Nauis
enim non dicitur remi nauis? Fóne
diu nemág iz úmbe gân . uuánda sô
getân skéf . nehéizet níeht rûoder=
skéf . iz héizet . scáltskéf .

Sed forte conuenientior assignatio
erit . si sic quodammodo assignetur
remus remitæ . aut quoquomodo
aliter dictum sit . i. dictum fuerit .
I'z keuállet áber báz . úbe man
chît . rûoder des kerûoderôtin . ál-
de so uuîo iz ánderis mág kespró-
chen uuérden .

Nomen enim non est positum .
ímo neíst námo núndenêrna .

Conuertitur enim si conuenienter
assignetur . I'z kât ío dánne úmbe .
úbe iz bildlícho gespróchen uuír-
det .   [73.]

Remitum enim remo remitum est .
Uuánda gerûoderôt . ist ío uóne
rûodere gerûoderôt .

Similiter autem et in aliis . Sô
uérit iz óuh án dien ánderên rela-
tiuis substantiis .

Ut caput conuenientius assigna-
bitur capitati . quam si animalis
assignetur . A'lso báz keuállet ze-
chédenne . hóubet tes hóubetáhten
dánne animalis . Uuánda dóh iz
uuàr sî . iz negát so úmbe níeht .

Neque enim in eo quod animal
est . caput habet . Nóh iz nehabit
nîeht hóubet . fóne dero nôte dáz
iz animal ist .

Multa enim sunt animalia capita
non habentia . Animalia sínt cnûe-
gíu houbetlôsiu .

---

65. NOUA NOMINA UNDE SINT
TRAHENDA .

Sic autem facilius fortasse sumitur
nomen . quibus non est positum .
Nú uuâno ih sképfet man bechá-
most namen . tíen er uôre geskáfen
neuuás .

Si ponantur nomina . ab his quæ
prima sunt . i. primitiua . et ab his
ad quæ conuertuntur . U'be sîe
in‿geskáfen uuérdent . fóne dien
primitiuis . íh méino dien . zû dien
sîe bechêret uuérdent .

Ut in his quæ prædicta sunt . ab
ala alatum . a remo remitum . A'lso

alatum uuirdet fóne ala deriuatum.
únde remitum uuirdet fóne remo
deriuatum.

Omnia ergo quæ ad aliquid di-
cuntur. si conuenienter assignen-
tur. ad conuertentia dicuntur. A'l-
liu relatiua sínt tánne gespróchen
ze iro gágenchértên. úbe siu réhto
gespróchen uuérdent.

Nam si ad quodlibet aliud assig-
netur. [74.] et non ad aliud dica-
tur. non conuertuntur. U'be iz ke-
spróchen uuirdet ze ándermo dán-
ne ze démo scúldigen. só negánt
siu nieht úmbe.

66. DE INCONUENIENTIA RELATIUÆ PRÆDICATIONIS.

Dico autem. quoniam neque eo-
rum. quæ indubitanter conuertibi-
lia dicuntur et nomina eis posita
sunt. nihil conuertitur. si ad ali-
quid eorum quæ sunt accidentia as-
signetur. et non ad ea ad quæ di-
cuntur. Fernim uuóla. daz nóh
téro nehéin. neuuirdet peuuéndet.
tiu guisse uuéndelinga sínt. únde
in námen uúndene sínt. úbe man
siu sprichet. ze dîen mite gáenden
náls ze sélben dîen. ze dîen siu
séhent.

Ut seruus non conuertitur. si
non assignetur seruus domini. sed
hominis aut bipedis. aut alicuius
talium. A'lso seruus íst éin guis-

sêr uuéndeling. únde dóh nieht
neuuirdet úmbe beuuéndet. úbe ér
geságet neuuirdet uuésen domini.
unde ér áber geságet uuirdet uué-
sen hominis. aut bipedis. Homo
únde bipes. tiu gánt io mîte. So
uuár seruus íst. tár ist óuh homo.
unde bipes. únde rationabile. únde
risibile. únde mánigíu só getániu.
mit téro nehéinemo neuuirdet er
úmbe beuuéndet. tóh guis rela-
tiuum sî. Uuîo mag tánne remus
únde ala. díu ziuueligerin sint há-
bin conuersionem. úbe siu neuuér-
dent kespróchen. ze iro gegáten.
Sequitur.

Non enim conueniens assignatio.
Sólih assignatio negeuállet nieht.
s. pediu negát si úmbe.

67. ITEM DE REQUIRENDA CONUE-NIENTIA ASSIGNATIONIS. [75.]

Amplius. Si conuenienter assig-
netur quod dicitur. ad id. s. cum
quo conuertitur. U'be áber dáz
késpróchena. dára gespróchen.
uuirdet únde gezeichénit. tára iz
sól. omnibus aliis circumscriptis.
i. pereuntibus quæcumque acciden-
tia sunt. tien mite gáenden állên
uertíligótên. relicto solo illo ad
quod assignatum est. témo éinen
vnuertíligótemo zû démo iz gezéi-
chenit ist. ad ipsum dicetur. gá-
gen démo uuirdet iz kespróchen.

únde mit témo éinen bestât tiu relatio.

Ut si seruus ad dominum dicatur. A'lsô ío dánne nóh tiu relatio stât. úbe seruus gágen domino gespróchen uuirdet. circumscriptis omnibus quæ sunt accidentia. mit állo zegángenên dîen. tiu ímo uólgênt.

Ut esse bipedem. uel scientiæ susceptibilem. uel hominem. Alsô imo uólgêt uuésen ménnisken únde zúibeinen. únde gelirnîgen.

Relicto uero solo domino. semper seruus ad illum dicitur. Ne bestánde seruo nieht mêr. âne dominus ze‿démo ist er ío relatus.

Si uero seruus. s. e contrario non conuenienter dicatur ad id. ad quod dicitur. U'be áber dára gágene seruus kespróchen uuirdet. ze éinemo imo úngegátemo. sô homo íst. circumscriptis aliis omnibus. ánderên dingen állên uertílîgòtên. relicto hoc solo ad quod assignatus est. âne dáz eina. ze‿démo er gespróchen íst. ih méino homine. non dicetur ad ipsum. [76.] ze‿imo nehábit er ío dóh nehéina relationem. A'lsô dû chiesen máht. tùe man échert sô.

Assignetur seruus hominis. et ala auis. Seruus sî hominis. unde ala auis.

Circumscribatur ad dominum esse seruum. Fersâgee man seruum uuésen gespróchenen gágen domino.

Non enim seruus ad hominem dicitur. Túrh táz ne uuirdet ío seruus nîeht relatus gágen homine.

Cum enim dominus non sit. seruus non est. Sô láng ío der dominus ne íst. seruus tar mite neíst.

Similiter et de aui. Sô uért iz óuh úmbe auem.

Circumscribatur alatam esse. et amplius non erit ala ad aliud. Ferságe auem uuésen alatam. i. chît taz alatum nesî. nóh nîomer ala ne uuirdet relatiua. Uuîo mág?

Cum enim non sit alatum. nec ala erit alicuius. fétáh ne mág sîn. sô dér neíst. tes er sî.

Quare oportet assignari ad id quod conuenienter dicitur. Fóne diu sól ío daz relatiuum gespróchen uuérden. dára iz zûo keuállet.

Et si sit nomen positum. facilis erit assignatio. Si autem non sit. fortasse erit necessarium nomen fingere. U'nde íst tér námo uundener. dára iz sîet. sô ist is lîeht. U'be daz neíst. sô sol man in uinden.

Si autem sic reddantur. manifestum est. quoniam omnia relatiua conuersim dicuntur. Tûot man daz. sô gânt siu grécho vmbe.

68. QUOD RELATIUA FERE SIMUL SINT.

Uidetur autem ad aliquid simul esse natura. Uuóla gelîh ist óuh relatiua iô sáment sîn.

Et in aliis quidem pluribus uerum est. [77.] I'z ist oúh uuâr án állen méistigên.

Simul enim est duplum et dimidium et cum sit duplum. dimidium est. Zuíualt unde hálblîh sint io sáment. únde sô daz éina ist. sô ist óuh táz ánder.

Et cum sit seruus. dominus est. Similiter autem his et alia. U'nde sô seruus ist. sô ist oúh dominus. Sô uérit iz oúh úmbe ánderiu.

Simul autem hæc auferunt se inuicem. Siu tílegônt oúh éin ánderiu. Tíu sámint uuérdent. tíu zegânt oúh sámint.

Si enim non sit duplum. non est dimidium. et si non sit dimidium. non est duplum. U'be díz ne ist. nóh éniz ne ist. únde úbe éniz neist. nóh tíz neist.

Similiter autem et in aliis. quæcumque talia sunt. Sô uérit íz. án sô getânen.

69. EXCIPITUR SCIENTIA ET SCIBILE.

Non autem in omnibus relatiuis uerum uidetur. simul esse natura. Nù néist tóh nîeht uuâre gelîh álliú relatiua iô sáment sîn natùrlicho.

Scibile enim scientia. prius esse uidetur. E'r. ist táz man uuízen mág. tanne uuízentheit.

Namque in pluribus subsistentibus rebus. scientias accepimus. A'n dîen uóre uuórtenên dîngin méistigên. uuúrtin sîd únsere bechénneda. i. ér uuârin álliu díng méistigíu. ér uuir íro uuúrtin ántchúnde. A'rtes tie‿man chúnnin máhtî. uuâren ér. ér mán síe chóndi.

In paucis enim uel nullis hoc quis reperiet. simul cum scibili scientiam factam. Táz kescáh nóh sélten. alde nehéinêst. táz sámint témo. dáz man uuízen mág. uuízenthéit chame. U'be dér man chímeram êr dâhtâ. dâr mite uuíssa ér sîa oúh. [78.] Uuio máhtâ er sîa aber [1] uuízen. sîd si neuuás. Fóne dîu chît er uel nullis. uuánda ér is zíuuelôt. U'be ér sîa uuíssi. so uuâre sí.

Amplius. Chîesen iz nóh cnótôr.

Scibile sublatum. simul aufert scientiam. scientia uero non aufert

---

[1] Es steht „sia ber".

scibile. Tár ána skínet. táz síu iô nîeht sáment nesint. uuánda úbe scibile zegát. tár mite zegát sár scientia. zegát áber scientia túrh táz ne zegát scibile.

Nam si scibile non sit. non est scientia. Scientia uero si non sit. nihil prohibet esse scibile. U'be scibile neíst. nóh scientia neíst. Ube scientia neist. uuóla mág tóh scibile sín.

Ut si circuli quadratura scibilis est. scientia quidem eius nondum est. illud uero scibile est. A'lsó díu só gehéizéna geometricalis figura. chúnne máhtig ist. tia nîoman nóh nechán. unde si dóh chúnnemáhtig ist. Tô aristotiles tisa scríft téta. nóh tô nechóndón nîeht geometrici geuáren. uuîo mán circulum quadrato. ében michel getáte. Sid uuárd iz funden. Uuér máhti iz áber uinden. úbe íz tíu natura nehábeti geháltin. hinder iro? Natura hábeta iz ér. ratio uánt iz sîd. Táz ist láng ze-ságenne chît boetius. uuîo man sia máchon súle. Sî uuirdet iôh dóh só geuuórht. táz circulus únde quadratum. péidiu in éin ánderén stánt. únde iô unéderiz ében uílo gát. uzer demo ándermo. In hunc modum.

Tiu figura héizet tánne circulus quadratus.

Amplius. Animali quidem sublato. non est scientia scibilium uero plurima esse contingit. Tár scientia ist. tár ist animal. U'be scientia zegát. só ist animal zegángen túrh táz nezegát nîeht scibile. alsó numeri sint. únde figure.

70. ITEM EXCIPITUR SENSUS ET SENSIBILE.

Similiter autem his sese habent et ea. quæ de sensu sunt. Só iz ketán ist. úmbe scientiam. só ist iz óuh ketán umbe sensum.

Sensatum enim uel sensibile priusquam sensus uidetur esse. Tés man uerstán mág séhendo.

hórendo . stínchendo . sméchendo . crífendo . táz íst êr . êr sélbiu uerstántnisseda.

Nam sensatum interemptum . simul interimet et sensum . Sensus autem sensatum non simul interimet . Zegánt álliu corpora . déro man uerstán mág . séhendo . crífendo . smechendo . sezegéngent síu díe quinque sensus animalium. A'ber quinque sensus zegangene . ne zegéngent álliu corpora niêht . U'be álliu corpora zegiêngin . uuâr uuârin sensus tánne?

Sensus uero circa corpus . et in corpore sunt . Sensus sint íô mit corpore . únde in corpore . s. animalium .

Sensato autem perempto . peremptum est et corpus . s. animalium . [80.] Sensatorum enim est corpus . s. illorum . Zegánt sensata . i. corporalia . só zegánt animalia . uuánda síu in íro zalo stant. A'nderis nemáhti síu nioman séhen . únde grífen.

Cum uero corpus non sit . s. sensatum . perimitur et sensus . Quare simul perimit sensatus sensum . Sensus uero sensatum non simul perimit . Só gesiunlichiu nesint . só neist sélbiu gesíht . pedíu tílegónt síu dia gesíht . kesíht ne tílegót áber kesiunlichiu . Fóne uuíu íst taz?

Animali enim perempto . sensus quidem peremptus est . Sensatum uero erit . ut corpus calidum . dulce amarum . et alia omnia . quæcumque talia sunt . Só animal ne íst só neist oúh kesíht . áber gesíhtigiu únde infúndenlichiu sint nóh tánne . Só uuár-miu sint . únde súeziu . únde bítteriu . únde álliu dien gelíchiu .

Amplius . Sensus quidem cum sensato fit . simul enim animal fit et sensus . E'telíchemo sensato íst sensus ébenált . táz sensatum íst animal . sáment témo uuirdet êr.

Sensibile uero ante est . quam esset sensus . Só íst áber ánder sensatum únde sensibile . áltera dánne sensus . Uuéliz íst táz?

Ignis et aqua . et alia huiusmodi ex quibus ipsum animal constat . ante sunt quam animal sit omnino uel sensus . Elementa uóne dien animal uuórten íst . sint álteren dánne animal álde sensus.

Quare priusquam sensus sensibile esse uidetur . Fóne díu íst áltera sensibile . dánne sensus . Porphirius platonicus tér . isagogas sid scréib tér ne iihet imo niêht . Uuémo uuás iz sensibile chît er . dô sensus ne uuas? [81.] Fone sensu íst sensibile . uuío mág iz áber daz sîn . êr sensus uuirdet? Elementa uuárin . mel únde ánderíu dulcia ióh amara uuárin . únde ne uuáren áber níeht sensibilia . nóh scíbilia . êr sensus únde scíentia chámin . Fóne díu sint álliu relatiua ébenált íro oppositis . só imo dúnchit.

71. uerene sit ulla substantia ad aliquid.

Habet autem questionem an ulla substantia ad aliquid dicatur. quemadmodum uidetur. an hoc contingat. secundum quasdam secundarum substantiarum. Nû ist aber gnôto ze‿urágénne úbe dehéin substantia ad aliquid sî. sô man uuânit únde úbe iz tóh keskéhe dehéineró déro secundarum substantiarum.

Nam in‿primis substantiis uerum est. A'n primis substantiis fligo ih mih. tés ih ságo. Uuáz ist táz?

Nam neque totæ neque partes ad aliquid dicuntur. Nóh sie sélben mitállo. nóh iro teil. ne séhent án ánder.

Nam aliquis homo. s. ut cato. non dicitur alicuius aliquis homo. Cato nehéizet niomannis cato. nóh relatiue nóh possessiue.

Neque aliquis bos. s. ut est catonis. alicuius aliqui bos. Nóh catonis rint nehéizet sîn rint relatiue. súnder possessiue. Uuile dû chéden relatiue catonis rint. sô sólst tû sâr chéden. rindes cato.

Similiter autem et partes. Táz án állemo. dáz an teile.

Quædam enim manus. s. ut catonis. non dicitur alicuius quedam manus. sed alicuius manus. Catonis hánt nehéizet nicht relatiue. éin éteuues hánt. si héizet possessiue sîn hánt. [82.]

Et quoddam caput. non dicitur alicuius quoddam caput. sed alicuius caput. U'nde catonis hóubet. nehéizet relatiue niéht. éin éteuues hóubet. núbe catonis hóubit possessiue.

Similiter autem et in secundis substantiis. A'lsô uerit iz in generibus et speciebus.

Atque hoc quidem in pluribus. I'z ist sô án mánegên. i. án in selben. náls án iro partibus.

Ut homo non dicitur. alicuius homo. nec bos alicuius bos. nec lignum. sed alicuius dicitur possessio. A'lsô ménnisko. únde rint. únde hólz. niehtis neist. âne in dien uuórten. dáz iz éteuues éht sî.

Atque in huiusmodi quidem manifestum est. quoniam non est ad aliquid. A'n sô getânên. ist óffen. dáz iro nehéin ne ist ad aliquid.

In aliquibus uero secundis substantiis. habet aliquam dubitationem. A'n dien partibus mág iz zuiuel sîn.

Ut caput alicuius caput dicitur. et manus alicuius manus dicitur. et singula eiusmodi. A'lsô hóubet únde hánt. únde ándere lide. éteuues héizent.

Quare. hæc esse fortasse ad aliquid uidentur. Uuánda sin éteuues héizent. pédiu sint siu gelih tien relatiuis.

72. NON CAUTE DIFFINITA ESSE RELATIUA.

Si igitur sufficientér eorum quæ sunt ad aliquid diffinitio assignata est . s. quam ego accepi a platone . Úbe relatiuorum diffinitio . dár uóre réhto getán ist.

Aut minus difficile . aut inpossibile est soluere . Só ist únsémfte . [83.] alde ióh únmáhtlih zeuerságenne.

Quoniam nulla substantia eorum quæ sunt ad aliquid dicitur . Táz nehéin substantia ad aliquid kespróchen nesi.

Si autem non sufficienter . s. dictum est a platone . ad aliquid esse quæ hoc ipsum quod sunt aliorum dicuntur . Úbe áber nîeht negnúegta zechédenne . tiu uuésen ad aliquid . diu ánderro héizent . táz siu sint . Hic suspende uocem.

Sed sunt ad aliquid . Núbe geuuárôr diu sint ad aliquid . Quibus hoc ipsum esse est . Tîen dáz essentia ist . Ad aliquid quodam modo se habere . Sîh háben ze éteuuíu . Et hic suspende.

Fortasse aliquid contra ista dicetur . Só uuirdet mág keskéhen bespróchen tíu diffinitio . Hic depone.

Prior uero diffinitio sequitur quidem omnia relatiua . Tíu álta platonis diffinitio . día ih fóre dirro spráh tíu geréichót ze állên relatiuis . s. keréichót ióh férrôr.

Tamen hoc quod ea ipsa quæ sunt . s. relatiua . aliorum dicuntur . non est eis esse . quod sunt ad aliquid . Táz ióh dóh sélben diu relatiua ánderro gehéizen uuérdent . tár in diffinitione . táz né ist in nîeht uuésen táz siu sint . Uuáz sint siu ? Ad aliquid . I´ro essentia ist . ad aliquid esse . tía negibit in nîeht mit tîen uuórtin . diu platonis diffinitio . Uuánda diu dir ad aliquid nîeht nesint . tiu uuérdent oúh kehéizen ánderro . alsó catonis bos tûot . Fóne diu neist táz nîeht réhto genótmezót . id est . bene diffinitum . dés mêr álde minnera uuirdet . [84.] Nù neist náh tirro níuuún diffinitione nîeht ánderis relatio . áne dés éinen haba . zû demo ándermo . Idem quædam habitudo dupli ad simplum . serui ad dominum . patris ad filium.

---

73. DE PROPRIO PER QUOD EXCLUDUNTUR SUBSTANTIÆ.

Ex his ergo manifestum est . Hínnán ist óffen . Uuannan ? Táz síh relatiua hábint zû éin ánderên . únde ió uuéderiz infáhet sîna essentiam . uóne démo ándermo . Uuáz ist óffen.

Quod si quis aliquid eorum quæ sunt ad aliquid diffinite sciet . et illud ad quod dicitur . diffinite sciturus est . Táz tér dáz éina uuéiz quisso . táz ánder uuéiz sámo guisso . Quod est . eorum proprium . quæ sunt ad aliquit . Táz ist iro súndera . tés ne uermissist tû án ín . Esse enim relatiuis est . ad aliquid quodam modo se habere . Palam uero et ex hoc est . Táz kibet tien relatiuis iro uuésen . únde dár ána . ist iro uuésen . Uuár ána? Sih haben zu etéuuiu . Táunán ist óffen . iô béidiu uuésen ében guissiu .

Si enim aliquis nouit quiddam . quia ad aliquid est . Uuéiz iô mán dáz éina uuésen ad aliquid . hic suspende uocem . quia pendet sensus .

Est autem esse quæ ad aliquid sunt . quomodo se habet idem ad aliquid . Sîd nú daz iro uuésen ist . uuio daz éina sih hábe zu ándermo . taz ist interposita ratio .

Et illud nouit ad quod hoc quoquo=modo se habet . [85.] Só uuéiz er oúh táz ánder . zû démo iz ist . éteuuio hábit . per genitiuum aut per alios casus .

Si enim non nouit . omnino ad quod hoc quoquomodo se hábet . Úbe er áber ne uuéiz uuára zû sih taz éina hábit .

Neque si ad aliquid quoquomodo se hábet . Só ne uuéiz er sár . úbe iz sih hábe ze iouuihte .

74. EXEMPLUM DE PARTICULARIBUS I. FINITIS .

Sed in singulis hoc palam est . Nû ist táz óffen án dien indiuiduis .

Ut si quis hoc nouit . diffinite quia duplum est . et cuius duplum est mox diffinite nouit . Táz tér quaternarium duplum guisso bechénnet . sámo guisso bechénnet táz er binarii duplus ist .

Si uero nihil diffinitiuorum nouit . Úbe ér áber án imo nieht quissis ne uuéiz .

Ipsum cum duplum sit . neque si est duplum omnino nouit . Só ne uuéiz er sár . dóh er zuiuált si . úbe er zuiuált si .

Similiter autem et si nouit diffinite quia hoc aliquid melius est . et quo melius est nouit . Só ist oúh táz . Uuéiz er guisso dáz tiser mán bézéro ist . sámo guisso uuéiz ér . uués bézéro ér ist . Álsô mán æneam ságet uuésen pézeren . dánne mezentium . Diffinite autem nosse necessarium est . propter hæc . s. indiuidua . Án dien indiuiduis . ist íz penôte sús quis .

75. NON SIMILITER IN INFINITIS .

Indiffinite autem sciet . i. si indiffinite sciet . quia est peiore melius . Uuéiz er áber æneam pézeren só únguisso . táz er dén nebechénnet . tés pézero ér si .

Opinione id tale fit non disciplina . [86.] Táz ist mêr uuán . danne gelirn . únde uuizenthéit .

Non enim sciuit subtiliter . quia est peiore melior . Táz ist sóne díu . uuánda er réhto ne uuéiz . táz er bézero si . démo uuírseren . sid er in kezéigón nechán .

Si enim sic contigit . nihil est peius eo . Tár bézero sô únguis ist . tár neuuirdet fúnden uuirsero .

Qua propter palam est quia necessarium est . quod quis nouerit . relatiuorum diffinite . et illud ad quod dicitur diffinite nosse . Fóne díu ist óffen . dáz penóte dér mán tér dáz éina uuéiz quisso . sámo guisso uuéiz táz ánder .

---

76. REUERTITUR AD SUBSTANTIAS .

Caput uero et manum et horum singula quæ substantiæ sunt . hoc ipsum quod sunt potest sciri diffinite . E'in hóubet . álde éin bánt . álde éin ánder lid . pechénnet mán uuóla . uuáz siu sint . s. dár mán siu sihet áne dén ánderen lichamen .

Ad quod autem dicantur . non necesse est sciri . Mán ne-bechénnet áber benóte nieht uuára iro námen séhén .

Cuius enim hoc caput . uel cuius hæc manus . non est dicere diffinite . Uuánda mán guisso niéht ne uuéiz . uués táz hóubet si . álde díu bánt . s. úbe man dés lichamen mêr nesihet .

Quare non erunt hæc ad aliquid . Pediu nesint siu ad aliquid . Uuéliu siu ? Tiu membra . únde díu partes primarum substantiarum . Uuárin siu ad aliquid . sô uuissî man sámint in . uués siu uuárin . mán uuéiz . táz siu éteuués sint . uuér aber dáz si . dáz ist únguis . [87.]

Si uero non sunt relatiuorum . uerum erit dicere . quia nulla substantia relatiuorum est . Sid partes primarum nesint ad aliquid . niêht mêr nesint partes secundarum . Sid tiu ánasihtigen hóubet primarum substantiarum únsih zuiuelint uués siu sîn . uuîo uilo mêr diu únánasihtigen secundarum substantiarum ? Fóne díu neist nehéin substantia ad aliquid . Uuáre si ad aliquid . sô uuáre si béidiu . ióh accidens . ióh substantia . dáz ist inpossibile .

Fortasse autem difficile sit . de huiusmodi rebus confidenter declarare . nisi sepe pertractata sint . I'z neuuáno oúh iéht sémfte si . fóne sus ketánen dingen báldo ze uéstenónne . mán nebedénche siu diccho .

Dubitare autem de singulis . non erit inutile . U'be mán dár ána zûiuelót . táz ist núzze . uuánda sô chúmet íz ze guisheite .

---

77. EXPLICIT .

Species huius cathegoriæ certas . aristotilis auctoritate non habemus . Plura tamen exempla dedit . ut sunt duplum ad simplum . magnum ad paruum et cætera quæ sequendo ad inueniendas species facilis uia est . Duplum namque sub inæqualitate est . Hanc primam ponamus . Est enim inæqualitas . quæ subalternum genus dicenda est . quia sub ea quinque species in arithmetica numerantur . Multiplex . superparticularis . superpartiens . multiplex superparticularis . multiplex superpartiens . [88.] Harum quoque sub se singule comprehendunt infinitas species . Nec minus ipsæ dicendæ sunt . subalterna genera . Prima multiplicis species est . duplum . deinde triplum . quadruplum . quincuplum . sescuplum . septuplum . et deinceps . quæ ad simplum omnes referuntur . Superparticularis species a sesqualtero incipiunt . qui refertur ad subsesqualterum . deinde sesquitertius ad subsesquitertium . sesquiquartus ad subsesquiquartum . et deinceps . Sic sunt et ceteris tribus generibus ad hunc modum certe species singulis uocabulis . Est quoque relatiuorum species comparatio . quæ tribus fit modis . Per comparatiuum ut maior minore . Per superlatiuum . ut maiorum maximus . Et si dicas magnorum maximus . minus tamen magni intelleguntur . Per ad prepositionem . ut magnus ad paruum . magnus rex ad regulum . Non solum autem comparamus . magnum ad paruum . longum ad breuem . sed et magnitudinem ad paruitatem et longitudinem ad breuitatem . et talia cætera . Ordo quoque relatiuorum species est . Ut primus . secundus . tertius . quartus . quintus . Ad primum enim referuntur omnes post illum sequentes . quia secundus a primo . et tertius a primo . et quartus . et quintus . a primo dicuntur et deinceps . Cognati quoque . uel coniugati . uel affines . speciem faciunt relatiuorum . Ut pater est filii . uxor mariti . frater fratris . uel sororis . auus nepotis . proauus pronepotis . [89.] abauus abnepotis . gener soceri . auunculus sororis filiæ . patruus fratris filii . consobrinus consobrini . fratruelis alterius fratruelis . sponsus sponsæ . procus procæ . riualis alterius riualis . competitor competitoris . concors concordi . socius socio . amicus amico . similis simili . æqualis æquali . par pari . affinis affini . uicinus uicino . proximus proximo . æquiuocus æquiuoco . uniuocus uniuoco . cooperator cooperatori. conlactaneus conlactanei. coetaneus coetaneo. coheres coheredis. particeps participis. Eorum autem sunt, quæ ex eis fiunt. Ut concordia non concordis est, sed concordium et concordes concordia concordes sunt. Sic et societas est sociorum. et amicitia est amicorum. et similitudo similium. et æqualitas æqualium. paritas parium. affinitas affinium. et propinquitas propinquorum. uel proximorum. et æquiuocatio æquiuocorum et uniuocatio uniuocorum. et cooperatio cooperatorum. Similiter fraternitas fratrum. coniugatio coniugum. et cætera. Respondent autem sibi dissimilibus casibus. quia æqualitas dicitur esse æqualium. æquales autem. æqualitate æquales dicuntur. Idem modus est et in aliis. Discrepantia quoque uel quæ eorum sunt speciem faciunt. Ut obuius obuio. oppositus opposito. aduersus aduerso. congressor congressori. discors discordi. rebellis rebelli. renitens renitenti. dissonus dissono. inimicus inimico. impar impari. dispar dispari. dissimilis dissimili. inæqualis inequali. [90.] disiunctus a disiuncto. distans a distante. distinctus a distincto. differens a differente. dissidens a dissidente. Sunt autem eorum. quæ generantur ex eis. Ut obuiatio. non obuii sed obuiorum. et oppositio oppositorum. et aduersitas aduersorum. congressio congressorum. et discordia discordium. et rebellio rebellium. renisus renitentium. et dissonantia dissonorum. et inimicitia inimicorum. et imparitas imparium. dissimilitudo dissimilium. inæqualitas inæqualium. disiunctio disiunctorum. distantia distantium. distinctio distinctorum. differentia differentium. dissidentia dissidentium. Sic et pugna non pugnantis. sed pugnantium. et bellum bellantium. et proelium proeliantium. et certamen certantium. et contentio contendentium. et lis litigantium. disceptatio disceptantium. Omnia namque huiusmodi incorporalia. non unius partis sunt. Si autem disceptatio disceptantium est. disceptatio. etiam disceptantes. disceptatione sunt disceptantes. sic et cætera. Sunt et dignitatum nomina et officiorum. inter species relatiuorum. Ut primas primatus. princeps et principatus. rex et regnum. Nam quos regit. ipsi sunt regnum eius. Similiter prefectus et prefectura. uel prefectus et suffectus. preses et presidatus. presul et presulatus. consul et consulatus. censor et censura. pretor et pretura. ædilis et ædilitas. dux et comes. prepositus et subiectus. magister et discipulus. imperator et imperium. nam cæsar et augustus. agnomina sunt. i. propria nomina. ab euentu tracta. [91.]

tribunus et tribunatus . dictator et dictatura . Namque dictatura dictatoris dictatura est . dictator autem dictatura dictator est . ita et in cæteris . Sunt et possessiua quæ respiciunt ad genitiuum primitiui . et cum eo conuertuntur . Ut meus est semper mei . et noster est nostri . euandrius euandri . regius est regis . ciuilis est ciuium . fraternus est fratrum . diuinus est diuini uel dei . Qui enim est nostri . s. seruus . est et nostri . Et qui est nostri . s. seruus est et nostri . Nostri possessorem significat . noster possessionem . sic et in cæteris . Hæc et donatus in pronomine ad aliquid esse testatus est . Uerbalia quoque transitiua . speciem relatiuam faciunt . Deriuantur autem uerbalia nomina a uerbis transitiuis . Ut . s. doceo illum . uideo illum . sentio illum . laudo illum . colo illum . diligo illum . capio illum . scio illum . cædo illum . honoro illum . credo illi . indulgeo illi . permitto illi . medeor illi . tego illam rem . rego illam rem . tutor illam rem . recordor illam rem . incipio illam rem . intellego illam rem . inuenio illam rem . Horum uerbalia diriguntur semper eodem modo . ut uerba ab agentibus inpatientes . et non sua dicuntur esse . sed aliorum in quos transeunt . Est enim sicut disciplina disciplinati . ita et doctrina docti . potius quam docentis . et sensus sensibilis rei . et laus laudabilis rei . et cultura cultæ rei . et dilectio dilectæ rei . et captio captæ rei . et scientia scibilis rei . et cæsura cæse rei . et honor honorabilis rei . et credulitas credibilis rei . et indulgentia indultæ rei . et permissio permisse rei . [92.] et medela remediabilis rei . et tegmen tectæ rei . et regimen uel regula regularis rei . et tutela tutatæ rei . et recordatio recordate rei . inceptio inceptæ rei . susceptio suscepte rei . intellectus intellectæ rei . inuentio inuentæ rei . Sunt similiter quæ speciem faciunt relatiuam . illa uerbalia . quæ non transeunt . ad alias personas . sicut nec uerba a quibus deriuantur . Intransitiua enim uerba sunt . Ut uiuo . spiro . dormio . sterto . sudo . frigeo . caleo . ualeo . mereo . torpeo . gaudeo . madeo . rideo . laboro . langueo . doleo . deficio . sedeo . sto . curro . orior . morior . Intransitiua quoque sunt eorum uerbalia . quia uita uitalis rei est uel uiuentis . spiritus spiritalis est uel spirantis . dormitus dormientis . stertio stertentis . sudor sudantis . frigus frigidi . calor calidi . ualitudo ualidi . quamuis per contrarium dicatur . ualitudo infirmi . meror mesti . torpor torpidi . risus risibilis . gaudium gaudentis . mador madentis . labor laborantis . languor languidi . dolor dolentis . defectus deficientis . sessio sedentis . statio stantis . cursus currentis . ortus orientis . mors mortui. Quod si dixeris calidus. frigidus. mestus. languidus. torpidus. quæ de affectionibus sunt. qualia nuncupanda sunt. non relatiua. scias a genere species habere. ut sint utriusque cathegoriæ. Namque aristotiles affectionem quæ genus est. caloris et frigoris. et talium. utrique prædicamento. i. qualitati. et ad aliquid. æque supposuit. [98.] Sic et ipse stationem. sessionem. et accubitum. relatiua esse dixit secundum genus suum quod est positio. Infinita quoque. et illa quæ præscianus uocat diuidua. inter has species sumuntur. Infinita sunt ut qualis. talis. quantus. tantus. quot. tot. Diuidua sunt ut quisque. singuli. uter. uterque. alteruter. ambo. bini. terni. centeni. plures. pauci. Conuertuntur autem quædam. ad dissimiles casus. Est enim uterque duorum. et duo sunt utroque. Sic et alteruter. duorum dicitur alteruter. et duo alterutris duo esse dicuntur. Similes autem casus seruant. cum dicimus. ambo duobus sunt ambo. et duo ambobus sunt duo. Item dissimiles sunt. ad hunc modum. Singuli plurium sunt singuli. plures autem singulis plures sunt. Bini. terni. centeni. plurium parium sunt. sicut mille sunt. et duo uel decem milia. Et plures pares. singulis paribus sunt. sicut singuli pares sunt. bini. terni. centeni. Nam et plures. comparatiuam relationem habent ad paucos. et pauci ad plures. Item quisque plurium est quisque. et plures quibusque plures sunt. Item qualis alicui est qualis. Propterea qualis tali qualis est. et talis quali talis est. Similiter quantus tanto. et tantus quanto. et quod tot. et tot quot. Ad hunc modum et cætera Patronomica etiam quis dicat si esse ad aliquid? Quid est enim eneades. nisi filius æneæ? Filius autem æneæ. non diceretur. nisi pius diceretur. pater æneas. Propterea horum relatiuorum prædicatio noua inuenienda est. Ut dicamus. pater æneas est æneadæ. et eneades est patris enee. et pater athlas est athlantidis. et athlantides est patris athlantis. In hunc modum. et cætera. Forte et aliæ species reperiuntur. eorum quæ sunt ad aliquid. [94.]

78. INCIPIT DE QUALI ET DE QUALITATE.

Qualitatem uero dico. secundum quam quales dicimur. Uuiólichi héizo íh náh téro uuír gebéizin uuérden uuiólíche. in latina lingua só boetius lêrit. kibet quale sínen námin qualitati. áber qualitas. negibit íro námin quali. Iustus héizit quale. só tuòt oúh iustitia.

A′ber iustitia heizit qualitas . iustus nemág sô nieht héizin .

Est autem qualitas eorum quæ multipliciter dicuntur . Qualitas ist mánigfalte .

Et una quidem species qualitatis . habitus dispositioque dicuntur . Ein sláhta qualitatis héizit hába . ióh peskérida .

79. DE HABITU.

Distat autem habitus dispositione . quod permanentior et diuturnior est . Hába ist féstera ióh uuírigôra . dánna beskérida si .

Tales uero sunt scientiæ uel uirtutes . Sólchero uésti sint chúnna únde túgede .

Scientia enim uidetur esse permanentium . et eorum quæ difficile mouentur . Chúnna sínt ióh uuirig . únde infárent mánne unsámfto .

Ut si quis uel mediocriter scientiam sumat . A′lsô dáz únsámfto inférit mánne . úbe er teht ióh ze‿ méze gelirnèt .

Nisi forte grandis permutatio facta sit . i. nisi grandis euersio mentis fiat . Sînis sínnis neuuérde michel uuéhsel getán .

Uel ab egritudine . uel ab aliquo huiusmodi . Fóne siechelhéite álde uóne ételichero geskíhte . A′lsô démo mán geskáh . fóne démo solinus ságet . ter náh súhte ánderis

síndis kenésenèr . nóh sînis námen uuóla négehúgita . [95.]

Simul autem et uirtus ut iustitia et castitas . et singula talium . non uidentur posse moueri neque facile permutari . Sámint chúnnòn sint íz túgede . sô réht ist . unde uúrebúrt . únde dien gelíchiu tíu samfto ne múgen . eruuégèt . únde géuuéhselôt uuérden .

80. DE AFFECTIONE.

Affectiones uero dicuntur . quæ sunt faciles et cito permutatiles . A′na‿uúndeda . únde ánachóminina héizent . tiu únuéste sint . únde síh snéllo uuéhselont . tie hiez er uóre dispositiones .

Ut calor et frigiditas . et egritudo . et sanitas . et alia huiusmodi . A′lso uuármi . unde chálti . siechi únde gesúndi . únde dien gelíchiu .

Afficitur enim quodammodo circa eas homo . Ter ménnisko uuirdet échert fóne in geánauúndòt .

Cito autem permutatur . E′r uuirdet iro áber snéllo indánòt .

Et ex calido frigidus fit . et ex sanitate in egritudinem transit . U′nde uuirdet er náh uuármi chált náh kesúndedo sieh .

Similiter autem et in aliis . Sô uérit iz óuh in ánderén dien gelichen .

Nisi forte in his quoque contingat. per temporis longitudinem in naturam cuiusque transferri. Síu nebegínnên oúh fóre álti. an éteuuémo geuéstenót uuérden.

Et insanabilis. uel difficile mobilis existat affectus. Únde imo díu sô getâna ánachómeni. úbel sî zegebûezenne. únde ába ze néménne.

Quæ iam quilibet habitudinem uocet. Únde man sia bedíu héizen múge hába.

81. QUID INTERSIT INTER HABITUM ET AFFECTIONEM.

Manifestum est autem quoniam hæc uolunt habitudines nominari. quæ sunt diuturniora uel difficile mobilia. Nû skînet táz tíu mít réhto héizent hábâ. tíu uuírîg sint. únde únsámífto abagánt.

Namque in disciplinis non multum renitentes. i. non memoriter tenentes. sed facile mobiles. i. obliuiosos. dicunt habitum non habere. Tíe âgezelen. án díen bûochen. chédent sie âne hába sîn.

Quamuis sint ad disciplinas. peius meliusue dispositi. Tóh tára zûo éine sin báz keánaleítot dánne ándere.

Quare differt habitus dispositione. quod hoc quidem facile mobile est. illud uero diuturnius et diffi-cile mobile. Fóne díu skéidet sih hába. uóne beskérido. dâr ána. dáz sî státera ist.

82. NON CONUERTI HABITUM ET DISPOSITIONEM.

Sunt autem habitus etiam dispositiones. dispositiones uero non necesse est habitus esse. Hába sint iô beskérida. áber beskérida. nesint nieht iô haba.

Qui enim retinent habitum. et quodammodo dispositi sunt ad ea. quæ habent. uel peius. uel melius. Tíe dir hábint tíe sínt tára zûo beskérit táz sie hábint. álde uuóla. álde úbelo.

Qui autem dispositi sunt non omnino retinent habitum. Tíe áber beskerit. únde beskíbet sint zû éteuuíu tíen ne ist iz sâr dés mézis nieht hába. Úns uuirdet cnûoiz kespírre. ioh peskérit. táz uuir dóh nieht ne uólle hábeên.

II.

Aliud uero genus qualitatis est. Tíu ánderíu sláhta qualitatis ist.

Secundum quod pugillatores. uel cursores. uel salubres, uel insalubres dicimus. Náh téro uuir némên fûst-chémfen únde strít-lóupfen. álde gánze alde úngánze.

Et quæcunque simpliciter secundum potentiam naturalem uel inpotentiam dicuntur. Únde álliu diu dir be‿únscúldin genámot uuérdent. áfter máhte álde áfter únmáhte. áne tât.

Non enim quod sunt dispositi aliquo modo unum quodque huiusmodi dicitur. I'n negibet mán nîeht tîe námen. dúrh táz sîe dára zû beskîpte sîn. únde án‿dero tâte skînên.

Sed quod habeant potentiam naturalem. uel facere. quod facile. uel nihil pati. Súnder dáz sîe mâht éigin. únde în gelâzen sî. dáz. únde dáz sámfto zetûónne. álde sîeh.[1] únde sîeh zésinne.

Ut pupillatores uel cursores dicuntur. non quod sint dispositi. sed quod habeant potentiam hoc facile faciendi. A'lsô die genémmit uuérdent chnút‐telchémfen. unde strit‐lóupfîn tîe îz nîo netâten. únde áber uuola tuôn máhtin.

Sanatiui autem dicuntur. eo quod habeant potentiam naturalem. ut nihil a quibus‐libet accidentibus patiantur. Únde áber ándere gánze kehéizen uuérdent túrh táz sîe dia uésti hábint. táz in‿ána‐uállúngá nîeht nenuégên sô uróst. únde hízza ist. únde slége.

Egrotatiui uero quod habeant inpotentiam. nihil patiendi. Únde úngánze héizent. tîe nore sêr bálzi. nîeht fertrágen nemúgen.

Similiter autem his et molle et durum se habet. Tîen ist kelîh. uuélh. únde hérte.

Durum enim dicitur. quod habeat potentiam non citius secari. Táz héizét hérte. dáz únspûetígo mág ingúnnen uuérden.

Molle uero quod eiusdem ipsius habeat inpotentiam. [98.] Táz ist uuélh. dáz unmáhtig ist. téro sélbûn únspuéte.

Tertia uero species qualitatis est. passibiles. qualitates. uel et passiones. Tiu drítta sláhta qualitatis. héizet passibilis qualitas. unde passio. Tîe námen lêrit er únsih hîna uúrder ze‿zuéin uuîsôn uernémin.

Sunt autem huiusmodi. ut dulcedo. et amaritudo. et austeritas et omnia his cognata. Tîe sint íz. suôzi. pítteri. eiueri. únde álliu dien gelégeníu.

Amplius autem. I'z sint oûh andere.

Calor. et frigus. et albedo. et nigredo. Uuármi únde uróst uuîzi únde suárzi.

Et quoniam hæ qualitates sunt. manifestum est. Nû ist táz óffen. dáz tîsiu qualitates sint.

Quæcunque enim ista susceperint. qualia dicuntur secundum se. Fóne díu ist íz offen. uuánda án

---

[1] Freier raum in der handschrift.

dien síu sint. tiu héizent túrh síh qualia.

Ut mel dulce dicitur. quoniam suscipit dulcedinem. A´lsô hónang suêze héizit. uuánda diu suêzi ín ímo ist.

Et corpus album eo quod albedinem suscipiat. U´nde álsô snê uuizer héizet. uuánda ér día uuizi án ímo habit.

Similiter sese habet etiam in cæteris. Sô ist íz oúh án dien ánderên.

---

83. QUOD NON UNO MODO PASSIBILES QUALITATES ET PASSIONES DICANTUR.

Passibiles uero qualitates. et passiones dicuntur. s. dulcedo et calor. et omnia ad gustum uel ad tactum pertinentia. non quod ea. s. corpora. quæ susceperint illas passiones. aliquid patiantur. Tíse qualitates nehéizent nîeht pedíu passibiles. nóh pedíu passiones. táz tíu corpora án dien sie sint. fóne ín íeht tóleên.

Neque enim mel idcirco dulce dicitur quoniam aliquid passum sit. [99.] Hónang nehéizet nîeht túrh táz suêze. táz íz sínero suêzi íeht infínde.

Nec aliquid aliud huiusmodi. Nóh tero sámelíchón corporum nehéin. i. quæ ad gustum pertinent.

Similiter autem his et calor. et frigus. s. quæ ad tactum pertinent. passibiles. qualitates dicuntur. non quod ipsa. s. corpora quæ susceperint ea. aliquid passa sint. sed passibiles qualitates dicuntur. quoniam singulum eorum. i. ipsorum corporum. quæ dicta sunt. perfectiua sunt passionis. secundum sensus. Nóh oúh uuármi únde chálti. nehéizent nîeht pedíu passibiles qualitates. táz íro íeht infínden. diu íro corpora. án dien síu sint. uuánda diu súnna neinfíndet nîeht íro héizi. nóh taz ís sínero chálti. súnder uuír infínden íro. U´nserên sensibus sint síu máchárra dolungo.

Mel uero per se passionem efficit secundum gustum. et calor secundum tactum. Chórondo infínden uuír des hónangis suêzi. crîsendo infínden uuír dés zánderin héizi.

Similiter autem et aliæ. Sô tûont oúh úns tólunga ándere qualitates. tisên gelíche. U´nde fóne diu súlin uuír héizin dise passibiles qualitates. únde dise passiones. tólemáchige qualitates.

Albedo autem et nigredo. s. quæ ad uisum pertinent. et alii colores. non similiter his quæ dicta sunt passibiles qualitates dicuntur. Uûizi únde suarzi únde ándere uáreuua. nehéizent nîeht tísên gelíchô passibiles qualitates.

Sed hoc quod ipse innascuntur ab aliquibus passionibus. Síe héi-

zent túrh táz sô . uuánda sîe uuér-
dent fóne dólúngôn.   [100.]

litates dicuntur . Sô uuélche sô
getâne geskihte . s. sô uáreuuâ
sint únde ánderiu mâl . fóne de-
héinên dólungôn . stétigên únde
uuirigên die héizent iô passibiles
qualitates .

84. SIGNUM UNDE COLORES FIANT.

Quoniam ergo sunt per aliquam
passionem multæ colorum mutatio-
nes . s. manifestum est . Uuír sé-
hên óftô . dáz sih fáreuuâ uuéhse-
lônt . fone êtelîchero dólungo .

Erubescens enim aliquis . rubeus
factus est . et timens pallidus . et
unum quodque talium . s. contingit
passione . Mán irrôtèt óftô uóne
scámo . únde irbléichêt uone uórh-
tôn . Unde ál démo gelih . s. chù-
met iô fóne dólungo .

Quare uel si quis naturaliter ali-
quod talium passionum passus est .
similem colorem oportet eum ha-
bere . Fóne diu mûoz oúh ter sá-
melicha uáreuua háben démo na-
tûrlicho ièht sólees kescáh .

Quæ enim affectio nunc ad uere-
cundiam circa corpus facta est . et
secundum naturalem affectionem .
eadem fiet affectio . ita ut naturali-
ter et color similis sit . Tiu ána-
chómeni . mánne geskihet fóne scá-
môn . tiu geskihet imo oúh natùr-
licho êr er gebóren uuérde . sô
hárto . dáz er oúh natûrlicho sô
uáre uuérde .

Quæcunque igitur talium casuum
ab aliquibus passionibus difficile
mobilibus . et permanentibus prin-
cipium sumpserint . passibiles qua-

85. INUETERATOS COLORES QUALI-
TATES ESSE.

Siue enim secundum naturalem
substantiam . pallor aut nigredo
facta est . qualitates dicuntur . qua-
les enim secundum eas dicimur .
Úbe uóne ánabúrte . pléichi álde
súarzi geskihet . táz sint qualitates .
[101.] únde héizên uuir náh in qua-
les . i. pléiche álde suárze .

Siue propter egritudinem lon-
gam . aut propter æstum . aut ali-
quid tale . uel nigredo uel pallor
contingit . et non facile preterit .
et in uita permanet . qualitates et
iste dicuntur . similiter . Quales et
secundum eas dicimur . A'lde úbe
iz keskihet . fóne áltero súhte . álde
uóne hízzo . únde iz tánne uuérêt .
únde án-demo skinet . táz sint oúh
qualitates . únde héizên iô uuir náh
in quales .

86. MOMENTANEOS AUTEM COLORES
NON ESSE QUALITATES.

Quecunque uero . s. mutationes .
ex his quæ facile soluentur . et cito

transeuntes fiunt. passiones dicuntur. Só uuélche uuéhsela áber úns késkéhent. téro díe sih sáosfto gelóubent. únde spućtigo zegánt. tíe héizent passiones. i. tolunga. s. álso óuh tolunga héizent. scáma únde uórhta. fóne dien sie uuérdent.

Non enim dicimur secundum eas quales. Táz íst fóne díu. uuánda uuír náh in quales ne héizên.

Neque enim qui propter uerecundiam rubeus factus est. rubeus dicitur. Uuánda dér dúrh scáma irrótet. tér nehéizet nîeht túrh táz rótendér.

Nec cui pallor propter timorem uenit. pallidus est. Nóh tér uóne uórhtôn bléichet. ne ist úmbe dáz nîeht iô bléih.

Sed magis. s. dicendus est. quod ad aliquid passus sit. Uúir súln mêr chéden. ér uuárd pléih. ér uuárd rót.

Quare passiones huiusmodi dicuntur. qualitates uero minime. Fóne díu héizent sie dólunga. náls uuiolichina.

Quæcunque enim mox in nascendo ab aliquibus passionibus fiunt. qualitates dicuntur. So uuéliu ding mánne geskéhent sâr ánderô gebúrte. táz héizent qualitates.

Ut dementia uel ira. et alia huiusmodi. A'lsô sínne-lôsî ist. álde zórnmuôtigi. únde dîen gelíchu.

Quales enim secundum eas dicimur. Qualitates héizent sie. uuánda uuír náh ín quales héizên.

Idem iracundi et dementes. Zórn-muôtige. únde sínnelôsê.

Similiter autem et quecunque alienationes uon naturaliter. sed ab aliquibus casibus factæ sunt. difficile prætereuntes. et omnino inmobiles etiam huiusmodi qualitates sunt. U'be óuh náh téro gebúrte. uóne dehéinên geskíhten mánne únsinnigîna chóment. stétige únde uuîrige. táz sint iô sô sámo qualitates.

Quales enim et secundum eas dicimur. Táz skínet tár ána. uuánda uuír óuh náh tíen héizen quales.

87. ANIMÆ QUOQUE INUETERATAS PASSIONES ESSE QUALITATES.

Similiter autem his et secundum animam passibiles qualitates et passiones dicuntur. [102.] Náh tísên qualitatibus des lichamen. héizent óuh tîe qualitates téro sêlo.

88. MOMENTANEAS AUTEM ANIMÆ PASSIONES NON ESSE QUALITATES.

Quæcunque enim ex his quæ citius pretereunt fiunt. passiones dicuntur. A'ber díe muôtegîna. díe snéllo zegánt. tie héizent érchert tólúnga. únde stúngeda.

Ut si quis contristatus iracundior sit. A'lsô dáz héizet. ube mán geléidegôter. eteuuáz sih pílget.

Non enim dicitur iracundus. qui in huiusmodi passione. iracundior est. sed magis aliquid passus. Tér síh sô bilget. ter nehéizet úmbe dáz nîeht ábólgigêr. mán sól cheden. ér uuás erbólgen. únde zórneg. [103.]

Quare passiones huiusmodi dicuntur. qualitates uero minime. Fóne diu héizent táz. uuórtene stúngedâ. náls uuónente uuólichina. Tíe sô uerlóufeten passiones sint téro cathegoriæ. tiu pati héizet. álso óuh álliu participia passiua sínt.

IIII.

Quartum uero genus qualitatis est forma. et circa aliquod constans figura. Tiu uierda slâhta qualitatis ist. tiu getát. únde dáz pílde. dáz án iô uuélemo dínge ist.

Amplius autem ad hæc. Fernim nôh hára zù. s. uúaz pílde sî.

Rectitudo uel curuitas. et quicquid his simile est. Táz ist créhti. álde chrúmbi. únde dáz tien gelih ist. sô slîmbi ist. únde scrégehôri.

Secundum enim unum quodque eorum quale quid dicitur. Náh tîên állên chit man quale.

Triangulum enim uel quadratum esse quale quod dicitur. et rectum aut curuum. Triscôziz álde uîerscoziz. héizet uuíolih iz sî. únde geréhtiz. álde chrúmbez.

Et secundum figuram uero unum quodque quale quod dicitur. Únde náh sînemo bílde. héizet uuihtelih quale.

---

89. QUÆ FALSO UIDEANTUR ESSE QUALIA.

Rarum uero. et spissum. et asperum. et lene. putabuntur quidem qualitatem significare. Skéterez únde gedrúngenez. rûoz únde sléhtiz uuânent sie qualitatem bezéichenen [1].

Sed aliena huiusmodi putentur esse a diuisione quæ circa qualitatem est. Mán sól siu dóh uuânen úngehaftiu dien speciebus qualitatis. tiu án iro geskîdôt sint.

Quandam enim positionem quodammodo uidentur partium utrimque monstrare. Siu zéichenint unio téilelih lige. an demo corpore. náls uuiolih iz sélbez sî.

Spissum quidem est. eo quod partes sibi ipse propinque sint. Iz

---

[1] Es steht „bezéinenche" und am rande ist eingekratzt „bezeichen".

ist fóne díu gedrúngen. [104.] dáz síniu téil in-sélbén náhô ligent.

Rarum uero. quod distent a se inuicem. Skéteriz. táz siu in sélbén uerro ligent.

Et lene quidem. quod iu rectum sibi partes iaceant. Ûnde sléht. fóne diu. dáz síniu téil ében hô ligent.

Asperum uero. quod hæc quidem pars superet. illa uero sit inferior. Rûoz fóne díu. dáz éin téil gât hôor. ánder téil niderôr. Sîd táz sô ist. sô sint siu ad aliquid. álsô oúh iro genus ist positio.

---

90. EXPLICIT DE QUARTA SPECIE.

Et fortasse alii quoque appareant qualitatis modi. Nieht né ist ze-uerchúnninne[1]. núbe oúh ánderíu qualitatis species síh óugén.

Sed maxime dicuntur. hæ qualitates. Tíse sint tóh tie géngesten.

---

91. QUALIA DENOMINATIUA DICI.

Itaque sunt quæ prædicta sunt. Nû sint iz tie uóre geságeten.

Qualia uero quæ secundum hæc denominatiue dicuntur. Unde sint táz iro qualia. díu uóne in gesprôchen únde genámôt uuérdent.

Ut a candore candidus. et a gramatica cramaticus. et iustitia iustus. A'lsô uuizêr uóne uuizî. gramátichare uóne gramátiche. réhtêr uóne réhte. genámote sint.

Similiter et aliis. Sô uérit íz oúh án ánderén. i. sô uuerdent iô quales. kenámôt fóne qualitatibus.

---

92. EXCIPITUR.

In aliquibus uero. s. qualibus eo quod non sint posita qualitatibus nomina. non contingit ea quæ dicuntur ab eis. denominatiue dici. A'ber dánne uúndene nesínt tien qualitatibus. tánne neuuérdent oúh niéht fóne in geskáfôt tie námen dero qualium.

Ut cursor aut pugillator. qui secundum ualitudinem naturalem dicuntur. [105.] a nulla qualitate denominatiue dicitur. A'lsô déro námo niéht kescáfôt neist fóne qualitate. tie áfter máhtin genémmet uuérdent loúpfen únde chémpfin.

Non enim posita nomina sunt ualitudinibus. secundum quas istí quales dicuntur. Táz ist fóne díu. uuánda nehéine námen nesínt tien máhtin uúndene náh tién sie genámôt sint.

---

[1] Aus „uerchúnnénne" verbessert.

Sicut in disciplinis . secundum quas uel pugillatores . uel palestrici secundum affectionem dicuntur . Sô áber démo liste ist fóne dés pégúnste . únde uóne dés ánenuirtedo . die scúldigen néhtárra . únde ringárra héizent .

Pugillatoria enim disciplina dicitur . Tér geuôbto list héizet latine pugillatoria .

Quales uero ab his denominatiue hi qui afficiuntur dicuntur . Tánnán scáfónt sih téro námen . die in uóbent .

---

93. ITEM EXCIPITUR .

Aliquando autem et posito nomine . s. qualitatis . denominatiue non dicitur . quod secundum eam quale dicitur . Ióh táz keskihet . táz tiu qualitates námen hábit . únde dóh iro quale uóne iro genámot neist .

Ut a uirtute studiosus . A′lsô flígèr nóne túgede ist . únde dóh náh iro nehéizet .

Uirtutem enim habendo . studiosus dicitur . sed non denominatiue a uirtute . Sélbûn dia túged hábendo . héizet er ilig . tóh neist sin námo nièht náh iro namen geskáfôt .

Non autem in plurimis hoc tale est . In únmánigên uindet mán dóh tiu úngelichî .

Quæ ergo dicuntur . aut denominatiue . a prædictis qualitatibus dicuntur . aut aliquo modo aliter ab eis . Tiu iô qualia héizent . téro námen sint fóne qualitatibus geskáfôt . [106.] álde éteuuio gespróchen uóne in . áne skáfúnga ¹.

---

94. INCIPIT QUERERE PROPRIUM EX CONTRARIETATE .

Inest autem et contrarietas secundum quod quale est . i. secundum qualitatem . A′n qualitate uuirdet ouh fúnden contrarietas .

Ut iustitia iniustitiæ contraria est . et albedo nigredini . et alia . A′lsô réht uuideruuártîg ist únréhte . únde uuizi déro suárzi . únde ánderiu .

Similiter autem . et ea quæ secundum eas . s. qualitates . qualia dicuntur ut iniustum iusto . et album nigro . Tiu fóne in gespróchen uuérdént . tiu sint sámo uuideruuártig . A′lsô únréhtez réhtemo . uuiziz suárzemo .

Non autem in omnibus hoc est . I′z negeskihet tôh nièht in állên qualitatibus .

Rubeo et pallido . aut huiusmodi coloribus qualitatibus existentibus . nihil est contrarium . Rôtemo únde bleichemo . únde sólén uárcuuôn

---

¹ Verbesserung aus „scáfúnga."

iô sámo guissên qualitatibus . neíst
nieht uuíderuuártîgis .

95. SUB UNO SEMPER GENERE CONTRARIA STARE .

Amplius . Ferním oúh ánder .

Si ex contrariis unum fuerit quale .
et reliquum erit quale . U'be zuéio
contrariorum dáz éina quale ist .
táz ánder sô sámo ist . Sicut est
iustitia iniustitiæ contrarium . A'lsô
án dien skinet .

Quale autem est iustitia . quale igi-
tur et iniustitia . Táz éina ist quale .
i. qualitas . sô sámo ist táz ánder .

Hoc palam est proponenti . alia
prædicamenta ex singulis . s. cathe-
goriis . Táz uuirdet sâr démo skin .
[107.] dér fone állên cathegoriis .
fúre zihet anderiu exempla .

Nullum igitur . aliorum prædica-
mentorum aptabitur . i. opponitur
iniustitiæ . Nehéin uuidersácho .
neuuirdet târ uánden iniustitiæ .

Neque quantitas . neque ad ali-
quid . neque ubi . nec omnino aliud
quicquam nisi quale . Nóh quanti-
tas . nóh nehéin ánder prædicamen-
tum . ne uuérit síh iniustitiæ . âne
iô qualitas . i. iustitia .

Sic et in aliis quæ secundum
quale . Sô uérit íz oúh ánderên
qualitatibus .

96. QUOD ET MAGIS ET MINUS RECIPIAT QUALITAS .

Suscipit autem qualitas et magis et
minus . Album enim magis et mi-
nus . alterum altero dicitur . et ius-
tum alterum altero magis et minus .
Qualia ládent síh ána ûngelicho íro
qualitatem . súmiu mêr súmiu mín .
A'lso éin réhtera ist . tánne ánder .
uuánda íz án imo mêr réhtis hábit .
U'nde éin uuîzera . dánne ánder .
uuánda án imo mêr uuîzi ist .

Sed et ipsa crementum susci-
piunt . Ióh siu sélben . uuáz sint
túrh síh .

Cum candidum namque sit . am-
plius contingit candidum fieri . Uûiz
uuírdet uuîzera .

97. EXCIPITUR .

Non tamen omnia . sed plura . I'z
netuónt nieht álliu diu qualitatis
sint . mánigíu tuónt iz .

Iustitia namque a iustitia . si di-
catur magis et minus . potest qui-
libet ambigere . Uúanda úbe sél-
biu iustitia . uuáhse álde suíne dés
mág mán zuíuelón ..

Similiter et in aliis affectibus . Sô
mág mán oúh zuíuelón án ánderên
hábôn .

Quidam enim dubitant de tali-
bus . Cnuêge zuíuelónt is .

Iustitiam namque a iustitia . non
multum aiunt magis et minus dici .

[108.] nec sanitatem a sanitate. Sie uerságent sélben día iustitiam mêrhéite únde minnerhéite. únde sanitatem. Uuánda brístet réhte. sô neist iz réht. I'st iz úbere. sô ne ist iz áber réht.

Minus autem habere alterum altero. sanitatem aiunt. et iustitiam minus. alterum altero habere. Téro qualium súmelîchiz. iéhent sie mîn gánzi. únde mîn réhtis háben. dánne dáz ánder. i. úngánzera uuésen únde únréhtera.

Sic autem et grammatica. et alii affectus. non recipiunt magis et minus. Sed tamen ea quæ secundum eos affectus dicuntur. indubitanter recipiunt magis et minus. A'lsô iustitia únde sanitas sih uuérrint conparationis. sô tuôt oúh grammatica. únde sô tuônt álle bábá. A'ber diu qualia. diu uóne in gespróchen uuérdent. tíu hábint comparationem.

Grammatitior enim alter ab altero dicitur. et iustior et sanior. Táz skínet târ ána. dáz éinêr réhterô. únde gánzero. únde gramatichis chúnnigôro. gehéizen uuirdet. tánne ánderêr.

Sic et in aliis. Sô ist iz oúh án ánderên disen gelichên.

---

98. ITEM EXCIPITUR.

Triangulus uero et quadrangulus. non uidetur magis minusue suscipere. nec aliquid aliarum figurarum. A'ber driórtêr. únde nierórtêr. nemág éinêr nieht mêr sîn. dánne ánderêr. nôh nehéin pildis kescáft hábendêr.

Quæcunque diffinitionem trianguli recipiunt et circuli. omnia similiter triangula uel circuli sunt. [109.] Sô uuelíu iô driscôzis. únde ringis nôt=méz infángen habint. tíu sint oúh penôte driscôze únde ringa.

Eorum uero quæ non recipiunt. nihil magis alterum altero dicitur. Tíu iro nôt=méz nehábint téro nehéin ne ist mêr. dáz síu sint danne ánderiz.

Nihil enim quadratum magis quam parte altera longior figura circulus est. E'ben láng sítiu niera. ☐ neist nieht mêr circulus. dánne diu dir únében lánge sita hábit. ☐

Nullam enim recipit circuli rationem. I'ro ne uuérder negât indía zála dis circuli.

Simpliciter autem. A'ber óffene ze-ságênne. Si utraque non recipiunt huius propositi. uel circuli rationem. non dicetur alterum altero magis. U'be iro neuuéder. ringis nôt=méz nehábit. sô ne héizet oúh neuuéder mêr ring. dánne daz ánder.

Non ergo omnia qualia recipiunt magis et minus. Fóne diu nesint nieht álliu qualia mêr únde mín . i. non omnia recipiunt comparationem.

---

99. QUID SIT EI PROPRIUM.

Horum itaque quæ prædicta sunt . nihil est proprium qualitatis. Téro uóre námdòn nehéin . ne íst ureiche qualitatis.

Simile autem et dissimile secundum solas dicitur qualitates. Kélih únde úngelih . uuérdent fóne qualitate éigen=afto gespróchen. [110.]

Simile autem alterum alteri . non est secundum aliud . nisi secundum id quod quale est. Ein gelih ándermo . neuúrdet nièht fóne ánderen dingen gespróchen . áne uóne quali.

Quare proprium erit qualitatis . secundum eam simile et dissimile dici. Fóne diu ist qualitatis tíu súndera . fóne iro gelih . únde úngelih ze_chédenne.

---

100. RATIO DE COMMUNIONE CATHEGORIARUM.

At uero non decet conturbari . ne_quis nos dicat . i. reprehendat . de qualitate propositionem facientes . multa de relatiuis interposuisse. Nù zímet tièn lectoribus in gùotemo ze_sinne . nio iro nehéin únsih nein=chúnne . ze érist fóne qualitate erhéuen . únde áber dárnáh gnùogez fóne relatiuis ságen.

Habitus enim et dispositio horum quæ ad aliquid sunt esse dicebantur. Tés fúrhto íh fóne diu . uuánda habitus únde dispositio . hína ze_relatiuis kezélet uuúrtin . únde mán íro ánderèst hièr geuúog.

Pene enim in omnibus talibus genera ad aliquid dicuntur. Sie súlen uuizen . dáz genera qualitatis . alméistig sint ad aliquid.

Nihil autem horum quæ singularia sunt. Táz nesint áber nièht íro species.

Nam cum disciplina genus sit . ipsum quod est alterius dicitur. Alicuius enim disciplina dicitur . Disciplina uuánda sì genus íst . pedíu ist sì ad aliquid . E'teuués íst . iò disciplina.

Eorum quæ singularia sunt . nihil ipsum quod est alterius dicitur. [111.] I'ro specierum nehéinez nechit man éteuués sìn.

Ut grammatica non dicitur alterius grammatica . nec musica alicuius musica. A'lsò nioman nechit relatiue éteuués grammatica éteuués musica.

Sed forte secundum genus . et hæc ad aliquid dicuntur. Ut grammatica dicitur alicuius disciplina . non alicuius grammatica. Táz genus ána séhendo . mág mán uuóla chéden . grammatica ist éteuués kelirn. E'r nechidet nièht éteuués grammatica.

Et musica alicuius disciplina . non alicuius musica. Sò mág ér oúh chéden . musica íst éteuués kelirn . náls éteuués musica .

Quapropter quæ per se quidem singularia sunt . non sunt ad aliquid . Pediu nesint tiu species keskidotiu ad aliquid . tóh siu án demo genere úngeskidotiu sin . ad aliquid .

Dicimur enim . quales . secundum singula . Táz skinet tár ána . táz uúir quales héizên nàh tien speciebus .

Hæc enim et habemus . Sie sínt únsere hába .

Scientes enim dicimur . quod habemus singulas scientias . Uuír héizên chúnnige . fóne dero hábo dero specierum .

Quare hæc erunt etiam qualitates quæ singillatim sunt . secundum quas et quales dicimur . Fóne diu sint tiu species qualitatis . náh tien uuír óuh héizên quales .

Hæc autem non erunt eorum . quæ sunt ad aliquid . A'ber ad aliquid ne sint siu nieht .

Amplius . Fernim nóh táz . [112.] Si contingat hoc ipsum quale . et relatiuum esse . nihil est inconueniens in utrisque generibus annumerare . Keskihet óuh éin uuórt péidiu bezéichenen . qualitatem íoh ad aliquid . sô ne uuirret tir nieht táz sélba ze⌣zéllenne . ze⌣béidên cathegoriis .

101. DE FACERE ET PATI .

Recipit autem facere et pati contrarietates . et magis et minus . Tíu dir bezechenent túon álde dólên . diu sint ofto éin ánderên uuideruuártig . Unde mág uuérden io uuéderes . mèr íoh min .

Calefacere enim ad frigidum facere contrarium est . et calidum fieri ad frigidum fieri . et delectari ad contristari . Uuármin únde chuelin . sint uuideruuártig . sô sint óuh uuármen . únde cháltên . frô sin . únde léideg sin .

Sed et magis et minus . Sô uuirdet óuh án in . mèr únde min .

Calefacere enim magis et minus est . et calefieri magis et minus . et contristari magis et minus . Mán mág uuóla uuármin mèr íoh min . únde uuármên . mèr íoh min . únde trûrên mèr íoh min .

Recipit ergo magis et minus facere et pati . Fóne diu ist uuár . táz tûonnes únde dólennis . mèr únde minnera sin mág .

Pro his itaque tanta dicantur . Fóne ín sî is sus cnûege .

102. DE SITU .

Dictum est autem et de situ in his quæ ad aliquid sunt . quia denominatiue a positionibus dicitur . [113.] Fóne ad aliquid ságendo . uuárt

oúh keságet . táz tiu uerba sedere .
únde stare . diu situm bezéichenent . kespróchen sint fóne nominibus . sessio . statio . diu positionem bezéichent .

103. DE QUANTO . ET UBI . ET HABERE .

Pro reliquis autem . quando . et ubi . et habere . eo quod manifesta sunt . nihil de eis aliud dicitur . quam quæ in principio dicta sunt . Fóne uuénne . únde uóne uuár . únde uóne hábenne . neist nieht nû ze‿ságenne . uuánda síu sémfte sint . âne dáz fóre geságet ist . Uuáz ist táz?

Quia habere quidem significat calciatum esse . armatum esse . Táz ána hában . bezeichenet kesküˆhen uuésen . álde gesáreuuit uuésen .

Ubi uero . ut in loco . Uuár bezéichenet . in uuélero stéte .

Quando . ut quo tempore . Uuénne . in uuélemo zîte .

De propositis itaque generibus quæ dicta sunt . sufficiunt . Fóne dien generibus . ih pedéh ze-ságenne . hábo ih cnûoge gesaget .

104. QUOD MODIS OPPOSITA DICANTUR .

Dicitur autem alterum alteri opponi quadrupliciter . Ze‿uier̆ uuisón chit man éin gágen ándermo gestéllit uuérden .

Aut ut ad aliquid . A'lde só díu gágensihtigen .

Aut ut contraria . A'lde só díu uuíderuuártigin .

Aut ut habitus et priuatio . A'lde só hába únde dárba .

Aut ut affirmatio et negatio . A'lde só néin únde iáh . [114.]

Opponitur autem unum quodque istorum . Tírro îo-gelîh uuírdet ingágen stéllet .

Ut sit figuratim dicere . Mit exemplo ze‿ságenne .

Ut relatiua . Só relatiua tûont .

Ut duplum dimidio . So zuiualt ist témo hálblîh .

Ut contraria . Só uuíderuuártigíu tûont .

Ut malum bono . A'lsó úbel ist kûotemo .

Ut secundum priuationem et habitum . Só man chit hába únde dárba .

Ut est cæcitas uisui . A'lsó blíndi ist temo kesiune .

Ut affirmatio et negatio . Só uéstenúnga únde loúgen tûont .

Ut sedet . non sedet . A'lso díu sint . sizzet . ne-sizzet .

105. DE RELATIUIS.

Quæcunque igitur ut relatiua opponuntur. Tíu relatiuo gágen stéllet uuérdent.

Ea ipsa quæ sunt. oppositorum dicuntur. Tíu héizent ánderro.

Aut quomodolibet aliter ad ea. A´lde éteuuio séhent siu zu ín.

Ut duplum dimidii ipsum quod est alterius dicitur. A´lso zíuuált éteuués zuiuált héizet. táz íz ist.

Alicuius enim duplum dicitur. I´z sól ío benóte héizen zuiualt. tánne des hálbin téiles si.

Sed et disciplina disciplinato tanquam relatiua opposita est. Léra ist óuh gágen stéllit temo gelértin. sámo zu imo séhentiu.

Et dicitur disciplina ipsum quod est disciplinati. únde dáz tíu léra ist. táz uuirt kehéizen des kelértin.

Sed et disciplinatum ipsum quod est. ad oppositum dicitur . i. ad disciplinam. A´lso uuirdit óuh táz kelérta hína gespróchen. ze sínero gágenstáltûn léro.

Disciplinatum enim aliquem dicimus disciplina disciplinatum. [115.] Uuánda uuir héizên ío den gelértin fóne dero léro gelértin.

Quæcunque ergo opposita sunt tanquam ad aliquid. Tíu ío mit témo námin déro gágensihte gágenstáltiu héizent.

Ipsa quæ sunt aliorum dicuntur. Tíu sint ío ánderro. táz siu sint.

Aut quomodocumque ad inuicem. A´lde éteuuio séhent siu zéinen ánderén.

---

106. DE CONTRARIIS.

Illa ergo quæ ut contraria. Tíu áber dúrh uuideruuártigi héizent opposita.

Ipsa quidem quæ sunt. nullomodo ad se inuicem dicuntur. Tíu neséhent nîcht zu éinên ánderên. án díu dáz siu sint. siu séhent mèr fóne éinên ánderên.

Neque enim bonum mali dicitur bonum. sed contrarium. Uuánda nieman nechît. táz gûota ist tes úbelin gûota. er chît iz imo sî uuideruuártig.

Neque album nigri album. sed contrarium. Nóh ér ne chît. taz uuîza ist tes suárzen uuîza. ér chît iz imo sî uuideruuártig.

Quare differunt hæ contrarietates a se inuicem. Fóue díu sint contraria geskéiden.

---

107. DE DIFFERENTIA CONTRARIORUM.
I. MEDIUM HABENTIUM ET NON HABENTIUM.

Quæcumque uero contrariorum talia sunt. Tíu contraria sólih sint. ut alterum ipsorum necessarium est inesse . in quibus nata sunt fieri . et de quibus prædicantur . Táz éin uuéderiz benóte ána ist . tien siu gesláht sint únde uóne dien man siu spríchet .

Nihil eorum medium est . Tíu nehábint nehéin medium .

Quorum uero non est necessarium alterum inesse . Téro áber éin uuéderiz ána benóte neíst .

Horum omnium est aliquid medium omnino . Téro állero ist ío ételih medium . [116.]

108. EXEMPLA DE NON HABENTIBUS MEDIUM.

Ut languor et sanitas in corpore animalis naturam habet fieri . A´lso siechelhéit únde gánzi lébendên corporibus kesláht ist .

Et necessarium est alterum esse in animalis corpore . uel languorem uel sanitatem . U´nde ío benóte sól éinuuéder sîn án des lébentin lîchamin . stechi álde gesúndeda .

Sed et par et impar de numero prædicatur . Só uuírdit óuh fóne dero numero gespróchen kerád únde úngerád .

Et necessarium est alterum in numero esse . aut habundans i. imparem . aut perfectum . i. parem . Unde ist ío diu numerus úber sláhentiu álde géebenótiu .

Et nihil est in medio horum . neque inter languorem et sanitatem . neque inter habundantem et perfectum . U´nde nîeht neuindist tû únder gánzemo únde únganzemo . únebenemo únde ébenemo .

109. EXEMPLA DE HABENTIBUS MEDIUM.

Quorum uero non est necesse alterum inesse . eorum est aliquid medium . Téro aber éin uuéderiz penóte ána neíst . tiu hábint medium .

Ut nigrum et album in corpore naturam habet fieri . A´lso corpori gesláht ist . uuîz únde suárz uuérden .

Et non est necessarium . alterum horum esse in corpore . U´nde dóh nehéin nót neist . éinuuéder ímo ána uuésen .

Non enim omne aut album aut nigrum est . Uuánda uuîz álde suárz ío gelîh corpus neíst .

Sed et prauum et studiosum prædicatur quidem et de homine et de aliis multis . [117.] Cúot únde úbel chit man óuh fóne ménniscón únde fón ánderên díngin .

Sed non est necessarium alterum horum inesse aliis . de quibus prædicatur . U´nde neist tóh nehéin nót íro éin uuéder súmelichên ána uuésen .

Non enim omnia uel praua uel studiosa sunt. Uuánda díngelih nieht penóte neist úbel álde gûot.

Et est horum medium. Pedíu hábint síu medium.

Albi quidem et nigri. fuscum et pallidum et quicunque sunt alii colores. Suárzis únde uuízis media sint. pléih únde sát crâ únde álle ándere uáreuuâ. s. ut rubrum uiride. flauum. furuum. uenetum. fuluum. croceum. i. rót cruêne. fálo. salo. cra. cóltfáro. chrûogfaro.

Praui uero et studiosi. A'ber úbelis. unde cûotis medium ist.

Quod neque prauum neque studiosum est. Táz neuuéder neist cûot nóh úbel. Táz héizent stoici indifferens. álso rihtûm ist únde skôni. Tiu sô getânin uuólton sie hábin fúre neuuéder.

In aliquibus itaque nomina sunt his quæ media sunt. In sumelichên contrariis sint námin fúndene iro mediis.

Ut albi et nigri. fuscum et pallidum. A'lsô dien mediis suárzis únde uuízis sint. pléih únde crísil.

In aliquibus autem nomina quidem in medio assignare idoneum non est. In sumelichên ist úmbechâme iro mediis námin ze-gébenne.

Sed per utrorumque summorum negationem quod medium est determinatur. Núbe diu úzeren ferságendo. uuírdet iro medium geóuget.

Ut quod neque bonum neque malum est. neque iustum neque injustum. A'lsô diu námelôs sint. tiu ne-uuéder sint cûot. nóh úbel réht nóh únreht. [118.]

---

110. DE HABITU ET PRIUATIONE.

Priuatio uero et habitus quidem circa idem aliquid. ut uisio et cecitas circa oculum. Hába únde dárba uuirt éteuuâr ána gespróchen. álso gesiune únde blindi án demo oûgen gespróchen uuirt.

Uniuersaliter autem dicere est. in quo nascitur habitus fieri. circa hoc dicitur priuatio. utrorumque eorum ordine. A'llelicho ze-ságenne. sô uuâr ána diu hába uuirt. tar ána uuirt óuh tiu dárba áfter iro béidero órdeno. dáz chit. áfter déro órdeno iro béidero zîtes. uuánda sô is únzît ist. sô nesol man neuuéder spréchen.

Priuari autem tunc dicimus. unum quodque habitus susceptibilium. Dárbên chédên uuir iôgelichiz tero hábemáhtigôn. tanne.

Quando in quo natum est habere nullomodo habet. Tánne dáz nehábit. táz hábên sólta.

Edentulum enim dicimus. non qui non habet dentes. nec cecum qui non habet uisum. Uuír nehéizen tén nîeht áfter réhtemo gechôse zánelôsen . dér zéne nehábit . nóh tén blinden tér óugen nehábit .

Sed qui quando contingit habere non habet. Núbe dén . dér sie nehábit . sô ér sie hábin sólta .

Quedam enim ex generatione sunt . quæ neque dentes . neque uisum habent. Súmelîchiu sint tîu uóne ánabúrte . zéne nehábint . nóh óugen .

Sed non dicuntur edentati . neque cæci. U'nde dóh nehéizent . zánelôs . nóh plint . Uuér mág héizen hólz únde stéin áfter rédo zánelôs únde hárlôs . únde plint . únde tôt . [119.] Nîouuîht neist tôd . âne dáz iû lébeta . nóh plint . âne dáz iû óugen hábeta . álde hában sólta . nóh hárlôs . nóh zánelôs . âne dáz siu hában sólta . únde áber nehábit.

---

111. OPPOSITA SUB OPPOSITIS ESSE . ET NON CUM EIS IDEM SIGNIFICARE .

Priuari uero et habere habitum non est habitus et priuatio. Tárbên únde éteuuáz hábin . dáz neist nîeht hába únde dárba .

Habitus enim est uisus . priuatio uero cæcitas . kesiune ist hába . priuatio uero cæcitas. Plíndi ist tárba . s. des kesiunis .

Habere autem uisum non est uisus . nec cæcum esse cæcitas . Hábên gesiune . táz neist kesiune . nóh plint uuésen plíndi .

Priuatio enim est quedam cæcitas . Plíndi . dáz ist dárba .

Cæcum uero esse priuari . non priuatio est . Plint uuésen . dáz ist dárbên . náls darba .

Nam si idem esset cæcitas . et cæcum esse . utraque de eodem prædicarentur . U'be éin uuâre . blíndi únde blint uuésen . sô uuúrtîn siu uóne éinemo dinge gespróchen .

Nunc uero minime . Nû neist tés nîeht .

Sed cæcus dicitur homo . cæcitas uero homo nullo modo dicitur . Uuánda der mán héizet plindêr . nals áber blíndi .

Opposita autem etiam hæc uidentur . i. priuari et habitum habere . tamquam priuatio et habitus . Oúh sint hábên únde dárbên . sámo hárto opposita . sô sélbiu hába únde dárba .

Modus enim oppositionis idem est . [120.] I'st ter sélbo modus . táz chit . tisiu oppositio ist álsô getân . sô diu uórdera .

Nam sicut cæcitas uisui opposita est . sic cæcum esse et uisum habere oppositum . Uuánda álso diu blíndi demo gesiune gágen stéllet ist . sô ist óuh plint uuésen . únde geséhen .

112. DE SUBHABITU. ET SUBPRIUATIONE. SIMILIS RATIO.

Non est autem. neque quod sub affirmatione et negatione iacet. affirmatio et negatio. Táz óuh líget únder uéstenúngo. únde únder lóugene. táz neist nieht sélbiu diu uéstenunga. nóh sélber der lóugen.

Affirmatio namque. oratio est affirmatiua. s. ut sedet. Féstenúnga dáz ist éin uéstenig réda.

Et negatio oratio negatiua. s. ut non sedet. Unde lóugen. ist éin lóugenig réda.

Horum uero quæ sub affirmatione et negatione sunt. nulla est oratio. Tiu únder dien zuéin rédôn sint. s. ut sedere. non sedere. Tiu nesint nieht reda.

Concedantur autem etiam hæc esse opposita alterutris tamquam affirmatio negationi. Nú iéhên óuh tiu uuésen opposita éin ánderên. álsô lóugen únde uéstenúnga sint.

Nam in his oppositionis modus idem est. I'st ío der eino modus oppositionis.

Sicut enim affirmatio aduersus negationem opposita est. ut quod sedet ei quod non sedet. A'lso uéstenúnga gágen stéllet ist lóugene. sô dáz ist. sizzet nesizzet.

Sic et res quæ sub utroque posita est. i. sedere ad non sedere. Sô ist óuh táz únder in béidên stât. íh méino sizzen. unde dára gagene nesizzen.

---

113. AD ALIQUID DISCERNITUR. AB HABITU ET PRIUATIONE.
[121.]

Quoniam autem priuatio et habitus non sic opponuntur ut ad aliquid. manifestum est. Uuir uuízzen dáz hába únde dárba. nieht sólih gágen stélle nehábint sô ad aliquid.

Non enim dicitur hoc ipsum quod est oppositi. Táz éina nehéizet nieht tes ánderis.

Uisus enim non est cæcitatis uisus. Uuánda diu gesiht neist tero blindi.

Nec alio ullo modo ad ipsum dicitur. Nóh ze-ánderro uuîs neuuirdet si kespróchen ze-íro.

Similiter autem neque cæcitas dicitur cæcitas uisionis. sed priuatio uisionis. Tána mêr neuuirdet plindi gehéizen gesiúnis plindi. núbe darba gesiunis.

Cæcitas uero uisionis non dicitur. kesiunis plindi nechit níoman.

Amplius. Ferním ío nóh.

Ad aliquid omnia reciprocatiue dicuntur. A'lliu ad aliquid uuérdent kespróchen áfter úmbegánge.

Quare cæcitas si esset. eorum quæ ad aliquid sunt. utique et conuerteretur. U'be óuh tánne blindi uuáre ad aliquid sô hábeti si úmbegáng.

Neque enim dicitur ad illud ad quod dicitur si non conuertitur. U'be si úmbe negât. sô neuuírdet si óuh nieht gágen sihtigo gespróchen zu dému si gespróchen uuírdet.

Neque enim dicitur uisus cæcitatis uisus. Uuánda nîoman nechît kesíune ist tero blíndi gesíune.

---

114. HABITUS ET PRIUATIO DISCERNUNTUR A CONTRARIIS.
[122.]

Quoniam autem neque ut contraria opponuntur ea quæ secundum priuationem et habitum dicuntur. ex his manifestum est. Uuîo úngelicho óuh contrariis hába únde dárba sîn gespróchen. táz keóffenont tisiu uuórt.

Quorum enim contrariorum nihil est medium. Téro contrariorum díu medium nehábint.

Necesse est in quibus nata sunt fieri. aut item quibus prædicari. alterum ipsorum inesse semper. Sól iô daz éina benôte ána uuésen dien. án dien siu múgen uuérden. únde uóne dien uuír siu múgin spréchen.

Horum enim nihil est medium. quorum alterum necessarium erat inesse susceptibili. Uuánda díu nehábint medium. téro io daz éina benôte sól ána uuésen demo hábemáhtigen.

Ut in languore et sanitate. et habundanti et perfecto. A'lso iz ist in siechi. únde in gánzi únde in únébenemo ioh ébenemo.

Quorum uero aliquid est medium. numquam necessitas est omni esse alterum. Tíu áber medium hábint. tíen neist nehéin nôt hértôn ána uuésen.

Neque enim necesse est omni susceptibili. candidum uel nigrum esse. neque frigidum. uel calidum. Uuánda nehéin nôt. neist corpori. dáz iz uuîz alde suárz sî. chált álde uuárm.

Horum autem medium aliquid nihil prohibet esse. I'z mág áber ételih sîn déro. diu únder zuiskên stant.

Horum autem erat aliquid medium. quorum non erat necessarium alterum inesse susceptibili. I'z sólta óuh penôte sîn daz mitta. tô iz tero ûzerôn neuuéder uuás.

Preter quibus naturaliter unum inest. [123.] A'ne díu lazo ih sóre dien natûrlicho io daz éina ána ist. ána daz ánder.

Ut igni calidum esse et niui candidum esse. A'lsô uiure héizi. únde snéuue io uuîzi ána ist.

In his autem et determinatiue necessarium alterum esse. et non alterutrum contingit. A'n disên geskihet iô guíslicho ána uuésen daz éina âne hérta.

Non enim possibile est ignem frigidum esse. neque niuem nigram.

Uuánda uíur nemág chált sîn . nóh snê suárz .

Quare omni quidem susceptibili . non est necessarium alterum inesse . Pediu ncist nehêin nôt állen corporibus daz éina ána uuésen . ána uuéhsel .

Sed solis quibus naturaliter unum in-est . Núbe échert tien daz éina gesláht ist .

Et his determinate unum non alterutrum contingit . Únde dien daz éina guísso únueruuéhselôt ist .

In priuatione uero et habitu nihil horum quæ dicta sunt uerum est . Tés álles ne geskihet nicht in hábo únde in dárbo .

Nec enim semper susceptibili necessarium est alterum eorum inesse . Uuánda dáz ist sâr ein úngelîchi . táz íro corpori daz éina io benôte ána neist . Uuío mág ?

Quod enim nondum habet naturam ad uidendum . E'in uuélf taz nóh únzîtig ist zeséhenne .

Neque cæcum neque uisum habens dicitur . Táz ne heizet óuh nóh neuuéder . plint nóh keséhende .

Ideoque non erunt hæc contrariorum . quorum nihil est medium . [124.] Pediu nesint nicht tísiu gelih tien contrariis . tiu ána medium sint .

Sed neque quorum est medium . Nicht kelicheren nesint siu . dien medium hábenten .

Necessarium enim est omni susceptibili alterum eorum inesse . Uuánda éin uuéder sô hába sô dárba sól io án demo corpore sîn .

Quando enim natum fuerit . ad habendam uisionem aut cæcum aut habens uisionem dicetur . So iz êrist zîtig uuirdet zeséhenne . sô heizet iz sâr . plint álde geséhende .

Et horum non interminate alterum . sed alterum contingit . s. determinate . Únde nieht únguisso daz éina . núbe guisso geskihet éin uuéderiz .

In contrariis autem quibus est medium . numquam necessarium fuit omni alterum esse . sed quibusdam et his determinate unum . A'ber in dien contrariis tiu medium hábint . neuuirdet nicht penôte daz éina uúnden in állên . núbe échert in súmên . únde óuh taz éina mit quíssemo námin . s. sô diu heizi ist án demo uúire .

Unde palam est quia secundum neutrum modum tamquam contraria opposita sunt ea quæ secundum priuationem et habitum opponuntur . Tánnán skínet táz hába únde dárba án íro gágen-stélledo . neuuédermo modo contrariorum gelih nesint .

Amplius . Siu skéident sih óuh ze ánderro uuís .

In contrariis quidem existente susceptibili . possibile est in alterutrum fieri mutationem . A'n éinemo lichamen mág hért uuéhsel uuérden dero contrariorum . [125.]

Nisi alteri naturaliter unum insit . ut igni calidum esse. I'mo nesi échert taz éina gesláht . só uúire ist hizza.

Namque quod sanum est . possibile est languere . et candidum nigrum fieri . et ex studioso prauum . et ex prauo studiosum possibile est fieri . A'ber gesúnde uuirt sieh . únde uuiz . suarz . cúot úbel . úbel gúot .

Prauus enim ad meliores exercitationes deductus . et ad doctrinas . uel ad modicum aliquid proficiet . ut melior sit . Id est quamuis procliuior est semita a bono ad malum . et difficilis transitus a uitiis ad uirtutem . non tamen est impossibile . quemlibet peccatis obnoxium . per confabulationem sapientum . et quandam boni consuetudinem paulatim ad meliora procedere donec ad perfectionem conscendat . Scádel ménnisco ze‿frómòn únde ze‿léro gezòhter . kerúcchet io be‿déro uuílo só uílo . dáz er bézero uuirdet .

Si uero semper uel modicum crementum sumpserit . palam est quia aut perfectæ . mutabitur . aut satis multum crementum sumat . U'be er io éteuuáz zû léget tánnân uuirdet er éin uuéder uílo gúot . álde uuóla gúot .

Si enim bene mobilior ad uirtutem fiet . uel quodcunque crementum sumpserit a principio . U'be er uuóla uábet ze‿túgede . álde er síh zu èrist ieht pézerót .

Ex hoc etiam uerisimile est . amplius cum sumere crementum . Tánnàn mág man in uuânen óuh férròr gerúcchen. [126.]

Et hoc dum semper sit . perfecte in contrarium habitum restituetur . U'nde dáz io ána tuéndo . chúmet er in ándere chúst .

Nisi forte tempore suspensum sit . I'z neuuérde únder‿nomen . únde uóne diu ze‿léibo uuérde.

Uerum in priuatione et habitu . possibile est mutationem in alterutrum fieri . In hábo únde in dárbo mág uuóla uuérden uuéhsel . des éinen in daz ander . Et habitu in priuationem fit mutatio . a priuatione uero in habitum inpossibile est . Ter uuéhsel mág uuérden fóne hábo ín dárba náls áber uóne dárbo in haba .

Neque enim cæcus factus . rursus uidet . Uuánda erblindetèr . nio dára náh neuuard keséhentèr .

Neque cum esset caluus . rursus comatus est factus . Nób chálo uuórtenèr . neuuárd ánderèst keuáhsèr .

Neque cum esset sine dentibus . dentes ei iterum orti sunt . Nóh zánelòs uuórtenèr ánderèst nezánta .

115. AFFIRMATIO ET NEGATIO. DISCERNUNTUR A CÆTERIS.

Quæcumque uero tamquam affirmatio et negatio opposita sunt. palam est. quia nullo prædictorum modo opposita sunt. Nú ist guis. táz áber lóugen únde uéstenúnga. in sélbên gágen stéllet nesint. náh téro uuîsûn dero ánderro.

In solis enim istis necessarium est semper. aliud quidem eorum uerum esse. aliud autem falsum. An disén éinên. ist iô daz éina uuâr. daz ánder lúgi.

---

116. CONTRADICTIO DIC A CONTRARIIS. [127.]

Neque enim in contrariis necessarium est semper. alterum uerum esse alterum falsum esse.

---

117. CONTRADICTIO DIC' AB AD ALIQUID.

Neque in his quæ ad aliquid sunt.

---

118. CONTRADICTIO DISCERNITUR AB HABITU ET PRIUATIONE.

Neque in habitu et priuatione. A'n dien éreren drín modis. neuindet nioman uuâr nóh lúgi.

Ut sanitas et languor contraria sunt. et neutrum neque uerum est. neque falsum est. Similiter autem et duplum et dimidium. tamquam relatiua opposita sunt. et non est eorum neque uerum neque falsum. Sed neque ea quæ secundum priuationem et habitum sunt. sicut uisio et cecitas. Tísiu driu exempla sint âne lóugen. únde âne uéstenúnga.

Omnino autem eorum quæ secundum nullam complexionem dicuntur. nihil neque uerum neque falsum est. Porro omnia quæ dicta sunt. sine complexione dicuntur. A'lliu éinlúzziu uuórt. nesint neuuéder uuâr nóh lúgi. Tísiu nú gespróchenen exempla. sint álliu éinlúzziu. sô dáz ist sanitas. languor. Únde duplum dimidium únde cæcitas uisus.

---

119. DE COMPLEXIM DICTIS OPPOSITIS.

Sed et maxime uidebitur hoc tale contingere in his quæ secundum complexionem contraria dicuntur. A'llero guissôst múgen dóh keskéhen. uuâr únde lúgi in contrariis. Uuénue ist táz? Sô man síu sprichet zesámine geléitero uuórto.

Sanum namque esse socratem. ac languere socratem. contrarium est. A'lso dáz nú in zesámine gelégetèn uuórten contrarium ist. sìeh uuésen socratem. únde gesúnde uuésen socratem. [128.]

Sed neque in his contrarium est. semper alterum uerum aut falsum esse. Ióh nóh tánne. neíst nîeht iô daz éina uuâr. daz ánder lúgi. E´teuuénne mág iz sîn.

Cum enim sit socrates. erit aliud quidem uerum. aliud autem falsum. Tia uuîla er lébet. sô ist taz éina uuâr. daz ánder lúgi.

Cum uero non sit. ambo falsa sunt. So uuénne ér neist. sô sínt síu béidiu lúgi.

Neque enim languere neque sanum esse. uerum est. cum ipse socrates omnino non sit. Uuîo mág er gesúnde. álde sîeh sìn. tánne ér sélbo neíst?

In priuatione uero et habitu cum non sit. neutrum uerum est. Cum sit non erit alterum uerum. In hábo únde in dárbo. úbe ér neist. uuío mág tánne uuâr sìn teuuéder? Táz ist tîen contrariis kelih. U´nde úber ist. taz éina dóh uuílon uuâr neist. Táz ist áber úngelih ten contrariis.

Habere namque uisum socratem. ad id quod est cæcum esse socratem. oppositum est. sicut priuatio et habitus. Socratem gesében. álde socratem plínt uuésen. táz ist oppositum dero hábo. únde dárbo.

Et cum sit. non necessarium est. alterum uerum uel falsum esse. U´nde ímo lébendemo neist nebéin

nôt ein uuésen uuâr. daz ánder lúgi.

Cum enim nondum natus est habere. utraque falsa sunt. et uisum eum habere. et cæcum cum esse. E´r sinemo zîte. sint péidiu lúgi. socratem gesében. ióh plínt uuésen.

In affirmatione autem et negatione semper siue non sit. siue sit. aliud quidem erit falsum. aliud autem uerum. A´ber uéstenóndo. [129.] únde lóugenendo. socrates sî. álde nesî. uuírdet îo daz éina uuâr. daz ánder lúgi.

Languere namque socratem et non languere socratem. cum ipse sit. palam est. quia alterum eorum uerum. alterum autem falsum est. Tero zúeio. socratem sîechelôn únde nesîechelôn. únz er ist. uuírdet éin uuâr. daz ánder lúgi.

Et cum non sit similiter. U´nde so er neist. sô sámo.

Languere et enim cum non sit. falsum est. non languere autem uerum. Sîechên dóh er nesî. dáz ist kelógen. Nesîechên ist uuâr.

Quare in his solis proprium erit. semper alterum eorum uerum. semper alterum falsum esse. quæcunque tamquam affirmatio et negatio opposita sunt. Fóne díu ist îo daz éina uuâr. daz ánder lúgi. dánne néin únde iáh. éin ánderên begágenent.

120. HUCUSQUE DE DIFFERENTIIS OP-
POSITORUM . SEQUITUR ADHUC DE
CONTRARIIS . QUOD ALIQUANDO QUÆ
MALA SUNT . SIMUL MALIS ET BO-
NIS . CONTRARIA SINT .

Contrarium autem est bono qui-
dem ex necessitate malum . Úbel
ist io benôte uuíderuuártig cúote .

Hoc autem palam est . per sin-
gulorum inductionem . Táz skînet
sár fóne éinzên gegébenên exem-
plis .

Ut sanitati languor . et iustitiæ
iniustitia . et fortitudini debiles .
A'lso síechelhéit ist kesúndedo .
únde únreht réhte . únde uuéichi
dero stárchi .

Malo autem aliquando quidem
bonum est contrarium . et aliquan-
do malum . A'ber úbel ist uuílôn
gúot uuíderuuártig . uuílôn éin án-
der úbel .

Egestati enim cum sit malum .
superabundantia contrarium est .
cum etiam ipsa sit malum . [130.]
Kéisen únde úrgúse . sint uuíder-
uuártig . únde béidiu dóh úbel .

Sed in paucis hoc tale quilibet
inspiciet . s. ut malum malo sit
contrarium . Séltenôr uíndet man
dáz éin skádo sî ándermo uuíder-
uuártig .

In pluribus uero semper malum
bono contrarium est . O'ftôr ist
úbel gúote uuíderuuártig .

121. NON SICUT RELATIUA SEMPER
SIMUL ESSE CONTRARIA .

Amplius . Contrariorum non ne-
cessarium est si alterum sit . et reli-
quum esse . Férnim oúh . táz éin
contrarium uuóla uuésen mág . s.
iu corporibus . áne daz ánder .

Sanis namque omnibus . sanitas
quidem erit . languor quidem non
erit . Uuánda án állên ganzên . ist
kesúndeda . áne síechelhéit .

Similiter autem cum omnes sint
albi . álbedo quidem erit . nigredo
non erit . U'nde dár sie álle uuíz
sint . álso álbize . tár neist nehéin
suárz .

Amplius . Ferním nóh .

Si socratem sanum esse ad id
quod est socratem languere con-
trarium est . U'be uuíderuuártig
ist . ten mán gesúnde uuésen . únde
sieh uuésen .

Cum non sit possibile utraque si-
mul esse eidem . Sîd siu imo béi-
díu nemúgen sáment ána sîn .

Non erit possibile . cum alterum
contrarium sit . et reliquum esse .
Sô ist únmáhtlih . tár daz éina ist
taz ánder dáz imo uuídere ist . sá-
ment imo dár uuésen .

Cum enim sit socratem sanum
esse . Sô sócrates gesúnde ist .

Non erit languere sanum socra-
tem . [131.] Sô nemág er gesúndêr .
sieh uuésen .

122. QUIBUS INESSE POSSINT CONTRARIA.

Palam uero est quia et circa idem aut specie aut genere. naturam habent fieri contrarietátes. Án dien múgen uuérden contrarietates. tiu éin sint specie. álde genere. i. tiu éin speciem. álde éin genus hábint.

Languor namque et sanitas in corpore animalis. naturam habet fieri. kesúndeda únde siechi. sint kesláht tien corporibus animalium. fóne diu ist animal dero corporum genus.

Albedo autem et nigredo. simpliciter in corpore. Áber uuízi únde suárzi. uuirdet kelícho. án lébentemo. únde únlébentemo corpore. Pediu ist corpus iro allero genus.

Iustitia uero et iniustitia in anima. Réht únde únreht án dien sélòn déro ménniskòn. Pediu ist homo iro species.

---

123. UBI POSSINT INUESTIGARI CONTRARIA.

Necessarium autem est omnia contraria uel in eodem genere esse. uel in contrariis generibus. uel ipsa genera esse. Nót ist táz állíu contraria in éinemo genere stánden. álde in zúein uuíderuuártigen. álde siu sélben sîn genera.

Album enim uel nigrum in eodem est genere. Color enim genus eorum est. Uúiz únde suárz sint in éinemo genere. Fáreuua ist iro genus.

Iustitia uero et iniustitia in contrariis generibus. Illius enim uirtus. huius autem nequitia genus est. [132.] Réht únde únreht. sint in uuíderuuártigen generibus. álso túged únde árg sint.

Bonum uero et malum non sunt in genere. sed ipsa sunt genera aliquorum existentia. Áber gùot únde úbel nesint nîeht in demo genere. siu sint sélben ánderro genera.

---

124. DE PRIORE.

Prius autem alterum altero dicitur. quadrupliciter. Latine uuirdet prius ze uier uuísòn gespróchen.

I. Primo quidem et proprie secundum tempus. Zeèrist únde állero rehtòst. zit meinendo.

Secundum quod scilicet antiquius alterum altero et senius dicitur. Náh tiu éin ding héizet érera. únde áltera dánne daz ánder.

In eo enim quod tempus amplius est. in eo antiquius et senius dicitur. Uuánda des zitis mèr ist. fóne diu chit man iz si érera. únde áltera.

II. Secundo autem quod non conuertitur secundum subsistendi consequentiam. A´nderêst uuirdet táz prius kesprôchen. táz nîcht umbe negât. án dero nòt-fólgúngo des uuésennes.

Ut unus duobus prior est. A´lso éin êrera ist. únde êrera héizet. tánne zúei. unánda uône éinemo chóment zúei. Uuáz sínt zúci. áne zúirort éinez?

Duobus enim existentibus mox est consequens unum esse. Uno autem existente. non necessarium est duo esse. U´be zúei sínt. só ist éin benôte. ist áber éin. so ne-ist zuéio nehéin nót.

Idcirco non conuertitur ab uno consequentia. [133.] ut sit reliquum. Pédiu negât iz úmbe. so éin ist sament zuéin. táz zúei sîn mit éinemo.

Prius autem uidetur illud esse. a quo non conuertitur in eo quod est esse consequentiam. Hoc est. prius est. quod non habet consequentiæ suæ uicissitudinem. Unum consequitur duos. et prius est. duo uero unum non necessario consequuntur. Táz ist êrera. des consequentia nîcht úmbe negât.

III. Tertio uero secundum quendam ordinem prius dicitur. Zedéro dritûn uuîs chit man prius. só iz ordinem bezéichenit.

Quem ad modum in disciplinis et in orationibus. A´lso iz féret in lirnúngon únde in rédon.

Nam et in demonstratiuis disciplinis. est prius et posterius per ordinem. Táz man zéigondo lêren sól. án démo ist éinez êr in órdeno. dánne ánderez.

Elementa enim priora sunt his quæ describuntur per ordinem. A´naléita des uuérchis. sint io êr in órdeno. êr sélbez táz uuérch. In geometrica sól man êr lêren. uuáz punctum si. únde linea únde figura. êr man beginne sélbun die figuras scáfôn ûzer dien lineis.

Sed in grammatica elementa priora sunt sillabis. Púohstába habint óuh in gramatiche´êrerûn ordinem dánne sillabæ die ûzer ín uuérdent.

Et in oratione similiter. Só uéret iz óuh in redo.

Proemium enim prius est narratione per ordinem. Tíu uóresága. i. prefatio. día réhtores héizent exordium. díu ist êr in órdeno. dánne sélbiu díu sága.

IIII. [138.] Amplius. supra ea quæ dicta sunt. quod melius est et honorabilius. prius naturaliter esse uidetur. U´ber díu. héizet fo nóh prius. taz pézera. únde êrháftera ist.

Consueuerunt autem et plurimi. priores dicere apud se˙. honorabiliores et magis ža se. dilectos. Cnúoge uuéllen únder in. die héizen priores. ⌊tie in˘uuérderen únde lieberen sint. tánne ándere.

Est quidem et pene alienissimus

horum hic mos. Tér síto íst tóh náh ter únréhtesto.

Modi qui dicti sunt de priore. sunt isti. Sús mániga uuîsa sprichet man uóne priore.

V. Uidetur autem preter eos qui dicti sunt. alter esse prioris modus. A͞ne dîse uîere íst ío nóh éin modus prioris.

Eorum enim quæ conuertuntur secundum essentiæ consequentiam. Téro díu úmbegang hábint íro miteuuíste. ih méino dáz ío uuéderez nôte mit ándermo ist.

Quod alterius alteri quomodo libet causa est. digne prius natura dicitur. Sô uuéderez téro dáz ánder récchet. taz héizet mit réhte natúrlicho daz érera.

Quia uero sunt huiusmodi. palam est. Mán bechénnet uuóla sô getâniu.

Esse namque omnem. conuertitur ad ueram de se rationem. Tes ménnisken. s. únde íouuéles tínges uuésen. hábit úmbegáng mit sînes uuésennes keiíhte.

Secundum essentiæ consequentiam. A͞fter sámint uuíste. s. ío uuéderis mít ándermo.

Nam si est homo. [135.] uera oratio est qua dicitur. quia homo est. U͞be ménnisko ist. sô ist tíu geiíht uuâr. dáz er sî. Et homo conuertitur. quia est.

Nam si uera oratio est qua dicitur. quia homo est. U͞nde úbe diu geiíht uuáriu ist. táz er sî.

sô gát úmbe dáz óuh er benôte ist.

---

125. HUC USQUE DE CONUERSIONE. NUNC QUID EORUM PRIUS SIT.

Est autem quidem uera oratio. nequaquam causa. quod sit res. Nú neist tíu uuárra réda nehéin machúnga des tíngis.

Uerum tamen uidetur quodammodo res causa. ut sit oratio uera. A͞ber daz díng. máchot tia réda uuárra.

Cum enim res est aut non est. uera oratio aut falsa dicatur necesse est. U͞be sélbez taz tíng ist. álde neist. târ áfter uuírdet tíu réda uuárriu. álde lúkkiu.

Ideoque secundum quinque modos. prius alterum altero dicitur. Fóne díu chît man ze uínf uuîson. éin demo ándermo uuésen érera.

---

126. DE HIS QUÆ SIMUL SUNT.

Simul autem dicuntur simpliciter quidem et proprie. quorum generatio est in eodem tempore. Mán chît uuésen sáment in álarihte. únde guíssòst. in éinero uríste mít éin ánderèn uuórteníu.

Neutrum uero neque prius neque posterius est eorum. Téro ne-

uuéder neuerrúcchet taz ánder. s.
álso diu súnna únde iro skimo.

Simul itaque hæc dicuntur. secundum idem tempus. Tísiu chit
man sáment uuésen. iro éina zít
ána sehendo. [136.]

II. Naturaliter autem simul sunt.
quæcunque conuertuntur quidem.
secundum id quod est esse consequentiam. Tíu sínt áber natúrlicho úngeskéiden. tíu uóne éin
ánderén iro uuésen hábint.

Sed nequaquam causa est alterum
alteri. ut sit. U'nde doh neuuéderiz máchunga neíst. tes ánderis.
Ut in duplo et medio. Conuertuntur et enim hæc. A'lso zuíuált
unde hálblíb. Tíu gánt úmbe.

Nam cum sit duplum. est medium. et cum sit medium. est duplum. sed neutrum causa est ut
sit. Síu sint ío sáment. síu nemúgen áne éin ánderíu nieht. iro
neuuéder. nemáchòt toh táz ánder.

III. Dicuntur simul naturaliter.
et quæ ex eodem genere e diuerso
diuiduntur. ab inuicem. Tíu sínt
óuh sáment natúrlicho. díu úzer
éinemo genere diezent.

E diuerso autem diuidi alterutrum dicuntur. Tíu chit man állénhálbòn úz tízen. Quæ secundum
eandem diuisionem sunt. Tíu gelicho skéitúnga tuont. Ut gressibile. uolatile. et aquatile. A'lso
gáendez. fliegendez. suúmmendez.

Hæc enim alterutrum e diuerso
diuiduntur. quæ sunt ex eodem
genere. Tíu skidònt sih kelícho
fóne éin ánderén. tíu úzer éinemo
genere sih strángont.

Animal namque diuiditur in hæc.
in uolatile. et gressibile. et aquatile. Animal uuirdet keskidót. in
úligendez. gáendez. suúmmendez.

Et nihil horum prius uel posterius est. [137.] U'nde déro nehéin
neuerrúcchet taz ánder.

Sed simul per naturam hæc esse
uidentur. Sáment kibet síu díu
natura.

Diuiditur autem et singulum horum in species rursus. ut gressibile
animal. et uolatile et aquatile.
Téro ío uućlèz. íh méino gressibile. uolatile. aquatile. kát áber
íu species.

Erunt ergo et illa simul naturaliter quæcunque ex eodem genere
secundum eandem diuisionem sunt.
Tíu uóne ío uuélemo genere déro
drío in ében choment. tíu sint óuh
sáment.

Genera uero semper priora sunt.
Genera uerskízent íó diu species.

Neque enim conuertuntur secundum quod est esse consequentiam.
Nóh úmbe negánt síu áfter miteuúiste.

Ut cum sit aquatile. animal est.
A'lso animal mit aquatili ist.

Cum uero sit animal. non est
necesse ut sit aquatile. Nóh áber

aquatile nieht penôte neist mit animali.

---

127. REPETITIO.

Simul ergo per natura dicuntur. quæcunque conuertuntur quidem secundum quod est esse consequentiam. sed nequaquam causa est alterum alteri ut sit. Nû sint réhto diu sáment. éin ánderên nôtfolgig sint. únde neuuéder ánder nerécchet.

Et ea quæ ex eodem genere e diuersa diuiduntur ab inuicem. U'nde óuh tíu ûzer éinemo genere sih strángont.

Et simpliciter simul sunt. quorum generatio in eodem est tempore. U'nde sáment sint sléhto zeságenne. díu sáment uuórteniu sint.

---

128. DE MOTU. [138.]

Motus autem sunt species sex. Séhs species sint tero uuágo álde des uuéhsales. Generatio. kebúrt. corruptio. uuárteda. Augmentum. Mérúnga. Diminutio. Minnerúnga. Alteratio. A'nderlichi. Secundum locum mutatio. Fúrder rúccheda.

Alii itaque motus palam est. quia alii ab inuicem sunt. A'lle motus skéident sih óffeno fóne éin ánderên.

Non est generatio corruptio. Péren. neist nieht eruuórteni. Neque augmentum diminutio. Noh uuáhsen suînen. Neque alteratio secundum locum mutatio. Nóh anderlichi. neist stéte uuéhsel.

Similiter autem et alii. A'lso úngelih sint sie álle éin=ánderen.

---

129. QUOD ALTERATIO A CÆTERIS FALSO UIDEATUR NON DISCREPARE.

In alteratione uero habet quandam questionem. A'n dero ánderlichi. mág man zuîuelôn.

Ne forte necessarium sit id quod alteratur per aliquam reliquorum motionem alterari. U'be óuh penôte éin ánder uuéhsal. ánderlichi si.

Hoc autem non est uerum. Tés nemág áber nieht sin.

Nam pene secundum omnes passiones aut plures alterari accidit. nulla aliarum motionum communicante. Uuánda uóne állen passionibus. álde náh állên. sô hizza. únde uróst sint. keskihet ánderlichi. âne ándere uuéhsela.

Nam neque augeri necessarium est. quod per passionem mouetur neque imminui. Táz skinet fóne diu. [139.] uuánda nehéin nôt neist kemèrót uuérden álde geminuerót. taz sih uuéhselót fóne passionibus.

Similiter autem et in aliis. Sámo úngeméine ist iz óuh tien ánderén motibus.

Ideoque alia erit preter alios motus alteratio. Pediu ist alteratio keskéiden fóne in állén.

Nam si eadem esset oportebat id quod alteratur mox et augeri et minui. U'be iz éin uuâre. sô sólti dáz tir keánderlichót uuirdet. sâr uuáhsen. únde súinen.

Uel quandam aliarum motionum consequentiam fieri. A'lde ételicha sámint-uuist hábin dero ánderro nuéhsalo.

Sed non est necesse. Nû neist tes nehéin nôt.

Similiter autem et quod augetur aut aliqua alia motione mouetur. alterari oportebat. Sô sólti óuh keanderlichót uuérden. táz tir uuáhset. álde ze-dehéinero uuis sih uuéget.

Sed sunt quedam crescentia quæ non alterantur. Tés nemág nieht sîn. uuánda gnûgiu uuáhsent. tiu sih nieht ne ánderlichónt. Ut quadrangulus circumposito gnomone creuit quidem. alteratum uero nihil est factum. A'lso quadrangulum uóne gnomone zû-gelégetemo uuáhsit. únde nieht kéanderlichót neuuirdet. Tiz ist quadrangulum ▢. Sô ist tiz gnomo. ◳ Lége zesámine díu zuéi. so ist iz áber quadarangulum ▦ Mêrôra ist iz. nâls ánderlichôra. [140.]

Sic et in aliis huiusmodi. Sô ist iz óuh keskéiden fóne dien ánderén motibus.

Quare alii sunt motus ab inuicem. Pediu sint keskéiden álle motus.

---

130. DE CONTRARIETATE MOTUUM.

Est autem simpliciter quidem motui quies contrarium. Keméinlicho zeságenne. ist stilli uuágo uuideruuártig.

His autem quæ per singula sunt. generationi quidem corruptio. augmento autem diminutio. A'ber éinzên zeságenne. ist iruuérden uuideruuártig pérenne. A'lso án demo bóume éin ást iruuirdet. ánderer piret. Uuíderuuártig ist óuh suînen uuáhsenne.

Secundum uero locum mutationi. secundum locum quies maxime uidetur oppositum esse. Sô ist óuh uuideruuártig in stéte stân. demo rúcchenne.

Et forte in contrarium locum motatio. U'nde sélbez rúcchen in uuideruuártige stéte.

Ut ei quæ inferius est. ea quæ superius est. et ei quæ superius est. ea quæ inferius est. A'lso úfrúcchen. uuíderuuártig ist temo nider-rúcchen . únde áber nider rúcchen témo úf rúcchen .

Reliquorum uero assignatorum motuum . s. qui sunt in sexta specie . non facile est assignare quid est contrarium . Uuáz áber uuideruuártig sî démo séhsten uuéhsale . dáz ist únsénfte zeságenne .

Uidetur autem neque esse aliquid contrarium . I'mo neist sâr nieht uuideruuártig . [141.]

Nisi quis et in hoc secundum qualitatem quietem opponat . aut in contrariam qualitatis motationem . Mán ne chéde óuh hier dero qualitatis únuuéhsal . íro uuéhsale uuideruuártig sîn . álde uuéhsal dero éinûn in ándera uuideruuártiga .

Sicut et in motatione secundum locum . aut in contrarium locum motionem . A'lso iz óuh férit in stillo stánne . únde únstillo . álde in uuideruuártiga stát ze uárenne . só er uóre chád .

Est autem alteratio motatio secundum qualitatem . Nú ist réhto ánderlichi uuéhsal uuíolichî .

Quapropter opposita erit secundum qualitatem motationi secundum qualitatem quies . Pediu ist íro uuéhsal . únuuéhsale uuideruuártig .

Aut in contrarium motatio qualitatis . A'lde dero éinûn uuéhsal . in ándera uuideruuártiga .

Ut album fieri . ad id quod est nigrum fieri . A'lsô uuideruuártig uuéhsal ist uuíz uuérden . demo suárz uuérden .

Alteratur enim . in contraria qualitatis . motatione facta . Uuánda iz ánderlichôt sih . éinero qualitate feruuéhselôtero in ándera uuideruuártiga .

---

131. DE HABERE .

Habere autem multis dicitur modis . Hábên uuírdet kespróchen . ze͜mánegên uuîsôn .

Aut enim . s. dicimur habere . tamquam habitum et affectum . aut aliam quamlibet qualitatem . U'nsih chit man hában qualitatem . fésta únde únuésta . álde ételicha qualitatem . Dicimur enim disciplinam habere . atque uirtutem . Uuánda únsih chît man hában liste . únde túgede . dáz sint qualitates .

Aut ut quantitatem . A'lde ételicha genuást . Ut quod contingit ei qui habet magnitudinem . A'lso man démo chît . tér micheli hábit . Dicitur enim bicubitum . O'uh chît man éteuuáz hában án ímo zuéio élnôn léngi .

Aut ea quæ circa corpus sunt . A'lde chît man únsih ána hában . Ut uestimentum . uel tunicam . A'lso uuír éigen den rógh . únde ándera uuât . Aut in membro . ut in manu anulum . A'lde án dien líden . só uuír daz fingerî éigen .

Aut ut membrum ut manum uel pedem. A'lde die lide án demo lichamen. sô uuir héndo únde fûze éigen.

Aut in uase. ut modius grana tritici. aut languena uinum. Uinum enim habere languena dicitur. et modius grana tristici. In diutiskûn chédèn uuir. táz uáz kehébit ten uuîn. ter ság kehébit táz chórn. Hæc igitur omnia habere dicuntur. ut in uase.

Aut ut possessionem. Habere enim domum et agrum dicimur. Aut etiam uxores habere. sed et uxor uirum. Uuír chédèn únsih hában. dáz in uázze ist. ióh ál dáz in únserro geuuálte ist. Hûs únde éigen. únde chénûn ióh sia chédèn uuir hában chárel.

Sed uidetur alienissimus. qui nunc dictus est modus esse. in eo quod est habere. Nihil enim aliud uxorem habendo significamus nisi quia cohabitat. [143.] Taz ist tóh uérróst fóne réhtemo gechóse. táz man chît chénûn hában. uuánda iz échert míteuuist meinet.

Forte tamen et alii quidam apparebunt modi. de eo quod est habere. Sed qui consuerunt dici. pene omnes enumerati sunt. Mág keskéhen. táz man óuh ze ánderro uuîs chît hában. diz ist tóh kéngesta.

(ΠΕΡΙ ΕΡΜΗΝΕΙΑΣ.)

PRÆFATIUNCULA IN PERI ERMENIAS.

Aristotiles scréib cathegorias. chúnt zetûenne. uuáz éinlúzziu uuórt pezéichenèn. nû uuile er sámo chúnt ketûon in perierminiis. uuáz zesámine gelégitiu bezéichenèn. an dien uerum unde falsum fernómen uuírdet. tiu latine héizent proloquia. A'n dien áber neuuéder uernómen neuuírdet. tiu eloquia héizent. téro uersûigèt er án dísemo bûoche. Uuánda óuh proloquia geskéiden sint. únde éiniu héizent simplicia. dár éin uerbum ist. ut homo uiuit. ánderiu duplicia. dár zûei uerba sint. ut homo si uiuit spirat. sô léret er hier simplicia. in topicis léret er duplicia. Fóne simplicibus uuérdent predicatiui syllogismi. fóne duplicibus. uuérdent conditionales syllogismi. Náh peri ermeniis. sól man lésen prima analitica. tár er béidero syllogismorum keméina regula syllogisticam héizet. tára náh sól man lésen secunda analitica. [144.] tár er súnderîgo léret predicatiuos syllogismos. tie er héizet apodicticam . zeiúngist sól man lésen topica . án dien ér óuh súnderigo léret conditionales . tie er héizet dialecticam . Tíu partes héizent sáment logica . Nû uerním uuîo er dih léite zùo dien proloquiis.

INCIPIT LIBER PERI ERMENIAS.

1. INTENTIO LIBRI PRIMA EST.

Primum oportet constituere . quid sit nomen . et quid uerbum , postea quid negatio et affirmatio . Ze érist sól man ságèn . uuáz nomen . únde uerbum si . ûzer dien negatio uuírdet . únde affirmatio . tára nâh . uuáz siu sélben sin.

Et enuntiatio . Únde uuáz iro zuéio genus sî . i . enuntiatio.

Et oratio . Únde uuáz óuh tés genus sî . i . oratio.

Sunt ergo ea quæ sunt in uoce i . ipse uoces . earum quæ sunt in anima passionum i . conceptionum notæ . et ea quæ scribuntur i . literæ . eorum quæ sunt in uoce . i . uocum . Fernîm ze érist . táz tíu genámden séhsiu . uoces sint . Samo so er cháde . Nomen . Uerbum . Negatio . Affirmatio . Enuntiatio . Oratio . sint óffenúnga . únde zéichen dero gedáncho . únde áber iro zéichen sint litere . Tie sélben gedáncha . tûont tero sélo ételicha dólúnga . sô sie conceptæ uuérdent in anima . Pediu héizet er sie passiones animæ . [145.]

Et quem ad modum nec literæ omnibus eædem . sic nec eædem uoces . Únde álso állero líuto scrífte nieht kelîh nesint . tána mêr nesint iro sprácha.

Quorum autem hæ primorum notæ . eædem omnibus passiones animæ sunt . Quorum únde primorum . dáz sint neutra . fúre feminina . I'z chît . Eædem passiones animæ sunt omnibus gentibus . quarum primarum . s . passionum . hæ uoces notæ sunt . A'llén líuten sint tie uóre gedáncha gelîh . téro zéichen die uoces sint.

Et quorum hæ similitudines . res etiam eædem . i . res etiam eædem sunt . quarum hæ . s . passiones . similitudines sunt . Ióh tíu ding téro gelîhnisse die gedáncha sint . sint in állên stéten so diu éinen . Sô éiueriu ding sint . únde sùeziu . únde hólz íst . únde stéina . góld únde sílber . únde ándere creaturæ . Tíu bildôt taz mûot . so iz tar ána dénchit.

De his quidem dictum est . in his quæ sunt dicta de anima . I'z chît . in his quæ dicta sunt de anima . i . de intellectibus animæ . de his quidem satis dictum est . Fóne déro sélo uernúmiste . ist nû ze_mâle gnûge geságet.

Alterius est negotii . Eines ánderes uuérchis ist . fóne iro passionibus zeságenne.

Quem ad modum autem est in anima . aliquotiens quidem intellectus sine uero uel falso . aliquotiens autem . s. est cum iam necesse est . [146.] horum alterum inesse . sic etiam in uoce . Tíu uuórt hábint kelíhnisse . dero gedáncho . A´lso uuilôn gedáncha sint . nóh uuâr . nóh lúgi . únde áber sâr . éin uuéder sint . sô sint óuh tíu uuórt . tíu in uólgent.

Circa compositionem autem et diuisionem . est falsitas . ueritasque . Substantiam . únde accidens zesámene légendo . álde skéidendo . uuirdet uuâr álde lúgi . Lége homo . únde currit zesámine . sô chít iz homo currit . táz ist uuâr álde lúgi . Skéid siu mit temo aduerbio non . sô chít iz homo non currit . táz ist áber éin uuéder . uuâr . álde lúgi .

Nomina igitur ipsa et uerba . consimilia sunt intellectui . sine compositione . uel diuisione . i. sine est . uel non est . Sléhtiu uuórt . sint kelíh . sléhtero uernúmiste . tánne siu béidiu sint âne uéstenúnga . únde âne lóugen . uuánda iro neuuéder ist tánne lúgi . nóh uuâr .

Ut homo uel album . quando non additur aliquid . Neque enim adhuc uerum aut falsum est . A´lso déro neuuéder nóh tanne uuâr . nóh lúgi . neist . úbe man dénchit . álde chít . homo uel album . mán nelége iéht tára zú .

Huius autem signum hoc est . I´h kíbo dír dés exemplum . táz uuâr . nóh lúgi neist . tóh iz sî compositum .

Hircoceruus enim significat aliquid . Hirco-ceruus pezéichenet . táz péidiu sáment ist . póg ióh hírz . [147.] únde ist compositum nomen .

Sed quod nondum est uerum uel falsum . I´z ist áber sólih nomen . dáz uuâr . nóh lúgi . nebezéichenet .

Si non uel esse uel non esse addatur . uel simpliciter . uel secundum tempus . Mán nespréche uerbum dára zû . sléhto âne tempus . álde mit tempore . Dáz chît er . uuánda presens échert keskéite dero temporum ist . únde áber præteritum . ióh futurum . sélbin die tempora sint . Tû nechédêst . hircoceruus est uel fuit . uel erit . ánderês nemág iz sîn . uuâr . nóh lúgi . dóh iz compositum sî .

---

2. QUID SIT NOMEN .

Nomen est uox significatiua . Nomen ist éin bezéichenlîh stimma . únde éin bezéichenlîh uuórt . tes tinges . tes námo iz ist .

Secundum placitum . A´fter dero gelúbedo . díe iz êrest fúnden .

Sine tempore . A´ne dia bezéichennissida temporis . tíu án uerbo ist .

Diffinitum. Kuíssa uernúmist hábintiz. únde guíssa bezéichennissida.

Cuius nulla pars est significatiua separata. Tés syllaba. álde dés litera. dúrh sih nieht ne bezéichenit.

In nomine enim quod est equiferus. nihil per se significat. Uuánda éin uuórt ist equiferus. fóne díu nehábet túrh sih nieht pezéichennissedo sîn pars ferus.

Quemadmodum in oratione. quæ est equus ferus. Sô iz hábet án déro rédo. i. péitig ros. uuánda ferus tánne nîeht neíst pars nominis. núbe sélbez nomen. [148.]

At uero non quem ad modum in simplicibus nominibus. sic se habet et compositis. I´z ne uérit nieht kelicho in éin-lien[1] uuórten. únde zesámene gesázten.

In illis enim nullo modo pars significatiua est. in his autem uult quidem. i. imaginationem habet significationis. A´n dien simplicibus neist nóh tés kelih. an dien compositis péitet iz sih taz pars. únde tûot tés kelih. sámo so iz ieht pezéichenne.

Sed nullius separati. i. nulla separatæ partis significatio est. Iô dóh nepezéichenet iz nîeht túrh. sih. Ut in equiferus. A´lso iz skinet án demo nomine equiferus. Sîn pars tûot álso iz hábe dúrh sih significationem. téro iz nîeht nehábit.

Secundum placitum uero. quoniam naturaliter nominum nihil est. sed quando fit nota. s. illa naturalis est. I´z[2] chád nomen uuésen bezéichenlih. áfter gelúbedo. uuánda iz natûrlicho neuuírdet. so súmelih án dir zéichenúnga tûot.

Nam designant et inliterati soni. ut ferarum. quorum nihil est nomen. Táz chád ih fóne díu. uuánda dero tiero stímma. hábent natúrlicha bezéichennissida. únde nesint nieht nomina. Pediu sint nomina geskéiden. fóne dien stímmón dero tiero.

---

3. DE HIS QUÆ POSSUNT UIDERI NOMINA.

Non homo uero non est nomen. Latine non homo álde in diutiskún niménnisko. [149.] neist nîeht nomen.

At uero nec positum est nomen. quo illud oporteat appellari. Nóh oúh sâr uúnden neíst. uuîo man íz héizen súle.

Neque enim oratio aut negatio est sed sit nomen infinitum. I´z nemág héizen oratio. sine uerbo. I´z nemág héizen negatio. sine uero et falso. Nû héizén iz nomen in-

---

[1] L. „éinlichen". | [2] L. "I´h".

finitum . táz chit únguis námo .
uuánda iz álliu díng méinen mág .
áne ménnisken . únde dóh téro ne-
héin guisso ne méinet .

Catonis autem uel catoni . et
quæcunque talia sunt . non sunt
nomina . sed casus nominis. Ob-
liqui casus nesínt óuh nïeht no-
mina . uuánda nïoman nehéizet
catonis . nóh catoni . iz sint uuéh-
sela des nominis. Casus ist fle-
xio . táz chit chêr . flexio ist alte-
ratio . táz chit ánderlichi . altera-
tio ist mutatio . táz chit uuéhsel .
fóne diu sint casus uuéhsela .

Ratio autem eius . idem nominis .
est in aliis quidem . s. uocibus ca-
suum . eadem . A'ber diffinitionem
nominis . fíndest tu án sínên casi-
bus. A'lso cato ist uox significa-
tiua secundum placitum . sô ist óuh
catonis únde catoni .

Sed differt. I'st aber dóh ke-
skéiden .

Quoniam cum est . uel fuit . uel
erit adiunctum . i. adiunctus casus .
neque uerum neque falsum est no-
men uero semper. Uuánda casus
mit uerbo . netûot lóugen . nóh
keiïht . nomen tùot áber. Ut ca-
tonis est . uel non est . Non dum
enim aliquid . neque uerum dicit .
neque falsum. Tû nelégest mêr
zu . [150.] sô neist iz . uuâr . nóh
lúgi .

4. QUID SIT UERBUM .

Uerbum autem est . quod consigni-
ficat tempus. Uerbum ist . táz sá-
ment actione . álde sáment pas-
sione . presens álde preteritum álde
futurum tempus pezéichenet .

Cuius pars nihil extra significat .
Tés pars nïeht túrh sih nebezéi-
chenet .

Et est semper nota eorum quæ
de altero predicantur. U'nde íst iz
io bezéichenénde . éin déro . diu
uóne ánderên gespróchen uuêr-
dent . sô actio tuòt . únde passio
únde álliu accidentia. Uuánda síu
uuêrdent iô gespróchen . fóne íro
subiecto .

Dico autem quoniam consignificat
tempus. I'h chido iz tempus pe-
zéichenne . mit ánderro bezéichen-
nissedo .

Ut cursus quidem nomen est .
currit uero uerbum . i. ut sicut cur-
sus nomen est sine tempore . sic
currit uerbum est cum tempore .
Táz tu uuóla uuizïst . taz iô nomen .
sô cursus ist . tempus ne méinet .
únde iô uerbum . sô currit ist .
tempus nòte méinet. Consignificat
enim nunc esse . i. consignificat
presens tempus. Sáment actu .
méinet iz tia gágen=uuêrtûn stúnda .

Et est semper eorum nota . quæ
de altero dicuntur. U'nde íst iô
nota . táz chit hábit iz io bezéichén-
nissida déro . quæ de altero dicun-

tur . táz sínt accidentia . Fóne diu
chît er sâr náh .

Ut eorum quæ de subiecto aut in
subiecto . A'lso déro nota . fóne
ándermo gespróchen uuérdent . tíu
de subiecto héizent . [151.] únde
in subiecto . Táz sint áber acci-
dentia . Sámo so er cháde . iz pe-
zéichenet iô actionem . únde pas-
sionem . tie in subiecto lígent . sô
álliu accidentia túont . únde óuh
tánne uuérdent kespróchen de sub-
iecto . sô siv¹ sínt generalia . únde
specialia .

---

5. DE HIS QUÆ UERBA UIDERI POSSUNT.

Non currit uero . non laborat . non
uerbum dico . Nelóufit . neringet .
nesínt niêht mêr uerba . dánne non
homo nomen ist .

Consignificat quidem tempus . et
semper de aliquo est . Síu hábint
diffinitionem des uerbi . únde ne-
sínt tóh niêht uerba .

Differentiæ autem huic . nomen
non est positum . sed sit infinitum
uerbum . Currit . táz ist simplex
uerbum . fóne démo skéidet sih
non currit . Pedíu sô chît er . dirro
differentiæ . i. tísemo . dáz sih fóne
éinemo skéidet . neist nóh nehéin
námo uúndenêr . nû uíndên in .

únde héizên iz infinitum uerbum . i.
únguis bezéichenéntez uerbum . Zíu
sól iz sô héizen ?

Quoniam similiter in quolibet
est . uel quod est . uel quod non
est . Uuánda iz fóne díngolíchemo
gespróchen uuírdet . ióh fóne demo .
dáz tir ist . ut homo non currit . ióh
táz tir neist . ut chimera non cur-
rit . U'nde óuh fóne diu . uuánda
éina actum uerságet iz . uuélicha
iz áber uuélle . dáz neóffenôt iz
niêht .

Similiter autem de futuro curret .
uel currebat . non uerbum est . sed
casus est uerbi . [152.] Niêht mêr
neist uerbum . táz man sprichet in
futuro tempore . álde preterito .
Sed casus uerbi . I'z héizet casus
uerbi .

Differt autem a uerbo . quod uer-
bum significat presens tempus . illa
uero quod complectitur . Síu sínt
târ ána geskéiden . uuánda daz
námaháftesta uerbum . pezéichenet
presens . áber die casus uerbi . die
bezéichenent tiu zúei tempora . diu
úmbe daz presens stánt . Præteri-
tum únde futurum . stánt in ében .
presens . stât in mittemen . futu-
rum . lóufet zû . taz iz presens
uuérde . preteritum . dáz presens
uuás . lóufet tána . sélbez presens .
ist únder hánden .

Ipsa quidem secundum se dicta
uerba . nomina sunt . Sélben diu

---

¹ Spätere verbessernde zufügung.

uerba . sint nomina . sô siu éin=
lúzziu gespróchen uuérdent. Fóne
diu spréchent greci . infinitiuum mit
articulo . το τρεχειν. i. hoc currere .
Uuír chédên óuh nominatiuo . mîn
lóufen . ist spûotigera . tánne daz
tin . únde in genitiuo . mînes lou-
fennis spûot páz . tánne dînes .
Latini chédent ófto . in nomina-
tiuo . meum uelle . meum esse .
meum scire . Tánnán skînet . táz
uerba . múgen héizen nomina .

Et significant aliquid. Únde há-
bint siu dúrh sih . iro bezéichen-
nísseda . samo so nomina .

Constituit enim qui dicit intellec-
tum . s. audienti . Táz skinet tár
ána . uuánda dér iz éinlúzzez spri-
chet . [153.] tér gíbet ána=uuólga
uernúmist temo lósênten . sámo so
er nomen spráche .

Et qui audit . quiescit. Únde
hirmet er sînes lósênnis . sô er iz
kehóret .

Sed si est . uel non est . nondum
significat. A'ber nóh tánne . ne-
óuget iz nieht . úbe iz uuár sî .
álde nesi . tû nelégêst mêr zû .

Neque enim esse . signum est
rei . uel non esse . Quasi diceret .
Neque enim est uerbum solum
signum eius rei . de qua prædica-
tur . ad intellegendum esse uel non
esse. I'z nemág úns éinez . ne-
hein ding keságên uuésen . álde
neuuésen . Táz chit . iz neíst ne-
héin zéichen . affirmationis . álde
negationis .

Nec si hoc ipsum est . purum di-
xeris . ipsum quidem nihil est .
Nóh sélbez est . mit témo álle
uéstenúnga . uuérdent . nemág éinez
proloquium sin .

Consignificat autem quandam
compositionem . quam sine compo-
sitis non est intellegere . I'z pezéi-
chenet aber éteuuaz . mit zesámene
gelégetên uuórten . tiu nîoman dúrh
sih neueroimet . sîn neuuérdên ze-
sámene geléget .

6. QUID SIT ORATIO .

Oratio autem est uox significatiua .
cuius partium aliquid significatiuum
est separatum . ut dictio . Oratio
ist óuh significatiua uox . álso no-
men . únde uerbum . Si ist áber
dóh tés . fóne in geskéiden . táz iô
gelih íro téilo . dúrh sih iêht pe-
zéichenet . [154.] A'lso éin uuórt
tûot án dero rédo pezéichenet éte-
uuáz .

Non ut affirmatio . uel negatio .
Ni dóh nieth uuár . álde lúgi . sô
proloquia tûont .

Dico autem . ut homo significat
aliquid . I'h méino . álso homo ist
éin lúztiz uuórt . unde dóh éteuuáz
pezéichenet .

Sed non quoniam est aut non
est . Náls áber nieht . nein únde
iáh .

Sed erit affirmatio . uel negatio .

si quid addatur. Légest tv leht tara zv̌. s. doh éin uerbum. só uuirdet iz. proloquium. Vt homo currit.

Sed non una hominis syllaba. Aber éin syllaba. ho alde mo. nemùgen nîeht pezéichenlih sin. dúrch sih.

Nec in eo quod est. sorex. rex significat. Uox est sola. Nóh án démo uuórte sorex. ne hábit rex. nehéina sunderîga bezéichennisse-da. tóh iz mánne só dúnche. Sed uox est sola. I'z ist échert éin stímma.

In duplicibus quidem significat. Sámint tèro ánderûn syllaba. pezéichenet iz. Sed non secundum se. Ni dúrh sih. Sed quem admodum dictum est. Núbe só iz târ uóre geságet ist. tó man ságeta. úmbe ⸗ zéichenlîh uuésen. partes nominis. sámo so óuh uerbi.

7. ITEM QUALIS SIT OMNIS ORATIO. [155.]

Est autem oratio quidem omnis significatiua. non sicut instrumentum. s. ut plato docuit. sed quem admodum dictum est secundum placitum. A'lle orationes pezéichenent iô éteuuáz. náls nîeht natùrlicho. só instrumentum. núbe áfter gelúbedo. unde áfter mannis uuillen. só iz fóre geságet ist. Táz óuga ist instrumentum dés keséhennis. Natùrlih ist taz kesiune. natùrlih ist táz. mit tiu man gesihet. Só uuánda plato. mit kechôse. sámo so mit instrumento. keóffenót uuérden. mánnes uuillen. únde diu béidiu natùrlih sin. A'ber aristotiles uéstenót nomen unde uerbum secundum placitum gespróchen uuérden. uuánda éinen gentibus. lichet in éina uuis zechédenne. ánderèn in ándera uuís. Táz uuir héizên góld. táz héizent latini aurum. greci crison. Uuâre iz natura. déro neuuâre nehéin uuéhsal. Táz skinet târ ána. uuánda dáz hîer natùrlicho ist sûoze. álde bitter. táz ist úberál só. Uuio mág oratio sin. secundum naturam. sid iro partes. nomen únde uerbum. áfter liuto uuillen keskáfòt sint? Fóne díu ist oratio nota. náls instrumentum. [156.] únde ist áber diu zúnga. iro instrumentum. uuánda man sprichet. mit tero zúngûn. álso man gesihet mit temo oùgen. Instrumentum chédèn uuir. kerúste. keskirre. geziug. ázâse. Instrumentum ist. mit tiu man dingolih tuón sól.

8. ENUNTIATIO DISCERNITUR. A CÆTERIS ORATIONIBUS.

Enuntiatiua uero non omnis. i. Non omnis oratio enuntiatiua est.

sed in qua uerum uel falsum est.
Nehéin oratio neist mêr enuntiatiua.
âne diu uuâr. álde lúgi ságet. Uuír
múgin óuh ttuten enuntiatio. sága.
Sága ist péidiu. uuâr ióh lúgi.

Non autem in omnibus. s. est
uerum. uel falsum. Ut depreca-
tio. oratio est. quidem. sed neque
uera. neque falsa. A'ber in állên
orationibus. neuindest tu dóh nîeht
téro éin uuéder. s. uuâr. álde
lúgi. uuánda deprecatio neuuéder
neist.

Et cætere quidem relinquuntur.
Únde bediu uuérdent hier die án-
dere uersuîgêt. i. optatiua oratio.
uocatiua. imperatiua. deprecatiua.

Rhetoricæ enim. uel poeticæ
conuenientior consideratio est. Íro
ist. uuára zetuónne poetis. únde
rehtoribus. mêr dánne philoso-
phis.

Enuntiatiua uero presentis spe-
culationis est enuntiatiua. Einiu
ist tissis ketráhtedis.

9. DE SPECIEBUS ENUNTIATIONIS. ET ORDINE UNARUM. [157.]

Est autem una prima oratio enun-
tiatiua affirmatio. Deinde negatio.
s. que natura sunt unæ orationes.
Aliæ coniunctione unæ. Táz er
ehit una. dáz méinet er significa-
tione. náls numero. Sámo so er
cháde. súmelîche enuntiatiuæ ora-
tiones sint éine. sô ze êrist ist
affirmatio. Síu ist uuîlôn éiniu
naturlîcho. únde sámo so uóne
selb=uuáhste. Ut homo animal est.
Tára náh ist negatio sô sámo. Ut
homo animal non est. Fóne dien
ist tiz púoh keseriben. úzer dien
uuérdent predicatiui syllogismi.
Súmelîche sint áber uuîlôn éine
uóne bánde. Tie sint úzer zuéin.
álde úzer mánigên. éine uuórtene.
Só dáz ist. Si homo est. animal
est. Homo ĕst. animal est. táz
uuárin zûo. ube si coniunctio úzer
in éina nemáchôti. Fóne dien sá-
get er in topicis. únde lêret úzer in
uuúrchen. conditionales syllogis-
mos.

10. QUOD ENUNTIATIONES. I. PRO-POSITIONES. SIUE PROLOQUIA UERBIS CONSTITUANTUR.

Necesse est autem enuntiatiuam
omnem orationem. ex uerbo esse.
uel casu. A'lliu proloquia máchôt
iô dáz uerbum. éin uuéder. sô
presentis temporis. álde preteriti.
álde futuri.

Et enim hominis rationi. si non
addatur. aut est. aut erit. aut
fuit. aut aliquid huiusmodi. non-
dum est oratio enuntiatiua. Sámo
so er cháde. [158.] ih uuile dír ze
exemplo gében diffinitionem homi-
nis. Uuile dû tûon mit diffinitione

proloquium . i. propositionem . tû
nelégêst tánne uerbum zû déro dif-
finitione . uerbi gratia hominis . án-
deres neuuirdet si nieht ze prolo-
quio. Chíd homo animal est . táz
íst proloquium . únde dáz prolo-
quium héizet diffinitio. Uuíle dû
chéden . homo . animal rationale
mortale gressibile . âne dáz est . tóh
iz mánigíu uuórt sîn . síu nesint iô
nieht proloquium . Mit párên no-
minibus nemág nehéin proloquium
uuérden. I'z mág áber uuérden
mit párên uerbis . sô dáz ist . Am-
bulare . moueri est. U'nde âne
nomen . sô dáz ist . Non homo
currit.

---

11. ITEM DE UNIS.

Quare unum quiddam est . et non
multa . animal gressibile bipes.
Fóne diu uernim éin ding unésen.
tíe drî terminos . íh méino éina
enuntiationem. animal . gressibile .
bipes . sámo so óuh tíe zuêne . ho-
mo currit.

Neque enim in eo . quod dicun-
tur propinque . unum erit. Ni dóh
fóne diu nieht éin . táz sie átahásto.
únde geslágo nâh éin ánderên ge-
sprôchen uuérdên.

Est hoc alterius negotii . Táz íst
ánders uuár zelérenne. Sámo so
er châde . lis mine metaphisica .
dâr léro ih tih iz. A'ber boetius .

ságet iz fúre in . in secunda edi-
tione. Er chît tíu bezéichenên éin .
[159.] tíu uóne éinemo dinge ge-
sprôchen uuérdent . sô díu tuônt .
animal gressibile bipes. Fóne ho-
mine uuérdent síu gesprôchen . nóh
fóne ándermo dinge nehéinemo.
Pediu gât iz sús úmbe. Uuáz íst
homo ? Animal gressibile bipes.
Uuáz íst animal . gressibile . bipes ?
Homo. A'ber socrates . athenien-
sis philosophus est . neuuirdet nieht
fóne éinemo gesprôchen . unánda
iz úmbe gân nemág . táz man ché-
den atheniensis phylosophus . táz
ist socrates.

Est autem una oratio enuntia-
tiua . quæ unum significat . uel
coniunctione una. Tíu éin bezéi-
chenet natûrlicho . álde uóne bán-
de . tíu ist éiníu. Nû ist tíu éiníu
tûrh sih . animal . rationale . mor-
tale . homo est. Tíu ist áber
éiníu . fóne bánde. Si dies est.
lux est.

---

12. DE PLURIBUS.

Plures autem quæ plura et non
unum . s. significant. Tíe sint
mánege . tíe nieht éin nebezeiche-
nent . ut canis mouetur. Táz mág
fóne drîn uernómen uuérden . cæ-
lesti marino latrabili.

Uel inconiunctæ. Ióh úngebún-
dene sint plures . álso man chéden

mág. sol est. pax erit. nox est. cælum uoluitur. Tíe sint plures numero. iób significatione.

---

13. QUOD SIT TANTUM DICTIO. NOMEN ET UERBUM.

Nomen ergo et uerbum dictio sit sola. quoniam non est dicere. sic aliquid significantem uocem enuntiare. [160.] Nù si nomen. únde uerbum échert dictio. náls enuntiatio. uuánda só bezéichenenta uocem. ih méino só nomen álde uerbum bezéichenent. nemág nioman chéden. iéht féstenón. álde lóugenen.

Uel aliquo interrogante. uel non. sed ipso proferente. Mán dúrh síh spréche uiuit. álde er urágéntemo. uiuitne socrates. sus ántuuúrte. Uiuit. Fuógest tú iz. zû démo óberen. táz iz chéde. uiuit socrates. só ist iz enuntiatio. só ist iz proloquium. Sihest tu án bárez uuórt. só neist is nieht álso er uóre=ságeta.

---

14. QUID SIT SIMPLEX. ET COMPOSITA ENUNTIATIO.

Harum autem quidem simplex enuntiatio. ut aliquid de aliquo. s. prædicare. uel aliquid. ab aliquo. s. segregare. Tero enuntiationum. s. nóne dien nuir chò-soën. ist sumelichiu sléht. únde sélb=uuáhsen. álso dir ist. fóne ételichemo éteuuáz ságen. ut socrates uiuit. álde uerságen. ut socrates non uiuit.

Hæc autem coniuncta. uelud oratio iam composita. Súmelichiu ist kebúnden. sámo siu sî zesámene geléget. úzer dien sléhtén. Ut si dies est. lux est. Tiu ist sléht. tár zuéne termini sint. só socrates ist. únde uiuit. únde terminorum éinêr geságet uuirt temo ándermo. ut socrates uiuit. álde uerságet. ut socrates non uiuit. Tie predicationes. tie gébent. únde nément. socrati dáz uiuere. Táz héizet de aliquo predicare. [161.] aut predicando ab eo separare. Ein ding hábet éinen terminum. zúei hábint zúene. dingolíh hábit sinen. fóne diu uuírt terminus fúre rem gesézzet.

---

15. DIFFINITIO SIMPLICIS ENUNTIATIONIS.

Est autem simplex enuntiatio. uox significatiua de eo quod est aliquid. uel non est. quemadmodum tempora diuisa sunt. Sléhtiu enuntiatio. ist uox. tiu dir bezéichenet éteuuáz uuésen. nû. álde iu. álde nóh uuánne.

16. DIFFINITIO SPECIERUM EIUS.

Affirmatio uero est . enuntiatio alicuius de aliquo . Negatio uero . enuntiatio alicuius ab aliquo . Féstenúnga . dáz ist ételiches tinges ána⸗sága . Lóugen . dáz ist ételiches tinges uersága . únde ábe⸗sága .

---

17. DUOBUS MODIS . UERA UEL FALSA ESSE PROLOQUIA .

Quoniam autem est enuntiare . et quod est non esse . et quod non est esse . et quod est esse . et quod non est non esse . et circa ea quæ sunt extra presens tempora . similiter contingit omne . quod quis affirmauerit negare . et quod quis negauerit affirmare . Uuánda man liegendo . mág chéden . iz ist . álde neist . únde óuh uuârságendo . chéden iz ist álde neist . so uuéder man uuile sô uóne gágenuuérten dingen . álde ueruárnên . álde chúmſtigên . pediu geskihet kelicho . dáz éinér uéstenót ánderen dés lóugenen . [162.] álde dés éinér lóugenet . ánderen dáz féstenón .

---

18. UNDE FIANT OPPOSITA .

Quare manifestum est . quoniam omni affirmationi . est negatio opposita . et omni negationi affirmatio . Pediu skînet . táz ío lóugen stât uuíder uéstenúngo ; unde uéstenunga uuíder lóugene .

Et fit hoc contradictio . affirmatio et negatio oppositæ . Unde dáz héizet uuider ⸗ chétunga . dánne néin . únde iáh . gágen éin ánderén ringent .

Dico autem opponi . i . oppositionem fieri . eiusdem . s . predicati . de eodem . s . subiecto . A'ber oppositio . sól íó uuérden . mit repetitione éines predicati . fóne éinemo subiecto .

Non sicut æquiuoce . Táz iz nîeht æquiuoce nesî . A'lso dáz æquiuoce ist . úbe mán uóne zuéin alexandris chît . alexander regnat . alexander non regnat . Tóh tár daz predicatvm regnat . péiden hálb stánde . uuánda áber daz subiectvm geuuéhsalót ist . pediu neist iz nieht contradictio . nóh oppositvm .

Et quæcunque cætera determinamus . s . in libro sophisticon . elecheon . contra sophisticas importunitates . Unde sô irrent tie contradictionem álliu diu ánderiu . diu uuir zéigoên . án ánderen búochen uuider dien ána⸗gángen déro falsorum argumentatorum .

---

19. SECUNDUM RES UNIUERSALIA ESSE PROLOQUIA. UEL PARTICULARIA ANNUENDO UEL ABNUENDO. [163.]

Quoniam autem sunt hæc quidem rerum uniuersalia. illa uero singillatim. dico autem uniuersale. quod in pluribus natum est predicari. singulare uero. quod non. ut homo quidem uniuersale. plato uero eorum quæ sunt singularia. necesse est enuntiare. quoniam inest aliquid. aut non. aliquotiens quidem eorvm alicui. quæ sunt uniuersalia. aliquotiens uero eorvm quæ sunt singularia. Sîd tero uuórto. súmelichiu sint keméinlih. súmelichiu einlúzlih. ih chido dáz geméinlih. táz fóne mánigên gespróchen ist. vt homo. Uʼnde áber dáz einlúzlih. táz sô neist. Vt plato. fóne diu ist nôt iô dára náh tiu proloquia éteuués zihen. álde éteuués fersâgen. uuilôn diu geméinen. uuilôn div súndrigen.

20. UNIUERSALES PROPOSITIONES ESSE CONTRARIAS.

Si ergo uniuersaliter enuntiet in uniuersali. quoniam est. aut non. contrariæ erunt enuntiationes. Uʼbe man fóne állelichên. állelicho ságet néin únde iáh. tie ságâ uuérdent uuideruuártig.

Dico autem in uniuersali enuntiationem uniuersalem. ut omnis homo albus est. nullus homo albus est. Uuánda homo uniuersalis ist. sprih óuh tára zú. uniuersaliter omnis álde nullus. táz héizo ih állelîcha ságûn. fóne állelichemo dinge.

21. INDIFFINITAS NON ESSE CONTRARIAS. [164.]

Quæ autem in uniuersalibus non uniuersaliter. non sunt contrariæ. s. sed indeffinitæ. Fermîd fóne állelichên állelicho zesâgenne. s. vt homo albus est. homo albus non est. sô ne sint iz nieht uuideruuártige ságâ.

Quæ autem significantur est esse contraria. Fóne dien sie gespróchen uuérdent. tiu múgen uuideruuártig sin. Uuánda sô er albus nist. sô mág ér niger sin. diu sint uuider=uuártig.

Dico autem non uniuersaliter enuntiare in his quæ sunt uniuersalia. vt est albus homo. non est albus homo. Uuíle iôman chéden áne omnis. únde áne nullus. est albus homo. non est albus homo. táz héizo ih. únállelîcho sâgen fóne állelichemo.

Cum enim uniuersale sit homo. non uniuersaliter utitur enuntiatione. Sô chédendo. nesprichet er nieht állelicho daz állelicha . sô homo ist .

Omnis namque non uniuersale sed quoniam uniuersaliter consignificat . Uuánda omnis neist nieht taz állelicha . iz pezéichenet áber állelícho . sáment temo állelichen .

---

22. UNIUERSALITER SUBIECTO DEBERE APPONI . NON PRÆDICATO .

In eo uero quod uniuersale prædicatur . id quod est uniuersaliter prædicare non est uerum. Uuíle íoman spréchen dáz uniuersaliter . [165.] zû démo uniuersali predicato . ut omnis homo omne animal est . sô ne ist iz uuár . Spréche iz échert zû demo subiecto . ut omnis homo animal est . sô ist iz uuár .

Nulla enim erit affirmatio . in qua de uniuersaliter prædicato uniuersale prædicetur . i. in qua uniuersaliter ponatur . cum uniuersali prædicato . Nehéin affirmatio nemág sô getán sin . daz uniuersaliter stánde sámint temo prædicato . vt omnis homo omne animal . Taz ist fone diu . uuánda daz prædicatum iô meróra ist . tánne daz subiectum . álde ében michel . U'be iz meróra ist . sô liuget iz . ut omnis homo . omne animal est . I'st iz ébenmichel . sô ist iz únnúzze . ut omnis homo . omne risibile est .

---

23. UNIUERSALIBUS NON UNIUERSALITER OPPOSITAS CONTRADICTORIAS DICI .

Dico autem opponi contradictoriæ affirmationem quæ uniuersale significat . eidem . i. illi quæ non uniuersaliter . I'h chído . áber dia únállelichûn sága . stân gágen dero állelichûn in uuiderchétungo . A'l uuíder chît si . téil ne uerságet si . Ut omnis homo albus est . Non omnis homo albus est . Nullus homo albus est . est quidam homo albus .

---

24. CONTRARIAS NON SIMUL ESSE UERAS . EARUM UERO CONTRADICTORIAS ALIQUANDO . [166.]

Contrarie uero uniuersalem affirmationem . et uniuersalem negationem . I'h chído áber die uniuersales éin ánderén uuíderuuártigo begágenen .

Ut omnis homo iustus est . nullus homo iustus est . Quo circa has quidem impossibile est simul ueras esse . Fóne diu nemúgen sie sáment keuuáre sin .

His uero oppositas contingit in eodem . I'ro oppositæ . i. íro uuiderchétigûn múgen sáment keuuáre sin in éinemo dinge . ih méino . Non omnis homo albus est . Est quidam homo albus .

25. CONTRADICTORIE OPPOSITARUM UNAM ESSE UERAM. ET ALTERAM FALSAM. SIMILITER ET PARTICULARIUM.

Quæcumque igitur contradictiones uniuersalium sunt uniuersaliter. necesse est alteram esse ueram uel falsam. Tie uuíderchétunga dero állelíchôn állelícho gespróchenero. sint iô éine hálb geuuâre. ánder hálb lúkke. A'lso dáz lúgi ist. omnis homo albus est. únde áber dáz uuâr ist. non omnis albus est. álde dáz témo gelíh ist. quidam homo albus non est. Sô sámo. Nullus homo albus est. táz ist lugi. Nonnullus homo albus est. táz ist uuâr. U'nde dáz témo gelíh ist. quidam homo albus est. [167.]

Et quæcumque in singularibus sunt. Tiu sínt óuh éine hálb uuâr. ánder hálb lúgi. diu man uóne éinlúzzèn sprichet.

Ut socrates est albus. non est socrates albus. Lírne án dísemo gemâle. uuíolíh uniuersalia. únde particularia. únde opposita. éin ánderên sin.

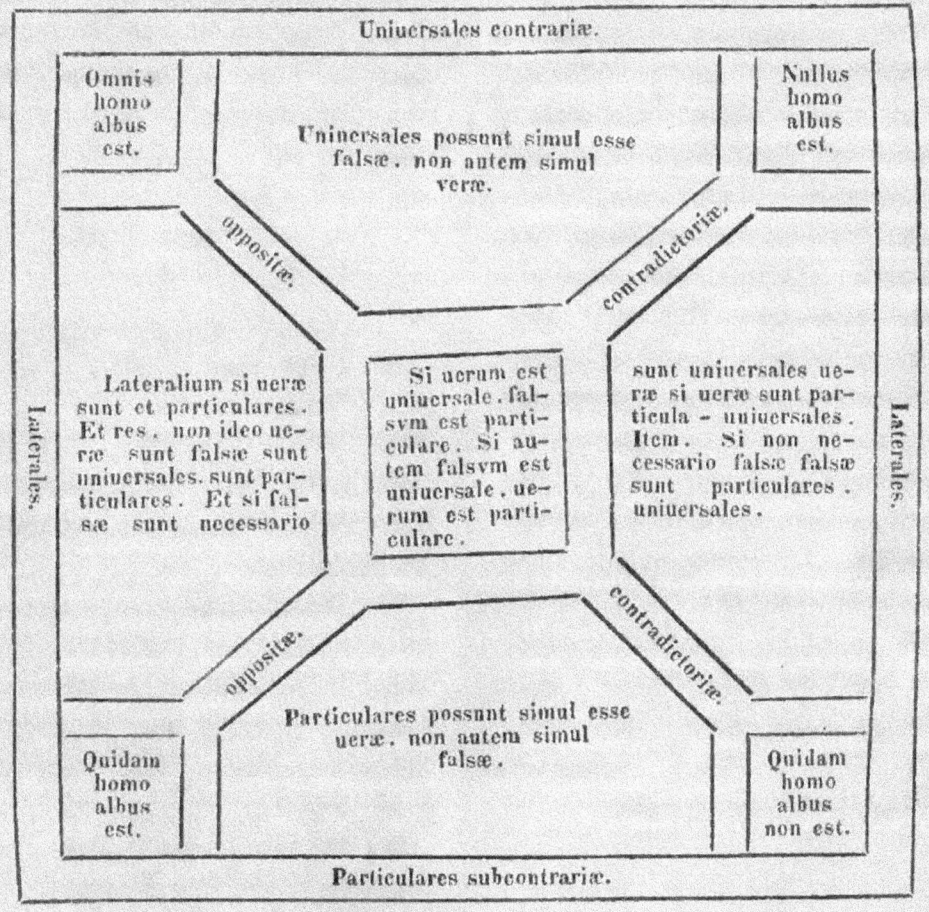

26. ITEM INDEFINITAS PROSEQUITUR.

Quæcumque autem uniuersalibus non uniuersaliter. non semper hæc uera sunt illa falsa. Indefinita neskéident nieht. uuár. únde lúgi. siu sint sáment éin uuéder. [168.]

Simul enim uerum est dicere. quoniam est homo albus. et non est homo albus. et est homo probus. et non est homo probus. Uuár sínt tíu béidiu. ióh táz súmelichêr albus ist. súmelih ánderêr áber só neist. unde probus únde ánderêr non probus.

Si enim turpis. non probus. I'st er skámelih. só ne ist er liébsam. Sámo so er cháde. Uuírdet óuh éinêr béidiu. turpis. ioh probus. náls aber in éinemo zíte. Et est homo pulcher. et non est homo pulcher. U'nde ist éinêr skóne. ánderêr neist.

Si enim fœdus. non est pulcher. Uuánda ist er uuídersíhtih. só neist er skóne.

Et. s. uerum est si fit aliquid et non est. U'nde dáz nóh uuírdet. táz neist nů. Tér nů uuízêt. ter neist nóh nieht uuíz. Táz chit er áber fóne diu. uuánda éinêr uuírdet péidiu. uuíz. ióh suárz. náls áber in éinemo zíte. Pedíu ist albus. et non albus in misselichen sáment uuár. nals in éinemo.

27. INDEFINITAS NON UNIUERSALITER ACCIPIENDAS.

Uidebitur autem subito inconueniens esse. idcirco. quoniam uidetur non est homo albus significare simul etiam. quoniam nemo homo est albus. Hoc autem neque idem significat. [169.] neque simul necessario. Súmelíchên dúnchet únmáhtlih. táz indefinita sáment uuár sin. uuánda sie uuánent éin bezéichenen. non est homo albus. únde nemo homo albus est. Tés neist áber nieht. Non est homo albus. témo neuólgêt nieht. nemo homo albus est. A'ber nemo homo albus est. úbe iz uuár ist. témo uólgêt penóte. non est homo albus.

---

28. UNIUS AFFIRMATIONIS UNAM ESSE NEGATIONEM.

Manifestum est autem. quoniam una negatio unius affirmationis est. Nů ist óffen. dáz éinero geiihte. éin lóugen ist.

Hoc enim idem oportet negationem negare. quod affirmauit affirmatio. et de eodem. Uuánda dés man iihet. tés sól man lóugenen. únde uóne éinemo dinge chéden. néin. únde iáh.

Uel de aliquo singularium. Só indiuidua sint. Uel de aliquo uni-

uersalium. Só appellatiua sínt.
Uel uniuersaliter. Táz chit. mít
omnis. únde mit nullus. Uel non
uniuersaliter. A´lde áne síu. Dico
autem. ut est socrates albus. non
est socrates albus. A´lso diu béi-
diu uóne éinemo gespróchen sínt.

Si autem aliud aliquid. s. prædi-
cauerit negatio. uel de alio. s.
subiecto. idem. s. prædicauerit.
[170.] non erit opposita. sed erit
ab ea diuersa. U´be éin ánderez
ságet tiu negatio. dánne diu affir-
matio ságeti. álde óuh táz sélba
uóne ándermo. so nesihet si nieht
gágen iro. núbe uóne iro.

Huic uero quæ est. omnis homo
albus est. s. opposita est illa. quæ
est. non omnis homo albus est.
Illi uero quæ est. aliquis homo
albus est. illa opposita est. quæ
est. nullus homo albus est. Síh
tár uóre án dia descriptionem. tár
uindest tu. dáz er chit. i. uuío an-
gulares angularibus en-chédent.
únde particulares uniuersalibus.
A´ne die ist nóh tánne. indefinita
enuntiatio. fóne déro chit er óuh.

Illi autem quæ est. homo albus
est. illa opposita est. quæ est. non est
homo albus. Manifestum ergo quo-
niam. s. in oppositis una negatio
unius affirmationis est. Fóne diu
skínet. táz in oppositis. iô éin lóu-
gen unirdet. éinero uéstenúngo.

29. RECAPITULATIO SUPERIO-
RUM.

Quoniam aliæ sunt contrariæ. aliæ
contradictoriæ. et quæ sint hæ.
edictum est. Uel quoniam non
omnis uera uel falsa contradictio.
et quare. et quando uera uel falsa.
Nú hábo íh keságet. táz súmeliche
propositiones. sint uuideruuártig.
sumeliche uuiderchétig. únde uué-
lehe dáz sín. [171.] U´nde dáz
álle uuiderchétá. nieht neskéident.
uuár. únde lúgi. únde ziu dáz sí.
únde uuánne sie geuuáre. álde óuh
lúkke sín.

Una autem est affirmatio et ne-
gatio. quæ unum de uno significat.
uel cum uniuersale sit uniuersali-
ter. uel non similiter. Táz ist ío
éin affirmatio. únde éin negatio.
tíu éin ságet fóne éinemo. sô er
óuh uóre chát. únde iro subiec-
tum. íoh íro prædicatum. mêr
dánne éin nebezéichenet. sô iz álle-
líh állelícho si. álde nesí.

Ut omnis homo albus est. non
est omnis homo albus. Nullus ho-
mo albus est. est quidam homo
albus. An disén. ist éin uóne
éinemo geságet.

Si album unum significat. U˘be
album. éin ding pezéichenet. íh
méino. úbe iz æquiuocum neíst.

30. OPPOSITORUM REGULAM PROPTER ÆQUIUOCA TURBARI.

Si uero duobus unum nomen est positum . ex quibus non est unum . non est una affirmatio . Úbe áber zuéin dingen . éin námo gegében ist . túrh tiu zuéi ding . tér námo nieht éin námo uuésen nemág . fóne démo neuuirdet nieht óuh . éin affirmatio .

Ut si quis ponat nomen . quod est tunica - homini et equo . A´lso dáz nû ist . úbe gelîh námo ist tunica . [172.] ménnisken únde róssis .

Est tunica alba . hæc non est affirmatio una . nec negatio una . Tánne neist nieht éin affirmatio . uuîz rógh izzet . nóh éin lóugen . uuîz rógh neizzet .

Nihil enim hoc differt dicere . quam est equus albus et homo . Táz kât álso man chéde . nû izzet uuîz ros . únde mán .

Hoc autem nihil differt quam dicere . est equus albus . et est homo albus . U´nde gât óuh táz . álso man chéde . nû izzet uuis ros . únde izzet uuîz man .

Si ergo hæ multa significant . et sunt plures . manifestum est . quoniam et prima multa uel nihil significant . U´be dise propositiones . mêr dánne éin ding pezéichenent . ih méino . est equus . et homo albus . úbe sie sint mêr dánne éin díng . sô skînet . táz óuh tiu éreren . ih meino . est tunica alba . mánigiu díng pezéichenent . álde nehéin díng . Táz man chit est equus albus . et homo . táz nemag éin ding nieht pezéichenen .

Neque est enim aliquis homo equus . Uuánda dés ne mág uuésen nieht . táz mennsko rós sî .

Quare nec in his necesse est . hanc quidem contradictionem ueram . illam falsam esse . Fóne diu neist nehéin nôt . in disên æquiuocationibus sô getâna contradictionem . éine hálb uuésen uuárra . ánder-hálb lúkka . [173.]

---

31. DE PRÆSENTI ET PRÆTERITO . DEFINITAS FIERI CONTRADICTIONES .

In his ergo quæ sunt . et quæ facta sunt . necesse est affirmationem . uel negationem . ueram esse . uel falsam . In uniuersalibus quidem uniuersaliter . semper hanc ueram . illam uero falsam . Et in his quæ sunt singularia . quemadmodum dictum est . A´n gágenuuértên díngen . únde ergángenên . ist penôte uuâr . álde lúgi . so uuéder man chit . néin . álde iah . U´nde ist óuh quis . uuéderez íro sî . uuâr . álde lúgi . A´n dien communibus . communiter spréchendo . ut omnis homo in diluuio periit . non omnis homo in diluuio periit . fin-

dest tu iỏ uuàr dáz éina . daz ánder
lúgi . So sámo tuôst tû in indiuiduis . Ut in undis noe periit . non
in undis noe periit . U'nde ist quis .
uuéderez uuàr . álde lúgi si .

In his quæ in uniuersalibus non
uniuersaliter dicuntur . non est necesse . Dictum autem et de his .
A'n dien indefinitis . múgen siu béidiu uuàr sin . álso er dàr uóre
chád . Ut homo in undis periit .
homo in undis non periit . Sámo
so er cháde . Matusalam periit .
noe uero non periit . Nû sint táz
preterita . Sámolîh findest tu in
presentibus . [174.] Ut omnis homo sapiens est . non omnis homo
sapiens est . Socrates est sapiens .
socrates non est sapiens . Homo
est sapiens . non est homo sapiens .

---

32. DE FUTURIS INDEFINITAS FIERI CONTRADICTIONES .

In singularibus uero et futuris non
similiter . Hoc est . in singularibus de futuro prædicatis . definite
uerum aut falsum non reperitur .
A'n chúmftigén gehéizen . die man
fóne éinemo tûot . ut alexander
pransurus est . alexander non est .
neist neuuéderez quis . E'in uuéder uuirdet uuàr . dúrh nòt . daz
ánder lúgi . uuéderez iô dóh uuàr .
álde lúgi si . dáz nemág man uuizen . Fóne singularibus . uuile er

úns zéichenen . dáz uniuersalia sámolîh sint . Ut omnes captiui in
patriam reuersuri sunt . Téro to
uuéder . ist sámo únguis . Tîa únguissi . begínnet er nù stérchen .
ze mánigfáltero uuis .

---

33. PROPOSITIO .

Nam si omnis affirmatio . uel negatio .
uera . uel falsa est . s . definite . et
omnem necesse est . uel esse . uel
non esse . si hic quidem dicat . futurum aliquid . ille uero non dicat . hoc idem manifestum est .
quoniam necesse est uerum dicere .
alterum ipsorum . si omnis affirmatio . uel negatio . uera . uel falsa
est . Utraque enim non erunt simul
in talibus . [175.] U'be ál dáz man
ságet . uuàr . álde lúgi ist . únde iz
pe nòte sô uáren sól . álde nesól .
únde úbe éinér dáz ságet chúmftig .
dáz ánderêr uuiderságet . sô ságet
échert ter éino uuàr péide nemúgen
sie .

---

34. ASSUMPTIO .

Nam si uerum est dicere . s . in
præsenti . quoniam album . uel non
album est . necesse est esse album
uel non album . U'be uuàr ist . taz
man chit in præsenti . iz ist . álde

neist . sô ist is óuh nôt . Sámo
uuár iz ist . sámo nòt ist is .

Et si est album . uel non album .
uerum est affirmare . uel negare .
U'nde úbe iz ist . álde neist . sô ist
is uuár ze iehenne . álde zelóuge‑
nenne .

Et si non est mentitur . et si
mentitur non est . U'nde úbe iz
neist . sô liuget er . liuget er . sô
neist iz .

Quare necesse est . aut affirma‑
tionem aut negationem . ueram es‑
se . s. definite . U'be dáz futurum
sámolîh ist . sô ist iô guíslicho uuár
dáz man ságet . álde uuíderságet .

---

35. CONCLUSIO FALSA .

Nihil igitur neque est . neque fit .
a casu . nec utrumlibet . nec erit .
nec non erit . sed ex necessitate
omnia . et non utrumlibet . Sól
iz tés sin . sô neist tánne nieht
uuórten . nóh io ána ne uuirdet .
nóh hina fúre neuuirdet . nóh ze‑
léibo neuuirdet . [176.] áfter ún‑
guissero geskihte . nóh after éin
uuéder . núbe iô uóne nòte . náls
fóne béidero uuâne . Sô ist libe‑
rum arbitrium ába . únde álliu sélb‑
uuáltigì .

Aut enim qui dicit uerus est . aut
qui negat . I'z ist tánne fóne nòte .
sîd éin uuéderér quisso ságet uuár .
der iehento . álde der lóugenento .

Uuâre iz utrumlibet . táz chît péi‑
dero uuân . sô gienge iz kelícho .

Similiter enim uel fieret . uel non
fieret . I'h méino kelícho máhti
geskéhen . dáz iz uuúrte . alde ne‑
uuúrte .

Utrumlibet enim . nibil magis sic
uel non sic se habet aut habebit .
Tiz éin uuéder . ne béitet niot 'mer .
zeuuerdenne danne . ze ne uuér‑
dinne .

---

36. UERE PRÆDICTA FUTURA . QUASI TOLLERE UTRUMLIBET .

Amplius . Pesúochén nóh quárór
die futura .

Si est album nunc . uerum erat
dicere primo . quoniam erit album .
Táz nù ist . táz máhta man uóre
ze‿uuáre ságen .

Quare semper uerum fuit dicere .
quodlibet eorum quæ facta sunt .
quoniam erit . Sô máhta man iô
ze‿uuáre fóre ságen . dáz nù ergán‑
gen ist .

Quod si semper uerum est di‑
cere . quoniam est . uel erit . non
potest hoc non esse . uel futurum
non esse . I'st iz iô uuâr . dáz
man fóreságet . sô nemág iz ze‑
léibo uuérden . nóh únchúmftig sîn .

Quod autem non potest non fieri .
impossibile est non fieri . Táz ze‿
léibo uuérden nemág . táz ist ún‑
máhtlih zeeruuéndenne . [177.]

Et quod impossibile est non fieri. necesse est fieri. U'nde dáz uuéndig neuuirdet. táz féret pe‿nóte sô.

Omnia ergo quæ futura sunt. necesse est fieri. Fóne diu geskéhent álliu futura be‿nóte.

Nihil igitur utrumlibet neque a casu erit. Nieht neist áber dánne éin uuéder in únguis. nóh uuîo iz keuálle.

Nam si ex casu. non ex necessitate. Uuánda mág iz misselicho geuállen. sô neduuinget iz nehéin nôt. zû démo éinen.

---

37. NON UT CONTRARIA. SIC CONTRADICTORIA. UTRAQUE FALSA REPERIRI.

At uero nec quoniam neutrum uerum est. contingit dicere. ut quoniam neque erit. neque non erit. Nû ist óuh úngelimfe zechédenne. dáz péidiu gelógen sîn. uuirdet. ióh neuuirdet.

Primum enim cum sit affirmatio falsa. erit negatio non uera. Et cum hæc sit falsa. contingit affirmationem non esse ueram. Uuánda sô sint siu hérton gelógen. néin!. únde iáh.

---

38. SI OPPOSITA SIMUL FALSA SUNT. PERIRE UTRUMLIBET.

Ad hæc si uerum est dicere. quoniam album est et magnum. oportet utraque esse. Sin uero erit. s. uerum est. dicere. esse cras. s. oportet. Si autem neque erit. neque non erit cras. non erit utrumlibet. Chît man dáz ieht. [178] si in præsenti geuuâro. táz ist sô. Chît man in futuro sámo geuuâro. dáz iz uuérde mórgene sô uuîrdet iz. Ferságet er in guis uuérden. únde neuuérden gelicho. sô íst utrumlibet ába.

Ut nauale bellum. s. ad exemplum erit. A'lso man chéden mág nauale bellum. quísso uuérden. únde neuuérden.

Oportebit enim neque fieri nauale bellum. neque non fieri nauale bellum. Tara náh nemág skéf‿uuig uuérden. nóh ze‿léibo uuérden.

---

39. PERDITO UTRUMLIBET. QUID SEQUATUR INCOMMODI.

Quæ ergo contingunt inconuenientia hæc sunt. et alia huiusmodi. Tés nieht uuésen nemág. táz ist táz únde dés gelih.

Si omnis affirmatio. uel negatio. uel in his quæ in uniuersalibus dicuntur uniuersaliter. uel in his quæ sunt singularia. necesse est oppositionem eorum hanc esse ueram. illam uero esse falsam. nihil autem utrumlibet esse in his quæ fiunt. sed omnia esse uel fieri ex necessitate . quare . i. eo pacto . non oportet neque consiliari . neque negotiari . quoniam si hoc facimus . erit hoc . si uero hoc . non erit . U´be álle geiíhte . únde álle lóugena . keméinliceh [1]. ióh súnderîge sólih sint . [179.] táz éiner guisso liuge . ánderer uuâr ságe . únde dáz únder zúein héizet ába si . únde is álles nòt sî . so sî óuh râten . únde chóufon aba . uuánda uuéllen uuír éinez tûon . sô geskíhet fóne nôte ánderez . uuéllen uuir óuh táz . so uuirdet tés tána mêr.

Nihil enim prohibet in millesimum annum hunc quidem dicere hoc futurum esse . hunc uero non dicere . Quare quod ex necessitate erit . quodlibet eorum uerum erat predicere tunc . E´iner mág lîehto io fúre ze mánigen iáren chéden . uuáz chúmftig nesî . U´be daz iô tánne dúrh nót so uérit . so uuás iro fóre-sága uuâr . Uuáz feruáhet tánne den râtenten . táz er chît tùen sús . unde sús . Nòt . tiu án dero uóre-ságùn ist . nehénget iz ímo zeskéffenne . I´z féret iô nâh tero fóreságun.

---

40. PRÆSAGIA REBUS NECESSITATEM EUENTUS NON DARE.

At uero nec hoc differt . si aliqui dixerunt negationem uel non dixerunt . Nóh tàr ána nestât is nîeht . úbe man uóre-ságeti . álde uersá-getî.

Manifestum est enim quod sic se habeat res . uel si hic quidem affirmauerit . ille uero negauerit . I´z kàt ál ze éine . [180.] man iz kehéize álde negeheize.

Non enim propter negare . aut affirmare erit uel non erit . Uuánda dúrh féstenon . unde dúrh lóugenen . netûot iz neuuéder.

Nec in millesimum annum magis quam in quantolibet tempore . Nóh úber lang . nóh úber churz.

Quare . Fóne diu uerním.

Si in omni tempore sic se habeat . ut unum uere diceretur . Sólti daz éina . iô in zîtegelîh uuâr uuésen.

Necesse est hoc fieri . Sô sólti iz pe nôte so uáren.

Et unumquodque eorum quæ fiunt . sic se habere . ut ex necessitate fieret . Unde álle geskíhte . sóltin so getâne sîn . táz sie nôte uuúrtin.

Quando enim uere dicit quis quoniam erit non potest non fieri . Uuanda sô iz iô geuuâro uóre geságet uuirdet . so nemág iz ze léibo uuérden.

Et quod factum est . uerum erat dicere semper . quoniam erit . U´nde dáz nú geskéhen ist . tánnan uuás iô êreron uuâr . zechédenne . iz uuirdet . Nóh tánne uerním iô

---

[1] L. „keméinliche".

dáz tiu gebúreda geuuárit tia uóreságun . náls tiu uóre=sága dia gebureda .

41. QUID UOLUNTAS UALEAT .

Quod si hæc non sunt possibilia . s. ut omnia ex necessitate fiant . U'be dés nieht uuésen nemág . táz álliu ding fóne nóte geskéhen . [181.]

Uidemur enim esse principium futurorum . i. sumus enim ipsi aliquibus principium . Só skínet . taz uuir birn ána=génne . únde réccheda dero chúmftigôn . náls tiu uóresága .

Et ab eo quod consiliamur . atque agimus aliquid . et quoniam est omnino possibile esse . et non . Ióh tánnán skínet iz . táz uuir ráten . únde únseren múot=uuillen túen . ióh tánnán . dáz péidiu ist . ióh possibile quædam esse . uel non esse . An uuélehén ist táz ?

In his quæ non semper actu sunt . et in quibus utrumque contingit . et esse . et non esse . A'n dien . díu nieht nóh in_táte nesint . núbe in uuáne . únde diu mán mág túon . únde netúon .

Quare et fieri . et non fieri . U'nde siu óuh fóne diu múgen in futuro uuérden . únde neuuérden .

42. EXEMPLUM EORUM . QUÆ POSSUNT FIERI . ET NON FIERI .

Et multa nobis manifesta sunt . sic se habentia . U'nde uuir bechénnén gnúogiu só getániu .

Ut quoniam hanc uestem possibile est incidi . et non inciditur . sed prius exteritur . A'lso dáz ist . táz éin láchen mág ferscróten . ióh uerskáfen uuérden . únde dóh tes nieht neuuírdet . núbe sús unuerscrótenez ferslízen uuírdet .

Similiter autem et non incidi possibile est . Sámo uuóla mág iz óuh ún=uerslízenez . [182.] ferscróten uuérden .

Non enim esset eam prius exteri . nisi esset possibile non incidi . I'z nemáhti nieht ólangiz . hoc est . álgánzez . ferslízen uuérden . iz nemáhti únuerscrótenez ze_léibo uuerden .

Quare et in aliis facturis . quæ secundum potentiam dicuntur huiusmodi . manifestum est . quoniam non omnia ex necessitate uel sunt . uel fiunt . Fóne diu ist iz óuh an ánderén dingen . ih méino díe . in mánnis keuuálte stánt . sámo óffen . táz sie nieht álle uóne nóte nesint . nóh neuuérdent .

Sed alia quidem utrumlibet . Núbe súmelíchíu ze_béidén gelícho .

Et non magis uel affirmatio . uel negatio . U'nde nieht quíssera neist affirmatio . tánne negatio .

Alia uero negatio magis quidem in

pluribus alterum . Súmelichín sint .
téro éinez in gnûogên dichòr ge-
skíhet . tánne iz ze‿léibo uuérde .
álso gráuui tûot in álten .

Sed contingit fieri alterum . alte-
rum uero minime . Tóh keskíhet
éteuuénne . dáz séltsánera . álso
úngráuui ist in áltemo . Únde uuirt
ze‿léibo daz keuuóna . sô diu gráuui
ist in áltemo .

negát . pe‿nóte uuésen . tia uuíla
iz ist . álso sedere ist . únde in zite-
líh pe‿nóte uuésen . sô dáz ist .
mortalem esse .

Similiter autem et in eo quod
non est . A'n démo non esse .
uérit iz so sámo . Not ist mánne .
únz er nesízzet non sedere . imo ist
áber in zitelíh nòt . non immorta-
lem esse .

---

43. DIFFERRE INTER NECESSE ESSE TEMPORALITER . ET SIMPLICITER .

Igitur esse quod est quando est .
et non esse quod non est . [183.]
quando non est . necesse est . Nù
ist nòt uuésen . dáz tír ist . sô iz
ist . únde neuuésen dáz tír neist .
sô iz neist . Uuánda nòt ist . táz
man sizze . sô er sízzet . únde álso
nòt ist . táz er nesízze . sô er ne-
sízzet .

Sed non quod est omne . necesse
est . esse . nec quod non est . ne-
cesse est non esse . A'ber nehéin
nòt ne ist temo éinen . dáz iz sî .
nóh temo ánderen . dáz iz nesî . s.
áne échert tia uuíla . únz iz ist .
álde neist . Sô er uuíle . sô uuéh-
selót er iz .

Non enim idem est . omne quod
est esse necessario quando est . et
simpliciter esse ex necessitate . Táz
ist fóne diu . uuánda nieht ze‿éine

44. SIMILITUDO CONTINGENTIS CONTRADICTIONIS . ET TEMPORALIS NECESSITATIS .

Et in contradictione . eadem ratio
est . A'n déro uuiderchétúngo dero
oppositorum . féret iz óuh álso . dáz
chit . éin uuéderez ist uuár . non
simpliciter . álso óuh temporalis
necessitas . uuár ist . non simpli-
citer .   [184.]

Esse quidem . uel non esse om-
ne . necesse est . s. in oppositis
presagiis . Nòte sól iz állez uuár
sîn . álde lúgi . táz man uóre sá-
get .

Et futurum esse uel non . Unde
állez chúmftig sîn . álde ne sîn .

Non tamen diuidentem dicere al-
terum necessario . Tû neuíndest
áber nehéinen . diu zuéi skidónten .
únde daz éina stérchenten .

Dico autem futurum quidem esse
bellum nauale cras necesse est .
uel non esse futurum . Táz chído

ih . táz mórgene skéfuuîg túrh nót
chúmftig si . álde nesi .

Sed non necesse est futurum esse
cras bellum nauale . Turh táz fóre
chéden . neist nehéin nót . táz er
si . uel non futurum esse . Nóh ne-
héin nót . táz er ne si .

Futurum autem esse . uel non
esse . necesse est . Nòt ist áber .
dáz er si . álde ne si . Uuéder .
dero zuéio uuérde simpliciter . dáz
chit quisso . uuér uuéiz taz? éin uué-
der uuirdet iô dóh .

---

45. POSTREMA CONCLUSIO LONGE PRIUS PROPOSITÆ QUESTIONIS DE OPPOSITIS.

Quare quoniam similiter orationes
ueræ sunt . quemadmodum et res .
Fóne diu . uuánda die uóre-sága .
álso geuuáre sint . sô die náh chó-
menten gebureda .

Manifestum est . Sô skînet .

Quoniam necesse est . s. in his
rebus . quæcumque sic se habent
ut utrumlibet sint . et contraria eo-
rum contingant . [185.] Táz nôt
ist in zuiueligên dingen tie uuider
dien gehéizen gebúrren múgen .

Similiter se habere et contradic-
tionem . Kelicha uuésen dia uóre-
ságun . s. dien náh káendên ge-
búredon .

Quod contingit in his quæ non
semper sunt . et non semper non
sunt . Táz kebúret án dien díngen .
die uuîlon sint . uuîlon nesint .

Horum enim necesse est quidem .
alteram partem contradictionis . ue-
ram esse . uel falsam . A'n sô ge-
tânero dingo strite . fíndest tu iô
daz éina uuár . álde lúgi .

Non tamen hoc . aut illud . sed
utrumlibet . Ni io dóh quisso . diz
álde éniz . núbe éin uuéderez .

Et magis quidem ueram alteram .
non tamen iam ueram uel falsam .
U'nde uindest tu dicchôr án súme-
lichên dáz éina uuár . dánne daz
ánder . ni io dóh nieht in zitelih .
A'lso dicchôst ist cráuui . án áltemo
hóubete . éteuuénne neist .

Quare manifestum est . quoniam
non est necesse . omnes affirmatio-
nes . uel negationes oppositionum .
hanc quidem esse ueram . illam
uero falsam . s. definite . Fóne diu
skînet . táz in állên striten . dár
man féstenôt . únde lóugenet . táz
éina nieht quisso uuár neist . únde
daz ánder lúgi .

Neque enim quemadmodum in his
quæ sunt . sic se habent in his quæ
non sunt . possibilibus tamen esse .
uel non esse . sed quemadmodum
dictum est . [186.] Nóh sô iz férit in
presentibus . tiu ána sint . sô neué-
ret in futuris . tiu nóh nesint . únde
dóh fúre múgen uuésen . álde ne-
uuésen . núbe **sô ih** iz fóre-ságeta .
Uuáz ist taz? Táz presentia sínt
quis futura sámo únguis .

---

46. EXPLICIT DE UERITATE TRIUM TEMPORUM. INCIPIT ITERUM OSTENDERE UIM SIMPLICIS ET PRÆDICATIUÆ PROPOSITIONIS.

Quoniam autem est affirmatio significans aliquid de aliquo. Hic suspensio uocis. Uuánda affirmatio éteuuaz ságet fóne éteuuemo.

Hoc autem nomen est uel innominabile. Et hic. Únde daz. fóne demo sî ságet. nomen ist álde innominabile. taz múgen uuír diutin únnamig.

Unum autem oportet esse et de uno. hoc quod est in affirmatione. Et hic. Únde sî ein ságen sol. fóne éinemo.

Nomen autem dictum est et innominabile prius. Únde dár fóre geságet ist uuáz nomen sî. únde innominabile.

Non homo enim nomen quidem non dico. sed infinitum nomen. unum enim significat infinitum. Hic remisior uox. quia interposita ratio est. Non homo. s. quod est innominabile nemagih héizen nomen. núbe infinitum nomen. uuánda iz ein únguis ting pezéichenet.

Quemadmodum uel non currit. [187.] non uerbum est. sed infinitum uerbum erit. Et hic remissa. A'lso ouh non currit uerbum neíst nube infinitum uerbum.

Omnis affirmatio uel ex nomine et uerbo. uel ex infinito nomine et uerbo erit. Hic clausula. Pediu uuírdit ío affirmatio. úzer nomine únde uerbo. álde úzer infinito nomine únde uerbo.

---

47. UERBUM IN PROPOSITIONE TENERE PRINCIPATUM.

Præter uerbum autem. nulla erit affirmatio uel negatio. A͞ne uerbum neuuirdet nehéin propositio.

Est enim uel erit uel fuit. Hoc est. preter est. uel erit uel fuit.

Uel preter alia huiusmodi uerba quæcumque ex his sunt quæ sunt posita. Ih méino. áne substantiua uerba neuuirdet propositio. álde áne ánderiu dár uóre gezéigotiu. só diu sint currit. uiuit. disputat. regnat. Consignificant enim tempus. Siu bezéichenent iố tempus sámint actione álde passione.

---

48. EXEMPLA SIMPLICIUM PROPOSITIONUM. QUÆ HABENT UNUM SUBIECTUM. ET UNUM PRÆDICATUM.

Quare prima affirmatio et negatio est. est homo. non est homo. Fóne diu ist tiu érista. uzer finito nomine.

Deinde. est non homo non est non homo. Tiu ánderiu uzer infinito nomine.

Est omnis homo. non est omnis homo. Tiu dritta uzer uniuersali uniuersaliter.

Est omnis non homo. non est omnis non homo. [188.] Tíu uiérda ist. uzer uniuersaliter infinito.

Et in extrinsecus temporibus eadem ratio est. Mit tien ánderen temporibus. preterito únde futuro. díu âne presens sint. máht tu so sámo tûon simplicem propositionem. Ut homo erit homo fûit. Fernîm échert uuóla. dáz omnis únde quidam. determinationes sint. náls termini. Táz chit siu sint zégunga dero terminorum. náls sélben die termini. Ûnde uóne diu. neuuirdet fóne in nîeht Remêrot. simplex propositio.

49. DE HABENTIBUS UNUM SUBIECTUM ET DUO PRÆDICATA.

Quando est tertium adiacens prædicatur. dico autem ut est iustus homo. dupliciter dicuntur propositiones. Sô est. ter drito terminus uuírdet. álso er dâr ist. est iustus homo. sô uuérdent ûzer zuéin propositionibus fîere.

Est tertium dico adiacere in affirmatione. nomen uel uerbum. Taz tritta ih méino est. so iz nomen sî. so iz uerbum sî. daz chido ih háften in propositione. zu ándermo uuorte. so iustus ist. Tóh iz stánde ze êrist. iz neháftet tóh nîeht zu subiectiua parte. nube zu declaratiua. Hier uernim sár. uuéhleba. zíuualti er méine. Éin oppositio ist. ûzer finito nomine. ih meino. est homo iustus. non est homo iustus. [189.] ánderiu ist ûzer infinito nomine. ih meino. est non iustus homo. non est non iustus homo. Fóne dien chit er. daz hara nah fólget.

Quare idcirco quatuor istæ erunt. Pedíu uuérdent tero propositionum uîere.

Quarum duæ ad affirmationem et negationem sese habebunt secundum consequentiam. ut priuationes. i. eandem uim retinent affirmationis et negationis. et similes sunt ad affirmandum aliquid et negandum. his quæ sunt priuatoriæ. Téro zuô tuônt álso getâna affirmationem únde negationem. sô priuatoriæ propositiones. Uuélehe sint priuatoriæ? Est iniustus homo. non est iniustus homo. Uuélehe dirro uiero sint tien gelih? Est non iustus homo. non est non iustus homo.

Duo uero minimæ. Ándero zuô nesint in nîeht kelih. Uuélehe? Est iustus homo. non est iustus homo. Infinitæ únde priuatoriæ. habent kelicha uernúmist.

Dico autem quoniam est aut iusto adiacebit aut non iusto. Quare etiam negatio. Est háftèt zû iusto únde ze non iusto. sô tuônt óuh non.

Quatuor enim sunt. Fóne diu sint tero propositionum uîere.

Intelligimus uero quod dicitur. ex his quæ subscripta sunt. Fóne dero uólgendun figura. dar sie geórdenot sint spuet is paz zeuernémenne.

Est iustus homo . huius negatio . non est iustus homo . [190.] Est non iustus homo . huius negatio . non est non iustus homo . Est enim hoc loco et non est . iusto et non iusto ad iacet . Fiêre sint iro . A´n disen uier propositionibus . háftet est únde non . ze iusto únde non iusto.

Hæc igitur quemadmodum in resolutoriis dictum est . sic sunt disposita . Tise uier propositiones . únde dara zû priuatoriæ uuérden sus keórdenôt álso ih óuh lêrta in analiticis.

Quare et sequi sese inuicem uidebuntur . i. possibile est esse et non esse . Téro affirmationis possibile est non esse . uuirt kelóugenet mit téro negatione non possibile est non esse . Fóne diu ist óffen dáz tiu sélba affirmatio possibile est non esse . únde óuh tiu possibile est esse . sámint éin ánderên sint . nals gágen éin ánderên.

Non enim contradictiones sibi inuicem huiusmodi sunt . possibile est esse et possibile est non esse . Sô getâne prædicationes . ih méino zûo affirmationes sô díe sélben sint . tie neuuérdent níeht éin ánderên oppositæ.

Sed possibile esse et non possibile esse . nunquam simul sunt . opponuntur enim . A´ber dise ih méino affirmatio únde negatio . nemúgen sámint sîn . pedíu sínt sie oppositæ.

At uero possibile non esse et non possibile non esse . nunquam simul sunt . Uuánda óuh tíse ringent . pedíu nemúgen [1] óuh si sámint sîn . Similiter autem et eius . [191.]

Affirmatio simplex .	Negatio simplex .
Est iustus homo .	Non est iustus homo .
Affirmatio priuatoria .	Negatio priuatoria .
Est iniustus homo .	Non est iniustus homo .
Similes .	Similes .
Est non iustus homo .	Non est non iustus homo .
Affirmatio infinita .	Negatio infinita .

Similes. Similes.

Similiter autem se habet . et si uniuersalis nominis affirmatio sit . Sô uérit iz ouh . ube állelih féstenunga állelicho getân uuirdet . ih méino . dâr nemag ouh kèskéhen daz angulares sámint uuâr sagen.

Ut omnis est homo iustus . Non omnis est homo iustus . Omnis est homo non iustus . Non omnis est homo non iustus . Sed non similiter angulares contingit ueras esse . contingit autem aliquando . A´ber doh nesâgent iro angulares nieht io in zîtegelîh sámint uuâr . éteuuénne

---

[1] Steht, wahrscheinlich schreibfehler, s.

geskíhet iz. Samo so er châde. Sint tie angulares indifinite. daz chît úngemarchôte. sô sint síe gehélle. álso iz tar uore skinet an dero descriptione. Sint sie aber definite. i. kemárchote mit témo nomine omnis. so sint sie uuîlon sámint uuâr. also iz skinet ube du

an dero descriptione missechêrist tia particulares oppositiones. unde negationem particularem sezzest under affirmatione uniuersali. [192.] Unde áber affirmationem uniuersalem únder negatione particulari in hunc modum.

Affirmatio uniuersalis.
Est omnis homo iustus.
Negatio particularis.
Non est omnis homo non iustus.

Negatio particularis.
Non est omnis homo iustus.
Affirmatio uniuersalis.
Est omnis homo non iustus.

Simul ueræ.

Nim aber ába daz omnis. taz sie sîn indefinitæ. so sint ében-geuuâre die angulares affirmationes. ióh tie

angulares negationes in hunc modum.

Affirmatio finiti nominis.
Est iustus homo.
Negatio nominis infiniti.
Non est non iustus homo.

Negatio finiti nominis.
Non est iustus homo.
Affirmatio nominis infiniti.
Est non iustus homo.

Simul ueræ.

An sus ketánen prædicationibus. ih méino quæ possunt esse et non esse. sint iô sáment uuâr die angulares. A'ber an dien quæ naturaliter insunt. so die sint. est homo animal. est homo non animal. alde ouh naturaliter inesse non possunt. ut est homo lapis. est homo non lapis. nemúgen sic sament uuâr sin.

bestât ex finito subiecto. so diu tûot. est homo iustus. [193.] non est homo iustus. A'nderiu ex infinito prædicato. so diu tuot. est non iustus homo. non est non iustus homo.

Aliæ autem ad id quod est non homo. ut subiectum aliquod additum. Hoc est aliæ duæ sunt quasi aliquod additum ad id subiectum. quod est non homo. Nôh sint ándere zûo dero prædicata geléget sint zu démo subiecto. non homo. Tero zuéio gibet er nu exemplum. E'iniu bestât ex infinito subiecto. so diu tûot. Est iustus non homo. non est iustus non homo. A'nderiu ist tíu dir bestât ex infinitis prædicato et

50. QUOT OPPOSITIONES FIANT UBI EST TERTIUM ADDITUR.

Hæ igitur duæ oppositæ sunt. Nû sint taz zuo oppositiones. s. die ih nu gesaget habo. E'inu ist tíu dir subiecto . so diu tuot . Est non iustus non homo . non est iustus non homo .

Magis plures autem his non erunt oppositiones . Mánigôrin opposita nemugen uuérden . so est ter dritto terminus ist .

Hæ autem extra illas . ipse secundum se erunt . ut nomine utentes non homo . Tie áfterin zûo propositiones . sint turh sih . âne de érerin . infinitum nomen fure nomen hábende . toh iz simpliciter nieht nomen nesí .

---

51. NON DIFFERRE INTER CURRIT ET CURRENS EST .

In his uero in quibus est non conuenit . ut in eo quod est currere uel ambulare . idem faciunt sic posita hæc ac si est adderetur . An dien est negelímfet . so iz ist in currere unde in ambulare . taz chit an demo currit . unde an demo ambulat . tar gât iz . also ouh est tar mite stûende . Ut est currit omnis homo . [194.] non currit omnis homo . Currit omnis non homo . non currit omnis non homo . An dien propositionibus állen mág man chéden currens est . fure currit .

52. QUEM LOCUM OPORTEAT HABERE NON IN PRÆDICATIONE .

Non enim dicendum est non omnis homo . sed non negatio ad id quod est homo addendum est . U'be du máchon uuile infinitum nomen . so nesólst tu nieht légen non zu démo omnis . nube zu demo homo .

Omnis enim non uniuersale significat . sed quoniam uniuersaliter . Uuánda omnis uuirdet kespróchen uniuersaliter . iz neist nieht selbez uniuersale .

Manifestum est autem ex eo . quod est currit homo . non currit homo . currit non homo . non currit non homo . An dísen skínet iz . Tíse prædicationes sint uniuersales . náls uniuersaliter .

Hæ uero ab illis differunt . eo quod uniuersaliter sunt . Tíse skéident sih fóne dien érren . tie mit omnis uniuersaliter gespróchen sint .

Quare omnis et nullus nihil aliud consignificat . nisi quod uniuersaliter de nomine uel affirmat uel negat . Fóne diu uuirdet io mit omnis . únde mit nullus allelícho uuaz geuéstenot . alde gelóugenet . fone demo állelichen nomine .

Ergo et cætera eadem oportet opponi . i . inmutata seruari . A'lso gnôto sûlen alliu diu ánderiu uuórt íro stat hálten .

53. ITEM DE CONSENTIENTIBUS.
[195.]

Quoniam uero illa negatio quæ est quod nullum animal iustum est. contraria est ei. s. affirmationi. quæ est. omne est animal iustum. Hæ quidem manifestum est. quod numquam erunt. neque veræ simul. neque in eodem ipso. Uniuersalis affirmatio. unde uniuersalis negatio. tie sint uuideruuártig. tie nemúgen sament uuâr sîn. nóh in einemo dinge samint sîn. daz ságeta er ouh fóre.

His uero oppositæ erunt aliquando. Aber iro obliqua mugen so sîn. so diu sint. Non omne animal iustum est. est quoddam animal iustum.

Sequitur uero eam quidem quæ est nullus homo iustus est. illa quæ est. omnis est homo non iustus. Nu hábe fure ein dia. Nehéin man neist rehter. unde dia. mánnolih ist únrehter.

Illa uero quæ est. aliqui iustus homo. opposita. Quoniam non omnis homo non iustus est. V'nde ouh téro zueio opposita. ih méino dia. ételih man est rehter. unde dia. mánnolih neist nieht únrehter.

Necesse est enim esse aliquem. U'be uuâr ist non omnis homo non iustus est. so ist not aliquem iustum esse. Táz lerit tisiu descriptio.

Uniuersalis negatio finiti nominis.
Nullus homo iustus est.
    Similes.
Omnis homo non iustus est.
Uniuersalis affirmatio finiti nominis.

Affirmatio particularis finiti nominis.
Quidam homo iustus est.
    Similes.
Non omnis homo non iustus est.
Particularis negatio infiniti nominis.

Hier uernim daz infinitum nomen keméine ist. ióh infinito subiecto. ioh infinito prædicato. [196.] Uuél-

lest tu óuh keséhen. uuio dise uiére sîn oppositæ. so sih aber an disa descriptionem.

Uiuersalis negatio.

Nullus homo iustus est.
Particularis negatio cum infinito prædicato.
Non omnis homo non iustus est.

    Similes.

Oppositæ. Oppositæ.

Uniuersalis affirmatio cum infinito prædicato.
Omnis homo non iustus est.
Particularis affirmatio.

Quidam homo iustus est.

54. QUEM NEGANTEM SEQUITUR UERA CONCLUSIO.

Manifestum est autem. quoniam etiam in singularibus si uerum est interrogatum negare. quoniam et afûrmare uerum est. Ut putas-ne socrates sapiens est? Non. Socrates igitur non sapiens est. Socrates ist éinlluzzer so alliu indiuidua sint. Sapiens taz ist finitum. also ouh iustus. Non sapiens taz ist infinitum. also ouh non iustus. Fone diu skinet. úbe man uragentemo uerságen mag. socratem esse sapientem. taz sar uuar ist zechedenne. socratem non sapientem esse. Ube er sapiens neist. so ist er non sapiens.

In uniuersalibus uero quæ similiter dicuntur. non est uera. s. affirmatio. uera autem negatio. Ut putas-ne omnis homo sapiens est? Non. Igitur omnis homo non sapiens est. Hoc falsum est. Sed uera est. s. negatio. Non igitur omnis homo sapiens est. Ube man uraget so samo fóne allen. ist mánnolih uûise? unde ánderer chit néin. unde éner sar foñe diu náh sprichet. so ist mánnolih non sapiens. so hábet er gelógen. Omnis homo non sapiens est. taz ist infinita affirmatio. [197.] unde ist lúgi. samo so er chade negando. nullus homo sapiens est. Spríchet er aber. finitum nomen negando. non omnis ergo homo sapiens est. samo so er chade affirmando particulariter quidam homo sapiens est. taz ist uuár.

Hæc opposita est. i. non omnis homo sapiens est. illa uero contraria est. hoc est. omnis homo non sapiens est. Tísiu ist opposita. éniu ist contraria. Opposita léibet in uniuersalibus. contraria neléibet nieht.

---

55. QUASDAM FALSO UIDERI NEGATIONES.

Illæ uero contra-iacentes. secundum infinita nomina uel uerba. ut in eo quod est non homo uel non iustus. quasi negationes esse uidebuntur. sine nomine uel uerbo. sed non sunt. So getániu opposita so infinita nomina sint. also non homo. unde non iustus sint. alde ouh infinita uerba. so non currit unde non laborat sint. tiu múgen manne dunchen uuésen negationes. Taz nesint siu áber nieht. noh uuérden raugen. ane nomen. unde áne uerbum. Zíu chit er áne nomen unde áne uerbum? Uuánda siu simpliciter nomina nesint. noh uerba. Uuário siu ouh so. noh tánne nemahti non homo nieht negatio sin. alde ouh non currit.

Semper enim ueram uel falsam esse necesse est negationem. Uuanda negatio sol io uuar sin. alde lúgi. Non homo unde non currit. nesint neuueder.

Qui uero dixit non homo. nihil magis de homine. s. quam qui finitum dixit. [198.] sed etiam minus uerus fuit. uel falsus. si non aliquid addatur. Ter infinitum sprichet non homo. der nesprichet nicht quisseren. danne der finitum sprichit homo. nube er mag ioh min heizen uuárer. alde lúkker. er nelége zú mer uuórto. Uuánda guissera ist homo currit tanne non homo currit. pediu ist homo nahera dero unárhéite. danne non homo. Ze erist chit er. non homo neist nieht negatio. Tara nah chit er. uuare iz negatio. so bezéichendi iz uuar alde lúgi. Tara nah chit er. sid taz quissera nebezéichenet uuar noh lugi. uńio danne daz únguissera?

Nec huic opposita. ea quæ est. Non est omnis non homo iustus. Noh tiu disa lóugenet. ih méino. Nieht uuár. daz alle únmennisken réhte sin. Tie zúo sint úngelih. allen óberen.

Illa uero quæ est. omnis non iustus non homo. illi quæ est. nullus iustus non homo. idem significat. A'ber dise zúo sint éin. alle únménnisken. [199.] únrehte. nehéine únménnisken rehte. Uuír múgen héizen únménnisken. die áne mennisken sint. só angeli sint. An dero érrerun dirro zueio. sint zúei infinita. ein an‿demo subiecto. mit uniuersali. ander án‿demo prædicato. Tára nah ist an‿dero áfterun infinitum subiectum mit uniuersali. unde prædicatum finitum.

56. QUÆ EX INFINITIS SINT SIMILES.

Significat autem. est omnis non homo iustus. nulli illarum idem. Aber díu propositio. alle únmennisken réhte sint. tiu neist tero óberon neheinero gelih. Omnis non homo. daz ist uniuersale. unde infinitum subiectum. iustus est. taz finitum prædicatum. So getán propositio nestát tar níener uore.

57. NON TRANSPOSITO NOMINE. UEL UERBO. SIGNIFICATIONEM MUTARI. SICUT TRANSPOSITA NEGATUR.

Transposita nomina uel uerba. idem significant. Misse sáztiu nomina alde uerba neuuéhselont nieht ten sin propositionum. Ut est homo albus. est albus homo. Also disiu missesázten nomina unde uerba. des sinnis nehéinen uuéhsel netuont.

Nam si hoc non est. eiusdem erunt multæ negationes. Uuánda

úbe iz só neist. so sulen einero affirmationis uuésin manige negationes.

Sed ostensum est quia una unius est. Táz ist áber uóre gesaget taz échert éin negatio éinero affirmationis ist.

Eius enim quæ est. est albus homo. negatio est non est albus homo. Fóne díu ist échert ein negatio dero affirmationis est albus homo. tiu dir chit non est albus homo.

Eius uero quæ est. est homo albus. si non eadem est. quæ etiam ei que est. est albus homo. Ube si aber missechèrtiu fone albus homo. ze͜homo albus. tia selbun negationem nehábit. s. tia si dóh guísso habit. [200.] Erit negatio. So uuírt iz ein anderiu. únde so sint íro zuo. Uel ea quæ est. Alde diu dir chit. Non est non homo albus. Uel ea quæ est. Alde diu dir chit. Non est homo albus.

Sed altera quidem est. negatio eius quæ est. est non homo albus. alia uero eius quæ est. est homo albus. Aber dero íouuéderiu. habit iro affirmationem. ih méino. est non homo albus. unde est homo albus. Nu hábit tiu affirmatio est homo albus. únbesprócheno dia negationem non est homo albus. uuánda si ouh éna durh not hábit. non est albus homo. pédiu habit si zuo. Ube nú. est homo albus hábit zůo. so habit ouh est albus homo. die sélbun zůo.

Quare erunt duæ unius. pediu sint zůo negationes einero affirmationis in hunc modum.

Affirmatio		Utriusque contradictoria.
Est albus homo.	———————	Non est albus homo.
Est homo albus.	———————	Non est homo albus.
Affirmatio		Utriusque contradictoria.

Quoniam igitur transpositio nomine uel uerbo eadem sit affirmatio uel negatio manifestum est. Nû ist aber offen. taz fóne missesaztemo nomine alde uerbo. nehéin uuéhsel neuuirdet tero affirmationis unde dero negationis. Uuúrte iro dánnan uuéhsel. só man danne chade fone socrate. est albus homo. so neuuúrte daz nieht kelóugenet kelícho mit témo non est albus homo. unde mit͜temo non est homo albus. [201.]

58. DE DISCERNENDIS PROPOSITIONIBUS. QUÆ UNÆ SUNT. QUÆ MULTÆ.

At uero affirmare uel negare unum de pluribus uel plura de uno si non est unum ex pluribus. non est affirmatio una. neque negatio. Uuile du éin ságen. fóne mánigen. alde mánigiu fone énimo. éin species neuuérde uzer in ánderis neist iz éin saga nieht. iéhendo noh lóugenendo.

Dico autem non si unum nomen sit positum. non sit autem unum ex illis. Id est. dico etiam non fieri unam uel affirmationem negationem. si unum nomen commune positum sit multis rebus. et si ex illis non sit unum. I'h ságo dir daz ouh tánnan úz ein affirmatio alde ein negatio neuuirdet. ube éin nomen geméine fúnde ist mánigen dingen diu éin speciem nieht keuuúrchen nemúgen. Taz ist tanne. so ein fone éinemo gespróchen uuirdet. ut canis animal est. Tar ist animal gespróchen fone cane. éin fone enimo. unde neist toh taz nieht éin affirmatio. uuánda canis pezéichenet pediu ióh tén béllenten hunt. ioh ten mérehunt. i. latrabilem et maritimum.

Ut homo est fortasse. et animal. et bipes et mansuetum. A'lso ódo uúano daz nieht ein affirmatio neist. so dísiu uíeriu sus únderskéiden uuérdent mit coniunctione. dáz man chit. homo est. et animal. et bipes et mansuetum. Ioh áne coniunctiones mag man siu under súigendo geskéiden. taz siu eina affirmationem ne tùont. [202.] Also daz ist homo est unde dánne uberláng animal. so áber bipes so aber mansuetum. Samoso er cháde. homo est. animal est. bipes est. mansuetum [1] est.

Sed ex his unum fit. Aber doh uuirdet éin species ùzer in geuuúrchet. so man gesiágo chit animal bipes mansuetum homo est. Taz sint mánigiu fóne éinemo. unde doh ein affirmatio.

Ex albo autem et homine et ambulare non unum. Aber fone homine. unde fone albo. unde fone ambulare. ne uuirdet nehéin species. Ter uone uuizemo man gántemo chit. album et ambulans homo est. ter hábet kesprochen zúei uone éinemo. tiu éin speciem nieht ne uuúrchent. Uuiz unde gán uuélih speciem alde uuéleha naturam uuúrchent tiu? Quare non unum. Fone diu ne mag iz óuh éin affirmatio sin.

Quare nec si unum aliquid de his affirmet aliquis erit affirmatio. Fone diu sprichet mán éin dirro. fone dien anderen. i. unum de pluribus. so man nu chád. album et

---

[1] Es steht „manifestum".

ambulans homo est. alde homo et ambulans album est. alde homo et album ambulans est. taz ne uuirdet nieht ein affirmatio.

Sed uox quidem una affirmationes uero multæ. Nube éin est spréchendo uuérdent tar mánige affirmationes. [203.]

Nec si de uno ista. sed similiter plures. Noh tána mèr ne uuirdet éin affirmatio ube ioman disiu 'so misse-chèret. taz plura uóne éinemo gespróchen uuérdent. ih méino daz tíu uuérdent prædicata. diu nû uuáren subiecta. ut album. homo et ambulans est. uel ambulans. homo et album est.

---

59. AD INTERROGATIONEM PLURA SIGNIFICANTEM. UNAM RESPONSIONEM NON SUFFICERE.

Quo circa ergo. Fone diu. s. uuanda éin propositio mánigiu bezeichenit.

Si dialectica interrogatio responsionis est petitio. Hic suspensio. Vbe der ántuuurtis kérot. ter dialectice urâget alsus. est canis animal an non?

Vel propositionis. uel alterius partis contradictionis. Et hic. Unde er gérôt állero propositionis. sô daz ist animal est. animal non est. Alde téilis. so daz ist. est non.

Propositio enim unius contradictionis est. i. una affirmatio unius est negationis. et hic. Vuánda ein féstenunga sùochet éinen lóugen.

Huiusmodi interrogationi. non erit una responsio. Depositio. So getànero frâgo ih méino sús mánigiu ding pezéichenentero ne begágenet nieht ein ántuuurte.

Ad hæc nec una affirmatio. Noh ouh tara zû ein féstenunga.

Nec si sit uera est. Noh sâr uuâr ne ist iz. ube iz éin ántuuurte ist. unde éin féstenunga. Uuánda chît er canis animal est taz ist in cælesti signo lúgi. [204.] Chît er non est animal. taz ist in-latrabili cane lúgi unde in marino.

Dictum autem de his est in thopicis. Similiter autem manifestum est. *quoniam* nec hoc ipsum quidem est dialectica interrogatio. Ih habo ouh ándersuuar dánnan gesaget.

Si quis interroget quid est. oportet datum esse. i. dari. ex interrogatione. hæc eligere. i. ut possit eligere. utrum uelit contradictionis partem enunciare. quia oportet interrogantem determinare. utrum hoc animal homo. an non homo. Ter urâgento sol demo geurâgeten an sinero urâgo uuála gében uuéderen téil er uuélle dero contradictionis. unde fone díu sol er in béidero iihten alsus. ist tíz tier. alde diz monstrum mennisko. alde ne ist? Contradictio bestât io fone affirmatione et negatione. so dáz ist. homo animal est. homo animal non est. Fóne diu ist táz dialectica interrogatio. sô man den ántuuurtenten besuóchet uuéderez er uuélle. in hunc modum. Putasne homo animal est? Aber der sûs urâget. quid est animal? der urâget scolastice nals dialectice.

---

60. QUOD QUÆDAM SINGULATIM UERA. IUNCTA. ALIAS UERA. ALIAS FALSA SINT.

Quoniam hæc quidem predicantur composita. ut unum sit omne prædicamentum eorum. quæ extra prædicantur. alia uero non. quæ differentia est. s. dicenda. Ordo est. Quoniam eorum quæ extra. i. singillatim prædicantur. [205.] hæc quidem composita sic prædicantur. ut unum sit omne prædicamentum eorum. alia uero non. ea differentia dicenda est. Uuánda súmelichiu dúrh sih kesprócheniu uuâr sint unde ze-sámene gelégetiu éin bezéichenent unde sámo uuâr sint. tánne aber ánderiu sô ne sint. ter únderskeit ist ze ságenne. unde mit exemplis ze lérenne.

De homine enim uerum est dicere. et extra animal. et extra bipes. et ut unum. Fone homine mag man súnderigo chéden. daz er si animal. unde er si bipes. unde mág man chéden daz tiu ze- sámene gelegétiu éin sîn. unde samo uuâr sîn. also daz uuâr ist. homo animal bipes est. Et hominem et album. et hæc ut unum. Vnde mág ouh uuâr sîn. ube man ételih animal sunderigo ságet hominem uuésen. unde album uuésen. unde diu béidiu éin uuésen.

Sed non cytharedus et bonus. etiam cytharedus bonus. Chit mán aber daz er súnderigo cytharedus si. unde er gûot si dúrh taz ne ist ne-héin nòt taz er gûot cytharedus si. unde daz sámint uuâr si. daz éinzen uuar uuas.

---

61. QUÆDAM SIMUL INCONGRUE DICI. QUÆ PER SE UERE DICTA SUNT.

Si enim quoniam alterutrum dicitvr. et vtrvmque dicitur. multa inconuenientia erunt. Sol man daz samint spréchen. daz súndero uuâr ist. [206.] so uuérdent târ uz manigiu gechòse úngelimphiu.

De homine enim. et hominem uerum est dicere. et album. Fóne ételichemo ménnisken ist áleuuar ze spréchenne. daz er menisko si. unde er uuiz si.

Quare et hominem rúrsus et album. Fone diu mag man aber chéden. denselben uuizen mennisken. ménnisken uuésen ioh uuizen.

Si et album et hominem. So chido ih ube man in uore uuárhafto hiez uuizen ménniskęn. Vbe man uone socrate einest nuárhafto chéden mag. taz er uuiz mennisko sî. so mág man anderest sámo uuárhafto fone imo chéden. tiser uuizo mennisko. ist mennisko unde uuiz.

Quare erit homo homo. albus albus. Fóne diu lége dáz ze-sámene. so uuirdet tar ûz tíu únnuzza zála. daz ménnisko mennisko sî. uuiz uuiz sî.

Hoc est in infinitum. Tes ist únmez taz tu spréchen maht fone ímo. zo êrist súnderigo. unde danne sámint.

Et rursus musicus albus ambulans. hæc eadem frequenter simplicitas est. Also díccho mág ouh keaberet uuérden diu súnderigi ube man uone socrate ze êrist chit taz er sî uuiz musicus kánder. uuánda dû aber chéden maht ter uuizo musicus kánder. ist uuiz. unde ist musicus. unde ist kánder. So sol man danne sámint chéden dríestunt. uuiz uuiz uuiz ist. unde iro so gelichez triestunt. [207.]

Amplius. Si enim socrates socrates est et homo. erit socrates socrates homo. Ube sunderigo spréchendo uuár ist. socrates ist socrates. unde aber sunderigo uuár ist. er ist ouh mennisko. so uuirt tanne samint ze chedenne. daz socrates socrates homo sî.

Et si socrates socrates est. et homo. et bipes. erit socrates homo et bipes. Tísiu uuort fírnim samo so er châde. ube diu zû dien zuéin ih meino daz er súnderigo. socrates ist. unde homo ist. taz tritta ouh sunderigo chîst taz er bipes sî. sô sólt tu ouh sámint chéden. déro sélbon zuéi unde sunderigo daz tritta.

Et rursus si hic idem bipes est et homo. erit socrates socrates. homo homo. bipes bipes. Vbe socrates sunderigo dríu ist. sò sint sámint ze chedenne. diu selben dríu. socrates socrates. et homo et bipes et homo et bipes. Taz socrates ist sunderigo socrates. unde homo. unde bipes. taz kemachot in sament uuésen hominem bipedem. So getân compositio ne geuállet nieht.

Quoniam ergo si qui simpliciter ponat. complexiones fieri. inconuenientia contingere manifestum est. quemadmodum autem ponendum. nunc dicemus. Uuánda nû uuóla skinet. mánigiu úngelimphe dannan ûz uuérden. ube toman úngeskeideno in alla uuîs ze sámene légen uuîle diu proloquia. sò ist taz ze lérenne. unio er tùon sol.

62. SINGILLATIM SECUNDUM ACCIDENS PRÆDICATA. SIMUL PRÆDICARI NON POSSE. [208.]

Quecumque igitur eorum quæ predicantur. et eorum de quibus prædicantur secundum accidens dicuntur. Suspensio. Sint taz accidentia diu man sprichet. unde ouh tiu fone dien man siu sprichet.

Uel de eodem uel alterum de altero. Et hic. Sô man uone éinemo subiecto zuei accidentia spréche in hunc modum. Homo albus est. homo musicus est. so man daz ander fone demo éreren spréche in hunc modum. homo albus est. albus musicus est.

Hæc non erunt unum. Depositio. Tiu ne uuúrchent nieht ein speciem.

Ut homo albus est et musicus. Álso diu accidentia béidiu fone homine gespróchen uuérdent. álde daz éina accidens fone demo andermo. unde aber daz fone homine.

Sed non est. idem musicus et albus. Siu ne uuúrchent toh nieht éin speciem.

Accidentia enim sunt utraque eidem. Uuio mugen? Sint péidiu éinis tinges accidentia. fone accidentibus ne uuirt nehéin substantia.

Nec si album. musicum uerum est dicere. tamen non erit album musicum aliquid. Unde doh uuár si. albus est musicus. siu ne uuérdent io nieht éin.

Secundum accidens enim. musicum album. Quare non erit album musicum. Taz ist fone diu. uuánda siu béidiu sint accidentia. Fone diu ne uuirt niomer albus durh sih musicus. nube der homo albus. ter ist musicus. Ouh irret taz tia prædicationem. daz accidentia sib liehto nuéhselont. [209.] Ube socrates nû ist albus musicus. er mág aber an dero súnnun uuérden niger musicus. Fone diu ist si lúkke.

Quo circa nec cytharedus bonus simpliciter. Fone diu ne uuirdet óuh nieht éin species. cytharedus bonus. uuánda siu béidiu sint accidentia.

Sed animal bipes. Non enim secundum accidens. Aber animal unde bipes uuúrchent éin speciem hominis. uuánda siu accidentia ne sint. Chit man homo animal est. homo bipes est. taz mág man sáment uuóla chéden. homo est animal bipes.

---

63. SIMILITER QUÆ INSUNT IN PROLATIONE. UEL NARRATIONE SIMUL IUNCTA NON PRÆDICARI.

Amplius. Fernémen nóh.

Nec quecumque insunt in alio. Noh tiu ándermo ána sint. s. diu ne múgen ouh nieht kespróchen uuérden ze sámine gelégetiu.

Quare nec album frequenter. Fone diu ne mag ouh album sô diccho kespróchen uuérden in complexione sô iz extra mag. Chit iornan. uuiz mán ist callias. callias ist uuiz. taz mág uuâr sîn. chît er dánne sáment. uuiz man callias uuiz ist. taz ist únredelih. uuánda iz ána ist tero prolationi subiectiue partis. taz ánderest prolatum uuirdet an prædicatiua parte. Uuiz mán chédendo. nuírt pegriffen. taz er uuiz ist. Pediu ne gelimfet nieht sáment. taz súnderigo gelámf.

Neque homo. homo animal. uel bipes. [210.] Noh sús ketán compositio ne tóug. ube sia iornan uuúrchet. úzer dien extra prædicatis. So uuér mit téro báldi. daz er fone socrate chéden mag. socrates homo est et animal. sâr chéden nuile. homo homo est et animal. taz ist also er châde homo animal. animal est. Uuio mág homo. béidiu sîn. ioh homo ioh animal? An diu daz er homo ist. sô ist er animal. Chit ouh fóne socrate iste homo homo est. et bipes. taz ist áber álso er châde. iste homo bipes bipes est.

Insunt enim in homine. animal et bipes. An démo námen homo. uuirdet animal uernómen ioh bipes. Ter ouh chit socrates. socrates est et homo. der mâhti be-

díu chéden socrates homo. homo est. uuánda an socrate uuirt homo natûrlicho uernómen.

---

64. HUC=USQUE AN SINGULATIM UERE PRÆDICATA. IUNCTA QUOQUE UERA SINT. NUNC E CONTRA QUÆRITUR. QUÆ UERE PREDICANTUR IUNCTA. AN EADEM UERUM SIT ET SIMPLICITER DICI.

Uerum est autem dicere de aliquo et simpliciter. aut quendam hominem. hominem. aut quendam album hominem. album. Non semper autem. Tisa sententiam súln uuir urágendo lésen. alsús. I'st ouh súnderigo uuâr. daz sáment uuâr ist? iz mág éteuuanne uuâr sîn. náls nieht io. Mág sámo uuâr sin hominem currere. samo quendam hominem currere? Alde ist sámo uuâr ze spréchenne. album currere. [211.] sô daz ist quendam album hominem currere?

Sed quando in adiecto quidem aliquid oppositorum inest. quæ. s. opposita sequitur contradictio. non uerum sed falsum est. Iz ist tánne lúgi. so demo adiecto ételih oppositum ána ist. unde demo opposito uólget contradictio.

Ut. s. falsum est mortuum hominem. hominem dicere. Also daz lúgi ist. ube mán tôten ménnisken. ménnisken héizet. Homo ist prædicatum. mortuus ist adiectum. Homo unde mortuus. i. ínsèler. unde ána séla. diu sint opposita. Tíen uólget súslih contradictio. homo uiuit. mortuus non uiuit.

Quando autem non inest. uerum. sô demo adiecto sólih oppositum ána ne ist. so ist súnderigo uuár daz sament uuár uuás. Samint ist uuár. socrates animal bipes est.

Uel etiam quando inest quidem semper falsum. quando uero non inest. non semper uerum. Alde ióh rehtor ze ságenne. sô diu oppositio ána ist tero prædicationi. sô ist fo daz súnderigo lúgi. taz sáment uuár uuás. Tánne aber oppositio tár ána ne ist. sô ist iz échert uuílon uuár.

Ut homerus est aliquid. ut poëta. Álso diu ist sine oppositione. homerus ist poëta. unde keskéidiniu lugi ist. Ergo etiam est. aut non. Nû uolget témo daz er poëta ist. taz er selbo ist. alde ne ist. Síh án éna prædicationem. sô ist tísiu lúgi. Zíu ist taz?

Secundum accidens enim prædicatur esse de homero quia poeta est. sed non secundum se prædicatur de homero quoniam est. [212.] Uuánda sîn accidens uuárd kezéigot tô man chad poëta est. unde bediu ne uuárd nîeht taz est substantialiter gespróchen fone imo. Tanne diu prædicatio uuár ist. tíu dir chit. homerus est. sô ne ist sî

nîeht teil tero accidentalis. tíu dir chit. homerus poëta est.

Quare in quantiscunque prædicamentis. neque contrarietas aliqua. aut ulla oppositio inest. si diffinitiones pro nominibus prædicantur. Suspensio uocis. Fone diu uuízzist. taz án dien prædicationibus an dien nehéin contrarietas. unde nehéin oppositio ne ist. ih méino díu sih pírget an dien nominibus. unde aber danne sih óuget. ube man fure diu nomina so homo ist unde mortuus. iro diffinitiones sprichet. i. animatus et sine anima.

Et secundum se predicantur. et non secundum accidens. Et hic. Unde síe durh sih kespróchen uuerdent. náls ánahaftigo. ih méino. also est háftet zu poëta. unde áne poëta ne uuírdet iz prædicatum.

In his et simpliciter uerum erit dicere. Depositio. An dien uuirt iz óuh súnderigo uuár. Sô dû chîst fone socrate. hic homo albus est. unde daz uuár ist. so ist sámo uuár. ube dû fone imo chîst. hic albus est. uuánda albus ne chlébet nîeht zû homo. so est tuot zu poëta.

Quod autem non est quoniam opinabile est. non est uerum dicere esse aliquid. Taz áber ne ist. taz ne mag nîeht túrh taz uuésen. daz man iz uuánet uuésen.

Opinatio autem eius non est. quoniam est. sed quoniam non est. Sin uuán ist uuórtener fone ne uué-

senne . [213.] náls fone uuésenne .
Fone diu álso opinabile ist . taz
an imo selbemo ne ist . álso ist taz
uuár . daz homerus aliquid ist
uuánda er poeta ist . unde ist lúgi
daz er mit páremo est aliquid si .
Homerum esse . daz ist párez esse .
homerum poëtam esse . alde elo-
quentem esse . das héizet aliquid
esse . Substantia getûot in esse .
accidentia getûont in aliquid esse ;

---

65. INCIPIT DE OPPOSITIONE EARUM PROPOSITIONUM . QUÆ CUM MODO ALIQUO PROFERUNTUR .

His uero determinatis . perspicien-
dum est . quemadmodum se ha-
beant negationes et affirmationes .
ad se inuicem . he scilicet quæ
sunt . esse possibile . et esse non
possibile . et contingere et non
contingere . et de inpossibili et de
necessario . Habent enim aliquas
dubitationes . Hára náh ist ze chie-
senne . uuio ouh tiu proloquia . éin
ánderen in chéden . diu fone posse
nuérdent . unde contingere . unde
necesse . uuánda siu zûiuelig sint .

---

66. IUDICIUM . QUÆ NEGATIO AFFIR-MATIONI OPPONENDA SIT .

Nam si eorum quæ complectuntur .
illæ sibi oppositæ sunt contradictio-
nes . quæcumque secundum esse uel
non esse disponuntur . Suspensio .
U'be diu ze sámene gelégeten uuórt .
uuíderchedà machont . an dien ge-
iibt uuirt unde lóugen .

Ut eius quæ est esse hominem .
negatio est non esse hominem .
[214.] non autem ea quæ est esse
non hominem . Et hic . Also lóu-
gen uuirt tes esse hominem . mit
non esse hominem . nals mit esse
non hominem .

Et eius quæ est esse album ho-
minem . negatio est . ea quæ est
non esse album hominem sed non
ea quæ est esse non album hominem .
Et hic . Vnde also gelóugenet uuirt
tes esse album hominem . mit non
esse album hominem . náls mit esse
non album hominem .

Si enim in omnibus aut dictio aut
negatio uera . Et hic . Taz chíesen
dàr bî . Vbe in állen contradictio-
nibus taz éina uuàr ist . taz ánder
lúgi . unde ouh tero zuéio . est
albus homo . est non albus ho-
mo . daz éina uuàr ist . taz ánder
lúgi .

Lignum erit uerum dicere . esse
non album hominem. Depositio. Só
ist tanne uuàr ze sprechenne . daz
holz uuésen non album hominem .
Cum lignum falsum sit dicere album
hominem esse . erit de eo uerum
dicere . esse non album hominem .
Ube iz uuésen ne mag albus homo .
sò sol iz aber uuésen non albus
homo . Vbe iz ne uuéder dero

zuéio ne ist . só ne sint siu nieht opposita;

67. IDEM ESSE . AMBULAT ET AMBULANS EST .

Quodsi hoc modo et in quantiscumque esse non additur . idem faciet quod pro esse dicitur . Ube aber daz esse sús kespróchen ne uuirdet . an sumelichen propositionibus . so hábent ten sélben sin . taz tar uûre stát .

Ut eius quæ est ambulat homo . negatio est . non ea quæ est ambulat non homo . sed non ambulat homo . Also dû chiesen mäht . an dero ságun . [215.] ambulat homo . diu mit non ambulat homo gelóugenet uuirdet . náls mit ambulat non homo .

Nihil enim differt dicere . uel hominem ambulare . uel hominem ambulantem esse . An íro gát tir einis ze chédenne . homo ambulat . alde homo ambulans est .

68. AN REGULA SECUNDUM ESSE ET NON ESSE PRÆDICANDI . AD POSSIBILE TRANSEAT .

Quare si hoc modo in omnibus . et eius quæ est possibile esse . negatio est possibile non esse . non ea quæ est . non possibile esse . uidetur idem possibile et esse . et non esse . Fóne diu ube iz so uáren sol an anderen ságon . ih meino ube possibile esse gelóugenet uuirt . mit possibile non esse . náls mit non possibile esse . só uuérdent siu béidiu uuár an éinemo dinge .

Omne enim . quod est possibile diuidi uel ambulare . et non ambulare et non diuidi possibile est . Uuánda an állen dien diuidi unde ambulare uuérden mag . an dien mag iz ouh ze léibe uuérden . Ein láchen mag keteilet uuérden . unde ne uuérden . Ter mennisko mág kán . unde ne gán .

69. SECUNDUM MODUM POTIUS POSSIBILE PRÆDICARI .

Ratio autem est . quoniam omne quod possibile est . non semper actum est . Aber der únderskéit ist tár ána . taz tiu so getánen possibilia . nieht in actu ne sint . Uuárin siu in actu . so der himel ist uuánda er suéibót . so ne uuáre is uuéhsel .

Quare inerit etiam negatio . Fone diu ist in ána negatio samoso affirmatio . [216.]

Potest igitur et non ambulare quod est ambulabile . et non uideri quod est uisibile . Also án demo skínet . taz tir gán mag unde gesihtig ist . énez mág . kán unde ne gán . diz mag man séhen . unde ne séhen .

At uero impossibile est de eodem oppositas ueras esse dictiones . Non igitur est ista negatio . Nû ne mag tes nieht sîn an dien oppositis . taz tie prædicationes béide uuár ságeen . fóne éinemo dinge . Pediu ne ist nieht posse non esse . lóugendes posse esse .

Contingit autem ex his aut idem ipsum dicere et negare simul de eodem . aut non secundum esse uel non esse . quæ opponuntur fieri affirmationes uel negationes . Hinnan geskihet ein uuéder so daz péide predicationes fóne einemo dinge uuár ságent . daz nio ne geskáh . alde sie ne inchedent nieht éin ánderen nah esse et non esse .

Si ergo illud inpossibilius est . Ube aber daz ne mag sîn . daz sie béide uuár ságeen .

Hoc erit magis eligendum . Sô ist pezzera sie zespréchenne secundum modvm . tanne nah esse et non esse .

Est igitur negatio eius quæ est possibile est esse . ea quæ est non possibile est esse . Tero affirmationis tiu dir chit possibile est esse . ist tiu negatio . tiu dir chit . non possibile est esse .

Eadem quoque ratio est . et in eo quod est contingens esse . Etenim eius negatio non contingens esse . Also begágenet tero affirmationi ouh contingens esse . diu negatio non contingens esse . An disen ist to daz éina uuár . daz ander lúgi .

Et in aliis quidem simili modo . [217.] ut in necessario et inpossibili . A'lso ist óuh an dien anderen negatio ze sezzenne . ih meino an demo necessario . unde an demo inpossibili . Temo necessario begagenet . non necessarium . temo impossibili non inpossibile .

Fiunt enim quemadmodum in illis esse et non esse oppositiones . subiectæ uero res . hoc quidem album . illud uero homo . eodem quoque modo hoc loco . esse quidem subiectum sit . possibile uero et contingere oppositiones . determinantes quem ad modum in illis esse et non esse ueritatem . Also an ánderen proloquiis . uuílon homo uuílon albus . subiecta uuáren . unde esse et non esse predicationes uuáren . so mûoz aber an dísen esse uuésen subiectum . unde possibile et contingere predicationes . hier dia uuárheit skéidende . álso derit táten esse et non esse .

Similiter autem hæ etiam . in eo quod est esse possibile . et esse non possibile . Tíse oppositiones . ih méino náh modo geuuórhte . skéident samo uuóla dia uuárheit unde lúgi mit possibile et non possibile . álso dérit tûont an dien simplicibus taz esse unde daz non esse . Ube uuir chéden pluuiam esse possibile est. so ist pluuiam esse subiectum. possibile est taz ist predicatum. Chéden uuir âna daz possibile simpliciter. pluuiam esse. ih méino sô daz ist. uideo pluuiam esse super terram. tánne ist pluuia subiectum. unde ist esse predicatum.

---

70. ORDINATIO OPPOSITIONUM SECUNDUM MODUM.

Eius vero qvæ est possibile est non esse. [218.] negatio est non possibile est non esse. Quare et sequi sese inuicem uidebuntur. i. possibile est esse et non esse. Tero affirmationis possibile est non esse. uuirt kelóugenet mit tero negatione non possibile est non esse. Fóne diu ist óffen daz tíu sélba affirmatio possibile est non esse. unde ouh tíu possibile est esse. sáment ein ánderên sint. nâls gágen ein ánderen.

Non enim contradictiones sibi inuicem huiusmodi sunt. possibile est esse et possibile est non esse. So getâne predicationes. ih méino zuô affirmationes sô die-sélben sint. tíe ne uuérdent nieht éin-ánderen oppositæ.

Sed possibile esse et non possibile esse. numquam simul sunt. opponuntur enim. Aber díse ih meino affirmatio unde negatio. ne múgen sáment sin. pediu sint sie oppositæ.

At uero possibile non esse et non possibile non esse. numquam simul sunt. Uuánda óuh tíse ríngent. pediu ne múgen ouh sie sáment sin.

Similiter autem et eius quæ est necessarium esse. So sámo ne uuirt nehéin lóugen dero affirmationis necessarium esse. mit tero affirmatione necessarium non esse. nube mit tero negatione non necessarium esse. Eius uero quæ est necessarium non esse. ea quæ est. non necessarium non esse. Unde dero affirmationis necessarium non esse. uuirt kelóugenet mit tero negatione non necessarium non esse.

Et eius quæ est impossibile esse. non ea quæ est impossibile non esse. sed non impossibile esse. [219.] Nôh oúh tero affirmationis impossibile esse. mit tero affirmatione impossibile non esse. núbe mit téro negatione non impossibile esse.

Eius uero quæ est impossibile non esse. ea quæ est non impossibile non esse. Aber déro affirmationis impossibile non esse. uuírt kelóugenet mit tero negatione non impossibile non esse.

71. IN DECLARATIUA PARTE MODUM ESSE.

Et uniuersaliter uero quemadmodum dictum est esse quidem et non esse oportet ponere. quemadmodum subiecta. negationem uero et affirmationem apponere ad unum hæc facientem. i. ad modum tantummodo. Keméinlicho uernim uóne állen daz óuh fóre geságet ist. daz tu esse unde non esse háben sólt fúre subiecta. unde affirmationem ih méino est. ioh negationem ih méino non est. sólt tu légen zú demo modo. ter án possibile ist alde an contingens affirmationem unde negationem máchontemo.

Et oportet putare has esse oppositas dictiones. Unde uone diu súln sie sús stán. sus inchédent sie éinánderen. Uuîo?

Possibile non possibile. contingens non contingens. necessarium non necessarium. uerum non uerum. Uuile du uerum est lóugenen. mit uerum non est. taz ne máht tu bediu nieht. uuánda sîn negatio ist. non uerum non est.

---

72. HUCUSQUE DE OPPOSITIONIBUS MODORUM. NUNC DE CONSEQUENTIIS EORUM.

Et consequentiæ uero secundum ordinem fiunt ita ponentibus. [220.] Tie ouh gehélle sint. unde in ne éin iéhent. tie zéigot tíser ordo.

Illi enim quæ est possibile esse illa quæ contingit esse. Tero ságun possibile est. uerbi gratia. aliquando esse pluuiam. iíhet tiu contingit aliquando esse pluuiam.

Et hoc illi conuertit. Unde daz kiltit si iro. uuánda si iíhet iehentero. Also possibili uólget contingere. sô uolget possibile demo contingere.

Et non inpossibile esse. non necessarium esse. Unde énen zuéin fólgent tisiu zúei. Uuánda daz tir sîn mág taz kebúrit. unde ne ist nieht únmahtlih. nôt ne ist is aber nieht. Tisiu uíeriu tûont éina consequentiam.

Illi uero quæ est possibile non esse. et contingere non esse. ea quæ est. non inpossibile non esse. et non necessarium non esse. Hier iehent aber zúein ándere zuô. Temo máhtlih ist taz iz ze léibe uuérde. unde demo dáz gebúrit daz iz zè léibe uuérde. temo ne ist nîeht únmahtlih taz iz ze léibe uuérde. unde démo ist únnót taz iz ze léibe uuérde. Taz ist ánderiu consequentia.

Illi uero quæ est non possibile esse. et non contingens esse. Illa quæ est necessarium non esse. et inpossibile esse. Hier iehent aber zúen ándere zûo. Taz tir sîn nemag. unde ne gebúrit. temo ist nót. taz iz ne sî. unde únmahtlih taz iz sî. Taz ist tiu dritta consequentia.

Illi uero quæ est non possibile non esse. et non contingens non esse. illa quæ est necesse esse et inpossibile non esse. Hier iehent aber zúein ságon ándere zûo. [221.] Taz ze leibe uuérden ne mág. noh taz ne gebúrit taz iz ze léibe uuérde. taz ist nóte. unde ist únmahtlih taz iz ne sî. Taz ist tiu uierda consequentia.

Consideretur autem ex subscriptione quemadmodum dicimus. An dirro náh=scrifte séhe man iz.

Consequentes.

| Possibile est esse. | Contingit esse. |
| Non inpossibile est esse. | Non necesse est esse. |

Consequentes.

| Possibile est non esse. | Contingit non esse. |
| Non inpossibile est non esse. | Non necesse est non esse. |

Consequentes.

| Non possibile est esse. | Non contingit esse. |
| Necessarium est non esse. | Inpossibile est esse. |

Consequentes.

| Non possibile est non esse. | Non contingit non esse. |
| Necesse est esse. | Inpossibile est non esse. |

---

73. PRIMAM ET TERTIAM CONSEQUENTIAM CONTRADICTORIE PREDICARI PERUERSO MODO. PRETER NECESSARIA.

Ergo inpossibile et non inpossibile sequuntur quidem contradictorie. illud quod est contingens et possibile. [222.] et non contingens et non possibile sed conuersim. An dero drittun consequentia stânt mit inpossibili. non possibile unde non contingit. án dero érestun stânt mit non inpossibili possibile unde contingit. Nû órdenoen die alsus.

Affirmatio.	Inpossibile esse.	Contradictio.	Non inpossibile esse.	Negatio.
Negatio.	Non possibile esse.	Contradictio.	Possibile esse.	Affirmatio.
Negatio.	Non contingit esse.	Contradictio.	Contingit esse.	Affirmatio.

Hier séhen uuir die zûo. [223.] dien inpossibile unde non inpossibile consequentes sint contradictorie stân. unde conuersim. Conuersim dáz chît misse=uuéndigo. uuánda affirmationi uólgent negationes. únde negationi affirmationes. Táz zéigôt er mit tîsen uuórten.

Illud enim quod est possibile esse. negatio inpossibilis. s. sequitur. Possibile dáz affirmatio ist hábit óbe imo sin consequens. ih méino non inpossibile. dáz tir ist negatio des inpossibilis. Negationem uero affirmatio. s. sequitur.

Illud enim quod est non possibile esse. sequitur illud quod est inpossibile esse. Táz ánder hálb stát gágen possibili. ih méino sîn negatio non possibile táz hábit affirmationem óbe imo. ih méino inpossibile esse.

Affirmatio enim est inpossibile. non inpossibile uero negatio. Uués affirmatio ist si? Táz ist si non inpossibilis. Tía sélbun misse-chêri hábent óuh tiu contingentia. Pediu uuérdent fóne sex predicationibus tres contradictiones. Tára náh folle sézzên die éristun consequentiam mit non necesse esse. ûn dia drittun mit necesse non esse. unde séhen ûbe díu tûen quartam contradictionem. Taz ferságet er hára náh.

---

74. DE NECESSARIO ALIUM MODUM FIERI.

Necessarium uero quemadmodum sit considerandum est. Chîsen óuh táz necessarium.

Manifestum est quoniam non eodem modo. [224.] sed contrarie sequuntur. Necessaria nehéllent nieht tien ánderên contradictorie. núbe contrarie. Sie ne sint nieht sélbin contraria ér méinet táz íro zuéio taz éina ist contrarium. tes ánderis contradictorio. Táz contradictorium sézzên in mittemen alsús. Non necesse esse. Necesse esse. Necesse non esse. A'n dero éristun consequentia stát non necesse esse tes contradictio ist necesse esse. án dero uiérdûn démo ist contrarium. necesse non esse. án dero drittun consequentia. Fóne díu ist tiu mitta. contradictoria déro éinun. contraria dero ánderûn. Die ûzeróstun nesint neuuéder nóh contradictorie noh contrarie.

Contradictorie uero extra sunt. I'ro bédero contradictiones sint ûzeren hálb tirro zúeio consequentiarum. ih méino dero éristun consequentiæ unde dero drittun.

Non enim est negatio eius quod est necesse non esse. non necesse esse. Tise zúo nelóugenent éin ándere nieht.

Contingit enim ueras esse in eodem utrasque. Táz skînet tár ana. uuánda sie béide uuérdent fúnden in éinemo dinge.

Quod enim est necessarium non esse. non est necessarium esse. Tés nôt ist non esse. tes ne ist nehéin nôt esse. Nôt ist non esse ignem frigidum unde nehéin nôt esse frigidum. An démo igne sint

tie predicationes péide uuâr. Nû
sézzên óuh tia ánderûn. [225.]

unde dia uiêrdun consequentiam.
tie aristotiles úber húob hoc modo.

Affirmatio.	Impossibile est non esse.	Contradictio.	Non impossibile est non esse.	Negatio.
Negatio.	Non possibile est non esse.	Contradictio.	Possibile est non esse.	Affirmatio.
Negatio.	Non contingit non esse.	Contradictio.	Contingit non esse.	Affirmatio.

Hier sint áber dri contradictiones. Sézzên uuir nóh zû diu necessaria. úzer diên neuuîrdet

tánne nieht contradictio. núbe mér contrarietas in hunc modum.

| Negatio. | Non necesse est non esse. | Necesse est esse. | Affirmatio. |

Téro érerun predicationis contradictoria tiu hier uer-suiget ist. ih méino necesse est non esse. diu ist contraria déro ánderûn. álso iz fóre fuor.

---

75. HUIUS DISSIMILITUDINIS RATIO.

Causa autem est cur non sequantur similiter cæteris. quoniam contrarium idem conuersum inpossibile necessario redditur idem ualens. Uuáz méinet taz necessaria nieht contradictorie negehéllent tien possibilibus? Táz méinet uuánda inpossibile geuuéhselôtiz unde in uuideruuartiga uuis kesprócheniz ében uilo gemág temo necessario. [226.]

Nam si inpossibile est esse. necesse est hoc non esse. Si uero inpossibile non esse. hoc necessarium est esse. Táz ist ter uuéhsel. úbe mit inpossibili stât esse. sô

stât mit necessario non esse. álso iz férit án dero drittûn consequentia. Ube áber mit inpossibili stât non esse sô stât mit necessario esse. álso iz férit án dero uierdûn consequentia. Ána dên uuéhsel nehábint siu nehéina consequentiam. Tér sélbo uuéhsel uerziret tia uierdun contradictionem. An dien aber contradictio uuirdet. tiu ne habent nieht tisen uuéhsel.

Quare si illa similiter. inpossibile et non hæc e contrario. Fone diu geskihet io dáz uuideruuártîgo úbe gelicho uernómen uuérdent. éniz ih méino inpossibile íchendo. únde disiu idem necessaria lóugenendo.

Nam idem significat necessarium et inpossibile quemadmodum dictum est contrarie. Siu bezéichenent éin. uuíderuuartîgo gespróchen iu. Nu sézzên in ében alle die consequentias mit fier predicationibus alsús.

Inpossibile esse.	contradictorie.	Non inpossibile esse.
Non possibile esse.	contradictorie.	Possibile esse.
Non contingit esse.	contradictorie.	Contingit esse.

Necesse est non esse.	contrarie.	Non necesse esse.	[227.]
Inpossibile est non esse.	contradictorie.	Non inpossibile est non esse.	
Non possibile est non esse.	contradictorie.	Possibile est non esse.	
Non contingit non esse.	contradictorie.	Contingit non esse.	
Necesse est esse.	contrarie.	Non necesse est non esse.	

Hier séhén uuir dia causam. díu dia consequentiam machót. unde áber írret tia contradictionem.

---

76. PROPONIT IPSE SIBI QUASI FORTE ERRAUERIT. ITA COLLOCANDO CONSEQUENTIAS.

Aut certe inpossibile est sic poni necessarii contradictiones. Alde uuáno íh sús nemúgen stán contradictiones necessarii náh témo possibili. só sie nú gesézzet sint. uuánda nah possibili stát non necessarium an dero éristun consequentia. Uuehselóen. únde sézzen fure necessarium. daz an dero uierdún stát. unde dara náh possibile. dáz án dero éristun stát.

Nam quod necessarium est esse. possibile est esse. Táz mág uuóla fóne diu gelímflih sin. uuánda daz necessarium ist. taz ist óuh tár mite possibile. Nam si non negatio sequitur. A'lde úbe imo possibile neuólget. só uólget ímo sin negatio. ih méino non possibile.

Necesse est enim aut dicere aut negare. I'mo sól be⸗nóte éin uueder uólgen. possibile álde non possibile.

Quare si non possibile est esse. inpossibile igitur est esse quod necesse est esse. quod est inconueniens. Fóne díu. úbe necessario possibile ne fólget. [228.] únde imo áber non possibile fólget. só fólget imo sámint non possibili daz inpossibile. dáz uuésen nemág.

At uero illud quod est possibile esse. non inpossibile esse sequitur. Hoc uero illud quod est non necessarium esse. Nû fólgee necessario daz uuir sáztón in quarta consequentia. possibile daz uuir sázton in prima. temo uólget non inpossibile esse. unde démo non necessarium esse. álso uuir dár séhen múgen an dien consequentiis.

Quare contingit. id quod est necessarium esse. non necessarium esse. Só ist tánne geskéhen contra naturam. táz necessarium ist non necessarium. Tár skínet táz possibile neuólget necessario.

---

77. QUALITER TRANSLATUM NON NECESSE NON ESSE PRO CONTRARIETATE SUPRA DICTA CONTRADICTIONEM FACIAT.

At uero neque necessarium esse sequitur possibile esse. neque ne-

cessarium non esse. Nû ne mág
ouh táz sîn. dáz possibili uolgêe
necessarium esse. álde necessarium
non esse.

Illi enim contingit utraque acci-
dere. Horum autem utrumlibet
uerum fuerit. non erunt illa uera.
Táz ist fone diu. uuánda possibili
geskíhet peidiu. ióh posse esse.
ioh posse non esse. únde sô énero
deuuéderiz uuár uuirdet. ih méino
necesse esse. álde necesse non
esse. sô uuérdent síu béidiu uer-
tiligôt. [229.] Fóne necesse esse
zegát posse non esse. unde fóne
necesse non esse zegát posse esse.
Pediu nehéllént síu in éin.

Simul enim. s. contingunt possi-
bile esse et non esse. Sin uero
necesse esse uel non esse. non erit
possibile utrumque. Sámint sint
uuár posse esse unde posse non
esse. unde uuánda síu sámint sínt.
pediu zegant síu óuh sámint. sô
necesse esse chúmit álde necesse
non esse.

Relinquitur ergo non necessarium
non esse. ei quod possibile est
esse. Nû mág áber uolgen possi-
bili taz tír chit non necesse non
esse. Táz ist fone díu uuánda dáz
tír sîn mág. táz nehábit tía nôt táz
iz nesi.

Hoc enim uerum est et de necesse
non esse. Nû íst óuh táz fóne ne-
cesse non esse uuár. Uuáz ist
táz?

Hæc enim fit contradictio eius.
Taz éniu prædicatio non necesse
non esse. iro contradictio íst.

Quæ sequitur non possibile esse.
Díu sélba ih méino necesse non
esse. stát mit non possibili an dero
fólgendun descriptione.

Illud enim. i. non possibile esse
sequitur hoc quod est inpossibile
esse. et necesse non esse. cuius
negatio non necesse esse non esse.
So líbet áber díu non possibile
esse. demo inpossibili óbenán.
unde démo. sélbin necesse non
esse nídenán. dáz énero lóugin ist
ih méino non necesse non esse.

Sequuntur igitur et hæ contra-
dictiones secundum predictum mo-
dum. An sús ketânero ordinatione.
[230.] máchont tíu necessaria sámo
uuóla contradictionem. sámo díu
possibilia.

Et nihil inpossibile contingit sic
positis. Unde neíst nieht únge-
líchis tien ánderên contradictioni-
bus. sô man die consequentias.
sús sézzèt. Táz lérit únsih tísiu
descriptio.

Affirmatio.	Inpossibile esse.	Contradictio.	Non inpossibile esse.	Negatio.
Negatio.	Non possibile esse.	Contradictio.	Possibile est esse.	Affirmatio.
Affirmatio.	Necesse est non esse.	Contradictio.	Non necesse est non esse.	Negatio.

Hinnán skînet táz possibili péidiu gehêllent ióh non necesse esse . ióh non necesse non esse .

78. ITEM QUÆSTIO AN POSSIBILE NECESSARIO CONSENTIAT .

Dubitabit autem aliquis . si illud quod necessarium est possibile esse sequitur . Zuîuel mág óuh sin ube possibile gehélle necessario .

Nam si non sequitur . contradictio sequitur non possibile esse . U'be possibile imo negehillet . sô gehillet imo aber sîn lougen . non possibile esse .

Et si quis non hanc dicat esse contradictionem . necesse est dicere possibile non esse . U'nde negibet er imo dén lóugen sô gibet er áber díseu . i . possibile non esse .

Sed utræque falsæ sunt . Tiú sint kelógen bèidiu . [231.] Tér possibili uerságet ten lóugen non possibile . tér liuget ter imo óuh tén ságet possibile non esse . ter liuget áber . Uuile óuh iôman strîten dáz non possibile necessario uolgêe . Uuáz keskihet tánne? Dáz non posse . sámint necessario sì . Tés nemág nieht sin . U'be er imo óuh fúoget possibile non esse . dáz ist sámo úngelimfe . Tés kibet er nû exemplum .

At uero rursus idem uidetur esse possibile incidi et non incidi . et esse et non esse . Nû mág éin díng péidiu uuérden . uerscróten ióh únuerscróten . unde uuésen ióh neuuésen .

Quare erit necesse esse contingere non esse . Ze‿dero uuis keskihêt . taz tes nieht nest . dáz tóh nôte ist .

Hoc autem falsum est . Táz ist kelógen . dáz iz pe‿note súle uerscróten uuérden unde dóh múge unde nemúge uerscróten uuérden .

79. QUÆ CREATURÆ HABEANT POSSE ET NON POSSE . ET QUÆ NON HABEANT .

Manifestum est autem quoniam non omne possibile uel esse uel ambulare . et opposita ualet . Uuír uuízen dáz álliu possibilia . sô dáz ist possibile esse álde possibile ambulare . nieht ne uuérdent non possibilia .

Sed est in quibus non est uerum . E'telichiu sint an dien non possibile lúgi ist .

Et primum quidem in his quæ non secundum rationem possunt . A'llero méist án dien . diu posse habent ána uuízze .

Ut ignis calefactibilis . [232.] A'lso fiur prénnen mág .

Et habet uim inrationabilem . Unde dia máht hábit iz uuizzelósiz . I'z hábit posse calefaciendi ána non posse .

Ergo secundum racionem potestates ipsæ eædem plurimorum contrariorum . i. oppositorum sunt . Târ uuizenthéit ist . târ sint péide máhte . faciendi ióh non faciendi . Homo medicus mág curare . er mág óuh non curare .

Inracionabiles uero non omnes sed quemadmodum dictum est . ignem non esse possibile calefacere et non . Díu racionis tárbént . tíu nehábent nieht álliu máhte túennis unde netuennis . álso fiúr nieht péide máhte nehábit prénnennis unde nebrennennis .

Nec quæcumque alia semper agunt . Nóh téro nehéinemo neist sámint ána posse unde non posse . dia io dáz eina tuónt . álso fiur ió prennit .

Aliqua uero possunt et secundum inrationales potestates simul quedam opposita . Nû sint tóh ételichiu inrationalia tíu béidiu gemúgen . ióh uuérden ióh neuuérden . tólen unde nedólen . álso uuin mág uuérden únde neuuérden . unde éin hút uersniten uuérden unde neuuérden .

Sed hoc quidem idcirco dictum est . quoniam non omnis potestas oppositorum est . Tóne diu spráh ih táz fóne dien . diu in actu sint . fone diu liez ih¹ tiu uóre . [233.] uuánda álle máhte . oppositorum nieht máhtige nesint . Taz fiur mág taz éina déro oppositorum . ána daz ánder .

Nec quæcumque . s. possibilia secundum eandem speciem dicuntur . Unde dû uuizist . taz álliu possibilia nieht éinis speciei nesint . Síu nesint nieht éin déro rationalium só der medicus ist . núbe óuh inrationabilium . só daz fiur ist unde dáz man uersképfen mág .

---

81. NON UNO MODO DICI POSSIBILE.

Quædam uero possibilitates equiuocæ sunt . Súmeliche máhte . sint úngelicho gehéizene .

Possibile enim non simpliciter dicitur . Taz ist fóne diu . uuánda máht . ze éinero uuis kesprochen ne uuérdet .

Sed hoc quidem quoniam uerum est . ut in actu . Núbe dánnán uuirt súmelichiu gespróchen . dáz si uuár ist fóne táte .

Ut possibile est ambulare quoniam ambulat . et omnino possibile est quoniam actu est quoniam dicitur possibile . Álso an démo skínet . táz fóne diu gát uuánda iz kán mág . unde an déro táte tiu máht skínet .

Illud uero quod forsitan agit ut possibile est ambulare quoniam am-

---

¹ Steht „iz".

bulabit. A´nderiu máht ist tés táz nóh tûon sól álso dés ist. táz kân mág. sô iz uuíle.

Tannân uolget necessario dáz posse. Dâr necesse íst târ ist posse. Iz negât aber nieht úmbe. so uuâr posse ist. taz târ mítte si necesse.

---

82. SOLUTIO PRIORIS QUÆSTIONIS ID EST CUI POSSIBILI NECESSARIUM CONUENIAT. [234.]

Et hæc quidem in mobilibus solis est potestas. illa uero et in immobilibus. Tíu máht faciendi et non faciendi. díu ist an dien lébenden. áber díu échert faciendi díu ist an dien únlébendén.

In utrisque uero uerum erit dicere. non impossibile esse ambulare. uel esse. An iô uuédermo chít man uuârbáfto. dáz iz múge gân unde uuésen.

Et quod ambulat iam et agit. et ambulabile. I´h méino ióh táz nû iô âna gât. ióh táz kân mág.

Sic igitur possibile non est uerum de necessario simpliciter dicere. alterum autem uerum est. Sô getân possibile. i. faciendi et non faciendi. táz negehíllet nieht necessario. Táz échert faciendi possibile ist. táz kehíllet necessario.

Quare quoniam partem uniuersale sequitur. Fóne díu. uuanda parti totum uolget. uerbi gratia dâr homo ist. târ ist animal.

Id quod ex necessitate est. sequitur posse esse sed non omnino.

83. ITEM DE ORDINE CONSEQUENTIARUM.

Et est quidem fortasse principium quod necessarium est. et quod non necessarium est. omnium uel esse uel non esse. U´nde uuóla mág keskéhen dáz necesse únde non necesse hóubet súlen uuésen állero déro ánderro consequentiarum ih méino possibilium esse uel non esse. [235.]

Et alia quidem quæ ad modum horum consequentia considerare oportet. U´nde necessariis fore stánden. díu ánderiu sulen uuésen ingeuolgíg.

---

84. POTESTATEM ORDINE TEMPORIS. NECESSITATEM NATURÆ DIGNITATE PRECEDERE.

Manifestum autem. ex his quæ dicta sunt. quoniam quod ex necessitate est secundum actum est. Hínnân skínet. táz iô nót in tâte ist. Táz ío benôte ist. A´lso fiur benôte héiz ist. táz tuôt óuh ío. iz prénnet iô.

Quare si priora sunt sempiterna. s. non sempiternis. et quæ actu

sunt . potestate priora sunt . Fone
diu . úbe sempiterna . ih méino diu
himeliskin diu éuuiga tát hábent
ána uuéhsel . fórderôren sint non
sempiternis . sô sól óuh tíu tát téro
non sempiternorum . fórderôra sîn
iro potestate .

Et hæc quidem sine potestate
actu sunt . ut primæ substantiæ .
Táz chído ih fone diu . uuanda sú-
melichiu ding sint an dero táte .
ána dia máht tés non faciendi . sô
diuinæ substantiæ sínt . Sie hábent
in actu bonum . Hábetin sie po-
tentiam non agendi bonum . dáz
uuâre impotentia .

Alia uero sunt actu cum possi-
bilitate . quæ natura priora sunt .
tempore uero posteriora . Sô sint
ánderiu ding . tíu día tát hábent sá-
mint tero máhte . tero tát ist natúr-
licho fórderôra . iro máht ist áber
álterôra . [236.] Tíu máht fabri-
candi domum gât fóre tára nah fól-
get tíu tát . Toh éníz érera sî . diz
ist tíu érera . uuánda diu máht effi-
ciendi . ne ferfâhet nieht ána dia
effectum .

Alia uero numquam sunt actu .
sed potestate solum . Súmelichiu
ne-hábent tia tát . núbe échert tia
máht . Numerus neist nieht in-táte
infinitus . ér mág áber uuérden in-
finitus . Decem alde centum nesínt
nieht infiniti . sie múgin áber uuáh-
sen in infinitum .

85. EXPLICIT DE PROPOSITIONIBUS SE-
CUNDUM MODUM DICTIS . ALIUD
THEMA INCHOAT . ID EST QUE-
STIO . UTRUM PROPOSITÆ
REI NEGATIO UEL MAGIS
AFFIRMATIO CON-
TRARIA SIT .

Vtrum autem contraria est affirma-
tio negationi . et oratio orationi quæ
dicit quoniam omnis homo iustus
est . ei quæ dicit nullus homo iustus
est . an ea quæ est omnis homo
iustus est . ei quæ est omnis homo
iniustus est . Callias iustus est . cal-
lias iustus non est . callias iniustus
est . quæ horum contraria est?
Uuáz ist téro affirmationi uuider-
uuártig . tíu dir chit mánnolih ist
reht . Uuédir diu affirmatio mánno-
lih ist únreht . álde diu negatio .
nîoman neist réht? Íst téro affir-
mationi callias ist réht mán . diu
affirmatio uuideruuártig callias ist
únreht man . álde diu negatio . cal-
lias neist nieht réht man?

Nam si ea quæ sunt in uoce . se-
quuntur ea quæ sunt in anima .
[237.] Sint tíu uuideruuártig in rédo .
diu uuideruuártig sint in múote .

Illic autem contraria est opinio
contrarii . ut omnis homo iustus .
ei quæ est omnis homo iniustus .
U'nde ube dár uuideruuártig íst .
tér uuân daz mánnolih réht sî . dé-
mo uuâne . daz mánnolih únreht sî .

Etiam in his affirmationibus quæ
sunt in uoce . necesse est similiter

se habere. So uérit iz óuh dúrh
nót. an déro rédo.

Quod si neque illic contrarii opi-
natio. contraria est. U'be áber in
démo múote. dér uuán déro éinun
affirmationis uuideruuárto neist si-
nes uuideruuárten. ih méino dés
uuánes téro ánderûn affirmationis.

Nec affirmatio affirmationi erit
contraria. sed ea quæ dicta est ne-
gatio. Sô neuuírdet tána mèr an
déro rédo. dáz éin affirmatio uui-
deruuártig si tero ánderûn. núbe
diu negatio. Id est nullus homo
iustus est. uuideruuállôt tero affir-
mationi omnis homo iustus est.

86. NON UNIUERSALEM PRIUS OPINIO-NEM AGGREDITUR. UT PERUE-NIAT AD UNIUERSALEM.

Quare considerandum est. Fone
diu ist ze séhenne.

Cui falsæ opinioni. uera opinatio
contraria est. Uuédermo lúkkemo
uuáne. uuárer uuán uuideruuártig
si. Uuárer uuán ist. táz ter guóto
guót si. [238.] Tára gágene sint
tie zuêne lúkke. táz ter guóto gûot
nesi. alde er úbel si. Uuédermo
ist er uuideruuártig?

Utrum negationi. Uuéder demo
sléhten lóugene dáz er gûot nesi.

An certe ei quæ contrarium opi-
natur. A'lde démo uuideruuártigin
dáz er ubel si.

Dico autem hoc modo. Est quæ-
dam opinatio uera boni quoniam
bonum est. alia uero quoniam non
bonum falsa. alia uero quoniam
malum. Quæ horum contraria est
ueræ? Uuéder diu uerságenta pro-
positio. dáz tir ist. álde diu sá-
genta. dáz tir neist. uuideruuállôt
téro ságentûn dáz tir ist?

Et si est una. secundum quam
contraria? Unde úbe zuéio uersá-
gentero propositionum éin significa-
tio ist. uuéderiu déro ist contraria?
Uuéderiu ist téro propositioni dies
est. uuideruuartig. tiu dir chit nox
est. alde non est dies? Sie be-
zéichenent éin.

87. DE FALSA OPINIONE QUÆ ORITUR A CONTRARIIS.

Nam arbitrari contrarias opiniones
diffiniri in eo quod contrariorum
sunt falsum est. Tér dir uuánit
uuésen contrarias opiniones. tie
fóne contrariis sint tér ist petró-
gen.

Boni enim quoniam bonum est.
et mali quoniam malum est. A'lso
die uuána fóne contrariis sint. taz
man gûot uuánit uuésen daz kûota
únde úbel uuésen daz ubela.

Eadem fortasse opinio. et uera
siue plura sint. siue una. Mág
keskéhen dáz ist échert éin uuán
únde uuárer uuán. [239.] sô er éin

uuân si . alde ne si . Iz mag ein uuân sîn . uuânda éin uuârheit in béiden ist . So uuéder iz sî . uuâr ne ist so nieht uuíderuuartig uuâre .

---

88. FALSÆ OPINIONIS DESTRUCTIO .

Sunt autem ista contraria . s. quæ in opinione sunt . Nû sint ofto uuíderuuartig tiu in mánnis uuân chomint .

Sed non in eo quod contrariorum sunt . Ni dob nieht umbe daz . taz sie uone uuíderuuartigen chómen sint .

Sed magis quod contrarie . Nube dánnan . daz sie uone éinemo dinge in uuíderuuartiga uuîs dénchent . sô daz ist . úbe man gûot pediu ahtot uuésen guot ioh . úbel .

---

89. OPINIONI DE BONO QUONIAM BONUM SIT . OPPOSITAM ET CONTRARIAM ESSE QUÆ EST DE BONO . QUONIAM NON BONUM SIT .

Si ergo est boni qvod bonvm est . Vbe éin uuân ist fóne gûotemo daz iz kûot si .

Opinatio est autem quoniam non bonum est . Unde ánder uuân ist . taz iz ne st . daz iz toh ist . ih méino daz iz kûot ne sî . nóh honestum . noh utile . noh expetendum .

Est autem quoniam aliud aliquid quod non est . neque potest esse . Unde der dritto uuân ist . daz iz si . daz iz ne ist . nob uuésen ne mag . ih méino daz iz úbel sî . alde iz quantitas sî . alde iz ad aliquid sî . alde ánderiu diu infinita sint .

Aliorum nulla ponenda est s. contraria . nec quecumque esse quod non est opinatur . neque quecumque non esse quod est s. præter oppositam . Sô ne ist temo uuâne daz taz kûota gûot sî . tero mánigon nehéin uuíderuuartig . tie iz áhtont uuésen daz iz ne sî . alde ne uuésen daz iz ist . âne sîn oppositum . [240.]

Infinite enim utreque sunt . et quecumque esse opinantur quod non est . et non esse quod est . Tero uuâno ist únende die iz áhtont uuésen . daz iz ne ist . alde ne uuésen daz iz ist .

Sed s. opposita in quibus est fallatia . s. prima . Opposita sint io contraria . Fóne dien chóment tie lúgi . álso daz ist . taz man gûot uuânit ne uuésen kûot . Témo uuâne uólgent tise uuâna . daz bonum ne si honestum . unde iz ne si utile . nóh appetendum . tie ne sint nieht uuíderuuartig témo . daz man uuânit taz kûota uuesen gûot . uuânda sie imo opposita ne sint . Uuân uóne gûotemo . daz iz kûot ne sî .

ist uuideruuartig temo uuâne daz iz kùot sî.

Hæc autem. s. fallatia. ex his ex quibus sunt generationes. Sî ist tánnan. dánnan álle gebúrte sint.

Ex oppositis uero generationes quare etiam fallacia. Fóne oppositis sint álle gebúrte. sô ist óuh tiu lúkki. Fóne unsûozemo uuirt sûoze. fóne únhertemo uuirt hérte. fóne unsuárzemo uuirdet suárz. Uuánnan máhtin siu uuérden âne uóne iro oppositis? Uuîo mahti sùoze uuérden uóne uuîzemo. alde uóne hertemo? Uuîo mag ouh fallacia uuérden uone táge? alde uone náht. alde fone ánderen diu iro opposita ne sint? Fone contradictione ueritatis uuirt fallacia. Prima fallacia ist. taz man uuânit alde chît éin ding ne uuésen daz iz îst. tiu ist uuideruuártig témo uuâne. ter iz áhtot uuésen daz iz ist. Uuánda díe zuêne uuâna oppositum máchont. pediu ist fallacia in oppositis. [241.]

---

90. ITEM UALIDIUS ARGUMENTUM DE EADEM RE.

Si ergo qvod bonvm est. bonvm et non malvm est. et hoc quidem secundum se. illud uero secundum accidens. Úbe daz kùota gùot sit. unde úbel ne ist. sô ist imo éinez ánaburte. tíz ist ímo zûgeslúngen.

Accidit ei malum non esse. Imo ist taz chómen daz iz úbel ne sî.

Magis autem in unoquoque est uera. s. oppinio quæ secundum se est. Nû ist ter uuân îo uuârera. ter ánaburtiges tingis ist. tánne der zúgeslungenis tingis sî.

Etiam falsa. si quidem uera. Úbe dér uuâro sô ist. tanne ist óuh ter lúkko sô.

Id est falsa oppinio quæ secundum se est. fallacior est illa falsa quæ secundum accidens est. Ergo ea quæ est quoniam non est bonum quod bonum est. secundum se consistens falsa est. Ter uuân ter daz kùota uuânit ne uuésen gùot. ter ist ánaburtigis tingis lúkke.

Illa uero quæ est. quoniam malum est. eius quod est secundum accidens. Ter aber daz kùota zîhet úbelis. ter ist fólgentis tingis unde zúgeslúngenis.

Quare magis erit falsa de bono. ea quæ est negationis opinio. quam ea quæ contraria est. Fóne diu ist ter uuân lúkkero tár negatio boni ána liutet. ih méino quoniam bonum non est bonum. danne der sî. dár malum ána líutit. ih méino quoniam bonum malum. Malum ist ío contrarium bono.

91. RECERTITUR. UT EX HIS PRÆMISSIS. FACIAT QUESTIONIS SOLUTIONEM.

Falsvs autem magis circa singvla. qui habet. i. hic habet contrariam opinationem. Ter an dingolîchemo der lúkkero ist. ter bábet geuángen an dén uuíderuuartigen uuân. [242.]

Contraria enim sunt eorum quæ plurimum circa idem differunt. Tiu sint io uuíderuuartig. tiu an éinemo dinge sih hártôst skeident. also uuîz unde suárz tûont an dero uáreuuo.

Quod si horum contraria est altera. Ube éin uuederiu uuíderuuartig ist. ih meino diu dir chit. bonum non bonum. alde diu dir chit. bonum malum est.

Magis uero contraria contradictionis. Unde ube diu uerságenta hártor uuíderuuartig ist. ih meino quoniam bonum non est bonum.

Manifestum est quoniam hæc erit contraria. Sô skînet taz sî héizen sól contraria.

Illa uero quæ est quoniam malum est quod bonum. implicita est. i. non simplex est. Ter uuán daz kûot úbel sî. ter ist zuisker.

Etenim quoniam non bonum est. necesse est id ipsum opinari. Uuánda dàr mite uuânit er iz ouh ne uuésen gûot. Pediu ist ter slehto uuân sléhtemo uuíderuuartig. Sîd taz sô ist. taz témo uuâne der daz kûota chit uuésen gûot uuíderuuartig ter ist. ter iz chit ne uuésen gûot. mèr danne der iz chit uuésen ubel. sô ist óuh penôte demo uuâne ioh tero rédo omnis homo iustus est. uuíderuuartig ter uuân unde diu réda nullus homo iustus est. mèr dánne omnis homo iniustus est.

---

92. ROBORATUR SENTENTIA EXEMPLO.

Amplius. Ferním nóh.

Si etiam in aliis similiter oportet se habere. et hic uidetur esse bene dictum. Ist óuh an ánderen uuânen hártor uuíderuuartig contradictio danne contrarii affirmatio. só habo ih hier réhto geságet.

Aut enim ubique. s. magis contraria est ea quæ est contradictionis. aut nusquam. [243.] Iz sól uberal só uáren. daz ter uuân contradictionis sî uuíderuuartig. alde niener.

Quibus uero non est contraria. de his est quidem falsa. ea quæ est uere opposita. Tiu contrarium ne habent. also homo ne hábet. fone dien uuirdet lúkke. der uuidersagento uuân.

Ut qui hominem non putat esse hominem. falsus est. Also der uuân lúkke ist. ter den ménnisken ne uuânit uuésen ménnisken.

Si ergo hæ contrariæ sunt. et aliæ contradictiones. Sint tise zuène uuâna uuideruuartig. uuánda an in contradictio ist. sô uérit iz óuh tàr sô. tàr ándere contradictiones sint.

---

93. OPINIONES QUÆ SIMUL UERÆ SUNT. NON POSSE CONTRARIAS FIERI.

Amplius. Fernim óuh.

Similiter se habet boni quoniam bonum est. et non boni quoniam non bonum est. Tie zuène uuâna sint ébengeuuâre. daz kûot kûot si. unde úngûot kûot ne si.

Et super has boni quoniam non bonum est. et non boni quoniam bonum est. Unde dâr mite sint ében lukke die zuène. daz kûot kûot ne si. unde ungûot kûot si.

Illi ergo ueræ oppinioni quæ est non boni quoniam non bonum est. quæ est contraria? Uuéler ist temo uuâne uuideruuartig daz ungûot kûot ne si?

Non enim ea quæ dicit quoniam malum est. Táz ne mag ter nieht sin. ter ungûot chit úbel sin.

Simul enim aliquando erit uera. Fóne diu ne mág er. uuánda sie samint múgen uuâr sin. Uuer zuuîuelòt uuánda úngûot kûot ne ist. iz ne múge ubel sin?

Numquam uera ueræ contraria est. [244.] Niomer neuuirt uuâr uuâre uuideruuartig.

Est enim quiddam non bonum malum. Ungûot ist uuilon úbel.

Quare contingit simul esse ueras. Fone diu uuérdent sie sáment uuâr.

At uero nec illa quæ est non malum. Nóh ter. der ungûot chit ne uuésen úbel.

Simul enim et hec erunt. Uuánda óuh tie sáment uuâr uuérdent. A'lso daz kûot nóh úbel ne ist. ube mán âna dûrfte prichet aba bóume éin lóub.

Relinquitur ergo ei quæ est non boni quoniam non bonum. contraria ea quæ est non boni quoniam bonum. Fone diu ist temo uuâne daz úngûot kûot ne si. uuideruuartig tèr uuân. daz únguot kûot si.

Quare et ea quæ est boni quoniam non bonum. ei quæ est boni quoniam bonum. Sò ist óuh ter. daz kûot kûot ne si. demo daz kûot kûot si.

---

94. UNIUERSALITER PROPOSITIONUM CONTRARIA FIERI SIMILI MODO SICUT NON UNIUERSALIUM. IN QUO SOLUTA SIT QUÆSTIO.

Manifestvm est autem qvoniam nihil interest nec si uniuersaliter ponamus affirmationem. Tisémo gelicho uérit iz óuh tánne. ube uuir sézzen dén álelîchen uuân.

Huic enim oppinioni ut est quæ opinatur. quoniam omne quod est bonum bonum est. contraria ea erit uniuersalis negatio quæ est nihil horum quæ bona sunt bonum est. Uuánda demo uuâne daz állero gúotelih gúot sî. ist ter uuideruuartig. daz ne-hein gúot kúot ne sî.

Nam ei quæ est boni quoniam bonum si uniuersaliter sit bonum. ea est quæ opinatur quicquid est bonum. quoniam bonum est. Uuile dú den uuân daz kúot kúot sî állelîcho spréchen só chist tû állêr gúotelih gúot uuésen. [245.]

Similiter autem et non bono. A'lso máht tû den uuân daz kúot kúot ne sî. máchon állelichen chédendo. daz ne-hein gúot kúot ne sî.

Quare si in opinione se sic habet. s. ut sit ipsa opinio uniuersalis et contraria. Fóne diu ube iz so ist an démo uuâne. daz er állelih sî unde uuideruuartig ándermo.

Sunt autem hæ quæ sunt affirmationes et negationes notæ eorum. i. eorum passionum quæ sunt in anima. Sága sint îo óffenunga des uuânis. unde dero gedáncho.

Manifestum est quoniam etiam affirmationi uniuersali contraria quidem negatio uniuersalis circa idem. Só uuirdet tánnan ih méino fóne dero uuideruuartigi des állelîchen uuânis. samo uuideruuartig éin állelih sága ánderro.

Ut ei quæ est omne bonum bonum est. uel omnis homo bonus est. ea quæ est uel quoniam nullum uel nullus. A'lso der állelichun rédo daz áller gúotelih kúot sî. diu réda uuideruuartig ist. daz ne-héin gúot kúot nesî. alde óuh tero daz mánnolih kúot sî. tiu uuideruuartig ist daz nehéin man kúot ne sî.

Contradictoriæ autem. aut non omnis homo. aut non omne. Ube aber non omnis. târ stât fure nullus. só sint sie contradictoriæ. nals contrariæ.

Manifestum est autem quoniam et ueram ueræ non contingit esse contrariam nec opinione nec contradictione. Níomer ne 'geskihet éinen uuân uuârin alde éina ságun uuâra. ánderen uuâren uuideruuartig uuérden. [246.]

Contraria enim sunt quæ circa opposita sunt. Taz skînet târ ána uuánda álliu contraria ¦sint opposita. Oppositio ist iro genus.

Circa eadem autem contingit uerum. i. duo uera dicere eundem. s. quod in oppositis inpossibile est. Só geskihet éteuuen uuâr sagen. úber ságet éinemo dínge zuéi ána sîn. So turpitudini ána ist ut bona non sit . et mala sit . taz in oppositis nîo geskehen ne mág .

Simul autem non contingit eidem inesse contraria . Fone diu ne mú-gin ouh contraria uuésin an éne-mo dinge . uuanda iz iro genus ne-mag .

EXPLICIT .

NOTKERISCHE ABHANDLUNGEN.

I.
VON DEN THEILEN DER DENKKUNST.

II.
VON DEN VERNUNFTSCHLÜSSEN.

III.
VON DER REDEKUNST.

IV.
VON DER MUSIK.

Handschrift der staatsbibliothek in München, Ben. 121. Jahrhundert XI.

Handschrift der Zürcher Wasserkirche. C. $\frac{121}{462}$. Jahrhundert XI.

St. Galler Handschrift 242. Jahrhundert XI.

EINLEITUNG.

Die handschrift der staatsbibliothek zu München, in quart, gezeichnet Ben. 121 (aus Benediktbeuern stammend), Cod. lat. 4621, ist eine mischsammlung, deren inhalt in einem vorgebundenen blatte also angegeben wird:

> Sententie hugonis.
> Tractatus inter magistrum et discipulum de artibus.
> De Rhethorica.
> Ysagoge porphirii cum commento.
> Cerimonie Cluniatensium.
> Hystoria de fonte salutis id est hailprunn. (herausgegeben in Pez Thes. Ant. III. 3. s. 647 ff.)

Die stücke rühren somit von verschiedenen urhebern her, aber auch zeit und hand sind verschieden. Das zweite und dritte stück, die uns allein angehen, sind schrift des elften jahrhunderts und von einer hand, überhaupt gehören beide zusammen und die inhaltsangabe ist nicht genau. die abhandlung beginnt mit der philosophie und ihren theilen, und endigt in weitläufigerer behandlung der redekunst. was den zusammenhang betrifft, kann man zweifelhaft sein, wer denselben geschaffen hat: ob der verfasser, für den wir Notker den Teutschen halten, oder der schreiber. dem sei nun aber, wie ihm wolle; augenscheinlich hat der urheber darnach gestrebt, umfassend zu sein, die sache abzurunden und die redekunst in ihrer verbindung, ihrem zusammenhange mit ihren hilfswissenschaften, wie z. b. der denkkunst, zu zeigen.

Wenn wir die angegebenen abhandlungen unserm Notker zutheilen möchten, so liegt der beweis theils in der beschaffenheit der stücke und der handschriften, theils in der meldung, welche Notker selbst von diesen arbeiten in seinem briefe an Hugo von Sitten macht (s. s. 4 dieses bandes): »Non solum hæc sed et novam Rhetoricam — — et alia quædam opuscula latine conscripsi«. an der abhandlung von der redekunst, deren Notker namentlich erwähnt, dürfte kaum gezweifelt werden, sintemal die zürcher handschrift von St. Gallen herrührt. auch die stücke der münchener handschrift scheinen sanktgaller schrift. wenn wir dazu noch die beschaffenheit der stücke und der handschriften als beweis anführen, so verstehen wir darunter jene notkerische weise, jenen notkerischen ton, der durch alle seine arbeiten hindurchgeht, sowie die verbindung, in die diese stücke sowohl in der zürcher, als besonders in der münchener handschrift gebracht sind. dieser zusammenhang, diese abrundung lag auch in dem ganzen wesen unseres Notker. hiermit schreiben wir aber demselben noch nicht die form zu, in der diese arbeiten vor uns liegen. Wackernagel nennt sie collegienhefte. richtiger wohl lässt man sie auszüge, studien sein.

Ich gehe zu der zürcher handschrift über, kehre aber nach ihr zu der münchener zurück. ich muss bedauern, dieselbe nicht zur hand zu haben, um über einzelnes noch genauere vergleichungen anstellen zu können. das, was ich früher über dieselbe niedergeschrieben habe, ist folgendes.

Die zürcher handschrift stammt aus St. Gallen, und ist ohne zweifel in dem toggenburgerkriege im jahre 1712 nach Zürich gekommen und bei der rückgabe der bücher daselbst zurückgeblieben. s. Weidmanns »Geschichte der Stifts-Bibliothek in St. Gallen«, s. 89 ff. Wir haben aus ihr schon lesarten zu einem stücke des Boethius, s. 128 ff. dieses bandes, mitgetheilt, und lassen nun hier den nähern bericht über sie folgen:

Die handschrift, in quart, ist sauber geschrieben. ihr erster theil ist eine sammlung von verschiedenen stücken und händen. von seite 1 bis 24 finden sich begriffsbestimmungen und unterscheidungen, wie: »Inter deum et hominem quidam ita difinierunt; Inter trinitatem et unitatem hæc distinctio est (b. 1^b); Inter animum et spiritum hoc doctores differre dixerunt (b. 14^b); Inter fidem et opus hoc distat (b. 21^b)«. bei der unterscheidung von »sapientia« und »eloquentia« kömmt er endlich auf blatt 24 auf die philosophie zu sprechen und fährt folgendermassen fort: »Huius philosophite (l. philosophiæ) partes tres esse veteres dixerunt; id est fissicam. loicham (l. logicam). æthicam. fissica naturalis est. æthicha moralis. loicha rationalis«. auf der rückseite jenes blattes heisst es sodann von der logik: »Degestis generibus siue diferendis fisicæ artis nunc partes logicas sequamur. constat autem ex II dialectica siue rhetorica. dialectica est ratio siue regula disputandi intellectum mentis acuens ueraque a falsis distinguens. hæc ut quidam ait. sicut ferrum uenenum (l. ueneno) sic sententiam armat eloquio; Rhetorica est ratio dicendi et iuris peritorum scientia quam oratores sequuntur«. Endlich kömmt er auf blatt 28 auf die logik zurück, insbesondere auf den abschnitt »QVID SIT SYLLOGISMVS«. mit diesem abschnitt beginnt aber eine neue hand; die schrift wird stehender, einige schriftzüge weichen ab. das stück ist anfangs mit unterscheidungszeichen überladen, was aber immer mehr abnimmt, wie sich auch sonst schrift und schreibung bessern. es reicht bis blatt 49ª. Von da bis blatt 51ᵇ findet sich das »o sator terrarum« aus dem Boethius, dessen lesarten wir, wie gesagt, s. 128 ff., mitgetheilt haben. die schrift ist kleiner und feiner und schwerlich von der gleichen hand. Darauf, blatt 51ᵇ, »INCIPIT DE PARTIBVS LOICÆ«, von anderer hand. blatt 54ᵇ: »QVIS SIT DIALECTICVS?« blatt 55ᵇ: »DE DIFINITIONE PHILOSOPHIÆ«. blatt 59ª: »DE PRINCIPALIBVS QVESTIONIBVS«, von anderer hand, und ebendaselbst: »DE MATERIA ARTIS RETHORICÆ«, worauf noch »OMNIS RES ARGVMENTANDO CONFIRMATVR« von blatt 71ᵇ bis 73ª folgt.

Mit blatt 74ᵇ beginnt der zweite theil der handschrift mit den worten: »JACOBUS. PETRUS. JOHANNES. JUDAS septem epistolas ediderunt.« er ist von einer andern hand und steht mit dem übrigen buche nur durch den einband in verbindung.

Die teutschen stücke unserer handschrift hat Wackernagel mehr oder minder benützt. die abhandlung von den vernunftschlüssen findet sich in seinem altteutschen lesebuche, s. 111, jedoch mit weglassung ganzer kapitel. die teutschen sprichwörter aus der denkkunst ebendaselbst, s. 123. ein bruchstück aus der redekunst s. 109. endlich hat Wackernagel dieses letztere stück vollständig in Haupts »Zeitschrift für deutsches Alterthum«, b. 4, s. 463 ff. mitgetheilt.

Ich kehre zu der münchener handschrift zurück. sie hat den zusammenhang der stücke offenbar besser hergestellt. theils um diesen zusammenhang nachzuweisen, theils um die behauptungen, welche wir aufgestellt, zu unterstützen, theils um die quellen zu vergleichen oder aufzuspüren, aus denen die einzelnen theile geflossen, theils um die vergleichung zu erleichtern, wenn sich vielleicht noch verwandte arbeiten anderswo befinden, müssen wir schon in der mittheilung der auszüge etwas weitläufiger sein. unser stück beginnt mit s. 47ª, und reicht bis s. 75ᵇ.

s. 47ᵃ. [Discipulus.] »Si omnis uita nostra philosophiæ disciplinis proficit, et usu ualet, primo omnium mihi insinua. quid sit philosophia?

    M. Naturarum inquisitio. humanarum diuinarumque rerum cognitio. etc.

    D. In quot partes diuiditur?

    M. In phisicam. Ethicam. Logicam.

    D. Quid est phisica? etc.

    D. In quot species phisica diuiditur?

    M. In arithmeticam. astronomiam. astrologiam. mechanicam. medicinam. geometricam. musicam.

    D. Quid est arithmetica? etc.

    D. Quid est ethica? etc.

    D. In quot species diuiditur?

    M. In prudentiam. iusticiam. fortitudinem. temperantiam.«

Man sieht den anklang an die zürcher handschrift. bestimmter kann ich jedoch, wie gesagt, nicht urtheilen.

s. 47ᵇ. »D. Quid est logica? etc.

    D. In quot species diuiditur?

    M. In dialecticam et rhetoricam.

    D. Quid est dialectica?

    M. Disciplina rationalis. querendi. diffiniendi. et disserendi. uera a falsis discernens. dicta autem dialectica, quod de dictione disputat.

    D. In quot species diuiditur?

    M. In Ysagogas. et cathegorias in formulas syllogismorum. in diffiniciones. in topica. in periermenias.

    D. Quid sunt ysagoge? etc.

    D. Quæ sunt partes earum?

    M. Genus species differentia proprium accidens.

    D. Quid est genus?

    M. Genus est proprie quod speciebus differt etc.

s. 48ᵃ. D. Quid est species?

    M. Species est quod de pluribus et differentibus numero non specie in eo quod quid sit prædicatur.

    D. Quid est differentia? etc.

    D. Quid est proprium? etc.

D. Quod modis erit proprium?

M. IIII. etc. Proprium est quod soli alicui speciei accidit. etsi non omni, ut homini medicum esse. Et proprium est quod omni accidit. et non soli. ut homini bipedem esse. Et proprium quod soli et omni et aliquando ut homini in senectute canescere. Et proprium est. quod omni. et soli. et semper. ut homini risibilem esse etc.

s. 48 b. D. Quid sunt cathegoriæ?

M. Predicamenta.

D. Quomodo? etc.

M. In duobus modis fit locutio nostra. aut de substantia aut de accidentibus.

D. Quid est substantia? etc.

D. Quot sunt accidentia?

M. Corporalibus naturis novem. etc. Quantitas ad aliquid. qualitas. facere. pati. situs. ubi. quando. habere.

D. Quid est quantitas. etc.

D. Quid est ad aliquid? etc. [kap. 71 der Categoriai, s. 425]

s. 49 a. D. Quid est qualitas? etc. [kap. 78.]

D. Quot habet species hæc cathegoria?

M. IIII. quas quidam genera uocant. Videlicet habitum uel affectionem. potentiam naturalem. uel impotentiam. passiuam qualitatem uel passionem. formam uel figuram.

s. 49 b. D. An contrarietatem recipiunt? etc. [kap. 94.]

D. An magis aut minus recipiunt? etc. [kap. 96.]

s. 50 a. D. Quis est iacere?

M. Situs uel positio corporis etc. [kap. 102.]

D. Quid est ubi et quando? etc. [kap. 103.]

D. Quid est habere? etc. [kap. 103.]

D. Quid sunt formule sillogismorum?

M. Affirmationes rei dubiæ etc.

D. Ex quo sillogismi confici debent?

M. Aut ex uniuersalibus. aut particularibus aut singularibus aut indiffinitis propositionibus.

s. 50 b. D. Quid est diffinitio? etc.

s. 51 a. D. Quæ sunt topica?

M. Sedes argumentorum. fontes sensuum. origines dictionum. etc. a toto. a partibus. a fine. a genere. aut particulari. de coniugatis. similitudine. a differentia. a contrariis. ab antecedentibus, a consequentibus etc. Ut si compascuus ager est uis est compascere. etc. [s. 51ᵇ.] Ut si mulier peperit, cum uiro concubuit.«

Der übergang scheint's wie in der zürcher handschrift. ebenso das ganze der sache, nicht dem worte nach übereinstimmend mit der nachfolgenden, aus der zürcher handschrift genommenen abhandlung: »De partibus logicæ«. öfters auch dem wortlaute sich nähernd, wie bei dem proprium. in der ausführung bald reicher, bald ärmer, in der anordnung nicht ganz gleich gehend, kein teutsch untermischt, wie in der zürcher handschrift. der abschnitt über die categoriai erinnert überdies an die notkerische bearbeitung, stimmt aber doch wenig in form, ausdruck und ausführlichkeit. zuweilen wird die ähnlichkeit grösser, wie z. b. bei der qualität. wir haben öfters die beschlagenden kapitel in klammern neben beigesetzt.

       D. Quid sunt periermeniæ?

       M. Interpretationes specierum orationis.

       D. Quot species sunt periermeniarum?

       M. Septem. etc. Nomen uerbum oratio. enuntiatio. affirmatio. negatio. contradictio. [kap. 1 der $\pi\varepsilon\rho\iota\ \varepsilon\rho\mu\eta\nu\varepsilon\iota\alpha\varsigma$.]

       D. Nomen quid est?

       M. Vox significatiua. secundum platitum. sine tempore diffinitum etc.

s. 52ᵃ. D. Verbum quid est?

       M. Vox significatiua secundum placidum cum tempore diffinitum aliquid significans et accidens.

s. 52ᵇ. D. Oratio quid est?

       M. Ordinatio partium congrua perfectaque sententiarum demonstrans cuius partium aliquid separatum. est significatum. [kap. 6.]

       D. Quid est enuntiatio?

       M. Oratio ueri falsique significatiua. [kap. 8.]

       D. Quid est affirmatio? etc.

Der abschnitt des stückes $\pi\varepsilon\rho\iota\ \varepsilon\rho\mu\eta\nu\varepsilon\iota\alpha\varsigma$ ist in der abhandlung »De partibus logicæ« kurz abgethan und lässt keine vergleichung zu. dagegen werden wir an die notkerische bearbeitung benannter abhandlung erinnert, zu der unser auszug bald wörtlich stimmt, wie bei der begriffserläuterung von nomen und oratio, bald aber auch nicht. übrigens kann der grund der übereinstimmung, sowohl hier als bei den categoriai auch tiefer liegen, d. h. in dem gemeinschaftlichen originale. die ansichten übrigens, die wir in dieser einleitung aussprechen, sind keine tiefgehenden untersuchungen, wozu wir das material nicht beisammen hatten, sondern nur die ersten anhaltspunkte für spätere forschungen.

    D. Quid est rhetorica?

    M. Disciplina ad persuadendum quodque idonea.

s. 53 a. D. Quæ distantia inter dialecticam et rethoricam?

    M. Dialectica ad inueniendas res acuta, Rhetorica ad inuentas dicendi facunda. etc.

    D. Eloquentia quid est?

    M. Exercitatio dicendi.

    D. Vnde capitur?

    M. Arte. siue studio uel natura.

    D. Quid est ars? etc.

s. 53 b. D. Quæ distantia est inter oratorem sophistam et rhetorem? etc.

Wir kennen kein stück, zu dem dieser theil stimmte. ist vielleicht eine lücke in der nachfolgenden abhandlung von der redekunst, gegen das ende des ersten kapitels, wo eine begriffsbestimmung derselben versucht wird?

    D. Quot sunt partes rhetoricæ artis?

    M. Quinque. etc. Inuentio dispositio. elocutio. memoria. pronuntiatio etc. [kap. 2, ende, der nachfolgenden redekunst.]

    M. Per inuentionem orator. excogitat uera aut ueri similia dicenda. etc. [kap. 3.]

Die folgenden begriffserläuterungen von dispositio, elocutio, memoria, pronuntiatio stimmen nicht. die eintheilung der causa in demonstratiua, deliberatiua und iudicialis stimmet nothwendig, doch ist die ordnung umgekehrt. Zur vergleichung der abweichung wollen wir noch folgende frage und antwort mittheilen.

s. 54 a. D. Iudicialis quæ est?

    M. Quæ in iudicio cuius posita duo agit. aut accusat aut petit. econtra aut defendit aut negat. [kap. 2.]

Die folgenden eintheilungen, besonders die qualitas mit allen ihren unterabtheilungen stimmt völlig, sonst aber ist die ähnlichkeit gering. (vergl. kap. 2 der nachfolgenden redekunst.) bei der letzten eintheilung in »Exordium, narratio, particio, confirmatio, reprehensio, conclusio« (vergl. schluss des zweiten kapitels) ist die münchener ausführlicher und gibt die begriffsbestimmung jedes einzelnen theiles.

Von handschrift 242 haben wir bereits b. 1, s. 278 gehandelt, und ebendaselbst und s. 294 glossen aus ihr mitgetheilt. wir müssen aber hier einen fehler gut machen, den wir dort begangen haben. wenn wir nemlich meldeten, dass der aufsatz über die tonkunst »demselben« Notker, d. i. dem Heiligen oder dem Stotterer, von dem an jener stelle die rede ist, der ebenfalls musikalisches, aber in lateinischer sprache, geschrieben hat, angehöre, so muss das dahin berichtigt werden, dass nachstehende musikalische aufsätze Notker dem Teutschen oder Grosslefzigen zukommen. zwar tragen sie seinen namen nicht, aber die schreibweise spricht dafür, und die art, wie sie in dem Boethius angeführt werden: »sô in musica geschrieben ist«. s. 258 (oder s. 239 b unserer ausgabe.) diese bemerkung hat zuerst Ildefons von Arx gemacht. derselbe sagt ferner: »Die Schrift von der Musik ist übrigens offenbar nicht ganz geschrieben, und was im Boethius daraus angeführt wird, kommt nicht vor«, d. h. wir haben nur bruchstücke übrig.

Abdrücke des stückes finden sich in »Gerberti script. de musica«, b. 1, s. 96; ferner in Hagens »Denkmalen des Mittelalters«, h. 1, s. 25, der seiner auch s. 9 erwähnt. Graff hat in seiner Diutisca, b. 3, s. 197 lesarten zu Hagen geliefert. von unserer handschrift spricht Graff noch in seinem sprachschatze, b. 1, s. LV, unter Mu. und s. LXIV, unter Sg. 242. was die daselbst erwähnten varianten und zusätze aus dem Cod. Gudian. in Schönemanns Bibl. aug. anbelangt, so konnte ich weder das eine noch das andere buch zur benützung erlangen.

I.
VON DEN THEILEN DER DENKKUNST.
(ZÜRCHER HANDSCHRIFT.)

INCIPIT DE PARTIBUS LOICÆ.
[bl. 51 b.]

Quot sunt partes logicæ? quinque secundum aristotilem. Sextam partem addidit aristotelicus porphirius. quæ sunt. isagoge. cathegoriæ. periermeniæ. prima analitica. secuna analitica. topica.

Quid consideratur in isagogis? quid sit genus. quit species. quid diferentia. quid proprium. quid accidens.

Quid est genus? [bl. 52 a.] Genus est. quod de pluribus specie differentibus in eo quod quid sit predicatur.

Species est quæ ponitur sub genere. et de qua genus in eo quod quid sit prædicatur. Item species est. quæ de pluribus nummero differentibus in eo quod quid sit predicatur.

Differentia est quæ de pluribus specie differentibus in eo quod quale sit predicatur.

Proprium dialectici quadrifariam dividunt. nam id quod alicui speciei accidit. soli etsi non omni. ut homini accidit. medicum esse uel geometrem. et quod omni etsi non soli. vt homini bipedem esse. Et quod soli. et omni. et aliquando. vt homini in senectute canescere. Quartum est in quo concurrit. soli homini risibile esse. quamuis non semper rideat. tamen naturam habet ridendi. quia quicquid risibile est. homo est. et quicquid homo est risibile est. et quicquid æquus est. hinnibile est. et quicquid hinnibile est æquos est.

Accidens est . quod adest . et quod abest . id est quod accedit et recedit . propter subiecti corrupcionem . et quod neque genus . nec species . nec differentia . nec proprium est .

Quid tractatur in cathegoriis ? Prima rerum significatio . et quid singule dictiones significent . Vtrum substantiam . an accidens . Et si substanciam . quid in substancia generalē . uel specialē . vniuersalē . an particularē . [bl. 52 b.] Priman an secundam . partes primarum . uel partes secundarum substantiarum . Subiecta an prædicata . superiora an inferiora .

quid narratur in periermeniis ? quid composite . et quid coniuncte dictiones significent . Vt cicero disputat . cicero non disputat . homo currit homo non currit . et proloquia . Omnis homo animal est uniuersale dedicatiuum . Nullus homo animal est uniuersale abdicatiuum . Quidam homo animal est . particulare dedicatiuum . quidam homo animal non est . particulare abdicatiuum .

Quid consideratur in primis analiticis ? sillogistica quæ est communis regula . omnium sillogismorum . necessariorum . et probabilium . cathegoricorum . et ippotheticorum . idem predicatiuorvm et conditionalium .

Quid tractatur in secundis analiticis ? apodictica id est demonstrativa quæ demonstrat veritatem . id est necessarios sillogismos .

Quid consideratur in topicis ? dialectica id est sedecim loca argumentorum .

Quot sunt loca argumentorum ? XVI.

Quæ ? a toto . a parte . a nota . id est ab ethimologia . hæc tria loca argumentorum sunt intrinsecus . hoc est in ipso negocio . extrinsecus . autem sunt ista tredecim . [bl. 53 a.] quæ sequentur . A congugatis . A genere . A specie . Ab adiunctis . A simili . A dissimili . Ab antecedentibus . A consequentibus . A contrariis . A repugnantibus . Ab efficientibus id est a causis . Ab effectis id est ab euentu . A comparacione quæ est . tripex . a maiori a minori . a pari .

A toto fit argumentum ad partem . ita . Si mundvs regitur diuina prouidentia . quomodo fiet vt non homo . cius nanque pars est non uilis . Item . Si quis habuit argentea uasa et absque liberis moriens alicui legavit totam pecuniam . cuius sunt illa argentea uasa nisi illius cui legauit totam peccuniam . Item omnibus membris validus pede non claudicat . Et tevtonice . Tárder ist ein fúnt úbeleroféndingo Tár nist nehéiner guot Vnde dárder ist ein hús follez úbelero liuto Tár nist nehéiner chústic .

A parte fit argumentum ad totum ita . Vno membro languente conpatiuntur omnia membra. Et in euangelio. Si oculus tuus fuerit simplex totum corpus lucidvm erit. et si nequam totum corpus tuum tenebrosum erit. Teutonice. Fóne démo limble so beginnit tér húnt léder ézzen.

A nota hoc est ab ethimoloia fit argumentum teutonice Dir árgo dér ist dér úbelo. Ter der stúrzzet dér uállet [bl. 53 b.] Latine etiam qui amat parsimoniam non odit abstinentiam.

hæc tria loca sunt intrinsecus hoc est in ipso negotio. extrinsecus autem sunt hæc tredecim quæ secuntur.

A conjugatis fit argumentum. vt est ciceronis exemplum si compascuus ager est licet eum compascere Si rex est oportet eum regere. Si dux est oportet eum ducere Si consul est oportet eum consulere. Si doctor est oportet eum docere. Si scriptor est oportet eum scribere. Et aeua si de uiro sumpta est uirago est. Et in euangelio. si filivs uos liberauerit uere liberi eritis. Teutonice. Dír scólo dir scóffi-cit iò. Vnde dir gouh der gúccot iò.

A genere fit argumentum. ita. Si uirtus bona est castitas quoque bona est. Vnde in uirgilio varium et mutabile semper est femina. Ergo et dido uarium et mutabile uideatur. Teutonice. V'be‿man álliu diér fúrt‿in‿fál nehéin só‿harto só‿den‿mán.

A specie fit argumentum. ita. si homo racionabilis est non omne animal brutum est. Item possumus coniectari omne genus mulierum esse auarum. quia euriphila uitam uendidit auro uiri.

Ab adiunctis fit argumentum. ita. Vbi dolor ibi manus. ubi amor ibi oculus. ubi mors ibi timor.

A simili locatus alicui bos aut equus si casu mortuus fuerit [bl. 54 a.] non iure repetitur. quia nec seruus alicui comes aut operarius datus si casu mortuus fuerit restituitur.

A dissimili. Non si holeribus uesci licet propterea ellebore aut cicuta herbis uenenosis uesci oportet. Differt namque multum inter hortularias et agrestes. Nec sic alea sicut trocho ludendum est. Dissimilis est enim simplex et contentiosus ludus.

Ab antecedentibus. Si semel et secundo fefellit forsitan et tertio fefellerit. Et si omnes maiores mortui sunt quomodo minores qui successerunt eis inmortales sunt? Et si nupsit uirgo non est.

A consequentibus. Si peperit cum uiro concubuit. Si cicatrix est uulnus fuit. Si mortuus est ante uixit. Si senex est quondam iuuenis.

A contrariis. Si mors fugenda est vita est apetenda. Et si stultitia est fugenda sapientia est apetenda. Si sanus est imbecillis non est. Et si in uiridi ligno hæc faciunt. in arido quid fiet? V'be dir wé ist sô‿nist dir áber nieht wóla.

A repugnantibus. Non potueris simul parasitus esse et non ridiculus. Qui non colligit mecum. spargit. Et si satanas in se ipso diuisus est. quomodo stabit regnum eius? Tú‿ne máht niéht mit [bl. 54ᵇ.] éinero dóhder zeuuena eidima máchon. Nób tú‿ne‿máht nieht fóllén múnt háben mélues únde dóh blásen.

Ab efficientibus id est a causis. Intercessio lunæ est defectio solis. Et percussio aeris. vocis est affeccio. Teutonice. Sòz régenòt só‿ náz‿zènt ti bòumá. Sô‿iz uúàt só uuágòt iz.

Ab effectis. uel ab euentu. eodem possumus exemplo. Si audieris sonum scias aerem percussum et si eclipsin solis videas interuentum lunæ non dubites.

A comparacione tribus modis a magori Ne miréris. qui patrem occidit. si fratrem cedat; Et item Si patrem familias beelzebub uocauerunt. Quanto magis domesticos eius?

A minori. Si pro furto quis iure damnatur quid pro sacrileio? et item. Si in minimo infidelis est. quod maius est. quis commendabit ei?

A pari. ut apostolus ait. Quoniam qui talia agunt digni sunt morte. Et non solum qui faciunt. sed et qui consentiunt facientibus; Item merito diues ille guttam aquæ non impetrauit. qui micas panis lazaro negauit. V'bilo tûo¹ bezzeres nè wàne.

---

¹ Das o gelöscht.

II.
VON DEN VERNUNFTSCHLÜSSEN.
(ZÜRCHER HANDSCHRIFT.)

1. QUID SIT SYLLOGISMVS.

Syllogismus grece . latine dicitur ratiotinatio . Teutonice autem possumus dicere . geuuâr rahchunga. Vel pluribus uerbis . éinis tingis irrâtini . unde guuisheit fóne ánderên;

Item ratiotinatio est . quædam indissolubilis oratio . i. féste gechôse . unzuiuelig kechôse . peslôzen réda;

Item est ratiotinatio . quædam orationis catena . et inuicta ratio . i. sigenémelih kechôse . táz man endrénnen nemág . in hunc modum. Questio est de quodam . liber sit an non; Strit uuirdet . ûbe éin mán url sî;

Super qua re ratiotinamur . duo proponentes et tertium ex eis concludentes; Tánnan ûz chómen uuir . zuéi fúre biètende . unde déro die uuideruuárten iihtende . taz tritta dánnân iro úndanchis uéstenonde;

Vnum est si teutonice dicamus; Sîne uórderin nuâren uri . Secundum est; Tia uriheit ne hábet er uerscúldet; Si his non contradicitur; V'be man dés ne (bl. 28ᵇ.) mág kelóugenen; Sequitur; Pediu ist óuh ér uri .

Tale est; V'belis keséllin mág man uuóla ingélten; Hoc primum est; Tés man mág ingéltin . tén sól man miden . Hoc secundum; V'belin geséllin . sól man uirmiden. Hoc tercium . ex duobus conficitur.

Similiter cum dicitur. Ne áze dû; Ne drúnche¹ dû. duo sunt quæ generant hoc tercium. Só bíst tu núébternîn.

Item queritur de quolibet. quare uxorem non ducat; Et respondetur; V'bela neuuîle er. Cuòta ne uindet er; Hæc duo conficiunt hoc tertium; Pediu negehût er;

Item. Scálh nehábet er; Diu nehábet er; Sequitur; Vués hèrro íst er dánne?

Item dubitanti. eat an maneat. proponitur sic. I. sus crúòzit man in. Sûs kât man in ána. Tùne mâht pèdiu tùòn. pítin íóh hina rítin; Respondet. I'h uuíle hina rítin. Dicitur ei. Pediu nemâht tû bîten;

Item proponitur ei. qui inminente periculo. recusat nudus effugere. et sic se saluum facere. Vuédir ist pézera. állero únsáldon héime zégebitenne. A'lde állen sáldon. Ze hólz ze in-drinnenne. (bl. 29ᵃ.) Assumenti. Ze hólz. Ze hólz. Infertur. Pediu ne bít hièr héime.

Vulgares syllogismi tales sunt; I. Tié die linte uòbint;

Et ex eis uidentur quidam esse qui latine dicuntur predicatiui. alii autem qui dicuutur conditionales; Hæc enim duo sunt eorum genera; Predicatiuus est. ter gespróchenо áne iba, conditionalis ter gesprócheno mit íbo. Est autem iba, quando dicimus úbe. coniunctio si;

Constat autem omnis syllogismus proloquiis. i. propositionibus; ut homo animal est; A'lle syllogismi uuérdent ûzer proloquiis: Proloquia dicamus. crûezeda. Similiter propositiones. crûezeda; Item; propositiones. pîétunga; Alii dicunt. peméinunga; Vuémo pîéten uuir sie? Vuémo beméinen uuir sie? Vtique illi. quem uolumus concludere. tén uuir úber uuínden uuéllen.

---

2. DE PRÆDICATIVO.

In predicatiuo syllogismo. inueniuntur tria proloquia. quorum duo sumpta dicuntur. i. keiihte; Vués keiihte? uués iéunga? scilicet aduersarii.

His infertur. tertium. quod in latio dicitur. i. nâhspréchunga. A quo infertur? A conuincente. i. fóne demo úberuuindâre.

Sumpta conexa sibi sunt. ita ut utrumque (bl. 29ᵇ.) partem habeat alterius; Tie geiihte. háftent zu éinen ánderen. io uuédеriz ánderis téil hábende.

His duobus conficitur illatio. partem capiens utriusque sumpti; Fóne dièn zuéin uuírdet táz slóz. pédero téil hábende;

---

¹ Scheint in „trúnche" verbessert.

Ipsius autem proloquii partes. sunt subiectiuum et declaratiuum. i. tâz fúndament. unde dáz über=zimber; Homo subiectiuum est. animal est declaratiuum.

3. QVOT FORMÆ SINT PRÆDICATIVI.

Tres formæ sunt predicatiui. i. triu bilde.

Prima est. in qua declaratiua particula superioris sumpti. sequentis efficitur subiectiua. aut subiectiua superioris. declaratiua sequentis; A'n‿demo èristín bilde. uuéhselônt tiu sumpta; Tes ērerin über=zimber. uuirdit tes áfterin fúndament. álde des èrererin fúndament uuirdit tes áfterin über=zimber;

Vt omnis homo animal est; Omne animal substantia est; Omnis homo substantia est; A'l dáz ménnisco ist. libháfte ding ist. A'l dáz libháfte ist. cáscaft ist. A'l daz ménnisco ist. cáscaft ist. Declaratiua prioris sumpti. facta est subiectiua sequentis.

Item. Omnis homo animal est. Omne risibile homo est; Omne risibile animal est; A'l dáz ménnisco (bl. 30ᵃ.) ist. libháfte ist; A'l daz láchèn mág. ménnisco ist; A'l dáz láchèt. libhafte ist; Subiectiua prioris. facta est. declaratiua sequentis;

Predicantur autem proloquia. uniuersaliter et particulariter. dedicatiue et abdicatiue; Siu tùont ió èin‿uuédir. ságent álde uerságent. ál. álde súm;

4. QVOD MODOS HABEAT PRIMA FORMA.

Prima forma nouem modos habet; Taz èrista bilde hábit niun uuisun;

Primus modus est; Tiu èrista uuîsa ist; In quo conficitur ex duobus uniuersalibus dedicatiuis. uniuersale dedicatiuum directim; Tiu uóne zuéin ál‿uéstenungòn. èina ál‿uéstenunga máchot. in rihti. i. álso si befóre bechèrit uuárd;

Vt est omne iustum honestum; Omne honestum bonum; Omne igitur iustum bonum. A'llero rēhtolih. zimîg; A'l zímilih. cúot; A'lliz rêht. cúot;

Si reflexim inferas; V'be dù áber dia illationem missechèrist; Omne bonum iustum; A'lliz cúot rèht. non sequitur. tāz ne ist nieht uuàr;

Sed particulariter potest inferri; A'ber èines téiles. mâg iz uuàr sîn; Quoddam igitur bonum iustum; Súmelih cúot. ist rèht; Et efficitur quintus modus; Qui sola inlatione differt a primo modo; Tér démo (bl. 30ᵇ.) èristin úngelîh ist, èchert án demo úzlâze;

Secundvs modus est. in quo conficitur ex uniuersali dedicatiuo et uniuersali abdicatiuo. uniuersale abdicatiuum directim; A´n‿demo ándermo uuirdit. fóne állis féstenúngo. unde állis lóugene. éin állis lóugen. in‿rihti. ut est. Omne justum honestum; Nullum honestum turpe; Nullum igitur iustum turpe; A´llez réht. kezáme; Nehéin gezáme. únera. Nehéin réht únera;

Si reflectas; V´be du iz misse chêrist; Nullum igitur turpe iustum; Néhein únera réht; Efficitur sextus modus; Et sunt similiter isti duo. in clausula tantum dissimiles;

Tertius modus est; in quo conficitur ex particulari dedicatiuo; et uniuersali dedicatiuo. particulare dedicatiuum directim; Ter dritto gibet. fóne súmis féstenungo. únde állis féstinungo. éina súmis féstinunga.

Vt est quoddam iustum honestum; Omne honestum utile; quoddam igitur iustum utile. Súmelih réht zímelih; A´l zímelih núzze. Súmelih réht. núzze;

At si reflectas; V´be du iz áber missechérist; quoddam igitur utile iustum; Súmelih núzze réht; Erit septimus modus; Et hi duo tantum in clausula dissimiles;

Quartvs (bl. 31 ª.) modus est. in quo conficitur ex particulari dedicatiuo. et uniuersali abdicatiuo particulare abdicatiuum. directim. Ter uíerdo máchôt fóne teilis uéstenungo. unde uóne allis lóugene. éinen téilis lóugen. in rihte;

Vt est; Quoddam iustum honestum; Nullum honestum turpe; Quoddam iustum non est turpe; E´telih réht zimíg; Nehéin zimelih únera; E´telih réht. nehéin únera;

Reflecti non potest; Quia particulare abdicatiuum et uniuersale dedicatiuum. non semper si conuertantur uera sunt;

Octauus modus est. In quo conficitur ex uniuersali abdicatiuo et uniuersali dedicatiuo. particulare abdicatiuum reflexum; Ter áhtôdo tůot fóne álles lóugene. únde álles féstenungo. éinin téilis lóugin. missechêrtin;

Vt est; Nullum turpe honestum; Omne honestum iustum; Quoddam iustum non est turpe; Nehéin únera zimíg; A´l zimilih réht; Súmilih réht. nehéin únera;

Nonus modus est. in quo conficitur ex uniuersali abdicatiuo et particulari dedicatiuo. particulare abdicatiuum reflexim; Ter niúndo máchôt (bl. 31ᵇ.) fóne állis lóugene. únde téilis féstenungo. éinen téilis lóugen missechêrtin;

Vt est; Nullum turpe honestum; Quoddam honestum iustum; Quoddam igitur iustum. non est turpe; Nehéin únera zimelih; Súm zímilih. réht. Súmelih réht. ne ist únera.

Vbicunque reflexio est. i. conuersio. predicati in illatione; Só uuár missechêrda uuirdit. tés man sprichit án‿demo slóze; Ibi semper fit subiectiuum . quod prius erat in sumptis declaratiuum . aut fit declaratiuum . quod in sumptis prius erat subiectiuum ; Tár uuirdit ío daz fórdera . táz fóre uuás taz áftera ; A'lde daz áftera . dáz ér uuás taz fórdera ;

5. DE SECVNDA FORMA.

Secunda forma est . in qua declaratiua superioris sumpti . eadem est etiam declaratiua sequentis ; Taz ánder bilde ist . án demo der áftero téil . tero érerun geſihte . áber uuirdit ter áftero . án dero ánderûn geſihte ;

6. QVOT MODOS HABET.

Habet autem quatuor modos ; Primus est . in quo conficitur ex uniuersali dedicatiuo . et uniuersali abdicatiuo . uniuersale abdicatiuum directum ; A'n demo éristen modo (bl. 32 a.) uuirdit . fóne állis féstenungo . únde uóne állis lóugene . éin állis lougen . in rihte ;

Vt omne iustum honestum . Nullum turpe honestum ; Nullum igitur iustum turpe ; A'lliz réht zimelih ; Nehéin únera zimelih ; Nehéin réht únera ;

Si reflectas . Nullum turpe iustum ; Misse chèrist tû ten úzláz ; Nehéin únera réht . hoc iterum uniuersalis abdicatiua erit . et uerum erit . Táz cát ál éinis ; Ita et in ceteris tribus modis ;

Secundus modus est . in quo conficitur ex uniuersali abdicatiuo . et uniuersali dedicatiuo . uniuersale abdicatiuum directum ; Ter ánder máchót fóne állis lóugene únde állis féstenungo éinen állis lóugen ;

Vt est ; Nullum turpe honestum ; Omne iustum honestum ; Nullum igitur turpe iustum ; Nehéin únera zimelih . A'lliz réht zimelih . Nehéin únera réht .

Si reflectas eadem uniuersalis abdicatiua erit . et idem modvs ;

Tertius modus est . in quo conficitur ex particulari dedicatiuo . et uniuersali abdicatiuo particulare abdicatiuum directim ; Ter dritto máchót fóne téilis féstenungo . únde állis lóugene . éinin téiles (bl. 32 b.) lóugen in rihte ;

Vt est . Quoddam iustum honestum ; Nullum turpe honestum ; Quoddam igitur iustum non est turpe . Súmelih réht zimelih . Nehéin únera zimelih . Súmelih réht . neist únera ;

Quartus modus est . in quo conficitur ex particulari abdicatiuo et uniuersali dedicatiuo particulare abdicatiuum directum ; Ter uierdo tùot fóne téiles lóugene . únde álles féstenungo . éinen téiles lóugen ;

Vt est. Quoddam iustum non est turpe; Omne malum turpe; Quoddam igitur iustum non est malum. Súmelih réht neist únera. A'lliz úbil ist únera; Súmelih réht neist úbel;

---

7. DE TERTIA FORMA.

Tertia forma est. in qua subiectiua superioris sumpti. eadem est etiam subiectiua sequentis; Taz trítta bílde ist. án‿démo der érero téil. tés fóre gántin sumpti. áber der érero uuírdit. án‿demo áfterin sumpto;

---

8. QVOT MODOS HABEAT.

Sunt autem eius sex modi; Primus est. in quo conficitur ex duobus uniuersalibus (bl. 33ª.) dedicatiuus. particulare dedicatiuum directum; Ter éristo tùot fóne zuéin álles féstenungon. éina téiles féstenunga. in‿ríhte;

Vt est; Omne iustum honestum; Omne iustum bonum; Quoddam igitur honestum bonum. A'lliz réht zimilih; A'llez réht cùot; Súm zimelih cùot;

Secundus modus est; in quo conficitur ex particulari dedicatiuo et uniuersali dedicatiuo. particulare dedicatiuum directim. Ter ánder máchót fóne téilis. únde állis féstenungo. éina téilis festenunga in‿ríhte.

Vt est; Quoddam iustum honestum; Omne iustum bonum; Quoddam igitur honestum bonum; Súmiz reht zímelih. A'lliz réht cùot; Súm zimelih cùot;

Tertius modus est. in quo conficitur ex uniuersali dedicatiuo et particulari dedicatiuo. particulare dedicatiuum directim; Ter drítto tùot fóne állis féstenungo. únde téilis féstenungo. éina téilis féstenunga. in‿ríhte;

Vt est; Omne honestum iustum; Quoddam honestum bonum; Quoddam igitur iustum bonum. A'l zimelih réht; Súm zimelih cùot; Súmiz réht cùot;

Quartus (bl. 33ᵇ.) modus est; in quo conficitur ex uniuersali dedicatiuo. et uniuersali abdicatiuo. particulare abdicatiuum direhtum; Ter uiérdo tùot. fóne állis féstenungo. únde allis lóugene. éinen téilis lóugen in‿ríhte; Ut est; omne iustum honestum. Nullum iustum malum; Quoddam igitur honestum non est malum; A'lliz réht zimelih; Nebéin réht úbel; Súm zimelih. ne ist úbel;

Quintus modus est; in quo conficitur ex particulari dedicatiuo. et uniuersali abdicatiuo particulare abdicatiuum. directim; Ter uínfto tùot fóne téilis féstenungo. únde állis féstenungo . éinin téilis lóugen;

Vt est; Quoddam iustum honestum; Nullum iustum malum; Quoddam igitur honestum non est malum. Súmez réht zimilih. Nehéin réht úbel. Sum zimilih ne ist úbel;

Sextus modus est . in quo conficitur ex uniuersali dedicatiuo . et particulari abdicatino . particulare abdicatiuum directim; Ter séhsto tuót fóne állis féstenungo . únde téilis lóugene . éinen téilis lóugen . in rihte .

Vt est; Omne iustum honestum; Quoddam iustum (bl. 34ª.) non est malum; Quoddam igitur honestum non est malum; A'lliz réht zimelih; Súmelih réht ne ist úbel Súm zimelih ne ist úbel. Omnes igitur modi certum ordinem tenent.

Eiusdemque ordinis ratio est . quæ in ipsis formis demonstrata est; A'lle die módi stànt pe-héri; Vuáz tiu héri sí . táz skínit án‿selben tien formis .

Quia merito prima dicitur in qua omni modo concludi potest . uniuersaliter et particulariter dedicatiue et abdicatiue; Deinde secunda . in qua uniuersaliter et particulariter . nisi per contrarium . i. abdicatiue concludi non potest; Tertia demum in qua tantum particulariter concluditur . Tiu forma ist hérista . tiu ze állen uuíson beslózin uuirdit . Tiu dára náh . tiu ze znéin uuísòn ; Tíu óuh tára náh . tíu ze éinero uuís . peslózen uuirdit;

Item in prima forma illatio fit ex præcedenti subiectiua et declaratiua; In secunda forma . ex duabus subiectiuis præcedentibus; In tertia ex duabus declaratiuis præcedentibus efficitur illatio ;

Item in prima forma . concluditur . aliquando directim . aliquando reflexim; (bl. 34 b.) In secunda et tertia nonnisi directim; Vel si reflectas . modum non mutabis;

Possumus autem non uno modo interprætari honestum et turpe; Dicamus zimig únde unzimig . chuisg únde únchuisg . èra únde únera . uel differentius èrsam únde únersam; Sed hæc uidentur unum significare; Intellegimus tamen èrsam . sámint èron; Siccut dicimus lóbesam; Sámint loben; minnesam . sámint minnon; Hántsam . sámint hándin; Lústsam sámint gelústin. Rátsam sámint ráte; Nam et antiqui . bonum honestum uirtutem . idem esse iudicabant; Similiter malum turpe uitium . pro uno putabant. Nos autem bonum dicimus omnem dei creaturam . illi eam indifferens uocabant . i. neque bonum neque malum;

9. DE CONDITIONALI SYLLOGISMO. QVOT MODOS ET PARTES HABEAT.

Sicut decem et nouem modi sunt prædicatiui syllogismi; A´lso niunzên uuîsun sint. tés sléhto gespróchenin (bl. 35ᵃ.) syllogismi. sic sunt conditionalis vii. modi. Sô sint siben uuîsun. tés mit kedingun gespróchenin. únde mit ibo. Et sicut eius partes tres sunt. duo sumpta et illatio. ita et istius tres sunt. propositio adsumptio conclusio.

---

10. VNDE EIVS PARTES SINT DICTÆ.

Reddenda est autem ratio quare sic dicantur partes utriusque. Mán sol uuîzin. ziu sie sô héizên.

Nam ut dictum est. sumpta. i. concessa. aduersarii sunt. illatio proponentis. Zuêne téila sint tés. tén man iihtet. ter dritto des iihtâris.

Et nisi prius sumat aduersarius quæ ei proponuntur. Non habet proponens. quod inferat. Ter aduersarius ne iéhe. ánderis nebindit in. ter iihtâre.

Illatio uinculum est. ex sumptis factum. Mit tiu man in bindit. táz chúmet fóne sînero geiíhte.

Ergo in sumptis concessio. in illatione uiolentia. Fóne diu. échert er zuéio iéhe. tes trittin ist nôt.

In predicatiuo namque syllogismo. alius sumit et eius sunt sumpta. (bl. 35ᵇ.) alius infert et eius est illatio. A´n˷dero sléhtûn slózrédo téilint sih tiu partes. Zuéi sint tes éinen. daz tritta des ánderin.

In conditionali autem. cuius est propositio. eius est et assumptio. atque conclusio. A´ber mit kedingun unâr ráchondo. hôrint álliu diu téil. ze éinero hánt.

Sed propositio est. táz man ze êrist piutet. Assumptio daz ánder. dáz man nímet zûo demo êrerin.

Quare? Táz man siu béidiu biete.

Quæ duo si conceduntur. eadem lege sicut in prædicatiuo. tertia necessitate subsequitur conclusio. V´be dánne déro gebótenôn zuéio geiégen uuirdet. sóne urâget nio man des tritten. uuánda sin nôt ist.

Namque qui concludit in conditionali. suam sententiam concludit; Qui autem infert in prædicatiuo. sumenti. i. concedenti aduersario infert. et ideo non sunt eadem uocabulo tribus illis partibus et istis. A´n˷demo conditionali. séhent tie námen dero pártium. (bl. 36ᵃ.) zûo demo éinen déro stritenton. In˷demo prædicatiuo séhent siu mêr zûo demo ánderen.

549

11. DE FORMA EIVS.

Est et illud sciendum. quia conditionalis propositio. componitur ex duabus praedicatiuis.

Praedicatiuae et simplices propositiones sunt. quae singulis uerbis constant ut homo est. animal est. Sine uerbo enim nulla propositio. Compositae et conditionales sunt. quando si coniunctio duas praedicatiuas in unam copulauerit. Vt si homo est animal est.

Aliae quoque coniunctiones copulatiuae aut disiunctiuae tales faciunt. Vt aut dies est aut nox. Et sol super terram est. et dies est. Neque sol super terram est. neque dies est. Tiu coniunctiones uuúrchint éina propositionem. ùzer zuéin.

Et quia ipsa propositio. i. prima pars conditionalis syllogismi. ita bifida est in suis partibus quibus composita est. harum partium utramuis assumere necesse est. per affirmationem uel negationem. et dehinc ex ea quae restat (bl. 36 b.) concludere. simili affirmatione uel negatione. Taz êrista stúcche des syllogismi ist zuískiz. V́zer dés hálben téile. uuirdit taz ánder stúcche des syllogismi. mit lóugene álde mit féstenungo. v́zer dés kemáchin. uuirdit taz tritta. óub mit lóugene álde mit féstenungo.

12. VNDE SVMANTVR.

Fiunt autem omnes ypotetici. i. conditionales syllogismi. aut ex naturaliter coherentibus. aut omni modo dissidentibus. Sie uuérdint álle uóne dien. diu sih nío mer ne skéident. álde níomer zesámene nechóment.

Sedecim loca sunt ex quibus omnia argumenta fiunt. et omnes syllogismi. Séhs-cên stéte sint. tánnân man álliu díng irrâtit.

Tria tantum ex eis conueniunt ypotheticis syllogismis. Tríe sint échert. ùzer diên dise syllogismi springint.

Dicuntur autem praecedentia sequentia repugnantia. i. tiu fóregant. fólgent. ringint.

Praecedentia et sequentia non separantur. Repugnantia dissiliunt. Fóregànt fólgènt. tiu neskéident. (bl. 37 a.) sih. Tiu àber ringint. tiu neuuéllin sámint sin.

Primus ergo fit ex antecedentibus. ut antecedit dies lucem. Secundus a sequentibus. ut sequitur lux diem. Tertius a repugnantibus. ut repugnat diem esse. et lucem non esse.

Quatuor deinde uel a repugnantibus uel a contrariis quae medium non habent. Sunt enim contraria quae medium non habent. ut sanus et inbecillis. Sunt et quae habent ut album et nigrum. quorum medium inuenitur. quod neque album est neque nigrum . ut fuscum et pallidum . i. sát-cra . pléihcrâ .

---

13. DE ORDINE MODORVM.

Primus modus est secundum boetium . Quotiens inconexa propositione . primum ut in propositione locatur assumitur . ut consequatur secundum . Tiu êrista uuîsa ist . Sô der êrero téil . déro zesámine háftentûn . piêtungo . áber ánderêst zùo iro gestôzin uuîrdit . táz ter gemácho téil geuuârit uuérde . Hoc modo . Si dies est lux est . Atqui dies est . Lux est igitur . V'be (bl. 37ᵇ.) tág ist . lieht ist . I'st quisso tág . Pedíu ist óuh lìeht .

Secundus modus est . quotiens inconexa propositione secundum e contrario adsumitur . quod in propositione locatum est . ut id quod primum est auferatur . Tiu ánderiu uuîsa ist . sô dâra uuidere . der áftero téil déro zesámine háftentùn piêtungo . áber ánderêst zù iro gestôzin uuîrdit . táz ter gemácho gelóuginit uuérde . Hoc modo . Si dies est . lux est . Atqui non est lux . Non est igitur dies . V'be tág ist . lieht ist . Nû neist iz lieht . Sô ne ist iz óuh tág .

Tertius modus est . cum conexæ propositionis partes ex affirmationibus iunctæ . negatione diuiduntur . totique propositioni . negatio rursus adiungitur . Ter drítto modus ist . sô án-dero biêtungo geháftiu ding . álso tág únde lieht ist . ér geuástiu . án dien êristen modis . mit lóugene geskéidin uuérdent . únde áber des lóugenis lóugen uuîrdit .

Assumiturque quod prius est . ut in propositione est enuntiatum . ut (bl. 38ᵃ.) e contrario concludatur secundum . quod in propositione prolatum est . Ióh zù iro áber ánderêst keléigit uuîrdit . iro êriro téil . ál sô ér stûont . táz ter gemácho beslieze . Hoc modo . Non si dies est . lux non est . Atqui dies est . Lux igitur est . Náls úbe tág ist . lieht ne ist . Ze uuâre tág ist . Târ mite lieht ist .

Quartus modus est . cum in disiunctiua propositione primum ponitur ut auferatur secundum . Ter uiérdo ist . sô déro geskidotlichùn piêtungo . der êrero téil geuéstenôt uuîrdit . dáz áber der ánder uerságet uuérde . Hoc modo . Aut dies aut nox est . Atqui dies est . nox igitur non est . A'lde dág . álde náht ist . Quísso ist tág ; sô ne ist áber náht .

Quintus modus est . quotiens in disiunctiua propositione aufertur quod prius est . Vt ponatur secundum . Ter uinfto ist . sô dero in fuôctùn piêtungo . der uórdero téil uerságet uuîrdit . táz ter ánder geuéstenôt uuérde . Hoc modo .

(bl. 38 b.) Aut dies aut nox est. Non est autem dies. Nox igitur est. A′lde tág. álde náht ist. I′z ne ist tág. Pediu ist náht.

Sextus modus est. cum his rebus quæ in disiunctionem uenire possunt. i. contrariis uel repugnantibus medietate carentibus negatio præponitur. et copulatiuæ coniunctiones adiunguntur. Ter séhsto ist. tánne ringintén únde uuíderuuártigén dingin. tiu io geskéiden sint. lóugin gegében uuirdit fore. únde dára náh fúegi.

Ponitur quoque primum ut id quod est subsequens auferatur. V′nde daz érera uuirdit kesézzit. táz áber diz ánder uuérde zestórit. Hoc modo. Nec et dies est et nox. Dies autem est. Nox igitur non est. Sámint ne ist ióh tág. ióh náht. I′z ist tág. Sò ne ist iz áber náht.

Septimus modus est. cum in eadem propositione aufertur quod præcedit. ut ponatur quod consequitur. Ter síbindo ist. tánne án dero sélbún bíetungo. lóugin uuirdit tés. táz fóre gát. táz féstenunga uuérde (bl. 39 a.) dés. táz náh kát. Hoc modo. Non et dies est et nox. Atqui dies non est. Nox igitur est. Sámint ne ist. ióh tág. ióh náht. Ze uuáre tág ne ist. Quisso dánne náht ist.

Primus hanc regulam habet secundum ciceronem. Si primum secundum. Primum autem. Secundum igitur. V′be daz érera ist. sò ist daz ándir. Taz érera ist. taz ánder ist óuh.

Secundus hanc. Si primum secundum. Non secundum autem; et non primum igitur. V′be daz érera ist. sò ist taz ánder; taz ánder ne ist. Sò‿ne ist óuh taz érera.

Tertius hanc. Non ut et primum et non secundum. Primum] autem legitur et secundum. Ni. táz taz érera sì. únde daz ánder ne sì. Taz érera ist; sò ist óuh taz ándir.

Quartus hanc. Aut primum aut secundum. Primum autem. Non igitur secundum. A′lde daz érera ist. álde daz ándir. Daz érera ist. taz ánder óuh.

Quintus hanc. Aut primum aut secundum. Non autem primum. Igitur secundum. A′lde daz érera ist. álde daz (bl. 39 b.) ánder. Taz érera ne ist; sò ist áber daz ánder.

Sextus hanc. Non et primum et secundum. Primum autem. Non igitur secundum. Náls péidiu. ioh taz érera. ióh taz ánder. Taz érera ist; pediu ne ist taz ánder.

Septimus hanc. Non et primum et secundum. Non primum autem. Igitur secundum. Náls sámint. taz érera. únde daz ánder. Taz érera ne ist. Sò ist taz ánder;

Notandum est diligenter. quia tertius modus qui est a repugnantibus difficilior est ceteris. eo quod quatuor eius sunt propositiones. et assumptiones conclusionesque totidem . ortæ de quatuor repugnantibus et manifeste falsis predicationibus . Quæ ita fiunt . dum præposita si coniunctione . affirmatio affirmationem . et negatio negationem . Et item affirmationem negatio . et negationem affirmatio sequntur . in hunc modum . Si dies est . nox est . Si dies non est . nox non est . Si dies est . lux non est . Si lux non est . dies est . Ex his duæ prima et novissima prædicant (bl. 40 ᵃ.) esse quod non est . Aliæ uero duæ prædicant non esse quod est . Quibus contra dicitur in hunc modum . Non si dies est nox est . Non si dies non est . nox non est . Non si dies est . lux non est . Non si lux non est . dies est . Vnius enim modi *sunt* hæ quatuor propositiones ut dictum est . Qui modus a repugnantibus non diceretur . si non plane repugnantia et falsa conuinceret . et ea destrueret . His propositionibus tales accedunt adsumptiones et conclusiones . et fit unus modus siue dicas ; non si dies est nox est . Atqui dies est . Nox igitur non est . Siue dicas . Non si dies non est . nox non est . Atqui dies non est . Nox igitur est . Aut si dicas . Non si dies est . lux non est . Atqui dies est . Lux igitur est . Hoc solum exemplum prius positum est . Aut si dicas . Non si lux non est . dies est . Atqui lux non est . Dies igitur non est .

Fíeruáltêr íst ter dritto modus . fóne íuer sképfedôn déro uuórto . die álle éina repugnantiam máchont . Sô man die uíere uerságet . (bl. 40 ᵇ.) sô sínt tar ûz uuórtin uíer propositiones . Tien uólgênt tânne . sámo mánege assumptiones . únde conclusiones . Fure nim dáz uuóla . A'lsô der uterstunt líugit . têr dir chídit . úbe tág ist . sô ist iz náht . únde úbe tág ne ist . sô ne ist iz náht . únde úbe tág ist . sô ne ist lieht . únde úbe íieht neist . sô ist iz tág . A'lsô ságet têr uterstunt uuâr . têr dir chídit . táz ne mág sin . nóh táz . nóh óuh táz . Sâr dâr bî . úbe ér uuíle . uólle récchen den syllogismum . táz uuirdit sús . Nimet er daz éina dero úngeskéidenon . án dero assumptione . sô nimet er óuh taz ánder . án dero conclusione . Kelóubet ér síh áber des éinen . sô gelóubet ér síh óuh tes ánderin . Tára ingágene . genimit ér daz éina déro geskéidenôn . án dero assumptione . sô uuérit ér síh tes ánderin . án dero conclusione . Vuérit ér sih áber des éinen . sô ne uuérit ér sih des ánderin .

Neque hoc neglegenter (bl. 41 ᵃ.) cernendum est . qualiter ex duobus primis . tertius modus oriatur . Sunt enim sibi conexa dies et lux . Propterea ueræ propositiones sunt primi modi et secundi . Si dies est . lux est . Dein si quis apposita negatione hanc uult destruere ueritatem dicens. Si dies est non lucet. Hanc falsam prædicationem iterum reducit ad ueritatem. qui secundam apponit. negationem dicens. Non si dies est. non lucet. Fiunt ergo primi duo per conexionem naturaliter coherentium. ut si. dies est. lux est. Tertius per negationem repugnantium. ut non potest fieri. diem esse et non lucere. Quartus et quintus per disiunctionem repugnantium. ut aut dies est aut nox. Sextus et septimus. per negationem copulationis eorundem repugnantium. ut non et dies et nox. Est ergo in illis septem modis. tota dialectica secundum ciceronem.

14. QVALIS SIT RETHORVM SYLLOGISMVS.

Transeunt uero syllogismi et ad rhetores iam latiores et diffusiores facti. Tie syllogismi zetûont sih tánne báz. só die rédenára (bl. 41ᵇ.) in dinge álde in sprácho mite spilent.

Et quia contingit dubitatio propositionis uel assumptionis. datur eis quoque robur approbationis. i. tár man siu bi chíesen mág.

Quod si alterius horum fit approbatio. erit syllogismus quadripertitus; Si autem utriusque quinque partibus constabit syllogismus. Horum exempla sunt apud ciceronem in libris rhetoricorum. Ex his unum ponamus adbreuiatum. quod ad quinque partes ueniat. Quæstio est inter philosophos. mundus iste casu an consilio regatur. Tie uuisen urágetôn. úbe diu uuérelt hábe rihtáre. i. úbe iro ding stánde in skáffe álde ána skáf.

Hæc quæstio quamuis sit philosophica. syllogismus tamen inde fit rhetoricus in hunc modum. Propositio est. Tiz ist ter úrsúoh. Melius accurantur quæ consilio geruntur. quam quæ sine consilio administrantur. Approbatio est. Domus ea. quæ ratione regitur. omnibus est instructior rebus et apparatior. quam ea. quæ temere et nullo consilio (bl. 42ᵃ.) amministratur. Assumptio est. Nihil autem omnium rerum melius quam omnis mundus amministratur. Approbatio. Nam et signorum ortus et obitus et annue temporum commutationes definitum quendam ordinem seruant. et eodem modo semper fiunt. Conclusio. Igitur consilio hic mundus administratur. Propositio. Tiu ding uuérdent páz peuuárôt. tiu dir bedénchit uuérdent. tánne únbedénchit. Approbatio. Dáz skínet tár ána uuóla. Dáz hûs. tés réhto únde rédelicho geflégen uuirdet. táz hábit sár állen geziùg pézeren. únde ist geréchera. dánne dáz sî. táz in únrúocheskun únbedénchit stát. Adsumptio. Sô ne íst tánne. nehéin ding keréchera. únde órdinháftera. dánne sélbiu diu uuérelt. Approbatio. Vuánda diu zéichin. únde zîte des iáris. hábint keréccha únde geuuíssa uárt. únde dia neuuéhselont sia nîeht. Conclusio. Fóne diu skinet. táz sî rihtâre bábit. fóne dés uuillin iz keskihet. únde sô órdenháfto (bl. 42ᵇ.) uérit.

Hæc est summa syllogismi. Tíz ist taz cnôetesta. Réhto geskáfeniu ding. fárint io gerécho. Nehéines tíngis fárt keréchera. dánne dero uuérelte. Fóne diu ist penôte íro uérte. ételih sképfo.

Predicatiuus est iste syllogismus. aut conditionalis? Si prædicatiuus est. cur ei datur propositio. assumptio et conclusio? Si conditionalis est. ubi sunt formule eius. Vuâr sint sîniu módul. si. nec. aut. coniunctiones? Plane ergo prædicatiuus est. cuius sumpta et illatio. licite suscipiunt nomen propositionis assumptionis et conclusionis. et approbationem unius partis uel duarum.

Nam et omnes partes syllogismorum. siue propositio siue approbatio. siue sumptum. siue illatio. siue conclusio. siue ut alii dicunt complexio. aut confectio. communi nomine enuntiatio uocantur.

Est autem enuntiatio. oratio uerum aut falsum significans. Hæc teutonice sága dicitur. quia solemus enuntianti respondere. tû ságest uuâr. dû ne ságest uuâr.

Huius species sunt affirmatio et negatio. (bl. 43ª.) quæ tunc tantum propositio uel proloquium nuncupanda sunt. quando his aliquid conficere uolumus.

Ergo conficere est ex duobus uel pluribus unum facere. Vt ex duobus sumptis una conficitur illatio. Sô uuir mîte íomannen geiíhten uuéllên sô héizent sîu grûezeda. piêtunga. álde uérrolîh kechôfe. álde úrsúoh.

Assumptio dicitur. dáz man dára zûo légit. i. táz kemácha. dáz man stôzit zûo dero propositione.

Approbatio. mit tíu man dia propositionem. álde dia assumptionem geuuârit. únde gelóublih ketûot.

Complexio est conclusio. mit téro man begrîfet tiu êreren zuéi. tiu man uóre sprách. in hunc modum. Ín ne tóufta mán in‿ne tóufta uuíb. V'be in mán ne tóufta. noh uuíb ne tóufta. sô ist er úngetóufet.

Eadem est et confectio; táz ist áber daz trítta. dáz fóne dien êreren zuéin geuúrchit uuírdit.

Hæc et illatio. quæ sumptis illata inuito aduersario. náhspréchunga ut dictum est potest dici. álde nôtfólgunga.

Conclusio tamen semper est syllogismi. siue (bl. 43ᵇ.) illatio dicatur. Siue confectio. siue complexio. Táz ist ter úzlâz. táz ist taz slôz. táz ist taz énde;

Item. Propositio est. mit téro uuír chóróen.

Assumptio mit téro uuír áber chóróen. úbe man úns uuélle iéhen. Collectio et conclusio est. táz uuír némen uóne dien geiihtin. únde daz tien benóte uólgêt. úbe man úns fóre iihet.

Similiter duo sumpta sunt. Zuuó geiihte déro uuír bitin.

Illatio. táz uuír dára náh féstenóen. unde nehéinero geiihte ne bitên.

---

15. ALIA DIFFINITIO SYLLOGISMI.

Item. Quid est syllogismus? Ratiocinatio. disputatio. argumentatio uel argumentum. dissertio. discussio. iudicium. experimentum.

Est enim raciocinari. rationem rerum dare. in hunc modum. Quia si hoc est. illud est. uel si hæc duo sunt. tertium illud erit. Hoc est et disputare. et argumentari. et disserere. et discutere. et iudicium facere. et experiri. V'be dû chéden máht. hinnân uuéiz ih iz. (bl. 44a.) úbe dáz ist. só ist tiz. sint tiu díng só. só ist tiz sús. sólih kechóse héizit syllogismus. Táz héizit rédenón únde ráchon. irrâtin. chléin-chóson. ersúochin. ze úrtéildo uuérfen. beuinden.

Prodest quoque et originem eorum nominum scire. Vuízin óuh uuánnân die námen chómene sín.

Ratio est quæ ostendit rem. Ratio est indita uis animæ. ad discernendum bonum et malum. uerum et falsum. Hæc est qua facti sumus ad imaginem et similitudinem dei. Hæc est. qua distamus a brutis animalibus. Tiu máht dero sélo gegében ist. kûot únde úbel ze bechénninne. únde uuâr únde lúgi. dáz ist réda. Tia hábendo ist ter mán cóto gelíh. ánderên dierin úngelíh.

Faciamus deriuationem. ut a nomine quod est ratio. fiat uerbum ratiocinor. i. ratione loquor. uel rationabiliter loquor. Hinc iterum uerbale nomen. ratiocinatio. i. rationabilis oratio. Ze érist chídit (bl. 44b.) man réda. dánnân chídit man rédenón. únde rédenúnga.

Item disputare est diuersos diuerse putare. ut philosophorum alii mundum ex igne. alii ex aqua. alii ex aere factum putabant. et disputabant. Intellegitur tamen disputare. cum ratione aliquid affirmare uel negare. aut per coniecturam probabiliter dicere. quod solemus interpretari ráchon.

Item argumentum uel argumentatio dicitur. ut boetio placet. quod rem arguit. i. probat. Nos autem dicimus argumentum. tánnân man iz uuízen mág álde irrâtin mág. álde dara náh chómen mág.

uuórt-zéichin. quissunga. irréchida. iruáreni. clóublichi.

Item est dissertio uerbum quod inter duos seritur. donec diligenter inuestigatur. Ideo dissertus est chléin-chôsiger rédo-spáher. i. explorator rationis uel orationis. quia spéha exploratio est. réda utrumque potest significare. rationem (bl. 45ª.) et orationem. hinc et dissertio rédo-spáhi dicitur.

Item discutere est. diligenter rem quatere. i. úrsúochenon. inde et discussio est úrsúob.

Item iudicare est ius dicere. réht finden. réht spréchen.

Est autem iudicium facere réht frúmmin. ze úrteildo uuérfen. Ipsum autem iudicium dicimus gerihte. Sed si de syllogismo iudicium dicitur. pesûecheda unde chiesunga interpraetatur.

Item experimentum est. quasi extra operimentum. ipsa detectio rei. et manifestatio. Táz man beuindet únde géeiscôt tia uuârheit. táz ist experimentum. táz ist syllogismus.

---

16. QVID SIT INTER APODICTICAM ET DIALECTICAM.

Querendum autem magnopere est. quare cicero dialecticam in ypotheticis tantum constituerit syllogismis. dum plures sint cathegorici. i. prædicatiui syllogismi. Tés ist cnôto ze urágenne. zíu échert tíe (bl. 45ᵇ.) sibin modos cicero dialecticam hieze. âne die érerin niunzêne.

Est enim medius inter aristotilem et stoicos. E'r gât únder zuisken. nóh aristoteli ne ííhet er nóh stoicis.

Stoici uero solebant omnem necessariam argumentationem. siue prædicatiuam. siue conditionalem. dialecticén nuncupare. Stoici uuólton álle geuuâre syllogismos dialecticam héizen. mit ibo. únde âne iba gespróchene.

Aristotiles autem. conditionalibus syllogismis. ét argumentis probabilibus. propter communes eorum sedes. quæ in topicis numerantur. hoc nomen aptauit. Tên nâmen gâb aristotiles. tien siben geuuâren syllogismis ypotheticis. únde dien gelóublíchen argumentis. tiu sâmint in uúnden uuérdint in séh-zên stétin. tíe stéte. der genémmit sint in thopicis. (bl. 46ª.)

Prædicatiuos uero syllogismos. in quibus semper est ueritas. placuit ei apodixin. i. demonstrationem appellare; A'ber die geuuâren niun-zêne syllogismos. âne iba gespróchene. hiez er zéigun. s. uæritatis.

Cicero deinde argumenta omnia præter ea quæ tribus locis supra dictis sumuntur. ad rhetores potius pertinere dixit quam ad phylosophos . quia magis similitudinem ueritatis astruunt . quam ipsam ueritatem . Tára náh skîed ûz cicero . diu uóne drîn stétin¹ genóminin argumenta . diu nehêinêst netrîegent . tíu úngeuuîsserin diu fóne dien ánderên drîn zênin chómint . chád er uuésin núzerin spráhmánnin . únde ding-mánnin . dánne uuîstûomis flégerin.

Tria uero tantum loca quæ excepta sunt ab eo . dialecticorum esse propria dixit . et in septem modis (bl. 46 a.) syllogismorum inde prolatis . totam dialecticam constituit . E'chert tríe stéte . únde dáz tánnan chúmit . káb er dialecticis .

propterea boetius aristotilem in thopicis dialecticam . et in secundis analiticis apodicticam docuisse testatur . Fóne diu ságet boetius . aristotilem zuûo sláhta syllogismorum lêrin in zuêin búochin .

Est enim dialectica nominatiuus casus . ut apparet in declinando . cum dicimus . ars dialectica . artis dialecticæ . artem dialecticam . sed in interpretatione sonat ablatiuus . Grece uero ipsa ars dialecticæ dicitur . quod interprætatur de dictione . i. fóne chédenne . Apud illos enim dia præpositio est . lecton autem dictionem significat;

17. DE POTENTIA DISPVTANDI . I. FONE DERO MAHTE DES VVISSPRACHONIS .

Si ergo satis intellectum est . (bl. 47 a.) omnem apodicticam constare in decem et nouem modis syllogismorum . et dialecticam in septem modis syllogismorum . non sit dubitandum totam earum utilitatem esse . in inuenienda ueritate . V'be niunzen slóz apodicticæ . únde sibeniu dialecticæ uuóla gelirnet sîn . sô uuizin man dár mite dáz sie núzze sint . álla uuârheit mit in ze cruárenne .

Omnia enim his constant . quæ in humanam cadunt rationem . A'l daz ménniskin irrátin múgin . táz uuirdit hinnán guuissot .

Diuina excedunt humanam rationem . intellectu enim capiuntur . Tíu gótelichin dîng . uuérdent kêistlicho uernómen . âne disa méisterskáft .

---

18. QVID SIT DIALECTICA VEL APODICTICA .

Ergo diffinienda est dialectica siue apodictica . Nû sól man ze getâte chéden uuáz apodictica sî . unde dialectica . (bl. 47ᵇ.)

Possunt enim unam et æandem

---

¹ Scheint in „stetim" verbessert.

suscipere diffinitionem . in hunc modum . Sie mág man glícho nótmézón . mít tísen uuórtín .

Dialectica est siue apodictica iudicandi peritia . Vel ut alii dicunt . disputandi scientia . Méisterscáft chíesennes . únde ráchonnis . táz ist dialectica . táz ist óuh apodictica .

Prius diximus . quia ratio est quæ ostendit rem . Réda skéinit uuáz iz íst . Pi̱dero rédo . sól man chíesen . úbe iz uuésen múge . Sihet er dés cnóto . daz héizet chíesen . Tára náh mág er ráchón . i. disputare . ióh uuár=ráchón . i. ratiocinari . Tér mán ráchót . tér rádo chósot . spůetigo chósót . rátiscót . clóublícho chósot . Tér uuárráchot . tér mit rédo stérchit . unde ze̱uuáre bringet . táz er chósot . in hunc modum . Cælum si rotundum est . uolubile est . I'st ter hímel sinuuélbe . só mág er uuálbón .

Rotunditas ratio est uolubilitatis . Tiu sinuuélbi . máchot tia (bl. 48ᵇ.) uuálbi . Taz éina stérchit taz ánder . V'be himel sinuuélb neuuáre . nóh uuárblib neuuáre . V'be séla únde líchamo neuuárin . nóh ménnisco neuuáre . E'in uuirdit fóne zuuéin . V'be zuuéi neuuárin . daz tritta ne uuáre . Réda erríbtet únsih állis tés man strítet . Tér dia chán uínden . dér ist iudex . tér ist ratiocinator . tér ist disputator . Tér ist argumentator . tér ist dialecticus . dér ist apodicticus et syllogisticus .

---

19. SIMILI MODO INTERPRÆTATA SENSV.

Nec parum hoc attendendum est . quantum intellectu quædam distant . quæ simili modo solent interpretari . ut sunt . uerbum sermo dictio . In eodem enim uerbo . in eodem sermone . in eadem dictione . indiscrete interpretamur . dicentes . in éinemo uuórte .

Quæ si unum significarent . nequaquam sermo daretur philosophis . dictio uero rhetoribus ; ut auctores docent . (bl. 48ᵇ.) Nam et aristotiles dialecticam quæ interpretatur de dictione ad rhetores traxit . et uoluit eam esse in argumentis rhetoricis . i. probabilibus . quæ ille iudicauit non esse discernenda a necessariis argumentis . de quibus fiunt ypothetici syllogismi . et tota dialectica . ut cicero docuit .

Loca enim omnium argumentorum siue credibilium . siue prorsus necessariorum . sedecim in topicis ipse aristotiles connumerauit . ut dictum est . Dignior est namque sermo et grauior . ut sapientes decet . Dictio humilior est et plus communis . data rhetoribus .

Verbum autem omnium est . Et in interpretando proprie sermo sága dicitur. sic et enuntiatio. quæ similiter philosophis tradita est. et disputantibus necessaria est. quia inest ei semper uerum aut falsum.

Nam sermonem facere populo. hoc est. ságen demo liute. lêrin. únde brédigon.

Predicare autem est inquit boetius. aliquid de aliquo (bl. 49ª.) dicere. i. éteuuaz ságen fóne éteuuiu.

Unde et prædicamentum dicitur. et prædicatio. éinis tingis kespróchen i fóne demo ándermo. Ut sol splendet. ueritas uirtus est. Tiu súnna skînet. tiu uuárheit tóug.

Dictio namque interpretatur chéda. unde et dicere chéden.

Sermo enuntiat quid uerum quid falsum. Hoc possunt soli philosophi. Dictio uero suadet. ueris et ueri similibus. Hoc est officium rhetorum.

Deinde uerbum uuórt dicitur. quod omni professioni famulatur. Sed hæc confuse pro inuicem ponuntur.

III.

VON DER REDEKUNST.

(Was nicht mit [ ] eingeschlossen, ist aus der münchener handschrift genommen.)

[1. DE ELOQVENTIA . PROLOGVS . [1]]

[s. 56 a.]

OLIM DISPARVIT CVIVS FACIES DEPINGENDA EST . et quæ nostram excedit memoriam . eam qualis erat formare difficile est . quia multi dies sunt ex quo desiuit esse . Oporteret eam inmortalem esse . cuius amore languent . ita homines . ut abstractam tamdiu . et mundo mortuam resurgere uelint . vbi cato . vbi cicero domestici eius? Nam si illi redirent ab inferis . hæc illis ad usum sermonis famularetur . sine quia nihil eis certum constabat . quod ventilandum esset pro rostris . Quid autem est . quod suam non redigatur originem? Naturalis eloquentia uiguit . quousque ei per [s. 56 b.] doctrinam filia successit artificialis . quæ deinde rethorica dicta est . Hæc postquam antiquitate temporis extincta est . illa iterum reuixit . Unde hodiæque plurimos cernimus . qui in causis solo naturali instinctu ita sermone calent ut quæ uelint quibuslibet facile suadeant , nec tamen regulam doctrinæ ullam requirant .

---

[1] So etwa scheint uns die fehlende überschrift zu dem ersten kapitel gestellt werden zu müssen, um aus ihr das mangelnde subjekt zu dem ersten satze zu gewinnen.

Similes isti sunt his qui ab initio plurimum potuerunt eloquio. quos deinde alii admirati et æmulari conentes. dum obseruant eos loquentes. temptauerunt quendam huius rationis modum rapere. et scripto legare. qui sibi et posteris pro magisterio reseruaretur. Ergo omnis ars. imitatio est naturæ. Uerbi gratia. Quis nesciat ad aliquem nuntius directus. salutationem præmittere. qua se suamque legationem commendetur. Hoc prius in consuetudine ualuit. deinde inter rethorica præcepta traditum. ars dici poterat. Ut ergo augustinus dicit antiquorum sapientiam. quasi ducem comitata est eloquentia. ideo sapientiæ non potuit deesse eloquentia. ex eodem fonte manans naturæ. Tu autem lector tria obseruando rethor eris. Hæc autem sunt de quibus uicissim dicetur. precedens materia, et quæ hanc hauserit ars. Et hinc effusa oratio. Omnis res argumentando confirmatur. aut ex eo quod personis. aut ex eo quod negotiis attributum est. At personis has res attributas esse putamus. Nomen. naturam, victum. fortunam. habitum. Affectionem. Studia. Consilia. Facta. Casus. Orationes. Nomen est unicuique personæ quo suo quæque proprio ac certo vocabulo nuncupatur. naturam ipsam diffinire difficile est. [s. 57ª.] Partes autem eius enumerare eas quarum ad hanc præceptionem indigemus facilius est. hæ autem partim diuino. partim mortali in genere uersantur.

Mortalium autem pars hominum pars bestiarum in genere numeratur. At hominum genus. et in sexu consideratur uirile. an muliebre sit. Et in natione. patria. ætate. cognatione. Natione graius an barbarus sit. Patria atheniensis. an lacedemonius sit. Aetate. puer. an adolescens. natu grandior uel senex sit. Cognationæ quibus maioribus uel quibus sanguineis sit. Præterea commoda. aut incommoda considerantur ab natura data animo et corpore hoc modo. Valens aut inbecillis. longus uel brevis uelox an tardus. memor aut obliuiosus. formosus uel deformis. acutus an hebetior comis. officiosus. pudens. patiens. an contra sit. Et omnino omnia quæ ab natura dantur animo et corpore considerantur. et in hæc quidem natura consideranda est. In uictu oportet considerari apud quos. aut quo more aut cuius arbitratu sit educatus. quos habuerit artium liberalium magistros. quos uiuendi præceptores. quibus amicis utatur. quo in negotio quæstu. an artificio sit ocupatus. quomodo rem familiarem administrat qua consuetudine domestica sit. In fortuna queritur seruus sit an liber. pecuniosus. an tenuis. priuatus an cum potestate. Si cum potestate iure. an iniuria. felix. clarus an contra sit. quales liberos habeat. aut si de uiuo [l. mortuo] quæritur. etiam quali morte sit affectus erit considerandum. Habitum autem hunc appellamvs. animi aut corporis. constantem et absolutam [s. 57ᵇ.] aliqua in re perfectionem. ut uirtutem. aut artis alicuius perceptionem. aut quamuis scientiam. Ititem aut corporis aliquam commoditatem. in natura datam sed studio. et industria partam. Affectio autem est animi aut corporis ex tempore aliqua de causa commutatio. [ut læticia. cupiditas. metus. molestia. morbus. delibetas. [l. debilitas] et alia quæ in eodem genere reperiuntur. Studium autem est animi assidua et uehemens. ad aliquam rem applicata magna cum uoluntate ocupatio. ut philosophiæ poetriæ geometriæ litterarum. Consilium est aliquid faciendi aut non faciendi excogitata ratio. Facta autem casus et orationes tribus ex temporibus considerabuntur. Quid fecerit. quid sibi acciderit. quid dixit in præterito tempore. Quid faciat. quid sibi accidat. quid dicat in præsenti tempore. Quid facturus sit quid ipsi casurum sit. qua sit usurus oratione. in futuro tempore. ac personis quidem hæc attributa esse uidentur.

2. DE MATERIA ARTIS RHETORICÆ.[1]

Quid est materia? taz man haben scal ze‿uuerche. Vt causa est quam exigit rethorica. sine qua ipsa nihil operis habet. Res et negotia de quibus fiunt controuersiæ. causæ dicuntur. i. máchunga dis stritis. Verbi gratia. Orestes de quo legitur in troiana hystoria. matrem suam occidit clitemestram. eo quod ipsa occidit patrem suum agamemnonem. Hoc factum. causa dicitur. i. effecio. Cuius? utique controuersiæ. Quomodo? Quia ipse et defensores sui. iure factum dicunt. Aduersarii autem eius dicunt. non iure factum. Ecce causa quæ propterea dicitur strit. quia effectrix illius est.

Est autem triplex. Iudicialis. i. tiu dinchlicha. quæ considerat. [s. 58ᵃ.] quid æquum quid iniquum quid iustum quid iniustum. Versatur autem tota in accusando et defendendo in petendo ueniam aut poenam. ut illa est in orestem. Deliberatiua i. tiu sprâchlicha. quæ deliberat i. pemeinit uel gechíusit uel achtot. quid faciendum uel non faciendum sit. Hæc considerat. quid inutile. et uersatur tota in suadendo et dissuadendo. Vt in bethulia presbyteri deliberant. tradere ciuitatem holoferni. Suadet ergo multitudo. Iu-

---

[1] Die überschrift ist der zürcher handschrift entnommen, die hiermit beginnt.

dit autem sola dissuadet. Demonstratiua i. tíu zéigonta. vnde tiu chíesinta. subauditur. quis dignus sit imperio uel episcopatu. Hæc quid honestum in eo sit uel turpe desiderat. et uersatur tota in laudando eum uel uituperando.

Item quælibet harum trium diuiditur in status legales. et rationales. Legales sunt qui oriuntur de uerbis in lege scriptis. dum ea diuersi diuerse student interprætari. Rationales sunt dum rationem facti uel consilii aliis approbantibus alii reprobant.

Legales quinque sunt. scriptum et sententia. scripsit.[1] unde uuillo. subauditur legis latoris. Ambiguæ leges latoris. Ambigue leges. Contrarie leges.

[Legalis statvs diuiditur in quinque in scriptum et sententiam. in ambiguas leges. et contrarias leges. diffinitionem. et ratiocinationem.][2]

Diffinitio rect=saga uuaz ez si. subauditur. de quo controuersia est. Ut apud ciceronem. quid sit nauem relinquere. uel in naui remanere. Opus est diffinire sic. In naui sautium se facere. Hoc est nauem relinquere. Egredi. et de scafa nauem gubernare. Hoc est in naui manere.

Ratiotinatio i. énis͜tingis irrateni fone andermo. i. quod non sit scriptum. de eo quod scriptum est. Item status uel constitutiones rationales sunt. quatuor [s. 58.] Coniectura i. ratisca. subauditur feceritne. Ut de susanna daniel coniectatus est. Hinc liber et miles singulari certamine seruus autem ignoto ferro probatur. II. Diffinitio uel finis dis námin forderunga uel scafunga. uel endunga. subauditur nominis facti. Vt aliquando contenditur. factum eius qui equum sustulit. furtum an rapinam dicendum sit. Grauius namque punitur rapina quam furtum. III. Qualitas. subauditur facti. bonum an malum sit. Iustum au' [l. an]. iniustum sit. IIII. Translatio uuechsil. subauditur personæ uel loci uel temporis uel criminis uel penæ. Ut olim erat contentio. quia oportuit baptizari. utrum apud arrianos uel apud catholicos.

Qualitas diuiditur in iuriditiale i. strit. unbe͜diz tiet=recht. et negociale i. strit umbe͜dez quoneheite[3]. Item iuridiciale partes habet. assumptuosum i. dáz ántseidiga i. taz pára. Est enim assumptiuum quod assumit defensionem i. antsègida et est absolutvm. quod non assumit defensionem. Assumptiuum IIII. partes habet. Quæ

---

[1] Aus „scrisit" gebessert und offenbar aus dem teutschen worte „scripf" oder „scrift" verschrieben.

[2] Zürcher handschrift.

[3] Kömmt später wieder auf die gleiche sache zurück mit den worten der zürcher handschrift.

sunt? Concessio i. keucht [l. keiicht] s. facti. Remotio i. abenemunga non facti. *subauditur* criminis. *scilicet* a se in alterum. Relatio i. uuirder-uuerfunga. non facti. *subauditur* criminis. *scilicet* a se ledente in eum qui prior prouocauit. Conparatio criminis. minoris ad maivs. Item de concessione fit purgatio i. unsculdigunga. Et depræcatio gnadonfleha. De purgatione. inprudentia. casus. necessitas. únuuizenheit. úngeuuandiu gescihtnôt.

Status et constitutiones i. stata. unde gestellida. ipsa [s. 59ª.] bella sunt eorum quorum causa est sedente iam iudice et auditoribus ceteris in hunc modum. Non iure orestes occidisti matrem tuam. Hæc est intentio i. malize. At ille. Iure occidi. Hæc est depulsio i. uueri. *scilicet* dis-unrectis i. intentionis. Et subiungit. Illa enim occidit patrem meum. Hæc est ratio i. antseida. *scilicet* sui facti. Item aduersarius. Non ergo oportuit te ulcisci patrem tuum in sanguine matris. Hæc est infirmatio i. luzeda. *scilicet* rationis eivs. Respondit ille. Mihi quoque mortem meditata est. et uniuersæ familiæ nostræ i. gemágedo. Parua sunt hæc. Maius scelus ausa est. ita ut in ipsum senatum extendere manus. et rempublicam delere conata sit. Hoc est firmamentum i. festinunga siue rationis. Hæ sunt partes unius cuiusque constitutionis et status. In coniectura tantum sunt intentio et depulsio. In ceteris additur ratio et infirmatio. propter deprecationem. In ea namque confessio est cum penitentia quia deest ratio facti. In quibusdam et firmamentum est. quia verbis decertantes. contra se inuicem statuuntur et constituuntur. Solemvs autem status et constitutiones. strît interpretari sicut et causam. Deinde uertitur disceptatio. constitutionis. ab his quorum causa est. ab oreste scilicet et eius aduersariis ad cæteros qui in iuditio adsunt. Et dum contendunt iurene fecerit. occidendo matrem in ultione patris. et defensionem suæ uitæ totiusque senatus et reipublicæ. hæc controuersia quæstio dicitur. Est autem quæstio ex diuersa opinione nata dissimilis sententia. Hæc quoque strît dicitur. Materia talis est.

Sequitur. Vt oratores quos sibi parauerunt ac utraque parte. orestes et aduersarii eius [s. 59ᵇ.] finem faciant huius dissensionis. suadendo cæteris et maxime iudicibus. utrum poenam uel inpunitatem orestes meruerit. Illam artem et illam sententiam qua hæc fieri rationabiliter possunt. rhetoricam dicimus. Hæc in anima oratoris sedet. Materia uero artis non in ipso si exterius posita est. in disceptatione scilicet. orestes cum aduersariis suis. Primum semper materia datur. deinde artificium exspectatur.

Ecce orator Parat se. ut in oratione sua defendat orestem. Habet materiam orationis suæ causam obiecti criminis. ostendat artificium defensionis. Quantum ipse oratione est ualidus. tantum ille apparebit innoxius.

Et mox in exordiendo. tres ipsius exordii debet ostendere uirtutes. vt iudices faciat bencuolos i. taz se iu gûotomosin. Attentos i. zû ze-imo lóseende. Dociles i. firnumstige. Quomodo. hæc fiant a cicerone in rethoricis discendum est.

Sequitur partitio. Deinde narratio. Iste tres partes orationis ab oratoribus acceptæ. ætiam apud hystoriographos inueniuntur. prologus capitula. textus. Prologus lectores attentos et dociles facit. Bencuolentiam comparare non opus habemus in bystoriis. et commentariis. subauditur in causis rhetoricis. Capitula sequentis libri distinctionem faciunt. Textus vero ipsam rem expedit. Textus siue narratio in causis oratoriis. et in libris bystoricis tres uirtutes habet. sicut exordium. Vt breuis sit i. spûtich. Lucida i. offin. probabilis i. kelóuplich. Pro his quoque uade ad Ciceronem.

[s. 60 a.] Post narrationem. Si orestes aduersarii eam reprehenderunt. Oportet eius defensores argumentis instare. et narrationem suam confirmare. Sicut uicerit eos. et suam iudices post se inclinauit concludat breuiter. uel indignando super improbitate eorum uel mouendo auditores super innocentiam orestis. sicque peroratum est.

Iudicatio ergo sua et aliorum sibi consentiens inpunitum eum et inmunem a crimine facit. Quæ forte talis est. Orestem. qui sceleratissimæ suæ matris necæ non suam *subauditur* communem generis humani calamitatem extinxit. non parricidam sed patriæ liberatorem. et præmio dignum adiudicamus. Hoc exemplum relatiue constitutionis est;

De ceteris quoque constitutionibus uel statibus sicut et apud ciceronem exemplum tradendum est. Nam in coniæctura de intentione et depulsione facti. constitûtio dinoscitur. Vt ante regem salamonem meretrices contendunt. Dormiens inquit altera oppressit filium suum. Et contrario illa dicebat. Mentiris; one autem non factum negatur. sed nomen facti. Vt in exemplo furtum. sacrilegum negat.

In translatione. autem minime certatur de facto. aut de nomine facti. Non oportere tamen dicitur fieri ubi factum est ut in platea missas cælebrare. Aut quando factum est. Vt archiepiscopatum pallio uestiri die non solemni. Aut a quibus factum est. Vt ab hereticis baptizari. Aut quo crimine. Vt si scismaticus est . hereticus scribatur. Aut qua poena factum est. Ut morte affici qui uerberibus castigandus sit;

[s. 60 b.] In qualitate i. in generali constitutione queritur. hoc quod factum est bonum sit an malum utile aut inutile. æquum aut iniquum . iustum aut iniustum . ut in partibus eius declaratur sunt enim negotiale et iuridiciale.

Negotiale dinoscitur dum in uoluntate est quæstio . et ex utraque parte ueri simile uidetur. quod dicitur. nec facile pars altera alteri concedit. Vt quidam uxorem in quadragesima duxit. quæ ex eo filium genuit. patre iam mortuo. et germani fratres eius hereditatem conantur subripere filio dicentes. Non potest heres fieri . qui de tali matre natus est que tempore ducta non legitimo facta est ipsa non legitima. Defensores eius dicunt. Quomodo quæ patri eius licita erat non legitima quoque esset. et si licita matrimonia illicite pater contraxit erat et iniquæ. filius non portabit hanc iniquitatem patris.

De quibus verbis hinc et inde plurima oriuntur. quæ in iure ciuile inplicitas generant quæstiones. Ergo ciceronis de hac constitutione exemplum abhorret a nostra consuetudine.

Iuriditiale autem planivs est quia in eo, quid equum uel quid iniquum sit secundum iura naturæ requiritur . non secundum consuetudinem iuris ciuilis. et ideo iurediciale vocatur ista constitutio. quia in ea de iure dicitur. *subauditur naturali*.

Habet ergo partes. Assumptiuum . *subauditur* defensionis extrinsecus. et absolutum. *subauditur a defensione* i. mit‿ánt‿seido . únde áne ánt‿seida. Vt qui seruum distraxit. obiurgatus ab aliquo nil defensionis aliunde requirit. licere [s. 61 a.] sibi hoc tantum dicit. Hoc absolutum est. Assumptiuo sunt quatuor partes. Comparatio. Relatio Remotio. Concessio;

* Agnoscitur enim comparatio dum ille qui arguitur de aliqua improbanda re. ea se dicit maius damnum uitasse. *ita* ut (bl. 61 a.) eius consideratione laudandum sit quod ipse fecit. Ergo quidam piscator. socium lapsum de naui dum cerneret mergi. retraxit eum unco ferreo. quem habuit ad piscandum. eius infixo oculo. qui postea ductus

---

* Wir können hier mit der zürcher handschrift fortfahren. die abweichungen der münchener sind unbedeutend und durch liegende schrift bezeichnet. eingeschaltete stücke sind in klammern gesetzt.

in iudicium pro lesione eius oculi. defendit se comparatione maioris periculi. quod non aliter euaderet mortem.

Remotio *autem talis* est. vt defendat se quis neglegentie dicens. non ad me pertinuit ut hoc facerem. aut si arguitur facti. alterius iussu ad quem hoc pertinet se fecisse dicit. vt minister qui panem obtulit. obiurgatus cur et potum non dederit. remouet a se culpam. et pincernam hoc officii habere dicit. Et si sumptuose *argueret* agere. non se. sed dominum sibi iubentem hoc agere ostendit.

Relatio est dum culpa retorquetur in prouocantem. vt de oreste dictum est.

Concessio criminis duplex est. In purgatione et deprecatione.

Deprecationem cottidiana exempla docent. quando delinquentes in iudicio ueniam postulant et nil defensionis aliunde parant. sicut et dauid confessus est peccata sua dicens. peccaui domino. et nathàn propheta. indulgentiam promisit. atque respondit. dominus transtulit peccatum tuum. o dauid.

Purgatio sequitur triplex. Inprudentia. casus. Necessitas

*I*mprudentia purgat se. qui patrem uel fratrem in tumultu non agnouit. et occidit. Paulus [bl. 61ᵇ.] quoque confessus est inprudentiam dicens. nesciui eum esse principem sacerdotum. scriptum est enim principem populi tui non maledices. Et item plasphemus et persecutor eram. sed ueniam consecutus sum. quia ignorans feci.

Casus defendit eum. cui aliquid iniungitur. et preuentvs morbo. aut uulnere. aut hostili gladio. aut subita inundatione fluuii. aut aliqua re graui *et* inopinata non potest obedire. Non sicut ille qui ait. uxorem duxi. et ideo non possum uenire. potuit enim. sed noluit.

Necessitatem docet quod sepe audiuimvs. ui obpressam mulierem. et innoxiam iudicari. *

[Status legales sunt. [s. 61ᵇ.] contrauersiæ de legibus ortæ. Vt pro equo inustæ ablato quidam reddere uoluit xii solidos secundum legem alamannorum. Repetitor hos

---

* Obiger stelle entsprechend im Boeth. s. 59 Purgatio ist triplex. Ein purgatio heizet casus t. ch. keskiht. Mit casu antseidôt sih ter dir chît taz inis lazti anderes mannes tôd alde sîn selbes suht alde etelih ungewândiu geskiht. Anderiu purgatio heizet necessitas t. ch. nôt. also daz ist. ube er ze worte habet taz er wurte captus alde vi obpressus alde in vincula missus. Tiu dritta purgatio heizet imprudentia d. ch. unwizentheit. also Paulus sih antseidôta tô er chad: nesciebam eum esse principem sacerdotum. *die ehhafte noth des deutschen rechtes begreift beides in sich. casus und necessitas.*   *Wackernagel.*

recusauit suscipere dicens. Vile sibi pretium offerre. pro æquo præciosissimo. At ille satis fecisse se ait secundum iustitiam legis. nec cum posse. statutum legis recusare. nisi uelit ipsam legem dissoluere. De lege inquit nihil umquam incommodi uenit. nec ad hoc data est ut noceat. sed omnium utilitatibus consulat. Et dum euangelium cui nulla lex christiana contra dicit. si quid aliquem defraudaui reddo quadruplum. dicat quomodo tu qui fraudem fecisti. nec tantum pro eo quod fraudasti restituere cogitas? Eme talem tanto si potes ea sola ratio est. que suadeat mihi. quod offers. suscipiendum esse et tam carum estimare. Eo pacto qui legem dedit credendum est scribere de solutione damni. et aliquem modum de restituendo æquo ponere uel boue uel asino. quo eum non [s. 62ᵃ.] deberet quisquam carius emere. Iste status uocatur et sententia quia alius legis latoris scripto nititur. alius scriptum interprætandum. de sententia i. uoluntate scriptoris. scripto contradicit.]

Legalis status diuiditur in quinque in scriptum et sententiam. in ambiguas leges. et contrarias leges. difinitionem. et ratiocinationem. Scriptum et sentenciam.¹

Ergo cicero huius statvs nobile dedit exemplum de greca historia. quomodo epaminondas dux thebanorum. dum annuam potestatem haberet. successori suo statuto tempore exercitum secundum scriptum legis non reddidit. sed pro utilitate rei publice. diutius aliquantum secum retinuit. seque contra scriptum sentencia scriptoris racionabiliter defendit.

Ambiguæ leges sunt. ut est ciceronis exemplum. Meretrix coronam auream non habeto. uel [si habuerit publica esto. Potest dubitari. meretrix an corona publicetur. Apud nos paulus legem statuit dicens. vnvs quisque habeat suam uxorem propter fornicationem. Melius est enim (bl. 62ᵃ.) nubere quam uri. Ambiguum enim uidetur. an de laicis]. uel etiam de clericis dixerit.

Contrariæ leges uidentur de quibus scriptum est. in libro salomonis. Ne respondeas stulto. secundum stulticiam suam. ne efficiaris ei similis. Et item. Responde stulto secundum stulticiam suam ne sibi sapiens uideatur. Sed utraque per discretionem suscipienda sunt. De romanis legibus exemplum est. qui tirannum occiderit. rem quam uelit a senatu pro premio accipiat. Item altera lex est. Tiranno occiso eius quoque quin-

---

¹ Dieser absatz fehlt in der münchener handschrift.

que proximos cognatione magistratvs necato. Contingit alexandrum tirannum ab uxore interfici. hec filium suum quem ex tirano habebat. sibi in premii locum deposcebat. sunt qui consentiant. sunt qui puerum occidi ex lege dicant.

Diffinitio communis status est. quia sicut rationalis. ita et legalis est in hunc modvm. Diuina lex est diliges proximum tuum sicut te ipsum. fit questio: quis est meus proximus? fit diffinitio: qui facit *misericordiam*. Et item: saucium se facere in naui. i. relinquere nauem, et de scapha gubernare nauim. hoc est remanere in naui.[1]

De ratiocinatione tale exemplum habetur. famis tempore a quodam auditum est qui humanis carnibus uescebatur. quo ducto in iudicium non est inuentum qua pænitentia. uel qua pœna dignus sit.[2]

[Hæc exempla [s. 63.] de iudiciali tantum causa data sunt. In cæteris generibus faciliora sunt. quia præter conjecturam raro inuenies aliam constitutionem in eis.]

[Ergo causæ de legibus ortæ status legales dicuntur. Cetere vero que aliunde oriuntur. constitutiones uel status rationales dicuntur. quia in eis ratio facti exquiritur. Vt de ‛horeste. cur occiderit matrem suam.]

[Discendum est. et illud. quia proprie dicitur quæstio ut est feceritne. et communiter causæ. omnesque partes earum i. constitutiones et status et earum partes i. intentio depulsio. ratio. et infirmatio et iudicatio. quæstiones dicuntur. Et hæ sunt quæ ciuiles dicuntur. quia inter ciues agitantur. sunt enim ciues purchliute. ciuiles i. púrcliche strite. Ciues dici possunt etiam qui in agris habitant [s. 63b.] i. in demo geune. Aliæ sunt philosophicæ. Vt ergo discernantur. philosophicæ questiones sunt. controuersiæ in dicendo positæ. sine certarum personarum interpositione. Vt cœlum rotundum est. cœlum non est rotundum. Hae ad oratorem non pertinent.]

[Ciuiles autem quæstiones sunt. controuersiæ in dicendo positæ. cum certarum personarum interpositione. i. táz sint die strite die einliche quisse menniscin ánagant. Vt est feceritne. *subauditur* susannae concubitum cum iuuene. uel iurene fecerit. *subauditur* orestes occidendo matrem suam.]

[Ergo philosophicas. Quæstiones thesin dicunt. i. propositum quasi a longe et in absentia positum. quia philosophi non requirunt eorum aspectum. de quibus dispu-

---

[1] Dies kikeronische beispiel ausführlich in der münchener handschrift. Vergleiche Cic. Rhet. II, 51.

[2] Die münchener handschrift hat noch ein anderes beispiel, welches sich in Cic. Rhet. II, 50 findet.

tant. Vt puta de naturalibus rebus. huius mundanæ molis. aut de deo. aut de moribus in hunc modum. Verine sint sensus. quæ mundi sit forma. quæ sit sola magnitudo. quid sit bonum præter honestatem. an philosophandum sit an casu cuncta constent. uel diuina prouidentia regantur. Ciuiles autem quæstiones ipothesin dicunt. hoc est subpositum. ut persona subposita est oculis illa de qua quæstio mouetur. Considerant enim illi de his quæ præpouuntur. quid uerum quid falsum sit. Isti autem in his quæ facti sunt. uel quæ facienda sunt. quid bonum quid malum equum aut iniquum iustum aut iniustum. utile. honestum. aut turpe. possibile. aut inpossibile. necessarium aut non necessarium sit. Illi ut sciant quid affirmandum sit quid negandum. Isti ut sciant quid suadendum. quid dissuadendum sit. Illi in disputando. [s. 64ᵃ.] isti autem in dicendo. Illi fugientes frequentiam hominum. Isti sine coetu. et sine multitudine hominum nihil facientes. Ergo dissimilis est quæstio et causa. thesis. et ipothesis. quod philosophicum est et quod ciuile. Et causa quidem i. ciuilis quæstio. materia est arti rethoricæ i. ipsi oratori. ad ostendendam suam scientiam. iudicando et inueniendo in iuriditiali genere. quid æquum quid iustum sit. In deliberatiuo i. in consiliis et consultis rei pupplicæ. suadendo quod utile est.]

[In demonstratiuo i. comprobandis et creandis ordinandisve magistratibus. ostendendo quid in singulis honestum et laudabile sit. et indignum honore. et quid contrarium. Quæstio vero que thesis est similiter est materia philosopho ad exercitandum suum ingenium in discernendo verum a falso.]

[De constitutionibus et statubus secundo dicere ut exemplis clarescerent opus fuit quia materia quæ semper danda est ante artificium obscura non debet esse. nec aliunde potest ipse orator dinoscere qualis esse debeat suaque materiam secutura est oratio. nisi ex ipsius introductione materiæ. Hinc exordium orationis sumitur. hinc narratio et partitio i. distinctio narrationis. et confirmatio. reprehensio quoque asertionis contrariæ et epilogus quomodo disponendi debeant. considerantur. Huic congruere hoc est commodas facere omnes has quas nunc partes orationis diximus. Parum ab ea dissentire. uitiosissimum est. De quibus præcepta tam plura data sunt. in libris rethoricorum ut ea [s. 64ᵇ.] breuiter nemo compræhendere ualeat. propterea magisterio Ciceronis discenda sunt. Ad hoc humanum ingenium nouas sibi cottidie parit rationes suadendi et dissuadendi.]

[In quibus Rationibus alii sunt grauiores ut romani. alii acutiores ut greci. alii ornatiores ut attici alii copiosiores ut asini.]

[Documentum est. Ad grauitatem aliquando magnifice loqui. et ita narrare. quamlibet rem. quatenus salua ueritate. nil pæne possit de ea maius estimari. Vt medo prandente epotata sunt flumina. eo transeunte constrata sunt maria. nauigati sunt montes. excitæ sunt gentes. commotus est orbis. Reuera flumina non sufficiebant ad potandum exercitui eius et bosforum (l. Bosporum). mare ex nauibus ponte constructo copiis meabile fecit. Athon thessaliæ monte a continenti abscindens. et mare adducens nauigabile præbuit. Sed hæc de homine pene incredibilia. acuta sunt quoque arte loquendi. Cicero ad herennum de graui locutione. exemplum iuditiale protulit his uerbis. Nam quis est uestrum iudices etc.[1] [s. 65a.] Quid his uerbis ciceronis grauius. uúi mac-h-ter-iz heuigor chósón. Et ille hoc in causis. Ambrosius noster in inuitatorio christi non teniuor est dicens. Veni geminæ gigas substantiæ carnis tropheo cingere et cetera. Plus miranda sunt pauli tonitrua [s. 65b.] qui fiugens (l. fugiens) sapientiam uerbi. excellentia tamen et grauitate sermonis supergressus est cunctos. non arte sed spiritu sancto.]

[Item acute. loqui est. argumentis rem declarare. Hoc modo Rufum ne fidelem dicas. Vel sic. Tu auarum dicito et ego fidelem intelligo.]

[Item oratus causa. circuitione uel similitudine uel aliquo scemate uerborum aut sententiarum utimus. Vt uino madens pro ebrius et extrema parti (l. pati) pro mori. uel asinum sapit pro stultus est uel sicut uirgilius. Magnarum uirium est clauam erculis ui extorquere de manibus eius. Hoc est Difficile est homerum imitari. Sed et hæc grauitatis sunt. sunt enim eis communia præcepta quia et decet et grauius est genus et speciem pro indiuiduo totum pro parte superlatiuo pro positiuo pluralem numerum pro singulari ponere. Sed post de elocutione dicturi. quæ ad ornatum proprie pertinent docebimvs.]

[At copiosum est. propositionem rethoricam multis rationibus affirmare. Ad hunc modum. Propositio est. Melius accurantur quæ consilio geruntur quam quæ sine consilio amministrantur[2]. Approbatio est. Domus ea quæ ratione regitur. omnibus est instructior rebus. et apparatior. quam ea quæ temere et nullo consilio admini-

---

[1] S. Cicero ad Herennium IV, 8. [2] Vgl. Cic. Rhet. I, 34.

stratur. Similiter exercitus is cui præpositus est sapiens et callidus imperator. omnibus partibus commodius regitur. quam is qui stultitia et temeritate alicuivs administratur. Non enim facile [s. 66ᵃ.] discuntur hæc genera oraudi. **quia** proprii et magni operis sunt singula. et quia scemata i. figuræ orationum. argumenta quoque et rationes. et diffinitiones. et præcepta grauitatis. et omnia præcepta non solum rhetoricæ artis. sed et quedam grammaticæ et dialecticæ artis. ad hæc genera et ad has partes orationis aptantur. et auctores artium in his tota studia consummabant;]

[* Agit ergo. Omnis orator ut aduersarios frangat. iudices et auditores attrahat. et ut cicero dicit persuadeat dictione. Quid persuadetur? utique hoc factum quod ipse defendit iustum. bonum et honestum esse uel utile aut necessarium esse. Vel e contra quod impugnat. noxium esse. turpe et pudendum. et ab omni religione atque iustitia alienum;]

Ergo prima est materia. i. causa. de qua diximus. deinde oratio. quam nunc dicimus. (bl. 62ᵇ.) quæ ostendit causam qualis sit.

Ipsa oratio ex oratoris procedit sententia quam rethoricam uocitamus. vt bene intellegas eam extrinsecus haurire de materia quæ de intus propinet. Et eadem quid sit. sic definiatur. Rhetorica est benedicendi scientia.

Quid est bene dicere? apposite. i. apte uel congrue aliquid dicere ad persuadendum uel ad disuadendum.

Vnde quis hæc potest? natura administrat ea. doctrina uero nutrit et auget.

[Rhetorica est bene disputandi scientia. Et quidem require. a. bene dicere. b. Apposite i. apte et congrue ad persuadendum dicere¹. Vnde hæc quis potest? Natura administrat ea. doctrina vero nutrit et auget. Diffinitio interpretatur gnôtmezunga i. nihil plus nihil minus Potest et aliter ut ante ostendi.]

Partes eius sunt quinque. Inuentio. dispositio. memoria. elocutio. pronuntiatio. Non solum orator. sed et prædicator et qui nuncium fert. et quicunque uiua uoce uult narrare. his partibus indiget. Scriptores autem librorum. etsi non quinque. quatuor tamen partibus fretos esse oportet.

---

* Dieser absatz findet sich in der zürcher handschrift am ende des 5ten kapitels, liest aber „ait" statt „agit".

¹ Das „a" und „b" sind alte besserung, wodurch die in der handschrift getrennten und untereinander geworfenen theile besser zusammengefügt werden.

Et cum sex sunt *supradictæ* partes orationis illius qua orator utitur in causis . Exordium . Particio . Narratio . Confirmatio . Reprehensio . Conclusio . earum nulla nisi his quinque poterit partibus expediri . Quicquid enim in omni locutione reprehenditur uel laudatur . ad has quinque pertinet partes .

---

3. DE INVENTIONE .

[Ipse cicero . Falsæ inuentionis arguebat ermagoram . in rethoricis . dicens[1] . Nec quid dicat attendere nec quid polliceatur intelligere uidetur . Sic terentius sciens comicum debere ueri similem materiam habere derisit lucilium emulum suum . inuentionis . quod non esset idenonea . sed uilis et friuola . per caliopium recitatorem suum dicentem . Poeta uetus nouum poetam maledictis ne scribat deterrere parat . quia nusquam insanum scribit uel scripsit adolescentulum . cernam uidere fugere . et sectari canes . et eam plorare et orare ut subueniat sibi . Sic etiam uirgilium multi culpant uitiosæ dispositionis . quando errores eneæ . non a principio sed ex medio itineris coepit describere dicens . Vix e conspectu siculæ telluris in altum uela dabant laeti . Teoctistus præceptor prisciani . grammatici arguebat probum itidem grammaticum . [s. 67ª.] quod non haberet in memoria excipere satur saturi . quando scripsit omnia in ur desinentia tertiæ declinationis esse . Elocutionem reprehendimvs . cum barbarismum et sollœtismum solemus audire uel alia decem uitia que connumerantur . uel cum aliquid minus urbanum profertur . Vnde cicero dixit . Quemquam mandare litteris cogitationes suas . qui nesciat eas rite disponere uel ornare hominis est abbutentis otio et litteris . Quid de pronuntiatione loquor? quæ non minus in legentibus et canentibus obseruatur quam in oratoribus cuius uitia cauere post docebimus .]

Inuentio est excogitatio rerum uerarum . aut ueri similium . quæ causam probabilem reddunt . i . quam defendere uis in iuridiciali genere causæ . uel suadere in deliberatiuo genere causæ . (bl. 63ª.) uel laudare in demonstratiuo genere cause .

Cur aliter defendatur suadeatur . laudetur .. nisi sit probabilis? i . *lôbesam uel clôublich*. Excogitauit enim salomon rem . qua probauit . quæ ex duabus meretricibus mater esset infantis uiui . dicens . diuida-

---

[1] Cic. Rhet. I, 6.

tur gladio. hoc *mater* noluit audire quia quæ mater est diligit filium. quæ autem mater non erat. hoc postulauit fieri. Sic et danihel inuenit argumentum. quo probauit. falsum testimonium prolatum esse contra susannam. Quia sub cino et sub *prino*¹. repugnant. et non possunt simul stare. causam igitur sussannæ quam ipse defendit fecit probabilem i. *cloublicha*. hæc sunt in coniectura iudiciali.

In coniectura autem deliberatiua iudith inuenit rationem. qua holofernem occidendo. hostes fugando causam suam quæ est. non oportere tradi ciuitatem. reddidit probabilem i. *lobesama*.

In coniectura autem demonstratiua. samuhel ostendit saulem populo dicens. hic est quem elegit deus. Fit controuersia in populo. alii salutant eum dicentes. uiuat rex. filii autem belial dicunt. num poterit iste saluare nos? Deinde pergunt simul saul et samuel cum populo. contra filios ammon et reuersi sunt cum uictoria. Inde *rationem* inueniunt qua causam suam probabilem faciant. hi qui studiosi erant parcium saulis et samuhelis (bl. 63 ᵇ.) dicentes ad samuhelem. ubi sunt uiri qui dixerunt. non poterit saul regnare super nos? date nobis illos ut occidamus eos.

[Sed et athenienses [s. 67 ᵇ.] quondam obiurgati. cur claudum regem haberent. defenderunt se hac ratione inuenta quod melius est regem claudicare quam regnum. Et hic status comparatio dicitur in demonstratiuo genere. Petrus defendebat se per remotionem criminis contra iudeos. in iudiciali gn̄e iurgantes quare gentiles introduceret ad fidem. Inuenit ergo rationem. quæ probabilem fecit rem. Dum orarem inquit in solario. et esuriens uellem gustare. celitus mihi uas summissum est plenum bestiis et serpentibus cum hac uoce. macta et manduca. et ego inquam. absit a me quia inmundum et commune nunquam commedi. Et statim audiui. Quæ deus mandauit. tune commune aut inmundum dixeris. ut intellegeret quia deus non est personarum acceptor [s. 68 ᵃ.] *subauditur* in omni gente. qui facit uoluntatem eius. Hic acceptus est illi. Et qui sum ego qui contra dicam deo. Remouit ergo a se in deum auctoritatem facti. Item in alio loco. magistratus et pharisei ad apostolos. Nonne præcipiendo præcepimus uobis. ne in nomine iesu prædicetis? At petrus. Oportet inquit magis obedire deo quam hominibus. Sic ergo in omnium generum diuersis constitutionibus agnoscenda est in-

---

¹ Dan. 13, 54. 58.

uentio . que ualidior est cunctis rhetorice reliquis partibus.]

4. DE DISPOSITIONE.

Dispositio est rerum inuentarum et sententiarum in ordinem distributio . Táz chit scáfunga . vnte órdenúnga des ke-chósis . [i. *scáffunga unde órdinunga dis kechósis*.]

Bona dispositio est rem eo ordine quo gesta est narrare . non est hoc obseruatum in libris regum nouissimis . ubi prepostero ordine . quorundam regum obitvs . deinde quid in uita gesserint . narratur . Rationabilis dispositio lucidam facit orationem .

Paulus quoque eodem statu cur iudaismo derelicto ad euangelium se conuerteret iudeis reddit rationem dum narrabat eis quæ sibi contingerunt . in uia quando epistolas portabat in damascum contra christianos .

5. DE MEMORIA.

Memoria est firma animi rerum et uerborum ad inuentionem perceptio . Táz chit kehúgida . dés tú gedáhtòst . ze spréchénne . [*Daz chit kehugeda dés tu gedachtost zesprechenne*.]

Sufficit de memoria dicere . si non sit naturalis artificiosam parere quod solet fieri . uigiliis et assiduis meditationibus . Solemus etiam succurrere obliuioni scribendo et notando quæ cogitauimus . et monitores substituendo . Nam . ut solinus dicit . bonum memoriæ facile elabitur uel morbo . uel aliquo casu . *

6. QVID SIT ELOCVTIO.

Elocutio est idoneorum uerborum ad inuentionem accommodatio. Elocutio . daz chit reht kesprache . uel reht kechose ist [*daz chit. Récht kespraché uel recht-kechóse*] . Idoneorum uerborum acommodatio ad inuentionem . Dero sculdigon uuorto legida ze-dinen kedanchin . ze demo so du sprechen uuellest [-*ze-déme-*] . quod si hoc non feceris . acyroloyam [*achitologiam*] paris .

Item elocutio est perfecta locutio . Sicut enim ebibe . est . totum bibe . Ita est eloqui ad integrum loqui .

Idoneorum uerborum acommodatio ad inuentionem . f. propriorum et conuenientium uerborum adiunctio ad excogitationem .

---

* Ueber den rest der zürcher handschrift s. note zu kap. 2, s. 572.

Ergo elocutio pars eloquentiæ. quia elocutio ipsa et ceteræ *quatuor* partes pariunt eloquentiam.

Elocutionis duplex ratio est. Vna qua in singulis uerbis lumen apparet. Altera ut dignitas eloquendi copulationis ipsius decore seruetur.

Et structuræ totius elocutionis cicero duo fundamenta posuit. latine loqui. planeque dicere. duo fastigia. copiose ornateque dicere. propria uerba rebus dare. hoc est plane dicere. Hæc propterea fundamenta sunt. (bl. 64ª.) quia stabilem intellectum et certum constituunt.

Sunt tamen et alia propria precepta. quemadmodnm plane quis dicat. Translata uerba et *aliena*. ad ornatum pertinent. Nam dum uilescunt propria. requiruntur aliena. ut eis splendida et illustris efficiatur oratio. Propter hanc sublimitatem. hæc quasi fastigia dicuntur. Nostri itaque scriptores plerique in fundamentis studiosi fuerunt. fastigia uero quasi superuacua refutauerunt.

Ergo ad inuentionem idonea sunt propria uerba. aut pro eis aliena quæ decenti similitudine sint propinqua uel contraria. ut. si minus intellegentem stultum dicamus proprium est. Si asinum uel insulsum. alienum est. commodum tamen propter similitudinem. Si sapientem plus alienum est. sed per contrarium non minus commodum est ad intellegendum.

In propriis simplex locutio est. In alienis figurata locutio est. His et dominus usus est. Nam quod dixit: Ite dicite iohanni. simplex et propria locutio est. Ite dicite uulpi illi pro herodi. per similitudinem figurata locutio est. Illa autem. quid existis in desertum uidere harundinem uento agitatam? uel hominem. mollibus uestitum? per contrarium similiter figurata est locutio. Aliquando desun*t* propria. quæruntur aliena. ut gemmare uites. (bl. 65ª.) i. ougen die reba [*óugén dê ráeba*] dicimus et laetas segetes. i. sconiu chorn [*scónuiu chórn*]. non inuenientes quid aliu*d* dicamus. Aliquando sunt propria. quæ quia non sunt ornata. requiruntur aliena. ut fluctuare segetes pro moueri dicimvs.

Non solum autem singula uerba idonea. sed et sententias oportet fieri idoneas. Sunt namque et ipsæ simplices et figuratæ.

Intendendum[1] est caute. quia quod orator dicit ad inuentionem pertinet. qualiter dicat. et quo ministerio uerborum aut sententiarum ad elocutionem pertinet. Si quodcumque causa remedium requirat.

---

[1] „Intuendum". münch. handsch.

hoc paratum habeant . ex inuentionis abundantia est . vt si irati sunt iudices . et ille sciat rem uel personam introducere . qua illos placatos et beniuolos faciat . Hic non parum refert . splendidis an festiuis . tagaltlichen [tàgalichen] . an grauibus instet . quia grauem rem aut personam grauibus uerbis . iocosam rem aut ridiculosam . sicut est parasiti . festiuis conuenit explicare .

Hoc ad elocutionem pertinet .

Ergo omnis locutio simplex uel figurata . siue in sententiis . siue in singulis dictionibus idonea fieri

  Sôse snél snéllemo
  pegágenet ándermo .
  sô uuírdet sliemo
  fir᛫sniten scilt᛫riemo .

Et item :

  Der heber gât in‿litun
  trégit spér in‿situn .
  sin báld éllin
  ne lâzet ín uéllin .

Hæ figuræ lexeos grece dicuntur . i. dictiones . in quibus sola compositio placet uerborum .

Aliæ sunt *dianoeos* i. sententiarum . ubi aliud dicitur . et aliud intellegitur . ut est illud . Porcus per taurum sequitur uestigia ferri . Nam sinodochæ [3] . de opere sutoris totum dicitur et pars intellegitur .

potest ad inuentionem . Simplex intellegentiam rei amministrat *proprietate* uerborum . figurata commendat se etiam uenustate compositionis artificiosæ . aut significationis alienæ . vt *apud* uirgilium . Marsa *manus* (bl. 65 a.) peligna cohors festina uirum uis [1] . Ma . et na . gua . et sa . ors . et ars . uis . et ui . similes sillabæ . dissimilibus distinctæ gratam quodammodo concinnitudinem et concordem uarietatem dant . et fit per industriam talis compositio . in omni lingua causa delectationis . sicut et illud teutonicum :

  [*Sose snel snellemo*
  pegágenet andremo
  so uuirt filo sliêmo
  firsniten sclitriemo .]

  [*Der heber gât in‿litun .*
  er trégit sper in‿situn .
  sint bald éllen
  nelazit in‿uellin .[2]]

uel yperbolice . ut uirgilius dixit de caribdi . atque *imo* baratri ter gurgite uastos . sorbet in abruptum fluctvs rursusque sub auras . Egerit alternos et sidera uerberat unda . Nam plus dicitur . et minus intellegitur . Sicut et teutonice de apro :

---

[1] Marsa manus. Peligna cohors. Vestina (so Dousa und Niebuhr röm. gesch. 1, 112) virum vis. *der vers wird bekanntlich dem Ennius zugeschrieben.* M. Haupt.

[2] Scheint in „uallen" gebessert.

[3] „synedochice". münch. handsch.

Imo sint fûoze
fûodermâze.
imo sint bûrste
ében hô fórste.
únde zéne sine.
zuuélifélnige.

[*Imo sint fûeze
fuodermáze
imo sint purste
ébenhó fórste
únde zéne sine
zuúelifelnîge.*]

Hec aliena. sed propinqua sunt. Item per contrarium intelleguntur sententiæ. vt in *consuetudine latinorum* interrogantibus. qu*a*esiuit nos aliquis (bl. 68 ᵃ.) respondetur. bona fortuna. i. Hel unde salida [*hêl unde sálda*]. et intellegitur nemo. quod durum esset. i. unminesam zesprechenne [*unminnesam zespréchinne*].

Similiter teutonice postulantibus obsonia promittimus sic. Alles liebes gnuoge [*alles liebes cnúege*] ¹. et intellegitur per contrarium propter grauitatem uocis.

Sed hi modi numerati sunt in grammaticæ tropis. Hic tantum dicitur. quia aliquando idonei sunt ad inuentionem.

Ad hoc pertinet scire alias orationes esse continuas. alias uero per membra distributas.

Continua est ². Christus assistens pontifex futurorum bonorum per amplius et perfectius tabernaculum. non manu factum. i. non huius creationis. neque per sanguinem hircorum aut uitulorum.

sed per proprium sanguinem introiuit semel in sancta. Hec non recurrit. sed semper ultra tendit. quia non possunt superiora intellegi. nisi proxima consequantur. propterea finis totius sententiæ expectatur. ut intellegatur.

Alia autem est districta ³. cuius omnes partes per se intelleguntur. quæ dicuntur cola et commata. hoc est membra et caesuræ. ut est illud. Noli mihi molestus esse. iam ostium clausum est. et pueri mei mecum sunt intvs in cubili. non possum surgere et dare tibi.

Haec periodos dicitur et potest constare duobus membris. uel tribus. uel quatuor. uel sex.

Si uno membro (bl. 68 ᵇ.) sententia constat. non periodos sed colon dicitur. Deum nemo uidit umquam.

Martianus pene similem diffinitionem de colo et commate dat plura uerba absoluta membris. duo uerba ⁴. uel plura itidem absoluta cæsis tribuens.

---

¹ ik hebbe gott un allewege wol *d. sag. der br. Grimm* 2, 360. Wackernagel.

² „ut". münch. handschr. durch besserung.

³ „distincta". münch. handschr.

⁴ l. membra. Wackernagel.

Cæsum est autem pars eius. quod colon dicitur. et per se non intellegitur. ut est. omnis plantatio quam non plantauit pater meus celestis. Hic necessario ad plenum intellectum subiungendum est. eradicabitur. et fit colon *ex* duobus commatibus.

Sed cæsum est. quando sensus per se non stat statim autem subinfertur ita. Nisi dominus edificauerit domum. cæsum est. mox sequitur. in uanum laborant qui edificant eam. et impletur sententia. fitque colon commate diuisum.

Dicendum est quoque de uitiis elocutionis quæ cauenda sunt *in* singulis et compositis dictionibus. et quæ non sunt idonea ad inuentionem.

In singulis. ut sunt barbara. corrupta. inpropria. antiquata. turpia. differentia. longe recta [1]. insolenter prolata.

barbara. i. E'ndirskiu álder frœmidiu [*endirskiu álde frémidiu*]. i. qualia donatus dicit. Mastruga. cateia. magalia. et legibus alamannorum plurima leguntur. ut nahisteit. et uueregeldum. et fredum [*nasthai. et fredum. et uuerigeldum*].[2] (bl. 67 a.)

Corrupta. i. samerartiu [*sameratiu*][1]. ut est cirographum pro chyrographum. perfodiri. vt quidam legunt in euangelio pro perfodi. et peiurvs pro periurvs. intelligere pro intellegere. et omnes barbarismi.

Inpropria sunt. i. tiu unsculdigen [*tiu unsculdigun*]. quas grammatici *achirologias* grece dicunt. et interpretari possumvs manuales [3] dictiones. ut sperare pro timere. Sicut in illo uersu. Hunc ego si potui tantum sperare dolorem. Nam sperare de bonis dicimus. timere de malis. Tale est. iusto itinere pro recto itinere. aut ueniam dei pro gratia dei.

Antiquata. i. firniu uel u[f]iruuorfeniu. vt alucinari cerritum. caperratum. quæ antiquis in usu fuisse martianus testatur. Intellegitur enim alucinari uana somniare. Est autem proprie alucinare titiones agitare. ut lumen uideatur. Cerritvs est insanus a cerere dictus. Caperratus hispidus et pi-

---

[1] „repetita". münch. handschr.

[2] l. Alam. 56 *nastahit* d. h. *nastait*. es wird hier als name des eides bezeichnet den eine frau der morgengabe wegen schwört; dabei pflegten aber die frauen ausser der brust noch den zopf zu berühren (rechts-alterth. 897. schwabensp. landr. 20, 6. Bluntschli Zürich 1, 108); ein wort für brust ist der erste bestandtheil schwerlich; mithin bleibt wohl nur die bedeutung von zopf oder flechte. würklich steht auch *nast* im ablautsverhältniss zu *nest* und *nusta*, eben wie im lat. *nodus* und *nidus* verwandt sind, und *nestila* ist der umlaut dazu.   Wackernagel.

[3] „inmanuales". münch. handschr.

losus uel. rugosus. sicut est cornu capri. et apud plautum plurima iam obsoleta.

Turpia sunt [i. *unchiusciu*]. ut arrige aures. pamphile. quod in romana lingua de erectione uirilis membri dicitur. et si‿c‿lodius pro malicia sua stercus curiæ dicatur. et si propter uirtutem affricani morte eius castrata res publica dicatur.

Differentia sunt aliena. i. úngebáftiu [*ungehastiu*]. quæ secundum martianum sine ulla ratione dicuntur. ut si hominem neque corpore durum neque ingenio stolidum lapidem dicamus.

longe repetita sunt. i. ze‿uerro genomeniu [*ze‿uuérro genominiu*]. vt si uastam caribdim luxuriosam dicamus.   (bl. 67 b.)

Insolenter prolata sunt. id est uuider geuuo[ó]neheite. quæ per deriuationem aut interpretationem nouantur. i. noua inueniuntur. et potuissent quidem dici singulariter[1]. sed non solent. vt a capite capitatus. manu manuatvs. ala alatus. remo remitus. a quibus temperandum est propter insolentiam. i. seltsani alde ungeuuoneheite. Sic ciceroni insolens uisum est soterem interpretari saluatorem. quod apud nos sollemne et celeberrimum est. et ait qui salutem dedit.

---

7. DE VITIIS CONIVNCTORVM VERBORVM.

In compositis[2] autem uerbis aliquando structura aliquando clausula fit uitiosa.

Malam structuram soloecismum grammatici uocant. Cuius species sunt moitacismi[3]. lautacismi[4] iotacismi. polysigmia. omœoprofora. diprofora. hiatus. freni. collisiones. turpia quoque. uel cuiuslibet literæ assiduitas repetita. uel multæ breues sillabæ.

Moitacismi. lautacismi. iotacismi. polisigmia sunt ubi hae literæ m. l. i. s. uel plurimum sonant. uel male distinguuntur a sequentibus uocabulis. m. ut bonum aurum. bonum amicum. l. ut sol et luna. cælo lucent et luna lucet luce aliena. i. vt iure iuno ioui iuncta est. uel non est istud iudicium iudicii simile. iudices. s. ut sosias sedens in solario suo suebat soleas suas.

Omœoproforon est similis pronuntiatio. vt apud enium. O tite.

---

[1] „regulariter". münch. handschr.
[2] „coniunctis". münch. handschr.
[3] mytacismi. Wackernagel.

[4] lambdacismi. Wackernagel. Uebrigens habe ich in alten handschriften und in alten gestäben den ausdruck „lauta" für „lambda" öfters gefunden.

tute. (bl. 68 ª.) tati tibi tanta tyranne tulisti.

Diproforon bis prolatum. vt protere pedem pede.

Hiulcæ sunt compositiones quæ hiatum oris faciunt multis uocalibus concurrentibus. vt insulæ ionio in magno.

Collisæ multis consonantibus duriter concurrentibus. vt multum ille et terris iactatus et alto.

Freni dicuntur uoces. quæ in ore bis *similes* sunt. vt fratres terrore postrati in terram ruunt.

Turpis compositio. ut iuuat ire et dorica castra uidere. Caca in romana lingua est uentrem purga. Sic et numerum cum nauibus æquat. turpe est. quia cunna una tantum litera distante ostium muliebris uuluæ significat. Vnde et latini fugiunt dicere cum nobis ac prepostero ordine dicunt nobiscum ne turpiter sonet.

Assiduitas cuiusque literæ in odium repetitæ est. vnlustsamo gehabenter buostab (*unlustsamo geab'ter púchstab*). ut casus cassandra canebat. Et apud ciceronem. O fortunatam natam me consule romam. Diuina uero pagina non est obligata his regulis. ut interpres timeret dicere. Omnis homo primum bonum uinum ponit. uel hoc. si conresurrexistis cum christo. quæ sursum sunt. querite.

Plures quoque sillabæ breues uitandæ sunt. ut quam timida lenipedis animula leporis. Sanctum est canere. Magnificat anima mea dominum. Hæc ante finem sententiæ cauenda sunt. Dehinc clausulæ quæ pessimæ sunt. non minus cauendæ. Sed de bonis prius doceamus.

---

8. DE BONIS CLAVSVLIS.[1]
(bl. 68 b.)

Monosilbæ dictiones. ubi colon aut comma finiuntur. melius ponuntur. quam in fine sententiæ. Ergo si in longam desinat. ut lex. aut nox. præcedat trocheus. ut cicero. non scripta. sed nāta lēx. Item ipse. At debet esse legum in re publica prima uōx. Si autem in breuem desinat. anapestus. aut iambus præcedat. vt salustius. Tota autem insula modica et cultibus uariīs ēst.

Hæc monosillaba dictio positione longa natura et accentu breuis est. Item filius filii mei meus nepōs ēst.

Dissillabæ dictiones aptiores sunt claudendis sententiis. Et quidem bona clausula iambus et spondeus. vt est. felix patria quæ continet bōnōs ciuēs. Aut iambus et tro-

---

[1] In der handschrift nicht als titel geschrieben. dessgl. kap. 9, 10 und 12.

cheus . vt est . Corona ambiat că-
pūt rēgĭs . Bene quoque ponuntur
duo trochei . vt illud est . Lex est
bonorum ciuium māgnā cūrā . Si-
militer placent trocheus et spon-
deus . vt est . Hæc sunt quæ ma-
ximi principes sōlā cūrănt.

Trissillabam clausulam . si uelis
molliter fluere eam . fac trocheum .
et molosum . vt illud tullii . *Mare
fluentibus litus eiectus. Similiter de-
cent trocheus et ionicus minor. Ut est.*
Mare fluctuantibus lītŭs ăgĭtāntī.
Item pulchra erit . si media molosi
in duas breues soluitur . vt lĭtŭs
ēmīlĭē. Vel si terciam solueris in
duas breues . vt lĭtŭs āeqūabĭlē.
Item fit elegans . si penultima tro-
chei et prima molosi soluatur . vt
est curas rĕgĕrĕ ănĭmōrūm.

---

9. ITEM DE VITIOSIS. [1]

In monosillabis . si aut breuis (bl.
69ᵃ.) breuem aut longa longam
sectatur in colo aut commate . non
sine uituperatione est . vt illud .
Ista mea res est . Et ut cicero pro
ligario . Non tu eum patria pri-
uare . qua caret . sed uītā uīs .
Quod uoluntate orator non errore
composuit.

Dissillabæ displicent duobus iam-
bis . vt est . inueni ŏuēs mĕās .
Vel spondeo et iambo . vt tenui
sēruōs mĕōs . Aut spondeo et pir-
richio . vt est . Cōnsūl uĭdĕt . Aut
duobus iambis . vt est . pugnare
iuuenes pro parentĭbūs sŭīs . Aut
iambus et pirrichius . vt est pug-
nare iuuenes pro sŭīs părēntĭbŭs .
Displicet ualde pirrichius post pir-
richium . ita perdidi bŏnă mĕă .
Aut pirrichius et trocheus . ut est .
Conqueritur sŭă fāctă . Aut pirri-
chivs et spondeus . ut est . Im-
putat sĭbĭ dēmēns . Aut trocheus
et iambus . vt est . Omnia nēmpĕ
uĭdēs . Aut trochevs *et pyrrhichius*
ut est . Aspice fāctă mĕă Talis
clausula finem elegiaci pentametri
turpiter reddit.

In trissillabis pessima conclusio
est spondeus et molosus . vt est .
Mare fluctuantibus rūpēs ēiēctīs .
Item pessima pirrichius et molo-
sus . ut est. Mare fluctuantibus
ăpēx ēiēctīs . [2] Item uiciosa . si mo-
losi ultimi prima breuis sit syllaba .
quia heroicum comma nascitur . ut
est . lītŭs ămīcīs . Item cauendus
est spondeus ante molosum . s. in
tercia syllaba resolutum . vt est .
Si *te* semel ad meas cāpsās ădmī-
sĕrō . (bl. 69ᵇ.) Item ne incurras
in endecassillabi phalleutii petulan-
tiam . ut est illud ciceronis . Suc-
cessit tibi lutius metellus . Sic om-
nes fines metricis similes uitiosi

---

[1] Hier hat die münchener handschrift zum ersten mahle einen titel.

[2] Dieser satz fehlt in der münchener handschrift.

sunt. Quos tamen nec cicero præ magnitudine operis sui potuit uitare.

---

10. DE ELOCVTIONIS DIGNITATE. [1]

Post inuentionem maximam uim habet elocutio. Cicero in libris rethoricorum. de sola inuentione tractat. De ceteris partibus *in libro* ad heren*n*ium scripsit. *Debetur* namque elocutio*ni*. nimium exercitationis. *quia* nimium *habet* industriæ. ita ut inuentio parum prosit. si non elocutio assit. Sic demum *a*pparet excogitatio. si sequitur eius per uerbum explicatio. Nam quorum maxime miramur ingenia. *in his* duabus partibus clari erant. alius *in* inuentione. et alius in elocutione. In hac palmam habet uarro. in illa tullius cicero. Dicente augustino in libro de ciuitate dei. quant*um* iuuat uarro studiosum rerum. tantum delectat cicero studiosum uerborum. *Tam grata semper est elocutio*. vt a quibusdam postponeretur inuentio. vilem estimantibus materiam. quæ non esset eloquio decorata. vt hieronimus testatur in expositione euangelica dicens. Quia multi accesserunt legere nostras scripturas.

sed abhorruerunt ab exteriori cortice. antequam peruenirent ad interiorem medullæ dulcedinem. Et augustinus (bl. 70[b].) in libro confessionum de iuuentute sua locutus. discernit inter eos. quorum auditor erat ipse. inter manicheum scilicet et ambrosium. quod aliquanto ornatius esset eloquium manichei quam ambrosii. De cetero autem nullam haberet comparationem. Tribuens his uerbis utilitatem sensuum ambrosio. uanitatem nitidi sermonis manicheo. Tanta enim dignitas elocutionis apud antiquos fuit. ut sine magisterio uerbi pene ingratum esset. omne quod audiretur. et cicero *eum*. ut predictum est [2] abuti literis iudicaret. qui eas nesciret decorare et artificio commendare.

---

11. DE PRONVNTIATIONE.

Pronuntiatio est ex rerum et uerborum dignitate uocis et corporis moderatio. Possumus hæc uerba sic interpretari. Pronuntiatio dáz ist tíu gerértida dero stimma ióh tis lichamin. náh‿tero geriste déro uuórto. únde déro dingo [*Daz est tiu gerértida dero‿stimmo ióch tis lichamin nách‿tero gériste dero uúorto únde dero dingo*].

---

[1] In der handschrift nicht als titel geschrieben.

[2] Diese frühere stelle fehlt jedoch.
Wackernagel.

Item . quid est pronuntiatio ? kerértida . kebárda . kehába . keńurftigi . kezámi . sintsámi¹ . zúhtigi [kerertada kebárda . kehaba . keuuirftigi . kezámi . sintsámi . zuchtigi].

Item pronuntiare dicimus férrenân sâgên (ferrenan sagan) . i. præuenire uerba gestu corporis et qualitate uocis .

Quid est gestvs ? A′ntpâra . tátunîchúnga² . ánterúnga . uuérbida [aut para uiuchunga . anterunga . uuérbida].

Et quid est moderatio ? scáfunga . mêzunga . métenscáft [- - metelscaft].

Hinc aparet bene illum pronuntiare . qui loquens digne (bl. 70.) his rebus de quibus loquitur continere se sciat .

Ad hæc in oratore . uox . uultus . gestus . et habitus oris obseruantur . De his singulis precepta rethorice digesta sunt .

Bonitas uocis constat . claritate . firmitate . suauitate . quæ etsi natura tribuit . nutriuntur tamen cibi . potus . coitus temperantia . precipueque ut corpus deambulando moueatur intra breue spacium reditu maturato . Qui motus cum digestionem facilem prestat . sine dubio purgat et uocem . Nimia excursio et longa deambulatio . extenuat et fatigat uocem . Post hanc deambulationem . statim se orator ad studia conferat . priusque quam sit dicendum uocem lectione suscitet . Nec ab inicio clamandum . sed tenui murmure inchoandum . vt paulatim in uocem possit crescere .

Vultus quoque pro sententiæ dignitate mutandi sunt . sed non ita ut ystrionibus mos est . i. anterárin (ánterarin) . qui ora torquendo . i. prieken máchondo . ridiculos motvs . i. spileliche (spileliche) gebárda . spectantibus præstant .

In hac parte oculorum magna est moderatio . i. mézáftigi (mezhaftigi) . qui tum hilaritate . tum intentione . i. ánaseungo (ánaseunga) . tum minaci mouentur aspectu . Nec nimium grauioribus superciliis premendi aut petentibus frontem nudandi sunt oculi . i. úf únde nider (bl. 71ᵃ.) gändên din brâuuôn nist ze uinstrinne nóh ze uuitsehônne [úf unde niderganten din brauuon. nist ze uinistrine. noc ze uuitseonne]. Quod in pisone tullius amare uituperat . i. hántegô sciltit (handego sciltit).

Nec molliter agitanti sunt gestus . i. nóh ze liso neruôre sih (noh ze liso neruré sich) . nec muliebriter deducenda sunt latera . nóh uuiblicho neuuánchôe mitten sitôn (noch uuiblicho neuuánchoge mittin siton) . nec iactanda deformiter ceruix .

---

¹ L. „sitisami" oder „sitesami". Wackernagel.

² L. „tátuurchunga". Wackernagel.

nóh_ne hálsuuérfóe ze_úngezēmero uuis (*nohne halsnuerfoie etc.*). ne in illas hortensii illecebras. i. únzúhte (*unzuhte*). quibus etsi uenuste tamen non uidebantur uti uiriliter. i. di_ér_tēta zíero ni_dóch kómelicho (*di_er_teta zē_ero_ni doh komelicho*).

Ad summam gestus non is oratori tenendus est. quo schenæ placere dicuntur. actores. i. recitatores. s. fabularum comicarum uel traicarum. manus in contentionibus fusa porrectius. i. ze_uérro hina gerárter árm stridendo (*ze_uerro hina geráchter arm_stritendo*). in sermocinatione. uel narratione contracta. i. únde_abér_uuidere gezúhtēr sägendo (*unde abér uuidere gezúhter sägendo*).

Præcipue in hac parte præstandum *est*. ut deceant cuncta. quod magis prudentia quam ulla præceptionis huius arte seruatur.

---

12. EPILOGVS.

Has quinque partes rethoricæ. qui tenet ipsam. tenet et partes[1]. cum ipsa nihil aliud sit. quam quod partes eius. Latet autem in oculto. sicut omnis scientia. videlicet in intimo cordis. ubi et anima sedem habet. qua sine hæc locum habere non posset. (bl. 71b.) Sed inuenta occasione manifestam se præbet. et in multitudine populi. ubi sunt iudicia plebis. et consilia principum. curam regni ministrantium. ibi maxime gloriatur. ex his quæ de_foris hausit quam uera de_intus eructuet. Hoc namque totum opvs est rethorum[2]. qualis sit ipsa. et ingrediens ad eam materia atque de ea egrediens ORATIO.

---

[1] „Has quinque partes rethoricæ qui tenet ipsam tenet". cum ipsa nihil aliud sit" etc. münch. handschr.

[2] „rethoricorum". münch. handschr.

IV.
VON DER MUSIK.

1. DE OCTO TONIS.
[s. 4.]

Uuuizîn dàr mite. dáz an démo sánge dero stímmo. échert síben uuéhsela sint. die uirgilius [1] héizet septem discrimina uocum únde díu áhtoda in qualitate díu sélba ist. sô díu èrista. Fóne díu sínt án dero lîrûn. únde án dero rótûn fo síben séiten [2]. únde síbene gelícho geuuérbet. Pe díu ne gât óuh ándero órganûn. daz alphabetum nîeht fúrder. âne ze sibenè́e buóhstaben dien èristen. ABCDEFG. Téro síbeno sint fíere. ih méino. B C D E. állero sángo ùzlâza. Tíu des èristen toni. únde des ánderen sint tíu hábent ùzlâz án demo. B. tíu des trítten. únde des fièrden sint. án demo. C. tíu des fínften únde des séhsten an demo. D. tíu des síbenden únde des áhtoden. án demo. E. Únde uuánda sángolîb uuállôn mág fóne sînemo ùzlâze níder. únz ze demo fínften buóhstábe. únde ûf únz ze demo níunden. sô. dáz iz trízene úberlóufe. álso díu antiphona tûot. án demo èristen tono. cum fabricator mundi. bedíu sínt óbenán zû ze sézzenne. des kemáchen alphabeti

---

[1] Virg. Aen. VI, 645 seq. de Orpheo:
Necnon Threïcius longa cum veste sacerdos
Obloquitur numeris septem discrimina vocum:
Jamque eadem dígitis. jam pectine pulsat eburno.   Hagen.

[2] In der handschr. steht „síeten".

sébse die éristen . A B C D E F . únde nídenán drí die áfterósten . E F G . Tánne sínt iro séhszéne . sô uuîo dien álten musicis fínfzen búohstábo . únde fínfzén séitón gnóuge dúohti . únde sie uuóltîn dáz tiu cithara sô mánige séiten hábeti . únz ter óberosto demo níderosten incháde in quadruplo . Táz ist tiu méista proportio . únde méista simphonia . diu bis diapason héizet . diu fóne ánderén simphoniis bestát . uuánda diatesseron únde diapente . máchônt éin diapason . sô áber diatesseron únde diapente dáz kemácha diapason . sô dánne zuéi diapason éin bisdiapason . Fóne diu uuérdent fíèr simphoni.e án éinero fúnden . [1] [s. 5.]

2. DE TETRACHORDIS.

An dièn fínfzén séitòn . záltòn sie quatuor tetrachorda . A'n áhto séitòn zúei disiuncta . án síbenen zúei coniuncta . [2] dáz chît zuéi geskéideníu . zuéi úngeskéideníu . Vuánda áber nù éinêr zù getán ist . pediu sint siu álliu fiériu geskéiden . V'nde daz niderosta héizet grauium . daz ánder héizet fóne állero sánge ùzláze finale . daz tritta superiorum . daz fiérda excellentium . [3] Táz áber fúre die séhszèn séiten án dero lirùn driostunt sibene sínt . álso óuh súmelichoro órganùn driu alphabeta sint . dáz ist úmbe dia sémpfti getán . dáz man ána geléitèn béiden hánden . ùf stigendo fólle singen múge sángolîh . únde óbenán ne gebréste . nóh túrft ne uuérde . dia hánt àba demo óberósten alphabeto . ze uuéhselònne án daz niderósta . Tiu driu alphabeta sint tánne nóte sô gelîh . dáz án íogelíchemo sî diapason . únde dáràna diatesseron . únde diapente . únde án diatesseron sín drî únderlaza tonus tonus semitonium . únde án diapente fíere . tonus tonus semitonium tonus .

---

[1] Die Alten hielten diese Intervalle nur für konsonierend, alle übrigen dissonierten ihnen, selbst die Terzen und Sexten, und wurden nur allmählich in die griech. Musik aufgenommen. Forkel Gesch. der Musik. Bd. 1. s. 321. Hagen.

[2] Terpander, welcher der Lyra die siebente Saite zugefügt haben soll, hatte also zwei tetrach. conjuncta, so dass der Mittelton (mese) zu beiden gehörte. Laut Nikomachus hat dann Pythagoras die achte Seite und damit die tetrach. disjuncta gefunden. Forkel I, 323. Hagen.

[3] Schon die Griechen (Aristoxenus) und Römer hatten 5 verbundene Tetrachorde, mit 16 Tönen, und sie hiessen, nach Marcianus Capella, principalium, mediarum, conjunctarum, divisarum, excellentium. Forkel I, 325 ff. Hagen.

3. DE OCTO MODIS.

Tér óuh tia lirûn uuérbe . dér uuérbe sia ze démo méze . dáz sî úber dénetiu ne kélle . nóh sî fóre sláchi éa únlûtréiste ne sî . Diu hóhesta uuárba . únde diu niderósta . die sint fóre únméze úngezàmestûn . Bédiu lóbetôn friges únde dores . tia métenskáft . tíu únder dièn zuéin ist . V́nde álso dores uuóltôn étuuáz náheren sîn dero niderôstûn . dánne dero óberostûn . sô uuóltôn friges . éteuuáz náheren sîn dero óberostûn dánne dero niderostûn . Die zuô uuárbâ námôt musica . nâh tièn sélbên gentibus dorium (s. 5ᵇ.) modum únde frigium . Únder dièn zuiskên ist tonus táz ist iro zuéio únderskéit . O'be frigio ist lidius . téro únderskéit ist tonus . O'be lidio ist éines semitonii hóhôr mixolidius . únde óbe démo hóhôr éines toni ypermixolidius . Nóh tánne sint tri únder dorio . Niderôr éines semitonii ist ypolidius . únder démo niderôr éines toni ypofrigius . únde áber éines toni niderôr ypodorius . Táz ist ter níderosto . Fóne démo ist hina ûf ter áhtodo . únde der óberosto ypermixolidius . [1] A'n dîen octo modis . ih méino ypodorio . ypofrigio . ypolidio . dorio . frigio . lidio . mixolidio . ypermixolidio . [2] sint úns keóuget octo species . diapason simphoniæ . án dîen uuír findên úf stigendo fóne demo niderósten ze demo óberósten disc siben únderskéita . tonum . tonum semitonium . tonum tonum semitonium tonum . Pédiu liutet tíu óberôsta uuárba . duplum gágen dero niderostûn . V́nde bediu férnin . V'be daz ypodorius modus ist . tánne uuír stillôst ána náhên ze singenne . únde úbe ypofrigius ist . tánne uuír éines toni hóhôr ána sáhên . únde ypolidius tánne zuéio . únde dorius tánne éines diatesseron . únde frigius tánne éines diapente hóhôr . únde ypermixolidius dánne uuír fólles diapason . ih méino zuiualat hóhôr . dáz uuír dánne hóhôr ána sáhên ne múgen . uuánde óuh sélbez taz sáng . nóte stigen sól fóne déro stéte dár iz ána gefángen uuirt . únz tára siu hóhi gât . ih méino uuilôn iôh ze demo áhtodên búohstábe . dér zuiualt liutet.

---

[1] In der handschr. steht „ypermixolius".

[2] Nach Euklides und Gaudentius sind die 8 Töne auch 8 Tonarten: (A Hypermyxolydisch), B Myxolydisch, C Lydisch, D Phrygisch, E Dorisch, F Hypolydisch, G Hypophrygisch, A Hypodorisch. Ebenso bei andern alten Musikern, nur dass sie die Tonarten anders stellen, wie auch oben geschieht, wo Hypodorisch B oder C ist. vgl. Forkel I, 345. Dieselben 8 Tonarten haben noch die Neugriechen. s. ebd. 446: Dorisch ist bei ihnen C, wie bei Ptolemäus.   Hagen.

tánne dér búohstáb . ze démo iz
ána fíeng . Ménnisken stimma ne
mág fúre fièruált niehet keréichet
uuérden . (s. 6.) Tiu fíeruálti ist
sô ze férménne . álsô íh nû chád .
táz fóne demo éristen ánafánge in
ypodorio . sô . B. ist . álde . C.
zuíualt ist hina ûf bóhi ze demo .
B. álde ze demo C. in ypomixoli-
dio . únde áber dánnán zuiuált hína
ûf ze sinemo áhtoden búohstabe .
dér imo zuíualt . únde énemo fìer-
uált liutet . Tàr máht tû chîsen .
úbe dáz sáng férrôr stîget fóne si-
nemo ánafánge . dánne ze demo
áhtôden buóhstabe . sô diu fóre
genámda ántiphona tûot . dáz iz
tánne in ypermixolidio . ána ze fa-
henne ne ist . uuánda án démo
modo nioman úber den áhtoden
buóbstab kestigen ne mág . A'ber
an sô uuélichemo búohstábe imo
hóho ána uáhentemo gebristet . ába
démo stúrzet er nóte . án daz ni-
dera alphabetum . Ze démo sélben
búohstábe . also er óuh sár dánnán .
úbe iz ino peníderèt . uuidere úf
kestépfen mág án daz óbera . A'na
fáhendo hábet er geuuált ze er-
héuènne sô nídero . álde sô hóho
er uuile . áber sô er erhéuet . únde
fúrder gerùcchet . só ne hábet sin-
gendo nehéin geuuált . níderôr .
álde hóhôr ze fáhenne . âne ába
duplo in simplum . álde ábe simplo
in duplum . also er chúnnen mág
án demo monochordo . álde án
dero órganùn . Tér die suégela

méze . dér bórgee désselben . dés
án dero lirûn ze bórgenne ist .
uuánda úbe die éristûn ze láng
uuérdent . sô sint sie sélben ún-
hélle . únde hábent héisa lútùn .
dôh óuh tie ándere sîn lútréiste .
Uuérdent sie áber ze chúrz . tánnán
sint tie áfterôsten ze chléinstimme .
dôh tie éristen gnûog lútréiste sin .
Fóne diu chédèn dáz éinero élno
lángiu suégela . (s. 6^b.) fóne dero
zúngûn úf . án demo éristen búoh-
stábe . ze chúrz si . únde zuéio lán-
giu ze láng si . únde áber únder
diên zuiskén gágon ánderro hálbero
lángiu gelimpflih si . Sô hábet tiu
áhtóda áne hálb diametrum . éinero
élno dodrantem in léngi . únde diu
finftazénda mèr dánne trientem .
dáz chît den tritten téil éinero él-
no .

4. DE MENSVRA FISTVLARVM
ORGANICARVM .

Sîd tû nû becennèst . uuio álle die
suégela éin ánderèn énchédèn . sô
ne bedríeze dih óuh iro máza ze
lirnenne . Máchá dîa éristûn sô
lánga . sô dàr fóre geságet ist . úbe
dû uuéllêst . únde sô uuîta dû
uuéllêst . téro uuîti sûlen sie álle
sin . V'nde míz tia ánderûn bî
déro éristûn sús . Sih ze érist
uuío uuit si si . diu uuîti héizet dia-
metrum . Tára náh là án dero

éristûn suégelûn léngi . fóre . den áhtoden téil déro uuiti . únde téile sia dánnân nider únz ze dero zúngûn diu plectrum héizet . in niun téil ében michéliu . Déro niun téilo . gib áhto téil dero ánderûn . Táz ist iro léngi . fóne dero zúngûn ûf . Lâ dára náh fóre án dero ánderûn suégelûn léngi . zuéne áhto téila des diametri . únde téile dáz ánder áber álso in niuniu . únde gib téro niuno áhto téil dero drittûn . Dáz ist iro léngi . fóne dero zúngûn ûf . Nim dánne dia éristûn . únde lâ fóre án iro léngi den dritten téil des diametri . únde téile sia dánnân nider únz ze dêro zúngûn in fîer téil . únde déro gib tríu dero fìerdûn . Táz ist iro léngi . V'nde tára gât diatesseron . mit tono tono semitonio . V'nde fernim ſo ze ſogelîchemo . mâle . fóne dero zúngûn ûf. (s. 7.) Sô nim áber dia éristûn . únde lâ án iro léngi fóre dén hálben téil iro uuiti . únde téila sia in dríu téil . únde gib téro zuéi dero finftûn . Dáz ist iro léngi . Nim dára náh sélbûn dia finftûn . únde lâ in iro léngi fóre den áhtóden téil des diametri . únde téile dáz ánder in fîeriu . únde gib téro dríu dero sibendûn . Tánne míz tia áhtôdûn bi dero éristûn . lâ án dero éristûn fóre . sô uilo des diametri si . dáz chît lâ fóre álla dia uuiti . únde téile daz ánder in zuéi ebenmicheliu téil . únde gib éinez tero áhtodûn . Dáz ist iro léngi fóne demo plectro ûf . V'nz tára gât diapente . mit tono tono semitonio tono . Tára náh kíb tia sélbûn máza dien ánderên sibenen . tia dû nâh tero éristûn dien érerên sibenên gâbe . Sô hábet tánne diu érista zuô léngi dero áhtodûn . únde éin diametrum úbere . V'nde . sô sámo hábet tiu áhtoda zuô léngi dero finftozendûn . únde éin diametrum úbere . A'ber diu érista hábet fîer léngi dero finftozêndun únde dára úbere tríu diametra . V'be dih uuúnder ist . zíu iro dríu sîn . náls zuéi . ih kibo dir is rationem . V'uánda sô man án dero éristûn fóre lâzet éin diametrum . únde si nóh tánne dupla ist gágen dero áhtodûn . diu iro simpla ist . únde áber déro léngi fóre ferlâzenemo diametro . hálbiu uuírt tero finftozêndûn . sô ist tero áhtodûn nôte zuiuált . tánne dero finftozêndûn . únde éin diametrum . únde dero éristûn nôte fìeruált . únde zuéi diametra . áne dàz érista diametrum . (s. 7ᵇ.) Vuile áber der organicus fúre finfzên . álde séhszen . séiten . búohstába . fólliu dríu álphabeta máchôn . sô sól er daz dritta mézen náh tîên éreren zuéin . álso er daz ánder máz . náh temo éristen .

BUNTES.

Handschriften, welche mit kreuzchen (†) bezeichnet sind, habe ich nicht mehr
verglichen. über die ursache werde ich mich in dem nachworte
zu diesem bande aussprechen.

Handschrift A. D. 1.
Jahrhundert XI.

Die handschrift, klein folio, gehört der stadtbibliothek an. Sie enthält auf 91 seiten das leben des h. Dunstan, in schöner kräftiger schrift. Dieser lebte im zehnten jahrhundert, und sein jahrestag wird am 19. mai begangen. Fragliche lebensbeschreibung ist in den Acta Sanctorum, im vierten band des mai, s. 344, abgedruckt, aber aus einer mangelhaften handschrift, die auch sonst an werth der unsrigen nachzustehen scheint.

s. 1. Wlfricus abbas augustinensis monasterii — — abbati

ABONI — — salutem.
DVNSTANVS (oft).

s. 5. Perprodenti domino archonti [1] videlicet B. [2] uilisque saxonum indigena alta polorum gaudia etc.

s. 11. anglorum (öfters).

s. 12. albionum populus.
æthelstanus (4 mahl.) [3]

s. 13. uuestsaxonum finibus.
pater heorstan.
cynethrydh (mater).
insula — GLÆSTONIA (5).

s. 14. heorstanum.

s. 17. glæstoniensis (æcclesia 3).

s. 20. auite gentilitatis uanissima didicisse carmina . et histria-

---

[1] i. e. Alfrico Archiepiscopo Cantuariensi.
[2] Ist unbekannt.

[3] Die angelsächsischen namen sind meistens auch mit angelsächsischer schrift geschrieben.

s. 24. propinquus — ælfheah.
s. 25. ælfheahi.
s. 27. diaconem — uulfredum (2).
s. 29. æthelflæde.
s. 31. medonis liquor.
s. 32. Et tunc quidem in primo propinatu exhausere illud uas medonis ad unius palmulæ mensuram.
pincernis tamen nihilominus ut adsolet in regalibus conuiuiis cornibus. scifis. aliisque uasibus magnis et modicis totum diem propinantibus.
s. 36. regis — EADMVNDI.
s. 37. matrona æthelvynn.
sumpsit cytharam — quam lingua paterna hearpan uocamus.
s. 41. Erant autem apud ceoddrum ubi hæc facta fuerant etc.
s. 42. in — locis ceoddri.
s. 44. apprehensa eius dextera causa placationis seu etiam dignitatis osculatus est illam.
s. 47. (diabolus, erst als bär) — in canina satis sibi condigna specie.
s. 49. frater — vulfricus.
s. 51. in his sumersætensium finibus.
rex eadmundus (2).
heres eadredus.
s. 52. senex — æthelgar chrydionensis æcclesiæ presul.
s. 53. ælfvoldus uir.
s. 54. rex eadredus (2).
s. 55. eadvig filius (2).
s. 56. Et cum uidisset summus pontificum óda regis petulantiam.
s. 57. cynesium epm'.
s. 58. æthelgifu (mulier).
s. 62. a, brumali populo.
eadgarus (3).
flumen tamesæ.
s. 63. in loco qui uocatur bradanford.
s. 64. uuygoricensis æcclesiæ.
cyneuualdus.
s. 65. lundoniensem ecclesiam.
uenerandum odam.
ælfsinus uuintoniensium pastor.
s. 66. byrhthelmum dorsætensium preuisorem.
dorobernensis ecclesiæ.
s. 82. quem locum incolæ sub paterna lingua bathum soliti sunt appellare.
s. 83. prepositus — ceolvius.
s. 84. ælfsige ueni.
ecclesiam in modum farunculi construere.

Handschrift A. C. 15.
Jahrhundert X.

Die handschrift gehört der Vadianischen oder stadtbibliothek an und enthält Aratoris tractatus in actus apostolorum. Mitgetheilt sind die glossen von Graff in seiner Diutisca, b. 3, s. 434 und 435, doch nicht vollständig und genau. im sprachschatz gezeichnet Ar. 2.

- s. 2. zg. in limite. marcho.
- s. 5. zg. hamum. angil.
- s. 6. rg. in agro achelde mac tantum sepeliebantur corpora alienarum.
  - zg. circumtulit (figuram). pehebit.
- s. 7. zg. modos. leiha.
- s. 11. zg. leuet. úfhúob.
- s. 12. zg. languet. erzageta.
- s. 13. zg. misceat. skenche.
- s. 17. zg. uenale. chouflih.
- s. 20. zg. inpone. ufsezze.
  - zg. lucet. loizet.
  - zg. comprobat. laudat. kichiusit.
- s. 21. zg. pignoræ. fante.
- s. 22. zg. squamæ cæciderunt graues. slichimun errores iudaice legis.
- s. 23. zg. sportarum sinus. uuiti.
- s. 24. zg. discrimine carnis. ungeuúore circumcisionis.
- s. 25. zg. a plagis exstincti corporis. pleizzon infirmati.
  - zg. piscina. uuiare.
- s. 26. rg. instrumenta precum. kibáridon mentis.
- zg. uocisque repulsum. fermitunga.
- s. 32. rg. instruit — aperire. machót.
  - zg. quadrata. fierskoziu.
- s. 33. zg. peragratis — stationibus. thúrefarinén.
  - zg. perpetuum memorare vale. kesunte.
  - zg. furores. ursinnigi.
- s. 34. zg. facultas. pisecida.
  - zg. uigilantius. uuáchiligór.
  - zg. raptor eat. lupus. alnt.
- s. 35. zg. coronat. cetíurit.
  - zg. stadio. spúrt.
- s. 36. zg. angariat. férgót.
  - zg. præuius. foraléiso.
- s. 38. zg. negabo. luge.
- s. 41. zg. fragor. cálm.
  - zg. diuerberat. sláit.
  - zg. pars sonitus. calmis.
- s. 42. zg. vota. plheizunga.
  - zg. imposuere sibi. pihíezan sih.
- s. 44. zg. prouoco. purigon.
  - zg. appello. ferdingo.
- s. 45. zg. coeuo. hebenaltero.
- s. 47. zg. censuit. firbot.
- s. 48. zg. nuper. bnumiddunt.[1]
- s. 51. zg. horrea. stadala.
- s. 52. zg. conueniant. kehellen.
- s. 59. zg. sarcula. ietisin.
- s. 61. zg. lolii ne sordeat herbis. rbtbn [2] (-ratan).

---

[1] Das b ist deutlich, etwas grösser als die übrigen buchstaben, und steht ein wenig voran.

[2] So ursprünglich, doch ist der obere theil des ersten b so getilgt, dass eigentlich „rotbn" steht.

s. 62. zg. natura . áriuce .
zg. artare . peduuingin .
s. 65. zg. æquoris . skahin .
zg. laudis instrumenta . liuminta .
zg. hospitio . vuirtskefte .
s. 66. zg. flammiuomo . hfkzzfrp (heizzero) .
s. 67. zg. in cithara uersarem . uuerebin .
s. 71. zg. simicintia . kúrtelliu .
zg. sudaria . suueizfano .
s. 72. zg. dissecat et facies . chrazzota .
s. 74. zg. funditur . zersprenit uuart .
s. 76. rg. qua . thero .
zg. animantur . gekozzin uuerdint .
zg. comparat . ingag : nmeszzót .
s. 77. zg. figuram . picéichinnussida .
s. 78. zg. despiciens . niderlichente .
s. 79. zg. porrige . skenche .
s. 80. zg. uicissim . herrolícho .[1]
zg. ictu . stiche .
s. 82. zg. uicissim . herclicho .[2]
rg. nam spiritus almus . hertots; ip' sua dona dare .
s. 83. zg. in tenebris (ziuch) captura (piscatio) fuit .
s. 84. zg. statione . steti .

s. 86. zg. liquoris . kefluscido .
s. 89. zg. consule . serigo .
s. 91. zg. non innata . purtigin .
s. 93. zg. vota . uuunsca .
s. 94. zg. erili (l. herili) . herlicho .
s. 96. zg. pedibusque negatis . (claudis) giuueigitun .
s. 97. zg. rumpit . sceidit .
zg. fusa . kecozzine .
s. 101. zg. suffocata . eruueretiu .
s. 102. zg. quæ . uuelicha .
zg. euacuat . abcicht .
s. 103. zg. ligonibus . sechin .
zg. subito . nahi .
s. 106. zg. ieiunus . auerbodi .
zg. donare . fergéban .
s. 107. zg. miseratus . erbarmente .
s. 108. zg. uagatur . uuéibota .
s. 113. zg. orbe . ringe .
s. 117. zg. tribunal . suonstuol .

Handschrift 29. Jahrhundert XII.

s. 90. rsch. o‿we minir gar virlorn iare
dv mir in der welte sint irstorbin
ir velsu minne stunt mir zo‿civare
de' ihc nahc der sine was virdorbin
nu hat mihc dv mine des irmant
dc[3] got dvrhc uns vf ertrihc cam

---

[1] nicht „hertolicho", wie Graff hat.
[2] nicht „hertlicho", wie Graff hat.
[3] der buchstab ist dem „c" am nächsten, auch wie dieses dem vorangehenden buchstaben etwas angelehnt, aber demungeachtet nicht völlig gleich. etwa dc u. dc.

vnt de sin wort zo gut an vns ist worden

sin mine hat mihc brath in grawin ordin †

---

† Handschrift 44. Jahrhundert VIII.

Die handschrift enthält verschiedenes, unter anderm botanische namen und rezepte und dergleichen, denen wir folgende glossen entheben.

s. 280. Artemisia. zimber.
s. 281. Acaru. spartilla.
Apillus. milane
Aristologia. raga.
Artemisia. zimbira.
s. 285. rapano godego.
s. 324. bisara. id est puta agreste.
s. 326. herisflos. hiu.

Handschrift 53. Jahrhundert IX.

s. 290. rsch. Skerzinin. Gotelin. Penno. Harman. Pafinin. Adilpurh. Alberih. Werinhere. Perhtolt.

Handschrift 151.
Jahrhundert X und XI.

s. 170. Lantfrancus (mehrmahls). Beringarius (mehrmahls).

Lantfranchus.
s. 183. Lantfrantius (mehrmahls).

---

† Handschrift 186. Jahrhundert X.

s. 193. SKIQESUXT [1]. BMCXT. FYUSFNBN. QBSYFN TDSKQTKU.

---

† Handschrift 213. Jahrhundert IX.

s. 114. rsch. pirter considerat absit leo est in via.

Handschrift 215. Jahrhundert X.

s. 128. cum præfatus rex totila narniis uenisset.
s. 168. zg. uangas. craba.

Handschrift 232.
Jahrhundert IX und XI.
(S. b. 1, s. 328.)

s. 1. Npkfr (st. Nptkfr, Notker).

Handschrift 251. Jahrhundert IX.
(S. b. 1. s. 331.)

s. 77. zg. compendiosius (giuuorsamora) argumentum.

---

[1] Das „E" ist geschwänzt.

† Handschrift 260. Jahrhundert IX.

s. 142. namehaft (vielleicht zu »famosus«)

s. 390. Monachi uuichrammi monitis
  Hartpertus ecce diaconus ornauit thecam hanc etc. [1]

Handschrift 263. Jahrhundert X.

s. 62. zg. uibramine i. lohizido.
  zg. uernabant i. cruaneton.
s. 65. rg. argutus i. listigo.
s. 117. rg. uestes i. bubeteni.
s. 183. rg. (? ueretrum) himaht.

---

† Handschrift 264. Jahrhundert X.
  spassante papa [2].

---

† Handschrift 268. Jahrhundert IX.
s. 1 u. 119. fp. Papauer Mago (oft).
s. 19. Saxo Franco discipuli.

---

† Handschrift 278. Jahrhundert IX.
s. 514. ftrxnt pphkr (ophir?) opnxf kkmab pfrłkqxkdb (perliquida) gbhbs (gahas).

Handschrift 393. Jahrhundert XI.
  (S. b. 1, s. 338.)

s. 1. coram Aribone archiepiscopo (5).
s. 2. Ekk' (Ekkehardus, mehrmahls).
s. 10. zg. nucleus. scála.
  zg. granatio. chérno.
  zg. crinus. húlsa.
s. 18. zg. sit Osanna Chereque tonanti. uuillichomo heil herro.
s. 24. zg. discophorus. propositor. trúhtsazzo [3].
  zg. Infusor uini. pincerna. scéncho.
s. 32. zg. stupescentes Erónte.
s. 51. Totilæ. — Gothus.
s. 66. zg. ó Notker.
s. 78. zg. perfracta tonitrua. toniris chláccha.
s. 89. zg. otmarus (14 mahl).
s. 113. zg. Periscelide. nistilla.
s. 114. zg. prænidet. smurzot.
s. 122. Brunhildis.
  Teutonus affinis sordet (teutono).
s. 134. franchos. — sueuos.
s. 136. Notkerus (5).

---

[1] Siehe Weidmanns Geschichte der Stiftsbibliothek, Anmerk. 47.
[2] Mabillon, vet. analect. b. 4. s. 34.
[3] Es ist schwer „trúhesazzo" zu lesen. auch wäre die schreibart gegen ekkehardischen brauch.

zg. arbona (7).
s. 140. Fridiburgam [1].
s. 142. Si constantiæ male iudicatum sit Magontiam appellatur [2].
s. 150. zg. Ruodh' et Vuarinum. Lantpertum.
s. 151. zg. maris potam*ici*.
s. 152. sueui*æ*. — alemannos.
s. 153. Uodalricum. Uuiborada (5). monte Rotino [3].
Karolus (3). — Rachilda.
zg. Ratpertum. Tuotilonem. Isonem. et alios multos scribendos quidem. inter quos haromanni duo.
s. 154. Hartkero (presbytero).
zg. Perhtorad*æ*.
Gerolt. — Uualtipreht (presbyter).
s. 155. Uuicpreht. — Thietpalt. Uuichart.
zg. Teutonice propter etc. [4]
zg. Kisila.
s. 171. zg. Tecla. — Brigida. Alcuinus.
s. 184. BENEDICTIONES AD MENSAS. YMMONI ABBATI DE SANCTO GREGORIO FRATRI GERMANO COMPACTÆ ROGANTI. [5]
s. 185. zg. elixum. cesótin brot.
s. 186. zg. salsuram. sulza.
Danubii piscis. sit Huso saporus in æscis (Huso sit odorus).
Esocem. labs.
s. 187. Faciat grauidam fungi dulcedine triscam.
Illanch præcellat alemannicus (uel suietus [6] datus) et mala pellat.
Crux faciat sanam uirtute potente Rubulgram.
Lampredam raram.
troctam. troctas. troctam.
Troctæ. salsus piscis Almarimus (harinch).
Fercla superstantem signet crux sancta natantem (uel uolantem).
rubricum (rutin).
Hanc Uualaram crassam.
crundula cum capitone.
Fibri caro piscis.
s. 188. Auca (anser et auca). Anetam.

---

[1] Die tochter des herzogs Gunzo von Ueberlingen.

[2] Arx, Geschichten des Kantons St. Gallen, b. 1, s. 255.

[3] Rotmonten, nordwestlich von St. Gallen.

[4] S. b. 2, s. 4.

[5] Diese segnungen, so abgeschmackt sie sind, verdienen doch wegen der reihe von speisen, welche damahls üblich waren, eine mittheilung. vielleicht wird sie mein freund F. Keller in dem archiv der antiquarischen gesellschaft in Zürich geben. wenn nicht, so werde ich auf einen abdruck derselben bedacht sein. hier war der platz nicht dazu.

[6] Das „ie" in suietus" hängt mit dem untern theile zusammen. ob zufällig? ob eine verbesserung?

s. 189. Pradonem coctum.
  zg. Carnes conflictas. kehachot.
s. 190. Uesontem.
  Uri.
  zg. Pernix Cambissa i. e. fera alpina.
  alpinum Cassum faciat benedictio crassum.
s. 191. Pultibus et luttis. niueis sit benedictio guttis.
s. 195. Dulce Sauinatum[1] faciat benedictio gratum.
  Medonem. pocula Medonis.
  UERSUS AD PICTURAS DOMUS DOMINI MOGONTINÆ. — ARIBONE ARCHIEPISCOPO etc.
s. 235. zg. Incubitor. scráto.
s. 239. Purchardus abbas (5).
  AD PICTURAS CLAUSTRI S. GALLI.
  Brunhildis luxibus obstant.
  Brunhilda.
s. 240. castrum Turicinum.
  Ecce petunt pelago (turicino) loca Tucconiæ.
  Gallus agens uerbo. zelo sacra (idola) fregit acerbo.
  Mersaque Neptuno. iacet obruta sub Joue Juno.[2]
  zg. laci potamici.
  Uuillimarus (5).

petiere Brigantum
  zg. brigantinos. — a brigantio.
s. 241. Hiltibalto (diaconus, 2).
  Fluminis aggressi tandem laculos (louffim [3]) pede (itinere) fessi.
s. 242. Asmodei (dæmones) stabant. A'h ué sibi uociferabant.
  zg. frideburga.
  zg. a duce cunzone.
  zg. Fit fuga Quadrauades (locus iuxta siluam sennie).
  zg. a quadrauadis.
s. 243. Itur Hiburningum (locus) Fridiburch ubi passa malignum.
  Eiulat ille prior (demon per os eius). Gallus prope (est). Vĕ mihi pellor (expellor).
s. 244. Ecce super montem (Notkeri frontem [4]). prope riuum (steinaha) rupe cadentem.
  Magnaldum (diaconum, 2).
  (in) Stagnello (petrosæ. lóuffin) palmos Esox (lahs) capitur duodenos.
s. 247. (folgt Ratperts lobgesang, den wir b. 1, s. 337 mitgetheilt.)

---

[1] Ein getränke.
[2] Ratperts lobgesang, dritte strophe, b. 1, s. 340. — Arx „Gesch. d. K. St. Gallen", b. 1, s. 13.

[3] Es scheint hinter dem „m" etwas weggekratzt zu sein.
[4] Notkersegg bei St. Gallen.

s. 259. Epitaphium Uualtheri Spirensis episcopi. Uualtherus. — Spire.
s. 260. Rachilda (2).
imperio Uuiborade.
(folgt s. 262 das epitaphium, welches wir b. 2, s. 6 mitgetheilt.)
Heinrich. Herimannus (2).

---

† Handschrift 397. Jahrhundert IX.
(S. b. 1, s. 335.)

s. 18. Irmingarda.
s. 20. Ansker. Osman. Eberhardus. Rihboldus.
s. 21. perehtoldus filius chadaloh.
Chuonradus. Nidger.
s. 22. Ingilinheim.
Gozbaldus. Reginsinda. Uualahfridus. Theotpoldus. Leitholfus. Hildiburga. Truogo. Abo. Vuoradus. Notingus. Liut —.
s. 26. Hludouuicus imperator apud magonciacum obiit. In insula breni quæ est sita iuxta palatium ingilunheim. Corpus uero eius translatum est urbem mettensem et in ecclesia sancti arnolfi confessoris christi sepultum. Vbi et hildigarda quondam regina et mater eius humata est.
s. 27. In castello turego.
Perehtheid.

s. 40. Sebum. unslit.
Serum. chaseuuazzer.
rg. mizzi.
rg. cramiz.
s. 47. Ciuitas argentoracensis id est stratburg.

---

† Handschrift 552. Jahrhundert IX.

s. 233. rg. lxrfbrbnt (lurebrant?).
s. 363. rg. crbbr. m. (érbar?).

---

† Handschrift 562. IX. Jahrhundert.

s. 20. Audiuit dæmonia de quodam monte qui himilinberc dicitur clamantia.
s. 22. ad iburningas uillam.
s. 25. Tucconia (mehrmahls). Brigantium.

---

† Handschrift 621. Jahrhundert IX.

Geschichte des Orosius und anderes. glossen von Ekkehard dem vierten?
s. 94. rg. exoluerunt firstúnchin sint.
zg. componi paccan.
s. 187. zg. et post in farinam redacta. quod barbari malz uocant.
s. 227. zg. sine dubio tuncante.
s. 239. rg. Audiuimus etiam barbarice interpretari Antennas stiurruodir.

s. 243. zg. postquam in arduennam (hôsininch) siluam
zg. reconditas in arduenna (ôseninch) silua
s. 246. rg. cupas chuóffa.
s. 265. zg. Post hoc claudius drusus cujus mogontie est tumulus . l. Trûsilêh.
s. 271. zg. cesset intentio ána-spracha.
rg. Intentio et Depulsio. uerba Rhetorica sunt id est Accusatio et Defensio . Siue Impulsio et Depulsio . Barbarice Máli unde Uuéri . Pro rostris . et in Conciliis . quæ et placita uocantur.
s. 298. zg. pannonios nunc Ungri (2).
s. 336. zg. quod romania fuisset. s. tunch.

Handschrift 626.   Jahrhundert IX.
(s. b. 1, s. 421.)

s. 313. Pagina Purchardo Placeat Præ Postulat Fkkbrt (Ekkart).

---

† Handschrift 635. Jahrhundert VIII.
(Paulus diaconus.)

s. 9. Nam iuxta illorum linguam lang longa' . bard . barba significat.

s. 18. habitauerunt in campis patentibus . qui sermone barbarico feld appellantur.

---

† Handschrift 671. Jahrhundert IX.
(Not. prov. Gall. Goldast.)

s. 240. rg. ita uidelicet . ut medietatem wierigeldi ei' eps' utilitatibus etc.
s. 247. precium tuum id est wirgildum.

---

† Handschrift 844. Jahrhundert X.
(Boethius, de consol. philos.)

s. 16. zg. conquesta est . chlagota.
s. 19. zg. obuersatus fueram i. commoratus . i. inheimmon.
s. 20. zg. panniculis (tucchinin) partibus.
s. 22. rg. arma azzasi.
s. 31. rg. crimen iniqui peruersi anaziht.
s. 32. rg. si enim cuius oriundus sis patriæ inburto.
s. 33. zg. celebrentur . kimarrit uuerdant.
s. 34. rg. inhorruit strubeta.
s. 39. zg. habitum gihaba.
s. 45. i.g. fomenta gesuuedi.
s. 46. rg. lihluhti.
s. 47. rg. radiat glizinot.
s. 49. zg. spem kidingi.
s. 51. rg. peruenire gigangan.

s. 57. rg. aruis holden.
s. 58. rg. merx scaz.
s. 61. rg. maduit nazzeta.
s. 63. zg. insolentia ungiuuoni.
s. 65. zg. mordaciter gremizlihe.
s. 67. rg. chraffen.
zg. querere chlagos.
s. 70. zg. mordeant zantant.
s. 73. zg. intentio indahti.
s. 76. rg. inlita gisalbotiu.
rg. mestare quirit ginginti uel suuinginti.
rg. susurrat. zuizzirot.
s. 78. forenses malli.
zg. fraude vntriuuon.
s. 79. rg. ziu nimes.
rg. gypperostim ordiu.
s. 80. rg. inclarescant irmarit uuerdant.
s. 88. rg. hamos uel nassas riusa uel chorba.
s. 96. rg. conuincat vbirvuinte.
s. 104. rg. giuurtigero.
s. 107. rg. Intuueritu.
s. 120. rg. intentionem indahti.
s. 128. zg. afficit chélet.
zg. infecit ferchústit.
s. 133. rg. efficacem utilem. frumilicha.
s. 134. rg. impunitate donati (honorati) firgebani.
s. 179. rg. adspirare biuuanen.

---

† Handschrift 845. Jahrhundert X.

Glossen in geheimschrift zu einem lateinischen commentar des Boethius, angeführt in Graffs sprachschatz, s. XXXV, unter Bo und Bo 1, und abgedruckt in seiner Diutisca, b. 2, s. 302.

So viel ich aus der abschrift, welche ich von fremder hand besitze, und ihren bemerkungen abnehmen kann, stehen die verteutschungen nicht immer genau über den betreffenden wörtern. schwerlich haben wir die originalarbeit des glossators vor uns, und verwechslungen von buchstaben und sonstige fehler, die nicht selten sind, fallen wohl dem verfertiger der handschrift, nicht unserer abschrift zur last, obgleich r und s, f und s, b und h einander sehr ähnlich sein müssen. so auf s. 117 »rbtkfcopt st. rbtkscpt«. Graff liest freilich s statt f, und hat das o nicht, was aber leicht seine verbesserungen sein dürften, da unsere abschrift ihre lesarten ausdrücklich bestätigt. s. 123 »zfvvkzfppntf st. zvvkzfrpntf«. ebend. »zfvvkrpt st. zvvkzfrpt«. s. 185 »lfchk st. lfkchk«, u. s. w. häufig scheinen endlich f (e) und h überflüssig eingefügt, wie z. b. in »nprdpfstbn, npht, thfrbtk«, auf s. 51, 76 und 74. vgl. noch s. 36. 74. 76. 78. 96. 108 u. s. w.

(Liber I.)

s. 6. zg. studio flkzzf (flizze).
zg. modos lfkchk (leichi).

zg. lacerae chbrbgpn (charagon).

s. 8. zg. auertit lfkdkzkt (leidizit).

s. 9. zg. nubila tenebrosa xxfnchklkgkx (uuenchiligiu).

zg. querimoniam chlbgflkchfn uuxpst (chlagelichen uuuost l. uuuoft?)

s. 10. zg. uigoris frnkstfs (ernistes).

s. 11. zg. quæ cum (*altius extulisset caput*) fxrfnpmfs (furenomes).

zg. subtili artificio xxbxxkrchf (uuauuirche).

s. 12. zg. elementa bxphstbbb' (buohstaba).

s. 15. zg. assuefaciunt gfuufnbnt (geuuenant).

zg. opere . studia stxndxn (stunden).

s. 16. zg. Sirenes mrfkmkn (mreimin st. merimin).

Excessit . x. b. frscrfkt xzuukstb (erscreit uzuuista).

conquesta causata est chlbgftb (chlageta).

s. 20. obcecato . fruuprdfnfmp (eruuordenemo).

ad perfectionem perueneras ascenderas gfdkgk (gedigi).

contulimus (arma) fecimus et dedimus tibi gfsmkdptpn uukr (gesmidoton uuir).

s. 21. applicuit zxppt (zupot).

s. 22. choro uufstlmnpnd [1].

sit breuiora tracia nprthuufstbn (northuuestan).

boreas uentus aquilonis nprthpstbn (northostan).

s. 23. emicat apparet . blfcckzkt (bleccizit).

uibratus lphfzfodfr (lohezender).

laribus . s. knhfkmpn (inheimon).

s. 26. cecisse gkgbngbn (gigangan).

zg. profane xnchkxscfrp (unchiuscero).

s. 27. incelebris xnmbrf (unmare).

per decretum gfmbrchptkst (gemarchotist).

zg. in arcem kn‿ufstk (in uesti).

s. 32. zg. describeres insinuares uukstks (uuistis).

s. 33. zg. (*respublicas*) Beatas chxnfrkchf (chuneriche).

zg. improbis xnchxstchfn (unchustchen).

flagitiosis mfkntbtkgfn (meintatigen).

otia mxpzzb (muozza).

publice gfmfknfrp (gemeinero).

nisi ut omnibus prodessem

---

[1] Graff: uufstbnuprd. unsere abschrift besteht auf lm, gibt aber für den auslaut die möglichkeit von rd zu.

proinde cum . i. fuerim xn-
frbstfnlkchb (unfrastenli-
cha).

s. 34. fortunas frpmb (froma).
impunita xnkngbltkx (unin-
galtiu).
iniustitiam lbnlkxtp (lanliu-
to st. lantliuto, und zu »pro-
vincialium« gehörig?)

s. 35. cognoscente zxpsfbfntfmp
(zuosebentemo).
auaritiam atque ambitionem
pf_scbz_gkrkda (pe scaz gi-
rida).
reseruaui gfsparftb (gespa-
reta).

s. 36. depulsus dbnbffrstpzzfnfr
(danaferstozzener).
pro delatione accepta com-
pulsus gfapfttfr_bnbprbht_
xxbrth (genoetter, st. ge-
notter, anapraht uuarth).
fraudes xntrkxxb (untri-
uua).

s. 37. zg. (arguimur) hoc est di-
cimur criminamur pfzkgfn_
uuxrdkn_uukr (pezigen
uuurdin uuir).

s. 39. zg. pfzkgfn_xxkrdp (pezi-
gen uuirdo). arguor.

s. 40. zg. hebetauit (uel contri-
stauit) retundit kxn· frxpttb
(kun· fruotta).

s. 41. zg. monstri fgksfn (egisen).
zg. propugnare pkstbn (pi-
stan).

s. 42. zg. delatum proditum ad_
cunctum . senatus ordinem

zf_sknfrp_xnbxldk (ze si-
nero unbuldi).

s. 45. ambitum xntxpm (untuom).

s. 47. spectat euentu͡s uupstknk
(uuostini).

s. 48. substantia spoliat'. gfhpndfr
(gehonder).

s. 48. ubi officia diuersa geruntur
bmbhtstftf (ambhtstete).

s. 49. impunitate xnfngpltknk
(unengoltini).

s. 50. Nunc obscuro xxbnfmp (uua-
nemo).
qui prime fprnbhtkgfrp (for-
nahtigero).

s. 51. Boræe spiritus nprdpfstbn
(nordoestan).
zg. zephyrus uufstbn (uue-
stan).
rkfkt (rifit). urat.

s. 52. knzkht (inziht) crimen.

s. 54. zg. oriundus knbxrtp (in-
burto).

s. 56. celebrentur gfmbrk nufrdbn
(gemari uuerdan).

s. 59. elusus c. f. p. f. trpgbnfr
(trogener).

s. 60. inhorruit strxbst (strubst st.
strubeta?)
stringere strpxffn (strou-
fen).

s. 62. coniecto rbtkskpn (ratis-
kon).

s. 63. zg. fluitare uufkbpn (uuei-
bon).
destituit kntsbztb (insazta).

s. 65. habemus m. t. f. zxns klxngb
(zuns ilunga). originem.

s. 67. estum zfssxn (zessun).
resistit pertinet. sepe r. gfstxllkt (gestullit).

(*Liber II.*)

s. 71. zg. tantum sophilo.
s. 72. zg. descisceres kfvvkcbkst (keuuichist).
zg. nostri laris vernac*ula*.
i. famula kfsvbsb (kesuasa).
s. 74. zg. impetum tbfrbtk (therati st. trati).
zg. Euripi vvkbrk (uuibri).[1]
s. 75. zg. agitare. rationari. rfdpn (redon).
zg. quærelis. lastrxngkn (lastrungin).
s. 76. zg. habes. s. referre et faciendam mihi gratiam. dx‿hfbkst mkr zf‿dbncbpnnf (du heabist l. habist mir zedanchonne).
zg. nulla tibi. a. n. e. a. v. (a nobis est allata violentia) npht (noht st. not).
zg. descendere nkdfrstkgfn (niderstigen).
s. 77. zg. calamitatibus mkssfbxrinpn (misseburinon).
s. 78. zg. hisceres kfnftkst (kenetist st. kentist).
s. 79. propinquitatis. skppp (sippo).
s. 80. zg. cum eisdem. i. c. (incuria) in domo concilii dknchxs (dinchus).

zg. priuato damnato tknfmp kflkcbfn (tinemo kelichen).
s. 82. zg. zephiri vvfstbn (uuestan).
auster sxndbn (sundan).
s. 84. concesserim gkhbnctb (gihancta).
s. 85. zg. abesse gebresten.
zg. proueniat bkchxmkt (bichumit).
s. 86. zg. delicatissimus gfzbrtfr (gezarter).
s. 87. Quam multos *esse* coniec*tas* rbtkscpst. trbhtpst (ratiscost. trabtost).
s. 89. zg. aspirare gkgkngfn (gigingen).
s. 92. zg. claros mbrrp (marro).
s. 94. zg. Infra. *sive* sub bkntbr (chintar).
s. 96. ar*tificis*. tbfrp vvxrfbtxn (thero uuurebtun st. uuurhtun?)
zg. cedit pkchxmit (pichumit).
s. 107. zg. vasta xxvpstkx (uuuostiu).
zg. area hpvfstbt (hovestat).
s. 108. zg. tum. tam (tum?). aduerb' loquendi quia illorum linguam non ignores ex diuersitate fpnfdfmp‿xn‿gfxxpnf‿hfktf. (fone demo ungeuuoneheite).
zg. formidolosa fgkbbrk (egibari).

---

[1] Auch „vvkbrk (uuiari)" sei möglich.

s. 108. zg. diffamare ac propagare kkmbfrrbn (kimaerran st. kimarran).

s. 110. zg. leuitate gfbpsf (gebose).
leuitate lpfshiktf (locsheite st. losheite).
zg. festiue rkchlkchp (richlicho).
sciturum frsxpchbn (ersuochan).
mordaciter grfmkzlkchp (gremizlicho).

s. 114. ambiguos . qui ob tuam felicitatem dilexerant. dbz‿skb‿dkn‿vuxpdfrb‿vuxrdk'n (daz sia din uuuodera uuurdin *oder* daz skadin etc.) ut discretionem querere chlbgp (chlago).

(*Liber III.*)

s. 117. zg. somniat rhtkfcopt (ratiecoot l. ratiscot st. ratissot).

s. 118. zg. rubos stxdb (studa).
zg. filicem fbrn vel xxistb [1] (farn uel uuista).

s. 120. zg. claritudo mbrkdb (marida).
zg. promptum est gbgfnvvbrtk (gagenuuarti).

s. 122. consentiunt zfsbminf‿gfhfllfnt (zesamine gehellent).

s. 123. inresoluto . insolubili xnzelpslkchfrp (unzeloslichero).

zg. garrula zfvvkzfppntf (zeuuizeoonte l. zuuizeronte).
zg. illita gksblbptfn (gesalboten).

s. 123. zg. susurrat zfvvkrpt (zeuuirot st. zuuizerot).

s. 125. anxietas fprbhtb (forahta).

s. 126. zg. forenses tknclkchb (tinclicha).

s. 127. zg. dignitates bmbbht (ambaht).

s. 128. zg. strumma chflch (chelch).
honoribus bmbbhtfn (ambahten).
zg. inclarescant krmbrft vvfrdfnt (irmaret uuerdent).

s. 129. vicem vvfbskl uuehsil).
zg. quoquo kpgfvvbr (iogeuuar).

s. 130. prefectura bxrgfrb (burgera).

s. 131. zg. indecores hpnlkchb (honlicha).

s. 132. zg. expertus bnchxndfr (anchunder).

s. 133. familiaribus nbbgfngklfn (nabgengilen).

s. 136. conquisitæ gfvvxnnfnb (geuuunnena).

s. 138. zg. pœnitentiæ chbrfgk (charegi).

s. 140. zg. dignitatibus bmbbhtkn (ambahtin).

s. 150. deficiunt gfbrfstfnt (gcbrestent).

s. 156. circuit xbfrffrkt (uberferit).

---
[1] Graff bemerkt „xxkrtb".

s. 157. fontem xrsprknc (ursprinc).

s. 169. ne fingi nph⌣frrbftfn⌣vvfrden (noh erraften st. erraten uuerden).

s. 172. corolla uel corollarium hblsgolth (halsgolth).

s. 175. atque efficient*iam* kktbt (kitat).

s. 182. zg. clauus sturnbgfl (sturnagel).

s. 185. didiceris gflfrnkt⌣hbbfs (gelernit habes).

modi lfchk (lechi st. leiche).

s. 186. zg. precipitat scxrxctb (scuructa).

(*Liber IV.*)

s. 189. abrupi (intercepi) xntfrnbm (unternam).

dixisti fpredf *oder* spredf.

s. 190. facinorum . *supplicia* suorum luit soluit . dispositis kfrfckpnptpstpmb (kereckonotostoma).

s. 197. nouer*unt* quesi*verunt* . Sed trans. v. (transversos?) suhknbst *oder* suhktbst.

s. 199. zg. probra . i. flagitia gfbpskx⌣dng (gebosiu dng l. ding).

s. 200. commune propositum fprfpfmfkntbz (forepemeintaz).

s. 202. affecit . afflixit . maculauit uel attigit gfbpfntb (gehoenta st. gehonta).

s. 203. pauidus zbgb (zaga).

s. 204. eurus pfstsxndbn⌣xxknt (oestsundanuuin*t* st. ost—).

s. 205. tacta infecta bfgblptkx (begalotiu).

mitis zbm (zam).

s. 209. conclusionibus stbtxngb (statunga).

s. 211. consilium , ratio lfkthsbm (leithsam).

licenciam mxpzzb (muozza).

s. 213. firmamentis sprkxzzklfn (spriuzzilen).

s. 214. ad iudicium ducerentur ipsi pkstfllpn (pistellon).

s. 215. locus facultas . stbtb⁃frkst (stata . frist).

s. 216. exul⌣rfchp (recho).

reuerendus sprfhtlkchfr (sorehtlicher).

thibn (thian st. tihan?) florere.

xrchxnlkchpr (urchunlichor st. urchundlichor) testatius.

s. 221. exhausti . frsuphtfrp⌣sbchp (ersuohtero sacho).

peracte inquisitionis.

s. 223. hartifex bntxxfrchmbn (antuuerchman st. hant—).

s. 231. optata improborum hlfkni (chleini). argumentum.

s. 236. sidant sknchfnt (sinchant) incumbant.

s. 238. in prouectu kn⌣gkdigknk⌣gfdigfnhfktf (in gidigini gedigenheite).

moleste xngfmchp⌣xmbfqxbmp (ungemcho, i. ungemacho . umbequamo).

———

† Handschrift 878. Jahrhundert IX.
(S. runen, b. 1, tafel 1.)

s. 333. lappa et piboz.
zg. Farina ordeacia melo kirstin.
zg. Adeps smero.
zg. Urtica minor. nezzeta.
zg. Cortex corili albæ rinda haseld.
luzelin siue luselin razelin kernen ac.
s. 390. Also beswere den tüfelskoph.

———

† Handschrift 903. Jahrhundert IX.
s. 6. zg. uerror cherio.
s. 83. rg. zehho.

† Handschrift ?
s. 24. zg. taberna meritoria. mietsclida.
s. 42. zg. alpes cottias. quas siluas iuris et hôhfeldas putant quidam.

———

† Fragmentum mem. sec. IX.
Abstineant se a carne et uino et a cereuisia. milchscida et medo.

INHALT.

	Seite
Einleitung (ergänzung zu Notkers leben und werken)	3
Des Boethius tröstungen der philosophie	7
Des Marcianus Mineus Felix Capella vermählung des Merkur mit der Philologie	257
Des Aristoteles *Κατηγοριαι* und *Περι ερμηνειας*	373
a) Einleitung	375
b) *Κατηγοριαι*	377
c) *Περι ερμηνειας*	465
Notkerische Abhandlungen	527
I. Von den theilen der denkkunst	537
II. Von den vernunftschlüssen	541
III. Von der redekunst	560
IV. Von der musik	586
Buntes	591
Handschriften A. D. 1, A. C. 15, 29, 44, 53, 151, 186, 213, 215, 232, 251, 260, 263, 264, 268, 278, 393, 397, 552, 562, 621, 626, 635, 671, 844, 845, 878, 903, fragment	609
Verzeichniss der handschriften	611
Schlusswort	613
Druckfehler zu Kero	617

VERZEICHNISS

der handschriften, welche in diesem bande benützt worden sind.

		Seite
Handschrift A. D. 1		593.
» A. C. 15		594.
» 29		596.
» 44		597.
» 53		597.
» Ben. 121 (München)		529.
» C. $\frac{424}{2}$ (Zürich)		530.
» 151		597.
» 186		597.
» 213		597.
» 215		597.
» 232		597.
» 242		536.
» 251		597.
» 260		598.
» 263		598.
» 264		598.
» 268		598.
» 278		598.
» 393		598.
» 397		601.
» 552		601.
» 562		601.
» 621		601.
» 626		602.
» 635		602.
» 671		602.

Handschrift 818	. . . .	375.
» 825	. . . .	9. 376.
» 844	. . . .	602.
» 845	. . . .	603.
» 872	. . . .	259.
» 878	. . . .	609.
» 903	. . . .	609.
» —	. . . .	609.
Fragment	. . . .	609.

Abkürzungen und Zeichen.

Ihre anwendung geschah wie in dem bande 1 und 2.

SCHLUSSWORT.

Exegi monumentum ære perennius.

Zunächst die bemerkung, dass die stolzen worte sich nicht auf meine geringen verdienste beziehen; sie gelten dem verdienste anderer.

Mit diesen bogen übergebe ich dem publikum den schluss der texteslieferung meiner altteutschen sprachschätze St. Gallens. Habe ich bei der einleitung zu deren herausgabe eine vollständige und sorgfältige sammlung versprochen, habe ich auch, was in meinen kräften stand, meinem versprechen nachzukommen gestrebt, obschon mich unterdessen das geschick oder die bösen geister der welt weit von der quelle, aus der ich schöpfte, weggeführt haben.

Aber unsere sammlung ist nicht vollständig! Vermisst man zunächst den Tatian darin, so ist mir Schmeller mit seiner ausgabe zuvorgekommen, in dem augenblicke, als ich mich durch freunde an ihn wenden wollte, um ihn einzuladen, seine arbeit unserem werke einzuverleiben. nach ihm durfte ich keine neue ausgabe wagen. es mag Schmellers ausgabe als der zweite band unserer sammlung gelten. Ergänzt Schmellers arbeit die unsrige, und ist so der mangel des Tatian ohne bedeutung, fehlt dagegen anderes, das nicht fehlen sollte. zunächst zu den kategorien die lesarten der handschrift 825. vgl. b. III^b, s. 376, ende. ferner, im bunten zu b. III^b, die genauere ansicht und zweite vergleichung der handschriften, die ich mit kreuzchen bezeichnet habe. vgl. die note zu erwähntem bande, s. 593. ferner soll sich in Tschudis werken ein gothisches, und in handschrift 237 ein skütisches gestäbe befinden. ferner habe ich mir, zur genaueren durchsicht, handschrift 44 vorgemerkt, wegen pflanzennamen; wegen beschwörungsformeln handschrift 682; wegen geschichte und geographie handschriften 133, 635 u. s. w.; wegen eigennamen handschriften 184, 190, 196, 211, 223, 250, 251, 267, 271, 296, 342 u. s. w.

Wie reich die ausbeute dieser und anderer handschriften, die ich noch nicht durchblättert, ausgefallen, kann ich nicht sagen, glaube jedoch, dass mir von grösseren teutschen stücken keines entgangen ist, und dass ein nachtrag des fehlenden sich auf wenige bogen beschränken dürfte.

Und die ursache! diese verkörpert sich in der beaufsichtigenden behörde der stiftsbibliothek.

Der kampf galt der katholischen kantonsschule und den freisinnigen männern an derselben.

Kaum dass herr Leonhard Gmür von meinem plane der herausgabe der altteutschen sprachschätze St. Gallens etwas vernommen, als ich auch gezwungen ward, bei der katholischen administration um erlaubniss einzukommen. während jeder durchreisende jede handschrift ohne eingeholte genehmigung nach belieben benutzen darf, musste sich ein lehrer der anstalt und hausgenosse zu einer unterthänigen anfrage bequemen. das ungewohnte gesuch mochte befremden und wanderte zum entscheide an die bibliothekkommission, welche die erlaubniss mit der bedingung ertheilte, dass ich eine vollständige, schöne und kritische ausgabe erstelle.

Die befohlene kostbare ausgabe hat dieselbe kommission auch nicht durch den ankauf eines exemplares für die stiftsbibliothek unterstützt. durch die ersten bedingungen sollte mein herr verleger erschreckt, durch die letztere meine angekündigte diplomatisch getreue ausgabe durchkreuzt werden.

Fortgesetzte verfolgungen der schule und ihrer lehrer bewogen mich endlich, gegen den schluss des jahres 1842, meine stelle aufzugeben und ein anderes stückchen brod zu suchen.

In den darauf folgenden jahren benutzte ich alle meine ferien, obgleich deren zeit im frühjahre und herbst nur vierzehn tage betrug, um nach St. Gallen zu reisen und meine arbeiten fortzusetzen. damit ich bei der kürze der zeit mein werk doch etwas fördern könnte, öffnete mir herr unterbibliothekar Brandstätter auch an sonntagen sein arbeitszimmer. kaum wurde das ruchbar, als mir herr pfarrer Karl Greith diese vergünstigung entziehen liess.

Endlich kam die gelegenheit grossartiger rache!

Ein zeitungsartikel meldete, dass drei handschriften fehlten, und beschuldigte die verwaltung der fahrlässigkeit. das zog mir den verschluss der bibliothek zu, obgleich ich mein schriftliches ehrenwort gab, keinen antheil an jenem artikel zu haben. und als ich vor dem herrn präsidenten

Gmür nicht verleugnen wollte, dass ich um die sache gewusst und sie zufällig und angefragt einem hochgestellten manne mitgetheilt, von dem ich nicht wüsste, ob er den unglücklichen gebrauch davon gemacht; da trat man mir mit der forderung entgegen, jenen missbeliebigen artikel durch einen gegenartikel der lüge und verleumdung zu zeihen. obgleich ich den herrn präsidenten Gmür bat, mir gegenüber, der ich die beweise in händen hätte, von dem leugnen abzustehen, und für den preis der wiedereröffnung der bibliothek keine schurkerei von mir zu verlangen, und nicht das publikum und die wissenschaft zu schädigen, statt der rache an mir, blieb es doch bei dem verschlusse der bibliothek, von anderwärtigen angriffen zu geschweigen.

Umstände und zeit und leute waren nicht darnach, um recht zu suchen. meine akten liegen übrigens bereit. eine ruhigere zeit, die sich auch mit dem interesse des einzelnen beschäftigen kann, mag einst das urtheil sprechen.

Soviel hiervon, zu meiner entschuldigung und zur erklärung der wahl meines mottos.

Nun noch ein anderes wort!

Um den haupttitel meines werkes zur wahrheit zu machen, sollten sich an St. Gallens altteutsche sprachschätze St. Gallens alte urkunden als zweite abtheilung anschliessen. dieselben beginnen vom jahre 760 etwa, und reichen von der Donau bis an die Aar, und von dem Neckar bis nach Italien. ihren werth kennt man aus Neugarts Episcopatus Constantiensis, obgleich derselbe nur einen theil, und den oft verstümmelt und nicht nach eigener anschauung mitgetheilt hat. Die vorarbeiten sind fertig; ihre herausgabe wird vom publikum abhängen, denn neue opfer darf ich von mir und meinem herrn verleger nicht fordern.

Diesen beiden abtheilungen wäre ich gesonnen ein vollständiges verzeichniss aller wörter und formen — auch einige tausend eigennamen besitze ich noch — nebst sprachlichen abhandlungen zu den einzelnen schriftstellern beizugeben, und überhaupt den apparat für eine kritische ausgabe, die eine spätere zeit beschaffen mag, vorzubereiten.

Der plan des werkes, wie ich es erstellen möchte, wäre dann folgender:

DENKMAHLE DES MITTELALTERS.

1. Abtheilung. St. Gallens altteutsche Sprachschätze.

    I. Band: Kero etc.

    (II. Band: Tatian von Schmeller.)

    III^a. }
    III^b. } Band: Notker.

2. Abtheilung. St. Gallens urkunden:

    I. Band. v. jahr 670 bis 900.

    II. Band. v. jahr 900 bis 1200.

3. Abtheilung. Kritische vorarbeiten.

    I. Band: wörterbuch, nebst eigennamen.

    II. Band: sprachliche abhandlungen.

Noch bin ich meinen freunden einige faksimiles und den entscheid über Notkers eigne hand schuldig. ich habe mir alle mühe gegeben, mir erstere zu verschaffen. bis heute vergeblich. ich muss in dieser stunde abschliessen. bleibt mir das leben, so hoffe ich diesen schuldigen rest noch nachzuliefern.

* 8. Juni 1849.

                                                        Hattemer.

DRUCKFEHLER

in Bedas sterbegesang, dem wörterbuch des h. Gallus und Keros Benediktinerregel.

Nachdem ich nun die genannten drei stücke lexikalisch eingetragen habe, bin ich im stande, folgendes genaues verzeichniss der druckfehler abzugeben, nicht leicht dürfte von den übrigen zahlreichen schreib- und übersetzungsfehlern einer unserem drucke oder unserer abschrift zur last fallen, sondern den handschriften. von den übrigen stücken kann ein gleich genaues verzeichniss der fehler erst dann gegeben werden, wenn ich alle wörter und wortformen lexikalisch eingetragen habe. es werden deren aber verhältnissmässig weit weniger sein, da sich kein stück in der schwierigkeit der handschrift, des satzes und der korrektur mit der benediktinerregel vergleichen lässt.

---

s. 10[b]. z. 9. l. ibinen st. ibinem.
— z. 23. l. sepissime st. se pissime.
— z. 30. l. porcus st. porius.
— z. 32. l. porci st. porei.
s. 23. z. 14. l. gebraucht st. gebrauuht.
s. 29[b]. z. 29. l. teil-nemem st. teil-nemen.
s. 33[a]. z. 8. l. cum st. eum.
s. 35[b]. z. 2. l. kevveihhete st. hevveihhete.
s. 36[a]. z. 20. l. doctrinæ st. doctriris.
s. 37[b]. z. 8. l. denne st. denno.
s. 61[b]. letzte z. l. leraniv st. levraniv.
s. 63. fehlt die schilterische seitenzahl XXXIII.
s. 64[b]. letzte z. l. kehabet st. hehabet.
s. 73[a]. z. 5. l. Lectisterni st. Lecti sterni.
s. 81[b]. z. 3. l. demv st. demo.
s. 86[b]. z. 21. l. prungan st. pruŋgan.
s. 88[a]. z. 4. l. gredihatur st. gredihaurt.

s. 88ᵇ. letzte z. l. zimberren st. zimbernen.
s. 94ᵇ. z. 5. l. kakanlavfit st. kakanlavbit.
s. 94ᵃ. z. 16. l. remaneant st. remaneaut.
s. 99ᵃ. z. 21. l. nona st. noua.
s. 100ᵇ. z. 3. l. kitan st. kitau.
s. 101ᵇ. z. 17. l. uuerahc st. uuerabe.
s. 107ᵃ. z. 5. l. aerum st. ærum.
s. 109ᵇ. z. 8. l. herorun st. herorum.
s. 109ᵇ. z. 19. l. solihcher st. folihcher.
s. 111ᵇ. z. 15. l. ubirikiqhuetana st. ubirikiqhuetan.
s. 111ᵇ. z. 27. l. untariohche st. untariohcha.
s. 117ᵇ. z. 8. l. kepruhchit st. kepruhcti.

Einige ungeschickte abtheilungen:

s. 30ᵃ. z. 6. l. ser-uare st. se-ruare.
s. 35ᵇ. z. 24. l. ki-sprohhan st. kis-prohhan.
z. 43. z. letze. l. sorac-haftan st. sora-chaftan.
s. 101ᵇ. z. 20. l. pi-scauuuone st. pis-cauuuone.

Fehlen ergänzende punkte:

s. 32ᵇ. z. 12. hinter sinda sine ..
s. 42ᵇ. z. 22. hinter miniscun ..
s. 46ᵇ. z. 14. hinter saar ..
s. 73ᵇ. z. 5. vor kastreuuitiu .....
 (denn es steht über dem letzten theil von Lecti-
 sterni, so dass der erstere durch 5 puncte zu
 ersetzen ist.)
s. 98ᵇ. z. 5. vor offanon ..
s. 102ᵇ. z. 8. hinter unchuschida ..
s. 112ᵇ. z. 3. vor kanidartan ..
s. 121ᵇ. z. 8. hinter min denne .....
(s. 84ᵇ. z. letzte. ist alliu in der handschrift so über et sana
 gestellt, dass es die übersetzung beider wör-
 ter bildet, und in unserm abdrucke mit
 recht die ergänzenden punkte für et fehlen.)
(s. 102ᵃ. z. 28. quia quod. steht ano schon über quod, so
 dass also in der übersetzung quod wegge-
 lassen ist, und in unserm abdrucke mit recht
 die punkte fehlen.)

Handschrift S. 7. S. 74.

dś adiuua mihi famulo tuo Notker
dś adiuua mihi famulo tuo

Basler Blatt. 1. S. 1.

Confitebor tibi dńe in toto corde meo.
Ih uího dir truhten chit eccla in allemo
Lób tuon ihur manu forti. Quō audi
uuanda dū gehôrtost tiu uuórt mines mu

Basler Blatt. 6. S. 1.

Audite cęli que loquor kehórent CANTICŨ
himela diu ih spricho h emdeiſ Audiat ṫ rauerb
mundeſ kehóre diu erda. uuanda ioh uuih maxima
tah ih in ſagen ſol.

Münchner Blatt.

Erlázet mina tuón. daz er uuile. Honē dś ir
uuara ne tuót er gotes. Inquinate ſunt uię illiu
Ihnreine ſint ſine uuega alle taga. Aufer
tua afacie eius. Tuiu gerihte truhten ſint ferro

S.74

io Notkero
amulo tuo Notkero

S.1.

rde meo . IPSI DAVID .
ta in állemo minemo hérzen .
. Quō audisti uerba oris mei .
mines mundes . tu gehórtóst

S.1.

NTICŪ DE YSTROYOUII;
at tīa uerba oris mei . huort mines
ub maxima elemīta bechōmen mag.

Blatt.

Hone dī in conspectu eius .
it uie illius in omni tempore
a . Auferuntur iudicia
i sint ferro fōne imo . Omniu

St. Galler Handschrift. Ps XV s. 9.

In consilio impiorum. Der nâdîgi rsâ lig, der in dero argon rât ne gegieng. So ad u teta dô er dero chenun râtes folgeta milder bóneft in uua peccaux nonfte

Münchner blatt.

Erlazet unserm vrion. daz er unsliz Nonę dś inconspectu eius
siuan ne uios ex greschuhunn sunt vre Musf in omni tempore
lmeme fine uuega elle tega. Auferuntur indicia
uns absone eius turnu geniber fuer ferro ferne imo. Omnu

Wallersteinisches blatt.

Consternn dno qñ bonnfilshrnt truhtene uuerro funden.
uneh nr nr chumst in gnaden uuanda er giot ist. Qn in
fęculi meta eiuf Vnanda in unlr iſt fin gnada in nuerlr

uuf uinie unst kurfhunrstien kunnue fsuil uerfurstien Buife.

TAF. III.

Baster blatt. I. s I.

C
onfractvm cor dne in toto corde meo · I PSL XVI d ·
Vt ibo dur trüben ihit recta in allem minem herzen ·
Cor meum ihesu manu sua · Quia anulus insigne formavit · Hvodcvnq
Vnvnd dni gehoriche din unsern souun 2dorn insigne in electi

Baster blatt. II. s I.

A
vdite eloqia loquar · kehorent chvs · CANTICŨ DEVTFRONOMII:
Hornet alven ab spruhe hen deste... kichas... vnphu uent...
...horn wil er ich...
...uib dnm fuigern sol·

Reprint Publishing

FÜR MENSCHEN, DIE AUF ORIGINALE STEHEN.

Bei diesem Buch handelt es sich um einen Faksimile-Nachdruck der Originalausgabe. Unter einem Faksimile versteht man die mit einem Original in Größe und Ausführung genau übereinstimmende Nachbildung als fotografische oder gescannte Reproduktion.

Faksimile-Ausgaben eröffnen uns die Möglichkeit, in die Bibliothek der geschichtlichen, kulturellen und wissenschaftlichen Vergangenheit der Menschheit einzutreten und neu zu entdecken.

Die Bücher der Faksimile-Edition können Gebrauchsspuren, Anmerkungen, Marginalien und andere Randbemerkungen aufweisen sowie fehlerhafte Seiten, die im Originalband enthalten sind. Diese Spuren der Vergangenheit verweisen auf die historische Reise, die das Buch zurückgelegt hat.

ISBN 978-3-95940-033-6

Faksimile-Nachdruck der Originalausgabe
Copyright © 2015 Reprint Publishing
Alle Rechte vorbehalten.

www.reprintpublishing.com